面向 21 世纪课程教材
Textbook Series for 21st Century

全国高等学校法学专业核心课程教材

宪　法
（第二版）
Constitution of Law

主　编　张千帆
撰稿人　（以姓氏拼音为序）
　　　　陈新民　程　洁　郭相宏
　　　　黄建军　牟宗魁　上官丕亮
　　　　王四新　张千帆　朱应平

图书在版编目(CIP)数据

宪法/张千帆主编. —2 版. —北京:北京大学出版社,2012.8
（面向 21 世纪课程教材）
ISBN 978-7-301-18737-1

Ⅰ. ①宪… Ⅱ. ①张… Ⅲ. ①宪法-中国-高等学校-教材 Ⅳ. ①D921

中国版本图书馆 CIP 数据核字(2012)第 193988 号

书　　　名：宪法（第二版）
著作责任者：张千帆　主编
责 任 编 辑：李　铎
标 准 书 号：ISBN 978-7-301-18737-1/D·3161
出 版 发 行：北京大学出版社
地　　　址：北京市海淀区成府路 205 号　100871
网　　　址：http://www.pup.cn
新 浪 微 博：@北京大学出版社
电 子 信 箱：law@pup.pku.edu.cn
电　　　话：邮购部 62752015　发行部 62750672　编辑部 62752027
　　　　　　出版部 62754962
印 刷 者：北京富生印刷厂
经 销 者：新华书店
　　　　　730 毫米×980 毫米　16 开本　35.75 印张　681 千字
　　　　　2008 年 1 月第 1 版
　　　　　2012 年 8 月第 2 版　2015 年 5 月第 3 次印刷
定　　　价：49.00 元

未经许可,不得以任何方式复制或抄袭本书之部分或全部内容。
版权所有,侵权必究
举报电话：010-62752024　电子信箱：fd@pup.pku.edu.cn

重 印 说 明

本书首印后,承蒙广大读者关心并提出宝贵意见。在重印过程中,我们吸取了部分意见、纠正了首印中的某些文字错误并更新了部分资料。一些作者对原稿进行较大幅度的增改,本书第二版结合立法最新修改及教学需求,突出教学重点与难点,更为清晰地勾勒了宪法学的知识架构与体系。上次重印尚有未尽事宜,在本次重印中一并完成。

从总体上说,无论在内容取舍还是在结构编排上,本书注定还存在诸多不足,需要在读者关怀和督促下不断改进。我们也会继续努力,及时吸收国内外宪政领域的最新理论与实践。教学相长、学无止境,我们希望本书能在读者尤其是历届学生的持续关注下不断修改完善。

张千帆
2013 年 8 月

内 容 简 介

作为法学核心课程的本科教材,本书体系完备、分析透彻、资料翔实,既照顾学界通说,又有鲜明的特色。

全书按照宪法通例,分"概论"、"基本权利"、"国家结构与组织形式"三编,共十章,简单明了地勾勒出宪法学的知识架构与体系,同时突出教学重点与难点,对宪法权利和基本理论多有新颖独到的阐释,旨在培养学生的权利意识和宪法理念。作者在体例设计上也独具匠心,将各级标题设为一个个宪法问题,引导学生带着问题进入正文;"推荐阅读"则不仅列出学习各章内容必读的经典文献,而且给出精要的推荐理由,对于读者的进一步研读大有裨益。

全书以中国宪法为出发点,以经世致用为导向,以学生兴趣为中心,不时穿插对典型案例的评析,从宪法的角度解读社会热点事件,及时收录最新宪政动态,以求教学内容与时俱进。这些特点都使得本书与传统宪法教材的说教面孔迥然不同。通过阅读本书,读者不仅可以了解宪法基本知识,也能够从中感受到宪政的亲切与务实,甚至体味出宪法学的精深与曼妙。

作者简介

陈新民 德国慕尼黑大学法学博士,我国台湾地区司法院大法官。主要研究领域为宪法与行政法学,发表学术论文七十余篇。代表作有《宪法基本权利之基本理论》、《公法学札记》、《军事宪法论》、《宪法导论》、《社会役制度》、《法治国家论》、《德国公法学基础理论》、《中国行政法学原理》、《法治国公法学原理与实践》。

程 洁 法学博士,清华大学法学院副教授。主要研究领域为宪法与港澳基本法。代表作有《宪政精义:法治下的开放政府》、《瑞典的议会监察专员》(译著),在《法学研究》、《中国法学》等刊物上发表论文多篇。

郭相宏 法学博士,太原科技大学法学院教授、法学院院长。主要研究领域为宪法学和法社会学。代表作有《失范与重构——转型期乡村关系法治化研究》、《法律的移植与排异——清末民初地方自治运动研究》等,在《法学评论》、《现代法学》、《史学月刊》等核心期刊发表学术论文四十余篇。电子邮箱:gxh360@126.com。

黄建军 南京航空航天大学法律系副教授,中国政法大学博士研究生。曾担任检察官、法官。主要研究方向为宪政和行政法治等。代表作有《宪政、法治与经济发展》(合著)、《比较行政法:体系、制度与过程》(合著)、《法制现代化与宪政》(合著),并在《中国法律》、《洪范评论》、《理论与改革》、《法制日报》、《民主与法制时报》等发表论文、评论多篇。电子邮箱:jjhuang2000@163.com。

牟宪魁 日本山口大学博士,山东大学法学院教授、东亚法律研究中心主任,美国哥伦比亚大学访问学者。主要研究领域为违宪审查、民商法。代表作有《中国における違憲審査制の歴史と課題》(日本成文堂2009年版)、论文《日本宪法诉讼制度论的课题与展望》(载《法商研究》2006年第1期)、《台湾における大法官憲法解釈制度の性格》(载《東アジア研究》2003年12月)等。电子邮箱:muxiankui@sohu.com。

上官丕亮 法学博士,苏州大学王健法学院教授、宪法学与行政法学教研室主任、宪法应用研究中心主任,中国宪法学研究会理事。主要研究领域为宪法学。代表作有《跨入新世纪的中国宪法学》（副主编）、《宪法学基本论》（副主编）、《宪法基本权利新论》（副主编）、《宪法基本理论》（合著）、《宪法与生命——生命权的宪法保障研究》（专著）等。电子信箱：shangguan@suda.edu.cn。

王四新 法学博士，中国传媒大学政治与法律学院副教授，中国人权研究会理事。主要研究领域为人权和大众传播法基本理论。代表作有《网络空间的表达自由》，发表学术论文二十余篇，参与《民权公约评注》等书的翻译、《大众传播法学》等书的撰写等工作以及"中国人权教育研究"等多项人权项目。

张千帆 美国得克萨斯大学奥斯汀分校政府学博士，北京大学法学院教授，博士生导师，中国宪法学会副会长。主要研究领域为中外宪政。代表作有《市场经济的法律调控》、《自由的魂魄所在——美国宪法与政府体制》、《西方宪政体系》，主编国家"十五"规划教材《宪法学》，合著《宪政、法治与经济发展》，组织翻译《宪法决策的过程——案例与材料》和《哈佛法律评论·宪法学精粹》，并发表学术论文与评论近二百篇。个人法律博客：http://const123.fyfz.cn/blog/const123。

朱应平 华东政法大学法律学院教授、宪法教研室主任，法学博士、博士后，博士生导师。代表性著作：《论平等权的宪法保护》（北京大学出版社2004年版）、《澳大利亚宪法权利研究》（法律出版社2006年版）、《行政信访若干问题研究》（上海人民出版社2007年版）、《澳美宪法权利比较研究》（上海人民出版社2008年版）、《宪法中非权利条款人权保障功能研究》（法律出版社2009年版）、《澳大利亚行政裁量司法审查研究》（法律出版社2011年版）、《澳美司法审查原告资格比较研究》（北京大学出版社2013年版）等。

前　言

　　北京大学出版社委托我主编"面向21世纪课程教材"中的宪法教材。我由于原先主编过一本《宪法学》教程，深恐自己"黔驴技穷"、难有新意，所以原想让他们另请他人主持此事，但承蒙他们好意坚持，只好勉力而为。但是问题依然存在：在国内各种法学教材几近泛滥的环境下，如何保证这不是一本"多余的书"？毕竟，编者的创造力和想象力是有限的，况且学科结构本身不是没有限制。虽然宪法是一门"通法"，宪法学是一门"通学"，各部分首尾相连、环环相扣，因而融会贯通者几乎可以从其任何一部分内容开始，以任何一部分内容结束，但是一本"标准"教材还是有一个最自然、合理的结构，至少在特定编者眼中是这样。因此，至少和那本《宪法学》相比，这本书究竟新在哪里？

　　在结构上，《宪法学》没有单独的一章宪法史，本书弥补了这一缺憾，专设了"宪法的创制与发展"一章。另外，本书简化了中央和地方关系的内容；权利部分则有相应扩展，专门增设了"表达自由"一节。这是因为这本书的主要对象是本科生，而大多数院校在一年级就开设宪法课。作者的普遍意见是突出宪法权利的重要性，培养新生的"权利意识"。宪法权利的内容确实很多，不仅有理论，更有丰富多彩的实践，在一两章内难以言尽。美国宪法教材的通例也是在自由权（法律正当程序）和平等权（法律平等保护）的一般权利之后，单独设言论与宗教信仰自由作为特别权利，理由无非是这些内容的篇幅和重要性。因此，本书对此——尤其是对于包括言论自由在内的政治性权利——有所侧重，因为它们对于现阶段的中国社会和制度发展确实至关重要。但在总体上，本书的结构还是相当"标准"的：共分概论、基本权利、国家结构与组织形式三编，主要是因为这一结构比较符合中国宪法文本的结构，而中国宪法又是本书的重点。

　　本书之"新"主要还是在于人。除了学养深厚的陈新民教授是作者队伍里唯一比我年长的，其余都是近年来在宪法学界崭露头角的青年才俊。国内宪法学界近几年来蓬勃发展、新人辈出。依我观察，和前辈相比，青年宪法学者的教育背景更纯正、学术功底更扎实、知识结构更完备，日后必将是中国宪法学界的中坚力量，因而以他们为主来编写"面向21世纪"的这本教材是再恰当不过了。重要的是，当今宪法学界的主流声音是大致趋同的，尤其是年轻人的思维模式和研究方法基本上已步入正轨，逐渐远离意识形态色彩浓烈的政治话语，走向一种以功能主义为导向的法律科学。以此作为我们的基本共同点，我相信我们会写一本与众不同而有独立价值的宪法学教材。

　　在体例上，本书基本上按常规体例，唯一的"创新"之处——如果算得上"创新"的话——是尽可能将章节之下的标题设为问题，每一小节、每一小段都围绕所设的问题来写。这么做的目的是突出宪法(学)的实用性,使宪法学者都关注读者普遍关注的问题。在某种意义上,本书就是为了回答读者可能感兴趣的一些宪法实际问题而写的。

在内容上,我们努力转向以中国为主,以其他国家的制度为参照背景。这也是对我们的一个挑战——在目前中国宪法没有进入诉讼、除了个别例外还没有任何案例的状态下,我们能否写出那么多有意义的东西?这本书的回答似乎是肯定的。当然,本书不应该也不可能局限于谈论中国宪法;即便是中国宪法的内容,也是在比照其他国家的宪法理论和实践中展开的。

本书的主导思想大致有三个。第一,以中国为出发点,用宪政的普遍原理来分析和解构中国宪法;第二,以实用为导向,理论为实践服务,多分析中国的案例和法条;第三,以学生为中心,简明扼要、深入浅出,不是只写我们自己熟悉或感兴趣的东西,不要让大一的学生望而却步。现在既已成书,看来第一和第二个目标已经基本实现,虽然今后仍待完善。但是第三个目标却未必完全实现了,尤其是我们的青年学子都非常认真地对待自己的任务,恨不能在有限的空间穷尽自己平生之学,结果书的分量可能对于本科教材来说还是有点厚重。

这也是很正常的。现在的书都是越写越厚,宪法学教材也是这样。这一方面表明宪法学的内容越来越丰富,因而是好事;另一方面,相对来说,厚书是比较好写的,薄书要写好则要求非凡的功底。首先,作者要收集、吸收、消化大量法条、判例、历史事件,去充实普遍和抽象的原则,这就是一个从薄到厚的积累过程;没有这个过程,法律就只是几条索然无味的条文和大而无当的原则。然后,通过自己的思维融会贯通、提炼升华,才能用自己的理解把原则重新表达出来,这才是从厚到薄的过程。

本书撰写分工如下:

第一章:陈新民

第二章:程 洁

第三章第一节:朱应平,第二节:牟宪魁

第四章:张千帆

第五章第一节:上官丕亮("四"除外),第一节四、第二节:郭相宏

第六章第一、五节:郭相宏,第二节:王四新,第三、四节:黄建军,第六节:朱应平

第七章:黄建军

第八章:上官丕亮

第九章:牟宪魁

第十章:郭相宏

我们感谢北京大学出版社的信任和支持。

张千帆

目　录

第一编　概　论

第一章　宪法的基本概念与理论 …………………………………… (3)
　　第一节　宪法的意义 ………………………………………… (3)
　　第二节　宪法的分类 ………………………………………… (15)
　　第三节　宪法的序言 ………………………………………… (24)
　　第四节　宪法总纲 …………………………………………… (28)
第二章　宪法的创制与发展 ……………………………………… (48)
　　第一节　宪法的历史沿革 …………………………………… (48)
　　第二节　中国制宪史：清末与民国时期的制宪实践 ………… (55)
　　第三节　中国制宪史：社会主义时期的制宪实践 …………… (66)
　　第四节　中国宪法变迁的基础与方向 ………………………… (73)
第三章　宪法的实施与解释 ……………………………………… (81)
　　第一节　宪法的实施 ………………………………………… (81)
　　第二节　宪法的解释 ………………………………………… (112)

第二编　基 本 权 利

第四章　基本权利的理论 ………………………………………… (139)
　　第一节　权利的基本概念 …………………………………… (139)
　　第二节　权利的基本性质 …………………………………… (149)
　　第三节　权利保障的作用 …………………………………… (169)
第五章　个人与社会权利 ………………………………………… (194)
　　第一节　个人权利 …………………………………………… (194)
　　第二节　社会权利 …………………………………………… (226)
第六章　政治权利 ………………………………………………… (247)
　　第一节　政治权利概说 ……………………………………… (247)
　　第二节　表达自由 …………………………………………… (250)
　　第三节　民主、选举与宪法 …………………………………… (277)
　　第四节　中国选举制度 ……………………………………… (295)

第五节 其他政治权利 …………………………………… (312)
第六节 政党制度 ………………………………………… (326)

第三编 国家结构与组织形式

第七章 立法机构 ……………………………………………… (361)
 第一节 "议会至上"与"三权分立" ……………………… (361)
 第二节 议会的结构与组成 ……………………………… (373)
 第三节 议会的职权和运作 ……………………………… (382)
 第四节 中国的立法机构 ………………………………… (390)

第八章 行政机构 ……………………………………………… (419)
 第一节 基本概念 ………………………………………… (419)
 第二节 国家元首 ………………………………………… (423)
 第三节 行政机关 ………………………………………… (435)
 第四节 地方政府 ………………………………………… (443)

第九章 司法机构 ……………………………………………… (453)
 第一节 司法权的基本理论 ……………………………… (453)
 第二节 中国的现行司法体制 …………………………… (470)
 第三节 中国司法权的课题 ……………………………… (489)

第十章 中央与地方关系 ……………………………………… (505)
 第一节 国家结构形式 …………………………………… (505)
 第二节 中国的中央与地方关系 ………………………… (519)
 第三节 地方自治 ………………………………………… (532)
 第四节 中央与地方关系法治化 ………………………… (548)

第一编
概　　论

第一编介绍宪法学的一些基本问题,共分三章,分别讨论了宪法的基本概念与理论、宪法的创制与发展以及宪法的实施与解释。

第一章介绍了宪法的概念、类型、结构和功能。在此基础上,第二章探讨了西方国家和中国宪法的起源与发展。当然,宪法文本只是一个起点,而绝非宪政的终点;如果宪法不能得到实施,或者宪法解释偏离了宪法的原意,那么再伟大的宪政理念、再完美的宪法规定也必然落空。因此,第三章重点讨论了宪法实施的机制和宪法解释的方法。事实上,宪政的全部问题都可归结为如何实施与解释宪法。

第一篇

总　论

第一章　宪法的基本概念与理论

众所周知,宪法是国家的最高法律,也是人类法政文明发展的最高峰。但是不学习宪法,就无从知道:宪法是什么?宪法究竟有什么社会功能?宪法的政治与法律意义何在?宪法和宪政之间存在什么关系?世界各国的宪法主要有哪几种类型?宪法主要由哪些组成部分?宪法总纲是否具备法律效力?通过探讨这些基本问题,本章将我们引入宪法和宪政的宏伟殿堂,为宪法学的宏大叙事揭开序幕。

第一节　宪法的意义

一、宪法的功能

(一)宪法的出现——人类法政文明发展的最高峰

宪法和其他各种法律规范一样,都是一种拘束人类行为的准则。它包括了要求为一定行为或是不准为一定行为的命令,因而应当获得拘束力。宪法成为国家整个法律体系中的一环。20世纪初期,奥地利著名宪法学家汉斯·凯尔森(Hans Kelsen)所提出的"法规范金字塔"模式中,居于最顶端的地位。

宪法享有法规金字塔顶端崇高地位的原因,是因为宪法规范的内容在传统上是针对国家行为,也就是作为国家根本大法,规范国家政府之组织、人民基本权利之保障及国家发展之方向。宪法既是根本大法,因此法律不能抵触宪法,宪法即成为国家"万法之法"(norma normans; Norm der Normen)。宪法能实质上发挥此种最高拘束力之国家,即可称为宪政与法治国家。

世界上有许多国家公布宪法、实施宪政,但也有不少国家堂而皇之公布宪法,但却阳奉阴违甚至理直气壮地违背宪法、实施独裁。但唯有前者之情形,才能承认一个国家已步入立宪国家之林,代表其法政文明的最高度发展。

以人类政治与法律制度发展的历史来做观察,而且特别是以20世纪这个自然与人文科学发展最迅速的一个世纪而论,世界各国几乎实施了各种各样的国家与政治制度——各种式样的独裁、资本主义的民主制、君主立宪制、民主法治……这些都为我们后人提供了很好的实验素材,让我们检验何种政制及国家模式最能符合人类理性主义,并给国家人民带来最大的幸福。

经过一两百年的近代史淬炼之下的现代理智判断,国家应当选择实施宪政主义,已是无可置疑的决定了。这同样表示专制政府的形式已遭淘汰。在专制时代,国家权力的拥有者可以对人民生杀予夺;到了宪政时代,国家一切依宪法所定来运作,相差何以千里计。一纸宪法的效力竟如此强大,其地位如此崇高,当然是历经人类智慧长久的思辨,才会使宪法获得如此权威的效力。

对于宪法所担负的使命,观察来自政治层面或法律层面的差异,例如以"政治宪法"(politische Verfassung)或"法律宪法"(rechtliche Verfassung),可分别讨论宪法的政治意义及法律意义。两者并不截然独立,而是可以相互影响。

(二) 宪法的政治意义

宪法也可以称为是"政治的法"(political law),这是因为宪法和其他法律不同,一般的法律都是以明确的立法目的以及尽量语意明确的文字,来规定一定的行为与不行为之义务,而涉及政治判断的地方不多。但宪法却是一个具有高度政治意义的法规范。宪法由其产生的历史因素,就可以说明宪法不可避免的包含许多政治判断与政治价值的因素。

最明显说明宪法与政治之间密切关联的宪法学理论,莫过于德国20世纪魏玛共和国时代著名的宪法学者卡尔·史密特(Carl Schmitt)所提出的"决定论"(dezisionismus)。卡尔·史密特认为,每一部宪法的产生都是"力"的作用。易言之,每一个国家、每一部宪法的诞生,不论是君主立宪或民主立宪,都不是当然的产物,而是经过力量斗争的结果。因此,这个促使宪法诞生的"制宪力"便决定了宪法的内容及其总精神的依据。这便是"决定论"强调"政治之力"的立论。①

卡尔·史密特的说法固然符合西方宪法产生的客观史实,但是这种见解将宪法产生的动力与宪法诞生后所应该产生的最高拘束力混为一谈,甚至认识前者可以拘束、影响后者,无疑是宣布了宪法的"宿命论",也会降低宪法的法治意义,使之沦为政治的工具。因此,卡尔·史密特的"决定论"最后演变成德国法西斯政权背弃《魏玛宪法》的理论依据,便种因于此。

宪法固然含有高度的政治意义,可以称为"政治的法",但是宪法并不从属于现实的政治力量,反而是宪法自从诞生后,便割断了"制宪力"的脐带,转而来约束所有国家政治的行为并控制所有政治权力。在这种新的国家政治力量与宪法的关联上,宪法在政治方面的任务成为国家权力的组织与运作的基本原则。

这个意义有静态与动态两个层面。在静态方面是组织的建构,也就是国家

---

① 卡尔·史密特的这种决定论,强调了制宪力的优越,也导出了史密特所主张的"修宪界限论"的著名理论。依此理论,任何修宪都不能变更制宪者的重要内涵,亦即修宪力不能挑战、凌越制宪力,否则就变成推翻宪法的革命行为。

应设置何种机关来行使统治权力并界定各机关的权力。这涉及国家组织的权限界分以及公权力的合法性来源问题。在动态方面,宪法同样提供了规范国家公权力的运作以及其他政治行为的程序规定,例如国家权力机关的运作、法律的制定、行政与公权力的执行等。这些都是"动态"的程序,亦应在宪法的规范下进行。因此,宪法便将国家的政治行为导入一个已经事先设想而形诸文字的"秩序与形式的状态"(in-Ordnung-und in-Form-Seins)之中。①

因此,宪法能够产生规范及调和各种国家"权力"的最高权威,也使得国家执政者事实上所拥有并产生实质的"力",可以被宪法所创设的"法"秩序加以约束。这种以一纸宪法可以发挥的功能,便是决定一个国家权力运作的方向与界限。②

中国《宪法》第 5 条第 3 款规定:"一切法律、行政法规和地方性法规都不得同宪法相抵触";第 4 款规定:"一切国家机关和武装力量、各政党和各社会团体、各企业事业组织都必须遵守宪法和法律。一切违反宪法和法律的行为,必须予以追究"。这些便是宣示这种宪法最高性的条文。

(三) 宪法的法律意义

所谓法学意义上的宪法,是以法治国原则来讨论宪法的意义。虽然法治国原则不应只具有法学的意义,也应有政治层面的理念与制度——如社会主义法治国家的理念、公民基本权利的保障,但是法治国强调由宪法以降各级法规(法律、行政命令等)与法理所形成的规范与价值体系来规范国家的一切生活。就此意义而言,宪法的任务即由其产生的规范方式——即对所有法规享有的"最高性"——来显现。通过"宪法优越性"(Vorrang der Verfassung)之原则,辅以达成此原则的附属制度,例如宪法解释、违宪审查权、政党违宪解散等制度,宪法也成为提供国家与人民在法律生活许多"当为"(sollen)规范的来源。因此,法律意义的宪法通过有组织的国家公权力机关(如行政机关与法院)之执行以及有系统的法学方法之诠释,使宪法以有限的条文形成一个内容丰富且不至于一成不变的广阔价值与规范体系。宪法在此"法领域"内享有最活泼的生命,也就是所谓"活的宪法"(living constitution)。因此,现代民主国家中宪法的规范力虽然

---

① 这也是德国魏玛时代另一个著名的宪法学者赫曼·黑勒(H. Heller)所提出的理论。参见 H. Heller, Staatslehre, 5. Aufl., 1983, S. 283.

② 德国 19 世纪社会主义的先驱者以及著名的政治学家拉萨尔(Ferdinand Lassalle,1825—1864)于 1862 年发表的《论宪法的本质》(über Verfassungswesen)的演讲稿,将宪法定位为"有效规范国家现实权力关系之典章",并且将宪法的问题主要当成"权力问题"(Machtfrage),也是整个社会结构所系的"秩序政策"(Ordnungspolitik)。一部宪法能够生存,依靠的是国家的现实权力与白纸黑字的宪法的完全配合。一部良好宪法不可或缺的品质在于契合权力的现实面(verfasste Realitaet),而非仅仅是方针式的期待与目标。因此,拉萨尔的看法一针见血地描述了宪法与国家现实权力的密切关系。H. Heller, aaO., S. 282; B. Ruethers, Das Ungerechte an der Gerechtigkeit, 2. Aufl., 1993, S. 125.

无所不在①,但最明显且最频繁的出现宪法被适用与遵守的情形,则无疑在此"法领域"之中。②

另外,宪法的另一个任务是确定国家发展的方向。这个可以划归在宪法"总纲"内的条文,使得国家政治、经济与社会具备"恒定性",不会因为日后负责国家政策的决定者之更替,而变更了国家权力追求的理想路线,例如宪法的人权保障、国家权力的组织与界限之规定。因此,宪法的价值判断条款可以积极地促进国家整体秩序的安定性与稳定性。这些属于"方向指针"的宪法规定将在本章第四节讨论。

二、"宪法"的来源

(一) 外国宪法之语源

宪法系由英文(constitution)、法文(constitution)及德文(Verfassung)翻译而来,而三者又由拉丁文(constitutio)演变而来,其本义为组织、结构或组成。

早在古希腊时代,亚里士多德在其《政治学》(politica)中已经出现了原始的宪法概念,认为国家应该有一个组成的根本大法,作为立法与国权行使之指导原则。宪法是关于国家权力如何分配、谁拥有最高权力、人民应遵从何种社会目标等的规范。而法律则是依此宪法而制定的法规,使国家权力得以执行并制止违法的行为。因此,亚里士多德认为,认同一个国家,必认同其宪法,同时宪法被废止也代表国家灭亡;产生一部新宪法,也象征一个新国家的诞生。③ 这个"规范公众之法"(rem publicam constituere)的名词即为日后英、法文"宪法"名词的滥觞。但是希腊时代的宪法理念只是理论性的探究,尚未形成国家制度。同样的,在欧洲14世纪,法国也有可拘束国王的"基本法"(lois fondamentales; lex fundamentalis)或"宪法"(lois constitutionnelles);神圣罗马帝国也有"基本法"(leges fundamentales),然而仅限于极特定的事项(如对于贵族或僧侣征税或是诸侯选举),尚未具备宪法的特征。但是"宪法"(lois constitutionnelles)一词已正式见诸文书,二百年后的启蒙运动即择此"宪法"之语而更易其义。

(二) 中国宪法之语源

1. 古代"辞同意异"的宪法用语

中国古代典籍中亦不乏述及"宪"或"宪法",例如《左传·襄公二十八年》:"此君之宪令";《国语》:"赏善罚奸、国之宪法";《管子·七法》:"有一体之治,

---

① 张千帆主编:《宪法学》,法律出版社2004年版,第24页。

② E-W Boeckenfoerde, Die verfassunggebende Gewalt des Volkes-Ein Grenzbegriff des Verfassungsrechts, in: U. K. Preuss (Hrgb.), Zum Begriff der Verfassung, 1994, S. 58.

③ G. Jellinek, Allgemeine Staatslehre, 3. Aufl., 1960. S. 506.; C. Schmitt, Verfassungslehre, 1928, S. 4.

故能出号令,明宪法矣";《管子·立正》:"正月之朔、所官在朝,君乃出令布宪;宪已布,有不行宪者,罪在不赦";《韩非子·定法》:"法者,宪令着于官府,赏罚必于民心,赏存乎慎法,而罚加乎奸令者也";《中庸》:"仲尼祖述尧舜、宪章文武";《晋书·张华传》:"晋吏及仪礼宪章";《唐书》:"永垂宪则,贻范后世"等。这些"宪"或"宪章"都是指国家典章法令,即国家实证法令。另外,"宪"字亦普遍表示"纪律"、"权威"之意,例如宪台(御史台)、大宪或上宪(长官)、宪纲(官职尊卑)、"宪兵"(维持军纪之兵种)、明清时代监察御史之"纠察风宪"(纠察公务员之操守、纪律),可见"宪"字仍为偏向"纪律"方面的用语。而今日我们所理解之现代意义的宪法,则是标准的日本"舶来品"。

2."舶来品"的宪法用语——由日本传来的"宪法"

日本自中国唐代时实行"大化革新"接受汉字以降,法令使用汉字,和中国文字之意义无甚差别,"宪"字亦然。日本史上出现的"圣德太子宪法17条"(圣德太子于公元539年摄政,622年去世),德川时代公布的"宪法部类",都类似中国古代典籍,将"宪"(宪法)当成典章、法令。到明治维新时,已有学者翻译 constitution 为"政则典范"、"建国法"或"根本律法"。依日本法学名家穗积陈重的分析,日本宪法史上第一位将 constitution 译为汉字"宪法"者,系曾任日本司法大臣的箕作麟祥(1846—1897)。箕作麟祥在明治六年(1873)出版的"法兰西六法"中首开先例。以后明治天皇在明治八年公布的诏敕中正式提及"立宪政体",明治十五年复遣伊藤博文赴欧洲考察宪法,明治二十三年(1889)公布宪法,现代意义的宪法即在日本获得承认。① 箕作麟祥其实只是法学者中使用"宪法"之第一人而已,之前已有人引进天赋人权思想到日本。日本德国研究(德意志学)创始人加藤弘之(1836—1916)在庆应三年(1867)出版《立宪政体略》,首先将德语之宪法(Verfassung)一词由先前其翻译的"大律"(1861年出版的《邻草》)转译为宪法及立宪政体。故追本溯源,加藤弘之实为"宪法"一词之创始人。

近代中国的现代化,以及学术与生活用语,与留学生在清朝末年大举赴日研习"东学"(日本学术),有密不可分的关联。宪法概念及用语的传入中国也是同样的情形。依作者初步考证,最早将日本的宪法用语引进中国的是清廷派驻日本的外交参赞黄遵宪。黄遵宪在光绪十三年(1887)所著《日本国志》卷三、《国统志》卷三及卷十四、《职官志》二中,已有"渐建立宪政体"之叙述。按该书之资料收集至明治十三、十四年为止,即明治天皇诏敕中正式提及立宪政体(明治八年,1875年)之后五六年,伊藤博文越洋考察宪法前二年,似为清朝最早将"宪

---

① 〔日〕穗积陈重:《法窗夜语》,日本有斐阁大正五年(1916)版,第172页。

政"用语介绍至中国者。①

但无论如何,至迟在 19 世纪末,清朝朝野对于宪法的概念已经十分清晰。例如康有为在第五次上书光绪皇帝(光绪二十三年,1897 年 11 月)中已建议"采择万国律例、定宪法公私之分",可见宪法一词于此时已正式引进中国。至光绪三十年(1904)张之洞奏请清廷立宪,"宪法"一词已被赋予了现代的意义。

(三) 宪法用语的使用

宪法是国家的基本大法。一般宪法的概念是指国家的宪法而言,侧重其政治意义,然而,如果以法的意义,也就是将宪法与一般法律的不同位阶而论,宪法也在西方欧美国家出现在"次中央"层次上,也就是在邦、省与州之层次,出现州宪(如美国)、邦宪(如德国)或省宪。②

此外,地方宪法的产生也多半基于历史的因素。如果国家处在全国性宪法制定之前的阶段,各邦为先确定本邦政治与法制的发展方向,也会先公布地方宪法,例如美国在 1787 年联邦宪法公布前,北美 13 州都已经制定了州宪法;德国宪法及德意志民主共和国宪法公布前(1949),各邦也都公布了邦宪。这种地方宪法的公布也对后来中央宪法的内容与制定起了积极的作用。

当然,要承认地方宪法的存在,必须破除若干的误解。有人以为地方宪法的出现代表国家的分裂,为破坏国家主权的行为。这种见解应该加以澄清。地方宪法是基于地方主权而制定的宪法,也必须臣属于全国主权而制定的全国宪法,地方宪法的出现并不当然侵犯国家主权。反而,由于地方宪法不可抵触全国宪法与合法的中央法律,更可以凸显出国家的主权地位。这便是德国及瑞士宪政制度所谓的"联邦忠诚"(Bundestreu)制度,可防止国家的分裂。

宪政国家之因此承认地方宪法的合宪性,主要基于两种理念。第一种情形是实施联邦制,也就是承认中央与地方分权的宪政理念。③ 中央既然与地方可以共分国家权力(主要是行政与立法权,少数国家如美国则包括司法权也可分配给地方),地方立法机关也可以制定法律。这种地方比照中央设立一整套法律制度,产生了一部高于地方法律的地方宪法之必要性。例如以德国为例,各州除了制定州宪外,也可以成立州的宪政法院,行使邦法律违宪审查权。然而,为

---

① 但是,黄遵宪在《日本国志》也有提及"宪法"之处——凡地方官(县长)每年一度至京会议宪法,名曰地方官会议,但此处之"宪法"仍只是典章法令之通说,仍未能视为新意义之宪法也。因此黄遵宪对于宪法是采"新旧交杂"的认知。

② 中国近代立宪史上也出现过两次制定省宪或地方性宪法文件的运动,先者为 1920 年的省宪运动;后者为中国共产党领导下的革命根据地公布的宪法性文件。参见王磊著:《宪法的司法化》,中国政法大学出版社 2000 年版,第 83 页以下。

③ 毛泽东在早年(例如 1920 年 10 月 10 日上海《时事新报》)便基于全自治的理念制定广东宪法与湖南宪法。参见中共中央文献研究室、中共湖南省委编辑组:《毛泽东早期文稿(1916.6—1920.11)》,湖南出版社 1990 年版,第 526 页以下,其中有三篇文章提到毛泽东赞同省宪法的制定。

避免影响国家的团结,国家宪法可以规定合宪的联邦法律具有超越地方宪法与法律的效力。

地方宪法的出现体现了对"法功能"的重视。法律不能违背宪法的规定,此原则不仅应该适用在中央立法之层次,也应该发挥在地方立法之层次。以现代国家社会生活的复杂、法律数量之庞大、立法与修法的频率之高、速度之快,中央绝无法统包此种法治工程的全部责任,必须大幅度下放给地方。而地方也必须建置一整套法律体系,此时便需要一部宪法来约束这些地方性立法,而无需全部由全国性的中央宪法来监控。这便是地方宪法可以替中央宪法"分劳",协助全国宪法来建设一个宪政国家的积极功能。

中央宪法如果居于所有法规范的最高阶(最高法,supreme law),便是属于"基本法"(basic law)的性质。例如德国在1949年制定宪法时便使用"基本法"(Grundgesetz)一词,而不使用"宪法"(Verfassung)一词。可知基本法与宪法可以为同一词。①

第二种情形是"宪法特许",这是在非实施联邦制国家,由全国宪法给予某些地方"高度自治",也会产生地方宪法或是类似地方最高法规范的情形。即使在实施单一制的国家,有时候会基于特别的需要,对于某些地区——例如海外属地、殖民地或是保护区等——给予高度的自治,形成类似"国中之国"(Staat im Staate)的情形,一个典型的例子是香港、澳门回归后实施的"一国两制"。当然,在实施联邦制国家,地方也拥有相当程度的高度自治。这种特别自治区域内的法律体系形成一个金字塔等级,产生地方宪法式的最高法规。

但是,这种地方宪法的出现以及合宪性之获得,必须以获得国家宪法的承认与保障为前提。例如香港和澳门地区在回归前,都分别制定了《香港特别行政区基本法》与《澳门特别行政区基本法》。这是基于"一国两制"具有宪法位阶的规定。② 因此,即使中国是非联邦制国家,但经"宪法特许",即可承认这两部基本法即相当于香港宪法与澳门宪法,为标准的地方宪法,而它们不得抵触国家宪法,属于"下位阶的宪法"。

因此,我们必须将港、澳基本法理解为地方法规范最上位法规的地方宪法,否则将无法说明"基本法"与港、澳立法机关制定的法规范之间的关系,也无从说明这两部基本法与国家宪法及其他法律的位阶关系。但由于港、澳基本法并

---

① 德意志联邦共和国在1949年公布宪法时,之所以使用"《基本法》"来代替宪法的用语,乃是着眼于国家未统一时的过渡时期。因此该《基本法》第146条规定,该《基本法》在德国统一制定新宪法后失效,但在两德于1990年统一,2001年4月1日修订《基本法》后,仍然延续使用《基本法》的用语,也因此《基本法》与宪法已无任何差异。

② 国内学界主流见解都认为港、澳《基本法》的存在依据,乃是基于宪法"一国两制"的产物,这也说明两部《基本法》具有国家宪法所赋予的拘束两地区所有法规的最高效力。见许崇德:《学而言宪》,法律出版社2000年版,第346页以下。

非由港澳人民的代表所议决,而是由全国人民代表大会所制定,因此在此意义上,港、澳基本法还不能算是标准的地方宪法。①

三、成文宪法的产生

(一) 思想的渊源

现代意义的宪法,系在加尔文教派(清教徒教派)与自由启蒙主义的冲击下产生的。在思想的领导上,启蒙时代三大思想家功不可没。首先,洛克(John Locke, 1632—1704)的分权理论主张国家权力区分为立法权及执行权,使国家权力受到法律的拘束。其次,孟德斯鸠(Charles de Secondat Montesquieu, 1689—1755)主张"三权分立",使国家权力分由行政、立法及司法三个独立的机关来行使,打破政府垄断掌握三权的现象。这种分权思想影响后世甚巨。第三位是卢梭(Jean-Jacques Rousseau, 1712—1778)提出"主权在民"的理论,认为国家之主权不在君王,而是在人民手中,特别是卢梭在 1762 年出版的《社会契约论》一书,主张国家与社会一样,是人民自愿以类似签订契约的方式来限制自己的自由,并委托政府管理。因此,政府之施政如果背弃造福人民之约定,人民即可起而推翻之。1765 年卢梭所撰写但死后才发表的《科西嘉的宪政方案》与1772 年撰写的《波兰政府改组刍议》的文章已经使用"宪法"的名词,并且强调其重要性。②

(二) 立宪运动的展开

在行动的实践方面,最早在 1620 年 11 月 11 日有百余名英国清教徒移居北美马萨诸塞的新普利茅斯(New Plymouth),并于 1639 年 11 月 14 日在此殖民地上公布《康涅狄格根本法》(Fundamental Orders of Connecticut),承认殖民地的管理须经全体移民所同意。这部"根本法"虽然只拘束了百余人,但其影响却甚为宏大。百年后的 1776 年 6 月 12 日美国《弗吉尼亚州宪法》(《人权法案》)的公布,造成北美殖民地风起云涌的立宪运动,也多少可归功于《康涅狄格根本法》所播下的种子。在英国,克伦威尔军中的清教徒在 1647 年草拟公布了《人民权利书》(Agreement of People)之宪法草案,1653 年克伦威尔提出的《政府组织法》(Instrument of Government)虽然功败垂成,却是不朽的宪法文献,且鼓励了立宪思想的风潮。

美国弗吉尼亚州在 1776 年 6 月 12 日颁布州宪,这是人类政治史上第一部成文宪法。其他北美 12 州也陆续展开制宪活动,至 1782 年各州皆完成制宪。

---

① 见王磊著:《宪法的司法化》,中国政法大学出版社 2000 年版,第 85 页以下。
② Constitutional Project for Corsica (1765); Considerations on the Government of Poland (1772), in: F. Watkins, Rousseau, Political Writings, Nelsen(N.Y.), 1953, pp. 153,277.

关涉世界立宪思潮最重要的一步,是美国13州在1787年9月17日通过的《美国联邦宪法》,开始了世界各国制宪之先河。两年后的1789年8月26日,法国大革命爆发,公布《人权宣言》;两年之后,1791年9月3日,法国颁布《法国宪法》(《雅各宾宪法》)成为欧陆国家第一个制定宪法的国家。从此人类社会开始进入宪政法治的时代。19世纪欧洲各国莫不蓬勃开展立宪运动,学术界也系统地探讨宪法学理,19世纪的政治已充满着立宪的思潮。

亚洲最早进入立宪国家的是日本。日本在1889年仿效德国《俾斯麦宪法》(1871)之成例,制定明治宪法,实行君主立宪。日本实行立宪的明治维新后,社会进步一日千里,国力大增,不旋踵间便在1904年爆发的日俄战争中,战胜了西方强国的俄国。小国日本竟然能战胜俄国,固是日本维新求变之功,却也使中国朝野认为实行专制的俄国无法强盛,乃未立宪之故,遂加速立宪思想的传播,确认了立宪的积极价值。

四、宪法与宪政的关系

(一) 宪政的意义

所谓的宪政(constitutionalism),是指经将宪法条文具体实施在国家的生活之中,也就是通过实施宪法,使得宪法条文的拘束力能够有效形成国家的组织、拘束国家权力的运作,保障公民的基本权利,以及指导与确定国家发展的方向。[①] 因此,宪政是赋予一纸宪法条文生命力的体现。

宪政的完善与否,表现在宪法实施的程度。实施宪法的国家,方可以称为宪政国家;完全不折不扣的实施宪法,就可以被尊称为令他国人民钦羡的"完全"宪政国家。一个国家纵有宪法,但不实施或是大幅度涉及国家权力的规定并不产生效力,那么这种"非规范"性的宪法当然不能称为宪政国家。[②]

人类在近一两百年的政治斗争史上,特别是在第二次世界大战结束以后,许多殖民地国家纷纷独立,莫不兴高采烈地制定一部宏伟的宪法。但是旋即沦落在独裁、内乱的痛苦深渊者,不知凡几,也因此宪法学界产生了"制宪易、行宪难"的结论。一个国家产生宪法,不见得能够产生真正的宪政。因此,实施宪法必须要有强大的"行宪力",如同促使产生宪法制定出来的强大"制宪力"一样。

[①] 张友渔代表的见解也是类似:"所谓的宪政就是拿宪法规定国家体制、政权组织以及政府和人民相互之间权利义务关系而使政府和人民都在这些规定之下,享有应享的权利,负担应负担的义务,无论谁都不许违反和超越这些规定而自由行动的这样一种政治形式。"见张友渔:《宪政论丛》(上册),群众出版社1986年版,第100页。

[②] 中国学术界也认为宪政必须是活着的宪法,或是在现实生活中有意义的宪法,故宪政应有四个基本内容:宪法的正当性、宪法的确定性、宪法的合理性及宪法的有效性。这个见解确有见地,见莫纪宏主编:《宪法学》,社会科学文献出版社1999年版,第101页;许崇德主编:《宪法》,中国人民大学出版社1999年版,第20页。

这也是宪法学所称的"护宪力",是对宪法忠诚所产生的防卫力。因为任何背离宪法规定的行为都会破坏宪政的生命。越是新生的宪法,宪政生命越脆弱,也因此需要国家上下最坚强的行宪意志和行宪力。

实施宪政,固然是将宪法付诸实现。但是宪政实施可能会产生检验宪法是否合乎时宜的情形;易言之,宪法条文可能因为过时老化,或是若干规定未能符合国家发展的现状。这种所谓的"宪政现实"(Verfassungswirklichkeit)是一种中性的状态,说明宪法规定与宪法实施的实际之间有相当的差异。宪政现实有可能是负面的现象,造成国家行为——例如立法——违宪的后果;也有可能是使宪法原本的规定产生了"质变"的情形,例如新旧条文在实施后形成了新的符合社会需要的诠释(所谓的"宪法变迁")。① 这些适用、援引宪法条文所产生的现状,一则可以作为日后修宪的依据;二则也可以由国家的其他机制来做调适,例如违宪审查权或是定期的选举来追究政党责任。因此,宪政现实是检验宪法生命的最重要依据。

(二) 宪政的规范依据——宪政的"法源依据"

宪政既然是将宪法的条文规定付诸实现,作为整个国家权力运作的指导依据,因而就涉及实施宪政的"法源依据"问题——由何处取得宪政发展的指导与规则。宪政的法源依据,当然首先是以成文宪法的规定,且是明白语意的规定。这是属于狭义的"宪法内"(intra constituionen)的规定,也是由宪法条文的字面与字义解释可以导出的内容。

然而,任何成文法的立法者都无法预料事后会产生的各种争议。宪法亦然。任何一部宪法的条文,也不能够巨细靡遗地提供国家发展的依据。因此,宪法除了成文宪法的规定外,仍然需要其他的法源。两个重要的法源则为宪政惯例及宪法的不成文规定,对于实行不成文宪法国家而言尤其重要,以下略述。

1. 宪政惯例

宪政惯例(constitutional convention)是指国家实施宪政过程所累积的一些"惯行",成为具有拘束国家宪政机关与政治人士做为的行为模式。如果依照最早把这个原则提升到可以规范国家宪政秩序的学者的说法,也就是英国学者戴雪(A. V. Dicey)所宣扬的,这些风俗、习例、格言或教义等所构成的宪政惯例,属于道德或政治伦理,并不是由实证的法律条文所产生的制度,而是由政治机关

---

① 所谓宪法变迁(Verfassungswandel)是指"旧瓶装新酒",通过对宪法的解释,把宪法老旧条文的含意加以更新,使得宪法变成活的宪法。这种通过解释来"活化"宪法条文的方法只能视为权宜性质的补救方式,也是有权解释宪法者合乎宪法授权意旨所为的"合宪解释"的极限,再进一步就会形成违反宪法规定所作出的"违宪解释"。因此,宪法变迁固然是一个立意尚佳的制度,但总还是宪法解释的"极限"。宪法变迁往往作为宪法修改的"前置"作业,为修宪凝聚正当性。在德国讨论有关宪法变迁最著名的学者为徐道邻先生。参阅陈新民:《惊鸿一瞥的宪法学彗星》,载陈新民:《公法学札记》,中国政法大学出版社2001年版,第178页以下。

（国会与内阁）长年运作下来所形成的制度。① 易言之，它们不是按照宪法或法律立法者事先所预想的体系与架构推演而产生的执行式惯例，而是属于"源头式"的宪政行为模式。②

在实行不成文宪法的英国，因为没有一部事先已经经过一批制宪者费心筹划而构建的宪法，以至于须仰靠不少已流行一两百年的惯例，是有相当局限性的取样，但是这种规范的特征和大陆法系民事法理的习惯法颇为类似。大陆法学者便称此宪政惯例为"宪法习惯法"（Verfassungsgewohnheitsrecht）。

依瑞士最权威的宪法教科书作者 Häfelin 和 Haller 之见解，在公法中（包括宪法），宜有习惯法适用的余地，但必须符合三个要件：第一，没有被中断的长久惯性；第二，适用机关与人民都已产生法确信；第三，适用在有法律漏洞的情形。但是任何习惯法都不能与现行法规相抵触。而在宪政的程序方面，这两位学者都坦承仅有少数的地方存在宪政惯例，例如在国家陷入危机时国会的运作模式，因为宪法并无相当的规定，便可以以往的运作模式当做宪政惯例来延续使用。③

因此，宪政惯例可以被视为一种成文宪法的"补充法源"，事实上也扮演着指导国家宪政的重要原则。如有违反这种宪政惯例，往往会造成重大的宪政危机。例如在实施内阁制的国家，君王虽然拥有可以拒绝公布国会通过的法律案或者宣战案、拒绝任命国会多数党所提出的总理人选等特权，但都会形成不行使这种所谓"宪政特权"的惯例。

然而，自从宪法由单纯的具有政治意义的"政治文书"逐渐转为具有法律性质的"最高法典"，代表国家进入到追求实证立法的时代，宪法的制定也务求周延精确，宪政惯例存在的空间也愈行紧缩。这涉及承认宪政惯例存在的三个要件：要有长远惯行的特征、产生法确信及无宪法明白规定的情形。必须同时满足此三要件，才能产生宪政惯例。这个条件显然太过于严苛，使得宪政危机无法援引宪政惯例来解决。

就第一个要件而言，这是要求"史有恒例"的要件。假如一个制度行之久远，国家上下都视为当然之举，无疑是已凝聚共识。一个违反这种行为准则的政治行为出现，即使此准则没有明白列入宪法，朝野也不会忘了此准则的存在，而变成没有共识、茫然无解的宪政障碍。因此，之所以造成宪政困境，多半是令国家上下措手不及的新事故"史无前例"，距离"史有恒例"的要件，可谓"远水救不了近火"。因此，第一个要件完全阻绝了"创造"宪法惯例的机会。

---

① 戴雪称宪政惯例为"宪典"（英宪的典则），宪典与其他四种法源（历史上重要的文书，例如《大宪章》、《权利请愿书》；国会的重要立法；司法判决；普通法的原则）共同构成英国不成文宪法的来源。〔英〕戴雪著：《英宪精义》，雷宾南译，中国法制出版社 2001 年版，第 421 页以下。

② 关于宪政惯例的新发展可参见 G. Marshall, *Constitutional Conventions*, Clarendon Press, 1986。

③ U. Häfelin and W. Haller, Schweizerisches Bundesstaatsrecht, 2 Aufl., 1988, S. 5.

第二个要件"法确信力"是指国家上下产生类似于法律拘束力的确信。这也是接近于"绝对共识"的程度。但是这个源于民事的习惯法也是以长久的习惯才会产生法确定力。而造成宪政困境的事实多半初次产生,连解决的共识部分都尚难凝聚,怎么谈得上产生超越道德层次的"自律"、而进到"他律"层次的"法确定力"?

　　第三个要件是在法无明文规定才可适用(法律漏洞)。这是当然解释的结果,也是将宪政惯例视为不成文宪法的法源依据。然而,这种宪政惯例是否一定要在宪法条文没有明白规定时才能产生? 如果采取肯定说,显然宪政惯例就不能够适用于依据宪法条文的规定,却已形成某种行为模式的惯例之上。举个例子而言:某些内阁制的国家(例如泰国宪法)明白规定国王可以否决任何国会法案,但泰皇从未实施,而形成泰国宪政的惯例;许多国家的宪法都提到国家元首拥有赦免权,但元首可否对自身行为提出赦免权? 是否也可以由"从未实施过"作为惯例? 因此如果以客观的惯行及共识两个形成宪政惯例的要素而论,显然这第三个要素就不重要了。

　　检验这三个形成宪政惯例的成立要素,可以知道必须从宽解释,才有可能使宪政惯例产生。而且面对宪法法规的精细规定,能形成具有准则性的宪政惯行,恐怕都只是极少数的个案,也多半能在教科书加以列举。① 另外,宪政惯例的作用既然在提供解决宪政危机的准则依据,涉及宪法解释的问题也必须由有权解释宪法者来决定;易言之,宪政惯例必须获得释宪者的承认。学说上对宪政惯例成立的要素也变成说服释宪者的理由,大概也是属于"成立不易"的理由。宪政惯例的重要性已经丧失。

　　2. 宪法的不成文规定

　　既然宪法惯例如同行政法也不容易存在"习惯法"的余地②,因此寻找宪政依据还是必须回归到"宪法内"的价值体系,也就是找寻宪法条文的整体理念中的不成文规定。这是基于宪法的"体系解释",将宪法条文没有明白包括的意义,制宪与修宪者当初没有设想的解决方式,通过宪法的解释来"活化"宪法条

---

　　① 在中华人民共和国,宪政惯例的例证也不多。学者曾举一例说明:由何种机关公布宪法,宪法未明文规定,但从1945年开始,即由第一届全国人民代表大会第一次会议主席团公布,以后即形成宪法惯例。见许崇德主编:《宪法》,中国人民大学出版社1999年版,第36页。

　　② 德国公法学界对此问题讨论主要在19世纪末20世纪初。随着德国行政法学的发展,由奥托·迈耶(Otto Mayer)所领导的古典行政法学致力推动依法律行政的理念后,公法界是弥漫了一片法律实证主义。在此情况下,公法对于习惯法并不太热衷。奥托·迈耶便指出,在国家与人民的关系,至少已有数千年的历史,但只有极少的情形许可有公法的惯例存在。他所举的唯一例子,是指警察可以根据地方的习惯,要求居民在下雪天清扫门前雪,避免路人滑倒。因此公法习惯法之说,很容易让人误解在民事法中占有极重要、仅次于实证法律规定的民事习惯法,系和公法习惯法列于姊妹法的地位,因此,德国学界并不使用宪法习惯法一词,而代之以不成文宪法。见陈新民著:《中国行政法学原理》,中国政法大学出版社2002年版,第45页,注2。

文,使宪法的精神能够变成具体指导宪政生命的依据。

因此,不成文宪法的规定既然埋藏在宪法的条文与精神之中,使得宪法的解释具有高度的理想主义及价值判断,释宪者的角色已经超越了一般适用法律者拘泥于成文法规的层次,由所谓的"法匠"升到"法学家"的层次。释宪者在寻找这些宪法的不成文规范的过程中也必须具有前瞻性,以便创造出的宪政规则能够为最近的国家发展提供进步的法治建设之依据,在这种意义下,制宪者能够作为决定宪法不成文规范的立论来源,除了国家宪政发展的重要经验及其他典范外,本国与外国相关的宪政理论与宪政实务都可以作为判断、抉择的依据,才不会造成闭门造车的"井蛙之见"。此时的释宪者变成国家宪政生命健康与茁壮的保护者。在这种角色的期许下,释宪者也逐步演变成承担"制宪者与修宪者"的任务,不再具有消极性及局限性。

在这个意义上,宪法的不成文规定实际上也是由宪法的精神与条文衍生而出,因而严格意义上不能再称为同一部宪法的"不成文规定"。尤其是在实施宪政的法治国家,解释宪法本来就必须遵照法治国家的理念,许多宪法成文规定未明白提到的理念,当然可以通过解释的方式确认为宪法的原则。只有这样,有限成文规定的宪法才会变成一部"活泉式"的宪政规则的来源。现代宪政国家将过去把宪政惯例及宪法不成文规定视同"宪法外"(praeter constitutionem)的规范,转变为"宪法内"的原则与价值规范,更能验证宪法的崇高性。

第二节 宪法的分类

一、传统的宪法分类

传统宪法学上对宪法的分类,约可分成三种:成文与不成文宪法,刚性与柔性宪法,以及钦定、民定与协议宪法。这种分类以近代各国立宪史之历史背景作为探讨对象,多半不切实际。唯借此讨论老式的传统分类,可附带指陈宪法之特征,简要叙述如下。

(一)成文宪法与不成文宪法

1. 成文宪法(written constitution)

成文宪法系指国家有单一或几个法典称为"宪法",并以其为最高法规而言。一般国家皆以单一法典称为宪法(one-document constitution)。[①] 但也有少

---

① 有些国家的宪法可能会将其他法典、宣言或条文列为该宪法内容之一部分时,亦不损其"单一性",例如法国第四共和国(1946—1959)宪法序言将 1789 年的人权宣言列为宪法之一,德意志联邦共和国《基本法》第 140 条明定继续沿用《魏玛宪法》部分条文,以及美国修宪方式采不更动本文,而以增修条款方式增订在本文之后者,都仍是单一宪法,而非复数宪法。

数国家的宪法,是将几个特别重要的法典合而称为宪法。这种宪法之例甚少,例如法国《第三共和国宪法》(1875),即是将《参议院组织法》、《公权组织法》(关于总统、部长之职权)及《公权关系法》(关于国会与总统职权关系)三部法典作为《第三共和国宪法》。

瞻望世界诸国,除了下述实施不成文宪法的英国、以色列等国,以及中东的沙特阿拉伯、阿曼、利比亚三国系以古兰经为宪法外,其他各国皆采用成文宪法。①

2. 不成文宪法(unwritten constitution)

不成文宪法系将规范国家之最高大法,不以制定宪法之方式,而是散见于历史文件、法典、惯例或法院判决等之中。

英国的议会政治源远流长,因此数百年来国会通过重大的法案,例如 1628 年的《权利请愿书》(Petition of Right)、1689 年的《权利法案》(Bill of Rights)、1701 年的《王位继承法》(Act of Settlement)、1706 年的《苏格兰合并法》(Act of Union with Scotland)、1800 年的《爱尔兰合并法》(Act of Union with Ireland)、1911 年及 1949 年的《国会法》(Parliament Act)都变成英国宪法之一部分。此外,由国会政治所形成的许多"惯例",例如预算草案仅能由相关大臣在众议院提出;对两院通过之法案,国王必须无条件地签署;国王必须任命议会多数党的党魁为首相;国王必须任命首相所提出之阁员名单等。还有法院的重要判例,例如确定法院不能审查关于国会内部程序之事项的 1884 年 *Bradlaugh v. Gossett* 案以及确立除非法律明文规定否则不能溯及既往的 1934 年 *Ellen Street Estates, Ltd. v. Minister of Health*。甚至宪法学界大师的见解亦可形成宪法之内容。② 因此英国不成文宪法的来源即有法典(法律)、惯例、判例及学说等四种。

以色列于 1948 年 5 月 14 日公布独立宣言。在宣言中宣布至迟于同年 10 月 1 日前制定宪法;并于嗣后成立制宪代表大会,进行草拟宪法的工作。但因未能获得共识,宪法遂未能通过。因此,以色列决定先行制定一些"基本法"(Basic Law),例如《回归法》(1950)、《国会法》(1958)、《政府组织法》(1968)、《总统职务法》(1964)、《司法权法》(1984)、《国防法》(1976)等九项法律,但缺乏一部人权法典。以色列建国后,由于强敌环伺,历经数次中东战争,一直未能制定宪法,因而是实行类似英国的不成文宪法之国家。③

---

① 新西兰在 1987 年公布宪法后,已非不成文宪法的国家。
② D. M. M. Scott and D. L. Kobrin, "*O*" *Level British Constitution*, 3rd edition, Butterworths, London, 1979, p. 21.
③ D. J. Elazar (ed.), *Constitutionalism—The Isreal and American Experiences*, University Press of America, Jelusalem, 1990, p. 210.

（二）不成文宪法的优缺点

不成文宪法的优点虽然可以归纳为修改容易，俾随国家社会的需要而更改；宪法的来源都和宪政发展的历史息息相关，能使朝野产生遵守的共识。但是，其缺点也伴随而至。宪法的主要任务是维持国家最高政法秩序的稳定，因此宪法和法律不同，法律应比宪法更"敏感"且迅速地反映社会之变动。如果宪法变动极易，宪法所扮演国家法政秩序之"稳定者"的任务就不易达成。而英国不成文宪法内容之来源既是多样性，而究竟哪些法律、惯例、判例或学说才可列入宪法之林？法律既然可以随时修改，一如1800年的《爱尔兰合并法》可经1922年的《爱尔兰自由邦法》（Irish Free State Act）予以废止，许可南爱尔兰退出大英帝国；而法学权威之说亦非不容挑战。因此，英国不成文宪法即失之于"不确定"。只要英国国会同意，要废止王室特权、改行民主共和制也无任何阻碍。这也印证了"只是不能要求男人生孩子以外，英国国会无所不能"的生动描述。

（三）制定宪法的趋势

欧洲各国近二十年来致力于"欧洲整合"运动，以消弭欧洲各国数千年来战争频仍的祸因。在追求货币、边境、社会安全制度等整合目标后，也朝向立法整合。英国在1973年1月加入欧洲共同体后，英国不成文法宪法体系及其宪法和一般法律无异的现象即难为实施成文宪法的欧洲各国所接受。为响应欧洲宪政体制一致性的要求，英国议会权限已因欧洲整合而遭大幅度限制，英国国内也有要求制定宪法的强烈呼声。例如英国政府已于2005年1月25日提出《欧洲联盟法案》，在英国（及海外属地）举行公投是否接纳欧盟宪法，但后来因故暂缓，因而英国现行不成文宪法的模式能维持多久仍值得关注。①

以色列虽然实行英国不成文宪法模式，但是独立宣言中已信誓旦旦要从速制定宪法。建国四十余年来，以色列宪法学者们屡屡提出各种宪法草案，无奈以色列朝野始终兴趣不大。依以色列宪法学者Zamir的分析，理由主要有二。首先，以色列的安全问题一直是国家之隐忧，建国四十年即爆发五次以阿战争，故以色列政府不愿意受到宪法的束缚，而是希望拥有较大的自由以因应国内外危机。因此，以色列政府一直是采取强势的作为与领导，自然不愿主动提起制宪之议。况且，关于宪法内容仍有许多共识未获解决（例如民族自决、宗教问题），也使以国历届政府无意制宪。

其次，以国人民并不认为有立宪之必要，因为实际生活中人民享有相当程度的自由；而且政府受到国会监督、依法行政，人民并未深刻体会到一部成文宪法

---

① 英国人不制定成文宪法的理由不外是：基于岛民保守心态，不喜见异思迁；对政治哲学缺乏兴趣；政治人物缺乏立宪之热忱，唯恐因此限制他们在国会及内阁中的行动自由；社会有相当大程度的和谐性；使用宽容及实际方式解决政治及宗教问题；对传统形式渐进和议会讨论之观念根深蒂固。Smith and Brazier, *Constitutional and Administrative Law*, 6th edition, Penguin (London), 1990, p.9.

的重要性,故欠缺公共舆论对制定一部成文宪法所为的积极压力。以色列人民这种感觉及政府的"本位"看法,与英国极为类似。① 近年来一些以色列学者发现,以色列年青一代的国民中已有半数的人产生反民主(例如希望国家由强人领导)与反人权(例如认为可以剥夺阿拉伯人的人权)的思想,故认为以色列应制定宪法,方能切实保障民主及人权。但是牵一发而动全身,要以色列朝野一改四十年的行事传统,绝非易事;且以色列亦无英国加入欧共体之制宪压力,因而在可预见的将来制定成文宪法的机会并不太大。②

(四) 刚性宪法与柔性宪法

以修改宪法难易的程度,可分成刚性宪法与柔性宪法。如果修改宪法较修改一般法律严格者,称为刚性宪法(rigid constitution, starre Verfassung);反之,则为柔性宪法(flexible constitution, liegsame Verfassung)。刚性宪法又称为硬性宪法,柔性宪法可称为弹性或软性宪法③。

首先提出这种区分法的是英国著名的宪法学者戴雪。戴雪在其1885年出版的脍炙人口的巨著《英宪精义》中分析法国宪法修改的问题时,提出法国宪法之类的宪法为刚性宪法,而英国宪法即为柔性宪法。嗣后英国另一位著名的宪法学者詹姆斯·布赖斯(James Bryce, 1838—1922)于1896年出版的《美国宪政》(The American Commonwealth)中,讨论美国宪法修改之不易,再度提出这种观念,此后刚性宪法与柔性宪法即成为最盛行的分类法。④

柔性宪法除了实施不成文宪法的英国与以色列之外,其他实施成文宪法的国家,只有极少数是柔性宪法。如意大利(1947)的宪法未特别规定宪法的修改程序,故以普通修法程序来修宪;法国第三共和国将《参议院组织法》等三项基本法律当成宪法,亦未另定修改程序,故为柔性宪法。

刚性宪法之异于柔性宪法者,是其异于一般法律的修改程序而较为严谨。其差异处略有:

(1) 修改机关不同。修宪的机构不同于修法之机构,例如法国第三共和国宪法(1871)之修宪由参、众两院议员组成之国民议会为之,和一般法律仅由国会(两院)通过不同。

(2) 修宪程序不同。除了有权机构修宪程序外,有的修宪草案完成后仍须经过特殊的"批准"(同意)手续。例如美国《宪法》第5条规定修宪案经参、众两

---

① I. Zamir, Two Contrasting Constitutional Experience, in *Constitutionalism*, xx.
② B. Susser, A Proposed Constitntion for Isreal, in *Constitutionalism*, pp. 179, 189.
③ 硬性宪法和软性宪法的分类为日本学界所采行。见〔日〕樋口阳一等:《宪法入门(Ⅰ)》,日本有斐阁1984年版,第41页。
④ A. V. Dicey, *Introduction to the Study of the Law of the Constitution*, 1885, p. 114; 10 edition, (Macmillian, 1965), p. 126.

院通过后，必须送至各州议会表决，至少须 3/4 之州议会通过（即 38 州），修宪案才能成为《宪法》的条文，甚至在美国《宪法》增修条文中也有"同意期限"的特别规定，规定 3/4 以上的州议会在国会将修宪案交由各州议会起 7 年内同意该修宪条文后，修宪案才算正式完成（如增修条文第 18 条第 3 项、第 20 条第 6 项、第 21 条第 2 项、第 22 条第 2 项）。这是为了维护各州及州议会之权力的特殊规定。① 此外，为使修宪的结果能获得国民的同意，以奠定修宪条文的权威性，有些宪法规定修宪案最后须通过公民复决之程序。首开其例的是德国 1919 年公布的《魏玛宪法》，其中第 76 条第 2 项规定，若联邦参、众两院皆议决同意修宪，即生效力，不需公民复决。但联邦参议院如不同意联邦众议院之修宪案，得要求提交公民复决。此外，公民亦得行使创制权来复决修宪案；现行日本《宪法》第 96 条规定修宪案经两院绝对多数通过后，仍须提交公民复决。法国现行《第五共和国宪法》第 89 条规定修宪方式有两种：一种是分别交由参、众两院表决，通过后再交公民复决；第二种方式是将草案交由参、众两院组成的联席会议表决（类似法兰西第三共和国），即不必再由公民复决。意大利现行《宪法》（1947）亦同。

（3）表决同意的票数不同。一般法律修改经议会表决过半数即可通过。但刚性宪法的修改，多半在表决同意的票数要求上极为严格。例如美国《宪法》及德国《魏玛宪法》需要参、众两院议员 2/3 人数的出席，出席人数之 2/3 以上绝对多数的同意；法国《宪法》如经（无需提交公民复决之）参、众两院联席会议决议修改时，需得 3/5 以上的多数；德国《基本法》修改则不要求最低出席人数，唯须投票参、众两院议员投票 2/3 的绝对多数方可。日本《宪法》则须两院投票同意达议员总人数 2/3 以上。依中国《宪法》第 64 条之规定，由全国人大常委会，或是 1/5 以上的全国人民代表提议，并由全国人大以全体代表 2/3 多数决通过修改之，因而属于典型的刚性宪法。

此外，若纯以宪法之条文规定，作为修改难易的推演依据，并不能充分反映一国宪法修改的现实。一国宪法之修改难易恒视民族性是否老成守旧，政党政治是否健全、活泼；社会发展及民众要求是否迫切频繁。例如理论上修宪最易的英国宪法，国民及政治人物特别守旧（或美其名曰"重视传统"），即使国会有权以简单多数决通过废止王室制度，实行共和立宪议案，但其实现可能性并不大。而实行刚性宪法的国家，如果朝野修宪的共识甚高（例如德国《基本法》修改的频率甚高，几乎每年进行一次修宪）；如果一国拥有压倒性势力的政党，如 1992 年以前的日本自民党，则修宪亦非困难之举。这样能够迅速修宪，代表宪法能够

---

① 因为依当初美国宪法制定时，草案亦是经各州议会通过后才成为联邦宪法（美国《宪法》第 7 条之规定）。

急速反应国家社会的需要，而活化了整个法律体系；使得"刚性宪法"不至于因为修宪困难，而形成"僵性宪法"，妨碍国家的进步。因此，负责修宪的机关，平日就必须经常检讨宪法有哪些条文，应进行修正，并且积极与拥有修宪权力者沟通，才能够掌握修宪时效。另一方面，基于法律已经高度专业化，修宪的工作也变成了法律专家的特殊工作，因此出于专业的宪法法规专家之手的修宪计划，也就容易获得共识。德国几乎每年都能成功地修宪，便是这类有计划的"专家修宪"。

因此，刚性与柔性宪法之学理区分，固有其学理价值，唯若不能佐以宪政现实，此区分法就会沦为纸上谈兵而已。①

（五）钦定宪法、民定宪法与协定宪法

这是以宪法制定的动力来做划分。钦定宪法是由君主独断权力所制定者，例如1814年复辟的法王路易十八所颁布的法国《宪法》、德国《普鲁士宪法》(1850)及《俾斯麦宪法》(1871)、日本《明治宪法》(1889)、光绪三十四年(1908)《宪法大纲》。协定宪法是君主和国民势力（政党）相互妥协后的产物。此多半是国内已发生革命危机后，君主和代表改革或革命的政党协议之立宪，例如法国《第二共和国宪法》(1830)。民定宪法则纯粹由人民（及其代表）所制定之宪法，最明显的例子有美国《宪法》(1787)、法国《第四共和国宪法》(1946)、日本《宪法》(1946)、德国《基本法》(1949)等。

此种区分亦不切实际。从来专制君主绝不会自愿释出大权，任由一纸宪法强施拘束。近代立宪史上实施君主立宪，几乎是专制（或开明专制）的君主们已经压抑不住国内立宪、民主的风潮，为了避免法国大革命祸延守旧王室的流血惨剧重演（法王路易十六及玛丽王后的处斩），才被迫同意实施君主立宪。因此，19世纪兴起一个君主立宪运动无非是风起云涌的民主政治运动之余波。德国于1848年爆发全德性大革命运动，两年后随即公布《普鲁士宪法》草案。清朝于光绪三十四年提出《宪法大纲》，若非革命党人前仆后继地牺牲，清廷会肯公布此"大纲"？尽管宪法大纲是清廷缓和国内革命热潮，笼络期盼改革之人士的缓兵之计，甚至是敷衍之计，但其为迫于时势之作，也算是明智了。且君主立宪无不经过与人民代表或政党妥协的过程。故钦定宪法和协议宪法实质上并不能加以区分。传统分类只见君主下诏实行立宪、公布宪法，即认为是钦赐之宪法，似乎是太着眼于表象。②

---

① 刚性宪法固能阻碍修宪案的通过，但并非能完全扼杀宪法发展之生机，宪法生命的发展仍仰赖灵活的释宪制度及宪政惯例来辅助。例如美国宪法二百年来只修正27次，即是例子。刚性宪法若能如此，即非过度"刚硬"，健全的政党政治当可顺利地推动修宪工作。

② 钦定宪法中比较没有内部革命危机或内乱，而由君王主动立宪之例外，似乎只有日本明治天皇在1889年制定的明治宪法。日本当时虽亦有因主张激烈的民权思想引发的暴动，但丝毫没有影响皇室的危险。

随着20世纪政党势力的兴起,许多国家的宪法虽然是挂着"民定"的招牌,其实是"党定宪法"。这种由一个主导性的具有强烈意识形态的政党依其政治、经济理念与世界观所制定的宪法,最早产生于苏俄在1918年7月10日通过的《宪法》。此外,其他民粹主义或法西斯主义的政党既然也都是人民团体所组成,则由这些政党所主导下的宪法也可以称为特定的"民定宪法"。

二、新式的宪法分类

(一)规范性宪法、名义性宪法与字义性宪法

采取新式的分类法者,主要是德裔美籍的政治学者卡尔·罗文斯坦(Karl Loewenstein)。罗文斯坦在1957年出版的《政治权力和政府行使职权之程序》(Political Power and the Governmental Process)中,认为宪法应从宪法的实体(本体,ontology)上作区分。因此,宪法依其在国家实际权力运作方面所具有的实质意义,可以分成三种:即规范性宪法(normative constitution)、名义性宪法(nominal constitution)以及字义性宪法(semantic constitution)。

1. 规范性宪法

规范性宪法是国家宪法能够妥善地规范国家权力之运作,并且置此权力于宪法之下。申言之,宪法发挥其作为国家最高大法之拘束力,乃名符其实的国之大法。这种规范性宪法,罗文斯坦比拟为一件衣服,这件衣服"既合身,且确实被国家穿在身上"。因此,"合适"且"适用"形成此规范性宪法的两个特征。

2. 名义性宪法

名义性宪法指国家宪法因为社会与经济因素不能适应现实政治之需要,使得宪法成为名义上的宪法。这种宪法虽然在当前不能发挥规范性的功能,但其主要的作用在于教育性,期待在最近的将来能发挥完全的规范力。罗文斯坦也比拟为一件衣服——这件衣服并不合身,因此未被穿着而摆在衣柜中,待国家的"身材长成"后才穿上。

3. 字义性宪法

字义性宪法是宪法全然不能发挥限制国家权力、保障人民权利之作用,宪法完全缺乏规范力,变成是"纸上宪法"。宪法既然仅具有语义与字义上之意义,故常被当政者作为门面的摆饰而已。罗文斯坦也比拟说:字义性宪法与衣服合身与否无涉,根本不是一件真正的衣服,只是"面具"罢了。[①]

罗文斯坦提出这种新式的分类,是着眼于宪法实际功用之区分,完全不按宪法的内容及来源作分析,显示罗文斯坦"实用主义"之立场。当然,宪法应以其具有规范力为其特征,否则即和一般文学或政治文书无异,且具有最高规范力,

---

[①] K. Loewenstein, Verfassungslehre, 3. Aufl., 1975, S.152.

否则就与一般法律无异。就此而言，罗文斯坦所称的名义性宪法和字义性宪法的差别，就不如两者和规范性宪法之间的差异。易言之，宪法以其是否具有真实而非表面上之规范力，可分成规范性宪法与非规范性宪法（或名义性宪法）两种即可。至于字义性宪法即可并入非规范性宪法或名义性宪法，没有独立分成一类的理由，宪法的制定多半宣示国家行宪的意志与决心。

罗文斯坦以宪法有无实质的规范力作为宪法的分类，即使应分成规范性宪法与非规范性宪法两类，仍似不够精确。因为划入规范性宪法者，可能因为宪法学的理论导致宪法内的某些规定不具有直接的强制力（例如属于方针条款式的内容），非规范性宪法亦可能有部分条文有规范性（如专制国家宪法里关于人民义务的规定）。罗文斯坦这个最负盛名的分类还有另一项缺点：容易使人误将宪法实质规范力的有无作为宪法概念的内容。如果某一个国家虽公布宪法，但该宪法若属于罗文斯坦所谓名义上或语义上的"门面宪法"，则此"文件"会被认为并非宪法。盖宪法重视其为"形式上全国最高效力之法规"，至于实质上有无行宪，则为判断国家是否民主或宪政的另一项问题，要不能影响该"宪法"是否为宪法之实。宪法的概念重视形式面和民主重视实质面不同。一个号称"民主"但实为独裁的国家，不能称为民主国家。但被公布为国家的"宪法"虽未实施，仍不失其为宪法。罗文斯坦用宪法规范力之有无来区分宪法种类是可以的，但是切不可用于界定宪法之概念。

（二）其他分类

宪法学界对于宪法的分类，还有三类：原生性宪法与移植性宪法、意识形态宪法与功利性宪法、资本主义宪法与社会主义宪法。

1. 原生性宪法与移植性宪法

如果宪法本身理念、结构以及所规范的政府组织或权力运作完全"现实"地根源于本土，则称为"原生性宪法"（originate constitution）；反之，倘宪法依照外国宪法模式，或是以本国历史曾公布之宪法为模式，针对国家现状所需而制定时，即称为"移植性宪法"（derivative constitution）。原生性宪法极少，世界上各国宪法多半是互相研比他国宪法或本国历史（宪政史）后才制定，故多半是移植性宪法。此外，判断一部宪法为原生性或本土性，常常是主观的价值判断，并且常常可就某项制度——例如元首制度、内阁权限等——来做观察与判断。因此，一部宪法可能在某方面是具有原生性宪法特征，在其他方面则为移植性宪法。

据提出此区分法之学者罗文斯坦的意见，日本在第二次世界大战后所公布的现行宪法（1946年，俗称《麦克阿瑟宪法》），以及法国《第四共和国宪法》（1946）可归入移植性宪法；而美国宪法及德国《魏玛宪法》（1919），则带有原生性宪法之色彩。① 此看法亦颇值商榷。美国《宪法》(1787)成为世界上第一个颁布的国家宪法,然而其理念(如三权分立)并非美国原生性思想,而是沿袭欧洲(特别是法国)之人权思想。甚至美国《宪法》增修(1791)十条(《权利法案》,Bill of Rights),更明显地是受到英国《权利法案》(1689)之影响。至于《魏玛宪法》虽与以往德国宪法不同,尤其是第二篇的"共同生活"更是《魏玛宪法》之创举。但是《魏玛宪法》的许多制度也是取材自外国宪法,例如总统权(紧急命令)取法美国精神,直接民权部分取材自法国,亦非全然为原生性宪法。②

2. 意识形态宪法与功利性宪法

这是以宪法内容是否含有意识形态,或是其他方针指示性条款而为之区分。意识形态宪法多半是20世纪的产物,而且这种意识形态多偏向社会主义或福利主义的社会与经济之意识形态。其情形分成两种:一种是社会民主主义之意识形态宪法,第二种是社会共产主义之意识形态宪法。第一种宪法可举德国《魏玛宪法》为例,对立国方针有明确的指示;第二种是实行共产主义国家的宪法,都是以无产阶级专政及生产工具公有、计划经济等等意识形态所制定的宪法。而在20世纪以前之立宪主义盛行时代的宪法,率多为"价值中立"的宪法,多将重心置于规范国家组织及权力运作之上,甚至如德国《俾斯麦宪法》(1871)、法国《第三共和国宪法》(1875)以及美国《宪法》在未增修之前(1791),也没有人权保障之规定。此种可称为"功利性宪法"或"效益性宪法"(utilitaere Verfassung),是自由主义时代的产物。③

这种区分忽略了所谓功利性宪法即使并无社会主义式的意识形态,但是却是以自由主义作为其人权及国家(经济政策)的最高原则;若谓其非具体的意识形态,未免对意识形态之认定过分狭隘。

3. 资本主义式宪法与社会主义式宪法

这是20世纪社会主义国家产生后才有的区分。自俄国在1918年建立第一个社会主义国家并公布宪法起,第二次世界大战结束后的东欧、亚洲及非洲也陆续建立起社会主义国家,至20世纪70年代,社会主义国家阵营几占世界人口的一半。这些国家所制定宪法的共同特色为权力集中制(而非三权分立)、党主导制度(不实施政党政治)、封闭之社会体系、计划经济制度、军队政党化(而非国

---

① K. Loeweinstein, aaO., S. 144.
② 这是罗文斯坦在另一篇批评《魏玛宪法》的文章,特别提到这点。见 K. Loewenstein, Beitraege zur Staatssoziologie, 1961, S. 384;陈新民著:《宪法的维护者——由卡尔·史密特对总统紧急权力和总统角色之定位谈起》,载陈新民:《公法学札记》,中国政法大学出版社2001年版,第165页。
③ K. Loewenstein, aaO., S. 145.

家化)等。这些国家实行的宪法总称为"社会主义式宪法"①。而和社会主义国家不同的是实行资本主义的国家,其宪法特色和社会主义式宪法迥然不同,以强调经济制度和政治制度之差异为主,例如保障人民财产权及其他人权、生产工具私有化、开放式社会、市场经济体制、政党政治、权力分立等。

资本主义式宪法与社会主义式宪法的区分法为日本宪法学者影山日出弥所倡导②,虽然大致上符合当前各国政权种类的二分法,也对社会主义国家宪法的划分和描述相当传神。不过,随着苏联的解体及东欧社会主义国家纷纷改革,即便仍然是社会主义国家,也大都实行开放政策,不再实施传统教条主义式的社会主义宪法。越南共和国在1992年公布的新《宪法》,也大幅度引进市场经济以及人权理论,意识形态特色已经大大降低了。

因此,此二分法既无法将这些国家的宪法加以分类,也不见得正确。传统的社会主义式宪法和资本主义式宪法的二分法既然强调经济和社会制度的差异性,理论上也延伸到经济与社会制度的上层结构(即政治体制的差异),因此会导出资本主义式宪法应是规范性宪法、实行人权保障、权力分立、政党政治等结论,但是这种推论并非必然。许多独裁的国家,可能在经济上是实行资本主义,但是在政治上都是反民主的独裁,例如第二次世界大战结束前的德国和意大利法西斯政权,如今中南美洲和中东的一些独裁国家,都可以看到独裁政权和资本勾结之例,这些国家的宪法堂而皇之地归属在资本主义宪法之林,但绝非理想的规范性宪法、实行政党政治及保障人权等等。因此"非杨即墨"式的资本主义与社会主义式二分法无法妥善涵盖独裁国家的宪法。

第三节 宪法的序言

中国现行《宪法》有一个长达1794个字的序言,作为宪法的"开场白"③。这种宪法序言(preface, Vorspruch, Praeambel)之体例,始见于美国1776年《独立宣言》。嗣后1787年的美国《宪法》加上了"我们美国人民,为谋建立更完美之联邦,树立正义,奠定国家安定,筹谋共同防卫,增进公众福祉,并使人民永享自由,爰制定此美国宪法"。此段序言表达了制宪之目的与期待。此例一开,几乎各国的宪法皆有一段或长或短的序言,表达宪法制定者的"宪法意志"(Verfassunggebungswille)。在一个法治的宪政国家,宪法的序言既然和其他条文一样,

---

① 参见魏定仁(等):《宪法学》,北京大学出版社2001年版,第69页以下。
② [日]影山日出弥:《现代宪法学之理论》,日本评论社1967年版,第53页。
③ 关于宪法的序言,可以参见肖蔚云:《论新宪法的新发展》,载肖蔚云:《论宪法》,北京大学出版社2004年版,第303页以下。

经过制宪者的通过程序,但序言的效力如何？在宪法中又具有何种意义？值得我们深入讨论。

一、宪法序言的功能

各国宪法因为制定的过程以及对制宪的意志的看法不同,便会在宪法前言中表现不同的内容和制宪意志。一般而言,宪法前言大体上包括以下四种性质不同的内容。

第一,制宪权的来源。许多宪法会在序言中说明制宪权的来源及制宪者为何,例如德国《俾斯麦宪法》(1871)的前言明定该宪法的制定权系赋予各邦国王(诸侯);日本《明治宪法》(1889)的前言,说明该宪法系天皇制定。德国《基本法》指明由国民行使制宪权。

第二,制宪或修宪史的说明。宪法序言内如果涉及立宪与修宪的过程,或是制定宪法的缘由(如反抗暴政、战争结束等),便是具有历史的叙述作用,具有号召与诉诸制宪正当性的作用。中国宪法的序言中绝大部分篇幅都是这种意义。

第三,国家建设的方针。相对于历史部分的叙述是对过去的叙述,序言也会对未来实施的宪法,表达宪法制定者的期待。这也是探讨宪法制定者价值判断的重要来源,几乎没有一部宪法的序言没有这种前瞻性的期许。

第四,道德或宗教理念的阐述。不少国家的宪法序言都会提到精神或道德方面的理念,例如不少会涉及宗教思想。这在信奉基督教及伊斯兰教国家之宪法特别明显,如德国《基本法》在前言提及,《基本法》的制宪者以基于对上帝及人类的责任心来立宪,就是寓含宗教意义在内。这种价值观除宗教外,也可以包括了自然法或是其他判断事情的准据,也就是所谓的"价值观",一如美国宪法前言的"树立正义",也常常会显示出宪法制定者利用此"价值诉求"对于其制宪行为求得"正当性"。

二、宪法序言的效力

既然宪法序言有这几种不同内容成分,但是如果以法律眼光分析序言的性质,欲以其有无法律拘束力来区分,则宪法前言可以分为广义的、无法律拘束力的政治意义的序言,以及具有拘束力的法律意义的序言。

（一）无拘束力的见解——政治宣言部分的序言

宪法前言表征的"制宪意志",大多数是表达制宪的时机、过程,强调代表性及合法性,及对将来实行宪政的期待。这种制宪意旨大都是具有政治(包括道德、国家、民族情感诉求)的意义,其文字叙述亦非具有规范性质的措辞,而是当成一种政治性质的文书,这种前言便仅具有政治意义。

在学说上讨论宪法序言的效力问题,德国早在19世纪末,已经热烈展开。

在《俾斯麦宪法》公布后,著名的学者 Zorn 与 Rehm 皆认为,依宪法前言的文字为"兹制定'以下的宪法'",可见得宪法正是将条文置于前文之后,故前言即不属于宪法本文。① 这是标准的以宪法结构所作的解释。

虽然俾斯麦时代对于宪法序言的看法偏向政治宣言,为主流见解,但支持宪法序言是具有法律拘束力者也大有人在。② 也有针对序文的内容,认为序言中既可能有许多非法律之用语,即失诸抽象,因此不应有效力。持这种看法者也不乏其人,例如著名教授 Abendroth 认为宪法前言仅具有政治认知之意义,而非法规。③

(二) 有拘束力的见解

如果宪法的前言是用规范性质的文字来撰述时,那么宪法前言就代表制宪者的"规范意志",和其他宪法条文无异,此时这种宪法前言就由政治意义的落实与具体化而成为具有法律意义的前言。宪法前言含有法律作用的宪法立法例,可举日本国《宪法》(1946)、法国《第四共和国宪法》(1946)的前言及德国《基本法》(1949)等。

日本《宪法》的前言宣告了日本的主权属于国民全体。该宪法用前言来规定国家主权之归属,而不似其他国家的宪法(德国《基本法》第 20 条第 2 项)规定于本文条款之内,因此必使此前言有法律效力,否则日本主权是否属于国民全体即有疑问。

法国《第四共和国宪法》的前言长达一页之多。除了宣告人人有基本人权,以及承认法国 1789 年人权宣言所列举的人权皆有效力外,另外宣布 16 项重大政治、经济及社会基本原则,例如男女平等、政治庇护权、罢工权、结社权、公共财产制度、社会救助制度、义务教育制度、禁止侵略战争及和平处理国内纷争原则、国家主权限制、民族自治原则等,和一般宪法的人权条款无异,因而可发生直接拘束之效力。

德国《基本法》的前言除申言确保国家完整与促进世界和平,制定《基本法》作为过渡时期国家生活的新秩序外,还在最后一段提及"全部德国人民在自由

---

① Zorn, Das Reichsstaatsrecht, Bd I, 2 Aufl., 1885, S.58; Rehm, Allgemeine Staatslehre, 1899, S.136.

② 例如不少学者认为《俾斯麦宪法》前言提及制宪诸邦之名称,因此参与制宪的德意志各邦即不能脱离德意志帝国。要获得这个"各邦对帝国忠诚"的结论,就必须承认宪法具有前言之效力方可。次而,在《魏玛宪法》时代又有一项论点主张:因为一部宪法既然是经过公布(以法律案方式),因此前言已和宪法内容一起当做法律公布,因此自然也就获得效力矣。这两个见解也不无见地!

③ Abendroth, Deutsche Einheit und europaische Integration in der Praeambel des Grundgesetzes der Bundesrepublik Deutschland, in: Europaarchiv 1951, 4387, Dazu, Lehmann-Brauns, S.20. 此外美国最著名的宪法注释书 E.S. Corwin's, The Constitution and what it means today, 1978, p.1. 亦持此看法,认为宪法前言只表彰宪法制定来源(制宪者)及国家日后努力之方向,不能赋予国家权力及人民权利。参见 Jacobson v. Mass., 197 U.S.11(1905).

行使自决权利下完成国家自由统一的决心,并不改变"。这句"国家统一之要求"(Wiedervereinigungsgebot)在德国宪法学界中普遍被认为是一个"宪法委托"(Verfassungsauftrag)——即宪法委托立法者要以立法方式来完成宪法的托付。德国联邦宪政法院在《基本法》颁布不久后,便表示:《基本法》前言诚然主要是具有政治意义,但也具有法律意义。所有国家机关都负有全力达成国家统一的法律义务。国家一切措施应朝此方向努力,而一切在法律上及事实上有违此目标之可能的措施,皆有不作为之义务。① 在 20 年后,联邦宪政法院再就"两德关系条约"是否违宪的案件,再度强调宪法前言中的"统一要求",已使所有宪法机关(国会、联邦政府等等)负有不能放弃国家统一之义务。因此政府在对内与对外的一切作为,皆不能和此目的有违,否则即为违宪。② 因此,宪法的前言便可产生法的拘束力,并通过释宪的方式来达到其目的。

　　一般而言,宪法序言可以属于宪法之一部分,并且是制宪者的制宪意志的一部分,在第二次世界大战时已获得学术界的共识。因为宪法的内容包括了序言及本文内之各个条款,何者须置于序文、何者应置于条款,是制宪者(及修宪者)的裁量权。在此就应该以该内容是否具有法律性质的"规范力"来决定。最好的做法是,凡是归入条款者应该必定是规范性条款。而不具有规范性质的(例如道德、宣扬爱国心、叙述制宪历史等等),则可列入序言。不过这种理智性的考虑只存在于理论层面;一般宪法的制宪者在制宪时,不会注意到这种细节性(但在解释价值方面系有关键性)的内容。因此,在序言中就不会全系"非规范力"的文字。因此,宪法序言是否具有法的拘束力,抑或是单纯具有政治的作用,取决于其在内容上有无类似"规范条款"的性质而言。③ 宪法序言中如果已含有规范力之文字,即可使国家公权力负有实践此规范之义务。

　　依凯尔森(Kelsen)的见解,这个法的义务表现在:一旦国家有相反的行为时,有何种"制裁"的方式?④ 宪法具有规范的前言并产生拘束国家公权力的作用,可能性有三:第一,作为释宪的依据。例如前述德国联邦宪政法院对两个涉及国家统一问题所做的制裁,便是一例。⑤ 第二,作为界定修宪的底线。这是类

---

① BVerfGE 5, 85.

② BVerfGE 36, 1.

③ P. Badura, Staatsrecht, 3. Aufl., 2003, B.2.; H. Ipsen, Hamburgsverfassung und Verwaltung, 1956, S. 262.

④ H. Kelsen, The Law of the United Nations, N. Y., 1950, p. 9.

⑤ 在此又会牵引出另一个问题。即释宪机关援引的宪法是否包含前言在内?德意志联邦共和国《基本法》并未明言提及。依《基本法》第 93 条第 1 项仅以《基本法》作为释宪标准。但《基本法》第 79 条第 1 项提及修宪程序时,则明定修宪法律应该将涉及"条文"时明白更改之。因此"修宪法律"即不能修改宪法前言乎? 这也是属于细微处的争议。依德国通说认为,前言可包括在可修改及援引的宪法本文之内。参见 Lehmann-Brauns, aaO., S. 15, FN 1.

同前述作为释宪的标准,但将重心置于拘束立法机关所为修宪法律的合宪标准。第三,作为直接的法规范。例如基本人权的规定可以直接为法院所援用(德国《基本法》第1条第3项),具有司法救济能力。宪法前言这三种作用,第一及第二种不成问题,但第三种作用则意见分歧。反对者认为这种宪法前言不够具体,但是倘若宪法前言已规范得十分具体——例如法国《第四共和国宪法》前言那么具体及明确时(如罢工权),似即应认为具有拘束法院之效力。

中国《宪法》序言虽然大多是制宪史的叙述及未来建国方针之期许,但在最后一段有下列的文字:"本宪法以法律的形式确认了中国各族人民奋斗的成果,规定了国家的根本制度和根本任务,是国家的根本法,具有最高的法律效力。全国各族人民、一切国家机关和武装力量、各政党和各社会团体、各企业事业组织,都必须以宪法为根本的活动准则,并且负有维护宪法尊严、保证宪法实施的职责",从而确定"本宪法"不分序文与内文都有"法律的形式",具有最高的法律效力。因此,宪法序言虽大都为政治宣言,但仍具有对后来国家发展的法律效力。[①]

综上所论,一般宪法理论中对于序言的讨论较不常见,多认为序言失之空泛。但如果我们仔细就法理作一番推敲,可发现法治国家宪法的序言也是一份具有规范力之文件。特别是当释宪权也是作为维护一国宪法最重要的工具时(担任宪法维护者角色),如何适时利用宪法前言作为说理之依据,是释宪者的重要任务。

第四节　宪法总纲

一、宪法总纲的性质

（一）宪法基本国策的意义

继宪法序言之后,即是宪法第一章之总纲。所谓的总纲(Grundsätzlicher Teil),是指构成宪法内容最主要的基本原则,也因此是属于所谓的"基本国策"[②]。基本国策系规范国家整体发展的基本方向与原则。任何执政者在任何阶段所推行的政治理念,皆不能够背离此一方向,因此,尽管国家的政治与政策决定具有弹性与动力,但基本上仍不能偏离宪法基本国策所规定的大方向。

"基本国策"的入宪象征其具有异于传统宪法结构的时代意义。传统宪法系根据宪法目的而具有两大任务——构建国家权力的组织,以及避免政府权力滥用以保障人民基本权利。因此,传统宪法即规定国家机关之权限,以及胪列出

---

① 同样见解,见杨海坤主编:《宪法学基本论》,中国人事出版社2002年版,第92页。
② 参见莫纪宏主编:《宪法学》,社会科学文献出版社2004年版,第215页以下。

各种人民基本权利,作为宪法的主要内容。宪法加入了有关基本国策的规定,使基本国策成为"国家发展的指针"(Richtlinien der Staatsgestaltung),所有的国家权力均有遵循之义务,因而基本国策的规定成为宪法中国家机关与人权规定以外的"第三种结构"。

这个宪法规范的新领域同时以其蕴涵明显的意识形态及价值判断,除了指示立法机关具体的立法方向外,亦提供宪法解释的理论依据。因此,基本国策使宪法学注入了丰富而崭新的研究素材。

(二) 宪法基本国策制度的起源——德国《魏玛宪法》及其滥觞

各国宪法中首先采纳具有浓厚意识形态与社会主义思想的,是苏俄于1918年4月颁布的《俄罗斯苏维埃宪法》。该宪法明白废除土地私有制,将森林、水力与生产工具收归国有,并保障工人享有出版、集会自由与完全的免费教育,强调无产阶级专政,消除资本家与地主的剥削等,带有浓厚共产社会主义色彩。然而,苏联宪法并未能发挥宪法应有的控制政府权力滥用及保障人权的功能,因此由比较宪法的角度而言,该宪法仅可以视为苏联共产党政治运动的一个文件,鲜有宪法学讨论的价值。①

非社会主义国家的宪法中首先实行此种制度者,为次年制定的德国《魏玛宪法》(1919)。德国在第一次世界大战战败后,民生凋敝、百废待兴,甫诞生的共和政体公布了一部具有强烈理想主义色彩与社会福利思想的宪法。此部宪法扬弃以往宪法仅单纯的规范国家机关、国家权力运作程序与人权的保障,而增添甚多有关将来国家发展的方向,与国家任务的重新定位之规定,显现制宪者对于根据本宪法所成立的政府与国会的殷切期待。

在结构上,《魏玛宪法》和中国《宪法》总纲不同,将有关基本国策的条文别立专章加以规范,而是掺杂在《宪法》第二篇"人民基本权利与义务"(第109条以下)之中。《魏玛宪法》此篇共分为五节。除第一节"个人人权"(Einzelnen)系规范传统的人权规定(例如平等权、国籍邦籍权、迁徙自由、移民自由、人身自由、居住自由、罪刑法定主义、通讯自由、新闻自由等),以及第三节的宗教与宗教团体系专就信仰与宗教问题为规定外,第二节的"共同生活"(Gemeinschaftsleben)与第四节的"教育与学校"(Bildung und Schule)与第五节"经济生活"(Wirtschaftsleben)融入很多基本国策的规定。例如,在"共同生活"节规定集会结社自由、选举权、监督权、地方自主权、服公职权利及公务员制度等人权规定与纳税义务,尚有规定国家负有特别的保障婚姻及扶助女性及母亲及多子女家庭

---

① 例如卡尔·史密特便认为《魏玛宪法》乃徘徊在建立一个传统的自由主义、资本主义或社会主义的国家理念的"重大抉择"之间(grosse Alternative)所为的妥协性决定。参见 C. Schmitt, Verfassungslehre, S. 30。

之义务(第 119 条);非婚生子女之身、心、社会发展,应以法律规定与婚生子女受同等待遇(第 121 条);青少年应予保护,免受剥削、以使其道德、精神、身体不致败坏,国家与地方应设置提供青少年福祉的必要机构,并应立法保障青年之权利(第 122 条)。在第四节的"教育与学校",除规定艺术与学校自由及国民教育的义务外,复规定国家应广设公立学校(第 146 条)及学校应进行公民与民族谐和的教育(第 148 条);国家应保障艺术家与学术人士的生活(第 142 条)等。但最重要者为第五节的"经济生活"。在本节的 15 项条文中(第 151 条至第 165 条),除少部分是传统的人权规定——如契约自由、财产权与继承权的保障——外,还基于社会正义的理念而特别揭橥财产权负有维持公益的义务(第 113 条),土地分配与使用应使每个德国人拥有一个健康的居住环境,任何德国的家庭,尤其是子女众多的家庭以及退伍军人,应保障其拥有适当的房屋得以居住。为解决房荒得征收土地,地方对社会负有义务(第 155 条)。国家得经立法,将特定产业收归国有(第 156 条),国家应特别保障劳工及其结社权利(第 157 条、第 159 条),国家有广泛保障人民健康、劳动、女性及母亲、老弱妇孺之社会立法义务(第 161 条);人民有劳动的权利与义务,人民应有经由工作获得薪资的机会,国家应立法给予失业者救济金(第 163 条);国家应通过立法与行政的方式,扶持农工商业的中产阶级人民(第 164 条)等。

上述《魏玛宪法》的第二篇"人民基本权利与义务"(第 109 条至第 165 条)总计有 57 项条文之多,占《魏玛宪法》所有 181 条几近三成的比例,在世界各国宪法中罕见有能与相提并论的。人权规定如此数量的众多,自然也意味其性质已非传统的人权概念所能囊括,而是一种截然不同的国家任务条款。《魏玛宪法》因此被举世的宪法学界视为最富温暖的人道主义宪法,也着眼于寄望国家实行温和但积极的方式来实现社会正义,排斥使用血腥斗争、没收地主与资本家财产等暴力手段来弭平社会阶层。因此,《魏玛宪法》已承受传统民主国家宪法理念所强调之古典人权思想与法治原则,同时也可满足社会对国家任务的积极要求。尽管《魏玛宪法》不能挽救德国在 1933 年沦入法西斯主义纳粹政权独裁的命运,但它在世界宪法史上永远具有一个光辉的地位。[①]

二、宪法总纲的内容

中国《宪法》总纲的基本国策规定,种类较多,以较重要的部分可以分成:(1) 国体与政体;(2) 主权;(3) 民族政策,即"少数民族宪法";(4) 经济宪法;(5) 文化宪法;(6) 社会宪法;(7) 国防宪法;(8) 地方制度等八个性质的内容,

---

① 参阅陈新民:《宪法的躯壳与灵魂——由胡柏对〈魏玛宪法〉实施的回顾与反省谈起》,载陈新民:《公法学札记》,中国政法大学出版社 2001 年版,第 149 页以下。

现略述如下。

（一）国体与政体

中国《宪法》第 1 条第 1 款规定，中华人民共和国是工人阶级领导的、以工农联盟为基础的人民民主专政的社会主义国家；第 2 款规定，社会主义制度是中华人民共和国的根本制度。禁止任何组织或者个人破坏社会主义制度。这便说明了中国是一个共和国的国体，也是一个社会主义与民主专政形式的政体。在此应先讨论国体与政体的区别。

国体(form of state)是指国家的形式，虽然传统上是以国家元首的身份来做区分标准。如果国家的元首是世袭的君主，则称为君主国；反之，如果国家的元首是民选的，不论是直接民选或间接民选或其他选举方式产生，也不论此元首的名称是总统、主席（国家主席、革命委员会主席等），则称为共和国。本来国体区分为君主国或共和国，是表彰该国政治权力的递嬗。在近代世界第一个共和国（美国）产生之前，所有国家皆系君主国。民权运动兴起后，许多君主国家演变成为君主立宪国家，君主的称号、部分的特权、甚至生命才获保全（试想法国路易十六遭革命群众处死的惨史），但更多的国家却是经历革命、政变后，成立"共和国"。君主国和共和国之分，除了国家元首产生的方式不同外，并不涉及国家主权的问题。① 同时，也不表示共和国一定比君主国更民主。共和国已是国号的"时代潮流"，即使专制独裁的国家，也是堂而皇之地称为"共和国"。因此，今日各国的国体都可由其国号上获悉，且非以君主为国家元首者，就以共和国为其国体。反之，称"王国"（如英国、约旦、比利时……）者，则必为君主国。②

共和国(republic)源自拉丁文(respublica)，本意为"公共事务"、"公众福祉"等意义，尔后变成一个决定国家事务的形式。若由多数人共同决定国家（或地区）政事的体制，即为共和国；反之，则为独裁国家或君主国。启蒙时代后，共和国变成了取代君主国家的国家形式，且和"自由国家"同义，来对抗专制的君主国。共和国便成为自由主义及立宪主义的产物。由共和国产生的历史观可知，共和国实为君主国的对称而已。但是，现代宪法意义上的共和国概念，已由古典意义上国家外在"形式"的表征，转化为确定国家权力拥有的内在体制问题。国家只要是共和国，那么国内即不能维持君主体制，也不可以实行独裁政权。不过，光由宪政树立共和国的概念，除了可摒除君主制外，对于国家生活真正的运作，只凭国体的规定还是不够的，仍需其他的宪法原则来加以确立，这就

---

① 例如日本与英国。日本宪法前言明示主权在国民全体，但日本为君主国，而非共和国。唯自戴雪发表《英宪精义》后，已将"议会主权"理论作为英国主权的代表，故英国亦非君主主权。

② 少数的例外是国家在革命后仍沿用"帝国"之名，但已实行共和或独裁体制。如德国在第一次世界大战后成立魏玛共和国，但国名仍为"德意志帝国"(Deutsches Reich)，希特勒政权时亦同。

是宪法有关"政体"的规定。① 因此,共和国的国体并不能担保其必是一个"共和"的体制。

政体(form of government)是指政府的统治形态。② 政体以其是否随时基于国民公意,而可分成民主制与独裁制。今日世界各国的政府,不论是否真正地为民主政府,表面上莫不声称其为民主政府。然而,"民主"虽然是人人可主张,但实质上却不然。国家的民主必须要靠制度来实践,每个国家可以由其宪法所创设的制度,来实践国家与社会所需要的民主制度。

中国《宪法》关于政体部分的另一个重要规定,是第5条第1款:"中华人民共和国实行依法治国,建设社会主义法治国家。"这是在1999年修宪所加入的规定,使得中国所要实施的政治制度应当为社会主义的法治国家。在此有必要对此重要概念,加以讨论。正如同民主共和国需将民主制度与共和国合而为一一样,社会主义法治国(Sozialistischer Rechtsstaat)也应当将社会主义的理想与法治国原则融汇在一起,而成为一个具有高度理想色彩的指导原则。

法治国(Der Rechtsstaat)的理念源于19世纪末叶的德国,这是在强调国家应当运用实证法律来统治的一种政治理念。不可避免的是,以这个强调形式法律治理国家的"法治"取代专制政府的"人治",也会陷入"恶法亦法"的窠臼,尤其是资产阶级通过不公平的投票制度垄断了国家的立法机器,这种形式意义的法治国成为标准的"阶级压迫"的工具。正因为如此,在20世纪初第一次世界大战后,欧洲已经产生新的法治国概念,认为原来传统的法治国概念,仍然可以维持,但是必须对法治的观念赋予新意。法律必须符合宪法的理念,也便是"恶法非法"。宪法理念必须贯彻在国家的法律统治之上,这便是"实质意义法治国家"概念的诞生。③

这种实质意义的法治国家强调法的"质量",法律必须是具有追求正义的客观价值,也因此法治国才能和正义国相结合。这种实质意义的法治国概念淡化"法律就是法律"、"命令就是命令"的僵硬性质,将人性尊严及自然正义作为检验法律秩序是否合宪的主要依据,来防止立法者的专擅。当然,这种新时代的法治国家理论也会造成弹性和法秩序不稳定的缺点,从而促成法律违宪审查制度的建立,包括许可各级法院法官拒绝适用法官认为有违宪之虞的法律,或者许可法官在这种情形下提出法律是否违宪的解释请求权。④

---

① A. Katz, Staatsrecht, Rdnr. 136.
② "所谓政体,那是指政权构成的形式问题,指的是一定的社会阶级取何种形式,去组织那反对敌人,保护自己的政权机关。"《毛泽东选集》(第二卷),人民出版社1966年版,第637—638页。
③ 关于德国法治国家概念的产生与演变,参见陈新民:《德国公法学基础理论(上)》,山东人民出版社2001年版,第3页及71页以下。
④ 参见孙笑侠:《法的现象与观念》,山东人民出版社2001年版,第338页以下。

法治国的概念经过众多学术界的探讨,也逐渐归纳出若干的子原则。例如法律授权明确性原则、比例原则(合理性原则)、广泛权利救济原则(包括违宪审查制度的建立)、平等原则、裁量限制原则、法律安定性原则(包括法律不溯及既往、信赖利益之承认等原则)及司法与行政程序的正当法律程序原则(due process of law)等,这些都是可以构建成一个真正法治国的子原则。

对于法治国家原则不足以造就一个妥善的国家体制的问题,德国也在第二次世界大战后进行了宪法层次的反省。德国在1949年制定的《基本法》第20条及第28条便规定该新建的国家为社会法治国(Sozialer Rechtstaat),这是将社会国(Sozialstaat)结合"法治国"(Rechtstaat)所得的结果。德国《基本法》这种强调将社会正义的理念,以及建立福利国家为宗旨的社会国理想导入宪法,可以避免国家的法治主义沦为资本主义的工具。社会国主义理念中也包括了若干社会主义的见解。最明显的例子为《基本法》第15条甚且规定国家的土地、天然资源、生产资料在经过法律并给予补偿后,收归公用。这是社会国理念融入了社会主义早期的思想的例证,只不过该条文从未实施过罢了。

同样地,德意志民主共和国在1946年便提出了结合社会主义与德国传统法治国家理念的主张,以成立社会主义法治国。在1946年9月,最早提出建立一个新时代法治国家的理念的是一位在纳粹时期流亡至瑞士的老德共党员包革顿(Arthur Baumgarten)。在1946年的重要论文"德国新时代法治国家与理念之发展"中,他结合了修正的民主体制及社会主义的理念[①],认为战后重新建立的德国需要一种全新、符合新时代的法治国理念,应该利用直接民主的制度所通过的法律来保障人性尊严,反对自由主义的经济强权。

阐释社会主义理念最清楚的莫过于罗兰·迈斯特(Roland Meister)教授。迈斯特在1964年发表了一篇重要的论文《法治国岂无正义?》(Rechtsstaat ohne Gerechtigkeit?),强调了社会正义正是一个法治国家不可或缺的因素。而1960年德意志民主共和国主席瓦尔特·乌布里希(Walter Ulericht)在《国政宣言》中宣示:"社会主义法的本质便是正义,这也是真正的正义,不是纸上文章的公式,而可以贯彻到生活中各个层面。"迈斯特使社会正义成为新的法治国家的标志,且由宪法加认确认,因此提出一个新的口号——建立社会主义法治国家。依迈斯特的看法,实践这种追求社会正义的法治国,仍然必须依赖立法的方式来达成,同时要避免旧的法治国所依凭的"国家=资产阶级=政党=投票制度",且同样由国民主权的观念来达成真正的法治国家。迈斯特的社会主义法治国见解,可说是欧洲公法学界首开研究社会主义法治国概念的先驱者。这个理论最主要的特征是追求社会正义与造就一个追求公义与和平的社会,并利用国家的

---

① A. Baumgaren, Die Entwicklung der Ideen der Demokratie und der Rechtsstaats in der Neuzeit, S. 18.

法律制度来达成这个目标。

中国《宪法》也将建立社会主义法治国家列为最高的国策。因此,德意志民主共和国当年已经初步探究出来关于社会主义法治国家的概念也有相当的参考价值,但是我们应该特别注意的是这种最高的国策必须符合国家发展的现况,尤其是结合社会主义与法治国理念的社会主义法治国的概念,也必须要配合当前国家发展的客观需求,以创建出一个适合中国国情、符合中国人民的正义观且进步的社会主义法治国家。

(二) 主权

中国《宪法》第2条规定:"中华人民共和国的一切权力属于人民。人民行使国家权力的机关是全国人民代表大会和地方各级人民代表大会。人民依照法律规定,通过各种途径和形式,管理国家事务,管理经济和文化事业,管理社会事务。"

根据第2条第1款的规定,中华人民共和国的一切权力属于人民,这宣示了《宪法》主权在民原则,也就是所谓的国民主权(Volkssouveraenitaet)原则。第2款及第3款则涉及主权的行使方式,在此先讨论主权的意义。

1. 主权的意义

如同每件物品都有所有权与所有权人一般,主权一词颇类似物品的所有权。只是此所有权的客体层次提升至地区与国家的程度。确立物的所有权归属,是宪法、国家法律与司法制度的任务。某一地区的主权归属则是国际法上之问题,故地区的主权归于国家所有(例如阿根廷与英国之马尔维纳斯群岛主权争议);国家主权之归属则涉及一国的立国基础(例如民主国与君主专制国),此国家主权得由全民或君主享有。宪法学所重视的是这种国家的主权归属问题,地区之主权争议则是国际法研究的课题。

主权(sovereignty)一词原系由拉丁文 superanus 与 supremitas 两词演变而来,初为不受其他君主节制的最高者之意。国家既作为一政治组织,为贯彻统治者的意志并维持秩序,便衍生出"最高权威"的概念。这个最高权威之权力即是最高者,是主权概念之滥觞。主权既然与"最高权威"有密切之关联,因此主权的概念有国内法与国际法意义之区别。就国内法而言,主权是国家最高、无限制与独立之权力;就国际法而言,主权是国家拥有独立自主之权力,可资摒除外国之干涉。因此,犹如个人拥有独立自主的人格,国家在国际社会中也享有独立自主决定所作所为的人格。若国家一旦沦为附庸国,或为外国占领的国家,就丧失了完整的主权。[1]

中国《宪法》第2条宣示主权在民的原则具有下列意义:第一,主权在民原

---

[1] H. Nawiasky, Allgemeine Staatslehre, Bd. 2-II, S. 99.

则再度强调《宪法》是一个主权为全体人民所有的"民主"共和国。第二,主权在民原则赋予宪法与公权力正当性。所谓正当性(legitimacy, legitimitaet)是指公权力已具备合法性,致使国家统治权力获得人民的承认、确信其合理。宪法为一白纸黑字所撰就的文书,仅凭制宪行为或是一纸规定,尚无法保证宪法能够获得支持与得以实施。因此,除非宪法的条文能化为法律的实证效力,宪法的规范意旨才有实质的意义。因此,规范国家法律与政治运作的宪法需要正当性的基础,以广泛获得人民与政府的由衷支持。一部民主宪法的正当性是建立在主权在民与宪政国家原则(例如法治国家、人权保障原则)的基础上。在信奉民主与法治理念的社会里,如果国家宪法已贯彻主权在民的原则、确立国家发展的方向与任务、对国家权力行使已加以妥善的限制,并且这些原则已被实质的遵守,即可认为国家的统治已取得正当性的基础,一个合法行使的公权力也因此而合宪并获得民主的正当性。① 第三,主权在民原则意味国家权力由人民产生。通过合法政府作出的国家行为即可获得人民同意。也唯有这种政府才拥有合法性,即法统(政权的合法性),符合传统人权理论。②

2. 主权概念的发展

主权理论的发展有两位重要的学者,一位是布丹,另一位是霍布斯。对于主权概念发展居功厥伟的,是法国的布丹(Jean Bodin, 1530—1596)。布丹在1576年出版的《国家论六卷》(Six Livres de la Republique)中,首次使用主权(Souveraine)一词。布丹生于民族国家思潮勃兴的时代,为确认国家存在的法理,他认为主权是"国家对国内外一种至高无上之权力"。除此最高性外,主权具有"绝对性、永久性及不受法律拘束性"。他阐明主权具有四种特征,影响后世甚巨。由于主权的绝对性,故主权的最高性是绝对和不容挑战的,亦没有其他力量可以凌越主权或限制主权;由于主权的永久性,故主权不会中断及消灭。所谓主权的不受法律拘束性,是指国家的主权是超越法律的,因此国家对人民可以行使免于法律拘束之权力。

布丹提出主权论的目的在于巩固君主的统治权。他认为君主既然是国家的主权者,君主的意志是国家之意志,主权(君主)之权力不受国家任何法律之限制,也不受外国之支配,因而是一种至高无上之权力。虽然布丹欲阐扬民族国家之思想,为君主、诸侯们提供主权的概念以对抗神权思想,唯鉴于当时神权思想之浓厚以及千年来宗教与教皇势力之庞大,不得不略微修正主权论的内容。因

---

① P. Badura, Staatsrecht, A. 9.
② P. Badura, aaO., D. 6.;这也符合传统的合法性理论将国家权力当做一个客观、现实可以行使的权力,和主权拥有并无必然关联。参见 G. Jellinek, Allgemeine Staatslehre, S. 486. 而 Nawiasky 也认为,因而此主权(如在奉行国民主权之国家)可以赋予人民拥有抵抗权之法理依据。H. Nawiasky, aaO., S. 108。

此,他虽强调主权(君主权力)至高无上的特征,但是也主张君主之权力仍应受自然法、宗教法与国家法(类似宪法)之拘束。自然法和宗教法皆是源于基督教之规范,任何基督徒皆有服从之义务(如一夫一妻制),君主自然不能违反;而国家法(lex imperii)是国家所公布之最高法律,例如王位继承法。若君主不遵守此种法律,则会发生篡位、叛变等动乱,因而即使是国家君主亦必须遵守此等法律。① 因此,布丹的主权论实与君主的绝对统治权紧密结合,主权即有八项内容:立法权、战争与媾和权、高级官员任命权、终审权、臣民忠诚与服从之命令权、特赦权、货币权及租税权。②

英国的托马斯·霍布斯(Thomas Hobbes, 1588—1679)继布丹发表《国家论六卷》后的 1651 年,出版名噪一时的《利维坦》(Leviathan)。这本著作讨论无政府状态的可怕,民权运动足以产生无政府状态,因而鼓吹专制政府的优点。霍布斯认为当社会已经进入有国家组织的时代,便要脱离各自为护卫自己最大利益的战争时代,通过缔结"政治契约"之方式,将治理自己之权交到一个人或一群人(议会)手中,这种授权是永久性的,也是不可撤回的。受托付治理人民之人(或一群人)即为主权者,而主权者既已受全民的委托,遂可按照自己的意志维持社会秩序,因而主权者方才享有最高的绝对权力(summum imperium)是不可被质疑及反抗的;他是国家和平的最高维护者与宗教信仰的主宰者,也是立法者与最终审之裁判者,以及战争与媾和之决定者。因此,主权者拥有实际国家权力的绝对性、最高性与永久性;此主权者又必须只有一人,否则国家会分裂成二、三个国家,战争随之而起,又违反人民授权设立主权者之意旨,因而主权就有了不可分性。

霍布斯的主权观建立了绝对君主权力的理论基础。他摒弃传统的君权神授说而提出"政治契约说",认为君主的主权(绝对权力)是人民为其自身利益而自愿签订类似契约的方式,将管理自己之权力交给君王。故霍布斯的政治契约论为后来卢梭的"社会契约论"播下思想温床的种子③,但他主张主权具有绝对性、最高性、永久性与不可分性,却影响日后主权概念最为深远。后世随着民权思想

---

① 这种国家法颇类似明、清时代,皇帝对"祖宗成法"遵守之义务。清朝的"祖宗成法"甚多,例如阉人(宦官)不得问政、女子不得干政(不得垂帘听政)、不得杀顾命大臣……但是,由康熙之诛鳌拜始,到了晚清慈禧太后的时代,这些祖宗成法显然俱失效力。

② E. Baumgartner, in: Staatslexikon, 4. Aufl. , 1911, Bd. 4, S. 1210. 关于主权等于国家统治权之见解,著名的法国宪法学者狄骥亦持此看法,他认为:传统主权的四个要素,例如"唯一性"、"不可分性"、"不可转让"及"不受时效约束",都与现实不合,因此早已不能适用了。见〔法〕狄骥:《宪法学教程》,王文利等译,辽海出版社 1999 年版,第 70 页。

③ 不过早在中古时代的神学家及法学家欧坎(Occam, ? —1347)与马西里乌士(Marcilius, 1280—1328),就已提出"契约论"来解释人民与国家之关系,是为"契约论"之滥觞。E. Baumgartner, aaO. , S. 1210。

的兴起,除了在主权者的认定上曾有改变外,对于主权的概念内容并无任何太大的变化。因此,霍布斯可说是集古典主权理论的大成者。①

3. 主权的种类

以主权者的归属观点,可将主权分成下列几种概念讨论,每种主权论皆代表当时的政法思潮与民权理念。

第一,君主主权论。古典主权理论产生的时代背景是欧洲民族国家与专制政体兴起的时代,布丹与霍布斯所宣扬的也是君主国体与专制政体,因而主权为君主所有。君主主权者,系君主得以行使统治全国与人民的无上权力。法皇路易十四曾说"朕即国家",便是将君主与国家画上等号。这出现在民权思想尚未兴起前的君主主权时代,其理论多半是基于君权神授思想(霍布斯除外),譬如法皇路易十四一句有名的宣言:"法皇的王冠是由上帝和宝剑得来的。"

民权思潮与民主理念发达后,立宪运动在19世纪风起云涌。许多实行君主立宪的国家,即使君主变成虚位元首,不再拥有类似专制时代君主之绝对权力,仍然拥有部分的特权(如第二次世界大战前的日本及第一次世界大战前的德国)。如俄国1906年的《宪法》第4条、第5条之"沙皇拥有最高独裁权"、"沙皇神圣不可侵";日本《明治宪法》第1条"大日本帝国由万世一系之天皇统治",第3条之"天皇神圣不可侵"。清朝光绪三十四年公布的《宪法大纲》第1条之"大清皇帝统治,大清帝国万世一系,永永尊戴"及第2条之"君上神圣尊严不可侵犯",均为君主主权的代表。这些宪法都已成为历史文件,在今世保有君主的国家,其君主皆视为国家团结与统一的精神象征(如日本《宪法》第1条),除了少数中东的伊斯兰教国家外,君主主权已不存在了。

第二,国民主权论。布丹与霍布斯的君主主权论虽影响民族国家的兴起,也造就残暴、专制的君主,但民权思想已日渐萌芽与茁壮。在1762年发表的《社会契约论》中,卢梭主张类似霍布斯之政治契约论的看法,认为人类组成一个国家的政治社会后,必须产生一个契约来放弃个人的独立与天然的自由权利,交给国家来保障自己之生命财产。这种易"小我"换得"大我"(moi commun),便是一种"公意"(general will),也就是主权。因此,国家主权是国民全体所有,非属君权神授的君王。除此外,卢梭也认为主权是最高的与绝对的,没有任何人的利益可以超越主权;同样的,主权是不可分与不可让与的,使得主权永远完整地保留在国民全体之手。因此,政府仅系主权的受雇人而已,一旦受雇人不能符合其雇用人之意志而达成其任务时,主权者——人民——即有推翻之权。这便是国民主权、主权在民理论。

卢梭提出主权在民的理论后,旋实践于实际的民权革命运动中。1776年6

---

① F. H. Hinsley, Sovereignty, 2. edition, Cambridge University Press, 1986, p.126.

月 12 日,美国弗吉尼亚州《权利法案》第 2 条宣示:"所有(国家)权力都属于人民,且源自人民。官员是人民的受托人及公仆,应服从人民。"同年 7 月 4 日公布的美国《独立宣言》也声明:"政府的正当权力是由被统治之人民的同意中产生出来;当任何形式的政府对于这些目的有损害时,人民便有权力改变或废除之。"在欧洲方面,法国 1789 年《人权宣言》第 3 条宣示:"任何主权系存于国家之上,任何团体与个人未获主权明白之授权,不能行使公权力。"1791 年法国《宪法》也规定:"主权是单一、不可分、不可让与且永久性的。它属于国家所有,任何团体与人民不能窃据之。"法国这两件大革命时代公布的著名典章,虽将主权归为"国家"(nation)所有,且渊源于卢梭的国民主权理论,但却和下文叙述之"国家主权说"颇为接近。不过作为推翻君主主权的第一步,这个宣示实已寓含国民主权之意旨。自从法国大革命后,国民主权理念在欧洲大陆已成为主权思想之主流。加以欧洲各地风起云涌的民主运动和立宪运动,国民主权实与民主政治与立宪政治为同义词。

第三,国家主权者理论。关于主权者的问题,君主主权论与国民主权论分别认为主权系归于君主或人民之手中。然而,也有一派理论认为国家的构成要素是领土、人民、政府及主权。这种看法认为主权在专制时代为君主所有,盖以国家统治者(Herrscher)的角度作观察,因而统治权与主权之观念合而为一。但是,主权实际上应是国家所拥有,而非其人民。就法学而言,国家是一个独立的法人,和其君主、人民是不同的个体,可以作为主权的权利主体。因此,国家这个法人即为主权之拥有者,是为"国家主权者"理论。国家主权者理论是本于国家为法人(公法人)之观点,如自然人及私法人一般,可以享有权利、负担义务,因而主权之主体应为国家本身。这个说法纯就法律(特别是公法)而言,确有其道理。然而,由于主权理论产生伊始就和国家的统治权者的归属有密切之关联,因而主权的理论实与现实政治权力的掌控不可分离。国家主权者理论将主权依托在一个假想的"国家法人"之上,且此法人理论的建立与存在亦未见诸法令文书,纯为理论的假设,失去了对现实政治与人民活泼且有力的吸引力。① 因此,本理论仅为学术界特别是国际法上讨论主权的一项理论模式而已。

第四,国会主权理论。国会主权理论是英国宪法学界的产物。英国 18 世纪初的功利法学家奥斯丁(John Austin,1790—1859)本身是"法实证主义"的服膺者,认为主权和国家是一体两面。就实证法的角度而言,主权是一切法律的来源,因为国家一切依法而治(rule of law),因而法律的来源——主权——便是有最高性及绝对性,不受他人及他物之限制。这个使人民服从的造法权力不是君

---

① 当然,不论是主张君主主权的霍布斯提出之"政治契约论"及主张国民主权论之卢梭提出的"社会契约论"都是"拟制性"的说辞,实际上这两种契约都不曾出现过。

主,也不是国民主权论所称的全体国民所有,而是操在实际上可以立法的少数人手中,此少数人便是"国会"。因此,享有最高立法权的国会实为主权的拥有者。

继奥斯丁而起,倡议国会主权理论者是英国著名的宪法学者戴雪(A. V. Dicey)。在1885年出版的宪法权威著作《英宪精义》中,他大力宣扬"国会主权"理论。戴雪认为英国统治的权力完全掌握在国会手中。而英国的国会(Parliament)实际上是由国王、上议院(贵族院 House of Lords)及下议院(House of Commons)所组成。当然,其重心为下议院的审议法案与政治运作。鉴于英国实行不成文宪法,国会得制定任何的法案由行政机关及法院来执行,全英国没有任何人或任何团体拥有较国会更高的权威,因此,英国是一个"国会主权"之国家。①

英国国会的权威自然无人能对之挑战,国会的强权代表君权的薄弱。国会之因此拥有如此崇高的权威,和国会系代表人民之权益有密不可分的关联,也说明了英国的国会主权其实是建立在国民主权之上。而对于英国这个世界上最古老的民主国家而言,国会仅系国民主权下的产物———一个代表民意行使立法权及监督行政权力的机构。倘若离开国民主权与丧失民意基础,英国强而有力的立法机关就不能为戴雪等承认其拥有主权。

不过,以奥斯丁的实证法学派和戴雪(也是十分实证的)提出的国会主权理论,将主权和国家行使实质与最高的统治权力相提并论。只要是掌握国家决策的机构,不论是个人或是团体,似乎依这种实证法学派便可以作为主权的拥有者。前者的个人如专制时代的君主以及后者的团体,如中国的全国人民代表大会,都已掌握国家最高决策及统治权,依此派理论即可称为主权者。如此一来,即将国家主权和实际的政权(regime)相混,此为奥斯丁与戴雪的主权论一个严重的缺点。因此,奥斯丁与戴雪的主权理论,是专就英国政治及宪政所主张之国会主权理论所生,无法适用到国外的主权问题。

(三) 民族政策———"少数民族宪法"(Verfassung für Minderheitspolitik)

中国《宪法》第4条规定:"中华人民共和国各民族一律平等。国家保障各少数民族的合法的权利和利益,维护和发展各民族的平等、团结、互助关系。禁止对任何民族的歧视和压迫,禁止破坏民族团结和制造民族分裂的行为。国家根据各少数民族的特点和需要,帮助各少数民族地区加速经济和文化的发展。各少数民族聚居的地方实行区域自治,设立自治机关,行使自治权。各民族自治地方都是中国不可分离的部分。各民族都有使用和发展自己的语言文字的自由,都有保持或改革自己的风俗习惯的自由。"

这是宪法的民族政策,也是所谓的"少数民族宪法",目的是保障少数民族

---

① 参阅〔英〕戴雪:《英宪精义》,雷宾南译,中国法制出版社2001年版,第115页以下。

的平等权利,并赋予少数民族发展经济、文化、保持自己语言文字及风俗习惯之自由。中华民族是一个汉族及其他55个少数民族所组成的泱泱大国,因此每个民族都是整个中华民族的组成一分子。

宪法的民族平等权也是一个所谓的"制度性保障"(Institutgarantie),每个民族都可以享有宪法所保障的区域自治及风俗与文化之固有权限。国家立法者应当利用积极的立法来保障与扶持,唯有在宪法许可的情况下才能加以限制。宪法对于少数民族自治所为的限制,主要是为防止破坏民族的团结,以及制造民族的分裂。这是指国家应该制止民族间产生任何会造成其他民族情感受创,仇恨及摩擦的行为与言论。后者是制止任何会造成民族或部分民族独立的行为。这两种应该制止的言行不只拘束各民族,也可以作为拘束个别人民的宪法依据。

中国《宪法》总纲对少数民族的保护,目的不是追求"单一"民族性质的"民族融合主义",而是让各具民族特色的许多民族,共同形成一个多姿多彩的多民族共和国。当然,国家也希望少数民族的风俗及世界观等智识能与时俱进;易言之,促进高度文明也是国家扶持与照顾少数民族,特别是发展还不进步的少数民族之职责。但国家这种扶助义务与责任,应当以尊重民族自治为原则,除非有重大的公益及急迫性外(例如为了扑灭传染病而禁止少数民族危险性的饮食习惯),不应行使强制的强制权力。① 另外,《宪法》第112—122条有关民族自治地方的自治机关之规定,也可以属于此少数民族宪法的部分。

(四) 经济宪法(Volkswirtschaftsverfassung)

社会主义国家与资本主义国家的差异,以及社会主义法治国家和其他种类的法治国家的差异,便在于对经济事务的规范以及人民拥有与行使经济权利的界限。中国《宪法》总纲便对经济事务的规范条文最多,计有13个条文之多(第6—18条),从而构成了所谓的"经济宪法"。

中国《宪法》总纲的经济宪法的内容,计有:生产资料的社会主义公有制(第6条);国有经济(第7条);农村集体经济与城镇各种行业的制度(第8条);自然资源的所有(第9条);土地政策及土地征收与利用的规定(第10条);对非公有制经济的保障与限制(第11条);公共财产的神圣与不可侵性(第12条);人民财产权的保障(第13条);国家对劳动组织的管理制度、人民生活的改善与建立社会保障制度(第14条);社会主义市场经济立法的规定(第15条);国有企业及集体经济的自主经营与民主管理(第16—17条);外资企业的许可与保障(第18条)。

这些经济宪法的条文显然具有相当的时效性。中国在改革开放中必须针对世界市场经济的瞬息万变,而随时必须采取弹性的应变政策,以厚植国家的经济

---

① 详细的少数民族自治,可以参见《中华人民共和国民族区域自治法》。

实力。因此,宪法中的经济宪法条款必须具有高度的因应力,并应当保持弹性以便经常进行修正。

(五) 文化宪法(Kulturverfassung)

中国是一个具有五千年历史的大国,因而建设一个国家的最高原则不仅只满足于社会主义的法治国,还要进一步建立成为一个先进的"文化国"(Kulturstaat),中国《宪法》总纲中对于文化与教育的条文规定也有 5 条之多(第 19—20 条、第 22—24 条)。这些条文包括了国家建立各级学校与教育措施、鼓励自学与企业兴学以及推广普通话的义务(第 19 条);国家发展各种科学事业的规定(第 20 条);国家发展文化事业,保护古迹与文化遗产(第 22 条);国家培养各种专业人才为社会主义建设服务(第 23 条);国家加强社会主义精神文明建设及爱国主义等思想教育(第 24 条)。

中国《宪法》总纲的文化宪章仅是表明了国家扶助文化与教育发展的部分重点。这些条文还必须配合宪法基本权利中关于教育文化的规定(第 46—47 条)。同时,国家也要承认文化多元发展的必要性。作为科技发展起步较为晚的国家,中国唯有竭尽全力发展教育,才能迎头赶上世界其他先进国家已经累积近一两百年的科技实力。因此,总纲的文化宪法条文的期许应当及早化为立法、政策与行动。

(六) 社会宪法(Sozialverfassung)

所谓的社会宪法是指宪法对于国家日后在社会政策方面规定了应有的发展方向。当然,这也和上述的经济宪法、文化宪法有甚多重叠。在中国《宪法》中,可以划归在社会宪法的条文有国家的医疗卫生政策及扶助传统医药的规定(第 21 条);推行计划生育(第 25 条);环境保护与绿化的政策(第 26 条);在第二章《公民的基本权利与义务》部分的劳动权(第 42—44 条)及婚姻制度(第 49 条)等。

由于追求社会正义的甚多方式,必须通过国家积极的社会立法来达成,例如对于遭受灾害疾病、失业、失亲、失教及其他衣食住行匮乏等的人民,国家应当负起扶助的义务;另外,政府也必须广泛推行社会政策,造就尽可能进步与公平的社会。这些都是可以一步步达到建立社会主义法治国所追求"真正正义"的社会,因而目前宪法总纲对于这些社会政策立法的指导原则虽然着墨不多,但是其重要性应当不低于经济宪法与文化宪法。

(七) 国防宪法(Wehr-verfassung)

所谓的国防宪法是指宪法里一切与国防、军事有关的条款。因此,中国《宪法》在总纲中第 29 条规定了国家武装力量。另外,《宪法》对于全国人民代表职权(第 62 条(六)项、第 63 条(三)项、第 67 条(六)项及(十)项,及第 93—94 条等),都可以包括在内。国防宪法的种类可以给立法者在制定国防法律,例如

《国防法》明确的立法方针。

（八）地方制度

在中国《宪法》中,总纲也规定全国行政区域的划分(第30条)及设定特别行政区(第31条)。这是对于地方区域制度的原则性规定。但是这个构成地方制度的规定仍极为简约,还必须参考《宪法》第95—111条对各级人民代表大会及人民政府的相关规定。本来在实施中央与地方分权的联邦制国家宪法中,关于地方制度的规定必须十分精确与复杂,因为这涉及中央与地方的权限,必须由宪法的规定仔细来界分。中国并未采取这种权力区分制度。依《宪法》第3条第4款的规定:"中央和地方的国家机构职权的划分,遵循在中央的统一领导下,充分发挥地方的主动性、积极性的原则。"由此可知,中国采取的是类似日本与法国的"中央集权制",而非美国或德国的"分权制"①。

至于中国《宪法》对于国旗国歌(第136条)、国徽(第137条)、首都(第138条)、"国家象征",以及国家机关的制度(第27条)、国家维持法律与社会秩序的责任(第28条)、保护外国人的权利与义务及许可政治庇护等规定(第32条),都是属于个别性质的总纲规定。

三、宪法总纲的效力

由上述的讨论,可知宪法总纲部分的内容十分丰富,理念崇高,方向也十分具体而非模糊。但宪法应是一个有最高规范力的法典,这些关于基本国策的条文应否有拘束力? 这是一个重要的议题。德国《魏玛宪法》时代就已经对此问题进行讨论,一直到德意志共和国《基本法》公布后才告平息。在此,我们讨论该理论的变迁。

《魏玛宪法》第二篇的"人民基本权利与义务"占有该部宪法相当多的篇幅,因此关于其规范的效力问题即引发热烈讨论。讨论的重点在于,这些基本国策条款是否具有拘束力。依德国当时的通说,可举魏玛共和国名学者安许茨(Gerhard Anschütz)教授所提的"区分论"(Differenzierungslehre)为代表。安许茨教授认为,《魏玛宪法》第二篇的规定,可区分为两大类:第一类是属于狭义的、严格意义的法规;第二类的规定则为单纯的立法原则,各有不同的拘束力。

第一类属于狭义的、严格意义的法规,例如国家不得颁给贵族称号(第109条)、星期日为休假日(第139条)及公民有接受教育之义务(第145条),已经具有明确的规范意旨,故对与之抵触的法律,便有排斥其效力之拘束力。其他如人

---

① 中国虽是单一制国家,但事实上在不少地方已显示出和联邦制类似之处。详见张千帆主编:《宪法学》,法律出版社2004年版,第38页。也有建议采纳联邦制国家将地方及中央权限用概括或列举式区分者。如莫纪宏主编:《宪法学》,社会科学文献出版社2004年版,第234页;张庆福主编:《宪法学基本理论》,社会科学文献出版社1999年版,第432页以下。

身自由、结社自由、财产权保障等属于传统人权的条款,亦可发挥拘束力,使与其抵触之法律无效。

第二类为单纯的立法原则,属于这类型条文并不具有拘束力,可能因其在内容上尚未十分具体,例如国家与地方政府负有保障每个家庭得以维持健康充裕生活之义务(第 119 条(二)项),或明定应由立法行为加以实现,如国家应以法律规定公务员的关系(第 109 条(三)项),联邦应制定统一的劳工法(第 157 条(二)项),国家应立法制定强制的青年福利措施(第 122 条(二)项),非婚生子女的保护(第 121 条)等。上述宪法的规定意旨,于立法者未能或怠于立法时,则在遵循依法行政与依法审判原则的法治国家中,行政权与司法权即无权干涉,宪法诸般理念即可能形成具文。此类宪法条文有赖于立法者之作为,方得实现其价值内容。这种性质的条款无异是对立法者所发的一种宣示性质的"方针"(Programm)或是"训令"(Direktive)而已,因而可概称为"方针条款"(Programmsaetze),立法者若迟不立法或为不完全的立法,尚非违宪;一旦立法后,如有抵触宪法的内容,即属违宪。

至于哪些是属于具有拘束力的法规或是仅对立法者所规定的方针条款,应依"个案"论断。因此,在《魏玛宪法》第二章的 57 个条文中,不仅每个条文的性质应加以区分,甚至一个条文的各项、各款与各句规定的法律性质,皆必须推敲其意旨,以探求条文的内涵是归于具有拘束力的法规,抑或宣示性效果的方针规定。①

《魏玛宪法》虽然在基本国策条款方面,已经充分表现了制宪者崇高的人道精神与维护社会正义的理念,然而,《魏玛宪法》将这些归类在宪法第二篇人权篇内,总共达 57 个条款,每个条文所具有的规范力之强度亦有所差异,且不少是有待立法者积极作为方能加以实现。因此,整部基本国策的条款,一方面呈现范围广阔,且深具理想;但另一方面对其实践,却只能期待立法者的立法。学理上对于基本国策的效力,尽管以安许茨教授的学说为通说,但所谓的"逐条区分论"见仁见智,无法取得一致的共识。因此,基本国策的规定在魏玛共和(1919—1933)的实践历史,显然是失败多于成功,也给予日后的德国《基本法》(1949)在规定有关人权与基本国策的问题时很大的参考与警惕价值。

德国《基本法》完全改变了《魏玛宪法》有关基本国策的立法方式。《基本法》对于人权的规定不再使用篇幅庞大且性质、效力不一的"魏玛模式",而回复到传统的宪法模式,将宪法的结构回复到仅规定国家的组织与人权保障,且人权的规定也趋向简单化;不仅条文数量减少,同时,在人权条款里也尽量减少了《魏玛宪法》常用的"期待式"规定(例如"每个人应拥有适合居住的房屋","获

---

① G. Anschuetz, Die Verfassung des Deutschen Reiches vom 11,8, 1919, 14. Aufl.,1933, S.514. 同样见解例如:O. Buehler, Die Reichsverfassung vom 11, 8, 1919, 3. Aufl., 1929, S.122。

得工作的机会"等)。此外,为了避免引发基本人权有无直接适用之效力的问题,(第1条(三)项)特别规定了人权条款有直接拘束立法、行政及司法之效力,也就是所谓的"人权直接拘束论"。

不过所有宪法的立国精神——不论表现在国家组织还是人权条款中所显现的理念中——都有规范与实践问题。德国《基本法》实施后,除已经摒斥沿用《魏玛宪法》时代所盛行的方针条款理论外,已经形成两种最重要的制度——"国家目的规定"(Staats-zielbestimmung)及"宪法委托"(Verfassungsauftrag)。这两种制度在宪法学界与实务界——如释宪机关——已成为诠释国家发展方向的主要依据。在此对两种制度略加申论其意义。

首先,所谓的国家目的规定,是将宪法视为国家宪政发展的结构与方向之基本规范,因而不仅在国家的组织,而且也在整个国家的权力运作中应该遵循此基本方向。德国《基本法》在序言中及整个条文中所树立的基本精神,都可以归纳出"五个"明确的国家目的规定——民主原则、法治国家原则、社会国原则、联邦国原则以及共和政体的原则,此五个原则即构成宪法整体的组织与运作的核心,因而被称为"宪法的缩影"(Verfassung in Kurzform)①。

其次,基于宪法是国家宪政与法律体系的一种"价值秩序",且制宪者不可避免仍必须授权或借助立法者的立法行为来满足此"价值秩序"。宪法在条文中明白规定"应依法律为之"、"得以法律限制之"等情形甚多,但两者皆赋予立法者得为立法之权力,但是大致上以立法者有无积极立法的义务性,可分为宪法的委托与宪法的授权。

以宪法委托立法者立法的特征,又称为"对立法之委托"(Gesetzgebungsauftrag)。立法者如何从宪法获得积极立法的义务,必须推敲宪法规定的意旨,确定立法者不为此立法——所谓的"立法怠惰"或"立法不作为"——即有违宪之虞,此违宪虽未有一定的制裁效果,但也不属于立法者可以全权决定立法时间与内容的"立法裁量"之范围。②

宪法委托语意虽不明显或急切,容易使人认为立法与否可由立法者裁量,或者仅是宪法的授权而已,但是只要权衡诸宪法的整体价值与该条文的意义,即可知悉立法者有一定行为的立法义务。另外,宪法也会规定立法者的立法权限,也就是所谓的"法律保留"。虽然法律保留在宪法上的意义是宪法保留予立法者之事项,因而宪法委托亦当然属于法律保留之概念。不过一般所称的法律保留多指狭义的对于人权的限制,都需以立法方式方得为之。

---

① A. Katz, Staatsrecht, Rdnr. 131.
② 关于宪法委托之理论,参见陈新民:《德国公法学基础理论(上)》,山东人民出版社2001年版,第139页以下。

宪法以其篇幅的限制，无法巨细靡遗地将规范意志展现出来，因而宪法委托的必要性必然存在。宪法委托的条文虽有其拘束力，但一旦立法者不欲或不能立此"施行法"，则宪法相关的规定便可能形同具文。对于这种"立法怠惰"与"立法不作为"的情形，有什么补救的可能性？在现代大多数民主国家中，除瑞士外，并无人民得创制法律之制度，因而由人民直接立法取代立法者的可能性应先予排除。因此，只能通过舆论的压力或其他政治途径来促使立法者尽速立法。

四、宪法总纲的效力类型

宪法既然是国家最高之法规，其规定自有拘束所有国家权力之效力，基本国策是一个具有明确价值判断的章节，表达出制宪者明显的规范意旨。中国《宪法》总纲中基本国策的内容极为丰富，各个条文中亦具有各种不同的规范效果，关于基本国策条款的效力问题，可以分为下述四种分类：

（一）视为方针条款

尽管依德国学说，"方针条款"已经过时，但在此不可否认这种制度仍然存在。中国《宪法》总纲的基本国策中仍然保有不少标准的宣示性质与期待性质的方针条款，来规定国家日后的发展方向。大凡基本国策中以比较抽象、远程、计划性的用语，以及需要靠政策形成的部分都包括在内。例如经济宪法、文化宪法、与社会宪法的条文大都属于方针条款。

（二）视为宪法委托

中国《宪法》总纲中有不少地方都提到了需要靠立法者的积极立法来完成规范，例如农村与城市郊区的土地、可以由法律来规定国有、征收制度的建立（第10条），非公有经济体的范围（第11条1款），财产权的制度（第13条），宏观调控的经济立法（第15条2款），国有与集体企业的自主经营与民主管理之制度（第17—18条），外商的权利（第18条），企业兴学（第19条4款）以及特别行政区的制度（第31条）。

基本国策中期待以立法手段达成者甚多。[①] 此外，依据法治国家人权限制的理论（法律保留），亦有赖立法方得执行的条款。这些可称为实质或不明文的宪法委托，且以立法者的积极立法行为作为条件，且立法者拥有较大的自由裁量权。

（三）视为制度性的保障

所谓"制度性保障"，是一个制度的成立与内容系受到宪法明文规定，或是

[①] 肖蔚云也曾分析1982年《宪法》中直接提到要制定的法律（宪法委托），共有39个，其中关于经济方面的法律有12个，可见宪法对经济立法的高度重视。参见肖蔚云：《中国的经济立法与宪法》，载肖蔚云：《论宪法》，北京大学出版社2004年版，第643页以下。

由宪法的理念所衍生而受到宪法的保障。例如少数民族的自治（第4条）、公民私有财产权（第13条）、集体经济组织的制度（第17条）等。这些条文也具有典型基本人权的性质，编在宪法第二章的"公民的基本权利和义务"中也无不可。尤其是第13条保障公民财产权正应该规定在第二章之内。这几乎也是世界各国宪法的通例。

（四）视为公法权利

所谓的公法权利，是指人民由公法的法规获得权利，而可类似私法权利一样享受该权利，且在受到侵犯时得请求国家（法院）之保障。在此，总纲内的规定如果也涉及了人权保障时，也便是创设了公法的权利。例如少数民族的文字与语言自由权（第4条3款），以及人民财产权利在征收或征用时应予补偿（第10条3款、第13条3款）等。

视为公法权利和上述三种类型的不同之处，在于着眼于个别的人民所遭受的侵犯而言。至于人民倘若觉得国家没有履行宪法总纲内的义务，例如国家工作人员没有倾听人民的意见与建议（第27条2款），或是没有举办医疗卫生设施（第21条1款）与积极植树造林（第26条2款），则不能向国家提出请求赔偿，或要求国家积极作出上述行为。这也类似失业的人民无法请求国家给予工作，因为这些规定并不具有公法权利的性质。①

推荐阅读

1.〔英〕戴雪著：《英宪精义》，雷宾南译，中国法制出版社2001年版。

本书是英国近代宪法学奠基人戴雪的代表性著作，初版于一百多年前，全书主要分为三个部分：议会主权、法治以及宪法和宪法惯例的关系。虽然近年来有所减弱，但戴雪的理论在很大程度上影响了后来英国学者的研究，其理论是任何英国宪法研究者都无法忽略的。

2. 陈新民：《德国公法学基础理论》，山东人民出版社2001年版。

本书收录了作者经年撰写的与德国公法相关的系列文章，内容包括德国公法学说的发展以及法治、公共利益、政党、基本权利等重要宪法概念和制度的讨论，内容明确而精到，为了解德国公法学说打开了一扇窗户。

3. 许崇德等编：《宪法》，中国人民大学出版社2007年版。

此书根据中国《宪法》4章、138个条文以及31条修正案的结构安排体系架构，全面系统地介绍了此前以及当前在很大范围内通行的宪法基本知识和基础理论。除绪论外共分七章，分别为宪法总论、宪法的产生和历史发展、国家性质、

---

① 参见《社会基本权利》一文，载陈新民：《德国公法学基础理论（下）》，山东人民出版社2001年版，第687页以下。

国家形式、公民的基本权利和义务、选举制度与国家机构。

4. 张千帆:《宪法学导论——原理与应用》,法律出版社 2004 年版。

此书将宪法学的理论叙述与案例分析相结合,介绍与比较了中国和其他国家的宪法制度。作者从方法论个人主义的角度出发,除了基本概念和方法之外,将全书的内容分为公民权利和国家结构两大主干内容,结合了宪法的实证分析和规范评价,结构和体例新颖,具有较强的可读性和参照价值。

思考题

1. 从"政治意义"和"法律意义"的角度如何对宪法进行界定?
2. 结合世界主要国家宪法产生与发展的历程,说明宪法的产生需要具备的条件。
3. 宪法与宪政的关系是什么?宪法有哪些表现形式?
4. 成文宪法和不成文宪法、刚性宪法和柔性宪法区分的标准是什么?
5. 结合宪法的分类,阐述宪法的形式特征和实质特征。
6. 如何认识宪法序言的效力和意义?
7. 比较美国等传统宪法文本与中国的宪法文本,说明是否应当在宪法中规定基本国策,其效力如何?

第二章 宪法的创制与发展

宪法是如何产生的？西方宪法如何进入东方世界？本章主要从四个方面探讨了宪法的历史和发展：第一，从世界范围看宪法的历史沿革。这部分的重点是关于宪法发生的不同理论阐释和不同国家宪法创制的历程。第二，中国清末和民国期间宪法的创制和发展。这部分的重点是了解清末和民国制宪的动力和制宪的主要理论依据。第三，中国共产党成立之后的宪法理念和1949年之后中国的制宪历史。这部分的重点是中国当代宪法制度和理念。第四，中国宪法变迁的基础和方向。这部分的重点是对中国宪法发展的总结和反思。除了教材中的内容之外，学习本章内容时应当结合不同时期的宪法文本和制宪过程中的文献和史料进行批评和讨论。

第一节 宪法的历史沿革

一、宪法发展的简要介绍

宪法的产生与发展历程和宪法概念密切相关。如果将宪法视为政权组织法，不但可以将宪法的产生追溯到古希腊、罗马时期，而且可以认为中国古代的典制规范也是早期的宪法表现形式。[①]不过，近代意义上的宪法则不但强调其规范国家权力的层面，还强调宪法作为最高法和民权保障书的属性。在此意义上，古希腊罗马和中国的典制就不能称为宪法，因为两者与其他规范之间不存在效力等级的差别。

一般认为，作为民约法（民权保障书）的宪法性法律始于欧洲中世纪时代（约略自5世纪西罗马帝国灭亡至16世纪宗教革命）。[②]这一时期欧洲属于封建时代，君主的势力受到各方封建诸侯与城市团体的限制；国王以特别法律承认各诸侯或城市团体的特权，并以此限制国王的权力，于是形成了早期对抗王权的宪法性法律。其中最著名的就是英国1215年大宪章。13世纪初，由于英王约翰（King John，1199—1216）实行严厉的封建专制统治，引起诸侯和僧侣的不满和武力反抗。在战争中英王约翰遭到失败，与诸侯签订了《大宪章》（Magna Char-

---

[①] 例如王世杰、钱端升：《比较宪法》，中国政法大学出版社1997年版，第13—15页。
[②] 同上书，第15—16页。

ta)。大宪章共 63 条,主要规定了教会自由、封建爵位的权利、国王不得随意征税、不得任意监禁和逮捕人。后来英王爱德华一世、爱德华三世相继重新承认大宪章的原则。这个大宪章仍然属于封建贵族间的协议,不同于近代意义上的宪法。但是大宪章在英国和世界宪法史上起着重要作用,人民与国家或政府之间签订契约的思想成为一种现实。自 16 世纪宗教革命,至 18 世纪末期英法革命期间,宪法作为根本法的观念逐渐深入人心。人民为制约政府权力而制定民约式立法的实践也不断增加。英国 17 世纪通过的《权利请愿书》、《人权法案》等都属于这一类立法。

现代宪法的观念虽然在 16、17 世纪宗教革命与政治革命时期即已趋于成熟,但近代的立宪运动仍然以 18 世纪末北美独立和法兰西大革命为原动力和出发点。[1]这是因为自美国立宪以来,宪法作为国家最高法的地位终于获得了确立。1776 年,英国在北美的 13 个殖民地宣布独立。其后,各州在《邦联条例》的基础上,制定了 1787 年《联邦宪法》。这是人类历史上第一部现代意义上的成文宪法。法国宪法则是 1789 年大革命的产物,是欧洲大陆第一部成文宪法。自法国大革命之后,欧洲各国陆续加入立宪运动的行列。这些宪法多数为君主立宪制宪法,反映出君主与人民间的协议关系。第一次世界大战结束以后,各国宪法受到民主主义的影响,一般由人民直接表决制定或由专门的制宪机关创制,并规定人民主权原则。

第二次世界大战以后,基于对德国《魏玛宪法》和纳粹时期民粹专制主义的反思,各国开始新一轮制宪运动。其中比较突出的特点就是违宪审查机制的增强。德国在第二次世界大战后的宪法中设立了宪政法院,法国设立了宪法委员会,还有一些国家仿效美国宪法实践,由一般法院行使违宪审查权。总之,对人权的关注和对立法违宪的警惕成为新一轮制宪运动的重点。

二、研究宪法发展史的主要理论

以上对宪法发展历程的介绍仅仅反映了宪法规范创制的角度。宪法学除了一般性研究宪法制度的嬗变过程,还希望回答宪法产生的动因究竟是什么。在此方面,不同理论提供了创制宪法的驱动力来源。其中比较典型的包括政治理论、社会文化理论以及马克思的政治经济分析。

政治理论对宪法产生和发展的理解着重于宪法创制所要解决的政治体制问题。这些问题包括:新国家或新政府的诞生、政权的组织形式、中央与地方关系的协调、人民与政府的关系等。当某一规范性文件的创制表现出特定的属性并包含相应的内容时,就可以认为步入了制宪时刻,甚至于进入了宪法时刻。在此

---

[1] 例如王世杰、钱端升:《比较宪法》,中国政法大学出版社 1997 年版,第 19 页。

意义上,孟德斯鸠《论法的精神》、卢梭《社会契约论》所包含的权力分配方案和人民与国家关系理论成为最重要的政治理论基础。在美国宪法创制过程中形成的《联邦党人文集》则进一步就权力分配之后不同权力机关之间的关系,以及联邦整体与组成单位之间的关系作出了具体的应用性分析。当代研究宪法历史的学者所关注的政治哲学问题包括:制宪者如何处理民主的多数决定和保护少数人之间的关系、制宪者的政治理论如何影响宪法文本、政治过程如何促成了新的宪法变更等。①

对宪法历史的社会文化分析强调法律和社会文化、特别是政治文化之间的关系。其中最为典型的一种观点认为,宪法的创制与实施基础为自由民主社会或市民社会。对宪法发展的社会文化分析也常常将宪法与宗教改革联系在一起,认为西欧早期的宗教革命不但贡献了诸如宽容、社会契约等政治理论②,而且从社会基础上贡献了诸如超验正义、高级法这样的理念,使得宪法不仅具有形式意义,还能深入人心、被内部化为信仰力量。③ 当代法社会学的分析进一步反思既有的宪法文化基础,从宪法与经济条件、精英的偏好、制度环境之间的关系出发,质疑宪政本身的文化属性。认为宪政具有某种的"种族中心"特征,或曰时空属性。不过,一般观点仍然承认:鉴于决定宪政的社会经济条件本身可以转型,因此异质文化也可以最终接纳宪政。④

马克思对宪法产生和发展的认识采取了政治经济分析的方法,有时也被称之为"经济决定论"方法,也就是将政治上层建筑的发展轨迹与经济关系的发展轨迹对应起来,认为经济基础决定上层建筑,政治体制的变革最终是为了回应在经济上占主导地位的阶级的要求。由此,宪法的产生被认为是近现代资产阶级兴起并通过民主革命取得国家政权、组织国家政权的过程。

三、宪法的产生

近代意义上的宪法起源于英国、美国和法国等资本主义国家。马克思对英国和法国的资产阶级民主革命给予了高度评价。他说:"这两次革命不仅反映了它们本身发生的地区既英法两国的要求,而且在更大得多的程度上反映了当时整个世界的要求。"⑤作为资产阶级民主革命的成果之一的宪法,在反对封建专制制度、建立和确认资产阶级民主中起了极其重要的作用,产生了积极的

---

① 例如,〔美〕肯尼斯·汤普森编:《宪法的政治理论》,张志铭译,生活·读书·新知三联书店1997年版。又如〔美〕布鲁斯·阿克曼:《我们人民》,孙文恺译,法律出版社2003年版。
② 程洁:《立宪主义的三种思想源流》,载《清华法律评论》第四辑,清华大学出版社2002年版。
③ 例如〔美〕卡尔·J.弗里德里希:《超验正义——宪政的宗教之维》,周勇、王丽芝译,生活·读书·新知三联书店1997年版。
④ See generally, Edward McWhinney, *Constitution Making: Principles, Process, Practice* (1981).
⑤ 《马克思恩格斯全集》第6卷,人民出版社1961年版,第125页。

影响。

1. 英国

以英国 17 世纪时宪法性法律的形成为例。当时,新兴的资产阶级和从贵族中分裂出来的新贵族阶层(主要是属于中小贵族阶层的乡绅)结成同盟,反对封建制度。1603 年,英王詹姆士即位,他主张君权神授,君权是无限的,国王创造法律。他竭力加强英国国教,迫害清教徒,以巩固其封建王朝。国王的高压和搜刮,引起了广大人民和资产阶级的强烈不满。1625 年,詹姆士的儿子查理一世即位,他继续推行詹姆士强行借债的搜刮政策,拒绝借债的人都被捕入狱。1628 年,查理一世为筹款被迫召开议会,议会向国王提出了《权利请愿书》(Petition of Right)。其主要内容是:(1)国王非经议会同意,不得强迫任何人提供捐献和纳税;(2)不得任意监禁、扣押人和强迫人招供;(3)不得以戒严令处死人,废止戒严法;(4)撤退在各郡的陆海军队,不得强占民房、长期驻军。这一请愿书也反映了资产阶级的利益,是英国较早的宪法性文件。1642 年,查理宣布讨伐议会,英国资产阶级得到广大农民和城乡手工业者的支持,打败了英王的军队;1649 年 1 月,处死了英王查理一世、建立共和国,开始了克伦威尔执政。后来,资产阶级又和封建势力妥协,立查理二世为英王,他即位不久又推行专制主义。为了反对国王的压迫,议会于 1679 年通过《人身保护法》(Hebeas Corpus Act)。此法共 20 条,主要内容是:(1)任何人可以向法院或法官请求颁发人身保护状。被拘押的罪犯或嫌疑犯必须在一定期限内移送法院审理,拘押机关必须说明拘押的原因,违者要受到处罚。(2)不得以同一罪名再度拘押准予保释的人犯。(3)英格兰的居民犯罪不得押送其他地区或海外地区拘禁。1688 年,英王詹姆士二世被推翻,议会迎立威廉为国王,这是英国历史上的"光荣革命",实际上是资产阶级和新贵族发动的一次政变。1689 年,议会通过了《权利法案》(Bill of Rights),从此英国确立了资产阶级的君主立宪制。《权利法案》共 13 条,主要内容是:(1)未经议会同意,不得以皇权停止法律、废除法律及征收供皇室用的费用,不得在国内招收及维持常备军;(2)议会议员的选举必须自由,议会内的讲演、辩论,不得在法院或议会外予以追问或弹劾,定期召开议会;(3)人民有向国王请愿的权利;(4)法院审判案件,不能用非常残酷的刑罚,不得科过多的罚金,定罪前不能科罚金或没收财产,陪审团人员必须选举,审判叛逆罪的陪审官须为有不动产的公民。①

2. 美国

美国宪法的产生伴随独立革命和民主革命。从 17 世纪后半期到 18 世纪中期,英国从荷兰、法国手里夺得北美大西洋沿岸 13 个殖民地,并对殖民地人民进

---

① 以上内容主要参考自肖蔚云:《宪法学概论》,北京大学出版社 2002 年版,第 15 页。

行残酷的剥削和压迫,同时由于北美殖民地经济的发展,美利坚民族开始形成,殖民地广大人民展开了反对殖民当局、争取政治和经济权利的斗争。到 18 世纪后半期,北美殖民地和英国宗主国的矛盾成为主要矛盾,反对英国殖民统治的斗争转变为争取民族独立的斗争,这是一次资产阶级民主革命。1776 年 7 月 4 日,第二届殖民地大陆会议在费城(Philadelphia)通过了《独立宣言》,宣言声称"人人生而平等,人均由上帝赐予一定的天赋权利,其中有生命的权利、自由的权利以及追求幸福的权利。为了保障此种权利,所以才在人们中间成立政府,而政府所具有的权力应基于被统治者的同意。任何形式的政府,凡是破坏此种目的时,人民即有权利于以更废,并建立以此原则为基础的新政府。"宣言列举了英王压迫美国的事实,宣布"这些联合殖民地为自由独立的合众国,且有权取得自由独立国家的地位,解除其与英王的一切隶属关系,并就应完全废止其与大不列颠王国的政治关系"。这一宣言是北美殖民地人民反英斗争的旗帜,具有重大的历史意义,对于法国资产阶级革命和以后的南美洲的西、葡殖民地的独立运动,都有很大影响,马克思称之为"第一个人权宣言"。经过 1775—1783 年的八年武装斗争,美国人民终于战胜了英国的殖民统治。1777 年,大陆会议制定了《邦联条例》,1781 年经各州批准施行。1787 年 5 月,费城制宪会议推举华盛顿为主席。经过四个月的秘密讨论,宪法终获通过。宪法除序言外,一共七条,是以联邦制和行政、立法、司法三权分立为原则制定的,肯定了民主共和政体。但是美国宪法没有包括《独立宣言》,也没有触动奴隶制,规定在 20 年内仍准许贩运黑人奴隶进口,还规定众议员按各州人口数分配,而南部蓄奴各州的每个奴隶只能按 3/5 人计算。在社会压力和法国革命的影响下,宪法增加了《权利法案》,即关于人权的十项宪法修正案,并于 1791 年生效。修正案的主要内容是关于人民的言论、出版、集会及宗教自由,平时军队不得驻扎于民房,非依法律不得扣押人、捕人、搜查及没收财产,刑事诉讼法中的被告有要求迅速公审及律师辩护之权等。

这个附有十项权利法案的美国宪法,是最早的以完整、系统的书面文字表述的联邦制宪法。它不仅对美国资本主义的发展起着重要的推动作用,而且由于当时世界绝大部分国家都处在专制的统治下,美国宪法确认的原则和制度对欧洲、亚洲及拉丁美洲的宪法都产生了重要影响。

3. 法国

法国宪法的产生也反映出早期宪法受到资产阶级民主革命的影响。1789—1794 年的法国革命是继 17 世纪英国革命和 18 世纪美国独立战争后更彻底、更深刻的资产阶级革命。当时法国社会分为三个等级,教士和贵族分属第一和第二等级,人数不到 1%,占地 30% 以上,拥有特权;资产阶级、城市贫民、工人和农民称为第三等级,占人口 99%,没有任何政治权利。由于法国封建统治激起广大人民的反抗,加上财政困难,1788年国王路易十六被迫同意召开三级会议。1789年5月,三级会议开幕,国王要求各等级按照传统分别开会,以等级为单位进行表决,每一等级只有一个表决权。但在出席三级会议的1200名代表中,教士等级300人,贵族代表270人,第三等级几乎都是资产阶级的代表,人数最多,但在表决中仍不能占多数。第三等级要求三个等级一起开会,又遭到贵族和国王的反对,于是第三等级宣布自己是代表全体人民的国民议会。国王封闭会场大门,国民议会就在网球场集会,宣誓"非俟宪法制成,议会决不解散",并把制定宪法作为自己的主要任务,把国民议会改名为制宪议会。7月14日,巴黎人民起义,攻破巴士底监狱,政权从王室转到制宪议会手中。8月,制宪议会通过《人权宣言》。《人权宣言》全名为《人权与公民权利宣言》,包括前言和17条,它反对封建专制,提倡人权和法治,维护私有财产。它宣称:人生而自由,权利平等,永久不变,自由、财产、生命之安全及对于压迫的反抗是"人类的天赋而不可让与的权利"。"法律是公共意志的表现","一切公民均有由自己、或由代表参加制定法律之权利"。"凡属公民在法律面前一律平等",对公民非依法律"不得加以控告、逮捕或拘禁","一切公民除依法律规定,对此自由的滥用应负责任外,均有言论、著作、出版的自由","财产是神圣不可侵犯的权利"。这个宣言是资产阶级在反封建斗争中的纲领性文件,它用法律的形式宣布了资产阶级的平等自由的民主原则,打击了封建专制制度,推动了欧洲、美洲资产阶级革命的发展。1789年底,资产阶级拟定了宪法的基本条文。1791年,国王被迫签署了宪法。这是法国第一部宪法,也是继美国宪法之后第二部以系统的完整的书面文字出现的宪法。宪法的主要内容是:规定法国为君主立宪制国家,国王掌握行政权,一院制的立法议会掌握立法权,把公民分为有选举权的"积极公民"和无选举权的"消极公民"。

4. 俄国

1917年,俄国十月革命推翻了沙皇和地主资产阶级的统治,1918年制定了第一部社会主义宪法《俄罗斯社会主义联邦苏维埃共和国宪法》。这部宪法除前言外,共分6篇、17章、90条,前言规定法是根本法,第一篇为被剥削劳动人民权利宣言。第二篇为总纲,规定宪法的基本任务是确立苏维埃政权形式的城市无产阶级和贫农的专政,总纲还规定了劳动者的基本权利、自由和义务,规定不劳动者不得食和各民族一律平等。第三篇为苏维埃权力的结构,规定了全俄苏维埃代表大会、全俄苏维埃中央执行委员会的产生、组成、地位和职权;规定人民委员会管理俄罗斯社会主义联邦苏维埃共和国的一切政务;规定了地方各级苏维埃代表大会及其执行委员会的组成及职权。第四篇为选举权及被选举权。第五篇为预算法。第六篇为国徽、国旗。

从政治经济分析的视角看来,英国、法国、美国、苏俄宪法产生的由来及其主要内容都是在革命成功有了民主事实之后才产生的。根据经典的马克思主义"经济决定论",民主政治和宪法等上层建筑是建立在经济基础之上的,是生产力和生产关系发展到一定历史阶段的产物。另一方面,马克思对社会发展、包括宪法发展的政治经济分析一直受到批评。批评的一个主要方面集中在其"经济决定论"。马克斯·韦伯就社会经济文化的综合影响来反对经济决定论。[1]另一方面,"经济决定论"也得到进一步发展,但是其中涉及意识形态的因素逐渐被剔除。例如美国宪法史学家查尔斯·比尔德在"经济决定论"基础上,采用经济史观来解释美国制宪过程所反映了经济利益驱动。比尔德调查研究了1787年美国经济权力的分配情况,详细列举了制宪会议每个代表拥有的财产和经济利益。根据他对美国财政部档案文献的分析研究,他得出结论说:美国制宪会议的大多数代表不是投资于"不动产"而是投资于"动产";发起和推动美国制宪运动的是四个动产利益集团:货币、公债券、制造业、贸易和航运业。他认为,制宪会议期间出现了不少矛盾和分歧,例如商人与奴隶主、大州和小州之间的矛盾,南部各州的奴隶应当算作征收联邦捐税的财产还是应算作决定代表名额的人口,以及在商业管理方面的分歧等。他们之间的矛盾和分歧的解决标志着城市资产阶级对种植园主的胜利,美国宪法乃是资本家债权人一致反对拥有土地的债务人的工具。[2]

马克思辩证唯物主义和历史唯物主义依然是理解和解释社会发展的重要分析工具之一,但是随着现代民族国家和宪法的发展,社会主义因素和资本主义因素往往共同存在于同一民族国家中,阶级矛盾和斗争的形态也不像马克思所研究的19世纪社会那么激烈和对抗。反映在宪法发展方面,就表现为宪法不但与国家独立和资产阶级民主革命相关,而且更加凸现出宪法本身固有的价值。这就是宪法作为国家最高规范的价值。宪法虽然具有高度的政治性,但是宪法并不是政策本身;某些政策隐含在宪法中或者被宪法明确确立,被称为国家的基本信念或宪法的基本原则。即使在缺乏宪法保障的国家,这些信念和原则也受到形式上或名义上的尊重。宪法作为最高法的属性在很大程度上超越了国家的阶级属性与意识形态,反映宪法的社会性特征和规范本质。

换言之,正是通过各国在历史上的制宪经验,逐步确立了这样的观念:首先,宪法是国家的根本法和最高法;其次,宪法的创制反映社会不同阶级或阶层之间为解决可能导致社会分裂的矛盾而进行的妥协,特别人民和统治者之间的妥协;最后,宪法确立了一些基本原则,特别是人民主权原则、分权原则和民权原则。

---

[1] 参见〔德〕马克斯·韦伯:《社会科学的方法论》,韩水法译,中央编译出版社2002年版。
[2] 〔美〕查尔斯·比尔德:《美国宪法的经济观》,何希齐译,商务印书馆1989年版,第3—4页。

第二节　中国制宪史：清末与民国时期的制宪实践

一、中国制宪史的研究状况

研究中国制宪史的文献非常丰富。从较有代表性的书籍和文献来看①，中国制宪史的研究可大致分为三种路径：制度史、运动史、思想史。因路径不同，对宪法发展的批评侧重点也不同。制度史一般强调不同时期宪法规定的差别，运动史着重考察宪法生成的社会力量，思想史则试图说明各种立宪运动和行为背后的理论诉求等。

本节的内容比较注重对制宪前后的政治环境、宪法学说、宪法文本三者之间的关系进行分析。这样的结果是希望结合史实与史论②、同时也试图结合传统的马克思主义分析与社会文化分析。史实与史论是相辅相成的。不过，记录与评价都不可避免地带有作者的个人视角，在既已存在大量文献的前提下，如何恰如其分地选取材料进行分析，是十分困难的工作。一个可资参考的样本是钱穆《中国历代政治得失》。该书从不同时代的政府组织、选举制度、经济制度和兵役制度四方面考察汉、唐、宋、明、清政治得失，除了四个方面本身的创意之外，其中政治组织部分又特别区分为皇室与政府、中央政府的组织、地方政府以及中央地方关系四个方面。③这一区分进一步使中国的传统政治组织形式与现代政治学研究结合起来，以一种现代读者能够看得懂的方式对中国古代的政治组织进行了重新整理。

此外，王世杰、钱端升先生在20世纪30年代的《比较宪法》也将中国的制宪史纳入其中，所采用的方法与钱穆实有可以类比之处，即在对宪法制度进行梳理的基础上，对宪法的实际运行进行分析，进一步评价制度设计的得失。

---

① 见荆知仁：《中国立宪史》，台湾联经出版社1984年版（期末至国民政府时期）；王世杰、钱端升：《比较宪法》，中国政法大学出版社1997年版（清末至国民政府）；董霖：《战前之中国宪政制度》，台湾世界书局1968年版（清末至第二次世界大战前）；张晋藩、曾宪义：《中国宪法史略》，北京出版社1979年版；肖蔚云：《外国现行宪法的诞生》，北京大学出版社1986年版；蒋碧昆编著：《中国近代宪政宪法史略》，法律出版社1988年版（清末至边区）；王永祥：《中国现代宪政运动史》，人民出版社1996年版（自孙中山至共同纲领）；殷啸虎：《中国近代宪政史》，上海人民出版社1997年版（清末至共同纲领）；王人博：《宪政文化与近代中国》，法律出版社1997年版（清末至北洋政府）；徐宗勉、张亦工等：《近代中国对民主的追求》，安徽人民出版社1996年版；颜云秉：《中共宪法发展与演变》，台湾博和文化出版2001年版（1949—1999）；许崇德：《中华人民共和国宪法史》，福建人民出版社2003年版（共同纲领至1999）；《近代中国宪政历程：资料荟萃》，中国政法大学出版社2004年版。

② 钱穆在总结历史研究方法时表示，历史研究既有史料整理，又必须有史料评述。钱穆更认为，好的历史作品，应当起到孔子述《春秋》那样"微言大义"的效果。

③ 参见钱穆：《中国历代政治得失》，生活·读书·新知三联书店2001年版。

二、清末立宪

清末立宪前,中国的政权组织建立在儒、释、道三法合一的社会思想基础之上,又建立在中央政府高度集权的政治组织模式上。此外,自唐以来,中国的法律体系则早已形成了以吏、户、礼、兵、刑、工六法为核心的惩戒性规范体系。如此一来,中国传统政治体制的社会基础及其规范的特点与产生西方近代意义上宪法的国家存在巨大差异。特别是从社会思想基础来看,儒释道的结合一方面缓解了宗教冲突和对异教徒的迫害,另一方面也消解了基于宗教与政府的对抗、特别是宗教秉持超验正义给予世俗政府所带来的压力。君主既是世俗社会的最高统治者——国家这个大家庭中地位最高的家长,又是"天子",奉天承运,拥有超验绝对权威。随着儒家学说成为科举考试的"王官之学",社会知识精英进一步被吸纳到政府体系,这不但进一步强化了君主制政府的合法性,也进一步减弱了社会对抗政府的能力。另一方面,知识精英对统治的刚性也起到了调和的作用。即便是看似苛刻的刑事法律规定,在通过中央下派的地方官员执行时,也可能获得地方乡绅阶层的变通执行。① 这种中央政府高度集权的体制下适度开放精英参政议政的统治方式,到清末时,已经在中国平稳地运行了千余年。

政权对精英的适度开放虽然曾经有效地缓和了社会矛盾并强化了君主制的合法性,但是到清末时,君主专制的积弊依然日渐深刻,君权日重而内政不修,财政枯竭而贪污日盛。② 不过,真正引发清朝统治者和一般知识阶层反思国家体制直至倡导立宪的转折点,是1840年鸦片战争。鸦片战争的爆发,一方面反映出帝国主义为谋求经济利益侵略和掠夺中国的经济背景③,另一方面也反映出西方文化中的重商主义文明、特别是自由贸易精神与中国传统儒家某些基本教义的冲突:到清末,商业活动虽然非常频繁和发达,但是商人阶层依然缺乏社会地位,在士农工商的排序中占末。对商业和商人的戒心和贬抑使得自由贸易精神无法被中华帝国所接受与容忍。④ 在英国商业阶层的压力下,英国政府屡屡要求清政府开放自由贸易未果。1840年,英国借口鸦片烟商利益受到中国政府非法损害,索赔未果的情况下向中国宣战。英国战胜后,终于通过签订中英南

---

① 参见费孝通等:《皇权与绅权》,观察社1949年版。
② 荆知仁:《中国立宪史》,台湾联经出版社1984年版,第17—27页。
③ 胡绳:《从鸦片战争到五四运动》(上),人民出版社1981年版,第1—86页。
④ 〔英〕强纳森·丁伯白:《香港末代总督彭定康》,张弘远等译,台湾时报出版公司1997年版,第22—28页。该书部分内容非常生动形象地描述了鸦片战争之前两种不同文化的冲突及其对战争影响。

京条约和北京条约达到了开放自由贸易口岸的目的。①正是在这个意义上，1840年的鸦片战争既可以视为中国宪政的源头，也昭示着现代与传统两种社会体系的冲突、西方与中国文明之间冲突的序幕。②

鸦片战争之后的一系列国难打击刺激知识阶层与统治者反思，从解决国家贫弱问题出发，引发立宪民主、开设议会与争取人权等进一步议题。以康有为为首发动的变法运动，是按西方国家模式改变中国国家制度的第一次尝试。他曾七次上书光绪皇帝，论述"变法"，希望中国有一个不要根本改变君主制度而可以国富民强的宪法。1888年康有为到北京参加顺天府的考试，写了《上清帝第一书》，提出变法。1894年中日甲午海战中国战败，1895年双方签订《马关条约》，进一步引起朝野震动。康有为联合十八省进京会试的举人上书皇帝，要求光绪下罪己诏，迁都拒和，变法图强。其后在1895年到1898年间，康有为又多次上书，提出效法俄罗斯和日本变法维新、实行君主立宪。1898年6月，光绪皇帝颁布"明定国是"诏，宣布变法。但是，变法的内容主要限于经济、教育和军事方面，政治上的改革很少，而光绪帝实行的改革又进一步引发清廷的内部政治斗争。9月21日，戊戌变法失败，所有新政，除了保留京师大学堂外，完全被废除。

1900年八国联军侵华以后，西太后在内外压力下也言变法，但仍未言立宪。直到1904年日俄战争后，清廷的统治者才从日本立宪而强大的事实中受到教益，产生了立宪的愿望。自1906年到1911年，清政府先后颁布了一系列宪法性文件和法律，试图通过立宪挽救国家面临的存亡危机：

（1）1906年9月1日，清廷颁布了《宣示预备立宪谕》，设立考察政治馆（后改为宪政编查馆），作为预备立宪的办事结构，进行了一些预备立宪活动。随后《1906年资政院章程》，《1908年资议局章程》通过，在中央设立资政院、各省设立咨议局，中国开始出现中央和地方的代议机构。

（2）1908年上谕颁布《宪法大纲》，大纲以日本明治宪法为模本，纯为君上大权的宣言，将"臣民权利义务"附于后。《大纲》的主要内容是：① 君主神圣不可侵犯；② 君主独揽统治权；③ 臣民按照法律有应得的权利和义务。《宪法大纲》对君主权力的强调激起人民的愤怒，也令立宪派大失所望。

（3）1911年《宪法重大信条十九条》。预备立宪之初清政府采取无限拖延的策略，但慑于革命运动和为了拉拢立宪派，先出台立宪大纲，并于1908年宣布立宪以九年为期。民众对清廷预备立宪感到失望，于是爆发了武昌起义，改革派

---

① 鸦片战争在西方被称为"通商战争"。某些观点甚至认为，由鸦片贸易引发的战争仅仅是一个偶然，鸦片战争的实质是"中国拒绝在外交平等和对等贸易的基础上参加国际大家庭，结果导致英国使用武力。"〔美〕费正清等编：《剑桥中国晚清史》，上卷，中国社会科学院历史研究所编译室译，中国社会科学出版社1983年版，第251页。

② 《近代中国宪政化的国际环境》，载 http://www.gongfa.com/chenxpxianzhenghuanjing.htm。

又乘机提出要推翻皇族内阁、强烈要求协定宪法,清政府为了渡过危机,于1911年临时炮制《宪法重大信条十九条》。这部宪法虽然对民众有所让步,但仍然坚持在确保皇权的前提下实行君主立宪制,加上颁布得太晚,已经没有什么实际意义,不能挽救清王朝灭亡的命运,并成为清政府预备立宪走向破产的记录。

清末立宪是从改革官职开始的,最初希望通过君主立宪的方式解决国家所面临的内政外交危机。但是由于清廷推行自上而下的改革时不能积极回应社会日渐高涨的"君民共主"要求,死守"君上大权",最终贻误改革时机,也导致社会矛盾最终通过革命的方式得以舒解。革命虽然骤然间解决了君主专制的统治,却开始面临新的统治危机。

三、民国初年立宪

梁启超认为,中国的立宪运动历经三个阶段:第一阶段是"器具论",此论认为中国没落的原因在于缺乏坚船利炮,由此发生洋务运动。第二阶段是"制度论",认为中国缺乏宪法制度,由此发生宪政运动。第三阶段是"文化论",认为症结的根本在文化,由此引发新文化运动。梁的论断为民国初年的立宪活动提供了非常重要的社会理论解释。

民国时期的立宪运动与孙中山所领导的民主革命相辅相成,但是民国初年的制宪却主要反映出西方三权分立思想的影响,孙中山所提倡的五权宪法理论只是在国民党执掌政权、初步统一中国之后才有所实践。

但是,民主革命的成功使得共和观念深入人心。无论是三权宪法还是五权宪法,革命之后的制宪理念再也容不下君主立宪这样的妥协。1905年孙中山和黄兴等组织同盟会时,就公开反对康、梁所倡议的改良主义的君主立宪,主张通过暴力革命推翻清朝统治,建立共和国。由于清政府在立宪过程中始终试图加强君权,立宪进度又一再拖延,使得革命党人所持的激进民主主义思想日渐强化。革命党人曾经在清廷派五大臣出洋考察时在火车站制造爆炸时间,也曾经暗杀过清廷的其他高级官员。例如,汪精卫就曾经因企图暗杀溥仪的父亲醇亲王载沣而被捕。1911年终于爆发了辛亥革命,直隶滦州新军第二十镇统制张绍曾和第二协统蓝天蔚等致电清政府,要求实行立宪。清政府虽然急速(三天之后)通过《宪法重大信条十九条》,但是已经无济于事。辛亥革命爆发后,江苏、浙江都督提议各省派代表到上海开会,磋商组织联合机构,湖北都督黎元洪电请各省代表到武昌组织临时政府,1911年11月30日在汉口英租借召开各省都督府代表联合会第一次会议,12月2日会议决定起草临时政府组织大纲,选举雷震、马君武、王正廷为起草委员,12月3日即通过《临时政府组织大纲》。在中华民国早期通过的宪法或宪法性文件主要有以下几部:

1. 《临时政府组织大纲》

大纲实际由宋教仁起草,这是中国历史上第一部共和制的宪法性文件。《大纲》与较早前湖北省制定的《鄂州约法》一样,都体现出宋教仁等参与制宪者对美国宪法的向往:大纲共四章 21 条,采取总统制设计,规定了临时大总统、参议院和行政各部的产生和职权。《大纲》中缺乏一般民主国宪法中对于公民权利的规定。尽管如此,在中国漫长的历史上,国家机构第一次根据立法而不是君主的命令产生,国家机构的权力由法律规定而不是依靠政治传统与君主的信任。"中华民国宪法之权舆焉。"①

2. 1912 年《中华民国临时约法》

《约法》削弱了《大纲》的总统制特点,相对强化了参议院的权力。《约法》的这一变化与革命党人和袁世凯之间的协议有关。1912 年 1 月 1 日,中华民国宣告成立。1912 年 2 月,在袁世凯的居中安排下,清帝退位,袁世凯担任临时大总统。在孙中山的坚持和主持下,1912 年 1 月成立的参议院着手制定《临时约法》。宋教仁仍为《约法》的主要起草人,但是《约法》反映出革命派和立宪派与袁世凯之间的斗争和妥协。革命派试图以《约法》制约袁世凯,立宪派试图以《约法》与袁世凯进行交易。3 月 8 日参议院议决宣布。3 月 11 日,临时大总统公布《中华民国临时约法》。《约法》共分 7 章 56 条,规定"中华民国由中华人民组织之","中华民国之主权,属于国民全体"。《约法》仍采取三权分立制,但是通过扩大副总统和国务员的权力制约了既有的临时大总统之权力。

3. 1913 年《天坛宪草》

参议院在制定临时约法及选举袁世凯为临时大总统之后,即迁往北京,根据临时约法制定国会组织法、众议院议员选举法、参议院议员选举法。1913 年 4 月 8 日,国会成立,7 月成立宪法起草委员会。委员会由议会两院各选 30 人组成,候补委员各 15 人组成。由于国民党同袁世凯及支持袁的进步党分歧,制宪进展很慢,于是袁指使其党羽提出,先选举总统,然后制定宪法。宪法起草委员会于是又通过了《大总统选举法》并立即选举袁为正式大总统。10 月 31 日,《中华民国宪法》(草案)三读通过。由于委员会和国会中革命党仍然占多数,最终通过的草案由《大纲》和《约法》所确定的总统制改为内阁制设计。这些规定使袁世凯大为不满,他通电各省反对宪草。张勋、冯国璋等则电请解散国民党。袁遂下令解散国民党,撤销国民党议员的议员资格。因国民党为议会第一大党,袁这一举措使议会无法达到法定开会人数,等于解散了议会。1914 年 1 月 10 日,袁干脆下令停止残余议员职务,议会实际上被解散,草案成为死案。与此同时,袁世凯为反对《临时约法》之拘束,提出增修临时约法案,案中大力扩充总统权

---

① 吴宗慈:《中华民国宪法史前编》,上海东方印刷局 1924 年版,第 4 页。

力,其中包括总统的"紧急命令权"一项,袁实际上取得部分立法权。

4. 1914年《中华民国约法》(袁记约法)

1914年1月10日,袁解散议会后,开动政治会议、约法会议、参政院三个御用机关开展"制宪"事宜,企图用宪法为自己赋权。1914年3月18日召开约法会议,袁提出增修临时约法7项,扩大总统权力。不久,约法会议议决《中华民国约法》,5月1日公布。该约法及其后的大总统选举法使袁世凯成为终身元首。在此期间,总统宪法顾问美国人古德诺(F. J. Goodnow)于政府机关报《亚细亚报》发表《共和与君主论》一文,认为君主立宪优于民主立宪,中国不宜采用民主政体。在袁氏指使下,杨度、孙毓筠、严复、刘师培、李燮和、胡瑛"六君子"组织"筹安会",主张复辟。不久,参政院请求召集国民会议,解决国体问题,在袁氏的操纵下,由1993名"国民代表"一致投票赞成袁世凯为皇帝。1915年12月12日,袁宣布实行帝制;12月31日,下令改明年(1916年)为洪宪元年。这一决定立即招致全国的反对,1916年3月22日,袁被迫下令撤销承认帝位案;6月6日,袁气愤而死。

5. 1916年宪草

袁世凯死后,黎元洪就任大总统,直系军阀冯国璋任副总统,皖系军阀国务总理段祺瑞掌握实权。1916年6月29日黎元洪下令恢复共和制,并声明宪法未定之前,仍然遵循《临时约法》。8月1日国会第一次恢复,9月以《天坛宪草》为基础继续讨论制宪。因各派系争执不下,讨论省制问题而动武,国会中的宪法研究会煽动各省督军进行干预,于是黎元洪电邀张勋入京,接着解散国会,张勋进行复辟,让清帝宣统复位,制宪会议告终。后来段祺瑞赶走张勋,复任国务总理,皖系军阀重掌北京政权,冯国璋任代总统。段利用各种手段组织"安福国会",选没有军权的袁世凯心腹徐世昌为总统,并想另立宪法。安福国会1919年制定《中华民国宪法草案》。1920年直皖战争中,皖系被打败,段祺瑞下台,安福国会解散,制宪活动也宣告完结。

6. 省宪运动

张勋失败后,由于冯、段不召集国会,议员纷纷南下,孙中山当时提出维护临时约法,恢复旧国会,议员在广州成立国会非常会议,制定军政府组织大纲,选举孙中山为大元帅,因讨论宪法的国会解散权及省长的职权问题争执不下,护法运动以失败告终。此后,各省发起"联省自治"和"省宪运动"。首先是湖南省制定了省宪法草案,其后,浙江公布了"九九宪法"及"浙江省自治法",江苏、广东、四川等省也相继制定省宪草案,但都未实行。

这一时期的省宪运动是中国制宪史上热烈讨论并最终放弃联邦制的重要时期。早在清朝末年,梁启超就曾经提出学习欧美联邦制,实行地方自治的主张。辛亥革命后,"联省自治"的思想有所发展。从1914年起,张东荪、丁佛言及章士钊等著文,开始从学理上论证联省自治。1920—1922年时,这种思潮达到了顶峰,当时著名的法学家王世杰、周鲠生,政论家胡适、章太炎、张季鸾等都参与了这场争论。争论的主要分歧在于实行联省自治后,应当如何规范中央与地方的关系。从温和的"偏重中央权力"、"推广立宪派的观点省自治运动说"到"虚国联邦"制,倡导者与反对者以《太平洋杂志》为主要阵地,就联省自治的内涵、实行联省自治的依据与办法、如何处理省宪与国宪的关系等进行了广泛的讨论。"联省自治"作为地方自治理论和联邦制在中国的具体应用,起初得到大部分具有进步思想的知识分子的赞同。孙中山、毛泽东这一时期都积极参与了地方自治和联省自治建设。然而,联省自治最终却成为军阀割据的代名词。其中的原因固然有制度设计上的缺陷,但是更为重要的是整个国家的统一问题尚未解决,国家的秩序尚未建立,在这种情况下地方民主断难实行。

7. 1923年《中华民国宪法》

1922年直奉战争中直系军阀获胜,曹锟、吴佩孚逼徐世昌下台,黎元洪复出任总统,宣称恢复"法统",8月旧国会第二次恢复,以制宪为主要任务。但国会法定人数不足,而修改元年的国会组织法,并且在议员年俸5000元及旅费之外,再增加每次开会出席费20元,吸引议员出席宪法会议,另每月增拨制宪费17万元。1923年5月曹锟为了贿选总统,逼黎元洪下台,一面限制议员自由,不许离京,一面高价收买议员回京。后又修改国会组织法,除增加议员出席费外,每位议员发给5000元的贿选费。1923年10月5日选举总统时,大批军警荷枪封锁包围附近街道,曹锟最终用了贿款1356万元,登上了总统宝座,世人称之为"贿选总统",国会为"猪仔国会",议员叫做"猪仔议员"。总统选举结束后,国会又开始制宪。10月10日,宪法会议公布宪法。此宪法于1924年10月24日被段祺瑞推翻,形式上存在了1年零几天,实质上并未得到认真实施。史称"贿选宪法"或"曹锟宪法"。

8. 1925年宪草

1924年,第二次直奉战争爆发,奉系军阀和冯玉祥打败了直系,曹锟被冯玉祥拘禁,贿选宪法告终。后段祺瑞上台为临时执政,不承认《临时约法》及1923年曹锟宪法。他召开了一个"善后会议",制定了《国民代表会议条例》重新制宪,后由于各省抵制未开成会。依段祺瑞的《国民代表会议条例》,宪法起草权属"国宪起草委员会"(1925年8月3日成立)。1925年12月,该委员会议决"中华民国宪法案"。此草案始终未能提交立宪机构讨论。1926年4月,段祺瑞被吴佩孚、张作霖逼出北京,北京陷入混乱,接着张作霖入京,成立军政府,自称大元帅,直到1928年6月南京政府接管京津,北洋军阀的统治从此结束。

北洋政府时期的制宪过程虽然充满了变动与阴谋,但是从制宪的基本思路来看,却是承袭了西方国家的制宪模式,中国开始出现政党政治,制宪过程反映不同党派的意见。这一时期也是1949年前中国议会政治最为活跃的时期。①南京国民政府成立之后,中国内地的议会机构再也没有出现过民国初年那样活跃(但不规范)的合法的政党政治。在宪法原则方面,三权分立原则成为制宪的主要原则,虽然对三权的地位和关系有不同理解。特别值得一提的是,司法独立和司法体制也是在这个时期开始确立的。大理院于1912年设立,直隶于司法部,是北洋政府的最高裁判机关,也是统一释法机关。大理院初设正卿、少卿各1人,以及推事若干人。1928年6月,大理院结束。② 1914年袁世凯在任时期通过了《平政院编制令》,设置平政院。这是民国初年的最高行政裁判机关。平政院设院长、评事,又设肃政厅、肃政史。③ 1914年5月1日公布的《中华民国约法》在政权组织方面对《中华民国临时约法》变动较大,但仍以根本法确认平政院制度。大理院和平政院的二元司法体制一直维持到国民政府时期。

四、国民政府时期立宪

国民政府时期的立宪基本上是围绕孙中山所提出的三民主义、五权宪法理论所开展的立宪活动。但是,国民政府时期的制宪历史又不单纯是对孙中山宪法理想的复制。因为孙中山所提出的宪政阶段论在制宪过程中被重新解释并赋予了新的内涵:早期是训政与以党治国,后期则是社会改良主义者对五权宪法的再加工,企图让赋权式的宪法回归常规意义上的限权宪法与民权。

1. 训政理论下的制宪实践

孙中山的宪法思想源于西方传统的分权思想和代议制政府理想,同时又试图结合中国的历史实践,消解因分权和代议制所带来的负面影响。④孙中山提出建立以三民主义,即民权、民生、民族为基础的五权宪法,在通常的三权之外另加监察权和考试权。三民主义和五权政府的结合点是国民代表大会:在孙中山的设计中,国民代表大会由自治县直接选举一名代表产生,再通过国大选举产生五权机构。因此国大既体现民权,又体现国权,实现政权与治权的统一。不过,孙中山认为实现县自治需要多个前提,包括国家的统一和人民民主能力的养成。

---

① 刘景泉:《北京民国政府的议会政治》,天津古籍出版社1996年版。另见张玉法:《民国初年的政党》,台湾"中央研究院"近代史研究所1985年版。
② 参见《民初大理院》,载黄源盛:《民初法律变迁与裁判》,台湾政治大学法学丛书2000年版,第37—56页。
③ 参见《平政院裁决书整编与初探》,载黄源盛:《民初法律变迁与裁判》,台湾政治大学法学丛书2000年版,第144—148,149—154页。
④ 辛亥革命前中国学术界已经开始对代议制的合理性及负面影响进行讨论。例如章太炎:《代议然否论》,张枬、王忍之编:《辛亥革命前十年间时论选集》(第三卷),三联书店1977年版,第90—93页。孙中山本人也多次质疑代议制的合理性,他的最终理想是全面政治(直接民主)而非间接民主。参见孙中山:《民权主义第四讲》,《孙中山全集》(第九卷),中华书局1986年版,第314页。

因此,五权宪法成为宪法实施的理想状态,即宪政阶段。在此之前,需要历经军政、训政阶段。

训政阶段本来属于过渡时期,但是由于国民政府的政治集权以及处于抗战时期,这一阶段反而成为国民政府时期立宪的主要特征。训政的发展经过了两个阶段。第一个阶段是由孙中山在革命阶段论中所提出的训政理论。第二阶段的训政理论是在 1927 年南京国民政府建立以后,由胡汉民、孙科等提出的训政理论。孙中山的训政理论构架中把政党作为训政的核心。1919 年他在《建国方略》中第一次提出了"以党治国"的明确主张,指出民国初创"民国之主人者,实等于初生之婴儿耳,革命党者即产此婴儿之母也。即产之矣,则当保养之,教育之,方尽革命之责也。此革命方略之所以有训政时期者,为保养、教育此主人成年而后还之政也"①。在 1924 年《中国国民党第一次全国代表大会开幕词》中,他又指出:"我从前见得中国太纷乱,民智太幼稚,国民没有正确的政治思想,所以便主张'以党治国'。"②孙中山在世之日,没有能够亲自见证训政阶段。国民政府成立之后,胡汉民将之进一步发挥,在国民党内首倡"以党治国"和"训政"的建国方针。1928 年 6 月 3 日胡汉民从法国巴黎致国民政府主席谭延闿提出《训政大纲案》,其中写道:"北线完成,当依总理建国期主义之实现,审查内外情势,深信今后党国发展,不外有如下原则:'(1)以党统一,以党训政,培植宪政深厚之基;(2)本党重心,必求完固,党应担发动训练之全责,政府应担实行宪政之全责;(3)以五权制度作训政之规模,期五权宪政最后之完成。"③胡汉民的理论强调了国民党在国家政治生活中的绝对领导地位,又以孙中山的建国思想为旗帜,在国民党内受到了普遍的重视。

1928 年 8 月国民党二届五中全会接受胡汉民的提案,决定在训政期间逐次设立五院。10 月 3 日,国民党中常会通过《训政纲领》,作为对全国人民进行"训政"的基本依据。1929 年 3 月,国民党第三次全国代表大会召开,追认了《训政纲领》,另外还通过了《训政时期党、政府、人民行使政权治权之分际及方略案》、《三全大会关于政权集中中央纳诸国民政府由五院掌理和政权由国民党最高权力机关代表国民行使之决议》,以党代政的基本政治格局由此确定。

不过,1928 年国民党军队占领北京后,并未使全国得到真正的统一,国民党内派系林立,新的军阀继续混战。1930 年以汪精卫为首的改组派与以谢持、邹鲁为首的"西山会议派"同蒋介石相抗衡,他们联合阎锡山、冯玉祥,以"护党救

---

① 《建国方略·心理建设》,《孙中山全集》(第六卷),人民出版社 1981 年版,第 211 页。
② 《中国国民党第一次全国代表大会开幕词》,《孙中山全集》(第九卷),中华书局 1986 年版,第 96 页。
③ 参见中国第二历史档案馆编:《国民政府政治制度档案史料选编》上册,安徽教育出版社 1994 年版,第 580 页。

国"为名,成立北平国民政府与南京国民政府相对抗;国民党内胡汉民与蒋介石在制定约法问题上也存在分歧。胡汉民不同意制定约法,认为孙中山的全部遗教就是训政时期的根本大法。蒋介石为了巩固其统治,放弃不同意制定约法的意见,转而赞成制定约法,软禁了胡汉民,从而发生了两广的反蒋战争。1930年南京国民政府战胜阎、冯,蒋介石电报提议召集国民会议。1931年5月,《中华民国训政时期约法》通过。约法是由国民党中央执行委员会决定起草人员并通过后提交国民会议讨论的。约法确认了国民党的统治权,规定宪政时期"由中国国民党全国代表大会代表国民大会行使中央统治权"(第30条),更进一步将约法解释权授予国民党中央执行委员会。

2. 五五宪草

1931年"九·一八"事变,民族危机加深,沈钧儒等人通电全国,要求立宪。在全国人民的压力下,1932年国民党四中全会决定于1935年召开议会,还政于民。1933年1月成立以孙科为首的宪法起草委员会。草案的主稿人之一吴经熊于1933年6月公布初稿,立法院令各级政府、学校、研究机构讨论。1934年立法院正式公布初稿,立法院成立"宪法草案初稿审查委员会",委员会制成"初稿审查修正案"。立法院通过后将草案呈国民政府转送国民党中央执委政治会议,政治会议决定送常务会。常务会于1934年10月提出五项原则,其根本精神是宪法应粗、柔,害怕宪法之约束,而后国民党内再对草案进行审查,修改内容再回到立法院,立法院再通过,后依国民党五届一次会议决议于1936年5月5日公布,是为《五五宪草》。宪草共8章148条。宪草以五权分立为基本构架,但是几经修改,大大增加了总统的权力。

3. 1946年《中华民国宪法》

《五五宪草》通过后不久爆发全面抗战,立宪之举自然中断。在八年抗战中,国民党一党独裁制度得到强化。1945年抗战结束,1946年1月10日召开旧政协,旧政协作出成立多党联合政府和关于宪法原则的决议,但不久内战爆发。1946年10月,国民党占领张家口后,违背政治协商会议的规定,单方面召开了这次国民大会。国民党和青年党、民社党的代表以及胡适、王云五、傅斯年、胡霖等"社会贤达"1600多人参加了大会。中国共产党和各民主党派都拒绝参加。大会推选吴稚晖为会议主席,蒋介石等48人为主席团成员,洪兰友为秘书长。这次大会的中心任务是制定《中华民国宪法》,故又称为"制宪国大"。蒋介石为大会致开幕词,并由王宠惠、吴经熊、雷震等在开会前夕修改补充,又经蒋亲自删改的"宪法"草案发交立法院、民社党、青年党和社会贤达审议,然后递交国民大会审议。经过41天的讨论,1946年12月25日国民大会通过了《中华民国宪法》。该宪法于1947年元旦公布,同年12月25日生效。

4.《动员戡乱时期临时条款》

1947年,国民党在军事上节节败退。为了挽救这一败局,蒋介石于6月30日在国民党中常会上作了《当前时局之检讨与本党重要之决策》的讲话,提出了"戡乱总动员"等政治决策。7月4日蒋介石又在"第六次国务会议"上提交了"厉行全国总动员,以戡共匪叛乱"的方针案(又称"全国总动员令"),并于次日公布。从此,全国进入"动员戡乱时期"。以"戡平中共叛乱"为目标的"动员戡乱法系"从大陆一直制定到台湾,约有145种。1948年4月,国民党召开第一届国民大会第一次会议。会上为挽救残局,扩大"总统"权力,许多"国大"代表提议要修改宪法。但要修改刚刚生效四个月的宪法,又恐失去民心,于是在4月18日通过了《动员戡乱时期临时条款》(以下简称《临时条款》),性质相当于"宪法修正案",被称为"战时宪法"。《临时条款》是《中华民国宪法》的附属条款。该条款是由国民大会所制定,并且在动员戡乱时期优于宪法而适用。该条款于1948年5月10日公布实施,最初规定有效期为两年半。但直到1991年经国民大会决议及总统公告才于同年5月1日废止,共施行43年之久。《临时条款》最主要的内容,就是给"总统"以紧急处分不受《中华民国宪法》第39条和第43条限制的权力。若按宪法第39条规定,总统要宣布戒严则"须经立法院通过或追认";第43条规定,总统急速处分,"发布紧急命令","须于发布命令后一个月内,提交立法院追认。如立法院不同意时,该紧急命令立即失效"。《临时条款》则把总统宣布戒严和发布紧急命令须经立法院通过或追认的限制取消了。

国民政府时期的立宪与民国初期相比,其社会背景与知识背景都更加复杂。一方面,国民政府初步解决了南北分治问题,这是制宪与行宪的重要社会基础。另一方面,南北分治的结束仅仅是表面现象。国内各种政治势力分立,意识形态高度分化,无论是通过武力还是和平方式,国民党政府始终未能寻找到能够令各种势力和解的机制。这就使得宪法缺乏作为各方和解成果的属性。比较而言,凡是宪法运行比较稳定的国家或地区,其社会基础或者具有高度的同质性,或者能够寻找到不断妥协的共同基础。而宪法变动频繁的地区和国家,则通常是由于政权的组织缺乏充分的调整能力,因而必须改变格局,"重新洗牌"。这一过程虽然仍然带有压制与反抗的过程,但是社会最终能够接受宪法所确立的政权组织方案[①],并在此方案的框架下寻求进一步的改革空间。

[①] 研究表明,形成宪法共识的基础既可以是基于自愿,也可能是基于恐惧或压迫。参见 Walter F. Murphy, Consent and Constitutional Change, in *Human Rights and Constitutional Law* (James O'Reilly, ed., 1992)。

第三节 中国制宪史:社会主义时期的制宪实践

一、新民主主义政权的立宪

中国共产党于1921年成立。早期共产党不主张建立独立的政权。第一次国内革命时期,当时任中共中央总书记的陈独秀在1923年发表了《资产阶级革命与革命的资产阶级》和《中国国民革命与社会各阶级》两篇文章,提出"二次革命论"。他认为中国革命只能由资产阶级领导,它的胜利也只能是资产阶级的胜利;无产阶级在帮助资产阶级取得胜利的过程中,只能获得若干自由和权利,等中国资本主义发达以后,再去领导进行社会主义革命。"二次革命论"的思想反映在政治上是对于握有实权的国民党右派退让以求团结,对土地革命抱消极态度,不争兵权,规定工农武装不准超过自卫,更不准建立共产党独立领导的武装。总之,把共产党放在在野党的地位,希望通过合法斗争取得政权。李维汉在回忆录中指出,一直到"党在中国革命已到生死存亡的危急关头时所召开的'五大',仍然没有同国民党争夺政权的思想"[①]。"二次革命论"最终导致大革命的失败。许多党内人士都认识到,"二次革命论"的错误就在于把国共两党的合作作为最高原则,因此把中国共产党摆在在野党的地位,而不是通过掌握政权来实现无产阶级的领导权。在"八七会议"中,毛泽东把这一现象生动地比喻为"共产党员加入国民党不是去做主人而只是去做客人"[②]。八七会议后,中国共产党决定不再以国民政府为合法性组织,苏维埃政权就是在这一背景下被提出[③],以作为共产党武装起义后地方政权机关。

1. 1934年《中华苏维埃共和国宪法大纲》

该宪法大纲共17条,其内容规包括:规定中华苏维埃共和国的任务、规定共和国的性质为工人和农民的民主专政的国家、规定政权组织形式为工农兵苏维埃代表大会制度,大纲还规定了民主选举制度、民族平等和自决权等内容。

2. 1946年《陕甘宁边区宪法原则》

抗日战争的爆发和苏维埃政权在前期所出现的问题促成了新民主主义以及新民主主义的宪政论。毛泽东《新民主主义论》、《新民主主义的宪政论》构成了新民主主义的宪政论在抗日战争早期组织抗日民族统一战线的理论基础,1945

---

① 李维汉:《回忆与研究》(上),中共党史资料出版社1986年版,第123页。
② 同上书,第163页。
③ 1927年9月19日,临时中央政治局会议通过了《关于"左派国民党"及苏维埃口号问题决议案》,认为"以前国民党在群众中的威信,已因资产阶级军阀之到处利用国民党的旗帜实行流血屠杀恐怖与压迫而消灭了",打出了苏维埃的旗帜。

年后毛泽东所著《论联合政府》及《论人民民主专政》则构成了新民主主义宪政思想的核心部分。根据新民主主义论,新民主主义社会的政治的特征是几个革命阶级的联合专政,表现在政权建设上,就是要建立联合政府。虽然一直到1945年毛泽东才在其著名的文章《论联合政府》中具体阐明了中国共产党对于联合政府的设想,但是联合政府的组织原则和政治实践早在抗日战争初期就已经在苏区的三三制原则中实行了。《陕甘宁边区宪法原则》在总结边区既有经验的基础上,进一步确认了新民主主义的政权组织形式——各级人民代表会议(参议会),规定了人民权利,并且强调受到政府的物质帮助等经济权利等内容。这些宪法原则为中华人民共和国成立后制定新宪法积累了有益的经验。

二、中华人民共和国建国初期的立宪

新中国的立宪实际上从1949年2月已开始。1949年1月14日,毛泽东在关于时局的声明中已将"废除伪法统"作为八项和平条件之一。1949年2月,中共中央发布《关于废除国民党的六法全书与确定解放区的司法原则的指示》,该指示宣布"国民党的六法全书应该废除",为新中国立宪扫清道路。新中国的立宪是在彻底斩断传统的基础上起步的,建国初的主要宪法文件包括《共同纲领》和1954年宪法:

1.《中国人民政治协商会议共同纲领》

1948年4月30日,中国共产党中央委员会发布"五一"劳动节口号,号召"各民主党派、各人民团体、各社会贤达迅速召开政治协商会议,讨论并实现召集人民代表大会,成立民主联合政府"。共产党的号召得到全国人民的热烈响应。筹建一个独立、自由、民主、统一与富强的新中国的时机已经到来了。但是,对于将要建立的新中国,它的国体如何,政体如何,各个阶级在新中国里的地位如何,采取什么样的政权组织形式,这个国家的经济构成怎样等问题,中国共产党同民主党派的理论和看法是不一样的。在这个问题上,各个阶级的代表人物从不同立场出发,有着不同的观点、主张和要求。有的人力图否认无产阶级在国家中的领导地位,要与共产党"轮流执政"。有的人主张对反对派施"仁政",对帝国主义不要太"刺激",幻想得到英美的援助,实行"协和"外交。面对这种情况,中国共产党必须明确阐述自己在政权问题上的理论、观点和基本政策,以便澄清人民当中的错误看法,回击反动派的攻击,从政治上思想上为新中国的诞生做好准备。为此,1949年6月30日毛泽东发表了《论人民民主专政》。该文根据马克思列宁主义国家学说,紧密结合中国实际,论述了人民民主专政的理论和基本政策,为讨论新国家的重大问题、为制定共同纲领,提供了指导思想和基本的依据。

从《共同纲领》产生的过程看,它经历了一个较长的发展过程。早在1948年下半年中共中央就曾起草了一个纲领草案。1949年3月上旬,中共中央在西柏坡举行了具有重大历史意义的七届二中全会,批准了关于召开没有反动分子参加的新的政治协商会议及成立民主联合政府的建议。随着战争形势的迅速发展,辽沈、淮海、平津三大战役的胜利,需要将重点转到团结全国人民建设新民主主义的新中国方面来,同时,考虑到更好地与各民主党派、人民团体的合作,《共同纲领》改由新政协筹备会重新起草。1949年9月29日,召开了中国人民政治协商会议,制定了《共同纲领》。《共同纲领》包括序言、总纲、政权机关、军事制度、经济政策、文化教育政策、民族政策、外交政策等7章60条。作为新中国第一部宪法性文件,《共同纲领》确立了马克思主义宪法学理论中最基本的几项内容:统一战线的组织形式、民主集中制原则、民族区域自治制度。1949年9月,召开中国人民政治协商会议第一次全体会议,该会议于9月27日通过了《中央人民政府组织法》、《中国人民政治协商会议组织法》、《关于中华人民共和国国都、纪年、国歌、国旗的决议》,9月29日通过该共同纲领和《关于选举中国人民政治协商会议全国委员会和中央人民政府委员会的规定》。该《共同纲领》实为新中国第一部宪法(临时)。上述法律与《共同纲领》共同构成新中国立国的宪法基础。

2. 1954年《宪法》

1952年底,第一届政协即将到期,应尽快召开第二届全体会议,否则就要召开全国人民代表大会。考虑到在较短的时间内无法完成召开全国人民代表大会所要做的各种准备工作,加上中国人民政治协商会议在全国人民心中享有崇高地位,中共中央打算先在1953年召开政协第二届全体会议,在晚些时候再召开全国人民代表大会。同时考虑,在过渡时期暂时不制定宪法,而继续以《共同纲领》代替宪法,待中国基本上进入社会主义,阶级关系有了根本改变以后,再制定社会主义类型的宪法。而当时的斯大林则认为中国应尽早召开全国人民代表大会和制定宪法。他多次分别向刘少奇和毛泽东提出建议,他的意见得到中共中央的认可和赞同。① 在新中国成立后的短短五年内,中国政治、经济形势发生了深刻的变化,军事行动基本结束,土地改革在全国大部分地区已经完成,国民经济得到了恢复,财政经济状况得以稳定,人民的觉悟和组织程度越来越高。所有这一切表明,国家政权已日益得到巩固,社会秩序日益好转,人民团结的局面已形成。制定一部正式宪法的条件已经具备。1953年1月13日,中央人民政府委员会举行第二十次会议,讨论召开全国人民代表大会会议和制定宪法的问题,周恩来总理就此作了说明。会议一致通过了《关于召开全国人民代表大会

---

① 穆兆勇:《一届全国人大为何在一九五四年召开》,载《人民日报》2004年9月1日。

及地方各级人民代表大会的决议》,并决定成立以毛泽东为主席,以朱德、宋庆龄、李济深、邓小平、李维汉等 32 人为委员的宪法起草委员会。此后,由中共中央指定了一个宪法起草小组,成员有陈伯达、李维汉、胡乔木和田家英等,由毛泽东亲自领导,并以政务院内务部为主组成宪法起草办公室,收集相关资料。1954 年 9 月 20 日第一届全国人民代表大会第一次会议正式通过了第一部宪法,即 1954 年《宪法》。1954 年《宪法》是在中国从新民主主义向社会主义过渡时期制定和颁布的。它以《共同纲领》为基础,又是《共同纲领》的发展。

1954 年《宪法》吸收了苏联 1936 年《宪法》和其他社会主义国家的立宪经验,同时也参考了民国期间的立宪以及某些世界宪法惯例。1954 年《宪法》除序言外,分总纲,国家机构,公民的基本权利和义务,以及国旗、国徽、首都共 4 章 106 条。其主要内容是:(1) 规定了新中国的国家制度,确认中华人民共和国是工人阶级领导的、以工农联盟为基础的人民民主国家;(2) 规定了中国的政权组织形式是实行民主集中制的人民代表大会制度;确认了单一制的国家结构,确认在统一的多民族国家内部实行民族区域自治的基本制度。(3) 确认了生产资料的全民所有制、合作社所有制、个体劳动者所有制和资本家所有制;规定了国营经济在国民经济中的领导地位,国家保证优先发展国营经济。(4) 规定了过渡到社会主义的方法、步骤。确认了要"依靠国家机关和社会力量,通过社会主义工业化和社会主义改造,保证逐步消灭剥削制度,建立社会主义社会"。(5) 确认了"公民在法律上一律平等"和公民广泛的权利和自由。

从 20 世纪 50 年代后期起,这部宪法的实施遭到了破坏,人民民主与社会主义法制受到了践踏,宪法被置之高阁,如同一张废纸。不久,我们的国家陷入了"文化大革命"的沉重灾难之中。

三、"文化大革命"期间的两部宪法

1. 1975 年《宪法》

1954 年《宪法》颁布实施两年多的时间,生产资料私有制的社会主义改造就已经基本上结束,社会主义在中国已经建立,因此 1954 年宪法规定的当时的历史任务已经完成,宪法有关规定随之过时,为了适应新的政治、经济和客观实际的需要,在 1956 年 9 月中共第八次代表大会上就提出了修改宪法的建议,但由于受到"左"倾错误思想的严重影响,全国人民代表大会长期不能召开。到了 1970 年 3 月,中共中央提出召开第四届全国人民代表大会和修改宪法的建议,1970 年 7 月 20 日,成立了以毛泽东为主任的宪法修改委员会,并提出了宪法修改草案,经党的九届二中全会审查,决定提交全民讨论。但后来由于林彪叛逃死亡,延误了第四届全国人民代表大会的召开,所以一直拖到 1975 年 1 月,第四届全国人民代表大会第一次会议才得以召开。在这次会议上通过了 1975 年宪法。

1975年《宪法》是"文化大革命"的产物,无论在形式上还是内容上都严重地受到了极"左"思想的影响。这部宪法是中国宪法史上一次大倒退。这主要是由于:一是以阶级斗争作为制定宪法的指导思想;二是确认了"文化大革命";三是规范疏陋,《宪法》条文总共只有30条,把宪法降低到了宪法大纲的地位;四是严重地混淆了党政关系;五是对国家机构的规定也极不完备,取消了国家主席制度,取消了检察院;六是删改了公民的基本权利。这一时期的宪法学研究基本上处于停滞状态,全国绝大多数高等政法院系被撤销。宪法教材多被认为是封、资、修的大杂烩,研究机构被撤销,大量图书、教材和研究资料丢失或销毁。

2. 1978年《宪法》

1976年,"文化大革命"终于结束。1978年5月开始真理标准问题的讨论,人们普遍认识到法制建设的重要以及1975年《宪法》的荒唐,于是当年匆忙通过了第三部宪法,目的在于宣示"文化大革命"结束。1978年宪法较其前身虽有进步,但是进步不大,仍然保留了人民公社、革命委员会等制度,阶级斗争为纲的精神仍然贯彻其中。因此,这部宪法一出台便与改革开放的时代不合拍,随即对它作了两次修改。(1) 1979年7月1日宪法修正案。该修正案共8条,除对个别文字作出修改以迎合时代要求以外,实质性内容有四项:取消革命委员会,恢复政府;取消地方政权的议行合一制度,设立地方人大常委会;实行县以下人民代表大会直选制;扩大人大权力,主要是赋予人大质询权和罢免权。(2) 1980年宪法修正案,共1条,内容是废止了1978年宪法中关于大鸣、大放、大字报、大辩论即所谓"四大自由"的规定。

四、现行宪法的创制与修改

中国现行宪法是1982年根据党的十一届三中全会以来的路线、方针、政策,适应新时期政治、经济、文化发展的需要制定的。当时,中国已经在指导思想上完成了拨乱反正,消除了十年动乱遗留下来的"左"的影响;中共中央对国内阶级状况作了新的科学的分析并把党和国家的工作重点转移到社会主义现代化建设上来;国家特别强调要加强社会主义民主和法制建设;国家的经济体制改革、领导体制改革以及国家机构的改革等被提到了议事日程。所有这些都表明,1978年《宪法》已不适应新的历史时期的需要,必须进行全面修改。

1982年《宪法》由五届全国人大五次会议通过。这部《宪法》在1954年《宪法》的基础上,充分体现了党的十一届三中全会的报告精神,致力于为中国新的历史时期确立国家和社会据以发展的政权组织形式。

1. 1982年《宪法》的主要内容

第一,四项基本原则被写入宪法序言。《共同纲领》和1954年《宪法》都没有把马列主义、毛泽东思想和中国共产党的领导写入条文。1981年《关于建国以来党的若干历史问题的决议》（以下简称《决议》）的起草工作是在中共中央政治局、中央书记处领导下，由邓小平、胡耀邦主持进行的。在《决议》的起草过程中，邓小平多次谈过对决议稿的起草和修改的意见。这些意见成为起草决议的"总的原则，总的指导思想"，主要有三条：第一条，确立毛泽东同志的历史地位，坚持和发展毛泽东思想。第二条，对建国三十年来历史上的大事，哪些是正确的，哪些是错误的，要进行实事求是的分析，包括一些负责同志的功过是非，要作出公正的评价。第三条，通过这个决议对过去的事情做个基本的总结，宜粗不宜细。[①]正是基于《决议》对毛泽东的历史地位和坚持党的领导的肯定，新宪法在序言中明确写入四项基本原则，从而确定了新的历史时期宪法的性质与精神。

第二，把公民权利和义务置于国家机构之前，并进一步确立和完善了人民代表大会的运行机制。主要是把原来属于全国人大的一部分职权交由它的常委会行使，扩大了全国人大常委会的职权和加强了它的组织。规定全国人大和全国人大常委会共同行使国家立法权，除基本法律由全国人大制定外，其他法律都可以由全国人大常委会制定。同时规定，人大常委会的组成人员不得担任行政、审判、检察机关的职务，实际上是规定常委会委员要尽量实行专职制；增设专门委员会，在人大和人大常委会领导下进行工作。加强地方政权建设，在县级以上地方各级人大设立常委会，赋予省级人大及其常委会制定地方性法规的权力。改变农村人民公社政社合一的体制，设立乡人民政府和人民代表大会等。

第三，在政府体制方面，废除了领导干部的终身制，继续保留了国家主席的设置，同时增设中央军事委员会。宪法规定设立中央军事委员会，领导全国武装力量，并规定中央军事委员会组成人员由全国人大选举或任命，军委主席向全国人大及其常委会负责，从法律上明确了军队是国家的军队，对军队在国家体制中的地位作出了规定。

第四，为"一国两制"提供宪法依据。邓小平创造性地提出了"一国两制"的伟大构想，作为解决港澳台问题的总方针。1982年《宪法》第31条规定："国家在必要时得设立特别行政区。在特别行政区内实行的制度按照具体情况由全国人民代表大会以法律规定。"并相应在第62条关于全国人大职权中规定："决定特别行政区的设立及其制度。"这些规定为后来香港和澳门回归以及港澳基本法的制定确立了宪法基础，并成为未来解决类似问题的宪法依据。

2. 1982年《宪法》的四次修改

1982年宪法经过了四次修改，每一次修改都与中国社会的发展以及国家根本政策的转型相联系。

(1) 1988年七届全国人大一次会议通过的宪法修正案。该宪法修正案共

[①] 1981年《关于建国以来党的若干历史问题的决议》。

两条。第 1 条为宪法第 11 条增加规定:"国家允许私营经济在法律规定的范围内存在和发展。私营经济是社会主义公有制经济的补充。国家保护私营经济的合法权利和利益,对私营经济进行引导、监督和管理。"这是明确对私营经济的政策和地位,以促进其发展。第 2 条是关于土地使用权依照法律规定可以转让的规定。这是明确土地使用权可以依法转让,以利于土地的利用和发展房地产市场。

(2) 1993 年八届全国人大一次会议通过的宪法修正案。1993 年修宪是在邓小平南方讲话之后、为进一步肯定与巩固改革开放的成果与方向所进行的修改。当时出现很多意识形态争论,要求分清楚改革是社会主义改革还是资本主义改革,真正的用意是在反对经济改革的市场化方向。改革派与反对派的争论非常激烈。本次修正案共 9 条,主要内容包括:首先,确定中国正处在社会主义初级阶段,将改革开放作为基本路线写入宪法。国家的根本任务是根据建设有中国特色社会主义的理论,集中力量进行社会主义现代化建设。其次,增写"中国共产党领导的多党合作和政治协商制度将长期存在和发展",这是对社会主义初级阶段多种社会力量参与政治过程的原则性肯定。此外,修正案突出强调了社会主义市场经济,并且将"国营经济"改为"国有经济",反映了企业自主权的扩大。

(3) 1999 年九届全国人大二次会议通过的宪法修正案。1997 年 9 月,中共十五大决定修改党章,把邓小平理论加入为党的指导思想的一部分。相应的,宪法修正案肯定了邓小平理论的重要指导意义,同时还增加了其他与社会主义市场经济发展相关的重要条款。该修正案共 6 条(第 12—17 条),除了个别文字的修改以外,内容可分为政治、法律、经济三方面。在政治方面主要是增加了邓小平理论和长期处于社会主义初级阶段的内容(第 12 条)。在法律方面增加依法治国,建设社会主义法治国家的内容(第 13 条);将反革命罪改为危害国家安全罪(第 17 条)。有关经济的内容有三条(第 14—16 条),内容为:关于所有制与分配制度方面强调各种经济共同发展、多种分配方式共存;农村经济制度由联产承包制走向家庭承包经营为基础、统分结合的双层经营体制;宣示个体经济、私营经济是社会主义市场经济的重要组成部分。

(4) 2004 年宪法再次作出修改。这次宪法修改的背景最主要的是 2002 年 11 月中共十六大决定修改党章,把"三个代表"思想加入与马列主义、毛泽东思想和邓小平理论一起作为党的指导思想。此外,修正案还体现了市场经济进一步发展的条件下对私有财产保护的要求,以及在中国不断扩大的对外交往中作出的人权保障承诺。① 2004 年 3 月 14 日,十届全国人大二次会议通过修宪草

---

① 早期立宪和立法中回避"人权"概念,认为概念本身具有特别的意识形态属性,不适合中国。参见:刘瀚、吴大英:《什么是"人权"? 中国的宪法和法律为什么不用"人权"一词?》,载《民主与法制》1979 年第 2 期。

案。2004年修正案共涉及14项,可简述如下:在序言中增加"三个代表"重要思想和物质文明、政治文明和精神文明协调发展的概念;在序言中进一步肯定爱国统一战线;规定国家为公共利益而征收或征用土地须给予补偿;表明国家鼓励和支持非公有制经济的发展;加强对于合法的私有财产的保护,并确认私有财产权的概念;规定国家须建立社会保障制度;在宪法第二章加入国家尊重和保障人权的条文;规定国家主席可进行国事活动;把乡镇级的人民代表大会的任期由三年改为五年;此外还以"紧急状态"的概念取代"戒严",规定了国歌和全国人大代表的组成等技术性修订。

中华人民共和国成立以来共通过五部宪法(含作为临时宪法的《共同纲领》)。1982年《宪法》实施以来,进行了四次宪法修正。每一次修改都是在党的领导下进行的,同时体现了两方面的内容:一方面是坚持中国政治体制和意识形态(坚持四项基本原则,特别是坚持党的领导),另一方面则是肯定改革开放和社会主义市场经济。必须承认,在现有的宪法体制下,中国正在形成既不同于西方既有的自由民主社会的政治体制,也不同于苏联、东欧国家较为僵化的社会主义国家的政治体制。

第四节　中国宪法变迁的基础与方向

一、中国立宪实践的共同思想基础

从中国宪法发展的历史来看,宪法创制总是和国家命运与主流意识形态相结合,其中尤以民族主义和社会主义的影响为巨。西方经典的制宪基础是有限政府、代议制与强调公民权利保障的个人主义。与之相对,中国的制宪过程虽然反映了西方宪法思想的继承,特别是对自由主义和马克思主义两大传统的继承,但是中国的立宪实践却独具特色。对中国的立宪史进行纵向比较与研究甚至可以发现,在两大传统之间存在着某些共性,它们既是中国宪法理论的特色,也为中国宪法的进一步发展提供了共同的基础。

1. 宪法是国家建设机制

从鸦片战争开始,落后就要挨打这一观念深深地扎根于中国人的心中,被侮辱与被损害的创痛既促使中国人开始走向世界,又对外面的世界感到深深的恐惧。在整个19世纪,独立与富强是整个国家的根本追求。中国人从周边国家与西方入侵者的制度当中发现了宪法作为国家建设机制的特征。中国要建立民族国家,目的不是美国或法国在18世纪所追求的自由精神,而是致力于国家富强。论证富强与宪法之间关系的理论是进化论即其后各种各样的历史主义,其具体表现一是强调国家在社会发展当中的指导性作用,试图通过强有力的政府来完成国家经济的发展与政治民主化。二是试图通过理性的安排促成宪政国家,当这种理性安排不能马上实现时,就表现为各种形式的宪政发展阶段论。

从国家在社会中的地位来看,近代立宪主义是以小政府,或曰有限政府理论为基调的。三权分立、议会政治以及后来的司法审查都是希望削弱大权独揽的封建主义政府,为个人的意思自由创造空间。中国则不然,立宪思想产生于国家积弱、政府软弱无能的时代。严复在《原强》当中就真切地反映了中国人对于立宪的期望,一开始就瞄准了强政府而不是立宪主义中的"小政府"。强国理想与西方宪法理念的冲突是20世纪初中国社会危机的重大原因之一,同时也促使中国的宪法理论转向《魏玛宪法》所导向的社会改良主义,因为《魏玛宪法》的精神与强政府的实质是相吻合的。实际上,国人对苏维埃体制的兴趣也蕴涵着对该体制所支持的强政府的向往。战争的需要加强了人们对于强政府的认同。抗日战争开始以后,中国的宪法思想更加不可避免地走向了强政府主义。

为了调和富强要求与有限政府之间的矛盾,中国在制宪过程中引入了阶段论思维。这也反映出自康有为起进化论对于中国的影响。康有为最早把国家进行了进化论的划分。为了回应民智未开的问题,梁启超曾经主张在中国经过开明专制时代而进入民主。其他康、梁同时代的社会精英大都曾经支持过君主立宪,甚至君主制的复辟。孙中山在辛亥革命时期反对开明专制论,然而,孙中山不但在理论上系统地阐释了宪政阶段论,而且南京国民政府基本上践行了训政理论。在中国的旧民主主义、新民主主义、社会主义初级阶段等不同时期,马克思主义宪法学根据国家建设的需求以及为了实现这一需求所要求的民主,有着不同的实践方式。

2. 主张不同国家机关之间权力协调而非权力制约

分权与制衡原则是西方宪法学理论最重要的原则之一。然而,当三权分立原则被引进到中国时,却逐渐被各种各样的集权论与分工协作理论所代替。最早是辛亥革命前的君权主义立宪观,认为在一国当中,君权是最高的权力,其他国家机关只不过是国家有机体的一个职能器官。因此,清末《钦定宪法大纲》和《重大信条》中除了规定皇权神圣的原则,就是将内阁制和司法权笼统地纳入官制体系。中华民国成立之初的总统制与内阁制之争,一方面是对总揽统治大权的总统权之争,另一方面也是对于三权分立、制约与平衡原则的一种修正,或以代议机构为最高权力机关,或以总统为最高权力机关,其结果都是打破权力之间的平衡。孙中山所设计的五权宪法方案同样是由对传统代议制和三权分立的批评展开的。在中央,五权政府以分权与分职统一为原则,是秉承国家有机体说的国家机关"官能说",在中央地方关系方面,他也反对联邦制的中央地方分权与制衡,主张以均权来划分两者之间的界限。

社会主义政权的立宪思想一贯主张政权不可分割。从列宁时代起,民主集中制原则就作为政权组织原则而存在。从新民主主义革命时期开始,三权分立原则就遭到许多学者的批评,主要理由在于三权分立是阶级对抗和利益冲突的产物,具有强烈的阶级性,不适合已经消灭了阶级差别的社会主义社会。社会主义时期的宪法中也规定了由不同的国家机关行使立法、行政和司法权,但是支配他们之间关系的原则是"分工配合"、民主集中。可见,在权力的分配方面,社会主义时期的立宪与早前的立宪思想也存在相当程度上的一致性。

3. 权利观念:合作而非抵抗

中国的权利观念从西方移植而来,然而,它从一开始就偏离了立宪主义的自然法基础。在自然法观念当中,权利是人生来固有的利益,在宪法当中规定权利是为了抵抗政府权力的滥用。与此相反,在中国的法律传统中,权利产生于国家权力并且最终服从于国家权力的思想根深蒂固。清末的学者从一开始就没有接受自然权利的观念,相反,他们接受了法律实证主义的"有机体说",认为国家不仅仅是个人的集合体,并且构成了一个有机的实体,这样一来,作为有机体成员的公民权利就是来源于国家权力的授予,而不是相反。与此同时,他们通过"民本"思想来理解代议制民主,认为西方国家之所以富强,是因为统治者能够充分利用本国国民的智慧与资源。然而,以民本为基础的民主思想并不意味着承认个人的权利或实现人民之治,人权在这里仅仅是作为实现国家权力的途径。

马克思主义传入中国之后,"个人利益服从集体利益和国家利益,短期利益服从长期利益"成为社会主义社会的生活信条,甚至于规定以是否符合国家和集体利益来确定个人利益的合法性,即当个人利益与党和国家的利益发生冲突时,社会成员应当牺牲个人利益。由此可见,强调国家权力与社会整体利益的传统不仅仅在社会主义的中国存在,它同样是中华人民共和国成立之前最有影响的权利观念。

强调统治权之间的协调关系、主张个人权利与国家权力之间的统一性最终仍然共同指向了国家建设的需要。历史学家认为,中国在进入社会主义时期之后,封建主义并未消除,它在社会主义装束下带来种种祸害,究其根源,在于"救亡压倒了启蒙"①,政治革命的迫切性压抑了了民主启蒙。这种观点有其合理性。从宪法的发展来看,就是建立民族国家的愿望压倒了建立立宪政府的愿望。

二、中国宪法变迁的条件与契机

研究中国宪法的共同思想基础为解释中国宪法与既有政治文化传统之间的关联提供了依据。如果说过去一百多年来的民族危机导致中国的宪法创制建立在民族主义与社会主义的基础之上,党的十一届三中全会以来,随着改革开放的

---

① 李泽厚:《中国现代思想史论》,安徽文艺出版社 1994 年版,第 11—53 页。

不断深化,中国社会已经开始转型,公众的政治意识发生了重要变化,相应的,以民族主义意识形态为手段的社会动员和社会控制机制逐渐显现危机。社会学家的研究表明,构成并维系一个统一社会需要三方面的要素,即统一的经济或曰统一的市场,统一的文化,统一的政治权威。三者之中任何一方面受到削弱都意味着社会的统一性受到削弱。①从中国国家权力的实际运行来看,为了追求强政府而以"放权让利"为主线进行的改革正在导致国家汲取能力的下降,在资源动员和分配方面中国政府已经变成了一个"弱政府",中国的中央政府正在变成一个"弱中央"②。以国家权力为核心的宪法理论正在丧失其社会基础。

随着改革开放的深入发展,社会矛盾日益多元化,政治上敌我二元的对立,已经不能完全覆盖社会矛盾多元化发展的局面。随着经济体制改革特别是社会主义市场经济体制的建立,在经济上就出现了多种所有制、多种分配方式并存或重叠的情况,由此产生了不同阶级、不同阶层、不同利益群体的复杂诉求。从中国共产党历次大会报告中可见,执政党对新型社会危机的紧迫性已经有所认识。如果说"人民日益增长的物质文化需要同落后的社会生产之间的矛盾"是中国社会的主要矛盾,由这一主要矛盾所引发的其他具体社会矛盾,如旧有的计划经济体制与正在建立的市场经济体制之间的矛盾、沿海与内地、经济特区与一般地区经济发展不平衡的矛盾、中央的宏观控制与经济主体和地方经济的自主权的矛盾、腐败现象与廉政建设之间的矛盾等,仍然采用旧有的专政性的或"民主的、说服的办法"去解决,已不足以应付如此矛盾纷呈、利益多元、调整方法各异的局面了。宪法作为"治国安邦的总章程",应当如何解决新出现的多元社会矛盾、实现社会资源的有效配置,这是当代中国的宪法学理论所面临的首要问题。其中,改善党的领导、承认法的社会性以及充分尊重人权将成为中国宪法变迁和转型的关键环节。

1. 改善执政模式

坚持党的领导是中国 1982 年宪法以来确立的基本原则。早在苏维埃政权成立之前,中共第六次代表大会《关于苏维埃政权组织问题决议案》中就指出,"党应当预防以党代苏维埃或以苏维埃代党的种种危险"。不过,鉴于第一次统一战线破裂的教训,当时主要强调的仍然是"党经过苏维埃或其他组织内的同志,应该在一切条件之下,应该公开在苏维埃中,在苏维埃工作上提高和巩固党的影响"③。在抗日民族统一战线时期,毛泽东也非常强调党在统一战线当中的

---

① Edward Shils, *The Constitution of Society*, The University of Chicago Press, 1982, pp. 3—68.
② 王绍光等:《中国政府汲取能力的下降及其后果》,载张静主编:《国家与社会》,浙江人民出版社 1998 年版,第 10 页。
③ 《中国新民主主义革命时期法制建设资料选编》(第一册),西南政法学院函授部 1982 年版,第 89 页。

独立地位。①在中国共产党逐渐取得国家政权的过程当中,对于党政分开的强调则越来越突出了。董必武论证说,"党对政府的领导,在形式上不是直接的管辖。党和政府是两种不同的组织系统,党不能对政府下命令……党包办政府工作是极端不利的。政府有名无实,法令就不会有效。政府一定要真正有权。过去有些同志以为党领导政府就是党在形式上直接指挥政府,这观点是完全错误的"②。在另一篇文章当中,他借用斯大林的话指出,党在执行领导政府的任务时,除宣传外,执行的时候必须通过政府的组织,"国民党直接向政府下命令的错误办法,是要避免的。……党无论在什么情况下,不应把党的机关的职能和国家机关的职能混同起来"③。有关党政分开、反对以党代政的观点以后也反复出现在中国共产党的重要文件和国家领导人的讲话中。

然而在党的领导与国家机关的领导中,似乎仍然缺乏合理界定党政之间的界线、合理规范两者之间关系的立法。从实践来看,上述矛盾在2006年制定《各级人民代表大会常委会监督法》时就有所体现。最终,基于对"党管人事"这一政治原则的尊重,《监督法》回避了对各级人民政府行政首长的罢免事项,并且规定对政府实行集体监督。1997年2月,在党的十五大报告当中,"依法治国,建设社会主义法治国家"的任务正式写入了党的纲领性文件。然而,如何在保障执政党宪法地位的前提下,通过法律消除因政党特权所带来的弊端,仍然是一个有待深入探讨的宪法性议题。

2. 对普遍人权的承认

宪法发展的国际化趋势和改革开放以来公民日益增长的权利诉求对中国宪法的人权保护提出了进一步的要求。第二次世界大战以来,各国宪法越来越关注公民基本权利和自由。在国际范围内,国际条约开始关涉人权,世界进入"权利时代"④。"第二代人权"和"第三代人权"就明显带有国际化和淡化意识形态的特征。随着改革开放的深入,社会结构和利益关系发生变化,公民对权利救济的要求也加强了。根据一项社会调查,改革以来中国公民权利意识发生了深刻的变化,变化的基本趋势是权利意识日益增强,主要表现是自我意识的觉醒,人我界限日益分明,权利诉求强度的加大等。⑤

对权利问题的研究相应出现两种趋势。一种是以普世主义的观点来看待权

---

① 参见毛泽东在1937—1938年就抗日民族统一战线的一系列文章,包括上海太原失陷以后抗日战争的形势和任务、中国共产党在民族战争中的地位、统一战线中的独立自主问题等。
② 董必武:《更好地领导政府工作》,载《董必武政治法律文集》,法律出版社1986年版,第2—3页。
③ 董必武:《论加强人民代表会议的工作》,载《董必武政治法律文集》,法律出版社1986年版,第191页。
④ 参见〔美〕路易·亨金:《权利的时代》,信春鹰等译,知识出版社1997年版。
⑤ 高鸿钧:《中国公民权利意识的演进》,夏勇主编:《走向权利的时代》,中国政法大学出版社1995年版,第67页。

利问题。这种观点认为现行宪法所确立的权利义务关系模式强调权利的相对性,是义务本位的,而"义务本位的价值倾向是社会主义法制建设的主要观念障碍"①。另一种则是主张特殊主义,即宣布亚洲的或者第三世界的人权观。这种观点认为,人权既是历史的概念,也是文化的概念。人权是近代资产阶级革命时期反对封建特权和僧侣神权的思想武器,在历史上发挥过巨大的进步作用。人权同时是文化的概念。西方人权观念是与国家权力对立的"抵抗权"观念,与此相反,亚洲就不具备这种自发地、历史地形成"对抗权"观念的传统。1991 年以来的国务院新闻办公室发表的"中国人权状况白皮书"就反映了这种人权观:白皮书认为,人权的核心是生存权和发展权。②

3. 对法的社会性的肯定

承认宪法的阶级性是马克思主义宪法学的特点之一。然而,法除了具有阶级性之外,还具有社会性。中华人民共和国成立之后,曾经对此问题进行过两次重要论战。第一次发生在建国初期,由"摧毁旧法制"以及"对旧法观点批判"引起,学者们提出法的阶级性与继承性问题,认为法除了具有阶级性的一方面,还有继承性的一面。③党的十一届三中全会以后,在法学界解放思想、拨乱反正的过程中,如何看待法的阶级性与社会性成为法学界争论很久的热门话题。这场争论最终确立了一系列重大的法学理论问题,主要包括:(1) 在对于法的本质属性的认识上,突破了以往"法的本质属性是阶级性"的僵化观点,认为只强调阶级性不能揭示法的本质,法的本质属性具有多层次性。(2) 提出法除应有阶级性外,还应有社会性。(3) 在法与客观规律关系上,突破了"唯意志论",提出了不应当过分强调"法是统治阶级意志",更需要强调法必须反映客观规律。(4) 在有关法的继承性问题上,提出法同其他上层建筑一样,是人类文明的产物,为了健全社会主义法制,我们必须吸收和借鉴外国法律和古代法制中一切有益于社会稳定和发展进步的经验和规范。(5) 在对于法律作用的认识上,突破了片面强调"打击敌人,惩罚犯罪"的单一观点,提出了在中国剥削阶级已经消灭以后,社会主义法律的主要作用就不再是"镇压"敌对阶级的反抗,而应当转变为促进经济文化建设和保护人民的利益。与此相应,不应把中国的政法机关单纯看做是"专政机关"和"刀把子",而应该使他们成为公正地执行法律和维护法律尊严的机关,更加强调直接保护人民利益、保护公民和法人的合法权益。④

对法的阶级性与社会性的讨论对宪法学理论以及中国的制宪实践具有重要

---

① 陈云生:《权利相对论》,人民出版社 1994 年版,第 342 页。
② 有关中国政府发表的历次白皮书的内容,参见 http://www.humanrights-china.org/china/rqlt/menu_zgzf.htm。
③ 参见郭道晖等主编:《中国当代法学争鸣实录》,湖南人民出版社 1998 年版,第 45 页。
④ 同上书,第 210—211 页。

的意义。由于宪法的基本理念来自西方国家,简单地从阶级性上来区分宪法原则与宪法制度就会造成对于西方宪法学理论的全盘否定。承认法的社会性为宪法比较研究提供了基础,也为我们借鉴西方宪法的制度安排提供了可能性。正是在承认法的社会性、普遍性与法律科学本身的科学性前提之下,才有可能进一步探索宪法规范本身的规律,不断促成既符合中国国情、同时又符合宪法发展一般规律的宪法变迁。

推荐阅读

1. 王世杰、钱端升:《比较宪法》,中国政法大学出版社1997年版。

本书是民国时期的一本经典宪法教材,最早由王世杰先生于1927年出版,1942年后钱端升加入,增加了有关中国宪法史,即第六编的内容。书中有两部分直接涉及宪法史:第一章"宪法的概念"回顾了自希腊罗马时代以来到20世纪初宪法观念的沿革,第六编"中国制宪史略及现行政制"对清季预备立宪开始到1936年五五宪草时期的宪法创制过程和制度进行了说明。

2. 钱穆:《中国历代政治得失》,生活·读书·新知三联书店2001年版。

本书完成于1955年,虽然是对中国政治制度得失的检讨,但是其独到和精辟的分析,是研究中国宪法文化和宪法传统的重要参考。书中特别对汉唐以来皇室与政府(君权与相权)、中央地方关系、科举、税赋和兵役制度进行比较,直接观照近现代宪法的研究角度。

3. 肖蔚云:《我国现行宪法的诞生》,北京大学出版社1986年版。

作者是参与1982年《宪法》起草的成员之一,通过本书记录了1982年《宪法》产生过程的种种争论和思考,为理解1982年《宪法》的立法背景和某些条款的立法原意提供了重要的参考资料。

4. 许崇德:《中华人民共和国宪法史》,福建人民出版社2003年版。

本书对1949年以后的制宪过程进行了回顾。作者也曾经参与1982年《宪法》的起草,因此资料翔实,对研究和认识中国的宪法制度和经验教训,提供了重要的研究线索和参考。

5. 夏新华、胡旭晟整理:《近代中国宪政历程:史料荟萃》,中国政法大学出版社2004年版。

本书是一部历史文献集,所选择资料包括宪法文本、宪法草案、宪法性文件、相关重要背景材料以及有关评述,对研究和了解清末立宪到中华人民共和国成立前的宪法史提供了重要的研究基础。

思考题

1. 从分析各国宪法历史的角度,分析宪法变迁的规律。

2. 比较美国宪法和英国宪法的形成有何异同。

3. 从各国宪法的变迁来分析宪法变迁与基本价值之间的关系。

4. 试比较1954年《宪法》和1982年《宪法》对国家权力的分配有何区别（例如，比较两部宪法中有关国家主席权力的规定）。

5. 1982年以来中国历次修宪的指导思想有哪些？

6. 从中国现行《宪法》的修正案中总结宪法与经济制度之间的关系。

7. 中国在立宪时要解决的问题与西方有哪些不同？

8. 中国历次制宪的制宪机关有哪些类别和特点？

第三章 宪法的实施与解释

本章介绍了宪法实施与解释的基础知识，包括宪法实施与解释的含义和特征、宪法获得实施的原因、宪法实施的内容、宪法实施与解释的主体和方式、宪法实施与解释的重点和难点。其中重点内容是宪法实施与解释的主体及方式、宪法实施与解释的重点和难点。难点内容是宪法实施的原因和内容，尤其是宪政与民主的关系。

第一节 宪法的实施

一、什么是宪法实施？

"宪法实施"概念在现行宪法文本中出现了4次：《宪法》序言规定："全国各族人民、一切国家机关和武装力量、各政党和各社会团体、各企业事业组织，都必须以宪法为根本的活动准则，并且负有维护宪法尊严、保证宪法实施的职责"；《宪法》第62条规定："全国人民代表大会行使下列职权：……（二）监督宪法的实施"；《宪法》第67条规定："全国人民代表大会常务委员会行使下列职权：（一）解释宪法，监督宪法的实施；……"《宪法》第76条第1款规定："全国人民代表大会代表必须模范地遵守宪法和法律，保守国家秘密，并且在自己参加的生产、工作和社会活动中，协助宪法和法律的实施"。这些规定中，"保证宪法实施"、"协助宪法的实施"不完全同于"宪法实施"，"监督宪法的实施"也不同于宪法实施。宪法本身也没有对宪法实施进行解释。

国内学界对宪法实施有不同的看法。① 第一，宪法实施"是指宪法规范在现实生活中的贯彻实施，即将宪法文字上的、抽象的权利义务关系转化为现实生活中生动的、具体的权利义务关系。"② 这种解释看不出它与其他系列概念之间的关系。第二，宪法实施是相对于宪法制定而言的概念，是指宪法制定后转变为现实制度的一套理论、观点、制度和机制。③ 对此，有的学者认为，此种定义是广义的宪法实施。宪法实施是宪法的具体条文规定及其原则精神在现实生活中的贯

---

① 参见杨海坤主编：《跨入新世纪的中国宪法学》（下），中国人事出版社2001年版，第613—615页。
② 周叶中主编：《宪法》，高等教育出版社2000年版，第349页。
③ 蔡定剑：《宪法实施的概念与宪法施行之道》，载《中国法学》2004年第1期。

彻落实,是指国家机关、社会组织和公民个人在现实生活中遵守和执行宪法的具体条文规定及其原则精神的活动。宪法遵守和宪法执行是我国宪法实施的主要方式,其中宪法遵守是一种消极的宪法实施方式,侧重不违宪,而宪法执行是一种积极主动的宪法实施方式,强调运用宪法来处理具体事情。宪法解释、宪法修改、依宪立法、依宪解释,都属于宪法执行的形式并各具特色,宪法监督则是一种负责违宪审查的特殊的宪法实施方式。① 第三,狭义的宪法实施。真正宪法意义上的宪法实施,则相对狭窄。即宪法实施不包括"宪法监督"和"宪法适用";但包括"宪法执行"、"宪法遵守",而且宪法实施主要是指议会实施宪法的行为。②

考虑到本书其他地方没有专门论述宪法监督和宪法适用,所以对宪法实施采用广义的看法,即宪法实施包括宪法监督和宪法适用。这里所说的"宪法适用"是狭义的,指司法机关对宪法条文的直接适用,它相当于司法的违宪审查,如德国式的宪法诉讼和美国式的普通诉讼附带违宪审查。这种"宪法适用"应属于"宪法监督"的范畴。"宪法适用"是"宪法监督"的一种形式,它们都是对狭义的"宪法实施"状况的监督,这种审查权从性质上说是监督权而不是实施权,是对其他机关作出实施行为后引发纠纷所做的裁判。并不是所有实施行为都会引发纠纷,事实上引发纠纷的往往是少数。就权力的效力来说,监督权往往因具有最终性而高于实施权;就权力行使的频率言,实施权通常因较多行使而大于监督权。

宪法实施具有下列特征:(1)宪法实施的主体是宪法明示或默示的相关国家机关、社会团体、组织和个人。其实施主体非常广泛,类型多样。(2)宪法实施的内容主要是法权的落实情况。除了法律权利和权力之外,还包括宪法确认的一系列原则和制度,因为原则和制度也是围绕着权利义务、职权职责的实现展开的。(3)宪法实施的形式多种多样。它随着宪法实施的主体不同而有差异。但其核心总是围绕着权力和权利得到宪法有效调整为主。(4)宪法实施的重点内容是权利得到宪法保障,权力得到有效控制。这是宪法实施的根本目的所在。(5)宪法实施一般以宪法文本确立的内容为主,但不局限于此。因为现实中,还有诸多宪法性内容规定在宪法性法律之中,有的存在于宪法惯例、宪法判例、国际条约等。不管宪法内容的渊源存在于何种载体之中,只要能够受宪法调整的即为我们所说的宪法实施内容。

---

① 上官丕亮:《宪法文本中的"宪法实施"及其相关概念辨析》,载《国家检察官学院学报》2012 年第 1 期。
② 参见马岭:《"违宪审查"相关概念之分析》,载《法学杂志》2006 年第 3 期。

二、为什么宪法必须获得实施？

宪法实施是为了保证宪法规定的内容得到落实，从而实现宪政。没有宪法实施，就不可能有宪政。但是有宪法实施，并不必然一定会出现宪政。因为能否实现宪政，取决于宪法的实施状况。宪政有很多不同的含义，但是就其精神而言，一般认为，它包含以下几个方面：人民主权（权力受约束）、良宪之治、避免暴政或专制。① 宪政是以权力制约和人权保障为基本内容并体现法治精神的宪法在国家的实际生活中充分实施所形成的现实的民主政治体制。② 可见，宪政与民主、法治、宪法之间有密切的关系。

（一）宪政与民主之间存在什么关系？

宪政是民主政治，专制的政治与宪政无关。但是，民主政治是个需要认真界定和分析的概念，在实现民主的手段和途径上则有人治和法治之别。

1. 人治与民主及宪政的关系

以人治手段实现的民主不仅与宪政无关，而且是宪政实现的障碍。宪法是根本法，主要内容是原则性的规定，其实施的过程和手段有很大的不确定性，这就为人治的出现留下了巨大的空间。中国在 1949 年后的十多年间都是较典型的人治民主，其特征是：在理论上、政治上所确认和宣告自由民主的目标和原则，在社会实践中依靠少数杰出人物组成的领袖集团或唯一领袖按照自己的想法，依靠人民群众的热情，诉诸群众运动来实现其意志；社会无法可依，或虽有法律但没有应有的权威；领袖意志等于或高于法律权威；权力高度集中于领袖，不受制约或缺乏有效制约。因而它很容易滑向专制。③ 因此，民主政治并非是宪政的全部内涵，人治推进的民主极不可靠，它会给宪政的发展带来灾难性后果。

2. 法治与民主及宪政

以法治手段推进民主，则是宪政发展的必由之路。以法治手段推进民主，要求在国家的发展中，主要依靠宪法法律，尽可能降低政党和领导人个人权威的作用，将政党及其领袖个人控制在宪法法律范围内活动。为此，必须完善宪法法律控权的制度设施，确保个人服从于宪法法律。

（二）宪政与宪法实施之间的关系

宪政与宪法实施有密切的关系。没有宪法实施，不可能有宪政。宪法在多大程度上得到实施，宪政就得到多大程度的实现。但是仅有宪法实施，未必能够实现宪政。二者之间存在着密切的关系。

---

① 参见〔美〕艾尔金等：《新宪政论》，周叶谦译，三联书店 1997 年版，第 28 页以下。
② 参见杨海坤主编：《宪法学基本论》，中国人事出版社 2002 年版，第 108 页。
③ 参见童之伟著：《法权与宪政》，山东大学出版社 2001 年版，第 574 页。

1. 宪法实施是宪政实现的手段和必要前提

首先,宪法实施是宪政实现的必要前提。这是因为宪法实施的效果受多种因素的影响,宪法实施本身对于其他诸多因素还有依赖性。如宪法实施与外部环境有关,一国所处的国际环境如何,对于宪法实施产生的效果是不同的。同样,一国宪法实施还取决于一国的内部环境,如经济发展与实力情况、一国的法制传统、人民的法治意识特别是对宪法的信仰认同、一国政权组织体制等。因此,宪法实施本身取决于多种因素,由此影响着宪政的实现情况。宪法实施能否走向宪政还取决于一国的宪法监督和保障制度是否健全和完善。

其次,宪法实施是宪政实现的手段和必由之路。宪政的实现就是宪法在一定的空间和时间里得到贯彻实施。它是通过宪法关系主体实施良性宪法中关于权力和权利的规定来实现的。没有对宪法权利和权力规定的实施,宪政就是一句空话。最后,宪法实施的根本目的指向宪政,二者最终实现同一。

2. 宪政是宪法实施的目的所在

首先,宪政为宪法实施指明了目的和方向。宪政的根本目的是为了保障人权,它要求宪法实施必须以保障人权作为依归。为了保障人权,就必须对公权实施有效的控制。任何与保障人权和控制规范权力目的相悖的宪法实施都是不符合宪政原理的。

其次,宪政决定了宪法实施的具体路径和手段。宪政的根本目的决定了在宪法实施过程中,所采取的手段和具体路径应当符合宪政的要求。如在公共利益和个人利益发生冲突的情况下,国家机关在处理事务时,应当采取符合比例原则的手段,把造成的损害控制在最小的范围内。国外宪法判例所确立的比例原则和利益衡量原则都是实现宪政的具体有效的手段。

最后,宪政也是检验宪法实施和改进宪法实施的最终标准。宪政是检验宪法实施的最终标准。符合宪政原理的宪法实施必须是有利于保障人权、有利于控制权力,从而促进社会的和谐协调发展。如果宪法实施的结果不符合这个要求,就很难说是成功的;就需要对宪法实施进行调整。

新中国建立以来,特别是十一届三中全会以来,中国宪法实施取得了一定的成效。但是,中国宪法实施的状况与宪政还有较大的差距,需要通过全体人民的共同努力。

三、宪法实施涉及到哪些内容?

宪法实施的内容,可以从不同角度作不同的归纳。从宪法自身内容看,宪法实施的内容就是指,宪法的各项规定得到实施落实的具体情况。而宪法的内容主要包括宪法原则、制度和政策,国家国家机关及其权力配置、其他公权组织的活动规范和公民权利自由。宪法实施的内容就是这些内容贯彻实施的情况,而其核心内容是关于国家权力和公民权利的实施状况。

(一) 宪法原则、制度和政策可以实施吗？

宪法的基本原则是立宪和宪法实施所必须遵循的原则,它们指导着宪法的制定、解释和修改,构成宪法的主线、核心和灵魂。宪法基本原则是宪法不可缺少的组成部分,是宪法调整社会关系和指导国家生活的最高精神。宪法基本原则可以弥补宪法规则的不足、矫正滞后的宪法规则、扩展宪法规则的适用。这些作用需要由宪法实施机关能动地解释、适用才能实现。

宪法政策和原则具有拘束性。宪法的政策和指导原则通常不能象基本权利那样具有可诉性,但它对立法机关和其他公权力主体同样具有拘束作用。印度最高法院认为,"基本权利与指导原则是一种互为补充的关系,就其价值而言是平等的。自80年代后印度最高法院在判例中多次强调二者价值的同等性。最高法院在'国有化法'一案的判决中认为,印度宪法建立在第三篇与第四篇之间的平衡之上,如果强调一方优位地位的话可能导致两者平衡关系的破坏"。[①] 中国台湾地区的实务和学说见解,无论如何,宪法中的政策或原则,是所有国家权力机关应遵循的义务,它指示立法机关之立法方向,并提供宪法解释的理论依据。[②] 因此,宪法中的政策和原则有可诉性的趋势。

宪法的基本原则包括人民主权原则、人权保障原则、权力制约原则、法治原则等。[③] 宪法基本原则具有目的性。就其实质来说,它服从并服务于人权保障和制约控制权力的目的。宪法基本原则具有人权保障功能,是因为宪法的根本宗旨是为了保障人权。而宪法基本原则是宪法中最高层次的规范,对宪法一般规范具有正当性的功能,它可以在更高层次、更抽象的角度上为人权保障提供更广阔的依据。[④]

宪法政策是指宪法中规定的基本国策或者国家政策。不同国家和地区的学者对宪法政策给予不同的性质界定,有的称为"方针条款"[⑤],有的称为"政策指导原则"[⑥],有的称为"宪德",以区别于严格意义上的宪法规范或者"宪律"。[⑦] 宪法政策具有人权保障功能,这是因为,宪法政策所具有的限制个人自由权利,

---

[①] 转引自韩大元著:《亚洲立宪主义研究》,中国人民公安大学出版社1996年版,第189页。
[②] 陈新民:《中华民国宪法释论》,三民书局2001年第4版,第801页以下。
[③] 参见何勤华主编:《西方宪法史》,北京大学出版社2006年版,第7章。
[④] 朱应平著:《宪法中非权利条款人权保障功能研究》,法律出版社2009年版,第7页。有关基本原则的具体适用参见本书第7—135页。
[⑤] 参见陈新民著:《德国国法学基础理论》(上册),山东人民出版社2001年版,第139—170页。
[⑥] 印度等国的宪法学者按照印度宪法的结构,将宪法中带有国家政策性质的那部分称为"国家政策指导原则"。参见韩大元教授著《亚洲立宪主义研究》,中国人民公安大学出版社1996年版,第187—190页。另参见〔印〕索利·J.索拉布吉著:《美国和印度的平等问题》,载〔美〕路易斯·亨金、阿尔伯特·J.罗森塔尔编:《宪政与权利》,三联书店1996年版,第114页。
[⑦] 参见夏勇教授著:《中国宪法改革的几个基本理论问题》,载《中国社会科学》2003年第2期。

归根结底是为了保护更多人的权利,特别是为了保护弱势者的权利;它通过对个体权利的限制,可以较好地处理社会不同主体之间的利益关系,通过对个体行使权利进行合理限制,既可以在一定程度上防范个人滥用权利,也可以保障整个社会的和谐发展,只有这样,每个人的权利才能最后获得有效的保障。这些都表明,宪法政策的根本宗旨是保障人权,只是它在保障人权的对象、方式、内容方面具有不同与传统自由权保障人权的特点。如它更强调对弱势者的权利保护、更多地涉及经济社会和文化领域的权利、更依赖于国家的发展状况特别是经济发展状况,等。①

宪法政策适用情况主要有以下情况:第一,多数宪法政策条文不具有单独的和直接的司法适用性,但这并不意味着宪法政策没有拘束力,此时的拘束力很大程度上依赖于立法机关和行政机关自己依宪办事。但是,宪法政策并非绝对不能在司法上直接适用,在某些情况下,宪法政策可以与其他宪法规范结合起来适用,从而具有司法适用性。第二,宪法政策与其他条文特别是权利条文结合适用。有几种不同的情形:有的政策与社会权结合,作为保障某些群体特别是弱势群体权利的宪法依据;由于那些落实宪法政策的相关立法比较关注社会弱势者利益的保护,因而可能会对公民的自由权形成较大的限制,因此落实社会政策的立法应当受制于宪法的自由及相关原则的拘束审查,这些权利和原则主要包括财产权、平等权、行动自由、比例原则等;上述两类不同的权利即社会权和自由权对宪法政策的适用会产生不同的要求和影响,两类权利在适用上保护对象、方式和方法上都不同。与宪法的社会政策相对应的社会权,通常支持立法者行使较大的立法裁量权,对弱势者予以有力的保护,这必然会对其他公民的自由权进行干涉。另一方面,宪法自由权则对那些落实宪法政策和社会权的立法起着限制作用。这些不同正是宪法要处理的两大类权利自由权和平等权等之间的关系。第三,运用宪法中某些权利或原则保障法律方面的政策。第四,运用某种宪法权利引伸出其他社会权,实现宪法政策。②

宪法制度也是其重要内容。除了宏观方面的重要制度,如人民民主专政制度、人民代表大会制度、公有制度、文化制度等。还有许多与宪法权利保障密切相关的制度。考查这些制度的实施情况也是了解宪法实施的重要路径。③

---

① 朱应平著:《宪法中非权利条款人权保障功能研究》,法律出版社2009年版,第138页。
② 同上书,第140—167页。
③ 有关制度性保障,参见陈春生:《司法院大法官解释中关于制度性保障概念意涵之探讨》,载李建良、简资修:《宪法解释之理论与实务(第二辑)》,中山人文社会科学研究所2000年;李建良:《论学术自由与大学自治之宪法保障:司法院大法官释字第三八0号解释及其相关问题之研究》,载李建良著:《宪法理论与实践(一)》,新学林出版社1999年版。

（二）宪法权利自由的实施

1. 宪法实施的关键标志

宪法权利自由是否得到宪法的真正保护,是衡量一国宪法实施的关键标志。这是因为:立宪的宗旨是通过宪法规范和制约公权,保护公民权利自由。相对于公权来说,公民处于弱势一方,在权利的实现上,对国家权力有很大的依赖性。公民宪法权利自由的实施程度与宪法文本规定并不总是一致。有的国家宪法规定了公民享有诸多权利自由,但因为没有可行的保障机制,宪法规定只能沦为画饼充饥。只有公民宪法权利真正得到了保护,宪法的实施才是完整的、健康的。

2. 人权宪法保护的情况

美国1787年宪法颁布后,在马伯里诉麦迪逊案之前,1792年最高法院审理了第一件人权案钱皮恩和迪卡森诉凯西。① 罗德岛州一位债务人担心他所欠的债务到期无力偿还时,他将要被捕或抵押品将被没收偿抵,向州议会请愿,把他对债权人的偿还期限延长三年。州议会允其所求,并为此一延期偿还之事,制定一项特别法加以实施。债权人控告州议会的该项特别法违宪,因而发生本案。联邦最高法院宣告罗德岛州的该项特别法无效,理由是破坏契约义务,违反联邦宪法的契约条款。② 可见,美国最高法院一开始就是以保障人权为目的。1803年的马伯里诉麦迪逊同样是当事人维护自己权利自由的斗争。在世界各国中,美国在运用宪法保障公民权利中,其实施效果最好。

法国1789年颁布了《人权宣言》,1791年制定了第一部宪法,并将《人权宣言》纳入其中。但是,由于法国长期坚持立法权优越思想,宪法中的《人权宣言》没有真正被用来约束立法权,没有真正的完全的宪法实施。直到1789年《人权宣言》颁布后几百年过去的1971年,法国的人权才真正得到宪法的保护,宪法才得到真正的实施。

这得益于1958年宪法设立了独立于议会的宪法委员会。其职能原先被认为限于维持议会与行政机构之间的立法权分配,而无权根据包括宪法前言在内的宪法人权条款,去判决立法因侵犯公民权利与自由而违宪。因此,宪法权利并未因第五共和的成立而独立具备现实的法律效力。但在1971年,宪法委员会所作的"结社自由决定",承认宪法序言中《人权宣言》的适用效力,从而使宪法成为保护人权的有力武器。③ 当然,与美国相比,法国的人权宪法保障还有局限性,因为公民个人还无权直接依据宪法人权条款提起诉讼。能够提出诉讼的主体局限于部分公权力主体。再者,法国的宪法审查属于事前审查,当法律通过

---

① Champion & Dickason v. Casey, CCDRI. 1792.
② 参见朱瑞祥著:《美国联邦最高法院判例史程》,黎明文化事业公司1984年版,第10页。
③ 参见张千帆著:《西方宪政体系》(下册)(第二版),中国政法大学出版社2005年版,第76—82页。

后,即使违宪也无法获得宪法委员会的审查。而法律存在的违宪性规定通常是在法律实施后才能反映出来。但是2008年上述情况有所改变。当年修宪首先确定了公民的"违宪性抗辩"权利。修正案规定:在行政法院或普通法院所受理的一般诉讼案件中,公民可因宪法所保障的个人权利与自由受已生效之法律条款的侵害而提出异议,并交由最高行政法院或最高法院进行审查。如果最高行政法院或最高法院认为确有必要的,可向宪法委员会提出违宪性抗辩。而在此之前,宪法委员会仅可以对未颁布的法律草案做出合宪性审查,并只能由总统、总理、国民议会议长、参议院议长以及60名国民议会议员或参议院议员提出申请。宪法委员会的宪法监督功能则由事前监督转变为事前监督与事后监督并存,更加直接有力地保障了公民权利。①

澳大利亚1900年联邦宪法没有专门的《权利法案》,影响了高等法院运用宪法保护人权。1950年的共产党诉联邦案确立了联邦高等法院在解释宪法上的至上地位。直到20世纪80年代末的斯特里特诉轮式蓝州律师协会案,高等法院才注重对人权的保护,运用宪法中有限的明示性权利和由宪法中引申出的默示权利保护人权,从而使宪法实施才真正进入良性运作状态。②

四、宪法实施有哪些主体和方式?

根据不同的标准,可以把宪法实施分为不同的类型。从实施主体来看,宪法实施就是不同的法定主体按照宪法规定行使权力(权利)履行职责或义务。

(一)国家元首实施宪法的主要形式

国家元首是现代各国的重要国家机关,它在名义上或实质上发挥着重要的作用。国家元首对宪法的实施是指国家元首按照宪法赋予的职权和职责,行使职权履行义务,主要包括颁布法律甚至否决法律、任免国家领导人、维护宪法尊严、行使外事方面的职权、统帅和领导军队等。

公布法律是国家元首实施宪法的一种形式,主要有以下几种情况:其一,国家元首无权对需要公布的法律进行审查,即没有不批准公布的权力。如日本宪法第7条规定,天皇根据内阁的建议和承认,公布法律。其二,国家元首对议会通过的法律拥有否决权。有的国家元首实际上没有行使过,如英国的英王。有的国家元首则行使过,如美国总统有权对议会通过的法律行使否决权。

美国立法大权完全操之于国会,总统不得参与立法程序。但这是立宪原始的精神,后来总统积极利用各种手段,充分担负起领导立法的任务。主要有三种方式:第一,利用国情咨文的形式。依据宪法第2条第3款,总统有两种责任:向

---

① 孙轶伟:《法国2008年修宪重点变化条款评析》,载《云南大学学报法学版》2009年第5期。
② 参见朱应平著:《澳大利亚宪法权利研究》,法律出版社2006年版,第204—228页。

国会报告国家情势、提出他的看法和做法。这样,总统可以向国会陈述其政策。第二,利用宪法赋予的行政否决权。宪法第 1 条第 7 款规定。总统行使行政否决权有二种方式:经国会所通过的法案,如果总统认为违背其政策时,可连同不同意的意见,送还原提出议案的议院;总统既不签署,也不在十天以内送还原提案的议院,而直接搁置,即口袋否决(pocket vote)。此种方式的否决,只有国会将于法案送达总统后十天内休会的情形下,才能适用,否则总统如不行使有意见的否决权,该法案即自动成为法律。第三,直接诉诸选民,以压制国会,也是总统领导立法的重要手段之一。

根据中国《宪法》第 87 条的规定,国家主席根据全国人大及常委会的决定,公布法律。我国宪法还规定了国家主席的其他职权。我国现行宪法对国家主席职权的规定过于虚化,导致宪法条文的规定与实际操作的不一致,从而可能产生违宪之嫌疑。比如第八届全国人大常委会第二十七次会议于 1997 年 8 月 29 日决定国家主席江泽民代表中华人民共和国于 1997 年 4 月 24 日在莫斯科签署《中华人民共和国和哈萨克斯坦共和国、吉尔吉斯共和国、俄罗斯联邦、塔吉克斯坦共和国关于在边境地区相互裁减军事力量的协定》。国家主席签署协定的职权在现行宪法和 1990 年全国人大常委会制定的《中华人民共和国缔结条约程序法》中均未规定。然而当时主席行使此项职权是唯一合法合适的对等主体,对国家极为重要。① 如果按照《宪法》第 89 条第 9 项的规定,国务院"管理对外事务,同外国缔结条约和协定",那么"国务院同外国缔结条约和协定"的职权最接近前述"签署"协定的职权,那么国家主席行使了国务院的职权。这显然有违宪的嫌疑。鉴于这种客观现实,2004 年修正《宪法》时,在第 81 条规定:"中华人民共和国主席代表中华人民共和国,进行国事活动,接受外国使节",其中"进行国事活动"是新增加的职权。

(二)议会实施宪法的主要形式

学者认为,"宪法实施"主要是指议会实施宪法的行为。② 立法机关是民意代表机关,是宪法实施的重要主体。立法机关实施宪法的形式多种多样。

1. 议会立法是宪法实施的主要形式

宪法是根本法,通常只对国家的根本性问题作出规定,不可能对所有问题作详细具体的规定,这就要求议会制定相应的法律,将宪法的相关原则制度具体化。议会制定的法律既可能合宪,很好地实施宪法,也可能违宪。建立违宪审查制度,确保议会立法合宪,是宪法实施的重要内容。

各国宪法都确立了议会的立法权。中国宪法第 58 条规定,全国人大和全国

---

① 朱应平:《国家主席制度刍议》,载《法学》2000 年第 11 期。
② 马岭:《"违宪审查"相关概念之分析》,载《法学杂志》2006 年第 3 期。

人大常委会行使国家立法权。宪法第62条和第67条分别对它们立法权的权限进行了规定。

议会立法情况是衡量议会实施宪法的重要标准。这与多种因素有关,如议会规模、会期、议员是否专职等。中国全国人大规模太大、会期过短、人大代表多为兼职,由此很难充分地行使宪法赋予的立法权。而全国人大常委会则一方面人数较少,且间接选举产生,民意代表性不足;且会期较短,也很难充分行使宪法赋予的职权。①

2. 议会对宪法的解释和其他实施形式

有的国家宪法确认了议会解释宪法,这是立法机关实施宪法的重要方式。中国宪法第67条规定,全国人大常委会行使宪法解释权。不过,从实践情况看,这种体制实施效果较差。如我国现行宪法实施接近三十年,全国人大常委会几乎未做出过严格意义上的宪法解释。

此外,议会还有审查和批准预决算、监督其他国家机关、人事任免权、对其他重要问题作出决定等职权,通过行使这些权力实施宪法。

(三) 行政机关实施宪法的形式

行政机关依据宪法执行法律、行使行政管理权,是实施宪法的重要形式。与其他国家机关相比,行政机关对宪法的实施更加高效、频繁。行政机关执行宪法,通常包括制定行政法规或授权法规。行政机关制定法规必须符合宪法规定的原则,通常要遵循三原则:必须有宪法或法律依据,违法无效,以及不得限制公民权利或设定义务。根据中国《宪法》第89条的规定,国务院有权根据宪法和法律,规定行政措施,制定行政法规,发布决定和命令。

行政机关实施宪法还包括履行宪法规定的其他职权职责。如法国总理有权向宪法委员会提起违宪审查权,《宪法》第61条第2项,授权总理和国会议员在此方面行使相同的权力。

我国《宪法》第89条规定国务院的其他职权还有:向全国人民代表大会或者全国人民代表大会常务委员会提出议案;规定各部和各委员会的任务和职责,统一领导各部和各委员会的工作,并且领导不属于各部和各委员会的全国性的行政工作;统一领导全国地方各级国家行政机关的工作,规定中央和省、自治区、直辖市的国家行政机关的职权的具体划分;编制和执行国民经济和社会发展计划和国家预算;领导和管理经济工作和城乡建设;领导和管理教育、科学、文化、卫生、体育和计划生育工作;领导和管理民政、公安、司法行政和监察等工作;管理对外事务,同外国缔结条约和协定;领导和管理国防建设事业;领导和管理民族事务,保障少数民族的平等权利和民族自治地方的自治权利;保护华侨的正当

---

① 朱应平:《论人大规模、结构及其改革》,载《华东政法学院学报》2004年第3期。

的权利和利益,保护归侨和侨眷的合法的权利和利益;改变或者撤销各部、各委员会发布的不适当的命令、指示和规章;改变或者撤销地方各级国家行政机关的不适当的决定和命令;批准省、自治区、直辖市的区域划分,批准自治州、县、自治县、市的建置和区域划分;依照法律规定决定省、自治区、直辖市的范围内部分地区进入紧急状态;审定行政机构的编制,依照法律规定任免、培训、考核和奖惩行政人员;全国人民代表大会和全国人民代表大会常务委员会授予的其他职权。如行使全国人大和全国人大常委会授予的委任立法权。然而,中国最高权力机关所作授权大多是空白授权,中央政府获得的授权相当大。国务院行使这些职权的状况反映了宪法在行政执行方面的情况。

(四) 司法机关实施宪法的主要形式

司法包含形式意义的司法和实质意义的司法。前者指各国法院实际拥有的权限,通常包括:(1) 司法审判权,包括各种民事、刑事审判、行政审判、公务员惩戒等;(2) 违宪审查权;(3) 司法行政权、规则制定权、非讼事务等。实质意义的司法职能是指司法机关对于具体存在的争议、诉讼,经由独立的机关,依法作成裁定的国家权力作用,一般需要经过三个阶段即事实认定、适用之法何在的判定、宣告法的拘束力等。①

司法机关实施宪法的方式主要有以下形式:民事审判、刑事审判、行政审判。宪法审判(违宪审查)则属于宪法监督范畴,属于本文所说的广义的宪法实施范围。例如法国宪法委员会的主要功能包括:审查确认选举的合法性;对总统行为进行审查;对宪法第 34 和第 37 条规定的立法和执法分权加以控制;对法律合宪性进行审查(法案审查)。

中国宪法第三章第七节《人民法院和人民检察院》对法院和检察院作了相关规定。尽管宪法没有明确规定人民法院是否有权适用宪法,但毫无疑问,法院依据宪法法律行使审判权的行为也是贯彻实施宪法的行为。早在 1989 年全国人大常委会工作报告中指出:"当前法制建设的一个突出问题是,有些已经制定的法律没有得到很好的实施。……各级人大、政府、法院、检察院都负有保证宪法和法律实施的重要职责。"1990 年报告继续强调:"要采取有效措施,切实保障宪法和法律的实施。这是各级人大、政府、法院、检察院的共同职责。"这两年工作报告表明,全国人大常委会已经清醒地认识到自身监督宪法实施方面的局限性。在 2004 年中共中央政治局常委召开学习和贯彻实施《宪法》会议部署工作时,除了提出在全社会普及宪法之外,更明确提出了贯彻实施宪法的三大措施:进一步研究制定监督宪法和法律实施的措施;全面推进依法行政;坚持执政为

---

① 参见许庆雄著:《宪法入门》,台湾元照出版公司 2000 年版,第 429—431 页。

民、公正司法、维护社会公平和正义。① 它把公正司法看作是实施宪法的重要措施和途径。

中国法院实施宪法的主要形式是在普通案件中引用宪法。法院在处理一般的民事、行政和刑事诉讼案件时，除了引用一般的法律法规外，还引用宪法加强其判决的说服力。如不少涉及妇女权益受到企业或者村民委员会侵害的争议，有些法院除了引用法律法规之外还同时引用宪法，以加强对判决结果的支持。一些地方法院在审理劳动争议案件时，除了引用《劳动法》、国务院相关法规外，往往还引用《宪法》第42条。如刘明诉铁道部第二十二工程局二处第八工程公司、罗友敏工伤赔偿案。在该案中，法院认为，合同条款损害了劳动者的合法权益，违反了中国宪法和劳动法的前述有关规定，依照《民法通则》第58条第1款第5项的规定，该约定应当属于无效条款，不受法律保护，第八公司对原告刘明的工伤事故，依法应当承担连带责任。"② 本案中法院引用了宪法。但是真正处理案件的依据则是《劳动法》，即实际上引用宪法加强对《劳动法》的解释和引申。法院引用宪法的目的和作用不是针对公权主体，它引用宪法不是为了对《劳动法》进行审查，而是强化运用《劳动法》对合同的审查。其实，在该案中，即使没有引用宪法，只要按照法律所保障的人权精神，只要对《劳动法》作出合情合理的解释，也会得出同样的结论。

在涉及教育权方面引用《宪法》第46条的规定，其中影响较大的是齐玉苓案。山东省某市中学生齐玉苓因被人冒名顶替读书失去了就读中专的机会。1999年，齐某以陈某和她的父亲以及原所在学校等数家单位侵害其姓名权和受教育权为由诉至法院，请求责令被告停止侵害、赔礼道歉并赔偿经济损失16万元和精神损失40万元。侵犯姓名权问题在民法通则中有详细的规定，但侵害受教育权却在民法中没有规定。换句话说，受教育权属于公民的宪法权利，而不是民事权利。但是，中国各级审判机关在审理具体案件时，惯例是不能直接引用宪法。因此，在一般情况下，这一诉求可能会以"没有法律依据为由"而不予受理。据此，最高人民法院根据山东省高级人民法院的请示，于2001年8月13日作出[2001]法释25号《关于以侵犯姓名权的手段侵害宪法保护的公民受教育的基本权利是否应当承担民事责任的批复》，指出"陈××侵犯姓名权的手段，侵犯了齐××依据宪法所享有的公民受教育的基本权利，并造成了具体损害，应承担相应的民事责任"。③

上述情形不属于违宪审查。中国学界对法院是否有实施宪法的权力有争

---

① 《中央提出监督宪法实施措施》，载《报刊文摘》2004年4月5日。
② "刘明诉铁道部第二十二工程局二处第八工程公司、罗友敏工伤赔偿案"（1998年），载《最高人民法院公报》1999年第5期，第172—173页。
③ 朱应平：《齐玉苓案件适用宪法并无不妥》，载《华东政法学院学报》2001年第6期。

议。反对法院有实施宪法权力的理由是,《宪法》第62、67条只规定了全国人大监督宪法实施、全国人大常委会解释宪法和监督宪法实施的职权,宪法没有明确规定法院有监督实施宪法、解释宪法或违宪审查的权力。这一看法缺乏足够的依据。宪法一些条文暗含着法院有实施宪法甚至监督宪法实施的权力。《宪法》第123条规定,中华人民共和国人民法院是国家的审判机关。既然是审判机关,就要处理纠纷。那么涉及宪法方面的纠纷也不例外,宪法并没有排斥法院实施和监督实施宪法的规定。当然,就目前中国实际情况看,法院适用法律法规处理案件的活动属于一般的宪法实施活动,还没有严格意义的宪法监督活动或违宪审查活动。有些学者早就主张,"人民法院应该'依宪判决'"。①

近年来还有少数法院引用宪法中的人身自由、住宅自由支持职工对抗单位强迫居住的行为。四川公民王登辉2006年12月19日应聘到广州皇威公司工作,2007年1月在下班路上被机动车撞上受重伤。但皇威公司否认王登辉受伤属工伤,拒绝为其支付医疗等费用。同年7月黄埔区劳保局作出〔2007〕90号《工伤认定决定书》,认定王在下班途中受到机动车事故伤害,符合《工伤保险条例》第14条第6项的规定,为工伤。随后王以该决定书为依据,向广州市劳动仲裁委员会申请仲裁。2008年3月,该委员会仲裁,裁决皇威公司支付王登辉工作事故医疗费、误工费、营养费等费用共计67788元。但同时三水公司又将黄浦区劳保局告上法院,请求法院撤销其作出的〔2007〕90号《工伤认定决定书》,理由是,王登辉擅自外出,另行住宿,严重违反用人单位规章制度,由此产生人身伤害,依法不应认定为工伤。法院审理了该案并做了判决,判决书涉及宪法的关键论证部分和判决部分的原文如下:"我国宪法赋予公民极其广泛的权利和自由。人身自由、居住自由是公民享有的人格权利。第三人作为职工,经一天紧张劳动后回家休息,料理家务和个人生活,合乎常理,是公民人身自由的一项重要内容,也是公民生活中最起码的一项权利,应予以尊重。原告起诉'公司禁止员工外宿,以便管理及照顾职工安全',其意见与我国宪法精神相悖,与社会文明进步发展相抵,故本院不予支持。"在这段话之后,判决书又用了800余字概述事实和进行论证。最后,判决书宣布:"依照《中华人民共和国行政诉讼法》第54条第1项规定,判决如下:维持被告黄埔区劳动和社会保障局作出的穗埔劳社工伤认〔2007〕90号《工伤认定决定书》。"

在本案判决书中,即使法院不援引宪法,如果根据宪法精神,也应该作出此种判决。法院在判决书援引宪法对于增强人们的宪法意识有一定的积极作用。

近年出现了少数法院引用宪法支持对行政行为进行审查的案例。这种情况

---

① 王振民著:《中国违宪审查制度》,中国政法大学出版社2004年版,第187页。

符合宪法精神,应该得到推广。在杨福祥、赵艳军诉奈曼旗公安局治安处罚案中①,争议的问题是:缠访、越级上访是否属于治安违法行为? 公民对信访答复不服,继续到有关部门和上级机关上访,多次被相关部门接回,该上访行为被公安机关确认为扰乱机关秩序、致使工作不能正常进行的治安违法行为。当事人诉讼到法院,一审法院维持了公安机关的处罚决定。二审法院认定的事实与一审一致。但通辽市中级人民法院经审理认为:《中华人民共和国宪法》第 41 条规定:"中华人民共和国公民对于任何国家机关和国家工作人员,有提出批评和建议的权利;对于任何国家机关和国家工作人员的违法失职行为,有向有关国家机关提出申诉、控告或者检举的权利,但是不得捏造或者歪曲事实进行诬告陷害"。《信访条例》第 3 条规定:"各级人民政府、县级以上人民政府工作部门应当做好信访工作,认真处理来信、接待来访,倾听人民群众的意见、建议和要求,接受人民群众的监督,努力为人民群众服务"。根据上述规定,二上诉人因工作的问题找有关部门要求解决,是法律赋予的基本权利。国家有关行政机关及信访机关,有义务接待来访人员、倾听反映的问题。如不属本部门解决的问题,可以告知或转给有关部门,不能认为二人来访就是扰乱了正常工作秩序。奈曼信访局将二上诉人从通辽市接回,亦属于其本职工作,并不影响其工作秩序。奈曼旗公安局没有举出上诉人在上访过程中,在什么时间、地点,有何种违法行为,扰乱了哪一机关的工作秩序,造成了何种影响的证据,也没有举出二上诉人上访违反了哪些法律、法规及规章。所以,其对二上诉人实施行政拘留处罚,事实不清,证据不足,适用法律错误,原审法院维持不当,应予撤销。上诉人请求赔偿精神、名誉损失,因于法无据,不予支持。请求赔偿经济损失,因未提供证据,不予支持。据此,根据《中华人民共和国行政诉讼法》第 61 条第 1、3 项规定,判决如下:一、维持奈曼旗人民法院(2006)奈法行初字第 13 号行政判决的第二项;二、撤销奈曼旗人民法院(2006)奈法行初字第 13 号行政判决第一项;三、撤销奈曼旗公安局对杨福祥、赵艳军作出的奈公(治)决字(2006)第 120 号、121 号公安行政处罚决定。

在该案中,公安机关和一审法院都只是简单地从字面上理解《治安管理处罚法》,没有从宪法内容和精神上去执行法律,结果被二审法院撤销。二审法院之所以判决是正确的,是因为法官在审理案件中,依据了宪法规定,是从宪法精神上执行法律。这是法院和法官"忠诚"于宪法的表现。

---

① 《杨福祥、赵艳军诉奈曼旗公安局治安处罚案》,法治政府网:http://law.china.cn/features/2009-12/11/content_3290884.htm,最后访问日期:2012 年 4 月 24 日。

五、宪法遵守

宪法遵守是宪法实施的重要途径,它是指一切国家机关、社会组织和公民个人依照宪法规范从事各种行为的活动。宪法遵守既包括宪法主体依法享有和行使权利,也包括依法承担并履行义务。

(一)国家机关遵守宪法

对公权主体来说,职权和职责、权利和义务融合在一起,因此前文涉及国家机关实施宪法的行为,均是关于宪法遵守的行为。此处的遵守宪法和前面的区别在于,前文所说的属于"执行宪法"(指议会和政府)和"适用宪法"(指法院等司法机关实施的行为)主要属于行使权力的性质,而此处的"遵守宪法"则主要基于义务的角度。国家机关遵守宪法是确保一国宪法实施的组织保证。否则,如果自身违反宪法,就难以有效推动宪法实施向健康方向发展。

1. 中国人大及其常委会遵守宪法问题

中国宪法第5条规定,一切国家机关和武装力量、各政党和各社会团体、各企业事业组织都必须遵守宪法和法律。一切违反宪法和法律的行为,必须予以追究。任何组织或者个人都不得有超越宪法和法律的特权。根据中国1982年《宪法》第5条的规定,一切法律、行政法规和地方性法规都不得同宪法相抵触。从实施结果看,并不理想。全国人大及其常委会制定的一些法律明显违反宪法的情况。如人民法院组织法、人民检察院组织法、代表法、全国人大议事规则等都规定法院和检察院要向人大及其常委会报告工作,还规定各级人大及其常委会有权对法院质询。这些规定突破了宪法的规定。①

一些地方性法规与宪法、法律和行政法规冲突的情况也时有发生。如在汝阳县种子公司诉伊川县种子公司案中,法官们认为河南省人大常委会制定的《河南省农作物种子管理条例》因为违反《种子法》而不能适用,引起河南省人大常委会主任会议的反弹,并认定河南省的《条例》与《种子法》不存在冲突的结论,还认为,不适用河南省人大常委会制定的文件就是"违背了我国人民代表大会制度"的结论。学者指出:"如果不适用《中华人民共和国种子法》和《中华人民共和国立法法》,岂不是同样甚至更严重地'违背了我国人民代表大会制度'?一旦适用了河南省的种子条例,如果全国人大常委会像河南省人大常委会一样提出责难,法官将如何处置?人们并且还要问:'是河南省人大大,还是全国人大大?'人大对一个法官作出这样的政治批评无疑是不负责任的。"②可见,各级人大及其常委会遵守宪法的问题至今尚未解决。

---

① 参见周永坤、朱应平:《否决一府两院报告是喜是忧?》,《法学》2001年第5期。
② 周永坤:《论法官查找法律的权力》,载《法学》2004年第4期。

2. 行政机关遵守宪法

中国国务院于 2004 年颁发的《全面推进依法行政实施纲要》中规定,行政机关实施行政管理,应当依照法律、法规、规章的规定进行;没有法律、法规、规章的规定,行政机关不得作出影响公民、法人和其他组织合法权益或者增加公民、法人和其他组织义务的决定。这一规定可以说是遵循了《宪法》第 5 条法治原则和第 33 条国家尊重和保障人权的规定。但是,从现实来看,并非如此。不少行政机关在作出行政行为时,尽管没有直接的法律法规规章,但依然作出严重影响公民权利的行为。

多年来,最高行政机关制定的一些行政法规和规范性文件一直受到质疑,被指为没有遵守宪法的规定。如 2003 年孙志刚死亡引起的《城市流浪乞讨人员收容遣送办法》备受违宪的指责,最后国务院自己废除了。其他受到质疑的行政法规如《出版管理条例》、《社会团体登记管理条例》、《城市房屋拆迁管理条例》、《宗教事务条例》、《非法金融机构和非法金融业务活动取缔办法》、《投机倒把行政处罚暂行条例》、《娱乐场所管理条例》等。无论如何,行政机关遵守宪法问题确实是我国重点和难点。

3. 司法机关依法行使职权

法院和检察院等司法机关既是实施法律的机关,也有义务维护宪法法律的规定,不得越权作出规定。但是,现实生活中,不少法院并未如此行为。多年来,我国法院在遵守宪法方面,总体看比较消极被动,没有发挥更好的作用。这是现行体制造成的。近年来,最高人民法院倡导能动性司法,试图改变过去消极被动的状态,以便在预防和化解社会矛盾、维护社会和谐稳定,服务经济社会发展,保障人民合法权益的要求等方面发挥更大的作用。① 但是确实有一些法院超越法定权力,对不属于自己职权范围的事项予以管辖,造成了不利的影响。如有些法院在裁判文书中,实质上做宪法性裁判的情况。对于已经出现或将来可能出现的法院适用宪法的现象,应遵循法治精神妥善处理,应按照宪法或有关法律已经规定了的程序予以矫正,不宜采用内部发文、领导讲话等非法定的形式来纠正。

2005 年 1 月 5 日原告朱素明驾驶汽车违章驶入公交专用车道被被告市交警一大队值勤民警当场查获。执勤民警依据《道路交通安全法》第 90 条之规定,当场制作了《公安交通管理简易程序处罚决定书》交原告。后原告不服该处罚决定,以交警一大队为被告起诉至法院,但一审法院判决维持被告交警一大队作出的处罚决定书。于是,原告以一审判决适用法律的审查认定有错误为由向昆明市中级人民法院提起上诉。经审理,二审法院即昆明市中院对此案做了终

---

① 参见公丕祥:《当代中国能动司法的意义分析》,载《江苏社会科学》2010 年 5 期;江必新:《能动司法:依据空间和限度》,载《光明日报》2010 年 4 月 24 日。

审判决,其判决书的论证分析部分针对上诉人的上诉理由做了评析,并据此确定了审理该案应适用的实体法依据,其中写道:"在我国的立法体系中,全国人大与全国人大常委会都是法律的制定主体,均为行使最高立法权的国家立法机关,全国人大常委会是全国人大的常设机关,在全国人大闭会期间,其可以经常性地行使国家最高层次的立法权,两个国家最高立法机构所制定的法律不应存在位阶上的'层级冲突',即不会产生'上位法'与'下位法'之间冲突问题,故上诉人朱素明在该案中认为全国人大制定的《行政处罚法》系'上位法',全国人大常委会制定的《道路交通安全法》系'下位法'的诉讼理由是不成立的;其次,全国人大制定的《行政处罚法》是对所有行政处罚作较原则的规范性规定,属于普通法规范,而由全国人大常委会制定的《道路交通安全法》则是对道路交通安全管理的有关事项作具体规定,属特别法规范;按照我国《立法法》第 83 条规定,'特别规定与一般规定不一致的,适用特别规定'。故本案应当适用特别规定。"基于以上理由,二审法院宣布,依照《行政诉讼法》第 61 条第 1 款和第 71 条的规定,选择以《道路交通安全法》为实体依据,判决此案维持原判。

本案中法院所作的解释是错误的,因为全国人大和全国人大常委会制定的法律之间效力是不同的,前者制定的基本法律效力高于后者制定的其他法律。同时,法院的解释也是越权的。根据《立法法》规定,全国人大有权改变或者撤销全国人大常委会制定的不适当的法律。据此,《道路交通安全法》是否违反《行政处罚法》,法院没有解释权,只能由全国人大作出裁决和处理。

(二)政党遵守宪法是宪法实施的重要内容

政党在法秩序的地位经过了四个发展阶段,即敌视、无视、法治化和宪法化。二次世界大战后,政党开始成为宪法秩序规范的对象,不少国家在宪法中规范政党,使政党于宪法开始接触、发生关连。[①]

1. 法国

第五共和国宪法第 4 条规定,政党和团体应在选举意见的表达过程中发挥作用。它们应被自由形成,并应自由从事活动。它们必须尊重国家主权和民主原则。法国《人权宣言》和第五共和国宪法还规定了选举权的平等。这些原则被宪法委员会解释为要求政党竞选经费的平均分配。

在 1990 年的"选举开支决定"中,1988 年通过的立法寻求支持政党竞选,并使候选人受制于公开审查。虽然其公共开支条款受到广泛支持,这项法案因为歧视小党利益而受到批评。法国立法规定只有选民支持超过 5% 的政党才能获得竞选资助。基于《宪法》第 61 条第 2 款,总理把这些条款提交宪法委员会审查。宪法委员会推翻了对政党竞选的资助限制,并指出:宪法第 2、3、4 条的条款

---

① 参见许庆雄著:《宪法入门》,台湾元照出版公司 2000 年版,第 510—511 页。

并不阻止国家对帮助表达选民愿望的政党或团体授予财政资助。但为了符合平等和自由原则,被授予的资助必须符合客观标准。另外,所采纳的援助机制不得产生或建立政党对国家之依赖,或削弱各种不同思潮与见解的民主表达。即使对政党或团体的援助纯粹基于它们向众议院选送候选人的人数,且可受制于它们必须获得最低选票支持的要求,议会所采纳的标准亦不得忽视思想多元化的要求;后者构成了民主的基础。另一方面,为了把国家资助按照选举结果的比例而分配给政党,只有那些'在每个选区至少获得5%选票的结果'才获得考虑;由于其所选择的阈值,这项要求可能阻碍新思想的表达。因此,就法律所施加的这项条件而言,我们必须宣布,被提交的法律第11章违反了宪法第2与第4条的联合规定。①

2. 中国各政党有遵守宪法的义务

中国各政党同样要遵守宪法,理由如下:第一,宪法序言规定,本宪法是国家的根本法,具有最高的法律效力。全国各族人民、一切国家机关和武装力量、各政党和各社会团体、各企业事业组织,都必须以宪法为根本的活动准则,并且负有维护宪法尊严、保证宪法实施的职责。此外,宪法序言还规定,中国共产党领导的多党合作与政治协商制度将长期存在和发展。这表明,中国的政党已经成为宪法规范的对象。

第二,根据《宪法》第5条的规定,一切国家机关和武装力量、各政党和各社会团体、各企业事业组织都必须遵守宪法和法律。一切违反宪法和法律的行为,必须予以追究。任何组织或者个人都不得有超越宪法和法律的特权。

第三,中共党章也明确规定,党必须在宪法和法律的范围内活动。党必须保证国家的立法、司法、行政机关,经济、文化组织和人民团结积极主动地、独立负责地、协调一致地工作。

第四,强调各政党必须在宪法范围内活动的原则,是因为中国有过沉痛的教训。从历史来说,文化大革命的发生很大程度上是执政党自身违反宪法造成的。从日常生活来说,执政党一些组织和领导违反宪法现象时有发生。

总之,如果不解决政党自身按照宪法活动的话,宪法实施就很难实现。

3. 政党守宪

政党是现代社会守宪的重要主体,守宪至少应当具备以下内容:第一,政党应当依法行使权利。如结社自由权利,政党在宪法法律范围内的组织活动自由等。没有宪法的保障,政党就很难生存和发展。第二,政党应当严格按照宪法法律的要求开展活动。政党活动必须纳入宪法审查范围。政党遵守宪法内容有多方面,包括内外活动都要遵守宪法的相关原理和精神。在政党内部,政党的组织

---

① 参见张千帆著:《宪法学导论》,法律出版社2004年版,第413页。

和活动应当遵循民主、平等和自由的原则,这些原则是各国宪法确立的普遍原则。在外部,政党要遵守宪法法律的底线,不得越权行使国家权力、侵犯公民宪法上的权利自由;违宪违法活动要受到相应的制裁。① 实践证明,"执政党守法问题在那些实行一党制或形式上多党而实质上一党制的国家尤为突出。"②第三,政党守宪要有可行的审查机制。在法国、德国,政党活动的合宪性已纳入宪法委员会和宪法法院的控制中。中国台湾在"宪法"修正案第 5 条规定,由"宪法法庭审理违宪政党之解散事项"。

（三）公民遵守宪法

公民是宪法实施的重要推动力量。"我们的公法,就其效力来说,依赖于广大人民对其基本生活条件的接受。人民的接受,而不是形式上的法律机构,是法律得以贯彻的决定性力量。"③这是对公民在公法实施中作用的极好概括。实践也证明:"实施公法要求高水平的公民精神。实施公法只有在舆论要求执政者与行政官吏服从纪律、接受监督的条件下才是可以设想的,而这又以管理人员把被管理的人看成公民而不是臣民为前提。此外,经验表明:要使政府采取一项起码的公正措施或放弃一个显得不合理的计划,会遇到最大的困难。"④

1. 公民守宪最主要的是指公民享有权利并运用宪法维护自己的合法权益

公民争取宪法权利自由的斗争是宪法实施的重要组成部分和保障。民众对宪法法律的态度如何对于一国宪法实施非常重要。没有个人的诉讼,就很难产生宪法审查制度,宪法实施就是一句空话。"民众对法律、尤其是宪法的冷漠和麻木,最终会导致在冷冰冰的世界里窒息宪法和法律,使宪法和法律成为漠不关心的牺牲品。……法律的力量在很大程度上依赖公众的信任:对法律创制者的信任,对法官、监察官、警察及法庭的信任,对法律制度的信任等。没有这些信任,人们就不会产生对法律的巨大热情,就不会把法律当作神圣的东西并忠诚于法律,从而也不会形成一个法治的社会。"⑤公民遵守宪法,就应当学会运用宪法维护自己的权利,这不仅是对个人权利的维护,还可以促使国家机关严格依法办事。

此外,公民不仅有维护自己个人权利的责任,还有维护全体人民权利的责任。对此,美国最高法院法官布兰莱斯曾说:"自由的最大敌人不是专制,而是消极冷漠的国民",因此如果要享受由宪法所赋予的人权保障,那么即使是他人

---

① 参见《论政党在宪法位阶上之意义及地位》、《论政党内部秩序之规范》,载陈慈阳著:《宪法规范性与宪政现实性》,翰芦图书出版公司 1997 年版,第 131—178 页、第 179—192 页。
② 李步云主编:《宪法比较研究》,法律出版社 1998 年版,第 356 页。
③ 〔美〕伯纳德·施瓦茨著:《美国法律史》,王军译,中国政法大学出版社 1990 年版,第 60 页。
④ 〔法〕勒内·达维德著:《当代主要法律体系》,漆竹生译,上海译文出版社 1984 年版,第 75—76 页。
⑤ 王人博、程燎原著:《法治论》,山东人民出版社 1998 年版,第 196 页。

的人权遭受侵害,也不能认为事不关已而毫不关心。因为所有立宪主义宪法所保障的人权,都是前人流尽鲜血奋力争取而来,才使后人得以享受完整的宪法保障;如果不共同制止国家公权力的违宪侵害人权行为,则任何立宪主义宪法体制终将崩溃,因此凡有国家公权力的违法行为,国民都应负有表达抗议,且拒绝遵守的抵抗义务。①

宪政国家和地区的宪政实践也证明了公民争权的斗争对宪法实施的重要性。美国1803年的马伯里诉麦迪逊就是原告为了维护自己的合法权益而提起的诉讼。法国1971年的结社案件也是相关组织为了维护自己的结社自由。澳大利亚高等法院于1950年审理的解散共产党案件,也是共产党组织和有关工会组织为了维护结社自由和言论自由等而提起的诉讼。

2. 公民守宪也包括公民承担并履行法律义务的要求

"法律秩序也是人们自愿遵守和国家强制人们遵守法律的结果。法制史表明,法律的实现永远也不可能单纯依靠自愿,正如不能单纯依靠强制一样,虽然强制总是迫不得已的。"②耶林指出:"法不只是单纯的思想,而是有生命的力量。因此,正义之神一手提着天秤,用它衡量法;另一只手握着剑,用它维护法。剑如果不带天秤,就是赤裸裸的暴力;天秤如果不带着剑,就意味着软弱无力。两者是相需相成的,只有在正义之神操剑的力量和掌秤的技巧并驾齐驱的时候,一种完满的法治状态才能占统治地位。"③

公民守宪包括了公民负有遵守法律的义务。第一,公民没有履行宪法义务的要求。宪法不应规定公民义务,因为这是普通法的任务。基于契约论的根本出发点,宪法的目的是防止法律过分侵犯任何理性公民都不可能同意放弃的基本权利,因而没有为义务条款留下任何余地。在这个意义上,任何人不可能以私人身份"违宪",因而也就没有遵守宪法的义务,也因此不可能在法律意义上追究私人的宪法义务。④ 第二,公民没有遵守宪法的义务,这一点并不否认公民有遵守一国法律的义务。这是因为,为了公民个人利益和社会公共利益,立法者根据宪法的要求,为公民设定相应的义务;对于违反法律义务的行为往往还设定相应的制裁措施。第三,宪法义务是对制宪者和立法者保障人权提出的要求。代议机关制定法律为公民设定义务的权力受到宪法的制约,不仅宪法的权利条款而且宪法上的义务条款都为立法者确立了相应的权力界限。就宪法义务来说,它不是要求公民遵守宪法义务的规范,而仍然是对行使公权者提出的要求。对

---

① 参见许庆雄著:《宪法入门》,台湾元照出版公司2000年版,第54页。
② 王人博、程燎原著:《法治论》,山东人民出版社1998年版,第227页。
③ 〔德〕鲁道尔夫·耶林:《权利斗争论》,载《法学译丛》1985年第2期。
④ 参见张千帆:《宪法不应该规定什么》,载《华东政法学院学报》2005年第3期。另外参见张千帆著:《宪法学导论》,法律出版社2004年版,第21—29页。

此,我国台湾学者指出:一般谈及国民的义务,常被误导为国家权力可以强制做什么,或规范国民必须如何等等的观念,但事实上,这是将统治者与被统治者分开的专制体制下,不健全的概念。在近代立宪主义的宪法学上,要对国民课以义务必须基于正当理由,也即在宪法上,要求国民尽义务,必须要为了保障人权体系的更完整运作,并以更落实人权保障为最终目的,才具备正当性。因此,对国民义务的要求,若不是有助于其他人权的保障,即违反人权理念。换言之,义务是一个人权之间的相互调整,为了人权、为了全体国民的幸福、或为了获得理想的社会生活等前提下,才能要求国民承担义务。甚至可以说,宪法义务反而是给国民权利去要求国家的宪法体系必须真正保障人权。① 据此,宪法义务是一项对公权者提出要求的规范。第四,公民的宪法义务既有授予权力的功能,也有限制权力和保障人权的功能。宪法义务之所以具有保障人权的功能,是因为宪法义务在宪法规范的构成中不是完全独立的自我决定的构成要素,而是服从和服务于宪法权利、受制于宪法基本原则和一般原则的规范。同时宪法义务具有一种内在的正当性要求。②

六、宪法实施的重点和难点

宪法实施的内容主要是规范和控制权力、保障公民权利,宪法实施的重点内容总是围绕着权力和权利展开的。具体到中国,以下两方面是重中之重。

(一) 保障公民宪法上的权利

宪法颁行30多年来,中国公民的宪法权利尚未得到宪法的直接保护,因此,运用宪法保护公民权利自由是宪法实施的首要重点。要保护公民宪法上的权利,至少要解决以下问题:

1. 提高公民的宪法意识

掌握宪法精神,增强宪法意识,学会运用宪法保护权利,这对于宪法实施极其重要。在公民宪法意识方面,中国现实情况不能令人满意。尽管现行宪法颁行多年了,但是很多公民不知道宪法是什么,整个社会特别是国家机关很少关注和尊重宪法。公民参与国家宪法生活的机会很少,参与热情不高,对于重要的政治活动随意放弃、委托或者漠不关心。如不少公民很少行使过自己的选举权,也很少有人去"讨个说法"。公民宪法意识的淡化、漠视、错位和缺位的现象也得到学者们的调查结果的证实。多项调查证明:"我们可以得出一个初步而基本

---

① 参见许庆雄著:《宪法入门》,台湾元照出版公司2000年版,第52页。
② 朱应平著:《宪法中非权利条款人权保障功能研究》,法律出版社2009年版,第263—264页。

的结论:当前中国公民的宪法意识有喜有忧,在总体上不容乐观。"①

要改变这种状况,必须使公民认识到,权利只有经过斗争才能获得,不能被动地消极等待权利的自发实现。在19世纪德国法学家耶林看来,保护受到攻击的权利不仅是对权利者自身的义务,也是对国家的义务。权利者通过保护自己的权利,也捍卫了法律;通过捍卫法律,同时也维护了对国家来说是不可缺少的秩序。因此也可以说,权利者作为对国家的义务,就是必须保护权利。可见,耶林把为权利而斗争的个人权利,提高到对国家、社会的个人义务的高度来看待。这也就是说,"争权"即"护法",既是权利,也是义务,"为了弘扬法和正义,光靠法官坐在法官席上,警察从事刑事侦破工作是不够的。无论是谁,都必须发挥他们各自的作用。当恣意、无法这条'九头蛇'一伸出头,任何人都负有踩住它并将其碾碎的使命和义务。受到权利这一恩惠的人,都必须为维护法律的力量和威信而作出各自的贡献。简言之,无论是谁,都应当成为为社会的利益主张权利而生活的战士"。② 令人欣喜的是,近年来,我国一些公民已经意识到宪法保障权利的重要性,不仅为自己,还为整个社会公民宪法权利的实现作各种努力。如2008年,全国十三所高校师生在12月4日宪法颁行日联手反对就业歧视,市民签名声援。③ 2011年10月张千帆等教授向国务院提出审查并修改教育部《普通高等学校招生工作规定》的建议。④

总之,宪法实施要求人们有强烈的宪法权利自由意识,要学会争取权利。它要求公民树立强烈的诉讼意识,不应害怕到法庭上去争取自己合法的权利。只有充分了解宪法是保障公民权利的武器,宪法是人民的法律,公民才能自觉地去维护宪法的权威,宪法才能真正地走进老百姓的日常生活。

2. 有保障公民宪法权利得以实现的机制和体制

中国公民依据《宪法》提起的诉讼时有发生。如中国建设银行河南省平顶山市分行女职员周香华被强制退休案,当事人就引用了《宪法》第48条关于男女平等的规定。多年来,公民或者相关组织引用《宪法》第33条平等权、第42条劳动权和第46条受教育权等主张权利保护。但是在中国,法院一直不敢或者不能直接引用《宪法》处理案件,公民宪法上的权利自由得不到宪法的直接保护。要改变这种状况,就需要对现行的违宪和违法审查制度进行调整改革。

---

① 上官丕亮:《关于中国公民宪法意识的调查报告》,载《苏州大学学报特刊·东吴法学》,2003年号。徐向华主编:《观念与行为:宪政意识与普法宣传教育研究》,中国社会出版社2003年版。韩大元、王德志:《中国公民宪法意识调查报告》,载《政法论坛》2002年第6期。
② 〔德〕耶林:《为法律而斗争》,转引自郭道晖:《为权利而斗争就是为法治而斗争》,载《政治与法律》1997年第6期。
③ 《十三所高校师生联手反对就业歧视,市民签名声援》,载《中国青年报》2008年12月6日。
④ 张千帆:《关于提请国务院审查并修改教育部〈普通高等学校招生工作规定〉的建议》,http://www.21ccom.net/articles/zgyj/ggzhc/article_2011103147877.html,最后访问时期:2012年4月30日。

从现实来看,行政法规、部门规章、地方政府规章以及其他一些行政性规范性文件等抽象行政行为,违反上位法(宪法、法律、行政法规、地方性法规)的情况也屡见不鲜,但从未得到司法审查。如孙志刚案件引起的争议之一就是,国务院颁布的《城市流浪乞讨人员收容遣送办法》是否违反宪法第 37 条规定;[①]还有国务院关于劳动教养方面的法规规定,以及关于城市房屋拆迁管理条例等,这些法规是否违反宪法,都需要审查。可惜,根据中国目前的体制安排,人民法院还不能依据宪法实施审查,不仅法院无权审查抽象行政行为是否违宪,也无权审查抽象行政行为是否违法。宪法、《地方组织法》、《立法法》确立的是同级人大常委会审查本级政府行政法规和地方政府规章、上级政府审查下级政府规章、本级政府审查其工作部门制定的部门规章和其他规范性文件,从实际效果来看,这些审查机制基本上没有发挥作用。

(二)执政党和国家机关守宪是难中之难、重中之重

宪政实践证明,执政党和国家机关守宪是宪法实施的难点和重点,因此,要使宪法实施取得较好的效果,必须有可行的措施,对它们实施宪法的活动进行监控。中国宪法在序言最后一段和第 5 条都规定了各政党和国家机关必须严格遵守宪法和法律,但从实际情况看,政党组织和国家机关并未完全认真实施宪法,违反宪法法律的现象时有发生。要解决这一问题,必须做好以下工作。

1. 宪法至上理念

执政党和国家机关的领导人员必须有强烈的宪法至上意识。如果没有宪法观念,就不可能自觉遵守宪法。为此,必须长期反复地在这些组织和机关的成员中开展宪法至上的观念教育。中国在这方面还存在严重的不足,各级政党和国家机关片面强调政策的作用,对于宪法重视不够。

2. 切实可行的体制和机制

宪法的实施和宪政的实现,不能完全靠教育和宣传,必须要有切实可行的制度加以落实,使违反宪法的行为负出必要的代价。正如学者指出:"法治观的转换,必须以法律制度和组织结构的转换为依托;法律制度和组织结构的支持是法观念变革与启蒙成功的条件。否则,那些具有合理性的新观念,只能被碰得头破血流。"[②]事实一再证明,建立可行的宪法实施组织机制即违宪审查机制,是确保公权得到控制的最有效的途径。

---

① 参见《社评:"谁为一个公民的非正常死亡负责?"》,载《南方都市报》2003 年 4 月 25 日。《三名公民上书人大建议对收容办法进行违宪审查》,载《中国青年报》2003 年 5 月 16 日。《全国人大法工委答复三位公民建议书:建议正在办理中能否进行宪法审查尚未知》,载《中国青年报》2003 年 5 月 21 日。《收容遣送办法废止》,新华网 2003 年 6 月 18 日。

② 王人博、程燎原著:《法治论》,山东人民出版社 1998 年版,第 230 页。

七、违宪审查和宪法监督

（一）违宪审查

广义的宪法实施包括违宪审查，即特定国家机关对公权组织或者个人的相关规定或者行为是否违反宪法进行的审查。它是维护宪法至上效力和地位的最有力的制度。违宪审查模式有以下几种。

1. 普通法院审查制

此种审查制也称司法审查，是指普通法院在审理民事、刑事或行政案件的过程中，附带对正在审理的案件涉及的法律、法规或行政命令等规范性法文件的是否符合宪法进行审查并做出裁判的制度。1803 年，美国联邦最高法院就"马伯里诉麦迪逊"一案做出判决：阐明和解释法律的意义是司法机关的职责，与宪法相抵触的法律无效，由此开创了由普通法院进行违宪审查的先河。此种审查制的特点是：法院结合具体案件的审理对所适用的法律条款、行政命令的合宪性进行审查，不离开具体案件抽象地审查法律的合宪性；此种审查是在法律生效以后进行的，它只判决有关的法律条款违宪无效，并不废止整部法律，判决不溯及既往。日本、加拿大、澳大利亚、加拿大、印度等国家实行这种审查制度。

这种审查制的优点是，法院可以结合具体的法律争议处理违宪问题，有权提出违宪审查的主体非常广泛，公民的基本权利可以获得较为充分的保障，由于是在个案中进行审查，也相对降低了审查遇到的阻力。其弊端是：其一，这种模式具有消极性。法院实行不告不理原则，作为"附带型"、"被动性"的审查制度，只有当违宪争议诉诸于法院后，法院才能进行审查。其二，普通法院对国家立法机关制定的法律是否合宪进行审查、裁决，这对立法机关的权力构成了一定的侵犯，在议会制国家往往遇到议会的抵制。其三，在此模式下，由于法院不能宣告整部法律无效，其违宪部分可能反复受到诉讼指控。这种诉讼对于问题的解决不彻底，不利于权利的保障和法制的稳定性。

2. 专门机关审查制

它是指由专门设立的机关对公权行为是否合宪进行审查并作出裁决的违宪审查模式。具体可分为德国的宪法法院模式、法国宪法委员会模式以及德—法混合的西班牙模式。此种模式与美国模式的最大区别是：在美国模式下，联邦司法体系内各级法院都有权管辖涉及法律违反联邦宪法的案件，且任何案件中都可能产生所适用的法律违宪的问题，并不存在专门的"宪法诉讼"，又被称为"分散型"审查体制。在欧洲专门机关审查模式下，违宪审查是由专门机关进行，又被称为"集中型"。①

德国模式的特点是，联邦和州分别设立专门的宪法法院，在各自管辖范围内集中行使违宪审查权和处理国家的不同机关之间的权限争议，对有关法规范的审查可以是抽象审查，也可以是具体审查。现实行此制的国家除德国外，主要还有比利时、意大利等国家。

法国模式是法国1958年宪法确立的模式，其特点是建立专门的中央国家机关宪法委员会，它应其他国家机关首脑或代议机关一定数量议员之提请，可对议会已通过但尚未颁布生效的法律文本或有关条款的合宪性进行预防性审查。此种模式在过去的特点是：已生效的法律不能被提请审查，也没有宪法诉愿制度，普通公民被排除在违宪审查制度之外。但是2008年发生了变化。为了能够更好地保障公民权利，全面实现宪法委员会的宪法监督②功能，2008年修宪首先确定了公民的"违宪性抗辩"权利。修正案规定：在行政法院或普通法院所受理的一般诉讼案件中，公民可因宪法所保障的个人权利与自由受已生效之法律条款的侵害而提出异议，并交由最高行政法院或最高法院进行审查。如果最高行政法院或最高法院认为确有必要的，可向宪法委员会提出违宪性抗辩。而在此之前，宪法委员会仅可以对未颁布的法律草案做出合宪性审查，并只能由总统、总理、国民议会议长、参议院议长以及60名国民议会议员或参议院议员提出申请。宪法委员会的宪法监督功能则由事前监督转变为事前监督与事后监督并存，更加直接有力地保障了公民权利。③

西班牙宪法法院是根据1978年西班牙宪法和相关法律建立的，兼容德、法两种模式的优点，其特点是，应有关主体的要求，宪法法院既有权对国会通过的法律、法规的合宪性进行预防性审查，也有权通过受理个案对已生效的法律、法规的合宪性进行抽象规范审查和具体规范审查。有权提出法律合宪性审查请求的主体较为广泛，包括：政府首脑、50名众议员或50名参议员、人民卫士、自治区当局等，法院在诉讼中碰到宪法问题也可以提出。匈牙利、葡萄牙等国家采用这种模式。

---

① 〔法〕路易·法沃勒：《欧洲的违宪审查》，载〔美〕路易斯·亨金等编：《宪政与权利》，郑戈等译，三联书店出版社1996年版，第31页。

② 2008年修宪之前，法国只存在对宪法的"事前"监督，即宪法委员会对未公布之法案是否合乎宪法进行审查，是为"合宪性审查"，其落脚点在"合"、"合"即予以公布，"不合"则将"不合"之条款予以撤销，旨在"创立"法律。2008年修宪之后，法国宪法引入了"事后"监督，即公民在普通诉讼中若认为自己受宪法所保护的权利和自由受到已公布法律之侵害，则可以提起"违宪性抗辩"，此概念是相对于"合宪性审查"而生，其落脚点在"违"，若已公布之法律"违"反了宪法，则由宪法委员会宣告其违宪条款无效，予以撤销，反之"不违"则驳回公民的"抗辩"，旨在"摧毁"法律。总而言之，"事前"对未公布法律的监督谓之"合宪"，"事后"对已公布法律的监督谓之"违宪"，二者共同指向的则是"宪法监督"。

③ 孙轶伟：《法国2008年修宪重点变化条款评析》，载《云南大学学报法学版》2009年第5期。

专门机关模式的主要优点在于,它有利于保证违宪审查的统一性和专业性,可以避免司法机关与立法机关之间的冲突,有利于保持法律体系的稳定性。当然,专门机关模式也有自身的不足,例如,在法国,普通公民被排除在违宪审查之外,而且只有事先审查没有事后审查,无法应对法律生效之后可能出现的违宪问题。

3. 国民代表机关审查制

这种模式的特点是由立法机关对相关法律法规等是否违宪进行审查。中国、英国、新西兰、朝鲜、越南、古巴等国家实行这种体制。中国宪法规定,全国人大及其常委会有权监督宪法实施,全国人大常委会有权解释宪法。英国模式是在上院内设一个上诉委员会,由该委员会结合议会其他机构婉转曲折地进行违宪审查。上诉委员会由12名常任上诉法官组成,它作为英国议会上院的一部分,实际上相当于其他国家的最高法院。现在该委员会行使违宪审查权的一种典型方式是,当国内法违反由欧洲人权公约转化而成的1998年人权法(宪法性法律)时,它有权宣布有关法律与公约确认的权利不相容,从而对议会形成政治压力,促使其修改该法律。

2009年10月1日英国成立了最高法院并正式运作,关于该法院,有以下几点说明:第一,与英国议会的关系方面:首先,它承认自己与美国及其他国家的最高法院不同,不能推翻(strike down)议会的立法;其次,它强调自己可以通过判例法来更加清楚地解释国内法律和法令;再次,当国内法关涉到《人权法案》所承认的《欧洲人权公约》保护的权利时,它有权按照《欧洲人权公约》的规定来解释国内法,并在这种努力不能成功时,做出"不一致宣告";最后,如何处理法律之间的不一致,是议会而非最高法院的权力。第二,就与欧洲法院(European Court of Justice)和欧洲人权法院(European Court of Human Rights)的关系而言,英国最高法院宣布自己是联合王国的最高上诉法院。然而其同时指出,自己不但应当尽可能地按照与欧洲法一致的原则来解释本国法,进而确保直接适用的欧洲法在(联合王国)境内的有效性,而且必须保护《欧洲人权公约》所规定的权利。依据《关于欧盟之运作条约》第267条的规定,当遇到欧洲法含糊不清但对相关诉讼的裁决至为重要时,最高法院必须向位于卢森堡的欧洲法院申请裁决。对于拥有300多年"议会至上"传统的英国来说,接受欧洲法和《欧洲人权公约》的至上性无疑是一个十分艰难的决定。在过去相当长的一段时间内,英国法院常常认为,本国法是有约束力的,即便是它们与国际法冲突也不例外。然而,今天的英国最高法院既承认了位于法国斯特拉斯堡的欧洲人权法院的判决效力,也承认了位于卢森堡的欧洲法院判决的效力。第三,最高法院是全英国民事案件的最高上诉机关,也是英格兰、威尔士和北爱尔兰地区刑事案件的终审机关,但苏格兰高等法院则对苏格兰地区的刑事案件保留了终审权。另外,尽管枢密院司法委员会已经将教会法庭,五港同盟海军法庭等法庭的判决上诉受理权转交给最高法院,但其依然对一小部分案件(比如来自毛里求斯等地的案件)具有终审权。①

这一模式的优点是有利于确保违宪审查的权威性,但是也存在着明显的缺陷,即议会既是立法者又是法律合宪性的审查者,难以保证应有的独立性和公正性。例如瑞士的违宪审查仅限于州制定的法律,联邦法律被排除在外。

(二) 中国宪法和法律监督制度

1954年《宪法》、1975年《宪法》和1978年《宪法》中的监督制度较少,现行宪法和法律内容较多。

1. 宪法规定的内容

1982年《宪法》增加了监督宪法和法律实施的内容,主要包括:

(1) 在序言中原则规定,宪法是国家的根本法,具有最高的法律效力。

(2) 在宪法总纲中确立宪法的根本法地位;第5条规定,一切法律、行政法规和地方性法规都不得同宪法相抵触。一切国家机关和武装力量、各政党和各社会团体、各企业事业组织都必须遵守宪法和法律。一切违反宪法和法律的行为,必须予以追究。任何组织或者个人都不得有超越宪法和法律的特权。

(3) 全国人大监督宪法的实施;有权改变或者撤销全国人大常委会不适当的决定。

(4) 全国人大常委会解释宪法,监督宪法的实施;有权撤销国务院制定的同宪法和法律相抵触的行政法规、决定和命令;撤销省、自治区、直辖市国家权力机关制定的同宪法、法律和行政法规相抵触的地方性法规和决议。

(5) 国务院有权改变或者撤销各部、各委员会发布的不适当的命令、指示和规章;改变或者撤销地方各级国家行政机关的不适当的决定和命令。

(6) 地方各级人大在本行政区域内,保证宪法、法律、行政法规的遵守和执行;县级以上的地方各级人大有权改变或者撤销本级人大常委会不适当的决定;县级以上地方各级人大常委会有权撤销本级政府不适当的决定和命令、撤销下一级人大的不适当的决议。

(7) 县级以上地方各级政府领导所属各工作部门和下级政府的工作,有权改变或者撤销所属各工作部门和下级人民政府的不适当的决定。

(8) 规定了严格的宪法修改程序,必须由全国人大常委会或者五分之一以上的全国人大代表提议,并由全国人大以全体代表的三分之二以上的多数通过。

2. 《立法法》的规定

2000年《立法法》对宪法所确定的监督保障制度作了许多新的补充性规定:

---

① 程雪阳:《英国最高法院掠影》,载《清华法治论衡》2011年第14辑。

（1）对不同立法主体的立法权限作出了较为清晰的划分，防止越权立法。

（2）明确规定了以宪法为最高法的法律等级体系，即宪法具有最高的法律效力，一切法律、行政法规、地方性法规、自治条例和单行条例、规章都不得同宪法相抵触；法律的效力高于行政法规、地方性法规、规章；行政法规的效力高于地方性法规、规章；地方性法规的效力高于本级和下级地方政府规章；省、自治区的人民政府制定的规章的效力高于本行政区域内的较大的市的人民政府制定的规章；部门规章之间、部门规章与地方政府规章之间具有同等效力，在各自的权限范围内施行。

（3）对改变或者撤销法律、行政法规、地方性法规、自治条例和单行条例、规章的标准、权限、程序作了明确的规定，更具有操作性。

第87条规定：法律、行政法规、地方性法规、自治条例和单行条例、规章有下列情形之一的，由有关机关依照本法第88条规定的权限予以改变或者撤销：（一）超越权限的；（二）下位法违反上位法规定的；（三）规章之间对同一事项的规定不一致，经裁决应当改变或者撤销一方的规定的；（四）规章的规定被认为不适当，应当予以改变或者撤销的；（五）违背法定程序的。

第88条规定：改变或者撤销法律、行政法规、地方性法规、自治条例和单行条例、规章的权限是：（一）全国人民代表大会有权改变或者撤销它的常务委员会制定的不适当的法律，有权撤销全国人民代表大会常务委员会批准的违背宪法和本法第66条第2款规定的自治条例和单行条例；（二）全国人民代表大会常务委员会有权撤销同宪法和法律相抵触的行政法规，有权撤销同宪法、法律和行政法规相抵触的地方性法规，有权撤销省、自治区、直辖市的人民代表大会常务委员会批准的违背宪法和本法第66条第2款规定的自治条例和单行条例；（三）国务院有权改变或者撤销不适当的部门规章和地方政府规章；（四）省、自治区、直辖市的人民代表大会有权改变或者撤销它的常务委员会制定的和批准的不适当的地方性法规；（五）地方人民代表大会常务委员会有权撤销本级人民政府制定的不适当的规章；（六）省、自治区的人民政府有权改变或者撤销下一级人民政府制定的不适当的规章；（七）授权机关有权撤销被授权机关制定的超越授权范围或者违背授权目的的法规，必要时可以撤销授权。

（4）规定社会团体、企业事业组织以及公民认为行政法规、地方性法规、自治条例和单行条例同宪法或者法律相抵触的，可以向全国人民代表大会常务委员会书面提出进行审查的建议。

3.《监督法》的规定

2006年《中华人民共和国各级人民代表大会常务委员会监督法》（简称《监督法》）为各级人大常委会依法行使监督权提供了法律依据，同样也是宪法监督保障制度的重要法律渊源。

（1）规定了规范性文件的备案审查监督制度。第29条规定，县级以上地方各级人民代表大会常务委员会审查、撤销下一级人民代表大会及其常务委员会作出的不适当的决议、决定和本级人民政府发布的不适当的决定、命令的程序，由省、自治区、直辖市的人民代表大会常务委员会参照立法法的有关规定，作出具体规定。

第30条规定，县级以上地方各级人民代表大会常务委员会对下一级人民代表大会及其常务委员会作出的决议、决定和本级人民政府发布的决定、命令，经审查，认为有下列不适当的情形之一的，有权予以撤销：（一）超越法定权限，限制或者剥夺公民、法人和其他组织的合法权利，或者增加公民、法人和其他组织的义务的；（二）同法律、法规规定相抵触的；（三）有其他不适当的情形，应当予以撤销的。

（2）第31条规定，最高人民法院、最高人民检察院作出的属于审判、检察工作中具体应用法律的解释，应当自公布之日起三十日内报全国人民代表大会常务委员会备案。

（3）第32条规定，国务院、中央军事委员会和省、自治区、直辖市的人民代表大会常务委员会认为最高人民法院、最高人民检察院作出的具体应用法律的解释同法律规定相抵触的，最高人民法院、最高人民检察院之间认为对方作出的具体应用法律的解释同法律规定相抵触的，可以向全国人民代表大会常务委员会书面提出进行审查的要求，由常务委员会工作机构送有关专门委员会进行审查、提出意见。

前款规定以外的其他国家机关和社会团体、企业事业组织以及公民认为最高人民法院、最高人民检察院作出的具体应用法律的解释同法律规定相抵触的，可以向全国人民代表大会常务委员会书面提出进行审查的建议，由常务委员会工作机构进行研究，必要时，送有关专门委员会进行审查、提出意见。

（4）第33条规定，全国人民代表大会法律委员会和有关专门委员会经审查认为最高人民法院或者最高人民检察院作出的具体应用法律的解释同法律规定相抵触，而最高人民法院或者最高人民检察院不予修改或者废止的，可以提出要求最高人民法院或者最高人民检察院予以修改、废止的议案，或者提出由全国人民代表大会常务委员会作出法律解释的议案，由委员长会议决定提请常务委员会审议。

（三）中国宪法法律监督制度运行情况

虽然宪法和法律对监督保障制度作了详细的制度，但实施状况很不理想。

1. 违反宪法的现象往往得不到及时的纠正和处理

工作监督不到位。以全国人大常委会工作报告反映的情况为例：1992年报告指出：宪法的实施必须得到保障，法律必须贯彻执行，任何组织或个人都不得有超越宪法和法律的特权。当前一些部门和地方,存在着有法不知道、知道不执行、执行不严格的问题,甚至以言代法、以权压法。人大常委会对法律实施的监督也不够有力。群众对此很有意见。1993年报告指出:纠正某些违宪、违法事件不力。1994年报告指出:监督工作仍然是薄弱环节,特别是对法律实施情况的检查监督还不够有力。1995年报告指出:监督工作仍然不够有力。当前有法不依、执法不严、违法不究现象还相当严重,人民群众反映强烈。造成这种状况的原因是多方面的,解决这个问题,需要各部门、各方面的共同努力。人大及其常委会作为监督宪法和法律实施的国家权力机关,负有重要职责,必须下大力气,采取切实措施,逐步改变监督不力的状况。1996年报告指出:监督工作特别是对法律实施的监督不够有力,执法检查的力度还需要继续加强。1998年报告指出:监督工作依然是人大工作的薄弱环节。当前,有法不依、执法不严、违法不究、执法犯法、贪赃枉法等问题在一些地方和部门仍然相当严重,人民群众对此反映强烈,要求人大及其常委会加强监督。全国人大常委会应进一步采取措施,改进和加强对法律实施的检查监督,注重增强实效,力戒形式主义。……对行政、审判、检察机关的工作监督,尤其是对国家计划、预算执行的监督,也还需要改进和加强。1999年报告指出:监督工作是人大工作的薄弱环节,需要加强,执法检查不够深入、扎实,督促解决问题的力度不够,法律监督和工作监督程序需要进一步规范。2000年报告指出:与立法工作相比较,监督工作的力度还不够。2001年报告指出:常委会在过去一年的工作中还存在一些问题和不足,主要是:在监督工作方面,执法检查工作虽然有一定改进,但检查还不够深入,了解法律在基层实施的真实情况,特别是督促解决检查中发现的问题,做得还不够。在工作监督中,听取和审议国务院有关部门工作报告后,提出了一些改进工作的具体意见,但督促落实整改措施缺少力度。今后要把增强监督实效作为重点加以改进。2002年工作报告指出:对监督工作,实际效果还不够理想,主要是听取工作报告、开展执法检查,提出改进执法的意见后,对落实情况进行跟踪监督的力度还很不够。2003年工作报告指出:执法检查还存在某些形式主义;监督工作的实效有待加强。可见,1990—2003年期间全国人大常委会工作报告表明,其监督宪法法律实施工作还有很多缺位之处。其存在的问题远远超过立法。

从2004年全国人大常委会工作报告开始,不再对监督宪法法律实施存在的问题进行反省。但这并不意味着问题已经解决了,实际上问题依然严重。2011年全国人大常委会工作报告指出了这一点:有法必依、执法必严、违法必究的问题就显得更为突出、更加紧迫,这也是广大人民群众普遍关注、各方面反映强烈的问题。因此,我们要在继续加强立法工作的同时,采取积极有效措施,切实保障宪法和法律的有效实施。一要维护宪法和法律的权威和尊严。一切国家机关和武装力量、各政党和各社会团体、各企业事业组织都必须遵守宪法和法律,任何组织或者个人都不得有超越宪法和法律的特权,一切违反宪法和法律的行为必须予以追究。二要坚持依法行政和公正司法。国家行政机关要严格按照法定权限和程序办事,加快建设法治政府。国家审判机关、检察机关要依法独立公正行使审判权、检察权,维护社会公平正义。

可见,全国人大常委会没有忠实地行使好宪法和法律赋予的职权和职责。

2. 全国人大及其常委会公开监督违反宪法行为的情况还比较少

中国宪法第67条规定,全国人大常委会有权撤销国务院行政法规、撤销省级地方性法规。不少公民、律师或者社会组织依据《立法法》规定,请求全国人大常委会进行裁决,但未见处理过一件法规违反宪法和法律的行为。影响较大的是由孙志刚案件引起的、公民请求全国人大常委会对国务院制定的《城市流浪乞讨人员收容遣送办法》进行审查,也不见有任何说明。

3. 尚未建立起各个国家机关共同保证宪法实施的有效制度

我国实践表明,保证宪法法律实施的责任,仅仅靠全国人大常委会自己根本无法承担。这一点在1989年就意识到了。1989年全国人大常委会工作报告指出:"当前法制建设的一个突出问题是,有些已经制定的法律没有得到很好的实施。……各级人大、政府、法院、检察院都负有保证宪法和法律实施的重要职责。"1990年的工作报告继续强调:"要采取有效措施,切实保障宪法和法律的实施。这是各级人大、政府、法院、检察院的共同职责。"遗憾的是,全国人大及其常委会没有建立起支持政府、法院、检察院保证宪法实施的有效制度,特别是没有支持法院在保证宪法实施方面的制度。这是我国宪法实施中的沉痛教训。

中国宪法保障制度主体较多、监督责任过于分散。根据宪法和法律规定,全国人大和全国人大常委会是监督宪法的实施主体;国务院、地方各级人大和县以上的地方各级人大常委会负有一定的宪法保障责任,如此造成"人人负责却无人负责"的局面。另外,现行监督主体实际上无法操作。如全国人大通常每年的会期仅有十天左右,会期短、工作繁忙,没有时间和精力开展宪法监督。全国人大常委会每两个月召开一次会议,每次时间较短,而且其组成人员法律素养难以胜任监督宪法的职责。2004年5月全国人大常委会在法制工作委员会下设立了法规审查备案室,但这个内部的办事机构地位较低,所起作用有限。还有,全国人大及其常委会是最高立法机关,由其行使宪法监督权也不妥当,违反了自然正义原则即不得自己做自己的法官的原则。从现行设立的国家机关及其工作制度情况来看,由最高人民法院和检察院承担日常性宪法监督更具有可行性。

第二节　宪法的解释

一、宪法解释的主客观性

（一）宪法解释的意义

美国联邦最高法院的前任院长查尔斯·休斯（Charles E. Hughes）曾言："我们臣服于宪法之下，但什么是宪法，却是由法官来告诉我们。"[①]这是因为，宪法规范缺少明确性，必须由法官在具体个案中适用宪法时，呈现宪法规范的含意。而法官如何呈现宪法的含意，则须经由宪法的解释（constitutional interpretation）。

宪法解释的过程，也是"发现"宪法文本（text）之含意的过程。宪法文本经由宪法解释，可转化成为一些原理（doctrines）、公式（formulas）或判断基准（tests）等，以用来处理特定的案件。[②]

（二）宪法解释的特殊性

宪法规范具有抽象性、政治性和最高法规性，因而，宪法解释较一般法令的解释[③]，具有下列特殊性。

（1）宪法法典化的程度不能与一般的法律等同而语，因为宪法体例不够严密，亦缺乏可资适用的总则，而其条文中更是充满概括条款与价值判断式的不确定概念。因此，宪法解释的空间更大。加之，宪法本身变动的困难，使得宪法解释具有较一般法律解释更高的调适功能，尤其是在漏洞补充的广义解释上。

（2）由于宪法规范的高度政治性和意识形态性，适用宪法并不像适用法律那样，单纯是运用解释方法确定法条的构成要件，以证据法则厘清事实关系，而是做必要的宪政决策；宪法解释者必然要对社会秩序与个人自由何者优先、维持现状还是进行改革诸如此类的对立命题作出抉择。

（3）从裁判形成的技术层面而言，宪法裁判与一般裁判也有显著差别。一

[①] Charles Evans Hughes, *Addresses and papers of Charles Evans Hughes, governor of New York, 1906—1908*, with an introduction by Jacob Gould Schurman, New York: G. P. Putnam's Sons, 1908, p. 139.

[②] 林子仪：《宪政体制问题释宪方法之应用——美国联邦最高法院审理权力分立案件之解释方法》，载《宪政时代》第 27 卷第 4 期，第 47 页。

[③] 吴庚：《论宪法解释》，载《法令月刊》第 41 卷第 8 期（1990 年），第 3 页；苏永钦：《结果取向的宪法解释——从德国法律方法论的理论、实践浅析大法官会议实务》，载苏永钦：《合宪性控制的理论与实际》，月旦出版社 1995 年版，第 259—261 页。韩大元教授也指出，宪法规范和宪法条文具有模糊性、抽象性、开放性和政治性，这就决定了宪法解释不同于一般的法律解释。首先，宪法解释与社会的基本价值体系、国家的政治共同体问题有密切的关联，而法律解释则未必如此；其次，一般的法律规范往往比较具体明确，解释的空间较小，而宪法规范中包含着大量原则性、抽象性的内容，所以解释的空间比较大；再者，一般的法律解释通常是运用规范分析方法来裁判具体的案件，而宪法解释则通常采取宏观的思维模式提供宪法判断，不但要考虑宪法的价值体系，还需要考虑政治发展的需求。参见韩大元、林来梵、郑贤君：《宪法学专题研究》，中国人民大学出版社 2004 年版，第 169 页（韩大元执笔）。

般案件是以法律为大前提,以事实为小前提,依三段论法所得之结论即为裁判的结果;而宪法案件是在进行规范审查(审查法律是否违反上位规范),普通案件中通常不必考虑的大前提(法律),反而成为宪法案件的审查对象。换言之,宪法解释活动通常发生在违宪审查中,即活动于宪法和普通法律之间,而一般的法律解释,却是活动于法律和个案事实之间。

(三)宪法解释的立场

在解释宪法之时,应否排除主观的价值判断,则是涉及宪法解释立场的问题。对此,学说上存在对立的观点。例如在美国宪法学界,就有原意主义与非原意主义的争论。所谓原意主义(originalism),是指应依据制宪者的意图或宪法条文的含义来解释宪法。而非原意主义则主张,要因应社会的变化做灵活的解释,以维护基本的价值和正义,又被称为"现意主义"①。

原意主义的一个基本论点是违宪审查制度的"反多数主义难题"(countermajoritarian difficulty),即从民主主义或多数决的角度来看,由非民选的、终身任职的、不承担政治责任的法官来解释宪法、审查立法的合宪性,已经是难以接受的了,如果再允许法官根据多数人意志(制宪者原意)之外的因素去进行宪法裁判,那就更无法容忍了。所以,即使允许法官解释宪法,法官也只能去解释和阐述制宪者意图。在否决一项多数决定时,必须基于另一个多数决定,即只能通过解释宪法中的多数意志来审查立法中的多数意志。②

因此,原意主义强调宪法解释必须忠实于宪法文本,要求法官对制宪者和立法权给予足够的尊重(即司法自制,judicial self-restraint),来制约司法决策者的自由裁量权,防止司法专断,并保证宪法长期得到共识性的解释。在美国法律界,几乎没有人主张宪法解释可以无视宪法文本,但人们反对机械地拘泥于宪法文本和制宪者意图、否定法官能动性的做法。③

对原意主义的主要批评,首先是认为它在方法论上难以成立,即如果法官没有能力去确定制宪者的意图,那么主张原旨主义也就没有意义了;即使能够通过历史材料解读出制宪者的意图,这种意图也往往是抽象的意图,无法运用于具体的个案;更何况,关于制宪的历史材料也未必全面可靠。麦迪逊笔记是综合且无偏见吗?批准宪法草案时的大半辩论记录缺失怎么办?④ 其次,即使能够辨明制宪者的意图,也很难解释它在多大程度上能够制约和拘束后来人们?为何制

---

① 〔日〕阿部照哉等著:《宪法》(上册),周宗宪译,中国政法大学出版社2006年版,第109页(山下健次执笔)。
② 张翔:《美国宪法解释理论中的原旨主义》,载《山东社会科学》2005年第7期,第20页。
③ 徐振东:《客观主义和现实主义——美国判例制度下的宪法解释方法论》,载《浙江社会科学》2006年第5期,第76、78页。
④ 范进学:《美国宪法解释方法论之辨思》,载《现代法学》2006年第5期,第42页。

宪时的多数人意志应当优越于当代的多数人意志？更何况，现下的大多数宪法争议往往是制宪之时所无法预见的，制宪者并无具体的"意图"。宪法如果不因应社会的变迁，一味拘泥于僵化的宪法解释，就会背离社会现实的需要，从而失去实效性。另外，真正的制宪者是人民，宪法的起草者只是代笔人，起草者的工作只是把宪法文本写出来交给人民批准，这跟议会中起草法律文件的工作人员没有任何区别；同时，制宪者是一个很多人组成的群体，受各种利益的驱动而无法形成一致的制宪意图。这种制宪者范围的不明确性和制宪者意图的多元化特性，决定了解释者的主观性必然会融入对"制宪者意图"的选择之中。①

日本学者山下健次教授指出，假设存在"原意"，如认为解释者所主张的"原意"，系解释者在解释时所选择的价值，则原意主义与现意主义的不同，系解释者对"原意"所持价值判断的差异，亦可谓改变形态的"现意"之争。他认为，美国的原意主义理论所关注的，是如何抑制因采现意主义而导致的司法解释的恣意性，但是也不能因此而封闭司法制约政治部门的可能性。②

类似地，在由专门机关掌握宪法解释权的德国，也有客观主义与主观主义的争论。对此，德国学者拉伦茨教授在其名著《法学方法论》中认为，"两说均有其部分的真理，因此都不能毫无保留地接受"。③

既然如此，怎样来解决防止司法专断和回应社会需求之间的紧张关系呢？对此，美国学者德沃金教授提出了"原则宪法"（constitution of principle）论，主张法官在解释宪法时，应立足于宪法文本，然后从这些宪法条款中抽象出最普通的原则作为解释的标准，力图走出一条既恪守宪法的原则精神，又不拘泥于文本文字，既通过法官的理性判断来弥补宪法的不足，又以普遍的政治道德标准来拘束法官的主观任意性的中间道路。这一理论的核心是司法正义，即法官在做判决之时，必须接受独立的超出一般水准的正直要求的制约；而最高法院和参议院在提名法官之时，应拒绝那些信念乖戾或不愿忠实地表明自己意念主张的人担任法官。④

宪法固应随时代而成长，探求制宪者之原意，因之不能仅以制宪者当时之意思为已足，而应以当时之制宪者处于今日之社会情势所应有之认知为必要，甚至应以体系解释、目的解释、比较解释、价值判断之方法为之，亦即应探求制宪意思

---

① 徐振东：《客观主义和现实主义——美国判例制度下的宪法解释方法论》，载《浙江社会科学》2006年第5期，第78、79页；张翔：《美国宪法解释理论中的原旨主义》，载《山东社会科学》2005年第7期，第18、19、21页。
② 〔日〕阿部照哉等著：《宪法》（上册），周宗宪译，中国政法大学出版社2006年版，第109页（山下健次执笔）。
③ 〔德〕卡尔·拉伦茨：《法学方法论》，陈爱娥译，商务印书馆2003年版，第198页。
④ 徐振东：《客观主义和现实主义——美国判例制度下的宪法解释方法论》，载《浙江社会科学》2006年第5期，第81—82页。

之现代化与客观化,始能因应因时代演进而随之有所变迁之宪法适用问题。①

二、宪法解释的方法

(一) 宪法解释的方法

宪法解释的实践中,往往杂糅运用多种方法。观诸国内外的释宪实务和理论见解,无不认为宪法解释需运用一般的法律解释方法,即文义解释、体系解释、历史解释、目的解释等。②

1. 文义解释

文义解释是指以宪法条文的文字和词组为基础,结合宪法条文的上下文,对宪法条文的字义,做极为狭隘的、准确的解释。

例如,全国人大常委会 1985 年关于民族自治地方人大常委会无权制定单行条例的法律询问答复,对宪法条文进行了文义解释。该答复指出:"宪法第 116 条、民族区域自治法第 19 条规定,民族区域自治地方的人民代表大会有权制定自治条例和单行条例。根据这一规定,制定单行条例的职权应属于自治区人民代表大会,不是人大常委会。"

文义解释主要有两个操作程序,第一个是文法解释,第二个是文脉解释。透过文法(即语法)结构,可以对文句有初步的逻辑认知,接着才能在文句上下文的脉络之中,理解文本的含义;而如果每个字不具有一定的含义,就不可能有文本的含义。因此,在文脉解释中,必须确定每个字、每个词以及每个语句的可能含义范围,这也就是文义解释中的"可能文义范围"原则。那么,究竟如何操作"可能文义范围"原则?所谓每个字、词和语句的可能文义,无非是指日常生活及专业生活的经常性认知,而日常性及专业性生活的经验认知,则取决于认知的目的,换言之,字、词、语句的含义,往往取决于它们的用途,因为不同用途,可能使形状相同、发音相同的字具有不同的含义,也就是说,文义解释和目的解释会有一定程度的联结。③

2. 体系解释

体系解释是指依据宪法条文之间的关系或关联性,以逻辑推演或比较方式建构条文背后的价值原则或功能结构,由此来界定条文用语之含意,解决规范冲突或补充规范漏洞。

例如美国宪法第五修正案规定,任何人"不得不经由法律正当程序即被剥夺生命、自由与财产;私有财产不得未获公正补偿即遭征用",此处未说明"剥夺

---

① 中国台湾地区"释字第 392 号解释"王和雄大法官之部分不同意见书。
② 例如张千帆:《宪法学导论:原理与应用》,法律出版社 2004 年版,第 187—191 页。
③ 中国台湾地区"释字第 603 号大法官解释"许玉秀大法官之协同意见书。

生命、自由与财产"或"征用"私有财产的主体是谁,因而该项宪法修正案究竟是针对联邦政府还是各州政府,还是同时针对两者?这从该条文自身是找不到答案的。但美国宪法第一修正案规定,国会不得侵犯宗教自由与言论自由,而第一修正案是与第五修正案一起作为《权利法案》通过的。因此,结合第一修正案,就能够明白第五修正案所针对的主体是联邦政府,而非各州政府。①

又如,中国国务院 1993 年《卫星电视广播地面接收设施管理规定》第 3 条规定:"国家对卫星地面接收设施的生产、进口、销售、安装和使用实行许可制度"。广播电影电视部制定的实施细则规定,只有下列单位和场所才可申请设置卫星地面接收设施接收境外电视节目:(1) 级别较高、规模较大的教育、科研、新闻、金融、经贸等因业务工作需要的单位;(2) 三星级或国家标准二级以上的涉外宾馆;(3) 专供外国人和港、澳、台人士办公或居住的公寓等。问题是,公民收看境外卫星电视节目的通信自由是否应被限制?我国《宪法》第 40 条规定"中华人民共和国公民的通信自由和通信秘密受法律的保护",第 33 条规定"中华人民共和国公民在法律面前一律平等"。香港、澳门的绝大部分人是具有中华人民共和国国籍的中国公民,他们在中国境内,在法律上不应享有优越于大陆公民的权利。同样,"台湾人"在中国大陆也必须服从中国法律的管辖。即使是在中国大陆的外国人,按照国际惯例,外国人在他国的最高权利享受是国民待遇,除少数享有外交特权者外,应服从属地管辖。而国务院对接收境外电视节目行为实行的许可制度,允许普通外国人享有超越本国公民的特权,就造成了外国人与本国公民以及本国公民之间的权利歧视。许可制度只能适用于为实现正当的和重要的公共利益所必须的情况。若随意以许可制度禁止公民的通信自由,就会发生抵触宪法之虞。②

3. 历史解释

历史解释是指从制宪历史的角度来理解宪法,通过探究条文字义的制宪(修宪)原意和后来演变,分析宪法条文的本来含义,以避免解释者将其个人偏好强加于民主社会。这就必须考察该条文产生的历史背景,或衡量立法者于立法过程中的原意,例如参考立法理由的说明资料或立法者所阐述的主观意图。

同时,历史解释方法把宪法视为一个不间断的过程,一个持续发展并超越现在的运动图画。它认为宪法是一个服从于发展的过程,是一个发展的而不是静止不变的概念。该解释方法在性质上不仅承认由过去到现在宪法变迁的合法性,而且认可从现在到未来宪法变迁的可能性,很少提出稳定的目的。它要求对宪法的理解不能仅限于它一直是什么,而且还应包括它可能是什么。

---

① 张千帆:《宪法学导论:原理与应用》,法律出版社 2004 年版,第 188 页。
② 以上关于国务院等部门禁止公民收看境外电视节目是否违宪的案例分析,参见焦洪昌、姚国建:《宪法学案例教程》,知识产权出版社 2004 年版,第 82—84 页(姚国建执笔)。

例如,根据《中华人民共和国人民法院组织法》第 17 条和《中华人民共和国全国人民代表大会议事规则》第 30 条的规定,最高人民法院对全国人大及其常委会负责并报告工作,地方各级法院对本级人大及其常委会报告工作。1982 年 4 月公布的《中华人民共和国宪法修改草案》第 72 条曾作同样的规定,但在 1982 年宪法通过之时,该条中却删掉了"最高人民法院"和"最高人民检察院",表明了制宪者认为司法机关在与人民代表大会的关系上应保持相对的独立性,不赞成法院与检察院受人民代表大会质询的思想。观诸 1954 年、1975 年和 1978 年三部宪法,都规定法院应向人民代表大会报告工作,但现行的 1982 宪法未再作此种规定。对此,曾作为宪法修改委员会副秘书长参与了 1982 年宪法起草工作的张友渔教授认为,"国务院是国家最高权力机关的执行机关,它是具体执行人民代表大会、人民代表大会常务委员会原则上决定的东西,所以执行情况必须报告。法院、检察院的工作性质不同,可以作工作报告,也可以不作工作报告,根据实际需要决定。不以硬性规定必须作工作报告。"①可见,制宪者已经认识到法院和行政机关与人民代表大会的关系应区别考量。②

4. 目的解释

如同历史解释注重立法动机,而非从条文本身;为了适应当前社会形势的需求,或以宪法解释可能对社会造成之影响等实际利益为评价取向,又有所谓的"目的论解释"或"结果取向解释"。该方法强调,为了实现国家的最大利益以及保障公民的基本权利,可不拘泥于宪法文本,从宪法确定的政治权力结构和公民基本权利的目的出发对宪法进行解释。

就中国的实践而言,全国人大常委会 1998 年《关于新疆维吾尔自治区生产建设兵团设置人民法院和人民检察院的决定》规定,在非县级行政区域的新疆建设兵团组织体制内部,分别设立基层法院、中级法院、高级法院以及基层检察院、自治区检察院分院,从而变通解释了《宪法》第 127、104 条关于县级行政区域设立法院和检察院的规定。而如果适用其他解释方法,是无法推出这个结论的,只能从宪法关于国家目的有关规定中得出这个推理,即这种变通解释是为了实现《宪法》第 12 条修正案"把中国建设成为富强、民主、文明的社会主义国家"之目的,符合宪法关于国家权力设置的目的。③

目的解释是宪法解释的重要方法之一,但必须审慎为之,切忌动辄拿国家、全民、法治、安全等理由,限制基本人权。

---

① 张友渔:《宪政论丛》(下册),群众出版社 1986 年版,第 171、359 页。
② 焦洪昌、姚国建:《宪法学案例教程》,知识产权出版社 2004 年版,第 167—172 页(姚国建执笔)。
③ 周伟:《宪法解释的方法体系》,载《社会科学研究》2004 年第 5 期,第 75 页。

5. 其他解释方法

在上述的传统解释方法之外,还有学说解释、平衡解释、先例解释、比较解释等方法。学说解释是指在宪法文本和宪法判例对宪法的含义不能提供适当的解释依据时,可根据学说对宪法的含义进行解释,使宪法适应社会的需要而具有处理新的情况的灵活性。平衡解释方法是指解释者以鉴别、评价、比较相互对立(竞争)的主张,即个人或私人组织与政府对立的利益的方式,来确定宪法条款的含义。先例解释方法是指援引已有的宪法解释例对宪法条文进行解释,宪法解释机构在具体案件中作出的宪法解释,明确了有关宪法条文的含义、适用条件,从而构成宪法判例,对以后解释和适用宪法具有拘束力。比较解释是指依据域外的法律、制度或案例,予以援引比附推演,宪法解释不但可参考制宪、修宪及立法的资料,还可参考国内外的判例、学说、惯例等进行综合的判断,而援引域外的法律、制度或案例,往往可以使宪法解释更具说服力。但在援引比附域外法制之时,必须注意到相互间法律、制度的兼容性和差异性,如果案情有所不同,更不可任意推演,以免"硬套"之虞。

(二) 各种解释方法的适用顺序

按照宪法解释的通说,文义解释法固然在宪法的解释方法上应该优先适用,然依此解释方法所得之见解往往最具缺陷,盖宪法文义常有多种意义,若仅就文字所含蕴之文义为解释,不是偏执一义、难期周延,就是容易相互矛盾、莫衷一是。即使是在宪法同一条文内之法律名词,亦不应仅以同一法条内之同一文字应为同一解释之原则处理之,而应就规范对象、规范目的、法律体系、历史渊源,乃至于比较法及利益衡量与价值判断之方法综合判断之,始能若合符节、尽得其要。①

实际上,传统的解释法则并非各自独立的方法,例如文义解释常不免是基于逻辑、语法而得到答案,扩张或限缩解释又经常是目的论解释所采之手段。因此,各种解释方法具有相等的地位而无先后次序,在解释实践中可综合运用而互为补充。如果依据各解释方法会获致不同的结论,则应参酌判决先例或设想比较案例来进行检验,以决定采用何种方法为准。另外,在成文法的解释上,如系限制人民自由权利或课予人民义务、处罚人民之规定,应以文义解释为先(甚或为限);然而,如系对人民有利之规定,则不应拘泥于文义解释,而应综合运用各种解释方法,推论对人民有利之可能性。

三、宪法解释权

(一) 宪法解释权的归属

宪法只有通过解释使其含义具体化、明确化,才能成为裁判的基准。因此,

---

① 中国台湾地区"释字第 392 号大法官解释"王和雄大法官之部分不同意见书。

谁掌握宪法解释权,谁就是担当违宪审查的机关。

中国《宪法》第 67 条规定,全国人大常委会行使下列职权:"(一)解释宪法,监督宪法的实施……(七)撤销国务院制定的同宪法、法律相抵触的行政法规、决定和命令;(八)撤销省、自治区、直辖市国家权力机关制定的同宪法、法律和行政法规相抵触的地方性法规和决议……"因此,全国人大常委会有最终的宪法解释权和违宪审查权。但是,全国人大常委会迄今尚未行使过这一权力。因而,有学者认为"中国的宪法解释实际上一直处于休眠状态"①。

另一方面,任何国家机关都有义务遵守宪法并维护宪法的最高效力,因此,在行使宪法所授予的权力之时,都可以援引和解释宪法的有关规定,但其解释的范围,仅限于其行使宪法所授权的职责范围之内。例如,在美国,联邦最高法院虽然通过 1803 年的马伯里诉麦迪逊案判决确立了宪法解释权,但在涉及政府其他部门的问题上,联邦最高法院却一直不愿意宣布自己"最终宪法解释者"的地位;它还创立了"政治问题不审查"原则,以标明某些宪法解释领域是在最高法院的能力之外的。而总统和国会也经常强调自己对宪法享有平等的解释权。否决权便是总统解释宪法的权力来源。事实上,一直到南北战争结束,总统否决立法的主要原因就是他认为该项立法违宪。正如 1832 年安德鲁·杰弗逊总统在论证他对于一个被联邦最高法院宣布无效的法律恢复使否决权时说的那样:"每一个曾宣誓效忠宪法的公共官员都表示他所理解的宪法,而不是别人所解释的宪法……法官的规定并不具有高于议会的权威。正如议会的观点并不具有高于法官的权威一样。在这一点上,总统独立于二者之外。"在其他国家,立法机关和行政机关还可能以其他方式参与宪法解释。不同的主体的宪法解释,其效力并不相同。在大多数国家,宪法解释的最终裁决机构通常是唯一的。②

在中国,全国人大常委会之外的国家机关在行使职权时,对宪法的解释有可能会彼此发生冲突,也有可能对宪法有关条文的解释产生疑义。由于其自身的解释并不具有正式的、最终的宪法解释效力,因而有可能被掌握最终宪法解释权的机关,即全国人大常委会予以否决。③

(二)法院在宪法案件中扮演的角色

从世界范围来看,由裁判机关在审判工作中适用和解释宪法或进行违宪审

---

① 韩大元主编:《宪法学》,高等教育出版社 2006 年版,第 101 页(苗连营执笔)。该书作者分析认为,在中国,并不存在"宪法解释案例","全国人大常委会的宪法解释权长期处于虚置状态,这是一个毋庸置疑的事实"。同书,第 108 页(苗连营执笔)。

② 韩大元主编:《宪法学》,高等教育出版社 2006 年版,第 106 页。

③ 张千帆主编:《宪法学》,法律出版社 2004 年版,第 121 页(周伟执笔)。德国学者 Peter Haberle 认为,宪法解释可做广义的理解,即国民、社会团体、国家机关和公众,在解释一事上都可以发挥其创造性力量,法定的释宪者只是在最终决定权上,区别于其他参与者。参见胡锦光主编:《宪法学原理与案例教程》,中国人民大学出版社 2006 年版,第 93 页(王锴执笔)。

查,是普遍的趋势。在中国,也有相当一部分学者认为,法官在审判案件之时可以适用宪法,进行违宪审查,但在现实中,法官在判决中提及宪法的情况极为罕见。

法院在裁判中避讳适用宪法,有其历史原因。1955年7月30日,最高法院在回复新疆维吾尔自治区高级法院的司法解释中指出:"……对刑事方面,它(宪法)并不规定如何论罪科刑的问题。据此,我们同意你院的意见,在刑事判决中,宪法不宜引为论罪科刑的依据。"由此,确认了宪法不能在法院的刑事裁判中适用的原则。

此后,法院的民事判决虽然偶尔会提及"宪法",但都没有触及对法律进行合宪性审查的层面。自从建设社会主义法治国家的目标确立以来,法院不能发挥护宪功能的问题,开始受到全社会的广泛关注。虽然现行宪法明文规定了宪法解释权的归属,但对于最高法院进行宪法解释的可能性,学者们仍然寄予了厚望。然而,在近年发生的几件社会广泛关注的事件里,法院对于宪法解释的态度,仍然表现得较为拘谨。

1. 齐玉苓诉陈晓琪冒名上学案

该案的关键之处在于法院是否支持齐玉苓关于受教育权被侵犯的主张。若法院不予支持(如本案一审判决的立场),齐玉苓只能得到其姓名权的损害赔偿,即精神损害赔偿;若法院予以支持(如本案二审判决的立场),齐玉苓就可以得到一切与其受教育权被侵害有因果关系的物质损失、精神损失。最高法院的《批复》和山东省高级法院的二审判决书在认定本案中侵权一方是否应承担民事责任这一问题上直接适用宪法,被看做是将宪法引入法院审判工作的大胆尝试,并引发了关于"宪法司法化"的热烈讨论。但是,如前所述,在性质上,该案毕竟还难谓对法令进行合宪性审查的"宪法诉讼"。

2. 高考生诉教育部案

2001年8月,青岛市三名参加高考的应届高中毕业生向最高法院起诉教育部侵犯了公民的平等受教育权。按教育部划定的2001年全国各地高等教育招生计划,这三名考生依其在当年的全国统一高等学校入学考试中取得的分数,在北京完全可以考上较为理想的大学,而在山东省连普通本科学校都难以考上。

三人的代理律师认为,教育部作出的《2001年全国普通高校高等教育招生计划》这一行政行为,侵犯了原告们的平等受教育权。教育部在该行政行为中,根据不同地域范围对招生人数做不同限定,这种限定使得不同地域考生被划分成高低不同的等级,并在不同等级中参加高考。等级之间分数标准线差异巨大,从而直接侵犯了包括三名原告在内的广大考生的平等受教育权。原告的诉讼请求,是确认被告所作出的关于2001年全国普通高校高等教育招生计划这一行政行为违反《宪法》和《教育法》的有关规定,请求最高法院向教育部提出司法建议书,督促被告今后避免作出类似的行政违法行为。

然而,面对这起同样是涉及受教育权保护的典型的宪法案件,最高法院却采取了消极的立场,以《行政诉讼法》第14条规定"中级人民法院管辖下列一审行政案件……(2)对国务院各部门或者省、自治区、直辖市人民政府所作的具体行政行为提起诉讼的案件……"为由,认为教育部制定高考录取分数线的行为不属于最高法院的受案范围,裁定不予受理。该案后来不了了之。

3. 孙志刚事件

在其后发生的又一起广受关注的案件,标志着国民的宪法诉求开始转向了全国人大常委会。孙志刚案经新闻媒体报道后,在社会上引起强烈反响。学者们由孙志刚被害致死而开始反思收容审查制度。2003年5月,北京大学三位法学博士根据《立法法》第91条第2款之规定,以公民身份向全国人大常委会提出对1982年国务院制定的《收容遣送办法》进行违宪审查的公民建议书。随后,贺卫方等五位学者联名上书全国人大常委会,建议全国人大常委会组织特定问题调查组,调查孙志刚被害事件。

但在全国人大常委会作出回应之前,同年6月22日,国务院总理温家宝签署国务院令,公布《城市生活无着的流浪乞讨人员救助管理办法》,自2003年8月1日实施。同时宣布《收容遣送办法》废止。由此,该案中公民建议全国人大常委会进行违宪审查的程序戛然而止。

四、违宪审查的申请

宪法不应停留于一纸文件宣言,而应具体可行,并能实践对人民的承诺。当国家机关认为宪法赋予其的权力受到其他国家机关的侵害,或人民认为其宪法权利受到国家机关的侵害之时,就需要有一个机制,可以依据宪法以判断是否有违宪的情况,并对违宪的情况给予负面评价,使这些受害者可以得到救济,维护宪法的最高效力,这就是违宪审查制度。该制度对于确保宪法付诸实践,意义重大;其目的或功能,主要在于保障人权和维护法规范体系的位阶与一致性。

在法院行使违宪审查权的国家,案件当事人均可就该案所涉及的法令的合法性要求法官进行违宪审查;而在由特别机关行使违宪审查权的国家,只有法律规定的主体才可以提出违宪审查的申请。

在中国,按照《宪法》的规定,全国人大常委会有最终的宪法解释权。《立法法》第90条进一步规定了依申请启动违宪审查的程序(如表3.1)。

表 3.1　依申请启动违宪审查的程序

审查对象	申请主体	审查内容	审查机关
行政法规	国务院、中央军事委员会、最高法院、最高检察院和各省、自治区、直辖市的人大常委会、其他国家机关和社会团体、企业事业组织、公民	是否与宪法、法律相抵触	全国人大常委会
地方性法规			
自治条例和单行条例			

按照对审查机关有无拘束力,违宪审查的申请可分为审查要求和审查建议。其中国务院、中央军事委员会、最高法院、最高检察院和各省、自治区、直辖市的人大常委会可以向全国人大常委会提出审查要求,而其他申请主体可以提出审查建议。二者的不同在于,一旦有权机关提出了审查要求,审查机关就必须进入正式审查程序。而提出审查建议后是否进入正式的审查程序,还要经过审查机关的研究,决定是否有必要进行审查。也就是说,对于审查要求,审查机关必须进行审查;而对于审查建议,审查机关可以审查,也可以不审查。①

值得注意的是,关于对法律的违宪审查,《立法法》未规定启动程序。

五、在民主集中制下建立违宪审查制度的必要性和可能性

(一)违宪审查制度的历史发展

1. 起源:马伯里诉麦迪逊(Marbury v. Madison)案

一般认为,违宪审查制度源自于美国,但它并非美国宪法明文规定的制度,而是自美国联邦最高法院 1803 年作出马伯里诉麦迪逊案判决之后,逐案累积发展确立起来的。②

在 1800 年美国的总统选举和国会选举中,联邦党遭受重大的失败,不但失去了总统的宝座,同时也失去了国会的控制权,于是,联邦党人就把希望寄托于联邦司法部门,借以维持他们在美国政治生活中的影响。乘着新总统上台和新国会召开之前,国会中的联邦党人在 1801 年 2 月 13 日通过了《司法法》,由此增加 16 个联邦法官的职位。1801 年 2 月 27 日,国会又通过《哥伦比亚特区组织

---

① 胡锦光主编:《违宪审查比较研究》,中国人民大学出版社 2006 年版,第 337 页(秦奥蕾、王锴执笔)。

② 一般认为,违宪审查制度滥觞于马伯里诉麦迪逊案,实际上,在其产生半个世纪之前,英国的大法官柯克在著名的博纳姆医生(Dr. Bonham)案中,以违反"一般正义与理性"为由,宣布了一项英国国会制定的立法无效。他主张在很多情况下,普通法可审查议会的法案,甚至裁决其为完全无效,因为按照他的逻辑,当议会的一项法案违背普遍的权利和理性,或者令人反感,或者不可能实施的时候,普通法可以审查它并宣布该法案无效。〔美〕小詹姆斯·R.斯托纳:《普通法与自由主义理论——柯克、霍布斯及美国宪政主义之诸源头》,姚中秋译,北京大学出版社 2005 年版,第 81—82 页。而在美国的司法实践中,在马伯里诉麦迪逊一案之前,州法院对于本州立法是否符合本州宪法的问题,已经有过司法审查的先例。董和平:《宪法学》,法律出版社 2004 年版,第 136 页。

法》,授权总统可以任命特区内共 42 名治安法官(Justices of Peace)。据此,亚当斯在离任之前,任命了 58 个联邦党人担任这些新增的法官职位,直到卸任前一天(1801 年 3 月 3 日)午夜,才结束了这些法官的任命程序,同时,国务卿马歇尔在所有的委任状上盖上国玺后送达。这批法官被称为"星夜法官"。

在此之前的 1801 年 1 月 20 日,亚当斯总统还任命国务卿马歇尔担任最高法院的首席大法官。马歇尔于 2 月 4 日正式到职赴任,但是他并未辞去国务卿的职务,直到 1801 年 3 月 3 日亚当斯总统任期届满。当时正是新旧总统交接之际,马歇尔一面要向新国务卿交接,一面又要以首席大法官的身份主持新总统的宣誓就职仪式,忙得晕头转向,竟然来不及把由他亲自盖章的 17 份委任状送到所委任的"星夜法官"之手。

新总统杰弗逊上任后,便立即指示他的国务卿詹姆斯·麦迪逊扣发这些委任状。未拿到委任状的治安法官威廉·马伯里(William Marbury)与另外三个同样情形的"星夜法官"便跑到最高法院起诉麦迪逊,要最高法院命令麦迪逊交出委任状,以便走马上任。他们起诉的根据是《司法法》第 13 条的规定:"联邦最高法院在法律原则和习惯所容许的范围内,有权向联邦政府现职官员下达命令,命其履行其法定义务。"

对马歇尔来说,如何处理这个案子可以说是两难境地。如果他支持马伯里,下令麦迪逊发出委任状,后者极可能拒绝执行,而法院并没有任何手段来执行这一判决。如果他不支持马伯里,这无疑是向世人表明联邦党人已向民主共和党人屈服。采用任何一种做法,都会形成行政和立法两部门不受司法部门牵制的危险局面。

1803 年 2 月 24 日,马歇尔宣布了最高法院的判决。马歇尔首先提出了三个问题:第一,申诉人马伯里是否有权得到他所要求的委任状?第二,如果他有这个权利而且这一权利受到侵犯时,政府是否应该为他提供补救的办法?第三,如果政府应该为申诉人提供补救的办法,是否是该由最高法院来下达强制执行令,要麦迪逊将委任状派发给马伯里?

对于前两个问题,马歇尔的回答是肯定的。马伯里的任命状已由总统签署,并且由国务卿加盖了国玺,他已经被任命了,阻碍其任命的行为是没有法律依据的,法律应为他提供救济。但对于第三个问题,即在如何给予申请人救济、最高法院能否发出强制执行令的问题上,马歇尔认为,虽然联邦法院有权对行政官员发出执行令,但在马伯里这一案件中,这并不是联邦最高法院的责任,因此它无权命令麦迪逊发出委任状,也就是说,马伯里告错了地方。同时,马歇尔在判决中提到"违宪的法律无效","判定什么是法,是法院的职权",即判断法律违宪的权力应当属于司法部门。

他是这样论证的:最高法院是否有权发出执行令取决于它所管辖的范围。根据美国《联邦宪法》第 3 条第 2 款的规定,只有涉及大使、公使、领事等外国使节或州政府为一方当事人的案子时,最高法院才有初审权(original jurisdiction)。而马伯里既非外国使节也不是州政府的代表,因此最高法院对他的案子并无初审管辖权。同时,联邦宪法对于最高法院的权限,并没有把向行政官员下达执行令包括在内。显然,马伯里起诉麦迪逊所依据的《司法法》第 13 条与宪法存在冲突。问题在于,最高法院究竟是应遵从《司法法》第 13 条,还是遵从《联邦宪法》来作出裁定?

在给出这个前提后,马歇尔便提出,显而易见的问题是"宪法控制任何与其不符的立法还是立法机构可以通过一项普通法来改变宪法。在这两个选择之间没有中间道路。宪法或者是一项至高无上(superior paramount)的、不能用普通方式改变的法律,或者是与普通立法一样,当立法机关愿意改变它他时就可以被改变。如果是前者,那么一项与宪法相抵触的立法便不是法律;如果是后者,那么成文宪法不过是人们的荒唐企图,用来限制一种本质上不可限制的权力(即立法权)"。话说到这里,宪法的神圣性已呼之欲出。

接着,马歇尔抛出了他的杀手锏,明确指出,如果法律和法律之间以及立法机关的立法与宪法冲突时,最高法院必须就其中一个的合法性作出裁决,因为"判定什么是法断然属于司法部门的权限和职责"。因此,当宪法和一项普通法同时适用于某个案件,而且两者存在冲突,只能实行其中一个时,最高法院的决定当然以宪法为准。如果法官不承担起维护宪法的责任,就有违他尽职尽责的誓词,这"无异于犯罪"。出于这一责任,他宣布"与宪法相抵触的法律无效",因而,《司法法》第 13 条因违宪而无效。

马歇尔的判决直接指向法律和宪法孰重孰轻这一根本问题,最终确立了最高法院的司法审查权。而在 1787 年的美国宪法和 1789 年的《司法法》之中,并没有对司法审查权做明确的规定,更没有提到最高法院可以宣布国会、州议会或行政当局的行为违宪无效。[①]

马伯里诉麦迪逊案的判决作出之后,美国各级法院在审理案件时,就享有了对立法的违宪审查权。然而,美国法院是针对个案进行违宪审查,审查结果如果认为法令违宪,也只是在个案判决拒绝适用,并没有宣告违宪法令"一般性"无效之权力。因此,不同法院可能会对统一法令是否违宪作出不同的判决结果,除非最高法院作出判决,才会依照"先例拘束原则"来统一法院的见解。

2. 第二次世界大战后:欧陆式宪政法院的发展

然而,美国的这种司法审查制度并没有在欧洲国家被采用,部分原因是与欧洲国家奉行议会优越及国民主权原则,传统上法院的地位较低等因素有关。

---

① 任东来、陈伟、白雪峰等著:《美国宪政历程:影响美国的 25 个司法大案》,中国法制出版社 2004 年版,第 22—35 页。

在欧洲,自孟德斯鸠提出分权学说以来,行政权强、司法权弱的传统一直未能得到解决,同美国同行相比,欧洲的普通法院既无权威也无权力审查议会与政府的行为。但第一次世界大战中,议会与政府的倒行逆施几乎将整个欧洲推向毁灭的边缘,因而有必要对立法权和行政权加以制约。于是,在法院系统之外设立一个专门进行违宪审查的机构,就成了必然的选择。凯尔森在1920年为奥地利起草的新宪法中,最早地设计了宪政法院制度。但奥地利的宪政法院只是用来解决政府机关间的权限争议案件,而不及于人民权利案件。

第二次世界大战之后,鉴于《魏玛宪法》失败的经验、法西斯纳粹对人权的践踏以及美国的政治影响,许多欧洲国家开始设立宪政法院,赋予其违宪审查权。这种宪政法院制度虽然最初仅处理法规合宪性的抽象审查与权限争议案件,但后来逐渐扩张功能,容许人民在一定条件下直接向宪政法院起诉,以保障人民权利。

1980年后,随着第三波民主化浪潮的到来,更多的国家开始设立宪政法院,特别是1990年苏联和东欧社会主义国家解体后,在新宪法中规定宪政法院制度。也有一些国家采取混合制,兼具美国和欧陆制度的特征,使违宪审查制度的面貌更为多元。①

违宪审查制度之确立,改变了传统立法权与司法权之单向联结关系,使得职司违宪审查之司法机关,不再只是"法律的传声筒",而得以有权决定宪法规范秩序之具体内涵,并审查立法规范乃至于行政命令之合宪性问题,实是孟德斯鸠创立三权分立理论之初所始料未及的,但这却是时代演进、历史教训不得不然之结果。②

(二)违宪审查制度的类型

综上所述,各国的违宪审查制度,大体可分为以下两种类型:

(1)附随性违宪审查制度。以美国的司法审查制度为代表,又称分散型模式,即普通法院在审理具体的案件审理时,附随地进行违宪审查;违宪宣告的效力,仅及于该案件本身,被宣告为违宪的立法在该案不被适用,但在该案之外仍然有效。在美国,不仅联邦最高法院有违宪审查权,联邦法院系统内的法院都可以行使违宪审查权。日本在第二次世界大战后,也采取了这一模式。

(2)抽象性违宪审查制度。以法国的宪法委员会和德国的宪政法院为代表,又称集中型模式,即由单一机关行使违宪审查权;违宪宣告作出之后,被宣告为违宪的立法当即失效。第二次世界大战前,欧洲大陆一直信奉立法权至上,应由立法部门判断立法的合宪性。第二次世界大战后,欧洲各国反思法西斯主义

---

① 林子仪、叶俊荣、黄昭元、张文贞:《宪法:权力分立》,台湾新学林出版股份有限公司2005年版,第30—31页。
② 王和雄:《违宪审查制度与司法院大法官审理案件法》,载《法学丛刊》第182期,第6页。

通过立法践踏人权的历史教训,认为必须由立法部门之外的机构审查立法的合宪性。在法国,是由宪法委员会对立法进行事前审查,而在德国,则是由宪政法院行使违宪审查权。

(三)违宪审查制度的必要性和可能性

从遏制立法权的滥用或不作为、保障人民的基本权利、维护宪法的最高法规地位的需要出发,有必要建立完善违宪审查制度,这已经成为社会各界的共识。但就未来违宪审查制度应采取何种模式,学界存在较大的分歧。主要有以下几种见解[①]:

(1) 由全国人大及其常委会负责违宪审查。认为这样一是有利于维护全国人大的政治权威;二是与中国现行国家政治体制相吻合,操作起来比较方便,如实行司法机关和专门机关审查,就需要对国家的根本政治体制进行变更,导致动作过大,推进甚难;三是由全国人大及其常委会对这些法规、规章的合宪性进行审查,从政治权威、法律知识和专门知识素质等方面看都是适宜的。但多数学者认为,这实际上是一种自我监督,而自我监督往往等于没有监督。

(2) 设立专门委员会。认为人民代表大会制度是中国的根本政治制度,立足于中国的政治体制来建立违宪审查制度是首先必须坚持的。在没有突破现行政治体制的前提下,一个可行的办法就是在全国人大下设立一个专门的宪法监督委员会或宪法委员会,在全国人大闭会期间,受全国人大常委会的领导。

(3) 设立宪政法院。认为有必要设立独立于现行司法以及立法体系的宪政法院。宪政法院的大法官应该是享有崇高声望的法律界人士,人数不宜超过15人。大法官处理案件的方式应该是司法式的,而不是委员会式的,也就是通过原被告之间公开的讼争,来由大法官作出判决。

(4) 司法审查制。主张由最高法院来行使违宪审查权。

(5) 复合审查制。主张设立宪法委员会和最高法院违宪审查庭并行的复合审查制。即在全国人大下设立宪法委员会,在最高人民法院下设立违宪审查庭,分别行使非讼的、事先的审查和违宪侵权诉讼、附带性审查。

(6) 两步走模式。主张第一步设立宪政委员会。这个委员会对全国人大以及宪法负责,统一行使原来规定由全国人大享有的改变或撤销其常委会的决定的权限、由全国人大常委会享有的撤销行政法规和地方法规以及进行宪法解释和立法解释的权限、由最高法院享有的撤销已生效之法院判决的最终决定权等;逐步扩大宪政委员会的权限和司法性,使之成为中国传统的谏诤清议、监察弹劾以及现代的司法审查"三结合"的机构,成为专门协调公民与国家、社会之间利

---

① 以下各种观点的综述,参见刘素英:《关于违宪审查制度研究综述》,载《探索》2004年第1期,第140—141页。

益关系以及保障基本人权的护宪论坛。第二步,在具备条件和重新立宪的基础上,可以考虑设立宪政法院。宪政法院由 9 名或 15 名宪法大法官组成,由国家主席在与国务院总理、最高法院院长等协商之后提名,由全国人大选举产生,对宪法负责。

以上各种学说均有重要的参考价值。但独立违宪审查机构的设立,需要通过修改宪法或者法律来实现。而主张由法官进行违宪审查的声音虽然微弱,但其制度成本却比较低。现行《宪法》第 126 条规定,"人民法院依照法律规定独立行使审判权",所谓"法律规定",可以解释为包含宪法。《宪法》第 67 条虽然规定全国人大常委会有解释宪法和法律之权,但并不因此而排除法官在个案中解释宪法及法律的可能性。两者的不同在于,前者的宪法判断有最终的、一般的效力,而后者的宪法判断仅有个案的效力。而且,法官在个案中行使违宪审查权,并不排除将来设立专门机构行使具有最终效力的、一般性的违宪审查权。

六、违宪审查的方法

对有违宪疑义的法律进行的合宪性审查,又称宪法判断。宪法判断(违宪审查)离不开宪法解释,因此,宪法判断固然会运用到宪法解释的一般方法。但另一方面,由于宪法裁判具有不同于一般法律裁判的特殊性,为了维护司法审查的正当性,宪法判断又有宪法判断的回避、合宪性解释、适用违宪等特有的原则和方法。

(一) 宪法判断的回避

1. 宪法判断回避的理由

有宪法解释权的机关是否有义务对其受理的所有宪法案件都进行宪法判断呢?或者说,可否对一定的案件回避做出宪法判断呢?关于该问题,早在美国确立违宪审查制度之初,就出现了司法消极主义(judicial passivism)的哲学思潮。1893 年,哈佛法学院塞耶(James B. Thayer)教授在其发表的经典论文《美国宪政理论的渊源与范围》中,为法院适用议会立法确立了著名的"义务性标准",即只要议会的立法不是确定无疑的明显错误,就不应被宣判为无效。[①] 特别是,到了 19 世纪 30 年代,美国联邦最高法院将罗斯福总统为增进劳动者福利而颁布的各项新政立法宣布为违宪之后,对司法介入政治领域的批判此起彼伏。[②] 1936 年,布兰迪斯(Brandeis)大法官在 Ashwander v. TVA(297 U. S. 288)案判决的补充意见中,提出了宪法判断回避的理论,即法院对于案件涉及的宪法问题,

---

[①] James B. Thayer, The Origin and Scope of the American Doctrine of Constitutional Law, *Harvard Law Review*, vol. 7(October 1893), pp. 129—144.

[②] 〔日〕佐藤幸治:《现代国家と司法権》,有斐阁 1988 年版,第 542 页。

如能不触及该宪法争议,通过其他途径对该案做出裁决,则应回避进行宪法判断。其理由在于,首先,在美国的司法审查制度下,法院只有在宪法问题成为案件解决的前提之时,才有必要进行宪法判断,即所谓"司法自制"的原则;其次,司法如非必要,不宜介入政治部门之判断,即所谓"政治问题不审查"的法理。

2. 典型案例:惠庭事件判决

在美国、日本等采取司法审查制度的国家,宪法判断回避的方法得到了较为广泛的运用。日本的惠庭事件判决,是这方面的一个著名案例。1962年,日本北海道千岁郡惠庭町的酪农野崎兄弟二人经营的牧场受到了近邻的陆上自卫队岛松演习场的损害,演习场的爆炸声音导致奶牛狂奔撞死、受孕率下降、奶量减少等,因此,他们多次向自卫队表示抗议,要求中止演习,补偿损失。抗议的结果是,双方达成君子协定,损失的补偿因无法律根据不能承诺,但今后自卫队将在射击演习之前给予联络。然而,1962年12月11日,自卫队在未给予任何事前联络的情况下,开始了炮击演习。野崎兄弟到现场抗议,但是演习继续进行,于是他们用钳子切断了与落弹地进行通讯用的电话线的若干处。其后检察官对野崎兄弟提起公诉,认为该行为违反了自卫队法第121条("损坏或伤害自卫队所有或使用的武器、弹药、航空器及其他防卫用物品的,判处五年以下的有期徒刑或者五万日元以下的罚金")。被告人方面主张,自卫队法第121条以及该法本身乃至于根据该法而存在的自卫队,均违反了宪法第9条和宪法前文所规定的和平主义原则,因此该自卫队法第121条违宪,被告人无罪。法院判决认为,根据罪刑法定原则,自卫队法第121条所规定之"其他防卫用物品"应严格解释为与该条所列举的"武器、弹药、航空器""具有密切而高度类似性"的物品,而电话线不属于"其他防卫用物品"的范围,因此,被告人的行为不符合自卫队法第121条的构成要件,宣告无罪。对于自卫队法的合宪性问题,该判决认为,既然被告人的行为无罪,也就没有必要进行宪法判断了(札幌地方裁判所昭和42年3月29日判决,昭和38wa第193号案件)。由此,该判决回避了宪法判断,通过法律解释,同样地使被告人获得了无罪判决。尽管法官回避了对自卫队违宪问题做出判断,但被告人因丧失了诉讼利益,无法再对该判决提出上诉;而检察官方面也无意再次引发关于自卫队违宪问题的政治纷争,也未提起上诉。结果,一审的无罪判决成为了该案的确定判决。

3. 宪法判断回避在抽象性违宪审查制下之应用

一般认为,宪法判断回避的方法主要适用于采取司法审查制度的国家(例如美国和日本)。而在德国,由于宪法法院制度自身带有"司法的政治化"、"政治的司法化"①之倾向,政治问题法理的适用空间较小,但是,司法自制原则很早就已被德国的宪法法院所接受。②

韩国受德国的影响,也设立了宪法法院,虽然迄今还未出现以司法自制理论回避宪法判断的案例,但在2003年的宪法诉愿案件(宪法裁判所2003年12月18日宣告,03宪ma255、256号合并案件)中,诉愿请求人主张国会同意出兵伊拉克的行为侵害了国民的和平生存权,对此,宪法法院的最终决定(5位宪法法官的多数意见)认为,该案的请求人并非基本权利直接受到侵害的被害人本人,不具有"自我关联性",因此驳回了其宪法诉愿请求。其他4位宪法法官的补充意见虽然赞同多数意见的结论,但在理由上则是采取了司法自制的理论,即"出兵伊拉克在性质上是关系到国防、外交的高度政治性的问题,对于那些明显经过了宪法和法律上的法定程序的案件,应尊重总统和国会的判断,对此法院应保持克制",至于政治部门的判断妥当与否,最终会在选举中接受国民的评判。③

(二)法律的合宪性解释

1.合宪性解释的功能:违宪判断之回避

法律的合宪性解释,又称合宪法律解释原则(Verfassungskonforme Auslegung),是指"应依宪法之规范意旨及价值体系解释法律,而于某项法律规定有多种解释可能时,为避免该项法律被宣告为违宪,应采可导致其合宪之解释";"此项解释为体系解释之一种,在于探讨某项规定在整个法体系中的地位及功能,以解决规范冲突。又此项合宪解释系以法律为对象,性质上属法律之解释,惟在其具体化的过程中,尚须对宪法加以诠释,一方面在于保全法律,以维护法秩序的安定,他方面亦在开展宪法,以实践宪法的规范功能。不惟普通法院负有依合宪原则解释法律之义务,释宪机关更可藉此原则之运用达成规范控制之目的"。④

美国、日本、德国的违宪审查实践,虽采取不同模式,但均有合宪性解释方法之适用。合宪性解释在回避了违宪判断的同时,也回避了宪法判断,故而在美国,该方法被看做是宪法判断回避的一个类型。⑤ 另一方面,合宪性解释方法不

---

① 〔日〕芦部信喜:《憲法学における憲法裁判論》,载《法学協会雑誌》第113卷第8号,1996年8月,第1158页。

② 〔日〕阿部照哉:《ドイツの憲法裁判における司法の自己抑制について》,载《法学論叢》第110卷第4.5.6合并号,1982年3月,第60—63页;Hans G. Rupp, some remarks on judicial self-restraint, *Ohio State Law Journal*, vol.21, no.4(Autumn 1960), pp.507—510.

③ 〔韩〕闵炳老:《韓国の違憲審査制の現況と課題》,载大沢秀介、小山剛编:《東アジアにおけるアメリカ憲法》,庆应义塾大学出版会2006年版,第88页。

④ 中国台湾地区"释字第437号解释"王泽鉴大法官之协同意见书。

⑤ 〔日〕芦部信喜:《宪法》(第3版),高桥和之增订,林来梵等译,北京大学出版社2006年版,第334页。

仅可应用于回避违宪判断的情形,如后文所述,在适用违宪的情形下,该解释方法亦有所适用。

2. 合宪性解释的界限

所谓依照一般解释方法有两种可能结论则以合宪结论为优先选择,并不是推定规范合宪,也不是只要可以解释为合宪就不应该为违宪宣告,而是因为依照一般解释方法,本来就有合宪解释的可能,如果依一般解释方法,并没有合宪解释的可能,就没有所谓合宪解释优先可言。①

从权力分立原则出发,学理上归纳"合宪性解释"应符合三项要件:(1)系争规范有合宪及违宪等多重解释之可能性;(2)合宪之解释结论并未超越系争规范之文义范围;(3)合宪之解释结论并未抵触其他可清楚辨识之立法意旨,亦即,如有其他规范明显禁止或排除系争规范之合宪解释结论时,释宪机关即不得再选择该合宪结论,而应宣告该规范违宪,否则仍属变更立法者之决定,而违反权力分立原则。可见,合宪解释原则乃是于规范违宪审查时,为尊重具有直接民主正当性之立法机关,所应采取之解释方法。② 相反,如果系争规范本身并不存在合宪、违宪等多重解释之可能性,或者合宪性解释的结论将会超越系争规范之文义范围,或者合宪性解释的结论抵触其他可清楚辨识之立法意旨,则不得再进行合宪性解释,而应直接作出违宪判断。

合宪解释是出于司法者对有直接与多元民主正当性基础之立法者的尊重,有其合理性。惟适用合宪解释原则也有其界限,例如,不得逾越文字可能合理理解的范围、不能偏离法律明显可辨的基本价值决定与规范核心。尤其是逾越立法的基本价值决定与规范核心,强行赋予法律明显非立法者所欲之内容,再宣告其合宪,这种解释方式,与其说是出于对立法者意志尽可能最大的尊重,倒不如说是司法者僭越立法者地位进行立法,与对立法者的善意强暴无异。在此情形,反而是直接宣告其违宪,让立法者有机会重新思索,或选择作进一步修正,继续追求其原始的立法目的,或选择改弦更张,以崭新思维另立新法,或干脆放弃立法,才是对立法者的真正尊重。③

---

① 中国台湾地区"释字第603号解释"许玉秀大法官之协同意见书。

② 学说上认为,合宪性解释原则之主要目的在于落实权力分立原则,其主要论据有三:其一,立法机关由来自社会各阶层之民意代表所组成,其公开讨论、询答,以及强调协商以获得共识之合议制决策程序,使其决策较其他国家机关具有更广泛而深厚之民主正当性。其二,规范制定者(在此尤指立法机关)亦受宪法之拘束,应假定其不致有意以违宪之方式行使其权力,而恣意创设出违宪之法规范,故其所创设之规范应假定为合宪。其三,释宪机关宣告法规范违宪,即已变更立法意旨;换言之,乃以违反立法(可能)意旨之方式,解消系争规范之效力。如于规范有合宪及违宪等多种解释可能性时,仍宣告规范违宪,即形同否决原属立法机关之规范创设权限,而代替立法机关决定如何之规范内容始为正当,难免逾越规范审查机关之权限。参见中国台湾地区"释字第582号解释"许玉秀大法官之协同意见书。

③ 参见中国台湾地区"释字第585号解释"许宗力大法官之部分不同意见书。

德国宪法法院曾在若干判决中指出,对法律的合宪性解释必须在法律规定的文义范围内进行,不得有损价值判断及法律规定之目的、立法者之基本决定;对内容明确之法律,不得做相反内容之解释,与立法者之目的不得有本质上的分歧,且不得改变之。但实际上,德国宪法法院在其他几个判决中,并未严格遵守上述界限,因而遭到诟病。对此,有学者指出,合宪性解释并不能拘束立法者,立法者若置之不理,不重新立法,将导致法律之制定或修改落后于时代潮流。因此,为了消除法律部分违宪之状态,必须正视立法者之优势地位,在立法者依据宪法有选择放弃立法或重新立法之自由时,不宜对法律进行合宪性解释。当然,若立法者自己有意对法律进行合宪性解释,则不在此限。[1]

3. 典型案例:国家保安法合宪限定决定

合宪性解释并非可适用于所有场合,而是受到法院能否事先明确指出受宪法保护之行为的范畴,并将之排除于被限定解释的法律之射程以外,以及将限定解释作为对该法律之解释是否会有损立法目的,构成对法律的实质修改等条件[2]之限制。尤其是,对于刑事法和限制表达自由的立法而言,若涉及罪刑法定主义或规制表达自由的规定本身含糊不明确,则应直接判决其违宪。[3]

韩国宪法法院针对威权时代侵害人身自由和表达自由的国家保安法所做的合宪限定决定,是这方面的一个代表性案例。该案的请求人因涉嫌以支持反国家团体为目的持有、散布图书和出版物而被起诉,为此主张国家保安法第7条第1项的文字(如赞赏、鼓舞)有多重的含义,适用范围广泛,违反了法治主义、罪刑法定主义,构成违宪;对该法第7条第2项之适用,有导致言论、出版自由及学术、艺术自由萎缩之虞,导致恣意执行的可能性。但是,宪法法院顾及政府和执政党方面坚决反对修改该条的态度,在宪法决定中认为,"某一法律概念有多重含义,可进行多种解释之时,为形成以宪法为最高法的法律秩序,应做出符合宪法之解释,即合宪性解释";该法第7条第1项及第5项的处罚对象可缩小限定解释为仅针对那些有产生实质性危害的明显危险性的情形,使对国家之存在与安全及自由民主之基本秩序无害的行为被排除于处罚的范围之外(宪法裁判所1990年4月2日宣告,89宪ka113号案件)。其后,国家保安法于1991年第7次修改之时,在第7条第1项中增加了"明知危及国家之存在与安全或自由民主之基本秩序"这一主观要件。但是,法院又就新的规定向宪法法院提请违宪审查,其理由是,修改后的条文虽然接受了宪法法院的合宪性解释,但第7条第1项中依然保留了"成员"、"活动"、"赞同"等存在多重含义、过于宽泛的概念;新

---

[1] 〔日〕工藤達朗编:《ドイツの憲法裁判》,中央大学出版部2002年版,第209—210页(有澤知子执笔)。
[2] 〔日〕佐藤幸治《憲法訴訟と司法権》,日本评论社1984年版,第183—184页。
[3] 〔日〕芦部信喜:《憲法訴訟の理論》,有斐阁1973年版,第50页。

增的主观要件在判断基准上并不明确,有被恣意滥用之虞;所谓的"国家变乱"概念意义不明确,与刑法上的"国宪紊乱"之区别也不明显。对此,宪法法院的宪法决定认为,新增的主观要件("明知危及")基本上已消除了扩大解释的危险,只要对该主观要件进行限定解释,即可消除第 7 条在概念上的多义性和在适用范围上的广泛性;因此,第 7 条并不存在侵害、限制表达自由的危险,不构成对罪刑法定主义之违反(宪法裁判所 1996 年 10 月 4 日宣告,95 宪 ka2 号案件)。

但是,韩国宪法法院的合宪性解释以及基于该解释而新增的主观要件,在实践中并没有被严格遵守。按照韩国国家人权委员会的统计,1991 年国家保安法第 7 次修改之后的 10 年里,根据国家保安法被逮捕的 3047 人之中,适用第 7 条者竟达 2762 人(占 90.6%),极端地反映出国家保安法第 7 条侵害人权之严重程度。实际上,国家保安法违反了现代刑法的基本原则——罪刑法定主义,即什么样的行为应被认定为犯罪,对该罪应适用什么样的刑罚,应事先由法律明确规定。只要国家保安法上的"国家僭称"、"国家叛乱"、"国家机密"、"赞赏、鼓舞、赞同"、"利敌出版物"、"成员"等概念仍是存在多种含义的不确定法律概念,即使增加了主观要件,也难以摆脱被恣意滥用之虞。[①] 因而,宪法法院在国家保安法违宪审查案中奉为圭臬的合宪性解释方法,被学者讥为"逃避带有较强违宪嫌疑之政治纠纷案件的避难所"[②]。

(三) 法令违宪与适用违宪

1. 适用违宪的意义

对于诉讼中被提起的宪法争点,如认为不宜以宪法判断回避以及法律合宪性解释的方法来处理,则法院如不做出合宪判断,就要做出违宪判断。作为违宪判断的方法,有法令违宪与适用违宪之分。

法令违宪,是判断法令本身违宪的方法。适用违宪,是判断法令本身合宪,但将其适用于当下个案则构成违宪的方法。前者是就法令的字面加以审查,与案件事实无关;后者则是就法令对于具体个案之适用加以审查。

按照芦部信喜教授的论述,适用违宪有三种类型:类型一,法令中的合宪部分与违宪部分不可分,无法做合宪性解释之时,该法令对于本案之适用,构成违宪。类型二,法令有做合宪性解释之余地,但却不加区分,将法令之违宪部分适用于本案,则构成违宪。此种情况下,应当对法令做合宪性解释,宣布适用违宪。类型三,法令本身合宪,但将该法令适用于当下个案的结果却违宪。此种情况下,应当宣布适用违宪,即排除该法令对于本案的适用,但并不否认该法令本身

---

① 〔韩〕闵炳老:《韓国の違憲審査制の現況と課題》,载大沢秀介、小山剛编:《東アジアにおけるアメリカ憲法》,庆应义塾大学出版会 2006 年版,第 88 页。

② 〔韩〕丁信焕:《韓国憲法における違憲審査制論序説(二・完)》,载《早稲田大学大学院法研論集》第 89 号,1999 年 3 月,第 139 页。

的效力。①

上述三个类型，严格讲，前两种类型应不属于"法令本身合宪"前提下的适用违宪。其中，第一类型回避做法令违宪判断的理由较为牵强。而观诸日本有斐阁出版之《法律学小辞典》，其对"适用违宪"一词之解释，亦未提及该类型，而采两类型说。② 第二类型，则是通过合宪性解释的方法，回避对法令本身做违宪判断。只有第三类型，才符合适用违宪的定义③，可视为狭义的适用违宪。故而，在此仅就第三类型举例说明。

2. 典型案例：第二次家永教科书诉讼第一审判决

日本的第二次家永教科书诉讼一审判决是这方面的一个典型案例。1953年，家永三郎撰写的高中教科书《新日本史》被检定为合格，其后被用做高中教科书使用。但在1963年，日本政府文部省（即教育部）检定认为该教科书不合格，次年又做出了附条件的合格决定，其中附有三百多项的修改意见。家永三郎认为该检定违法违宪，于1965年提起国家赔偿诉讼，要求日本政府赔偿该检定给自己带来的精神痛苦和稿费损失，被称为"第一次家永教科书诉讼"。1966年，家永三郎对该书中的34处内容进行了修改，再次申请检定，文部省对其中的6处修改做出了不合格的检定决定。于是，家永三郎在1967年再次起诉，要求撤销该检定决定，被称为"第二次家永教科书诉讼"。第二次诉讼的第一审判决认为，学校教育法第21条的教科书检定制度本身并不违宪，但文部省的该检定决定对教科书作者的学术见解进行了事前审查，因而是违法和违宪的（东京地方裁判所昭和45年7月17日判决，昭和42年行wa第85号案件）。

该判决的理由是，教科书检定制度虽然是对出版物的事前审阅，但只要不审查思想的内容，就不属于日本宪法上禁止的出版审查。由于教科书检定制度是为了根据学童的身心发展阶段实施必要且适当的教育、维持教育机会均等、提高教育水准所必须的环节，尽管宪法上的表达自由条款不允许事前的出版审查，但

---

① 〔日〕芦部信喜：《宪法》（第3版），高桥和之增订，林来梵等译，北京大学出版社2006年版，第338页。

② 〔日〕金子宏、新堂幸司、平井宜雄：《法律学小辞典》，有斐阁1999年版，第1062页：法令违宪、适用违宪：1. 意义 此为得出宪法判断结论之方法，法令违宪是认定法令的全部或者一部违宪的手法，适用违宪是认定法令本身合宪但如适用于该案件之当事人则构成违宪之手法。2. 内容 法令违宪就其效力而言，可分为两种类型：（1）全部无效，即认定法令全部或者成为争点之法令中的某一条款全部无效；（2）部分无效，即成为争点之条款既包括违宪部分又包括合宪部分，二者如可分，则认定违宪部分无效。而适用违宪，亦包括两种类型：（1）尽管法令有可能做合宪限定性解释，但执行人并未将该法令之适用限定于合宪适用的情形，而违宪地加以适用之情形；（2）法令本身合宪，但是执行人却以侵害宪法所保障之人权的形式加以适用的情形。适用违宪的手法，并不能纠正法令自身的缺陷，有难以预测将来等的缺点，但有缓和过激效果，可暂且救济当事人等的优点。

③ 不过，也有日本学者认为，此种情形下，没有必要将第三种类型看作是适用违宪，若法令本身的合宪性没有疑义，可以直接将适用法令的该国家行为认定为违宪。〔日〕阿部照哉等著：《宪法》（上册），周宗宪译，中国政法大学出版社2006年版，第409页（野坂泰司执笔）。

是，在以上的限度内，即使对教科书的写作、出版的自由进行适当的限制，从公共利益的角度看，也是必要且合理的，故而不构成对表达自由的侵害。但是，教科书检定中的审查，应当仅限于对教科书中的书写错误、排版错误以及其他明显的错误、教科书装订等的技术性事项以及教科书内容是否在教育课程的大纲范围之内等方面；审查如果超出了上述的范围，而对教科书的内容是否妥当进行了审查，则该检定就违反了宪法第21条第2款及教育基本法第10条的规定。

3．适用违宪在抽象性违宪审查制下之应用

适用违宪的方法，并非仅适用于美国、日本等的附随性违宪审查制度。在抽象性违宪审查制度之下，也同样有所应用。例如，从我国台湾地区"大法官会议"的"释字第242号解释"中，就可以看到对前述（狭义的）适用违宪方法之运用，而我国台湾地区的大法官释宪制度，就是抽象性的违宪审查制度。

该案的申请人邓某出生于大陆，1940年在福建省与陈女士结婚，到台湾后，又于1960年与吴女士在台湾结婚。20世纪80年代，两岸人民开始恢复联系，陈女士于1986年以其曾与邓先生缔结婚姻关系在前，且该婚姻关系并未消灭为由，聘请律师向"台中地方法院"起诉，请求依1985年6月3日修正公布前之"民法亲属编"第985条、第992条禁止重婚之规定，撤销邓某与女士之婚姻关系。"台中地方法院"于1987年判决原告胜诉，被告的上诉在二审和三审中均遭驳回。提起再审之诉，台湾地区"最高法院"仍予以驳回，于是，邓、吴两人之婚姻被法院撤销成为确定。邓某以"民法"第985条违宪为由，于1989年4月13日申请台湾地区"司法院大法官会议"解释。

对此，"司法院大法官会议"于1989年6月23日做出"释字第242号解释"，认为1985年6月3日修正公布前之"民法亲属编"第985条、第992条之规定乃维持一夫一妻婚姻制度之社会秩序所必要，与"宪法"并无抵触。惟国家遭遇重大变故，在夫妻隔离、相聚无期之情况下所发生之重婚事件，与一般重婚事件究有不同，对于此种有长期实际共同生活事实之后婚姻关系，若仍可适用上述规定予以撤销，就会严重影响其家庭生活及人伦关系，反足妨害社会秩序，就此而言，自与"宪法"第22条保障人民自由及权利之规定有所抵触。由此，"释字第242号解释"推翻了台湾地区"最高法院"判决的见解。

该号"大法官解释"作出后，受到普遍肯定。这是因为，1949年后，大量赴台人士因两岸分隔，不得已将配偶乃至整个家庭留在了大陆。正如该号"大法官解释"所言，"在夫妻隔离、相聚无期之情况下"，不少人在台湾重新结婚，另组家庭，有了下一代甚至已成了祖父母。由于这是一个不得已的现实，基于人道的考量,也不能不容忍这种非常状态之下出现的"重婚"现象。①

就宪法判断的方法而言,该号"解释"指出"民法亲属编"第 985 条、第 992 条本身并不违宪,然而将上述规定适用于此案,就与"宪法"第 22 条保障人民自由及权利之规定有所抵触,这一宪法判断所采用的,正是适用违宪的方法,从而兼顾了法律的抽象正义与个案的具体正义。

推荐阅读

1. 王世杰、钱端升:《比较宪法》,中国政法大学出版社 1997 年版。

本书是民国时期最有代表性的宪法学教科书。其中有关于宪法解释制度的论述,对当时的违宪审查理论进行了介绍和评析,并提出了作者独到的个人见解,对当今学者仍很有启发。

2. 许庆雄:《宪法入门》,台湾元照出版公司 2000 年版。

许庆雄是中国台湾地区淡江大学日本研究所教授。本书在中国台湾和内地的引用率都很高,主要内容包括宪法总论序说、基本人权总论、自由基本权、社会基本权、确保人权的基本权、宪法保障制度、权力分立、立法机关——国会、行政机关——内阁、行政府、司法机关、地方自治、政党等内容。

3. 王和雄:《违宪审查制度与司法院大法官审理案件法》,载《法学丛刊》2001 年第 46 卷第 2 期。

该文是中国台湾地区前大法官王和雄先生的授课讲稿。该文对违宪审查制度的基本类型、宪法解释的方法等进行了整理归纳,并提出了许多深刻的见解。

4. 张千帆:《西方宪政体系》(上、下),中国政法大学出版社 2004、2005 年第二版。

这两本书主要是从案例的角度介绍了美国、法国、德国和欧盟的宪法实施情况,选译了美国和欧洲的大量重要宪法判例。这两本专著的主要贡献在于使国内学界真正了解一些主要宪政国家宪法运作的实际状况,使我们了解什么是宪政。它们打破了单纯从宪法文本角度了解国外宪法制度的传统,开辟了案例宪法学专著和教材体系的新方向,对国外宪法学和宪政问题的研究发挥了引导作用。通过研读欧美法官所作出的宪法判例,不但能够加深对欧美宪法原则的认识,而且可以学习宪法解释方法在其中的应用。

5. 违宪审查网:http://www.judicial-review.cn/

国内第一家专门探讨违宪审查理论和实践的学术网站。设有宪法案例、宪法精义、原理技术、释宪体制等栏目,旨在为宪法教学和研究提供学术信息和

---

① 颜厥安:《规则与法治》,载徐显明、刘瀚编:《法治社会之形成与发展》下册,山东人民出版社 2003 年版,第 936—937 页。

资料。

思考题

1. 什么是宪法实施？为什么宪法必须实施？
2. 宪法实施的内容包括哪些方面？
3. 宪法实施的主体有哪些？法院是宪法实施的主体吗？
4. 宪法实施的重点和难点是什么？如何才能确保宪法实施？
5. 党的十七大报告提出"各级党组织和全体党员要自觉在宪法和法律范围内活动，带头维护宪法和法律的权威"。这一规定对于宪法实施有什么重要意义？你认为怎样才能实现这一规定？
6. 在中国，法官在裁判案件时为何不能解释和适用宪法？
7. 你认为何种违宪审查模式更为优越？在中国，何种审查模式更具有可行性？

第二编

基本权利

　　第二编讨论了宪法和宪政所要实现的终极目标——基本权利,共分三章。第四章介绍权利的一般理论,包括权利的概念、性质以及权利保障的社会功能;第五和第六章则分别探讨具体权利的宪法保护,主要包括个人、社会和政治权利。

　　在所有现代宪法中,基本权利都占据着不可超越的核心地位;从2004年人权"入宪"之后,基本权利也已经成为中国宪法的中心价值。因为这些权利无论对于我们个人、社会还是政体来说都是至关重要的。因此,第四章除了介绍权利的概念之外,重点探讨了不同类型的权利对社会的重要作用;事实上,特定权利的社会作用的大小也直接决定了其受保障的程度。

　　当然,人的权利是多种多样的,分类方法也各有不同。在第五章和第六章,我们主要根据权利的属性将其分为以消极权利为主的"个人权利"、以积极权利为主的"社会权利"以及对于实现两者都不可缺少的"政治权利",包括表达自由、选举权和公民直接参与法律与政治过程的权利。如果个人权利的主要作用在于防止国家侵犯某些天赋人权,社会权利的作用在于迫使国家提供某些实现个人权利的社会条件,那么政治权利的作用正是在于保证国家对人民负责,并按照"最广大人民的最根本利益"来保障个人与社会权利。

第四章 基本权利的理论

本章讨论宪法基本权利的概念、性质及权利保障的作用。

国家制度可以各国有别，人的权利则是普遍并超越国界的。在最根本的意义上，中国人、美国人、欧洲人、非洲人都是"人"，都有作为"人"的基本特征和需要，因而也都应该享有共同的基本权利。这并不表明权利没有地区和文化差异，但一旦进入到"人"的核心，这些差异就是次要的；在"基本"权利的领域内，共性占据着主要地位。当然，各国对同样权利的处理可能有所不同，但它们只是体现了实现同样目标的不同途径。当我们谈论中国公民的宪法权利时，美国、法国或德国法院对特定权利的解释和决定只是被作为有用的参照而已。严格地说，并不存在中国的、美国的、法国的或德国的权利；"权利"总是共同的，尽管对它的理解可以有所不同。各国对权利的理论探讨和实际保障，是对人权这一公共领域的世界知识体系之贡献，是全人类的共同财富，因而也是中国宪政可以吸收的养料。这并不否认实现权利的历史阶段性，但如果目前因客观条件的限制而不能完全实施某项权利，我们至少应通过比较展望未来的发展方向。

第一节 权利的基本概念

一、权利

1. "权利"概念

"权利"(rights)这个词可以从不同角度去理解。在抽象意义上，它是指正义或使法律带上正义特征的超然道德法则；在具体意义上，它是指人所具有的自由行动之能力。在规范意义上，它可以指人先于国家甚至社会而存在的一种不得剥夺之能力；在实证意义上，它可以指宪法或法律所实际赋予的能力。它可以是指一种提倡个人自由不受侵犯的理念或观念，也可以指个体在某些方面的能力受到保护的实际状态。"权利"和"自由"(liberty)经常被作为同义词而混用，而自由既可以被作为一种不受外力拘束的状态，亦可指一种不受阻碍的活动能力。在这里，我们主要取后面这种意思。因此，根据词典定义，权利是"一人所具有的在国家认同并帮助下控制他人行为的能力"①。

对于实证宪法学而言,"宪法权利"是指受到宪法规定的国家不可侵犯或有义务保护的一种活动能力;这种能力是否受到侵犯或适当保护,受制于司法性机构的独立审查,且如果它确实因国家侵犯或未能适当保护而受到损害,国家有义务提供适当的补救。因此,在更广的意义上,权利也包含着保护权利(或自由)的制度。

2. "权利"的起源

和德文中的 Recht 与法文中的 droit 不同,英文中的 right 既可以作名词,也可以作形容词使用。用作形容词时,它是指"正确"、"正当"或符合道德规则的意思。名词的意义一开始与此相同,后来发生了不同的演化。所有这些词汇都有一个共同的词源,即拉丁语中的 jus,通常译为"正义"。所谓正义,就是指一个人得到其所应得的。因此,从正义中可以衍生出现代"权利"的含义,即一人应被保障其所应该获得的。然而,"正义"显然不只是现代意义上的"权利";它还是一项义务,因为正义或正当表示一个人做其所应该做的事情,并且不得到超过其应得部分的利益。由于传统道德哲学偏重义务,义务一直是"正义"的主要属性。

到近代,正义一词的含义发生了转化,从而带上了现代"权利"的意义。在霍布斯那里,jus 已被用来专指现代意义的权利。在《战争与和平法》一书中,国际法学家格劳秀斯(Hugo Grotius)把"正义"定义为"一个人所具备的能使他正当拥有某种东西或做某件事的道德资格"②。因此,正义成为一人所享有的某种东西。这就是权利的现代含义。随着现代自由主义对传统价值的"颠覆","正义"这个词汇的内涵也从义务过渡到权利。

现代自由主义的开创者霍布斯认为权利和法律是相互对立的,因为权利意味着自由,而法律则规定禁止。但对立是表面的,统一是内在的,因为法治的最终目的毕竟是为了保护而非限制自由。因此,在实证的法律(lex, law, loi, gesetz)和更高的目标——权利(jus, right, droit, recht)——之间,存在着一种对立与统一的辩证关系,且对权利的追求构成了所有法律进步与发展的动力。无论如何,宪法把权利与法律统一到一起:宪法不仅是法律,而且是专门保护权利的法律,宪法所禁止的正是侵犯权利的法律。在这个意义上,宪法确实是一种特殊的法:作为"更高的法",它处于普通法律和"自然正义"之间,是连接规范与实证、道德与法律、"彼岸与此岸"两个世界的桥梁。

---

① *Black's Law Dictionary*, 6th Edition, West Publishing Co., 1990, p. 1324.
② 转引自夏勇:《人权概念起源》,中国政法大学出版社 1992 年版,第 138—140 页。

二、权利的保障

这个问题的答案直接决定了人的哪些能力应该被定义为受保护的"权利",因而它和权利的类型直接相关。权利的保障固然是一种制度,但这种制度并不是从来就有的,而是人类有意识创造的产物,其思想基础是一种新的世界观。事实上,虽然"权利"这个词早已存在,但以保护个人权利为首要目标的国家制度却是相当晚近的事件。传统的政治与法律制度虽然也涉及权利,但这类权利一般仅限于社会上层,如1215年的英国《大宪章》。现代国家则把权利作为一种属于所有人的普遍人权,而不论人的地位、财富、性别、种族等其他特征如何。这个思维的转变要归功于霍布斯所开创的近代自由主义。从柏拉图和亚里士多德开始,传统的理论一直把"公共利益"、社会秩序或其他集体概念作为国家的终极目标;自由主义把传统价值颠倒过来,第一次把个人的基本权利作为国家的基础。根据建立国家的基本契约,国家的最终目的在于保障每个人的基本权利。因此,国家不是天经地义的;它的存在是为了个人服务,而不是反过来。自由主义要求,个人权利被作为公共权力的起点和终点。

1. 权利保障的社会功能

权利之所以需要获得保障,是因为人的某些自由或能力对于人的社会生活而言是至关重要的。如上所述,这类能力在形式上可分为两类——自由权和平等权;某些具体权利主要体现为自由权,某些权利则还涉及平等——例如平等的选举权和选票分量。按照其作用或影响范围,权利又可分为以下两类。第一类权利是在个人层面上的自由,其主要目的是满足个人生活的需要;如果国家不被要求为个人需要提供积极的保障,那么它至少不应该损害个人满足基本需要的能力。第二类也是个人权利,但它的理由主要来自于对维持特定国家体制的必要性,而这种体制被认为对保障个人在所有层面上的自由都是重要的。对于后面这一类,某些权利对体制的作用是直接和显然的——例如参与选举等政治权利,一般只有公民才能行使;某些权利的作用则是间接的,并且属于任何人都可以行使的基本"人权",但最终证明对于维护民主政体同样重要——例如言论、新闻、结社与集会自由。

当然,这种分类方法在一定程度上是模糊的。根据方法论的个体主义,社会和国家必然是由众多个人组成的;在这个意义上,个人利益也就是社会和国家利益。因此,保护个人权利也就等于是在保护社会的集体权利;信仰自由是一种个人基本权利,但保护了每个人的信仰自由,也就等于保护了整个社会的自由,况且对信仰自由的尊重与保护本身就是特定社会制度与政治理念的反映。反过来,"体制层面"的权利——如言论自由——对个人和对社会同样是至关重要的。另一方面,个人活动必然具备社会影响。财产权和经济活动自由一般被认为是一种个人权利,但对它们的法律保护无疑将促进整个社会的繁荣和稳定,因而具有显然的社会价值。有些权利同时具有直接的个人和社会双重意义——受教育权既是个人自我实现的手段,又是造就公民社会的必要工具。尽管如此,我们认为程度上的区别仍然存在并且是重要的。某些权利——如人身自由——和个人直接相关,某些权利则虽然也以个人为始终,但对于维护自由与民主制度本身发挥更直接的作用,因而需要分别加以讨论。

2. 宪法权利保障的特殊意义

权利可以获得宪法的保障,也可以获得一般法律的保障。事实上,即使没有法律保障,也不能说权利和自由就不存在。法国《人权宣言》第 4 条规定:"自由在于能够做不损害他人的任何事;因此,每个人行使自然权利的仅有限制,乃是那些保证社会其他成员享受同样权利之限制。只有法律(loi)才能规定这些限制。"第 5 条规定:"任何未被法律禁止的事物皆不得受到阻碍,且任何人不得被迫使去做法律并未命令的事情。"因此,自由主义传统的主流观点认为,法律的主要作用在于规定公民义务、限制公民自由(当然是为了促进公共利益或保障其他权利,例如剥夺罪犯的自由是为了保护其他公民的人身安全),但限制与义务只是特别规定的例外,自由仍然是规则;没有法律规定,反而意味着公民有更多的自由——因为每个人都可以做不受法律禁止的任何事,只要不损害他人的同样权利。

既然如此,宪法为什么还要规定权利呢?这是因为个人的某些权利是如此基本,因而不应受到公共权力的侵犯,即使是以法律的方式;至少,要剥夺或限制人的自由,法律必须具备充分的理由。由于人民害怕其代表会制定过分严厉或压制的法律,因而才在宪法里特别规定某些个人自由应该受到特别保护。这也正是制定宪法的全部目的。某些宪法——主要是联邦制宪法——进而规定了"有限政府"原则,把政府通过法律行使权力的范围限于宪法所列举的事项之内。事实上,美国之所以在制宪时没有规定权利法案,很大的原因是制宪者认为宪法已经采纳了有限政府原则,因而无须再特别规定权利——既然宪法本来就没有授权政府干预言论自由,为什么还要特别声明言论自由不可侵犯?不论如何,美国制宪者不久还是通过了《权利法案》,特别强调政府不得不经由"法律的正当程序",就剥夺任何人的"生命、自由和财产"。

在民主国家里,法治的目的主要是保护多数人的利益。这和民主国家的立法程序是一致的:普通的法律是由代表多数选民的大多数代表通过的;如果一个议会有 100 名代表投票表决,那么只要有 51 名代表赞同法案,该法案就成为对所有人都有约束力的法律。但有时候,多数人所制定的法律可能会影响少数人的基本权利;譬如在美国,占据统治地位的白人可能会制定歧视少数民族的法律,如剥夺或限制其选举权。这时,多数人的行为就被称为"多数人的暴政"

(majoritarian tyranny)。这在民主社会中尤其危险,因为它所接受的唯一合法原则就是多数主义;但任何事物——不论如何神圣——都可能被滥用,民主被滥用时也同样产生暴政。

宪法不仅是一部普通的权利文件,而且是一部保护所有人权利——而不仅仅是多数人权利的基本文件,是每一个理性人都能同意接受的"社会契约"(Social Contract)。和强调多数人幸福的功利主义不同,社会契约论强调国家的基本体制必须能被每个理性人所接受——否则,理性的个人就不会同意形成社会契约来组建国家,或者说用契约论的标准来评判,侵犯个人的政府行为是不合法的。因此,功利主义注重社会效率,契约论则强调社会公正;普通的法律注重社会整体效果,宪法则把关注与保护的重心转移到每个个体的权利。

在美国宪政史上,防止"多数人的暴政"正是美国制宪者的主要立宪目的。当时,制宪者看到多数主义民主在美国已经形成了不可逆转的趋势——尽管这种民主仍然是极不完善的白人成年男子的民主,而这些人多数是家境贫困且受教育程度颇低的农民。部分是为了保护他们作为社会上层阶级的切身利益,他们制定了联邦宪法以防止各州议会通过法律的形式来剥夺他们的权利,尤其是财产权。在这个意义上,宪政是对民主的一种制约,是少数人抗衡"多数人暴政"的一种工具。不了解这一点,就不了解美国立宪的经济背景[①],也就不了解宪法区别于普通法律的作用。

宪法的制定与修正程序也反映了这一点:和普通立法不同,宪法的制定与修改经常需要比议会代表性(因而合法性)更高的实体。普通法律只需要经过多数人民代表的同意,宪法的制定与修改则需要经过超多数同意;换言之,少数人的反对就足以阻止宪法修正。在美国,国会无权修正联邦宪法,而只有在2/3两院议员同意时才能提议宪法的修正,且宪法修正案必须获得3/4多数州的通过才能生效。即使修宪主体就是议会本身——这在单一制国家里经常是这样,宪法的修正也要求超多数通过。例如在中国,必须由全体全国人大代表的2/3同意才能通过宪法修正案。对制宪与修宪主体以及程序的更高要求,体现了宪法比普通法律更高的权威与合法性。它同时表明,宪法不仅代表多数人的利益,而且保护少数人的利益,因为如果美国超过1/4的州或中国的全国人大全体代表中超过1/3的代表不赞同,多数势力就无法通过修改宪法的形式来剥夺少数的权利。同时,宪法关于基本权利的规定通常是一些弹性很大的条款,其文字具有抽象、原则的特点,因而在外在形式或内在精神上都接近于普遍的自然法。基本权利条款在形式上的这种特点使得宪政审查机关能够灵活解释基本权利条款,

---

[①] 参见〔美〕比尔德:《美国宪法的经济观》,何希齐译,商务印书馆1989年版,第24—38、44—52页。

以保护包括少数人在内的全体社会成员的权利。

因此,和普通法律对权利的保护不同,宪法规定权利的目的正是为了保障人的自然或基本权利不受法律的侵犯。行政对权利的侵犯可以通过法律来消除与纠正,立法对权利的侵犯则只有通过宪法的消除和纠正。一般的法律强调社会秩序和多数人的利益,宪法则还要保障少数人甚至个别人的权利。这并不是说宪法不保护多数人的利益,而是由于宪法必须保护每一个理性人的权利,因而不仅需要考虑到多数,而且还要保护少数人的基本利益不受社会强势力量的侵犯。

最后,宪法本身可能侵犯基本权利吗?一般而言,宪法或其解释可能对权利的保障不充分,但不太可能主动侵犯权利。或者说,这构成了宪法应该是一部纯粹的授权法的另一条理由。

三、权利的分类

人的权利是多方面的,并且本编以下各章将尽量展示权利的多姿多彩。从法律功能主义出发,人的权利取决于人的基本需要。人不仅参与政治,而且还参与广泛的社会、家庭、经济与文化活动。人需要维持体面的生存,具有稳定的住所,去想去的地方,做想做的工作并获得维持生计的收入,在业余时间参加吸引她的俱乐部,或周末去听听某个牧师的传教来满足自己的灵魂,和亲朋好友无所顾忌地谈笑,不排除阔论国家大事,或者加入大街上对日本首相参拜靖国神社而举行的示威游行等。这些是一个普通人生活的基本方面,是作为一个人的基本需要,因而不但不应该受到国家的任意干预或压制,而且应该受到宪法和法律的有效保护——因为满足这些需要,正是设置国家的目的所在。结果,宪法对于权利的内容也最为丰富;事实上,它们是如此丰富,以至于本书在这部分只能展现一个缩影。

根据权利的社会作用,我们可以对它加以分类并为不同类型的权利提供了存在理由。取决于其作用和影响范围,本书把实体权利分为两大类:个人(personal)层面的权利和体制(institutional)层面的权利。个人层面的权利分为以积极权利为主的社会权利(主要指劳动权、社会福利,以及和财政资助相关的受教育权),以及以消极权利为主的"个人权利",而后者又包括生命权、财产权、人身权利(人身自由、住宅权、隐私权、名誉权、迁徙自由、信息自决权、刑事正当程序)、文化权利(宗教信仰自由)。体制层面的权利包括两类:直接的政治权利(参政、选举、政党自由),以及和维持政治体制有关的更广泛的"政治性权利"(包括言论、出版、集会、结社等在内的"表达自由"),在此统称为"政治权利"。(见图4.1)

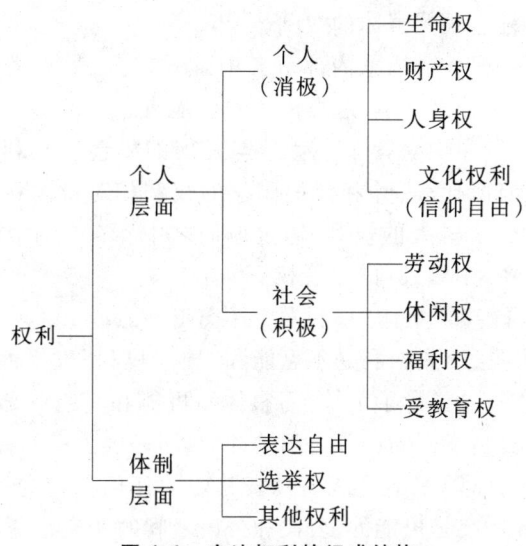

图 4.1　宪法权利的组成结构

四、权利的归属

根据方法论的个体主义，我们主张享有权利的主体最终是个体，而不是集体；所有的集体概念——国家、民族、人民、社群或组织——最终都必须落实到个体头上。我们说"中国"、"中国人民"或"中华民族"，无非是指这些概念所涵盖的每一个中国人；失去了活生生的个体，空洞的集体或整体是不存在的——就和不存在没有树木的"森林"一样。事实上，"权利"这个概念一开始就是为了保障个体不受集体侵犯而发展起来的；失去了个体主义的背景，抽象地谈论"权利"就失去了意义，甚至可能受到滥用，成为国家在高谈"权利"的幌子下侵犯个人权利的借口。

1. "人民"是谁

"人民的权利"，如上所述，这个名词所指的只可能是构成"人民"的每一个人的权利。抽象的"人民"是不存在的。"人民"并不是一个密不可分的整体，它由许多个体组成，而每个个体都有自己的爱好、需要和权利，且这些权利并不一定是一致的，而是经常发生冲突——这是现代社会的简单现实。你的言论自由和别人的名誉权、雇主开除雇员的决定自由和雇员的罢工自由、工业发展的自由和居民对生存环境的权利等——所有这些"人民"或"公民"的权利都存在着至少是潜在的冲突与对抗，而调整这些相互冲突的权利正是现代国家的任务。"国家"不是别的什么神秘的东西，就是选举产生的官员所组成的权力机构；空泛地宣称"人民的权利"除了作为一种宣传的便利之外，不会带来任何好处，但它确实可能麻痹人的警惕心，使人轻易忽视权利和权利之间的冲突，并在"人民"的幌子下牺牲社会某些群体的权利。

因此,尤其在处理一个国家内部事务中,诸如"人民"之类的集体概念显得过分宽泛。只有在对外事务中,这类概念才可能有用。例如"中国"的发展权是指中国在国际经济秩序中获得公平竞争与发展的机会之权利,这类"第三代权利"可以为中国政府所代表,并和其他国家的权利相对抗。在这里,"中国的发展权"代表了每一个中国人的权利,假定他们之中不存在任何冲突。但即使在这里,似乎也以称呼"中国人"的发展权更为适宜。

2. 个体权利可能和"集体"权利发生冲突吗

从以上讨论可见,个人权利是不可能和"国家权利"发生冲突的。这是因为国家作为一个整体概念包含了个体,而整体不可能和其组成部分发生冲突。我们所说的冲突,其实是指不同部分之间的冲突,即一群公民的权利和另一群公民的权利之间的冲突,而国家不可能仅代表其中的任何一部分并以其名义发言。国家和国家之间的冲突是可能的,公民和公民之间的冲突也是可能,但一个国家不可能和其本国公民的权利发生冲突。即使是一个公民和其他所有公民之间的利益冲突,把它说成是这个公民和"国家"之间的冲突也是不准确的。因此,当我们谈论权利的冲突与平衡时,必须首先确定适合的主体;国家与个人之间的权利是不可能"平衡"的,因为整体的利益总是大于其组成部分的利益。

3. "人"的权利还是"公民"的权利

如果权利是属于个体的,什么范围的个体享有宪法所保障的权利?从表面上看,由于宪法带有明显的国家性,因而宪法权利似应限于组成国家的"公民"。政治权利——组党、参与选举和成为政府雇员的权利——确实如此;可以合理认为,只有"公民"才有权利参与国家的政治和管理事务。因此,政治权利往往是和"公民权"联系在一起的。但其他权利和政治并没有直接关系,而是应该被认为是作为人的一般权利,因而上述见解显得过于狭隘。当然,只有生活在特定国家管辖范围之内的人才可能享有这个国家的权利;不生活在中国或美国,自然也就无法享有中国宪法或美国宪法所保障的权利。但生活在中国的美国人或生活在美国的中国人都同样有义务遵守所在国的法律,并通过纳税、服务和交流等多种途径为当地社会作出贡献,理应获得所在国法律——包括宪法——的保护,而不论是否是所在国的公民。无论宪法文字如何规定,现代国家的通例是非政治性的宪法权利——包括言论、新闻、集会、结社等具有政治含义的权利——同样为生活在特定国家的所有人所享有;是否属于特定国家的公民,并不能成为享有这些基本"人权"的先决条件。事实上,在某些国家,某些政治权利——例如地方政府的选举权——也可以为生活在当地的外国人所行使。如下所述的某些"积极权利"可能例外,因为某些社会福利通常被认为只有公民才能享受。

在这个意义上,权利是一个率先"国际化"(internationalization)或"全球化"(globalization)的概念。早在1789年,法国就制定了《人和公民权利的宣言》,明确区别了作为"公民"的权利和作为一般"人"的普遍权利。在17条权利中,只有两条被限于"公民":第6条规定所有"公民"都有权参与法律之形成,"所有公民在法律面前平等",并根据能力获得公共职位,但"法律必须对所有人一样";第14条规定,"公民有权通过其代表来决定公共捐献的必要性"。因此,所有公民权都仅限于政治权利,其他权利则是对所有人一律平等的。根据《美国宪法》第十四修正案,法律的"正当程序"和"平等保护"也适用于所有人,而不仅限于公民。

相比而言,中国宪法中所定义的权利几乎是清一色的"公民权利"。不过,事实上,许多中国法律都明确表示,除非法律特别规定,普通法律一般平等适用于境内的外国人或无国籍人(如《民法通则》第8条,《行政诉讼法》第70和71条,《国家赔偿法》第33条)。然而,在宪法观念上,从"公民权"到普遍"人权"的转变仍有待完成。鉴于此,本书并不刻意区分"人权"和"公民权";除非特别说明,所谓的"公民权利"一般适用于所有人。

五、宪法不该规定公民义务

虽然宪法作为国家根本大法这个概念在西方早已产生,但现代意义上的宪法却直接起源于霍布斯、洛克、卢梭等人开创的社会契约论,因而契约论成为现代宪政的出发点。这个出发点就是,人们之所以彼此之间自愿产生一部社会契约,建立一个主权国家,并将每个人手中的利剑(也就是在没有法律限制的条件下自由使用暴力的手段)交付给它,乃是为了更好地保障每个人的基本权利和自由,摆脱贫困和野蛮的自然状态,使每个人都能在和平、安全、健康和法治的文明环境下自由实现自己的目的。① 既然社会契约的最终意义在于保障每个人的基本权利,在向国家让渡部分自由的过程中,任何理性的人都不会放弃生命、自由和财产等基本权利。这些基本权利的成文化即构成了宪法的权利条款。作为反映契约精神的根本性法律文件,宪法的目的即在于保护个人基本权利不受国家的侵害。这是宪法的本质所在,是所有国家的宪法——不论其特定的政治或经济制度如何——所共同分享的特征。正是为了有效实现这个目的,宪法才规定了国家权力结构的理性设计,主要包括中央和地方政府的权力关系以及政府内部的立法、行政和司法分权结构;否则,我们就将陷入相对主义甚至虚无主义的陷阱,无从比较与评判政府制度设计的得失。经典理论认为,中央和地方以及

---

① Thomas Hobbes, *Leviathan*, London penguin, [1651]1968, p.186.

中央政府内部的权力制衡将有助于防止国家对个人权利的侵犯,因而作为权利保障的必需手段具有几乎永恒的存在价值。①

从这个角度去理解,一部标准的宪法应该包括且只包括对个人基本权利和国家权力结构的规定。这早已成为宪政发达国家的宪法通例。其他性质的条款不仅是多余的,而且将阻碍宪法的实施,甚至可能会混淆宪法的基本性质。这便是为什么我们从这些国家的宪法文本中看不到公民义务,看不到纯粹的政治宣言,也看不到太多的积极权利。事实上,美国联邦制宪者一开始甚至放弃了《权利法案》,因为当时的争论焦点不是个人拥有什么基本权利,而是如何最有效地保障这些普遍承认的权利,且既然联邦政府是一个有限权力的政府,联邦宪法的功能是在有限范围内授予联邦政府以一定权力,凡是宪法没有授予的权力即被认为是联邦政府无权行使的;《权利法案》却可能导致以下误解:宪法只是禁止政府侵犯宪法条款所规定的基本权利,凡是宪法没有明确禁止的即应被认为是政府可以合宪行使的。这样就颠覆了联邦政府权力有限的基本性质,而一旦形成这种误解,联邦政府的权力范围势必将无限扩大,权利保障反而成为空谈。最后,《权利法案》是通过修正案的形式才得以加入联邦宪法②,可见西方国家对于宪法究竟应该规定什么是相当"吝啬"的。

宪法应该是一部具备实际效力的法,在这一点上它和普通法律是共同的,但它又不是普通的法。这不仅因为宪法作为"更高的法"(Higher Law)在等级上高于普通的法,而且更重要的是,宪法和普通法律的实现目的之方式正好相反:普通的法律主要是规定公民义务,宪法的基本目的则是规定个人权利。当然,例外总是有的:有些国家的宪法也规定了少量的公民义务③,尽管这些义务是不可实施的,而有些法律也规定了公民的权利,尤其在福利时代公民可以向国家索求的积极权利(positive right)。但例外归例外,规则仍然是:绝大多数法律通过对个人规定义务并对违规行为实施惩罚来调整个人的行为动机结构,以防止那些危害社会公共利益的个人行为;宪法的基本任务则是保证法律充分尊重个人的基本自由,避免它们以不必要的方式对个人权利产生过分负担。

---

① 众所周知,在这两个方面的开山之作分别是:《论法的精神》(三权分立)和《联邦党人文集》第 10 篇(联邦主义和政治多元主义理论)。

② 无独有偶,法国第五共和国宪法也没有独立的权利条款,但前言中提到了 1789 年《人权宣言》和 1946 年第四共和国宪法前言,后者规定了颇多积极权利。在 1971 年的《结社法决定》之后,宪政院将两部宪法性文件所规定的权利付诸实施,但以经典自由主义为主导的《人权宣言》在地位上高于第四共和国宪法前言。

③ 例如日本 1946 年宪法第 3 章虽然规定了"国民的权利及义务",但其中涉及公民义务的条款很少,主要是"劳动"(第 27 条)和"纳税"(第 30 条)的义务。另外,第 12 条不但禁止国民滥用自由与权利,还要求国民"应经常负起增进公共福利之责任"。法国第四共和国宪法前言(1946 年)宣告"每个人都有责任工作"。显然,这些条款都只有通过具体的立法才可能获得实施。

由此可见，宪法不应该规定公民义务，因为这是普通法律的任务。在普通法律秩序下，民法调整私人和私人（包括法人和社会组织）之间的权利和义务关系，刑法通过国家强行禁止那些对其他公民造成严重危害的私人行为，行政法则调整公民和政府之间的权利和义务关系。[①] 对于所有这些法律，立法者都可以根据社会需要对个人施加法律义务以及必要的制裁。但基于契约论的根本出发点，宪法的目的是防止这些法律过分侵犯任何理性公民都不可能同意放弃的基本权利，因而没有为义务条款留下任何余地。在这个意义上，任何人不可能以私人身份"违宪"，因而也就没有遵守宪法的义务——不是说个人在道德上可以不遵守，而是说宪法所规定的法律义务只是针对政府机构，尤其是立法机构，而非针对私人，因而不可能在法律意义上追究私人的宪法义务。总的来说，宪法首先是一部保障公民权利的"法"——这是宪法和普通法律之间最大的区别。

然而，这并不是说宪法权利与自由是无限的；否则，不同公民的权利必然会发生冲突。例如一个人的言论自由可能和他人的名誉权发生冲突，因此人并没有绝对的言论自由，而是必须和他人的权利相平衡。或者我们也可以说，一个人在行使其权利的同时，也有尊重他人权利的义务。固然，界定不同公民之间的权利与义务主要是私法的任务，但某些权利（如言论自由或人格尊严）是如此重要，以至宪法必须直接决定私人权利之间的平衡。在这个意义上，宪法可以规定公民权利的限制。

尽管如此，对宪法权利的限制仍然不宜以义务性规定的方式出现，因为限制宪法权利的最终目的还是为了保障所有人的权利。由于社会生活的基本事实就是人与人之间的权利经常会发生冲突，对权利的限制是为了所有人的权利可以和谐共存。但如果因此而规定公民义务将容易产生误导，并把宪法降低到和私法同样的地位。界定权利是为了实现一种平衡，但严格地说，这其实并不是某个人的权利与义务之平衡，而是不同人的权利与权利之间的平衡。因此，为了彰显宪法的首要目的，宪法应仍然仅限于规定权利，并在不同的宪法权利发生冲突时界定权利的范围。

第二节 权利的基本性质

首先，和一般法律权利一样，宪法权利也是有限的，任何人在享受宪法权利的时候不得损害其他人的权利和自由。然而，根据这个标准，不同的宪法权利具有不同的保护限度。某些权利——尤其如言论自由和宗教信仰自由——在一般

---

① 这里所指的普通法律不包括行政程序（诉讼）和刑事程序（诉讼）法。这些法律带有明显的公法性质，且和宪法之间具有密切关系，因为它们经常直接涉及宪法权利。

情况下不会直接影响其他人的利益,而无论对个人还是对社会又特别重要,因而几乎受到无条件的保护。其次,和普通法律权利不同的是,宪法权利一般仅保证个人权利不受政府侵犯,而并不直接保证其不受其他私人的侵犯,但"第三人效应"构成了有限的例外。

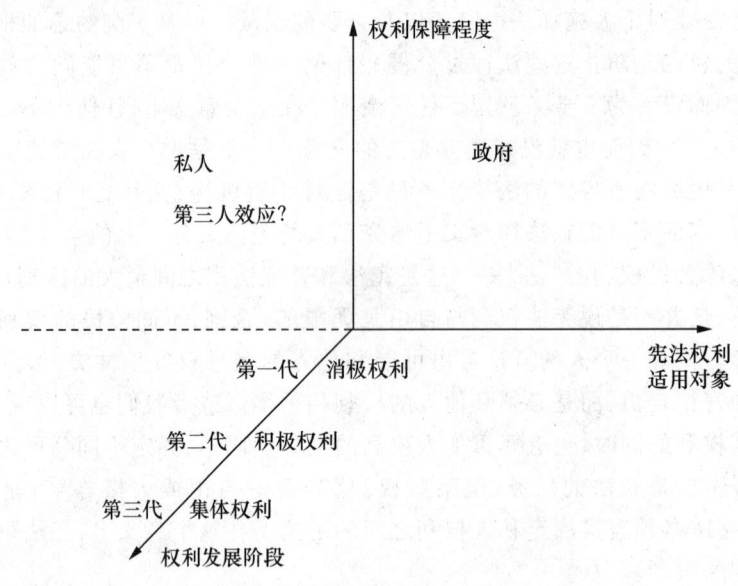

图 4.2　宪法权利保障的广度和深度
说明:宪法权利的适用一般限于坐标的第一象限(右上)

一、权利的属性

作为不受侵犯与阻碍的自由活动之能力,权利有两种属性:积极的与消极的。所谓"消极权利"(negative),有时也被译为"负面"或"被动"权利,是指个人不受国家或其他组织侵犯的自由。例如美国宪法第一修正案禁止国会制订法律来剥夺公民的言论自由,就是一项消极权利。传统的观点认为,人原本有能力自由行为,例如发表言论、从事宗教活动、加入政党组织、选择并从事某项职业、签订合同等;但从事这些活动的自由可能受到政府的限制或剥夺,因而必须在适当程度上受到宪法的保护。消极权利就像一张盾,政府或法律所代表的公共权力(power)就像一杆矛,权利之盾保护个人不受政府之矛的进攻与伤害。

所谓"积极"(positive)权利,有时也被译为"正面"或"主动"权利,是指个人有向国家或他人索取财富、安全或其他利益的正面能力。例如中国《宪法》第45条规定"公民在年老、疾病或者丧失劳动能力的情况下,有从国家和社会获得物质帮助的权利",就是一项积极权利。在现代福利社会看来,人并不是在所有情况下都能自由行动。这里的自由必须受到广义理解:它不仅是指人的身体或思想活动不受外力的阻碍，而是一种从事有意义、有价值、有目标的活动之能力；这类活动要求具备一定的外部条件，而国家的义务是为个人提供必要的条件以实现这种"自由"。例如人有创作的自由，但要有意义地创作，创作者必须受到适当的教育；任何人从事任何活动，都必须首先能够正常地生存，而这意味着她必须获得适当的食品、住宅、卫生、安全等生存条件；否则，这些条件不具备，也可以认为她被"剥夺"了从事活动的能力或自由。因此，如果宪法保障积极权利，公民就可以向国家索取食品、住宅、教育等利益。这时，积极权利好像是主动进攻的矛，其所针对的不是国家的侵犯行为，而是其不作为。

最后应该指出，积极权利表面上为公民提供了更多的权利，实际上也为政府干预社会和经济提供了巨大权力。例如美国20世纪30年代的新政（New Seal）创立了庞大的行政机构，使美国从传统的自由主义国家过渡到现代干预主义国家。中国也是这样。要真正履行宪法所规定的正面义务，国家必须进一步扩大其行政管理能力，成立许多新的行政机构。同时，积极权利的实施经常较难判定，因而容易使规定流于口号与形式。事实上，世界上规定积极权利的宪法几乎也都规定了公民义务。例如法国第四共和国宪法前言第3条规定："每个人都有责任工作，并有权获得职业。"中国《宪法》也在多处规定了公民义务，尤其是第33条规定："任何公民享有宪法和法律规定的权利，同时必须履行宪法和法律规定的义务。"

二、"新生代"权利

传统宪法一律以消极权利为主，这种状况直到现当代才有所改变。美国宪法几乎没有规定任何积极权利，法国的《人权宣言》也是如此。这是因为传统观点认为公民在政府面前是弱者，需要防止其活动自由受到侵犯的保障。但在1929年的大萧条之后，经济领域内的消极权利——主要是雇主不受限制的契约自由——开始受到置疑，并在20世纪30年代后期消失。第二次世界大战结束后，西方社会进入了后工业化的福利时代，于是"第二代权利"——主要以经济福利为主的积极权利——开始兴起。[①] 1946年法国第四共和国宪法是较早保护积极权利的宪法。其前言第8条规定："国家为个人和家庭保证对其发展所必要的条件。"第9条规定："国家对所有人——尤其是儿童、母亲和老年工人——保证健康保护、物质安全、休息和闲暇。如果因为年龄、身体或精神状态、经济状况而不能工作，那么任何这类人都有权从社团获得体面生存之手段。"第11条规定："国家对儿童和成人保障获得教育、职业训练和文化活动的平等机会。国家有责任在所有层面上建立免费和世俗的公共教育。"这些是积极权利的典

---

① 对于权利的分类和演化，参见陈新民：《宪法学释论》，台湾三民书局2005年版，第127—129页。

型。美国虽然不存在实体意义上的积极权利,但最高法院在 1970 年以后把社会福利作为和财产同样对待,因而不得违反"法律的正当程序"剥夺这些社会福利。

美国宪法第十四修正案规定,"财产"权利受到"法律正当程序"的保护。但在 20 世纪 70 年代以前,正当程序的"财产"概念的范围相当狭隘,它主要只包括财产法通常定义的不动产、动产和金钱或证券。社会福利、政府职位和经营许可都被认为是政府授予的优惠(privilege),而非个人享有的财产权利。因而在任何时候,政府无须经过对财产保障的法律程序,即可没收或取消这些优惠。在 70 年代发生的程序性革命,改变了所有这一切。最高法院基于福利社会的"新财产"概念,极大扩充了正当程序的适用范围。[①] 正如法院在 1972 年的"大学合同案"[②]中指出,"程序性正当程序条款所保护的财产利益,远超过土地、动产或钱财的实际拥有权。""新财产"包括社会福利和公共职业等政府馈赠;一旦从"优惠"变为类似财产的"权利",对它们的剥夺就受到"正当程序"的限制。这些限制主要表现在福利享有者的听证权利,使他们能在政府机关面前陈诉状况,在政府正式决定前为自己继续获得社会福利而辩护。

1970 年的"福利听证案"正式触发了社会福利领域的"正当程序革命"[③]。纽约州的"社会服务局"事先不经听证,即终止对"从属子女的家庭资助"(AFDC)。法律确实规定了事后听证和司法审查,并一旦发现终止决定有误,即补发资助。然而,最高法院认为事后听证和审查是不够的。布伦南大法官(J. Brennan)的意见指出,宪法前言要求政府"促进普遍福利",因而对公民至关重要的社会福利,不能再被视为随时都可取消的馈赠,而是类似于财产的个人权利。政府在剥夺这项权利之前,必须经过某种公正程序。鉴于事前听证给政府机关带来的潜在负担,政府并不需要采取全部司法审查程序。在"平衡"个人福利和政府利益之后,法院要求政府机关采取全部行政程序:及时通知、口头陈述与辩论、相互盘问和反驳不利证据的机会、获得辩护律师和公正决策者以及陈明理由的书面决定。然而,至今为止,除了上述程序性保障以外,美国联邦法院尚未把社会福利视为基本权益。公民选举权受到宪法第一章以及第十四和第十五修正案的明文保障;与此相反,社会福利在美国宪法却难以找到文字基础。除了前言中的"促进普遍福利"外,宪法并未提及任何具体的福利权利。但即使在崇尚自由主义的美国,随着"福利国家"(welfare state)在 20 世纪 60 年代末的兴起,社会福利也越来越倾向于成为一种个人"权利"。

---

① Charles Reich, The New Property, 73 *Yale Law Journal* 733—787 (1973).
② *Boards of Regents v. Roth*, 408 U.S. 564.
③ *Goldberg v. Kelly*, 397 U.S. 254.

中国 1982 年《宪法》也规定了积极权利。例如第 42 条规定："……公民有劳动的权利和义务。国家通过各种途径,创造劳动就业条件,加强劳动保护,改善劳动条件,并在发展生产的基础上,提高劳动报酬和福利待遇……国家对就业前的公民进行必要的劳动就业训练。"第 43 条规定："……劳动者有休息的权利。国家发展劳动者休息和休养的设施,规定职工的工作时间和休假制度。"第 44 条规定："国家依照法律规定实行企业事业组织的职工和国家机关工作人员的退休制度。退休人员的生活受到国家和社会的保障。"第 45 条规定："……公民在年老、疾病或者丧失劳动能力的情况下,有从国家和社会获得物质帮助的权利。国家发展为公民享受这些权利所需要的社会保险、社会救济和医疗卫生事业。国家和社会保障残废军人的生活,抚恤烈士家属,优待军人家属。国家和社会帮助安排盲、聋、哑和其他有残疾的公民的劳动、生活和教育。"第 46 条规定："……公民有受教育的权利和义务。国家培养青年、少年、儿童在品德、智力、体质等方面全面发展。"第 47 条规定："……国家对于从事教育、科学、技术、文学、艺术和其他文化事业的公民的有益于人民的创造性工作,给以鼓励和帮助。"

三、权利的对象

权利创造义务——这并不是说一个人的权利和义务必须平衡,在享受权利的同时也必须履行义务;笔者认为这种要求是合理的,但在逻辑上并不是必需的,因而宪法或法律没有必要这么做,且实际上几乎不可能确定权利和义务是否实现了严格的对等。这个问题将在权利的保障范围进一步讨论。这句话的意思是说,如果有人享受权利,那么就必然有其他人承担义务;如果公民有"言论自由",那么这就必然表明公民的这项自由至少不能受到某些人的侵犯,这些人有义务避免侵犯公民的自由。这些人就是公民的权利所针对的"对象";权利的对象就是承担相应义务的主体。我们的问题是,这些人是谁?如果宪法规定公民的言论自由不可侵犯,它究竟是指政府或某一类政府不可侵犯公民的自由,还是指其他以私人身份的公民也不可侵犯?

1. 宪法权利的绝对性和相对性

所谓"绝对"(absolute)的权利对象,是指权利对所有人施加义务。因此,绝对的权利针对所有人,不仅禁止政府侵犯,而且也禁止任何公民私人或社会组织的侵犯。所谓"相对"(relative 或 qualified)的权利对象,是指权利仅对某些人施加义务,因而仅禁止这些特定对象的侵犯;"相对"权利是指权利仅针对某些对象存在,而不是像"绝对"权利那样针对所有可能的对象而存在。注意这里所定义的"绝对权利"或"相对权利"和某些其他作者的定义[①]不同,这些词汇有时被

[①] 参见许崇德主编:《宪法》,中国人民大学出版社 1999 年版,第 147—150 页。

用来表示权利的有限性或无限性。

一般的,法律既可以规定绝对权利,也可以规定相对权利。但不论如何规定,读者应该澄清权利所适用的对象范围。法律学者区别于普通人的特点是具体、严谨和认真;他必须能像德沃金所说的那样"认真对待权利"①。因为这也正是法律的特点。在法治社会,法律调整着人们的权利和义务关系,并将产生实际后果,从而迫使人们认真对待法律以及相应的权利。如果某位当事人误认为言论自由是绝对或无限的而滥用自己的权利,则有可能被控告损害了他人名誉,从而承担其相应的法律责任。人的社会生活是具体的,这也就决定了法律必然是具体与谨慎的。基于事实可能性的考虑,法律一般并不创造无限或绝对的权利——如果火车站有乞丐问你要钱,你的同情心可能要求你慷慨解囊,但法律不会强迫你这么做。换言之,宪法或法律或许会授权那位要钱的乞丐从中央或其居住地的政府那里获得援助,但他们的权利并不能扩展到像你这样素不相识的人。义务的承担者必须是确定而可行的;否则,"权利"就成了无法兑现的"无底洞",就成了空洞的说教与口号;而宪法和法律的承诺是必须要兑现的。因此,法律权利的适用范围是不可以不清楚的。

由于宪法的公法特性,宪法一般仅规定相对权利,即宪法权利通常仅针对政府,而并不针对私人或非政府组织(当然,政党可能作为一个例外)。不但如此,在联邦制国家,宪法权利可能仅针对中央政府而非地方政府,反之亦然。例如美国联邦宪法第一修正案规定:"国会不得制定法律,去涉及任何宗教组织或禁止其自由活动,或剥夺言论或新闻自由,或剥夺人民和平集会与请愿政府给予申冤之权利。"这表明第一修正案的初衷仅针对国会,而并不针对各州政府。根据最高法院在 1925 年的"左翼党派第一案"中的判决,宪法第十四修正案的"正当程序"条款已经"吸收"了第一修正案中的言论自由,使之适用于各州政府。②然而,这项条款仅赋予公民的言论不受联邦或各州政府剥夺的权利,而并不禁止私人对这项权利的"合法侵犯"。最通常的情形是言论自由和财产权利之间发生的以下冲突:作为原告,校园或商场的私人拥有者禁止在其地产上从事任何政治活动,被告却坚持进入私人财产领域并利用其散播言论;原告诉诸州法院,要求判决被告因民事侵占(trespass)而损害了其财产权,被告则宣称享有言论自由的宪法保护。如果州法院判决原告胜诉,那么问题就成为司法判决是否侵犯了联邦或各州宪法对言论自由的保障,且州法院的有关判决可被上诉至联邦法院。在1972 年的"商场散发传单案",③最高法院明确判决私人拥有的商场可根据其规

---

① 参见 Ronald Dworkin, *Taking Rights Seriously*, Harvard University Press, 1978.
② *Gitlow v. New York*, 268 U.S. 652.
③ *Lloyd Corp. v. Tanner*, 407 U.S. 551.

定,禁止在商场内传递和商场贸易无关的反战传单。因此,商场对其地产上的言论之限制并不构成"政府行为",联邦宪法并不保护被告在商场的地产上发表言论的自由。

但某些宪法或宪法性文件也规定"绝对权利"。例如法国《人权宣言》第10条规定:"只要其表达并未扰乱法律所建立的公共秩序,任何人不得因其见解——即使是有关宗教见解——而受到恐吓。"这里的被动时态仅说明了权利的主体——"任何人",但并没有具体指明谁不得对见解的表达进行"恐吓"。第11条规定:"思想和见解的自由交流,乃是最为宝贵的人权之一;因此,除了根据法律决定的情形而必须为这项自由的滥用负责,每个公民皆可自由言论、写作并发表。"同样,这里也没有说明谁不能干涉公民"自由言论、写作并发表"。然而,法国的《人权宣言》虽然措辞广泛,但在很长时期内一直缺乏直接效力,而在第五共和国获得切实效力之后,它也仅被适用于针对政府行为而非私人行为。此外,在美国,尽管有少数州把原先仅针对政府的宪法权利扩展到针对私人,但这仅限于特殊类型的私人。在决定是否扩展宪法权利适用范围的过程中,法院必须考虑原告的宪法权利是否"基本"或重要、其受侵犯的严重程度以及被告的影响范围。只有被告行使的是"非个人权力"(impersonal power),即"某些个人因财富、地位或其他因素而享有的权力,在影响许多人的有关公共或企业事务上行使控制"[1]。在决定过程中,法院还必须考虑宪法"长期持久和难以改变"的特点,避免把一般的立法利益宪法化,从而保证变动社会中的私人关系可以被立法机构灵活调控。

中国《宪法》几乎所有的权利条款在文字上都是"绝对"的。例如第35条规定:"……公民有言论、出版、集会、结社、游行、示威的自由",而并没有具体规定这类自由不能受到谁的侵犯。第36条规定:"……公民有宗教信仰自由。任何国家机关、社会团体和个人不得强制公民信仰宗教或者不信仰宗教,不得歧视信仰宗教的公民和不信仰宗教的公民……"这一条明确规定信仰自由不得受到社会团体和个人的侵犯,因而似乎无疑是一项绝对权利。此外,"……公民的人身自由不受侵犯。"(第37条第1款)"……公民的人格尊严不受侵犯。禁止用任何方法对公民进行侮辱、诽谤和诬告陷害。"(第38条)"……公民的住宅不受侵犯。禁止非法搜查或者非法侵入公民的住宅。"(第39条)"……公民的通信自由和通信秘密受法律的保护……任何组织或者个人不得以任何理由侵犯公民的通信自由和通信秘密。"(第40条)"……公民有受教育的权利和义务。"(第46条第1款)根据文字解释,这些条款不但保障公民的权利,而且也对公民施加了

---

[1] 参见 Delvin, Constructing Alternative to "State Action" as a Limit on State Constitutional Rights Guarantees: Survey, Critique and Proposal, 21 *Rutgers Law Journal* 819, 883—892.

不得侵犯权利的义务。但宪法作为"公法"的主要任务是防止公民权利受到国家的侵犯,因而其主旨是为公民授予权利而非施加义务。因此,中国宪法的"绝对权利"不应解释为可被用来直接对公民施加义务,而只是在界定公民权利的过程中发挥作用。在操作上,权利应是"相对"的——仅限于针对国家机构的侵犯。

以"中国宪法司法化第一案"为例①,尽管这个案例标志着中国宪法"司法化"的起步,因而具有重要的实际意义,但它不适当地扩大了宪法效力的范围。根据宪政国家的一般原则,宪法是一部赋予公民权利而非义务的法,宪法义务的承受主体只能是国家与政府机构,而非普通公民。因此,如果案例的判决完全是基于宪法条款,那么就不可能产生纯粹的"民事责任"。把宪法适用于私人被告,则是不适当地扩大了宪法的适用范围。假如最高法院的批复把宪法条款的适用对象仅限于本案所涉及的政府被告——济宁市商校、滕州第八中学和滕州市教委,而对私人被告适用《教育法》第 81 条所规定的民事责任,并用宪法保护受教育权(第 46 条)和平等权(第 33 条)来解释有关的立法条款,那么"宪法司法化第一案"就更完善了。②

2. 权利的"第三者"——宪法权利的"间接适用"

如上所述,宪法是"公法",宪法义务主要是针对国家机构或官员,而非私人身份的公民。然而,宪法又是"无处不在"的,因而必然会渗透或"辐射"到私法领域,影响私法的意义与解释。看问题的一个角度是,尽管私法作为法律调控着纯粹的私人之间(或私人与政府作为平等的合同方之间)的关系,私法诉讼以及对相关条款的解释最后还必须由国家机构——法院——决定。法院的解释是否让私法带上"政府行为"的性质,从而使之受制于宪法审查呢?譬如有人控告你的言论侵犯了他的名誉权,而你和他都只是普通公民,那么这是典型的民法或诽谤法所调控的诉讼。假定法院对有关法律进行解释,并决定你确实侵犯了他的名誉权,你是否可向宪法审查机构申诉法院的解释侵犯了你受宪法保护的言论自由?如果答案是肯定的,那么这项诉讼就把宪法带到民法或诽谤法——即"私法"——领域中,并要求法院对私法的解释不得侵犯宪法对公民自由的保护。这时,宪法就被认为具有"第三人效应"——在保护你的言论自由时,宪法对他("第三人")名誉权受诽谤法的保护程度产生了间接影响。

西方对这个问题的答案并不一致。美国联邦法院否认宪法能被适用于私法领域,但各州法院对此问题采取了不同的处理方式。在少数州,下级法院对诽谤法的解释有可能对言论自由构成不适当的限制;在其他州,尽管平衡的结论可能

---

① 见"冒名上学事件引发宪法司法化第一案",载《南方周末》2001 年 8 月 16 日,详见本书第三章第一节、第二节相关内容。

② 张千帆:《论宪法效力的界定及其对私法的影响》,载《比较法研究》2004 年第 2 期。

相反,但下级法院对言论自由和私人名誉的平衡似乎仍可以受到审查。[①]在联邦德国,《基本法》包含了许多普遍权利,而未注明其所针对的具体对象——例如第 1 条规定:"人格尊严不可侵犯",这是否表明它也不可受到私人的侵犯？根据宪政法院的解释,这些权利一般不能被直接用来防御私人的侵犯。然而,通过保护"人格尊严",《基本法》保障人的言论自由和名誉权,而两者都不得受到包括司法机构在内的国家权力之侵犯。因此,在处理诽谤诉讼中,法院必须适当平衡言论和尊严的宪法价值。在 1971 年的"梅菲斯特案"[②],宪政法院处理了宪法第五条所保障的艺术自由和人格尊严之间的关系。

在 20 世纪 30 年代流亡时期,著名德国作家克劳斯·曼(Klaus Mann)发表了讽刺小说《梅菲斯特》(Mephisto)。这部小说基于作者妹夫古斯塔夫·格林德根斯(Gustaf Gründgens)的经历,叙述了一个演员抛弃自由理想、投靠纳粹而成名的故事。曼自己承认,格林德根斯代表了"典型的叛徒、腐化与玩世不恭的可怕象征……;他靠出卖自己的才能来换取庸俗的名誉和短暂的财富"。"我把古斯塔夫……作为焦点,让那些可怜而可污的拍马小人在其周围回旋。"1964 年,德国出版商准备重新发行《梅菲斯特》一书。虽然格林德根斯本人早已去世,但其养子在汉堡上诉法院要求禁止该书的发行,并获得胜诉。出版商上诉后,联邦最高法院认为该书所含的杜撰生平故事损害了已故演员的形象,因而维持了上诉法院的禁令。《基本法》第 5 条第 3 款规定:"艺术与科学、研究与教学皆应享受自由。"根据这一条,出版商发起宪政申诉,宣称最高法院的判决侵犯了《基本法》绝对保护的艺术自由。在平衡人格、个性和言论与艺术自由的过程中,联邦宪政法院第一庭对结论发生 4∶4 的对等分裂,因而最高法院的判决结果获得维持。

多数意见(尽管不是严格意义的"多数")和少数意见的主要分歧在于如何审查普通法院的平衡结果。多数意见认为,宪政法院的审查应该限于有限范围,且标准应该是相对宽松的:

> 在决定宪政申诉时,普通法院的判决仅在狭隘限度内才受到审查。事实的建立与衡量、法律的解释及其在个体案件中的运用,乃是普通法院的事务,因而不可被联邦宪政法院所审查。……民法官的任务是衡量个别案件的事实,并考虑对任意性的普遍禁止,然后定义双方基本权利的相应领域及其极限。法官对冲突利益的衡量,可能对一方利益赋予过多或过少的重要性,但并不因此就侵犯败诉方的基本权利。联邦宪政法院无权把普通法院作为其下级法院,并用自身对个别案件的评价来取而代之。

[①] 参见张千帆:《西方宪政体系》(上册),中国政法大学出版社 2000 年版,第 472—487 页。
[②] Mephisto Case, 30 BVerfGE 173.

只有在民事法院"并未认识到权衡基本权利冲突的必要性,或其决定基于在根本上错误的观念,以致忽视了任何一方基本权利的重要性——尤其是其保护领域的范围",宪政法院才能宣布当事人的基本权利受到侵犯。

少数意见则认为,宪政法院的审查是深入而全面的:联邦宪政法院应独立审查受到挑战的法院判决,以根据所要求的利益权衡网络,来决定民法院是否充分考虑了本案的艺术自由。"如果民法院不能正确决定民法基本权利,因而错误解释了宪法价值等级,那么《宪法》第5条第3款的保护范围及其和《基本法》其他价值决定的关系,就都受到直接影响。这类错误解释将侵犯基本权利。"且宪政法院必须根据本案的具体事实,来审查普通法院的决定是否符合宪法对艺术自由的保障。宪政法院的审查并未"篡夺上诉法院的职能。相反,它仅在所决定的案例中建立基本权利的保护范围及其对民法的效力。因此,本院仅履行了监督司法机构运用宪法规范的宪法分配职能。"否则,如果像多数意见那样仅审查法院是否承认并考虑了基本权利的影响,那么宪政法院就不能完成作为基本权利守护者的使命。通过具体平衡相互冲突的宪法权利,少数意见认为"联邦最高法院所作的利益衡量从根本上误判了宪法对艺术自由所要求的关系",因而侵犯了曼的艺术自由。

无论如何,和美国联邦宪法不同,《基本法》对德国私法的解释产生了显著的影响。在这个意义上,私法领域中确实存在着宪法的影子。昆特教授指出[①]:

> 在个人和国家之间的公法诉讼中,宪法权利能直接超越所适用的公法规则。相反,在个人之间的私法争议中,宪法权利则被称为"影响"民法规则,而非在实际上推翻之。宪法的某些思想内涵"注入"(injection)或"辐射"(radiation)民法,并影响着现存民法规则之解释。在这些案例中,私法规则应根据适用的宪法规范加以解释并运用,但私法规则最终仍然获得运用。

四、权利的边界

这个问题和以上问题相关,但性质并不相同。不论宪法文字如何规定,权利总归是有限(limited)或有条件的(conditional)。所谓"有限"的权利保障范围,就是指个人权利的范围或空间具有一定的界限,超过这个界限就不受宪法或法律的保护。"无限"(unlimited)的权利范围是指个人权利不受任何条件或界限的约束。这在实际上是不可能的——即使是最基本的生命权都不是无限的,至

[①] Peter Quint, Free Speech and Private Law in German Constitutional Theory, 48 *Maryland Law Review* 247—347 (1989), pp. 263—264.

少今天还有许多国家对严重危害社会秩序的行为处以死刑。宪法不可能保障无限的个人权利,因为人类社会的生存空间是有限的,因而一个人权利的膨胀必然迟早会影响到其他人的权利——经济活动的自由可能会危及周围邻居的生存,言论与出版自由可能会损害别人的名誉,新闻自由可能会泄露个人隐私或国家机密,传教的自由可能会妨碍他人不信教的权利等。根据平等原则,每个人都有权平等享受宪法赋予的权利,只要不损害他人的宪法权利与利益。因此,权利总是有限或有条件的——条件就是自己对宪法权利的享受不损害他人的宪法权利。这是任何宪法保障的逻辑要求。有关审查机构的任务就是通过解释宪法条款,确定每个人的权利界限。

1. 宪法权利的界限

宪法权利的限度体现在多个方面。有的条款表面上不存在限制,但权利的形容词或前缀往往在解释过程中发挥限制的作用。例如美国宪法第八修正案规定:政府"不得要求过重保释金,亦不得施加过重罚款,或加以残忍与非常处罚"。其中"过重"就是一个需要解释的限制;政府显然也不是不可以加以处罚,而只是不得加以"残忍与非常"的处罚而已。第五与第十四修正案规定任何人不得不经由"法律的正当程序",就被剥夺"生命、自由与财产"。这项条款并不是说人对"生命、自由与财产"具有不可剥夺的权利,而只是对被剥夺"生命、自由与财产"具有获得"正当程序"的权利;只要政府的程序被认为是"正当"的,就可以剥夺"生命、自由与财产"。

有些国家的宪法则明确规定了权利的界限。法国《人权宣言》第4条明确规定:"自由在于能够做不损害他人的任何事;因此,每个人行使自然权利的仅有限制,乃是那些保证社会其他成员享受同样权利之限制。只有法律(loi)才能规定这些限制。"德国《基本法》第2条规定:"只要不妨碍他人权利、不违反宪政秩序或道德,每个人都有权自由发展其个性。每个人都有生命和人身完整之权利。个人自由不可侵犯。对这些权利之限制,只有根据法律才能加以实现。"因此,个人自由发展个性的权利,不得妨碍他人的权利或违反宪政秩序,个人对生命和人身的权利不可剥夺,但可以通过法律而加以限制。第5条第1款对表达自由给予高度保护,但第2款规定:"根据普遍法律条款、为保护青年的法律条款、及尊重个人荣誉之权利,上述权利可受到限制。"第5条第3款规定:"艺术与科学、研究与教学皆应享受自由",但"教学自由不应免除任何人对宪法的忠诚"。第8条第1款规定:"无需事先通知或允许,所有德国人都有权举行和平与非武装集会。"但第2款接着规定:"对于露天集会,本项权利可根据法律而受到限制。"第9条第1款规定:"所有德国人都有权结成协会、合伙与企业。"但第2款又规定:"如果结社目的或行动违反了刑事法、抵抗宪政秩序或国际协定,那么协会即应被禁止。"第10条规定:"邮政与通讯隐私不可侵犯。这项权利只有根据法律才能受到限制。"这表明邮件与通讯隐私虽然不可"侵犯",但还是可以依法加以"限制"。最"厉害"的限制是第 18 条关于丧失基本权利的规定:"任何人为抵抗自由民主的基本秩序而滥用表达见解的自由……都将丧失这些基本权利。"

综上所述,个人的宪法权利可以受到两方面的限制。首先,宪法所承认并保护的"权利"被限制在不和他人权利发生冲突的范围内;其次,宪法有时明确授权法律对权利加以限制。由此产生的问题是,法律在限制权利的过程中本身是否受到限制,还是可以任何方式限制权利? 根据常识,回答应该是法律限制本身也有限制——它必须符合宪法要求。多数宪法条款并没有明确指出这一点,因而把它完全留给宪政审查机构的解释,但有些条款则明确表达了"限制之限制"。例如法国的《人权宣言》规定了法律所必须符合的一些要求。第 5 条规定:"法律只能禁止对社会有害的行动。"第 8 条规定:"法律只能制订那些严格与明确必要之处罚。"第 9 条规定:"如对一人之逮捕被判决为绝对必要,那么对逮捕而言并非绝对必需的任何严厉对待,都必须受到法律的严厉禁止。"这些都是对法律规定本身的宪法性限制。

2. 言论自由是无限的

有的宪法虽然没有明确规定权利的界限,但法院一直把权利解释为有限的。如上所述,美国第一修正案规定了国会不得"剥夺"公民的言论与新闻自由,因而看上去是一项不受限制的权利,但联邦最高法院从来认为这项权利是有限制的。在 1919 年的"抵制征兵第一案",霍姆斯大法官(J. Holmes)为最高法院首次确定了"清楚与现存的危险"(clear and present danger)的司法标准。该案的被告申克是美国社会党总书记;在该党散发的传单中,他要求人们"不要向恐吓投降",但其倡议仅限于通过立法来取消《反间谍法》等和平措施。传单还号召"索求你的权利",并称"如果你不索取并支持你的权利,你就在帮助剥夺或毁谤合众国所有居民都有神圣责任去保留的权利"。它还否认政府有权把美国公民送往国外去枪杀其他国家的人民,并坚持"你必须完成你的本分,去维护并支持这个国家的人民权利"。联邦政府认为申克在鼓动抵制政府征兵,因而根据《反间谍法》加以指控。在地区法院审讯后,大陪审团裁决被告有罪。上诉到最高法院后,霍姆斯法官的意见指出:

> 我们承认,在通常时期的许多场合,被告具有宪法权利,去谈论在其传单中所谈论的全部内容。但每一项行为的特征,取决于它在被作出时的情形。即使对自由言论最严格的保护,也不会保护一人在剧院谎报火灾而造成一场恐慌。它甚至不保护一人被禁止言论,以避免可能具有的暴力效果。每一个案例的问题是:言论是否被用在如此场合,以至将造成清楚与现存的

危险,并带来国会有权禁止的实际危害。这是一个程度问题。当国家处于战争时期,许多和平时期可被谈论的事物,将对战备努力构成如此障碍,以至这类言论不能再被忍受,且法院不得认为它们受到任何宪法权利的保护……如果征兵过程受到实际阻碍,那么被告就得对言论所造成的后果负法律责任。"

最高法院认为,被告的言论构成了政府可以合宪通过法律控制的"清楚与现存的危险",因而肯定了地区判决的判决。以后,最高法院基于对"清楚与现存的危险"的宽松解释,对"抵制征兵第二案"和"第三案"作出了类似判决。在1969年的"右翼党派案"之后,法院采取的基本方法是把言论加以分类:某些具体类型的言论——例如鼓励犯罪、商业广告以及挑衅、泄恨或淫秽言论——不受第一修正案的保护,因而立法机构可行使裁量权加以调控;其他类型的言论——尤其是政治讨论——属于第一修正案保护的"言论自由"范围。对于后者,只要为了促进重要公共利益而采取必要措施,政府仍然可以调控言论的时间、地点或方式。然而,政府调控必须保持"内容中性"(content neutral),即调控不得规定或限制言论所要表达的内容信息。①

3. 宪法权利的法律限制

和美国宪法不同,德国《基本法》第19条第1款明确规定:"对于在本《基本法》之下,基本权利可根据法律而被限制,这类法律应受到普遍应用,而非仅针对个别情形。另外,这类法律应指明基本权利及有关条款。"第2款规定:"在任何情形下,基本权利的本质皆不得受到侵犯。"一个具体的例子是第11条。其第1款规定了迁徙自由,第2款则规定:"只有通过或按照法律,且限于以下情形,这项权利才能受到限制:……这类限制必须有所必要,以防止联邦或一州之存在或自由民主基本秩序的即刻危险、抵御流行疾病之危险、处理自然灾害或尤其严重的事故、保护青年人不受忽视或防止犯罪。"另一个例子是第10条规定了法律可以限制邮政与通讯隐私,并可"规定所有受到影响的个人不被通告这类限制,且对法院之求助,可被议会所任命的机构与辅助机构之案件审查所取代",但条件是这类法律必须"有助于保护自由民主的基本秩序、或联邦或一州的存在或安全"。

在1958年的"联合抵制电影案"②中,纳粹时期的著名电影导演曾导演过反犹太人的宣传影片,后于1950年受到审讯并被释放。复出后,他导演了电影《永恒情侣》。但在德国公映前,汉堡市的公共关系主任吕特(Erich Lüth)号召电影

---

① 张千帆:《西方宪政体系》(上册),中国政法大学出版社2000年版,第352—381页。
② Lüth Case, 7 BverfGE 198;参见张千帆:《西方宪政体系》(下册),中国政法大学出版社2001年版,第414—419页。

制片商和发行商联合抵制这部电影。根据《德国民法典》第 826 条对"违反良好道德以故意损害他人"的行为之禁止,制片公司在德国地区法院获得禁令,禁止吕特所号召的联合抵制。吕特则在宪政法院提起申诉,宣称法院决定侵犯了《基本法》第 5 章所保护的言论自由。宪政法院详细阐述了《基本法》对于民法解释的影响,并撤销了地区法院的禁令。对于"普遍法律"是否可以限制言论自由,宪政法院指出:

> 表达见解的基本权利,乃是人类个性在社会中最直接的表现,且属于最高贵的人权之一……它对自由民主的宪政秩序是绝对基本的,因为只有它才使得不断的思想交流和见解竞争成为可能;后者形成这类秩序的生命血液。事实上,它是"几乎所有其他形式的自由之基质和必不可少之条件"。

> 由于言论自由在自由民主国家内的根本重要性,如果允许这项基本权利的实质受制于普通法律及解释法律的司法决定,那将是前后矛盾的。相反,就基本权利和私法之间的关系而言,以上讨论的普遍原则在此同样适用。法院必须根据基本权利的重要性,来衡量限制基本权利的普遍法律之效果。它们必须解释这些法律,以保存基本权利的重要地位;在自由民主国家内——尤其针对公共政治,这项解释过程必须假设言论自由在所有领域的根本作用。对于基本权利和"普遍法律"之间的相互关系,法院不得解释为"普遍法律"对基本权利之适用性的单向限制;相反,它们之间存在着一种相互影响。根据第 5 条的文字,"普遍法律"对基本权利规定了界限;但反之,这些法律的解释,必须参照这项基本权利在自由民主国家的价值建立之作用,因而任何对基本权利的限制作用本身亦必须受到限制。

> 如果言论形成了对普遍福利至关重要的公共舆论,那么私人——尤其是经济——利益必须让步。这并不表明这些利益缺乏任何保障;基本权利的价值就在于它能为每个人所运用。如果感到经受了某人的公共言论之损害,那么任何人皆可作出公共回应。只有在不同见解以同样的自由度而获得表达的冲突过程中,公共舆论才得以形成,且社会的个体成员才能形成其个人意见……每个人都具备同样的基本权利。既然在庞大社团的社会生活中,个人之间的利益和权利冲突不断发生,相互冲突的权利必须就根据它们在社会领域中值得保护之程度,而受到不断的相互平衡。不论由此对个人去自由发展其自身的机会产生何种限制,这类平衡必须获得接受。在此,任何人都不能依赖宪法第 2 条的绝对保护。

在权衡了《宪法》第 2 条所保护的个性权利和第 5 条所保护的言论自由之后,联邦宪政法院判决最高民法院错误判断了言论自由这一基本权利的特殊重要性。由于后者在适用法律的时候未能考虑言论权利的重要性,其决定必须被撤销。

中国《宪法》也规定了公民权利的限制。首先,宪法所规定的公民义务本身就是对权利的直接限制。第33条规定:"任何公民享有宪法和法律规定的权利,同时必须履行宪法和法律规定的义务。"其次,少数条款也明确规定了权利的界限。第51条明确规定:"公民在行使自由和权利的时候,不得损害国家的、社会的、集体的利益和其他公民的合法的自由和权利。"更具体的例子是第36条:"国家保护正常的宗教活动",但"任何人不得利用宗教进行破坏社会秩序、损害公民身体健康、妨碍国家教育制度的活动。宗教团体和宗教事务不受外国势力的支配"。这些都是对宗教活动的限制。第41条规定公民对国家机关及其工作人员的违法失职行为有权提出申诉、控告或检举,"但是不得捏造或者歪曲事实进行诬告陷害"。但书就是对申诉、控告与检举权的限制。另外,某些权利通过前缀而加以限制。例如第50条规定,国家保护华侨的"正当"权利和利益。最后,某些权利可以通过法律而加以限制。第34条规定了普遍的公民选举与被选举权,"但是依照法律被剥夺政治权利的人除外"。宪法并没有对这类法律加以界定、限制或具体说明。

五、自由与平等——鱼与熊掌能否兼得

在实体上,自由和平等经常是一对矛盾:自由竞争的结果往往是不平等的,而要通过国家强制平等则必然意味着自由的减损。但在形式上,自由和平等却是并行不悖甚至相辅相成的。宪法权利分为两类:自由权与平等权。它们对应于美国宪法第十四修正案的两个不同条款:正当程序(due process)与平等保护(equal protection)——前者禁止政府"不经由法律的正当程序,即剥夺任何人的生命、自由和财产",其中"自由"的范围最为广泛,并可被认为涵盖了"生命"和"财产";后者禁止政府"拒绝对任何人提供法律的平等保护"。因此,"自由权"是说每个人都生来具有某些自由或权利;这些权利并不是绝对不可以被剥夺,但对这些权利的剥夺必须具备正当理由(实质意义上的"正当程序"),并符合"法律的正当程序"(纯粹程序意义上的"正当程序")。平等权则是说人对上述权利的享受必须是平等的。自由权的考虑焦点是享有该权利的主体,以及个人享有这种权利对于社会或国家的积极与消极意义;平等权的考虑则主要是比较个体和个体之间的区别或差异,并探讨这种差异是否"合理"。平等虽然也是个人权利,但它取决于和他人境况的比较,因而是一种"人际"(interpersonal)权利。

和保护自由权的正当程序相比,"平等保护"的运用方式有所不同。在自由权案件中,政府法律据称侵犯了所有人的权利;而在平等权案件中,政府法律据称采用了任意的区分标准,来侵犯某些人——而非其他人——的权利。几乎所有涉及自由权的案件也涉及平等权,因为绝大多数法律都包含"立法归类"(legislative classification)。例如法律可能规定,只有超过 18 岁的公民才有权参加选举,或对同样的城市人口与农村人口规定不同的代表名额,或对犯有三次(而非两次或四次)某些(而非其他)重罪的惯犯实行强制绝育。这里的 18 岁年龄、城市人口或农村人口以及特定类型的惯犯,都属于立法归类。因此,法律经常通过对符合归类特征的个人给予某种特殊奖励或惩罚,从而对在归类之内和之外的人们产生不同影响。显然,要使政府能够履行其立法职能来进行统治,并非所有涉及归类的法律都受到宪法禁止,只有那些"不合理"的归类才违反"法律平等保护"。在 1920 年的案例中[1],美国最高法院指出:"归类必须合理而非任意,且必须基于和立法目标具有正当和实质关系的某种区别,从而使所有处境类似的人都获得类似处置。"对于处境并非类似的人,立法可以基于合宪目标加以合理区分。

　　需要澄清的是,平等权并不是自由权以外的一种"额外"的权利,而是权利的一种保障形式。譬如不论你生活在城市还是农村,宪法规定你有平等的受教育权。这是因为你首先有受教育权("自由权"),然后你才能要求你的这项权利和他人是平等的;"平等"本身并不创造权利,也不能超越任何实体权利而抽象存在,而只是保护你的受教育权不以某种特定方式(歧视)受到限制或剥夺。在这个意义上,平等权依托于自由权之上——如果一项"权利"本身不存在,那就谈不上"平等"问题。严格地说,任何受宪法或法律承认的权利都可以具有"正当程序"和"平等保护"两种保障方式,因为任何一项权利都既可能被国家剥夺,也可能受到歧视。有时,两者甚至是同一个问题:你的权利受到了"歧视",表明你的权利受到了他人没有受到的"剥夺"——如果所有人的权利都同样遭到了剥夺,那么它就是一个纯粹的"自由权"或"正当程序"问题。取决于看问题的角度不同,某些权利一般可被简单归为"自由权",例如言论与新闻自由、信仰自由、人身自由、住宅安全、刑事正当程序,但并不是所有的具体权利都能被划归为"自由权"或"平等权"中的一种。例如选举权既可被视为自由权——不可剥夺的参与政治选举的权利,亦可被视为平等权——和其他公民同等的参与政治并决定国家政策之权利。财产权、经济活动自由、社会福利、公共教育等领域也是一样。因此,平等权和自由权应该被视为任何实体权利一般都具备的两种"形式"。

　　和自由权一样,取决于政府的作为或不作为,平等权也可以有积极和消极之分。如果政府主动歧视了个人——如通过法律禁止有色人种参加选举,或规定公立学校的种族隔离,那么消极的平等权就足以撤销不平等措施;如果政府并未主动干预,但对于存在的社会歧视状态熟视无睹——例如听任政党组织进行种族歧视,或在地区人口发生显著变化之后未能及时重划选区,那么政府的不作为

---

[1] *F. S. Royster Guano Co. v. Virginia*, 253 U.S. 412.

仍有可能违宪。这时,平等权就具有积极的属性,要求政府采取积极行动以消除其不作为导致的不平等状态。

和自由权一样,平等权也是有限的。国家可以为了正当的理由而区别对待不同种类的公民;事实上,几乎所有的法律都对公民进行区分或"归类"。区别的合宪性或正当性取决于区别的目的及其和目的之间的相关程度。法律不能为了区别而区别——这就构成了任意的歧视;但法律可以为了公共利益和政府职能的需要而规定,只有具备某些素质的公民才具有某类权利——例如只有"年满18周岁的公民"才能参加选举,或为了促进民族平等与和睦而对少数民族给予特别优惠等。总之,法律区别必须基于宪法可以接受的理由,并被证明是对实现宪法目标的合理相关的手段——例如要求年满40周岁的公民才有选举权的规定就可以被认为不是合理的。

六、平等权的含义

"平等"具有多种不同的含义,其中最主要的三层含义是"结果平等"和"机会平等"、"程序平等"和"实体平等"以及"表面平等"和"实际平等"。以下分别论述平等的三层含义。

1. 结果平等还是机会平等

所谓"结果平等"(equal result),就是要求各人同样获得最后所要实现的标的——例如男女同工同酬:只要工种类似,那么不论对男女,最后所获得的报酬必须相同。所谓"机会平等"(equal opportunity),就是仅要求个人获得平等机会去实现目标。例如"择优录取"要求大学按照统一的分数线录取学生,不同种族、性别、年龄的学生都有均等机会参加考试,并按照考试成绩决定是否录取,但这一原则并不保证所有参加考试的学生都能被录取,或具有被录取的平等概率。职业雇佣也不需要给所有种族或性别的申请者平等分配名额,而是按照能力、经验和教育程度给予所有申请者以获得录用的平等机会。因此,何为"平等机会",往往最终取决于什么是可以合法考虑的因素——例如成绩、能力、经验、教育,什么是不得考虑的因素——例如性别、种族、年龄等其他因素。这个界限并不是绝对的:对于一般职业而言不可考虑的因素,特殊职业却是可以考虑的——例如公安学校可以按照人的体格甚至性别区别对待考生,护理学院招考时可以考虑性别、性格等因素。

在大多数情形下,现代国家的宪法要求限于机会平等。然而,"结果"平等和"机会"平等之间的区分,有时取决于对目标的看法。例如就保障教育本身来说,教育权的平等保护是一种结果平等;但如果目标是未来的生活和职业,那么平等教育权就只是一种机会平等。

2. 程序平等还是实体平等

中国《宪法》第 33 条规定:"……公民在法律面前一律平等……"它是指公民在法律规定面前平等——例如选举法在适用过程中对城市人口和城市人口之间、农村人口和农村人口之间实行平等,还是指"法律"本身也必须平等——选举法必须平等对待城市人口和农村人口?首先应该注意,我们在此所处理的是和上述"机会"—"结果"平等根本不同的问题:程序平等未必能保证机会平等,实体平等也并不意味着结果平等。读者应该清楚,它们是在性质上截然不同的两类问题,但其他作者有可能混用这两类名词。①

"程序"(procedural)平等是指仅要求法律在适用过程中平等,"实体"(substantive)平等则是指法律的内容还必须平等。例如对于中国地方人大的选举,《全国人民代表大会和地方各级人民代表大会选举法》(以下简称《选举法》)规定农村人口仅获得同样城市人口的 1/4 人数的代表。这一规定对农村人口而言是"不平等"的,因而对城市人口和农村人口的选举权的区别对待有可能和实体性平等原则相抵触。然而,程序性平等并不考虑法律本身的不平等,而仅考虑那些在法律上处于平等地位的人是否在法律适用过程中享受了平等。因此,只有城市人口的选举权和其他城市人口相比出现了不平等,或者说农村人口的选举权和其他农村人口相比出现了不平等,也就是说选举法未能被平等适用于按照该法规定处于同样地位的公民时,有关措施才违反了程序性平等原则。由于程序平等原则禁止法律在实施或适用过程中对个案进行歧视,它一般在行政法领域内发挥作用。

实体平等又包含两层含义:表层的含义是法律在文字上的平等(即以下的"表面平等"),更深层的含义则是法律在效果上的平等。假如《选举法》在原则上不区分农村人口和城市人口的人大代表名额,但规定人大代表名额按照地区的纳税多少按比例分配,那么由于城市人口的收入高于农村人口,因而纳税数额总体上也比农村高;因此,尽管法律在文字上不明确区分农村—城市人口,但按纳税分配代表名额的做法仍然产生了区别的效果。如果构成了"歧视"(discrimination),则文字上的歧视被称为"明显"(explicit)歧视,效果上的歧视被称为"隐含"(implied)歧视——虽然法律文字在表面上是平等的,但在"骨子里"是歧视的。

在宪法学领域内,平等原则不应仅限于程序平等,而应进一步要求实体平等;否则,宪法对于普通法律就失去了控制作用,平等原则就失去了宪法意义。事实上,和正当程序一样,美国的平等保护也分为两种意义:程序上的与实体上

---

① 例如"形式平等"与"实质平等",比较许崇德主编:《宪法》,中国人民大学出版社 1999 年版,第 152—156 页。

的。程序平等保护主要是行政法的内容,实体平等保护才是宪法学内容。需要注意的是,程序平等显然不能保证实体平等,但实体平等也未必能保证程序平等。

3. 表面平等还是实际平等

这项区别和程序—实体平等的区别密切相关,有时甚至是同一个问题。所谓"表面平等",是指法律在文字形式上平等;所谓"实际平等",是指形式上平等的法律在运用过程中也获得了平等的效果,因而实现了实质意义的平等(这并不一定表明是"结果平等")。显然,"表面平等"的法律未必达到"实际平等"的效果。从另一个角度来理解,平等的对立面是"歧视"。不符合表面平等的法律构成了"法律上的歧视"(de jure discrimination),符合表面平等但不符合实际平等的法律或措施构成了"事实上的歧视"(de facto discrimination)。

"事实歧视"可以发生于两种情形。第一,法律本身就带有歧视目的或必然产生歧视的效果。例如以下案例的法令规定,在木头房屋经营的洗衣店都需要经过市政府的批准,而砖瓦房的洗衣店则不需要批准;如果木头房洗衣店全部或绝大多数都为华人拥有,而砖瓦房洗衣店基本上为非华裔经营者拥有,那么尽管这项法令表面上并不是针对华裔的,但实际上可能具有歧视华人的目的,至少其对种族的影响极不均衡,因而可能产生了歧视效果。这时,法律就构成了"隐含歧视"。第二,法令本身并不带有歧视,但在适用过程中发生了歧视。如果上述法令中规定的木头房洗衣店不但适用于华裔,同时也适用于非华裔经营者,那么法令可被认为不是针对华人的;但在市政府的批准过程中,绝大多数华裔都遭到拒绝,而多数非华裔都获得批准,那么市政府必须为这种差异提供理由,否则也构成了"事实歧视"。

在"华人洗衣店案"①中,1880 年的旧金山市的法令规定:"如从本法令通过之日起,任何人未经管理局的事先同意,即在旧金山市县内建立、维持或从事洗衣业,那都将构成违法;在砖瓦房内的洗衣店除外。"违者可被处以最高 1000 美元罚款或半年监禁。当时在旧金山共有 320 家洗衣店,其中 240 家归华人所有。由于 310 家洗衣店和市内 90% 的房屋皆用木头而非砖瓦盖成,该项限制适用于绝大多数华裔或非华裔洗衣店。原告吴氏于 1861 年从中国来到美国加利福尼亚州,在当地从事洗衣业已 20 余年,并一直遵守市政府的卫生与安全检查要求。但在 1885 年,市管理当局拒绝延长他的洗衣业执照。吴氏因继续从事洗衣业而被罚款 10 美元,并因未交罚款而被县长改判监禁 10 天。和他处境类似的华人中,有两百多人的申请遭到拒绝,其中 150 人因未交罚款而遭拘留。然而,除了一人例外,80 名非华裔申请者皆获得市管理局的批准。吴氏请求加州最高法院

---

① *Yick Wo v. Hopkins*, *Wo Lee v. Hopkins*, 118 U.S. 356.

推翻市管理局的决定,并下达释放人身令(Writ of Habeas Corpus)。加州最高法院认为"市管理官员是权衡事实的法官",因而维持地方政府的决定,驳回了原告要求。

上诉后,联邦最高法院推翻了加州法院的决定。法官们注意到清政府在 1880 年与美国订有条约:"如果在合众国领土上永久或暂时居住的中国劳工,受到任何其他人的虐待,那么合众国政府应竭尽全力、采取措施以保护他们,并保证他们和最惠国公民享受同样的权利、优惠与豁免。"最高法院进一步指出,第十四修正案的"正当程序"和"平等保护"条款并非限于美国公民,而是适用于美国境内的任何人,因而市政府侵犯了对华裔居民的"平等保护"。马修斯法官(J. Matthews)的法院意见指出:"法律本身可能在表面上公正无偏;但如果它被公共权力不公正地加以运用与实施,因而在实际上非法歧视了处境类似的个人权利,那么宪法仍然禁止法律对平等正义的剥夺。"

作为总结,平等是和歧视相对的。法律规范在运用过程中可能在三个层面上违反平等原则。首先,法律文字可能歧视了不同类别的公民。这时,法律构成了明显歧视,在表面上就不符合平等原则。其次,法律虽然在表面上平等,但对不同类别的公民隐含着歧视目的或歧视效果。这时,法律就构成了隐含歧视。最后,虽然法律在内容上本身没有问题,但在实施与适用过程中出现了歧视现象,因而和隐含歧视一样构成了"事实歧视"。程序性平等审查将推翻这类适用过程中发生的歧视,但并不触及明显或隐含歧视;实体性平等审查不涉及适用过程,但将同时禁止明显与隐含歧视。最后,实际平等则禁止事实歧视,包括隐含歧视和适用过程中出现的歧视。

读者在此要注意下列区别:程序平等和实体平等是指对"平等"要求的理解——根据程序性理解,"平等"不要求审查法律的内容和实质,因而通过程序平等审查的法律未必符合"表面平等"要求,但通过实体平等审查的法律应该是符合表面平等的。表面平等和实际平等则是指法律及其运用过程的特征,并且是在法律文字平等的基础上进一步审查法律的实际运用后果。程序平等和实际平等都把审查的焦点放在法律规范的适用过程上,但程序平等忽视法律内容的平等,而实际平等则已假定内容(文字)平等,再进一步追究法律在运用过程中是否获得平等效果;符合实际平等的法律应该也符合程序平等原则,但反之未必,因为程序平等审查仅能保证法律地位类似的个人获得类似的处理,但不能保证法律本身不对不同的人进行明显或隐含的歧视。不符合实体平等原则的法律也不符合"表面平等",因而不可能符合实际平等;如果一项法律同时通过了实体和程序平等原则的审查,那么它应该是符合实际平等的法律。

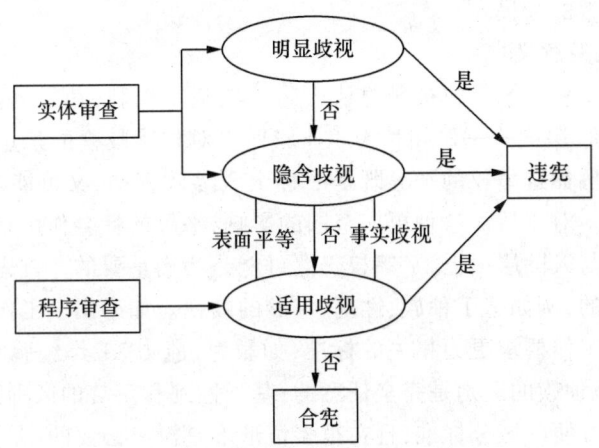

图 4.3 不同层次的平等与歧视

第三节 权利保障的作用

在这一节,我们分别论述个人层面权利和制度层面权利的宪法保障之作用。由于任何权利都是有边界和有条件的,且任何人的权利在扩张到一定程度时就将和他人的权利发生冲突,因而特定人的特定权利究竟受多大程度的宪法保护,将取决于受保护权利的社会功能。

一、平等的意义

各国宪法不仅禁止人的自由和权利遭到无理剥夺,而且普遍规定这些权利不得受到歧视。例如法国《人权宣言》第6条规定了最早的平等原则:"法律表达普遍意志。所有公民皆有权亲自或经由其代表来参与法律之形成。不论是保护抑或惩罚,法律必须对所有人一样。所有公民在法律面前平等,并根据其能力,同样有权获得所有公共荣誉、职位和雇佣;区别只能基于道德和才能。"1868年,美国宪法第十四修正案规定了"平等保护"(Equal Protection)原则:各州不得"在其管辖区域内对任何人拒绝提供法律的平等保护"。德国《基本法》第3条规定:"所有人应在法律面前平等。男女具有平等权利。没有任何人可以因为其性别、出身、种族、语言、国籍、信仰、宗教或政治见解,而受到歧视或优待。"中国《宪法》第33条规定:"公民在法律面前一律平等。"另外,第4条规定了"各民族一律平等"的原则,第48条规定了妇女和男子平等的政治、经济、社会、文化权利和"同工同酬"原则。最后,某些宪法条款虽没有明确提到"平等",但反映了平等原则。例如中国《宪法》第5条第5款规定:"任何组织或者个人都不得有超越宪法和法律的特权",第34条规定了选举权的平等,第36条禁止歧视信仰和不信仰宗教的公民。

1. 平等权的意义

为什么要平等？平等权被普遍认为是一项基本权利，其影响范围既可以限于个人或"人际"层面——例如私人职业雇佣中对种族歧视的禁止，也可以涉及国家制度——例如选举权的平等既是一种个人参政权利，又可能对国家机构的组成产生影响。对于后面这种更广范围的影响，平等的社会作用是显然的，毋庸赘述。在个人与人际层面上，平等权仍然可能是相当重要的。首先，许多法律区别是完全任意的，例如基于种族、性别、年龄的歧视。如果出于工作需要，政府完全可以规定和工作要求更为相关的标准，如教育、能力、工作经验等因素。可以肯定地说，基于种族的区别是完全任意的，基于性别和年龄的区别至多也只不过是提供了一个方便的区分标准，且在很多情况下是没有必要的，完全可以被更为客观、公正与相关的标准所替代。因此，强调平等有助于提高工作效率并减少政府的任意性。其次，平等反映了基本的公正观念，并可能关系到人的尊严。在1954年的"校区隔离案"[①]中，美国某些州的公立学校宣称它们为白人和黑人孩子提供了平等的教育设施，但沃伦大法官的意见还是判决种族隔离是"内在不平等"的，因为它伤害了有色人种的自尊心，并实际上对他们的社会地位产生了低人一等的感觉。最后也是最显然的，平等将直接帮助社会受歧视的弱势群体获得平等竞争的机会。当然，在这个意义上，平等权的作用接近于自由权，即帮助受歧视者恢复本来属于他们的权利，例如基于能力在职业市场上竞争的权利。

平等权对于中国十分重要，因为中国目前存在着很多基于各类标准区别对待公民的规定、规章、法规甚至法律。有些区别是合理的，有些区别则不一定合理。例如女生的身份可能在多数情形下对于求职不利，接近婚龄的女生尤其如此，同样年龄的男生则没有问题。用人单位的考虑是可以理解的，但即使是出于工作便利的考虑，也必须和宪法的平等原则相调和。有的工作要求一定的身高、视力甚至相貌——比如"模特"职业，但对其他职业是否如此？这些区分标准是否确实和工作要求相关，至少应该是宪法学研究的一个问题。[②]

2. 民主与法治仍然不能消除歧视

在所有制度当中，民主、法治以及充分的言论和新闻自由是消除歧视的最有效的。通过自由讨论公共事务、唤起公民的正义感和同情心、保证多数人的意志成为法律并获得政府的有效实施，法律上的歧视将降低到最低程度。然而，民主和法治仍然不足以彻底消除歧视。这不仅是因为强制实施的法律平等未必能保

---

① *Brown v. Board of Education of Topeka*, 347 U.S. 483.
② 见例如"宪法平等权第一案"，成都市武侯区人民法院行政裁定书（2002）武侯行初字第3号。

证社会平等,政府的不歧视未必意味着社会上私人之间的不歧视,而且因为体现多数人意志和利益的民主与法治未必能保证法律不歧视少数人的利益。事实上,某些歧视正是通过法律实现的。例如种族歧视政策往往是控制议会多数的白人通过合法手段实施的。这说明民主与法治并不能保证少数弱势群体的利益在法律上得到尊重。恰好相反,由于多数主义民主过程自然反映多数人的利益,少数人的团体(如政治上处于劣势的族群)很可能没有办法通过民主程序维护自己的权利,从而受到法律上的歧视和压制。如上所述,这种情况便构成了托克维尔所说的"多数人暴政"(majoritarian tyranny)。既然"多数人暴政"是在民主和法治的制度环境下产生的,它只有通过宪政中的其他制度安排才能加以纠正。在1938年的"卡罗琳产品案",美国最高法院在著名的"第四脚注"中声明,在"分散和孤立的少数团体"受到歧视的情况下,法院有义务对立法进行更严格的审查。

因此,一般的法律强调社会秩序和多数人的利益,宪法则还要保障少数人甚至个别人的权利。这并不是说宪法不保护多数人的利益,而是由于宪法必须保护每一个理性人的权利,因而不仅需要考虑到多数,而且还要保护少数人的基本利益不受社会强势力量的侵犯。在美国,黑人群体在美国社会族群结构中显然属于少数,而且他们中的多数在经济上也处于相对劣势。在历史上,对黑人的种族歧视是美国社会生活中的一大问题。但在上述"校区隔离案"中,联邦最高法院成功地运用宪法第十四修正案为少数人——黑人提供了法律的平等保护(equal protection of laws)。

值得注意的是,"多数人暴政"的危险不应被夸大。在《尼各马科伦理学》(*Nicomachean Ethics*)一书中,亚里士多德把政体分为三种类型:君主制、贵族制与民主制,而每一种类型的政体都可能采取合法与不合法的两种形态——合法形态是以公共利益为目标,不合法形态则是以统治者的私人利益为目标,从而构成了不同形式的暴政。他认为合法的君主制是最好的政治制度,但也最容易被滥用而转变为不合法的形态,而不合法的君主暴政是所有制度中最糟糕的;合法的民主制不如合法的君主制,但相对而言,不合法的民主(也就是我们所说的"多数人暴政")在所有不合法的政治形态中是危害最小的。况且在非民主国家,真正的危险是少数人而不是多数人的暴政。

二、"生命权"徒有虚名

法律不仅可能歧视某些群体的权利,而且可能限制或剥夺所有人的某些权利和自由。社会契约论认为,某些权利对于任何人的生存是如此重要,以至所有人都会同意它们应受到保护。在霍布斯那里,基本权利是极为有限的——它基本上限于人的物质生存。洛克等后来的自由主义思想家又加入了私有财产不可侵犯的理念。到 1776 年,美国《独立宣言》已经作为"不证自明"的真理,宣称生命、自由和财产是"不可剥夺"的天赋人权。"生命、自由、财产"基本上囊括了所有个人层面的权利。但值得注意的是,生命虽然"无价",但并不受宪法的无条件保护。美国宪法第五修正案仅规定,政府不得不经由"法律正当程序"就剥夺任何人的"生命";言下之意,如果符合"正当程序",国家还是可以合宪合法地剥夺人的生命。

"生命"的重要性确实是"不证自明"的,但除了在极端情况外,涉及生命的例子并不多。20 世纪 70 年代以来,一个争议最大的问题是平衡胚胎的生命权和孕妇决定堕胎的权利,各国对这一问题的处理方式不完全一致。另外,在某些国家,死刑受到禁止,因而对刑事犯罪判处死刑的法律可以被认为是侵犯了人的生命权。例如德国《基本法》第 102 条规定:"死刑应被取消。"但是美国、中国、日本等国仍实施死刑。美国曾有人提议,死刑属于宪法第八修正案所禁止的"残忍与非常处罚",但这种理解已被最高法院所否定。在其他国家,如果法院对死刑的判决不慎重,亦可被认为是侵犯了生命权。

中国传统上即重视人的生命,死刑一般须经皇帝亲自批准。1982 年的中国《宪法》未规定"生命权",但 1979 年制定、1997 年修订的《刑法》第 48 条规定:"死刑只适用于罪行极其严重的犯罪分子。对于应当判处死刑的犯罪分子,如果不是必须立即执行的,可以判处死刑同时宣告缓期 2 年执行。"1979 年制定的《刑事诉讼法》(第 144 条)和《法院组织法》(第 13 条)都规定,只有中级法院才有权判处死刑,且"应当报请最高人民法院核准"。这些规定体现了中国法律对生命权的尊重。然而,为了打击严重的刑事犯罪,最高法院对死刑的核准制度未能得到有效实施。随着死刑判决数量的上升,最高法院授权各省、自治区和直辖市高级法院以及军事法院行使核准权,因而各高级法院一般也有死刑的核准权。由于死刑核准权下放产生了一些错判错杀案件。[①] 自 2007 年 1 月 1 日起最高法院已收回并统一行使死刑核准权。

三、财产权——实际上最不受重视的权利

至少从 18 世纪开始,财产曾被认为是神圣不可侵犯的自然权利之一,例如法国《人权宣言》第 17 条明确规定:"财产是不可剥夺的神圣权利。"各国宪法也普遍将"财产"规定为保护对象。美国宪法第五修正案除了要求正当程序外,还规定"私有财产不得未获公正补偿即遭征用"。法国《人权宣言》第 17 条规定:"除非以合法形式建立的公共需要明确要求,且在公正补偿被事先支付的前提

---

① 例如见河北聂树斌"冤杀"案与湖北佘祥林"杀妻"案等冤案,参见《佘祥林蒙冤 11 载,有罪推定是祸首?》,载《新京报》2005 年 4 月 14 日。

之下,任何财产皆不得受到剥夺。"德国《基本法》第 14 条规定:"财产权和继承权利应得到保障。其内容与限制应被法律所决定。"第二次世界大战结束后,在财产权领域甚至开拓出一些"积极权利",要求国家对有困难的公民提供适当的食品、医疗、住房、免费教育等社会福利。这些已在权利的属性问题中有所讨论,在此不赘述。

在更广的意义上,财产权包含了经济活动的自由。无论对于个人发展还是社会繁荣,普遍意义上的经济自由都是重要的。德国《基本法》第 12 条规定:"所有德国人都有权自由选择其职业、工作地点及学习或训练地点。职业事务可根据法律而加以调控。强制劳动只能强加于被法院判决剥夺自由的人。"中国《宪法》也规定了企业的经营自主权:"国有企业在法律规定的范围内有权自主经营"(第 16 条),"集体经济组织在遵守有关法律的前提下,有独立进行经济活动的自主权"(第 17 条)。

但在实际上,财产权的行使从来都受到政府的多方面限制。这是因为经济活动往往对社会产生深远影响,因而政府自然可以出于社会的公共利益而限制和干预私人的经济活动自由。美国原先实行"自由市场"经济,联邦和州政府干预经济活动自由的权力受到法院的严格限制,但是在 1929 年大萧条之后,市场自我调节的神话破灭,随之导致了大规模的政府干预。因此,在发达国家,"财产权"早已不像 18、19 世纪的资本主义"黄金时代"那么神圣。和某些重要的宪法自由相比,财产作为"身外之物"可能已沦为最不重要的宪法权利。但在中国,由于原先采取激进的公有制和与之配套的计划经济严重束缚了人们创造财富的积极性,因而强调财产权——尤其是私有财产——的宪法保护仍然十分必要。

1. 公有制还是私有制

公有制和私有制在西方思想史上同样源远流长。早在苏格拉底和柏拉图的《理想国》那里,人们就发现了共产主义的原型。但柏拉图的学生亚里士多德认为这是一种极端的理想主义,并批评了老师的思想。他在《政治学》第二篇中指出:"财产在某种意义上应是公共的,但作为一般规则应是私有的,因为如果每个人都具有独特的利益,人们就不会相互埋怨,且他们将取得更大的进步,因为每个人都会关注其自己的事务。"[1] 由于"自爱是大自然并非无缘无故所赋予的感觉",人对拥有事物所感受到的快乐(和公有制相比)是"无法衡量"的。[2] 不仅如此,也只有在人具有私有财产的时候,他才能从对朋友的慷慨资助中获得巨大快乐,而"这些好处都将在过分统一的国家里丧失"[3]。他进一步指出了公有制

---

[1] Aristotle, *The Politics*, Stephen Everson (ed.), Cambridge University Press (1988), 1263a25—29.
[2] Ibid., 1263b1—2.
[3] Ibid., 1263b7—8.

的弊端：

> 公有化立法可能具有慈善的假象；人们容易为它所吸引，并容易被引诱相信：通过某种奇妙的方式，人人都将成为朋友——尤其是当某人谴责各国目前所存在的罪恶，例如对合同的诉讼、对诈骗的判罪、对富豪们的阿谀奉承等等，并把它们说成是私有财产的拥有所引起的。然而，这些罪恶的起因是邪恶而不是共产制之缺失。事实上，我们看到那些共同拥有所有财物的人群中间争吵不断，尽管他们和拥有私人财产的人数相比为数寥寥。①

当然，作为一位提倡"中庸"（principle of the mean）的思想家，亚里士多德也不赞成极端的私有制。他认为"财产应是私有的，其使用则应是公共的"②。"我并不认为财产应像某些人那样坚持是公共的，而只是通过友善的同意形成公共的使用，且任何公民的基本生计都不应出现匮乏。"③因此，尽管赞成私有制，亚里士多德还是考虑到公民的社会福利，因而具有相当的前瞻性。在一定程度上，德国《基本法》第14和15条对私有财产的保障和限制正反映了这种公私之间的平衡。

中国1949年以后实现公有制，但是改革开放以来逐渐向一种多元所有制体系过渡。1982年《宪法》第12条规定："社会主义的公共财产神圣不可侵犯。"但经过2004年修正之后，第13条明确规定："公民的合法的私有财产不受侵犯。国家依照法律规定保护公民的私有财产权和继承权。国家为了公共利益的需要，可以依照法律规定对公民的私有财产实行征收或者征用并给予补偿。"事实上，财产权的属性并不那么重要；无论是公有还是私有财产，如果没有制度的有效保障，都同样发挥不出应有社会效用，甚至可能通过种种方式而白白流失。

2. 政府征收必须给予"公正补偿"

财产权的归属是灵活的：公有财产可以通过拍卖成为私有财产，私有财产也可以通过征收成为公有财产。但在属性转换过程中，必须遵循市场交易的公平原则，否则将产生严重的社会后果。虽然财产的使用应促进公共福利，甚至私有财产可以被充为公有，政府只有在付出"公正补偿"（just compensation）的前提下才能为公共目的而征收财产。如美国第五修正案所示，宪政国家要求财产征收符合两个条件：一是征收的目的必须是为了"公共利益"，二是被征收者获得"公正补偿"。和"公共利益"相比，"公正补偿"是一个更容易确定也更具有实质意义的问题。由于它涉及公民的基本财产权，宪政国家在这个问题上是毫不含糊的：补偿必须是"公正"的，也就是补偿数额必须是被财产的"公平市场价值"。

---

① Aristotle, *The Politics*, Stephen Everson (ed.), Cambridge University Press (1988), 1263b15—25.
② Ibid., 1263a39—40.
③ Ibid., 1229b41—1330a3.

当然,公平市价究竟是什么——是征收前的市价还是征收后的预期市价,是征收者的收益还是被征收者的成本,如何在市场经济不发达的地区确定市场价值等等,这本身是一门大学问。公平市价究竟是什么可以慢慢深究,补偿按照市价标准这个大原则必须先确定下来。

之所以如此,不仅是因为这项宪法标准保护了被征收者的基本权利,而且更因为它有助于防止政府滥用征收权。在很大程度上,政府的征收决定取决于补偿标准。中国各地之所以出现所谓的"圈地运动",而"圈地"之后又有许多地被搁置荒废,正是因为征地无论如何使用,都是一件利润巨大的事情,而巨大的利润从何而来? 很大部分正是来自人为降低征收成本、压榨征地补偿,使之远低于公平市价。这样,通过低价征收,本来属于老百姓的利益被划到政府和开发商那里去了。且最后的结果不仅是老百姓的基本利益被剥夺,而且政府因利益驱动而盲目征收也导致经济上的巨大浪费。

征收补偿至少部分是为了强迫政府将征收的成本内部化,从而使社会资源配置达到经济学意义上的最佳点。显然,征收行为不仅具有管理成本,而且具有昂贵的机会成本(opportunity cost):一旦财产被政府征收,它就不可能再被任何私人使用。如果政府不需要给予补偿——不需要花钱就可征收财产,那么政府可能会受到"财政错觉"(fiscal illusion)之影响,也就是政府官员将误以为所征收的资源没有机会成本或机会成本很低,从而作出非理性决策。其结果必然导致政府过度征收,进而导致资源的错误配置和浪费。为了避免发生财政错觉,宪法要求政府给予完全补偿或赔偿,迫使政府比较征收的机会成本和征收后的财产价值。如果政府必须为征收的财产提供补偿,那么政府官员就必须比较社会资源在政府手中的价值和在私人手中的价值。只有在期望有关资源因公共工程而将产生比补偿更高价值的情况下,政府才会决定征收。在这个意义上,公正补偿条款将政府从一个权力机构转变为一个理性人:就和普通理性的个人一样,政府在决定过程中也必须平衡成本和收益,从而有助于保证征收行为符合社会利益。

最后需要指出的是,在历史上,"公共利益"一直被当做是低价征收的依据:如果说赢利性的征收必须给予充分补偿,那么征收一旦有了"公共利益"为尚方宝剑,似乎就可以天经地义地"白拿",譬如高速公路建造中的征收通常只给予标准很低的补偿。事实上,这样的"公共利益"早已成为侵犯权利、过度征收和政府腐败的保护伞。我们显然不愿意看到它在征收过程中发挥这样的作用。宪法和物权法意义上的"公共利益"不是对滥用权力的授权,而正是对征收权的制约。要做到这一点,其实并不困难:我们只需要取消"公共利益"的特殊地位,要求所有的征收行为——不论是为了什么目的——都一视同仁按照市场原则给予公正补偿。

这样，"公共利益"和补偿标准之间的关系就摆正了。公共利益是对征收权的事前限制,公正补偿则是对征收权的事后救济。两者缺一不可,只是公共利益的控制主要在于民主政治过程,而补偿标准则不仅有程序控制,而且也有实体控制——在法治国家,如果你对补偿不满,你还可以在法院挑战补偿标准,尽管你一般不能成功挑战征收的"公共利益"属性。两者又是相辅相成的,因为所谓"事前"与"事后"都是辩证的,事后补偿其实为事前决定公共利益的最大化提供了判断依据;如果最后证明征收的成本是如此之高,以致超过了收益,那么征收行为本身就不符合公共利益标准(事实上,这也是为什么法国宪法要求在征收前就给予补偿)。且和"公共利益"一样,补偿标准首先也应该由民主程序决定。

四、"自由"的含义

和财产权和生命权相比,"自由"的范围极为广泛。如上所述,自由分为两个层面:政治性自由(选举权与表达自由等)和主要关系到个人的自由(人身权利)。除了经济权利之外,关系到个人的自由主要包括信仰自由、人身自由、个性发展自由、住宅自由、隐私权以及在国家的刑事起诉中获得正当程序与公正审判的权利。这里简要讨论这些"非经济"(non-economic)性质的自由。

第一,人身自由与住宅安全都是人类生活的基本方面,其重要性是不言而喻的。因此,美国联邦宪法第四修正案规定:"人民免受无理搜查和占领的人身与住宅安全,不得受到侵犯。"德国《基本法》规定:"在联邦领土上,所有德国人皆应享受迁徙自由。"(第11条)"住宅不可侵犯。"(第13条)中国《宪法》规定:"……公民的人身自由不受侵犯。"(第37条)"……公民的住宅不受侵犯。禁止非法搜查或者非法侵入公民的住宅。"(第39条)

第二,为了保护人性的尊严,人还有保护其隐私的普遍需要。这部分体现于邮件与通信秘密。中国《宪法》第40条规定:"……公民的通信自由和通信秘密受法律的保护。除因国家安全或者追查刑事犯罪的需要,由公安机关或者检察机关依照法律规定的程序对通信进行检查外,任何组织或者个人不得以任何理由侵犯公民的通信自由和通信秘密。"《澳门特别行政区基本法》第30条第2款明确规定:"澳门居民享有个人的名誉权、私人生活和家庭生活的隐私权。"德国《基本法》第10条规定:"邮政与通讯隐私不可侵犯。"美国宪法并不包含隐私权的文字,但从20世纪40年代开始,最高法院逐渐发展出隐私权的概念,主要用于保护两性之间的行为和妇女决定堕胎的自主权。

第三,为了保证社会的安全与稳定,国家必须惩罚刑事犯罪,但为了避免误伤无辜,国家还应该提供健全的刑事审判制度,以保障正当程序和公正审判。美国宪法第五修正案规定:"除非受到大陪审团之起诉,任何人不得被强制回答死罪或其他重大罪行……任何人不得对同一罪名,受到生命或人身的多重惩罚;亦不得在任何刑事案件中,被强制作为反对自己之证人。"第六修正案规定:"在刑事起诉中,被告应享有获得及时与公开审判之权利;审判应由犯罪所发生的州和地区之陪审团所作出。被告还应有权被通告指控的性质与理由,面质反对他的证人、获得有利于他的证人之强制程序,并为其辩护而获得律师之帮助。"法国《人权宣言》第 7 条规定:"除非根据法律及其所规定的程序,任何人不得受到指控、逮捕或拘留。"第 9 条规定:"除非被宣布有罪,每个人都必须被假设无辜。"德国《基本法》第 103 条规定:"人人都有权依法在法院获得听证。……按照普遍的刑事立法,对于同一行为而言,任何人不得受到一次以上惩罚。"第 104 条规定:"个人自由只能被正式法律所限制,且限制形式必须和法律规定相一致。受到拘留的人不得受到精神或肉体虐待。只有法官才能决定是否或继续允许对任何自由之剥夺……在逮捕第二天之后,警察不得继续以其权力拘留任何人。细节应受到法律之调控。因涉嫌犯罪而被暂时逮捕的任何人,皆应在不超过逮捕的第二天即被送交法院。"

第四,信仰也是人性的基本需要,且由于信仰是主观与内在的,国家干预必然是无效的,并极可能导致任意和严酷的专制。美国宪法第一修正案规定:"国会不得制定法律,以涉及宗教信仰或禁止其自由活动。"法国《人权宣言》第 10 条规定,任何人不得因其关于宗教的见解而受到骚扰或恐吓。德国《基本法》第 4 条规定:"信仰、道德、信奉宗教或特殊哲学的自由,均不得受到侵犯。不受干扰的宗教活动应获得保障。"鉴于纳粹时期对人类良知的践踏,第 3 款还特别规定:"任何人皆不得被强迫违反其良知,为涉及武器使用的战争而服役。"中国《宪法》第 36 条规定:"公民有宗教信仰自由。任何国家机关、社会团体和个人不得强制公民信仰宗教或者不信仰宗教,不得歧视信仰宗教的公民和不信仰宗教的公民。"

五、宗教必须和政治分离

在《美国的民主》一书中,托克维尔从人的本性出发论证宗教存在的必要性。"专制或许不需要信仰,但自由不行。"[①]他在上卷中认为,自由人的心灵必然对世俗世界之外的事物产生向往,而剥夺信仰自由将使这种欲望得不到满足。且宗教一般都主张正义、行善和约束私欲,压制宗教将损害社会道德,并混淆正义与邪恶,从而在人心中产生无数种难以满足的物质欲望,最终向专制主义打开大门。在该书下卷中,托克维尔对宗教的实用主义态度更为明显。他甚至认为无论什么宗教——哪怕是世界上最"粗制滥造"的信仰——对社会都有好处,因

---

① Alexis de Tocqueville, *Democracy in America*, George Lawrence (trans.), J. P. Mayer (ed.), New York: Harper & Row (1969), p. 294.

为信仰是几乎每个人都必须有的,而剥夺自由必将产生心灵的空虚和"信仰危机"。即使最伟大的哲学家也不得不相信无数前人论证过的理论设定,而不忙于亲自求证它们的正确性,才能在前人的基础上建造自己的楼阁。因此,"宗教的主要功能是净化、控制和约束人在平等时期对物质生活的过分和单一追求……它将永远不能成功地阻止人们热爱财富,但它将引导他们用诚实的手段致富。"①

托克维尔进一步认为,宗教的这种力量来自其超越政治的地位。与当时欧洲的宗教相比,美国的宗教之所以有活力,正因为它脱离政治。在欧洲,宗教和政治纠葛在一起,不同的宗教势力总想获得官方的认同,甚至获得唯我独尊的垄断地位,以压制其他信仰,从而彼此之间争斗不断,而这类宗教纷争其实是以宗教为名的政治权力斗争。然而,一旦卷入政治,宗教就将面临衰亡。这是因为政治是一种世俗力量,它可能一时强大,但其寿命是短暂的。因此,如果和政治发生联系,宗教虽然可能分享其一时的强盛,但必然摆脱不了和其一同衰落的命运。设想如果美国基督教的某个教派和民主党发生了联系,那么它固然能随着民主党总统的上台而获得好处,但也必将在4年或8年后随着总统易位而受到冷落。因此,宗教要长盛不衰,就必须割断和政治的纽带。宗教"长寿"的秘诀最终在于政教分离。②

六、言论自由是所有自由的"王牌"

最后,让我们将关注转向制度层面的权利。和个人层面的权利相似,体制层面(institutional)的权利也是关系到个人的自由,但其存在理由很大一部分来自于这类自由对政治体制的作用。和国家制度直接相关的自由当然包括组织政党和参与选举过程的权利,但与此相关的还有公民的各类"表达自由"(freedom of expression),包括言论、出版、集会、结社、游行、示威的自由(中国《宪法》第35条)。这些自由虽然不一定直接触动国家的政治制度,但它们影响甚至决定着国家政治得以运行的社会环境与文化基础。事实上,从有关刑法条款来看,中国把这些权利和选举权一样划归为"政治权利"的范畴。

在此,我们以言论自由(freedom of speech)为代表,论述这些相关权利的重要性。事实上,如果采取广义解释,言论自由可以涵盖新闻、出版、游行、示威等自由。在某种意义上,集会和结社自由也可以被视为言论自由的一种沿展,尽管各国宪法专门有条款对它们提供特殊保护。美国宪法第一修正案规定:"国会

---

① Alexis de Tocqueville, *Democracy in America*, George Lawrence (trans.), J. P. Mayer (ed.), New York: Harper & Row (1969), p. 448.
② Ibid., pp. 295—301.

不得制定法律……剥夺言论或出版自由,或剥夺人民和平集会与请愿政府给予申冤之权利。"法国于 1901 年制定的《结社契约法》是结社自由领域的宪法性法律。其中第 2 条规定:"个人可自由结社,而无须获得批准或事前宣告。"第 3 条对这项权利进行了限制:"如果基于非法目的、和法律或良好道德相抵触、或其目标是为了削弱国家的领土完整或政府的共和形式,那么任何这类社团(Association)一律无效。"第四共和国宪法前言第四条还规定:"每个人皆可通过工会行动来保护其权利和利益,并可选择加入工会。"第 5 条规定:"罢工权利可在有关法律的构架内获得行使。"德国《基本法》第 8 条规定:"无需事先通知或允许,所有德国人都有权举行和平与非武装集会。对于露天集会,本项权利可根据法律而受到限制。"第 9 条规定:"所有德国人都有权结成协会、合伙与企业。如果结社目的或行动违反了刑事法、抵抗宪政秩序或国际协定,那么协会即应被禁止。每个人和所有职业都应被保证结社权利,以保障和提高工作与经济条件。限制或破坏这项权利的协议一律无效;为此采取的措施是非法的。"因此,和言论与新闻自由相比,现代宪法一般对集会与结社自由赋予更多的限制。

1. 言论自由的重要性

在所有自由当中,言论自由最为重要。这固然和人的本性有关——人是一种"语言动物",她需要用话语、文字、图像、音乐、歌声、表情、姿态等各种方式的"言论"和他人交流;看看普通人的日常行为,言论是最常见、最便利、成本最小、传播最快的人类交流方式,因而也是最容易产生争议和诉讼的人间行为——翻开美国法学院的案例书,在通常 1500 页左右的教程中,一半以上的篇幅全是关于各类言论自由的案例。禁锢言论,就等于戕灭人性——你可以设想一个没有言论的沉默世界,社会生活(如果还存在的话)将变得多么乏味、不便、孤独、可怕! 但更重要的是,言论自由是所有其他自由的前提;可以说,没有言论自由,其他自由就不存在,至少得不到可靠的保障。这是因为言论还是一种政治性权利,是民主政治得以开展并维持的前提。没有自由言论,人民就不可能对政府官员的所作所为提出意见和批评;公共信息就得不到充分交流和传播,因而也不可能产生一个理性的民主政府——如果你都不清楚人民代表所代表的利益或立场是什么,又如何作出明智的选择呢?

不仅如此,言论自由还直接维系着社会的道德基础。限制言论——尤其是统治势力不愿听到的言论,人们就不敢说真话,社会就必然充斥着空话、大话、假话。人人心照不宣,却因为压力或诱惑而被迫公开说谎。没有什么能比这更摧残一个民族的人格和良知,整个社会将变得麻木不仁、玩世不恭。没有人敢于真诚地探讨切中要害的社会问题,也没有人敢信任别人,因为这种社会充斥着形形色色的"骗子"——自由虽未必能保证诚实,却是诚实的处所;压制自由,诚实就消失了。社会将失去互信的基础,陷入一个尔虞我诈、相互防备、孤独炎凉的道德荒漠。因此,压制言论,就将制造虚假、狡诈、背叛、冷漠。相反,言论自由所造就的是一个真诚、严肃、务实的人格;畅所欲言不仅使有意义的政治交流成为可能,而且使人得以超越对压制的恐惧,恢复作为人的真性和尊严。

2. 政府不可能有效限制言论与新闻自由

不仅言论自由具有重要作用,而且限制言论自由具有特殊困难。在《美国的民主》一书中,托克维尔讨论了新闻自由的特点,并认为这一领域或者绝对自由、或者绝对奴役,在两个极端之间不存在中间状态。① 这是因为言论和光一样,传播速度快、成本低,因而只要留下一点空间,限制言论和新闻的努力就将归于失败。因此,要限制言论和新闻,唯一的途径是全面封杀写作和表达自由,形成万马齐喑的独裁专制。但即使正常的新闻被封锁,"小道消息"还是可以不胫而走,并由于人民的新鲜与好奇在社会广泛传播。新闻封锁的目的原来是为了维护政府形象,但除非在极端专制和封闭的国家,这一手段往往是得不偿失——如果老百姓明明知道政府在封锁消息,因而政府提供的信息不可信,信息封锁如何能提高政府在公民心中的地位呢?现代信息技术——尤其是计算机网络技术——的发展使不同地区的人类信息交流越来越容易,也使对言论的控制越来越困难。

托克维尔进一步指出,新闻对社会的危险和新闻自由的程度成反比。如果一个国家只有少数几家报社,那么它们的消息对社会就起着举足轻重的影响;相反,如果这个国家有多种报纸,那么它们之间的竞争将部分抵消各自的影响。因此,新闻媒介的分量和其数量成反比;在新闻越不自由的国家,新闻自由就越危险。"最开明的美国人把报社权力的微弱归因于其不可思议的分散;那里的政治学格言是,中和报纸作用的唯一办法是增加它们的数量。"②

当然,这个条件在今天已不再成立了;在竞争和垄断的背景下,美国新闻早已不是"不可思议的分散",而是为少数几家寡头所拥有。和电视与广播相比,报纸因对运转资金的要求相对较低,仍然维持了一定程度的多元化。但现代发展趋势总的表明,只是消极地保护新闻自由已经不够了;要切实保障新闻自由,法院还必须进一步规定电台和报社组织在利益与观点上的多元化。

3. 言论与新闻自由在历史上仍然受到压制

虽然如此,言论自由绝不是从来存在的。作为一项制度,它其实是相当现代的产物。阻碍言论自由的主要有两种相关的原因:教条主义(dogmatism)和对社会动乱的恐惧。教条主义就是言论自由的死敌,因为它确信只有一种学说——

---

① Alexis de Tocqueville, *Democracy in America*, George Lawrence (trans.), J. P. Mayer (ed.), New York: Harper & Row (1969), pp. 180—181.
② Ibid., p. 184.

尤其是道德或政治学说——是正确的；既然如此，其他与此不同的学说必然是谬误，因而没有存在的必要。在中国和西方传统上，教条主义在绝大多数阶段种占据着统治地位。在西方，文艺复兴和新教革命极大地打击了传统教条的道德权威，并恢复了怀疑主义的历史地位。近代分析哲学对事实与规范的区分更使得教条主义丧失了哲学基础，成为没有逻辑意义的自我肯定。但如果在哲学上失去了意义，对言论的控制被长期认为对社会稳定是必要的。如果允许任何人随便诋毁政府，政府就失去了威信，因而难以维持必要的统治。在1704年的案例中[①]，英国上院的霍特大法官（Lord Holt）表达了当时的普遍忧虑：

> 如不禁止个人对人民灌输反政府思想，那么任何政府都不能生存；因为每一个政府都需要人民对它具有良好印象。对所有政府而言最为糟糕的，正是对政府管理产生敌视的努力。这一直被认为是犯罪，并且除非它受到惩罚，任何政府都自身难保。

在历史上，对言论的控制通常采用两种方式：通过政府对出版业实行审查和垄断的事前限制（prior restraint）和通过法律惩罚煽动或诽谤的事后控制。在1688年"光荣革命"以前，英国的国王（Crown）一直掌有控制出版的最高主权。从16世纪的亨利八世开始，王室即通过皇家审查、垄断专利以及枢密院（Privy Council）和星室法院（Star Chamber）的命令，来控制出版行业。1529年，皇家告示发表了英国第一份禁止出版的"异端和亵渎"书单。1538年，国王制订了对英国所有书籍的审查系统；没有经过王室任命的审查官同意，任何书籍的发行皆属违法。1557年，皇家委代"书文公司"（Stationer Company）行使这一职能。公司成员对国内媒介具有全盘控制权力；所有出版商都必须从公司官员那里获得许可，所有报社都必须在公司登记；除非属于公司成员或经由皇家特许，一切出版都受到查禁。"光荣革命"之后，对出版的控制权力从王室转移到议会，逐渐放宽了对出版的审查。在1694年，议会拒绝延长对"书文公司"的垄断特权，使出版控制从特许审查转变为征税或补贴。因此，一方面，政府对某些知名作家授予补贴，以促进它所欣赏的观点。另一方面，从1712年开始，报纸、传单、广告、杂志受制于政府的征税，这一措施有助于消除一些批评政府政策的短期刊物。直到19世纪前半叶，对出版施加的各类税收才销声匿迹。

控制言论的另一种方法是对煽动诽谤的指控。如果垄断审查在言论发表之前实行事前限制，那么煽动诽谤则在言论发表之后进行事后追究。煽动诽谤经常受到严厉惩罚，包括终身监禁和巨额罚款。在16世纪后期，这一理论原由星室法院发展起来。它原来的基础是：国王是一切正义与法律的源泉；他自然一贯

[①] *Rex v. Tutchin*, Holt 424.

正确,因而其行为超越任何人的批评。当星室法院在1641年被废除之后,普通法院接管了对煽动诽谤言论的审查。后来,煽动诽谤理论受到显著扩展;任何讨论政府行为的书籍和文章,都可能被定为煽动诽谤罪。和普通言论不同,政治言论的确实性并不能为批评者开脱。在某种程度上,对政府的批评越确切就越有罪,因为批评越具有说服力,就越可能严重破坏政府的形象。直到1792年通过了《福克斯诽谤法》(Fox's Libel Act)之后,才改变了这种状况。到1843年,英国终于放弃了诽谤法施加的绝对责任,允许为公共利益而发表的作品通过证明确实性而获得辩护。尽管如此,对不确实言论所规定的处罚仍然相当严厉。

4. 自由来自于怀疑

到19世纪,资产阶级成为经济和社会的中坚力量,自由主义思潮随之兴起。在政治层面上,人们对言论自由的态度也发生了转变。通过进步人士的争取奋斗,言论和新闻自由逐渐成为公民社会的普遍诉求。在1859的《论自由》一书中,经典自由主义理论家密尔总结了压制言论自由的几大危害[①]:

> 第一,如果有任何见解被迫沉默,那么我们可以肯定知道:这种见解可能是正确的;否认它就等于假设我们自己一贯正确。第二,尽管被迫沉默的见解可能有错,它经常含有部分真理;且既然对于任何议题,占据普遍优势的见解很少或从不代表全部真理,那么只有通过不同意见的交锋,才有任何可能提供真理的其余部分。第三,即使被接受的见解不但正确,而且代表全部真理,除非它受到有力和激烈的挑战,绝大多数接受者将以偏见的方式接受之,而很少能感受到其理性基础。不仅如此,学说本身将处于失去意义或受到削弱的危险中。

密尔的出发点是发轫于古希腊的西方怀疑主义传统。首先,绝对或唯一的真理是否存在,没有任何人能够验证;即使存在,也没有任何人有权宣称他认识了这种"真理"。终极真理在性质上是无限的,需要通过无限次试验才可能显现出来,而任何人、党派或学派都必然是有限的,因而在有限的时间和能力范围内不可能达到无限的目标;如果有一点可以肯定的话,那就是他们都会犯错误,且没有什么机制保证他们一定自己能够纠正错误。对自然或社会规律的认识必然是来自人的感知和理解,而这两种过程都可能会发生错误;即使人的意念或认识本身没有错误——而这实际上是不可能的,也不可能在有限的生命甚至整个人类历史所允许的有限次试验中绝对掌握作为真理的规律。即使对于"太阳东出西落"这样确定的经验命题,也存在着哪一天被否认的可能,更不用说人类发展

[①] John Stuart Mill, *Utilitarianism, On Liberty, Considerations on Representative Government*, London: J. M. Dent & Sons Ltd. (1972), Ch. 2.

的社会规律取决于人的主观努力等多种无法确定的因素。因此,任何人都不可能宣称他认识了不含有任何谬误的绝对真理。

其次,由于人的认识水平基本上是平等的,不同的意见一般都包含着部分真理,因而更没有人能宣称"只有"他才能认识真理的全部。真理有时确实可能掌握在少数人或"不受欢迎"的人手中——掌握在那些被社会主流势力批判、憎恨和不能容忍的人手中。在"大跃进"、"文化大革命"中,几乎没有人怀疑过这些运动的正确性。但是假如能听一听在"庐山会议"上受到批判的彭德怀元帅的意见,假如够让广大农民说出自己的真心话,那么极"左"的悲剧可能就不会发生,至少不会发展到如此严重的程度。

最后,即使假定被社会接受而不加质疑的观念代表了全部真理——这实际上当然又是不可能的,这种观念的确切含义仍然需要在辩论和挑战中获得澄清。例如,如何解释《圣经》?上帝和基督及其所创造的人类世界究竟是什么关系?既然人是按照上帝的映象(image)所创造的,为什么人间社会有那么多罪恶?如果说人被给予叛离神的自由,那么人对这种自由的行使在什么意义上构成了"原罪"?如果一切都是由历史规律命中注定的,是不是任何人都不需要对其行为导致的后果负责?所有这些问题都不可能通过任何官方钦定而获得实质性的解决。事实上,在争论这些和其他问题的过程中,基督教本身不能达成一致意见而分裂为许多个教派。一个有趣的现象是,分裂和争执不但没有使基督教衰落下去,而且反而更增添了它的活力;争论得越激烈,似乎就越表明人们的认真和确信的态度——不然为什么还要煞有介事地争论呢?倒是在那些某一种教条被奉为不可质疑、不可挑战之"真理"的地方,"真理"失去了意义。怀疑从来是信仰的天敌,但一个社会失去了怀疑,也就失去了信仰;没有对信仰的挑战和反思,信仰本身就不可能确立和深化,就像建在沙滩上的大厦一样迟早要倒塌。

归根结底,人是一种信仰动物,他追求并渴望垄断真理。他的自信往往致使他轻信自己的发现,他的好胜致使他急于把自己的观念强加到别人头上,并对不同意见感到难以容忍;如果可能,他将利用所掌握的权力让自己的观念获得社会的普遍承认,并获得某种官封的"正统"地位以保证其确定性,且如果压制带来抱怨的话,他可以因自己的好心而获得慰藉。因此,在中外历史上,许多教条曾被奉为人类或宇宙的"铁律"、不可质疑的"真理"或不可偏离的"天道",并以至仁至善的名义对"异端"采取了最为严厉的惩罚。教士不能结婚、男女不能避孕、妇女不能堕胎,曾被认为是不容置疑的上帝旨意;"三纲五常"、"三年之丧"、妇女裹脚,曾被认为是人性的最高体现,是人之所以为人的道德法则。在坚信不疑地实施这些宇宙法则的过程中,国家和社会制造了多少人间悲喜剧,但人们到头来还是发现,那些曾被不遗余力捍卫过的"真理"只不过是一场历史笑话而已;它们造就了权势、权威以及公认为合法的暴力,但这些并不能使它们变得更"正确",或改变它们迟早被揭穿和淘汰的命运。人类理应从他们的历史——有的就发生在不远的过去——汲取一点教训。

5. 言论自由就是思想的自由竞争

怀疑主义指导着美国联邦最高法院对宪法第一修正案的解释。在第一次世界大战前后,美国联邦与各州制定了一系列法律来惩罚左派言行。1917年,国会制定了《反间谍法》(Espionage Act),惩罚干预合众国军事行动的任何企图、故意引起士兵违抗、兵变或背叛的言行以及故意阻碍征兵计划的言行。根据这一法案,五名俄籍美国居民受到四点指控。第一,"以背叛、污秽、辱骂的语言描绘合众国政府形式";第二,"企图蔑视、嘲弄、毁誉并拒不服从合众国政府";第三,"企图煽动、挑拨并鼓励反对合众国进行战争";第四,阴谋"通过言论、文字、印刷与出版,蓄意违法怂恿、煽动并鼓吹削减对从事战争所必需的军火生产"。

在地区法院,这些被告因以上言论而被陪审团判决有罪。联邦最高法院维持了陪审团的裁决。多数法官认为,这些传单清楚表明了挑动和鼓励去抵制合众国战备的企图,并为了削减战争所必需的军火生产而煽动和提议兵工厂大罢工。但霍姆斯大法官发表了著名的反对意见,虽然他在这项意见中是少数,但他所发展的"市场理论"最终为美国社会和最高法院的多数所接受。他精辟指出[1]:

> 在我看来,对表达见解实行迫害是完全符合逻辑的。如果你对自己的假定或权力不加怀疑,并一心想得到某种结果,你自然会把自己的意愿表达在法律之中,并扫除一切反对障碍。允许反对言论似乎表明你认为其言论无足轻重——就像有人说他能够化方为圆,或你怀疑自己的权力或假设。但一旦人们理解时间曾推翻过一度富有战斗力的许多信念,他们终于……坚信:他们所期望的至善,最好通过思想的自由交流(free trade)获得;对真理的最佳检验,在于思想在市场竞争中获得接受的力量,并且这项真理是其愿望得以实现的唯一基础。无论如何,这是我们的宪法理论;它是一场试验,正如任何生活都是一场试验。每年每月,我们都必须把命运押在对未来的预见之上,而这种预见必然基于不完善的知识。既然这项试验是我们体制的一部分,我们就应该永远保持警惕,避免试图去控制那些我们憎恨并认为致命的言论——除非它们如此紧迫地威胁去干扰迫切的合法目标,以至要求立刻控制来拯救国家……把危害留待时间来加以纠正,有时确实会构

---

[1] *Abrams v. United States*, 250 U.S. 616.

成直接危险;只有这种紧急情形才能为第一修正案的绝对命令提供任何例外。

既然生活是一场"试验",以生活为原料的宪政也必然是一场试验。每一项宪法决定、每一项法律或国家政策,都基于对未来状况的猜测。例如中国加入WTO无疑表明中国经济正式跨入了世界的门槛,中国可以和发达与发展中国家按照国际贸易规则进行自由、公平竞争。但这显然不一定是有百利无一害的:跨国公司的涌入可能会打击国内工业,使已经处于困难之中的国有企业"雪上加霜";失业人口会增加吗?社会福利制度的建构能跟上社会需要的节奏吗?农产品的进口是否会冲击中国农业?银行业的前景如何?国际竞争压力将促使中国企业建立现代化的管理制度,提高工作人员的素质,还是导致它们面临亏损甚至破产的厄运?这些问题在加入WTO之前是无法准确回答的。在很大程度上,它取决于中国政府的政策、国民的素质、企业的努力等诸多数学方程无法决定的因素。因此,加入WTO对中国也是一场"试验",其后果是不可能完全预见的。既然如此,有人对此提出异议,乃是完全正常与正当的。忧虑或恐惧是危害的信号,因而不但不应该受到压制,反而正是社会和政府所必须认真对待的。

既然没有人能确切把握或垄断真理,既然人的知识必然是基于对未来不完全准确的预见之上,既然任何法律、政策、思想或理论都不可能绝对"正确",那么就没有理由压制不同意见。既然没有任何人能够垄断真理,也就没有人能垄断衡量真理的权力。就和没有人能宣称"熊猫牌"电视是世界上最好的电视、"桑塔纳"一定是世界上最好的汽车一样,什么是对社会最有价值的观念将在思想的"自由市场"上获得检验;某种观点是"香花"还是"毒草",并不需要官方鉴定,因为思想观念的广大"消费者"根据其自身经验和需要知道得更清楚,因而他们的"鉴定"(拥护还是反对)更为可靠。如果某种思想对社会是有害的,那么我们应该相信广大公民的判断——就和我们相信消费者的市场判断一样,这种思想将和劣质产品一样在思想市场上迅速淘汰;最后在市场竞争中保留下来的,是那些长期证明对社会有效的思想观念。

6. 自由最终来自对人民的信任

"信任"这个词和包括宪法在内的法律没有什么直接关系,但它在这里再次发挥了关键作用。必须强调的是,言论是有可能产生社会后果的;如果社会后果足够严重,那么政府可以加以控制。政府对言论可以进行合法控制的程度,取决于公众作为"观念的消费者"可被信任的程度。如果"消费者"可以被信任鉴别"香花"、"毒草",那么政府对言论的控制就没有太大余地;但如果对"消费者"的鉴别能力有疑问,并且错误的鉴定被认为将产生严重的社会后果,那么就和"市场失灵"的情形一样,政府就有理由为了公共利益而进行控制或干预。公民是否能被信任——这当然和公民素质有关,但答案也取决于观念和态度;公民的能力未必如想象得那么低,对鉴别能力的要求和控制的必要性也未必如想象得那么高。更何况鉴别能力是锻炼出来的——如果公民一直没有鉴别的机会,那么他们就不会发展鉴别能力;政府因公民鉴别能力不够而控制言论,但它忽视了正是这种控制削弱了公民的鉴别能力。

不论如何,如果是为了防止言论的不良后果而进行控制,那么这种后果不应仅被宣称,而必须被比较确凿地证明。中外历史证明,没有哪个政府特别喜欢言论自由;即使那些原先提倡言论自由的人,一旦自己上台以后也就改变了看法——连那么了不起的杰弗逊总统也是这样。这其实是十分自然的——有谁会愿意别人在台下指手画脚,让人如芒在背呢?但历史同样证明,人类已经饱尝了专制的苦果。对言论的压制不但使政府变得肆无忌惮,使人们失去真理的另一面,使整个社会或民族看不到自己的弱点与盲点,使思想的市场变得空前凋零与贫乏,它还导致许多无谓的争斗、迫害和报复——或用经济学的话说,导致巨大的内耗和资源浪费。可以看看中国历史上儒家如何一开始自己受迫害,然后又如何压制别的"异端邪说"。其实在今天看来,儒家、法家、墨家、道家都有合理成分,同时并存并非不可能,更没有什么社会危害,而相互压制、争夺"正统"倒确实给社会增添了不安定因素——尊严和安全是人的基本需要,自卫和复仇是人的本能。因此,言论自由所可能产生的危害,必须和压制自由所产生的危害相平衡。以下案例对这个问题作了充分阐述。

第一次世界大战之后,战事暂告结束,因而联邦政府失去了控制左派言论的理由。但各州仍然继续实施州法以惩罚左派言论。在1927年的"左翼党派第二案"①,加州的《犯罪集团刑事法》(Criminal Syndicalism Act),把鼓吹、教唆、帮助或鼓动利用暴力来改变政治或企业所有权的活动定义为重罪。被告惠特妮是相对激进的共产劳动党成员。该党把莫斯科制订的《第三国际宣言》作为党纲,目的是在美国形成"统一的工人阶级革命运动",通过阶级斗争来推翻资本主义统治、建立无产阶级专政并实现共产主义。虽然被告表明她本人并不赞同该党的暴力革命主张或去违反任何法律,她还是受到指控并被州法院定罪。在联邦最高法院,被告宣称《犯罪集团法》违反了第十四修正案的正当程序、平等保护和对自由言论的保障。最高法院的多数意见驳回了对州法的全部挑战,但布兰代斯大法官(J. Brandeis)发表的赞同意见为自由言论作了精彩的辩护。他指出:

> 那些赢得我们独立的人相信,国家的最终目的在于保障人类发展才能的自由,并且在政府内部,其理智力量应超越任意力量。他们把自由同时作为宝贵的目标与手段。他们相信幸福在于自由,自由来自勇气。他们相信:

---

① *Whitney v. California*, 274 U.S. 357.

自由思考、畅所欲言,乃是发现与传播政治真理所必不可少的手段;没有自由言论,任何集会讨论都将徒劳无获;有了自由言论,讨论本身通常提供了合适防御,以抵制有害理论的传播;公共讨论乃是政治责任,它应成为美国政府的基本原则。他们认识到所有人类机构所面临的风险;但他们也知道:简单地通过惩罚犯罪而引起恐惧,并不能使秩序获得保障;压制思考、希望和想象必将招致灾难。他们知道:畏惧孕育着压制,压制孕育着仇恨,而仇恨威胁着政府的稳定;安全之路在于自由讨论、伸张不幸并提出解救的机会……他们相信公共讨论中的理性力量,并避免使用最糟糕的武力形式——法律——来强制沉默。他们承认政府多数的偶然专制,因而修正宪法使自由言论和集会受到保障。

对严重伤害的恐惧本身,并不能为自由言论的压制提供理由;人们曾因害怕巫婆而焚烧妇女。言论本身的作用就在于把人们从非理性的恐惧中解脱出来。要为压制言论提供理由,就必须存在畏惧的合理基础:一旦实行自由言论,严重危害就将产生;所忧虑的危险必须迫在眉睫,并且所要防止的危害必须是严重的……如果宣扬违法并未构成煽动,且没有证据表明这类倡议将被立即实施,那么无论在道德上应受到何种谴责,宣扬违法并不能成为剥夺自由言论的理由。我们必须记住宣扬与煽动、准备与企图、集会与阴谋之间的区别。要发现清楚与现存的危险,政府必须证明即刻的严重暴力可被预期或受到鼓动。

那些经过革命并赢得我们独立的人并非懦夫;他们不怕政治交流。他们并未牺牲自由来巩固秩序。在大众政治过程中,勇敢自立的人们对自由和无畏的理性力量充满了信心;除非所忧虑的危害是如此紧迫,以至它将在进行完全讨论的机会之前降临,任何来自言论的危险都不能被认为是清楚与现存的。如果有时间通过讨论来揭示谬误,那么为了通过教育来预防危害,合适方法是更多的言论——而非强制沉默。只有紧急状态才能为压制提供理由;如果权力必须与自由和解,这就是必然规则。

因此,如果我们能"相信公共讨论中的理性力量",不怕政治交流,不被"非理性的恐惧"所压倒,那么巩固秩序的手段是更多而不是更少的言论自由。事实上,言论本身就是医治"非理性恐惧"的药方。例如,允许那些反对中国加入WTO 的意见公开发表,是否会"扰乱人心"?是否会阻碍经济改革的进程甚至破坏社会的"安定团结"?我们并不能说这种恐惧是杞人忧天,但它本身也确实只是一种猜测而已。允许反对意见以各种形式公开发表、充分发挥,并不一定会产生任何严重后果;相反,它可能在辩论的过程中受到有力的反驳,从而使更多的人对 WTO 的运作更为了解,并对中国加入 WTO 的前景更有信心;抑或辩论的结果表明,对 WTO 的忧虑并非无中生有,因而政府至少应该采取适当的防范措施来保护中国公民的利益,而这只不过更证明了言论自由的必要性。如果要压制对 WTO 的反对意见,就不能仅基于对这种意见的恐惧及对其社会后果的猜测,而必须证明这种意见一旦流入社会,就立刻会产生清楚和严重的危害,因而不可能通过交流、辩论、说服、教育的过程加以纠正。

这就是前文(本章第二节相关内容)所述霍姆斯大法官为第一修正案所发展的审查标准:清楚与现存的危险标准。要控制言论,危害必须是真实的而非想象的,是清楚的而非模糊或不确定的,是即刻就要发生而非遥遥无期的。所谓"清楚",是指危险不是一种模糊的想象或推测,而是普通人按照常识都能认识到的危险,而且危险是相当严重的——例如暴动或骚乱;所谓"现存",是指危险立刻就要发生,而不是在将来的某个时候——因为到那时,公开与充分的讨论和辩论完全可以防止危险的发生,而不需要人为控制。

既然言论自由——尤其是批评政府的自由——具有如此重要的社会价值,为什么对言论自由的保障即使在欧美国家也只是近代的现象,而至今在世界范围内仍然是例外而非规则? 这主要是因为言论自由的代价在许多人眼里是明显的,而收益却是长期与潜在的。压制一句显然不受欢迎的言论当时就能产生快感,但不至于立刻引发暴政,而对某些言论的纵容则确实可能会影响社会安定,至少很多人认为如此。一般人看不到压制变成系统规则以后的长期危害,政府则显然出于自身利益更乐于弹压对自己的批评。因此,保护言论自由的前提是一个民族的远见和勇气——不只是统治者的远见,因为我们不能期望他们都能像子路那样"闻过则喜",而是普通百姓对国家长远利益的理性认识和关怀,且这还假定他们的关怀能通过某种政治机制成为现实。这是为什么言论自由作为一项宪法制度的建立是如此困难。

7. 结社自由对于公民社会是必不可少的

广义的言论或表达自由还包括结社自由。但和一般的言论或新闻自由相比,结社自由更加危险,也更难以控制,因而很少有国家能容忍没有限制的结社自由。然而,结社自由对于自由民主而言极为重要;没有它,公民就成了一个个游离的"孤子",相互之间不能形成理解、共识和感情,也不能形成市民社会(civil society)来管理自己的事务,因而最后必然事事依赖国家,无形中助长了政府与社会的家长式专制主义倾向。

在《论美国的民主》一书中,托克维尔为结社自由提供了精辟的辩护。通过培养公民团结自治,结社自由是民主社会防止政府专制的最有力手段。结社能够团结公民个体的力量以抵御国家与社会的专制。每个人的力量都是微弱的,并在现代大社会中容易产生消极悲观的情绪;但社团能把公民们带到一起,增强他们的力量、信心和感情,使他们更为相互关心。如果公民获得了结社自由,那么他们不论大事小事都会养成结社的习惯,并通过社团的力量来解决他们之间的问题,从而减少政府直接干预的必要性。

当然,某些极端社团可能会危及社会稳定,例如美国一直允许"三 K 党"(Ku Klux Klan)存在,而这一组织曾用暴力迫害黑人等少数民族,并至今仍鼓吹采取暴力手段实行种族歧视。但托克维尔认为,结社自由无论如何危险,也将防止地下组织的存在;与其禁止这类组织,不如使它们的活动公开化。因此,"在美国只有派系,而不存在阴谋家"。"在极为复杂的人类法律系统中,极端的自由有时能纠正自由的滥用,极端的民主能预防民主的危险。"①

最后,结社自由和组党自由是紧密结合在一起的,因为党派无非就是一种特殊的公民团体——为选举而组织的政治团体。托克维尔认为,如果政党被禁止,那么一般的公民团体必然就很少见;而如果政党被允许自由存在,那么政党实践又将给公民社团提供广泛经验。在一个政治压抑的国家里,其公民社团必然也格外强调组织纪律和等级控制。因此,一个民族的公民结社的技能取决于其组织政治社团的技能,而公民结社又是通往政治结社的必经之路。

七、你有义务行使选举权

作为一种制度性权利,言论和新闻自由的存在价值在很大程度上在于它之于民主选举的必要性。至少到目前位置,民主是维护公共利益的唯一长期可靠的制度,选举是实现民主的不可替代的过程,而言论和新闻自由是保证实质性选举的基本条件——如果选民和候选人之间没有充分的信息交换,选民都不知道候选人对自己来说意味着什么,又该选谁呢?

1. 选举的职能

从实用主义与功利主义的角度看,民主选举的理论基础大致如下。首先,一般都同意,社会需要一个政府的统治,但什么样的政府呢? 回到宪政的出发点:一个能够代表并促进"公共利益"的政府,其中你我的根本利益都能获得一定程度的保障。因此,这个政府的主要领导人——尤其是政策与法律决定机构——必须能至少近似地代表社会中每个人的利益。

其次,这个政府由谁组成并如何产生呢? 这个问题的答案又需要下列经验假定。第一,社会利益是分化与不同的,每个人都有其特殊的利益和需要,且这些利益和需要经常产生不可调和的冲突,因而不可能前后一致地被同一个党派、组织或个人所代表。第二,根据理性选择理论,每个人都是自己利益的最可靠代表和守护人。确实,不一定每个人都能清楚地知道并表达自己的利益,但大多数人对自己的利益和需要比别人更为清楚,至少在适当的引导和公共辩论之后是

---

① Tocqueville, *Democracy in America*, pp. 521—524.

如此。① 第三，对第二点的否认一直是专制的借口，而即使专制能在人类认知能力的局限性上找到一点为自己辩护的理由，它也不可能解决人的私欲和对权力的滥用问题——即使存在比人民自己或其代表更明智的人选，这样的人未必能在非民主程序中成为统治者，且即使他成为统治者并知道公共利益的需要，在缺乏外界压力的制度中，他也未必会情愿采取最能促进公共利益的法律或政策。退一万步说，即使能够找到"大公无私"的"明君"，确实愿意采用最符合公共利益的国家政策，他也未必有能力识别真正的公共利益，并可能会犯"常识性错误"。这使我们联想孔多塞（Condorcet）的"陪审团定理"（Jury's Theorem）：如果人的认知错误是随机发生的，那么不同人的错误可以相互抵消，最后"大浪淘沙"，把真理的金子筛选出来；且人数越多，集体决定发生错误的可能性越小（尽管不可能降到零）。因此，掌握政府的统治者或者是人民自己（"直接民主"），或者是受人民控制的代表。第四，由于现代社会的规模决定了"直接民主"因成本太高而不可行②，他们必须是受人民控制的少部分人。

最后，控制的最有效方式是选举。统治者首先是由选民们从代表不同利益的候选人中选出来，然后使他们的行为受到周期性的检查——可以是质询、罢免或连任竞选。总之，人民有权根据统治者的实绩来决定他们是否能够留任。这就是选举制度的要义和职能。

2. 选举的标准

要完成利益代表职能，选举应该具备如下基本特征。第一，选举权应该是普遍的；否则，很简单，所谓选举就不能代表所有人的利益。只有基于令人信服的公共利益的理由——如主要由年龄表征的发育状态不足以使之参与有意义的政治决定，才可以通过法律剥夺任何人的选举权。

第二，被选举权也应该是普遍的，候选人应当自由产生；否则，公众就失去了可供选择的对象。原则上，每个候选人都公开表明他代表了某种特定的政策组合（如是否支持消除贫富两极分化、是否支持计划生育等），因而对应着支持这种组合的选民团体。一般的，候选人应该心表如一，真心拥护其所代表的政策。这个要求并不是必须的，因为统治者的直接利益是维持统治，而不是代表其他人（"人民"）的利益，因而我们只需要保证其维持统治的利益通过选举而受到直接控制。但在事实上，每个候选人都有自己的政治观念，且这种观念将对统治行为产生难以掩盖的稳定影响。

第三，选举过程应该是自由的，而不是受到强迫或操纵的；否则，"选举"就完全失去了意义。这基本上要求投票是无记名与秘密的，以防止政客对选民施

---

① 参见王世杰、钱端升：《比较宪法》，中国政法大学出版社第 1997 年版，第 132—140 页。
② 参见〔美〕达尔：《论民主》，商务印书馆 1999 年版，第 114—122 页。

加压力。

第四,选举权应该是平等的,即每张选票都应大致代表同样的分量("一人一票"原则);否则,和其他选民相比,某些选民就被不适当地剥夺或限制了选举权。如下所述,这个领域产生了最多的宪法诉讼。根据广义解释,选举权的平等也包括了普遍性要求;如果某类人口被剥夺了选举权,那么问题自然是这种剥夺是否构成了对基本权利的歧视。因此,在 1985 年的"州禁罪犯表决案"[①]中,美国阿拉巴马州的宪法规定:凡是犯有"道德败坏"(moral turpitude)之罪的人,一律被剥夺选举权。鉴于这项规定对黑人公民的不均衡影响,联邦最高法院判决州宪条款违反了第十四修正案的"平等保护"。

第五,选举应尽可能是直接而非间接的。所谓"直接选举",就是政策制定者直接由选民选举产生,例如美国的联邦众议院和现在的参议院;所谓间接选举,就是由人民选举的代表进一步选择最终决策者,例如在 1913 年通过的第十七修正案之前,美国的联邦参议员是由各州议会代表决定的。目前美国总统的"选举院"(Electoral College)制度在名义上是间接选举,即由各州先产生选举人,然后由选举人选择联邦总统,但选举人的选择实际上受到严格限制,因而美国总统的选举很接近直接选举。就和直接民主一样,直接选举虽然成本可能要比间接选举高,但它显然更为民主,且对统治者构成更有效的监督。一般的,任何监督都不可能是绝对有效的,且每增加一个环节,监督效率就相应下降。因此,在 1913 年以前,要监督联邦参议院,美国选民只有通过监督各州众议院,而实践证明这种监督不可能很有效。因此,选举越是间接,代表选代表的层级越多,选举的控制与监督效率就越低。

推荐阅读

1. Aristotle, *The Politics*, Stephen Everson (ed.), Cambridge University Press (1988).

亚里士多德的《政治学》是建立在以个人义务为导向的传统伦理之上,因而对"权利"概念论述甚少。但是亚里士多德对私有财产的经典论断却为现代财产权的宪法保护和限制奠定了理论基础(参见 1263a25-29),至今仍然定义着各宪政国家财产权体制的基本模式。

2. Thomas Hobbes, *Leviathan*, Penguin (1968).

霍布斯的《利维坦》开启了西方自由主义,是近代颠覆古典秩序的奠基之作。虽然霍布斯的理论带有君主专制倾向,但是其概念之清晰、逻辑之严密使他有"政治学的牛顿"之称。《利维坦》代表了西方思维的根本转向。从此之后,西

---

① *Hunter v. Underwood*, 471 U.S. 222.

方伦理从义务导向逐渐转变到权利导向。

3. John Locke, *Two Treatises of Government*, Peter Laslett (ed.), Cambridge University Press (1960).

洛克的《政府论》(上、下)继承了霍布斯创始的社会契约的基本思路,但是修正了其中过分苛刻的前提假设,使结论更适合温和的新兴资产阶级的政治需要。洛克的自然权利理论不仅为英国的"光荣革命"提供了理论依据,而且也成为美国独立革命的理论基础。

4. Alexander Hamilton, James Madison and John Jay, *The Federalist Papers*, Clinton Rossiter (ed.), NAL Penguin (1961).

在洛克和孟德斯鸠的自由主义理论基础上,美国制宪者通过制定联邦宪法为个人权利提供了制度保障。在《联邦党文集》第10篇,麦迪逊提出了政治多元主义理论,认为宪政国家的作用在于维持不同派系或社会集团之间的平等竞争。《联邦党文集》构成了美国联邦立宪的主要理论依据,其中不少篇章论述了联邦立宪对于保障个人自由的重要性。

5. John Stuart Mill, *Utilitarianism*, *On Liberty*, *Considerations on Representative Government*, London: J. M. Dent & Sons Ltd. (1972).

如果说密尔的《功利主义》论述了政府应该追求的目标,那么《论自由》则阐述了政府干预不可超越的界限,尤其是其中第二章为言论自由作出了极其精彩的辩护。虽然多数人的权利(社会功利主义)可能和少数人的权利发生冲突,但密尔的理论本身表明两者并非不可调和。

6. Alexis de Tocqueville, *Democracy in America*, George Lawrence (trans.), J. P. Mayer (ed.), New York: Harper & Row (1969).

带着对民主的本能的堤防,托克维尔来到美国并近距离体会了那里的民主。虽然在看到地方权力的滥用之后发明了"多数人的暴政"这个使用频率很高的词汇,但他还是相当客观地肯定了地方民主自治的功能,并精辟论述了结社、新闻和宗教信仰等对于维护美国宪政体制极为关键的自由。

7. Frederick von Hayek, *The Constitution of Liberty*, University of Chicago Press (1960).

哈耶克继承了托克维尔对民主的忧虑,认为福利社会对人类进步后患无穷。他的《通往奴役之路》全面抨击了新政以来的国家干预和社会政策,《自由宪章》(也译为《自由秩序原理》)则重述了经典自由主义和传统消极自由对于宪政国家的重要性。

8. Charles Reich, The New Property, 73 *Yale Law Journal* 733—787 (1973).

虽然保守主义者极力反对,福利国家还是留存下来并成为现代社会挥之不去的一部分,甚至成为宪法重点保护的对象之一。赖克的《新财产》比较系统地描述了福利从政府馈赠到宪法权利的地位变迁,并概括了"第二代权利"(积极权利)的特征和发展过程。

9. Ronald Dworkin, *Taking Rights Seriously*, Cambridge: Harvard University Press (1978).

随着 20 世纪 60 年代公民权利运动的兴起,形形色色的新式权利在西方社会层出不穷。从种族平等到社会福利、从同性恋到安乐死,权利呈现出"爆炸"和泛滥的趋势。正如其标题所显示的,德沃金的《认真对待权利》警告人们严肃对待自己的诉求,否则势必"过犹不及",即便对于人类生活不可或缺的最重要的权利也将最终消失在无所不在的权利"噪音"中。

思考题

1. 什么是"权利"？它有哪些基本特征？为什么说"国家制度可以各国有别,人的权利则是普遍并超越国界的"？

2. 什么是"自由权"和"平等权"？它们两者之间是什么关系？什么是机会平等与结果平等、程序平等与实体平等、表面平等与实际平等？它们之间有什么联系和区别？什么是"事实歧视"与"法律歧视"？

3. 权利分为哪几种主要类型？分类依据是什么？权利或自由一般有几个"维度"？

4. 为什么说言论自由在各类权利中尤其重要？什么是言论自由的"市场竞争"理论？它的理论依据是什么？为什么说对言论自由的宽容态度体现了一种"信任"？

5. 言论自由和民主选举之间存在什么关系？

6. 为什么政教必须分离？宗教信仰自由的理论基础是什么？

第五章 个人与社会权利

个人权利和社会权利是两类重要的宪法基本权利。本章讨论了生命权、人格尊严、人身权利、财产权利、宗教信仰自由等个人权利和劳动权、受教育权、文化权利、社会保障权等社会权利。第一节探讨了个人权利与基本权利的关系、生命权的内容、人格尊严概念、宪法人格尊严与法律人格尊严的异同、人身自由及其限制、住宅安全、私有财产权保障、宗教信仰自由等问题。第二节探讨社会权利及其相对应的国家责任。社会权利要求国家采取积极措施建立社会福利制度，为个人提供生存所需的基本条件。国家应积极干预社会生活，消除社会不公，保护和帮助弱者。基于此种理念，才有了劳动权、受教育权、文化权利、社会保障权等。在这个意义上，社会权利乃是社会主义的"试金石"。

宪法上的基本权利，按照不同的标准可作不同的分类。人的生活领域基本上可分为个人生活领域、政治生活领域和除政治之外的其他社会生活领域三大方面。相应的，基本权利也可分个人权利、政治权利和社会权利三大类，而且世界上许多国家的宪法就是这样规定的，如1982年《土耳其宪法》、1983年《萨尔瓦多宪法》、1991年《乌兹别克斯坦宪法》、1997年《波兰宪法》等。在性质上，这里的个人权利主要是消极权利，也就是免于政府干涉的权利；社会权利大多是积极权利，也就是向政府索取的权利；政治权利则更进一步，是公民选择和控制政府的权利。

第一节 个人权利

值得注意的是，由于所有的基本权利的享有主体最终都是个人，所以学者们有时把所有的基本权利都称为个人权利或个人自由。而这里的个人权利（Individual Rights）则仅指人和公民在个人生活领域里的自由和权利。①

个人权利属于最基本的人权，是人和公民的基本自由和权利，也是宪法史上最早入宪的自由和权利。由于这些权利在早期多数的名称为自由，而且认为这

---

① 同样需要注意的是，个人权利的享有主体不限于本国公民，是指所有的人，包括外国人和无国籍的人。此外，"个人权利"与"个人自由"两个词在许多书籍以及本书经常会混同使用，这是一种习惯，更因为权利的主要内容是自由。

些权利不受国家干预,属于个人的自由空间,故一般称它们为"自由权"。由于个人权利最初的作用在于对抗国家权力,排除国家权力对个人领域的介入,防御国家的侵犯,要求国家消极不为,故它们又被称为"防御权"或"消极权利"。

对于个人权利的范围,各国宪法的规定以及学者们的概括都不尽相同。我们认为,个人权利主要包括生命权、人格尊严、人身自由、精神自由、表达自由等。关于言论、出版、集会、结社、游行、示威等表达自由,中国《宪法》并没有作定性分类规定,但中国《刑法》和官方文件以及学者们通常将这些表达自由视为政治权利。固然表达自由存在于人们的所有生活领域,可以说它们既是个人权利,又是政治权利,还是社会权利,但是基于习惯,加上表达自由与人们的政治生活关系密切,所以本书对表达自由的讨论仍放在"政治权利"一章。

一、生命权

生命权是指自然人按照自然规律,安全地存在于世界上,其生命不受非法剥夺和各种危险威胁,以及在法定的特殊情况下可以放弃生命的权利。

众所周知,生命是我们人类从事一切活动的前提和基础。没有生命,就没有一切,再也没有比人的生命更为宝贵的东西了。"生命权是人类的最高权利。它是其他一切权利的本源,是所有人权的基础。"[1]没有生命权,其他一切权利均无从谈起,其他任何权利也都没有意义,也不可能存在。可以说,生命权在整个人权和公民权利体系中处于基础地位,是一种最为基础的权利,是第一位的人权,是首要人权,是天下第一权。生命权是一项不可克减的权利,在与其他权利发生冲突时应当优先保障生命权。

值得注意的是,生命权与生存权是两个不同的概念。过去,国内一些著作通常将国际人权宪章以及外国宪法中的"生命权(right to life)"翻译为"生存权",这是误译。从国际人权宪章以及外国宪法的规定来看,"生存权"(right to subsistence),又称生活权或基本生活水准权[2],是指人人享有为他自己和家庭获得基本的生活水准,包括足够的食物、衣着、住房、医疗和必要的社会服务的权利。1991年国务院新闻办公室发布的中国第一份人权白皮书《中国的人权状况》指出:"人民的温饱问题基本解决了,人民的生存权问题也就基本解决了。"中国政府所主张的"生存权"主要是指温饱权,它属于国际人权宪章所规定的基本生活水准权的范畴。生命权与生存权是两个性质不同的权利,生命权是一项消极权利,强调的是国家消极不为,不得非法剥夺人的生命,故世界上许多国家的宪法通常将

---

[1] Nihal Jayawickrama, *The Judicial Application of Human Rights Law: National, Regional and International Jurisprudence*, Cambridge University Press, 2002, p.243.

[2] the right to an adequate standard of living,学者有的翻译为"适当生活水准权"或"充分生活水准权"等。

生命权与死刑的废除放在一起规定。而生存权在性质上属于积极权利,它要求国家积极作为,有责任采取必要的措施以确保本国公民维持基本的生活水准。

(一) 生命权的内容

生命权的内容有以下三项:存在权、安全权和一定的自主权。

1. 生命存在权

生命存在权是指人有权按照自然规律存在于世界上,其生命不受非法剥夺。人首先要有"命",没有生命的存在,就没有一切,也不能成为"人"。可见,对于个人乃至整个人类社会来说,生命的存在处于首要地位,正如马克思所指出的:"任何人类历史的第一个前提无疑是有生命的个人的存在。"所以,生命存在权应成为生命权的首要内容,它是生命权的核心。中国台湾地区学者李震山曾经明确指出:"从法理上,生命权之保障是侧重生物学上、物理学上肉体层面之生命,以其存在为重点。"[1]

2. 生命安全权

生命安全权是指人有权生活在安全的环境之中,其生命存在不受到各种危险的威胁。人的生命只有存在于安全的环境中,才能真正存在。如果人的生命始终处于各种危险之中,受到各种危险的威胁,人的生命也就可能随时不复存在。因此,生命安全权也应成为生命权的基本内容。生命存在,强调的是生命本身;而生命安全,强调的是外界环境,故生命存在权与生命安全权应并列成为生命权的内容。由此,那种认为"生命权则非有死亡发生,不能认为受侵害"的说法,显然是不对的,因为即使人尚未死亡,但其生命安全权可能受到侵害。

3. 一定的生命自主权

所谓一定的生命自主权,是指为免除难以忍受的极端痛苦,患有不治之症的垂危病人有权依照严格的法定条件选择安乐死(参见后文(二)中的相关讨论)。

在现代社会,越来越多的人重视生命的质量,认为人不仅要活着,更重要的是要活得有质量、有意义,主张所有的人都有权根据生命质量的高低、优劣来决定相应的医疗措施,安乐死应当成为一种权利。例如,荷兰著名人道主义学者简·格拉斯特·范隆认为:"延续一个人的生命与结束一个人的生命之间的选择与这种自我决定的权利紧密相关。所有的人都必须被允许自我决定自己的生与死,应当有成文的法律规定保证和保护人们对自己生命做决定的权利,对于死亡不可避免而又遭受极大痛苦的病人来说,满足他们人生最后一个要求是人道的,他们应当有这个权利。"[2]而且,目前在荷兰、比利时等国家,安乐死已经合法化,安乐死已经成为一种法律上的权利,固然这种权利是有限的,有严格的条件

---

[1] 李震山著:《人性尊严与人权保障》,台湾元照出版公司2000年版,第134页。
[2] 转引自〔美〕保罗·库尔兹著:《21世纪的人道主义》,肖峰译,东方出版社1998年版,第359页。

限制,但在这些国家,人们已经享有一定的生命自主权。

此外,许多学者认为,生命权的内容还应包括请求权。[①]笔者以为,生命权本身并不包括请求权的内容。不管是要求责任人改变威胁生命安全的危险环境,还是请求司法机关依法消除威胁生命安全的危险,或者是在生命受到侵害时请求司法机关依法保护,都属于对生命权的救济方式,并不属于生命权本身,它们与生命权的内容不是一回事,将权利的救济方式与权利的内容混为一谈在逻辑上是行不通的。所谓生命保护请求权或生命救济权,至多只能说是生命权派生出来的权利,而且任何权利都有一个请求权或救济权的问题,故将它们视为生命权的救济方式更为妥当。

(二)与生命权密切相关的重要问题

死刑、脑死亡、安乐死、克隆人等问题是与生命权密切相关的重要问题。这些特别问题并不仅仅是宪法学的问题,其他部门法学以及医学、伦理学、哲学、社会学等诸多学科对这些问题也都非常重视。在宪法上,除不少国家对死刑问题作了原则性规定、少数国家对堕胎问题作了相关规定之外,对这些特别问题,各国宪法一般不作规定,而是由普通法律予以立法,但在进行有关生命权的违宪审查时则往往要涉及这些问题。死刑、堕胎、脑死亡、安乐死、克隆人等的宪法问题,在实质上就是有关死刑、堕胎、脑死亡、安乐死、克隆人等的法律制度是否违宪的问题。宪法学研究这些特别问题的意义,在于为有权机关对这些有关生命权的特别问题进行违宪审查提供理论支撑。宪法学研究这些特别问题以及有权机关在进行违宪审查而解释宪法生命权时应当大力借鉴各门学科的相关研究成果。

1. 死刑问题

死刑是剥夺生命之刑,它意味着国家权力对生命权的剥夺。如果生命权已经成为一项宪法基本权利,那么国家是否有权剥夺罪犯的生命权,剥夺生命权的死刑制度是否违宪,这是不能不讨论的生命权相关问题。

对于死刑是否违宪的问题,在理论上人们的观点主要有两种:违宪与合宪。一般说来,"主张废除死刑的人都认为死刑构成了对人的生命权的基本侵犯:它在本质上是一种极端形式的、残忍的、不人道的、有损于人的尊严的刑罚",因而它是违宪的。然而,拥护死刑的人就认为"那些谋杀他人的罪犯侵犯了别人的生命权,也就应当失去自己的生命权。在一些国家,这种观念被用来赋予对严重

---

① 参见徐显明主编:《公民权利义务通论》,群众出版社1991年版,第243页;刘风景、管仁林著:《人格权》,中国社会科学出版社1999年版,第38页;王利明、杨立新主编:《人格权与新闻侵权》(修订本),中国方正出版社2000年版,第220—226页;孙大雄:《论生命权的宪法保障》,载《云南大学学报法学版》2003年第1期,第14页;胡锦光、韩大元著:《中国宪法》,法律出版社2004年版,第264页等。

危害社会或他人人身的犯罪适用死刑的合法性"①。

死刑是否违宪的实践问题，一般只会出现在宪法上没有明确规定废除死刑而且违宪审查制度健全的国家，因为宪法规定废除死刑则已经宣布死刑制度违宪，而且只有一个国家的违宪审查制度能够正常运转，才可能开展死刑制度是否违宪的审查活动。例如，匈牙利宪法虽然规定每个人都享有生命权或规定人的生命受法律保护，但没有表明对死刑的态度。1990 年 10 月，匈牙利宪政法院在对"反对死刑联盟"的提议进行听证后，宣布死刑因侵犯人的生命和尊严等基本权利而违宪。又如，韩国宪法没有明确规定生命权，也没有对死刑问题作出规定，1996 年 11 月 28 日韩国宪政法院作出了死刑制度不违反宪法的判决。

据作者的初步统计，目前世界上至少有 41 个国家和地区在宪法上明确规定废除死刑，也就是说这些国家已经宣布死刑违宪。还有一些国家的宪法在规定人人享有生命权的同时规定限制死刑，这意味着在这些国家只有部分死刑合宪。但是，总的看来，在实践中死刑违宪的观点已经占上风。据资料显示，截至 2012 年 3 月，世界上已有 97 个国家和地区完全废除了所有犯罪的死刑，8 个国家废除了普通犯罪的死刑（战时犯罪除外），还有 36 个国家在事实上废除了死刑（虽然在法律上保留了死刑，但在过去 10 年或更长的时间内没有执行过死刑，而且不执行死刑已成为一个原则或习惯），三者相加，全球已有 141 个国家和地区在法律或事实上废除了死刑；只有 57 个国家和地区保留了死刑。②而且，大多数保留死刑的国家和地区严格限制死刑的适用，实际判处和执行死刑很少，其中有些国家已经多年不判处不执行死刑，只是因未满 10 年而尚未计算为事实上废除死刑的国家。③废除死刑已经成为一种世界潮流，自 1990 年以来超过 60 个国家废除了死刑，废除死刑的国家以平均每年 3 个的速度在递增。

中国《宪法》没有明确规定生命权，也没有规定废除或者限制死刑，更没有开展死刑是否违宪的审查实践活动，这是目前中国在刑法上死刑罪名多而且在司法实践中判处并执行死刑多的一个重要原因。鉴于"杀人偿命"的传统观念等国情，废除死刑的条件在中国还不成熟。但是，我们必须认识到，废除死刑毕竟是文明社会的大趋势，也是中国政府已签署加入的《公民权利和政治权利国际公约》的要求，今后中国应尽可能限制死刑的适用。从长远来看，最好能在宪法上规定人人享有生命权的同时，明确规定限制乃至废除死刑。就中期目标而

---

① 〔英〕罗吉尔·胡德著：《死刑的全球考察》，刘仁文等译，中国人民公安大学出版社 2005 年版，导论第 12 页。

② 参见"Death Penalty: Abolitionist and Retentionist Countries"，http://www.deathpenaltyinfo.org/abolitionist-and-retentionist-countries，2012 年 4 月 30 日访问。

③ 参见高一飞著：《程序超越体制》，中国法制出版社 2007 年版，第 81、84 页。

言,应当通过修改完善刑法,减少死刑罪名,逐步废除非故意侵害生命犯罪的死刑。① 在现阶段,在不修宪、不修改刑法、不变动死刑条款的情况下,我们可以做到的是:在司法方面,让法官充分领会保障生命权的宪法精神,在审判案件适用刑法时,能够根据保障生命权的宪法精神来理解和适用有关死刑条款,尽可能少判死刑,从事实上达到限制死刑的实际效果。此外,我们还可以充分利用现有的制度来保障死刑在事实上的减少和限制。我们要充分发挥中国特有的死缓制度在减少和限制死刑的作用;我们要进一步完善有关死刑的审判、上诉和复核制度,在程序上防止死刑的错判误杀并在实际上减少死刑的判决和执行②;我们还要激活并完善对死刑犯的特赦制度,以最大限度地限制死刑,保护公民的生命权。

2. 脑死亡问题

人的生命到何时结束？这也是一个与生命权密切相关的问题。过去一直采取"心脏死亡"标准,即以心脏停止跳动为判断死亡的标准,但自1968年美国哈佛医学院首先确定包括脑干功能在内的所有脑功能不可逆性停止的人也是死亡以来,全世界已经有80多个国家承认脑死亡标准,其中美国、英国、日本等13个国家已正式立法,规定脑死亡是宣布死亡的正确依据。所谓脑死亡,是指以脑干或脑干以上中枢神经系统永久性地丧失功能为参照系而宣布死亡的标准。在中国,由卫生部负责起草的《脑死亡判定标准》和《脑死之判定技术规范》已经六易其稿,正在向全社会广泛征求修改意见。脑死亡是事关公民生命权保障的重大问题,必须由法律加以调整,中国应加快脑死亡的立法。只有脑死亡法制定后,才会有脑死亡法是否违宪的宪法问题。

还有一个颇有争议的问题与脑死亡密切相关,即器官移植的问题。按照"心脏死亡"标准进行的器官移植,在质量上显然不如按照"脑死亡"标准进行的器官移植。但是,如果不立法确认脑死亡标准,那么在心脏停止跳动之前进行器官移植就可能构成故意杀人或故意伤害。同时,有关器官移植的法律是否侵犯宪法生命权,首先取决于脑死亡法是否违宪。

3. 安乐死问题

既然公民享有生命权,那么生命权是否包括死亡权,公民是否享有放弃生命即选择死亡的权利？这就是至今争论不休的"安乐死"问题。

---

① 值得关注的是,2011年2月25日十一届全国人大常委会第十九次会议通过的《中华人民共和国刑法修正案（八）》取消了13个经济性非暴力犯罪的死刑罪名,由此我国刑法死刑罪名由68个减至55个,同时《刑法修正案（八）》还规定"审判的时候已满七十五周岁的人,不适用死刑,但以特别残忍手段致人死亡的除外"。

② 自2006年7月1日起,法院对所有死刑二审案件一律实行开庭审理。自2007年1月1日起,死刑核准权收归最高法院统一行使。无疑,这些做法是非常重要的,是一个良好的开端。

安乐死,顾名思义,就是"安乐地死去",它是指使濒临死亡的病人无痛苦死去的行为。安乐死可作许多分类,常见的分类有消极安乐死与积极安乐死、自愿安乐死与非自愿安乐死等。消极安乐死与积极安乐死,是以医生实施行为的特征为标准所作的分类。所谓消极安乐死,又称"被动安乐死"或"不作为安乐死",是指医生终止维持垂危病人生命的措施,让病人自行死亡;所谓积极安乐死,又称"主动安乐死"或"作为安乐死",是指医生积极采取注射毒剂等措施,帮助身患不治之症且极端痛苦而又希望死亡的垂危病人提前结束生命。自愿安乐死与非自愿安乐死,是以安乐死是否有病人本人自愿申请为标准而作的分类。所谓自愿安乐死,又称"本意安乐死",是指病人本人提出口头或书面申请实施的安乐死;所谓非自愿安乐死,又称"非本意安乐死",是指因病人本人已无意识表达能力而由监护人申请进行的安乐死。[①]

安乐死的问题在世界上争论很大,有的赞同,有的反对。各国法律对安乐死的态度也有很大的差异。例如,目前在欧洲,荷兰和比利时是安乐死全面合法化的两个国家,而奥地利、丹麦、法国、德国、匈牙利、挪威、斯洛伐克、西班牙、瑞典和瑞士等十国,允许被动安乐死,即只准许终止为延续个人生命而治疗的做法。希腊和波兰两国则禁止安乐死。[②]目前在世界尚无一个国家在宪法上规定安乐死的问题,但1990年美国联邦最高法院在克鲁赞诉密苏里州一案中,在一定程度上承认具有行为能力的人享有选择死亡的权利(消极安乐死),这是一项宪法权利。[③]

由于安乐死立法在世界上尚不多,目前还没有发现有关安乐死法的违宪审查案例。当然,安乐死立法是否侵犯宪法生命权,在宪法学上仍值得讨论。人们享有生命权,理应有权决定对生命权的行使和放弃,允许决定自己的生与死,也就是说,生命权应当包括选择安乐死的权利。更何况安乐死这种自我决定权有严格的限制,不能随意实施。再说,我们讲人人享有生命权,主要是说自己的生命权不受别人侵犯,而安乐死是自己"侵犯"自己的生命权,与其说是侵犯生命权,还不如说是处分自己的生命权。而且,安乐死不同于在现代社会虽不再定罪惩罚但仍普遍持否定态度的自杀,它于己于人于社会均无害。此外,安乐死不违背人的尊严,恰恰相反,它体现了人的尊严。在当今世界,人们讲究生命质量,强调活得有尊严,死得体面,安乐死正是有尊严地活和死的一种手段,有人称之为"尊严死"。可见,安乐死立法符合宪法的精神,不侵犯生命权。

[①] 参见王晓慧著:《论安乐死》,吉林人民出版社2004年版,第70页。
[②] 参见《联合早报》报道:《欧洲各国对安乐死定义不一》,载 http://www.zaobao.com/special/real-time/2005/03/190305_30.html。
[③] 详见〔美〕罗纳德·德沃金著:《自由的法:对美国宪法的道德解读》,刘丽君译,上海人民出版社2001年版,第189—190页。

4. 克隆人问题

生命权是否包括通过克隆技术创造生命的权利？克隆人的行为是否侵犯生命权？如果将来"克隆人"真的诞生了,那么它是"人"还是"物"并且是否享有人的生命权？

克隆又称无性繁殖或复制,它是从动物或植物上取下任何一个细胞,在合适的条件下发育成一个新的个体,而其携带的遗传基因与旧的个体完全相同的技术。与人相关的克隆,可分为生殖性克隆与治疗性克隆。生殖性克隆是以生殖为目的,利用体细胞,无性繁殖出一个与提供细胞的人基因完全相同的人。治疗性克隆是以治疗为目的,利用病人的体细胞,培育出与提供细胞的病人基因完全相同并为病人治疗所需要的各种组织或器官。

长期以来,人类繁殖是通过两性结合的方式进行的,而且将孩子当做爱情的结晶,所以人们敬畏生命,重视生命权。但是,克隆人实施的是无性繁殖,它完全打破亘古不变的自然规律,违反人类繁衍的自然法则。当人可以任意克隆,生命可以随意创造,甚至可以用一个死人的细胞复制一个外貌和基因都完全相同的人的时候,人们自然对自己和他人的生命就不会那么珍惜,人类对自身生命的敬畏将被彻底粉碎。因此,允许克隆人可能最终会导致否定人的生命权。而且,克隆人的基因相同,它破坏了人类基因的多样性,并容易导致疾病的广泛传播,这对人类的生存极为不利。可以说,克隆人是对整个人类的生命权的威胁和侵犯。同时,我们讲人的生命权,是指"自然人"的生命权。如果将来"克隆人"真的诞生了,那么它是不是"自然人"？它究竟属于"人"还是"物"？由于克隆技术存在缺陷,克隆动物往往都存在严重畸形,基本上都夭折了,这种情况完全可能同样出现在克隆的孩子身上。显然,克隆人是不安全、不负责、不道德的。即使我们把"克隆人"当做自然人并承认它们享有人的生命权,那制造有致命缺陷的"克隆人"也就是拿"克隆人"的生命开玩笑,甚至侵犯了"克隆人"的生命权。因此,我们应当禁止克隆人,我们享有的生命权不应当包括克隆生命的权利。

此外,克隆人是以人作为试验品的一个实验过程,它是不把人当做人,人成了物,这有悖于人的尊严。而且,"克隆人"的出现,会导致传统意义的父亲和母亲不复存在,这将对现有的爱情、婚姻、家庭等方面的伦理道德观念造成难以承受的冲击,也会给遗产继承、监护赡养等问题带来麻烦。

正因为克隆人会引起严重的道德、伦理、社会和法律问题,所以国际社会和世界各国普遍禁止克隆人。例如,1997年11月11日,联合国教科文组织《世界人类基因组与人权宣言》第11条规定:"与人类尊严相抵触的做法,比如人体的生殖性克隆,不予允许。"1998年1月12日,欧洲理事会《在生物学与医学应用中保护人权与人类尊严公约禁止克隆人的附属议定书》第1条明确规定:"禁止任何试图创造一个与另一个(不论是活着的或死去的)遗传上相同的人这种做法。"2005年3月8日,联合国大会通过了禁止克隆人的宣言即《联合国关于人的克隆宣言》。目前世界上已有20多个国家立法明令禁止以克隆人类个体为目的的生殖性克隆。2003年,当时作为《塞尔维亚和黑山国家联盟宪章》的重要组成部分的《人权和少数人权利及公民自由宪章》第11条还明确规定:"禁止克隆人。"首次将克隆人问题载入宪法。也就是说,当时克隆人问题在塞尔维亚和黑山国家联盟已经上升为宪法问题,若立法允许克隆人,那就是违宪的。

对于克隆人问题,中国政府的态度是禁止生殖性克隆人,支持治疗性克隆研究。2003年12月,科技部和卫生部公布的《人胚胎干细胞研究伦理指导原则》第4条明确规定:"禁止进行生殖性克隆人的任何研究。"但是克隆人问题事关人的生命权乃至整个人类的生存,关系重大,中国还是应当进行专门立法。

二、人格尊严

(一)人格尊严的含义

中国1982年《宪法》第38条规定:"……公民的人格尊严不受侵犯。禁止用任何方法对公民进行侮辱、诽谤和诬告陷害。"这是中国宪法第一次对人格尊严作出规定。对于中国宪法所规定的人格尊严,中国宪法学者们一般认为它就是指公民的名誉权、荣誉权、姓名权、肖像权、隐私权等人格权利。正如一位学者所说的:"中国学术界主流的观点认为《宪法》上的人格尊严即在法律上体现为人格权。《宪法》规定的人格尊严不受侵犯,通常被认为是指民法意义上的人格权,包括姓名权、名誉权、肖像权等不受侵犯。"[①]

我们认为,人格即做人的资格,是指人作为人、人作为权利义务主体的资格;尊严,是指可尊敬的、尊贵庄严的身份和地位。人格尊严,即指人作为人、人作为权利义务主体的尊贵庄严的身份和地位。人格尊严不受侵犯,就是指人作为人的尊贵庄严的主体身份和地位不受侵犯。对于中国《宪法》第38条规定中国公民享有的"人格尊严不受侵犯",我们可以称之为"人格尊严权"或"尊严权"。在理解人格尊严这一权利时,应当注意以下几点:

1. 人格尊严是一项独立的公民基本权利

人格尊严不同于名誉权、荣誉权、姓名权、肖像权和隐私权等具体的人格权。侵犯名誉权、荣誉权、姓名权、肖像权和隐私权的行为一般都会在不同程度上侵犯人格尊严,但侵犯人格尊严的行为未必构成侵犯名誉权、荣誉权、姓名权、肖像权和隐私权等。例如商场怀疑顾客偷东西,悄悄地叫到办公室盘问和搜身,因未造成顾客社会评价的降低而不构成侵犯顾客的名誉权,但可能侵犯顾客的人格尊严。中国现行《宪法》正是基于"文化大革命"任意侵犯公民人格尊严的教训

---

① 周伟著:《宪法基本权利司法救济研究》,中国人民公安大学出版社2003年版,第66页。

而特别增加了人格尊严不受侵犯的条文的。可以说,《宪法》第 38 条是对人格尊严权的规定,而不是对名誉权、荣誉权、姓名权、肖像权和隐私权等人格权的规定。

2. 人格尊严不同于人身自由,它不属于人身自由的范畴

中国宪法学界在进行公民基本权利分类时,通常认为人身自由除公民的人身自由不受侵犯外,通常还包括与人身相联系的人格尊严和住宅不受侵犯,以及公民的通信自由和通信秘密受法律的保护。显然,这种观点不利于理解人格尊严的含义和呈现人格尊严的独立地位。固然人格尊严与人身自由密切相关,但严格说来它们都是独立的基本权利,互不隶属。不但人格尊严不从属于人身自由,反而侵犯人身自由可能同时侵犯人格尊严。

3. 人格尊严是一项不可剥夺、不受限制的权利

人格尊严实质上是强调人是人,要把人当做人,否定人格尊严,无异于否定人本身。所谓"士可杀,不可辱",即使是违法犯罪分子,其人格尊严也应受到尊重。对此,《公民权利和政治权利国际公约》明确规定:"所有被剥夺自由的人应给予人道及尊重其固有尊严的待遇",并将它列为不可克减的权利。中国长期以来监狱强制囚犯剃光头的做法,实际上是一个不把犯人当主体的人来看待而将其当做一种客体的物来管理,它关心监狱管理的方便而漠视犯人的感受,显然侵犯了囚犯的人格尊严。早在 1955 年,第一届联合国防止犯罪和罪犯待遇大会通过的《囚犯待遇最低限度标准规则》第 16 条就规定:"为使囚犯可以保持整洁外观,维持自尊,必须提供妥为修饰须发的用具,使男犯可以经常刮胡子。"[①]

(二) 人格尊严与人的尊严的异同

中国《宪法》所规定的"人格尊严"与外国宪法及国际人权文件所规定的"人的尊严"(human dignity,有的译为"人类尊严"、"人性尊严"、"个人尊严"或"人格尊严")既有不同,又有相同之处。

概括起来,世界各国宪法规定"人的尊严"方式有以下三种:一是像德国《基本法》那样将"人的尊严"作为一项基本原则,规定在公民基本权利一章的首要位置或整部宪法的前面。例如,1967 年《玻利维亚宪法》在第一章《人的基本权利和义务》的第 2 条规定:"人的尊严和自由不可侵犯。尊重和保护人的尊严和自由是国家的首要义务。"1978 年《西班牙宪法》和 1987 年《韩国宪法》作了类似的规定。而 1949 年《印度宪法》则在序言中,1994 年《塔吉克斯坦宪法》在第

---

① 不过,从 2004 年 1 月份开始,海口监狱不再强行规定罪犯必须理光头。2004 年 4 月,上海市监狱管理局下发了《关于服刑人员自主选择发型范围的通知》,规定上海市各监所的男性服刑人员可自主选择平头、寸发和光头 3 种发型。参见《中国青年报》2004 年 2 月 24 日报道:《海口监狱不再强制囚犯剃光头》以及该报 2004 年 4 月 19 日报道:《上海服刑人员不再强迫剃光头》。

一章"宪法制度的基础"中对人的尊严作出了规定。

二是将"人的尊严"作为一项基本权利,与人身自由等具体的基本权利并列规定。例如,1993年《俄罗斯宪法》第21条规定:"(1)个人尊严受到国家保护。任何事情不得成为贬低个人尊严的理由。(2)任何人都不应受到拷打、暴力、其他残酷的或贬低个人尊严的对待或惩罚。任何人都不得在非自愿同意的情况下被用来进行医学、科学或其他试验。"摩纳哥、巴布亚新几内亚、匈牙利、越南、乌兹别克斯坦、爱沙尼亚、保加利亚、格鲁吉亚、哈萨克斯坦、阿塞拜疆、亚美尼亚、白俄罗斯等国宪法有类似的规定。

三是既将"人的尊严"作为一项基本原则规定在公民基本权利的首要位置或整部宪法的前面,又把它作为一项具体的基本权利与其他基本权利并列规定。例如,1982年《洪都拉斯宪法》在第三章"原则宣言、权利与保障"第一节"原则宣言"第1条,即第59条规定:"人是社会和国家的最高目标。所有的人都必须尊重人、保护人。""人的尊严不受侵犯。"又在第二节"个人权利"第68条规定:"所有的人都有身体、心灵和道德完整受尊重的权利。""任何人不应受到残酷的、非人道的或侮辱性的拷打、刑罚等对待。""所有被剥夺自由的人应由于人固有的尊严而受到尊重。"希腊、葡萄牙、土库曼斯坦、斯洛伐克、吉尔吉斯斯坦、乌克兰等国宪法也作出了类似的规定。

那么,世界各国宪法所规定的"人的尊严"的含义是什么呢?从各国宪法有关人的尊严的条款不难看出,人的尊严有两种含义:(1)作为一项基本原则,它是指人作为人的主体地位不能否定,不能将人客体化、工具化,"在'国家——人'关系上,要求每一个人不能被降低对待,不能被作为手段"①,强调人的尊严具有最高价值,它是基本权利的基础,尊重和保护人的尊严是国家的首要义务。正如一位学者所言:"维护人性尊严的首要意涵在于肯认每个人均为自主、自决的独立个体。"②(2)作为一项基本权利,它是指人作为人的主体地位不受侵犯,禁止非人待遇,强调不能贬低人的尊严,不得对任何人包括被剥夺自由的人施加侮辱性的对待和惩罚,不得在本人非自愿同意的情况下对任何人进行医疗、科研或其他试验。

值得注意的是,各国宪法将人的尊严作为一项基本权利来规定时,它是一项独立的权利(可称之为"尊严权"),它与名誉权、荣誉权、姓名权、隐私权等那些所谓人格权是并列的。例如,1992年《斯洛伐克宪法》第19条规定:"(1)每个人都有权维护自己做人的尊严、个人荣誉和名声,保护自己的姓名;(2)每个人都有权保护其个人与家庭生活不受无端干预;(3)每个人都有权反对未经许可

---

① 李累:《宪法上"人的尊严"》,载《中山大学学报》(社科版)2002年第6期。
② 许志雄等著:《现代宪法论》,台湾元照出版公司1999年版,第48页。

就收集、披露或滥用其个人资料。"

中国过去通常将《联合国宪章》、《世界人权宣言》、《经济、社会及文化权利国际公约》和《公民权利和政治权利国际公约》上的 dignity of the human person 翻译为"人格尊严"，而现在一般翻译为"人的尊严"。同时，对于中国宪法所规定的"人格尊严"，我们一般翻译为 personal dignity，与外国宪法及国际人权文件所规定的 human dignity 或 inherent dignity of human person 或 dignity of human person 相差无几。显然，不管是从人格尊严的英文翻译来看，还是从中国人格尊严的立宪原意来看，中国宪法上的"人格尊严"就是指"人的尊严"，只是中国习惯称之为"人格尊严"。当然，中国宪法上的"人的尊严"（即"人格尊严"）与外国宪法上的"人的尊严"也有所不同：一则没有像一些国家的宪法那样将人的尊严作为一项基本原则来规定，只是将其作为一项基本权利来规定；二则即使作为一项基本权利来规定，也没有像另外一些国家的宪法那样具体规定不得给予侮辱性对待和惩罚、不得将人用来做实验等内容。

许多国家的宪法将"人的尊严"规定为一项公民基本权利的基本原则甚至整个宪法的基本原则①，是有其道理的。一切人权、所有的公民基本权利，可以说都是源于人的尊严。正如一位日本学者所言："'人的尊严'正是人类应实现的目的，人权只不过是为了实现、保护人的尊严而想出来的一个手段而已。"②例如生命权就产生于人的尊严，人的尊严要求人的生命不仅要存在，而且要作为受到国家、社会和他人尊重的目的而存在，生命本身就是目的，而剥夺人的生命无疑就是对人的尊严的贬低和侵犯。因此，生命权被视为最基本的人权，废除死刑成为人权保障所追求的目标。③又如人的各种自由权与人的尊严密切相关，没有基本的自由，人就成了奴隶，哪里谈得上尊严？

从中国现行《宪法》有关人格尊严规定的内容及位置来看，中国宪法尚未将人的尊严视为公民基本权利的基础和基本原则。今后在修改宪法时，我们可以增加一项"尊重人的尊严"的内容放在公民基本权利一章的最前面。当然，我们也可通过宪法解释的方式来解决，如我们可以把 2004 年宪法修正案所增加的"国家尊重和保障人权"解释为包含"尊重和保障人的尊严"之义。

（三）宪法上的人格尊严与一般法律上的人格尊严

自从 1982 年《宪法》对人格尊严的保障作出规定以后，中国规定保障人格

---

① 有学者认为，人的尊严"为基本权利之基准点、为基本权利之出发点、为基本权利之概括条款、属宪法基本权利之价值体系"，是"基本权利中之基本权利"。这位学者并认为，20 世纪以来，作为人权的核心内容，人的尊严已逐渐成为宪法价值秩序的根本原则，甚至已成为价值体系的基础。参见李震山著：《人性尊严与人权保障》，台湾元照出版公司 2002 年版，第 4、8 页。
② 〔日〕真田芳宪：《人的尊严与人权》，鲍荣振译，载《外国法译评》1993 年第 2 期，第 79 页。
③ 参见曲相霏：《论人的尊严权》，载徐显明主编：《人权研究》（第 3 卷），山东人民出版社 2003 年版，第 168 页。

尊严的法律法规越来越多。例如，1986年《民法通则》第101条规定："公民、法人享有名誉权，公民的人格尊严受法律保护，禁止用侮辱、诽谤等方式损害公民、法人的名誉。"1990年《残疾人保障法》第3条第2、3款规定："残疾人的公民权利和人格尊严受法律保护。禁止歧视、侮辱、侵害残疾人。"2006年《未成年人保护法》第5条规定："保护未成年人的工作，应当遵循下列原则：……（二）尊重未成年人的人格尊严……"第21条规定："学校、幼儿园、托儿所的教职员应当尊重未成年人的人格尊严，不得对未成年人实施体罚、变相体罚或者其他侮辱人格尊严的行为。"第55条规定："公安机关、人民检察院、人民法院办理未成年人犯罪案件和涉及未成年人权益保护案件，应当……尊重他们的人格尊严，保障他们的合法权益。"2005年《妇女权益保障法》第39条规定："妇女的名誉权、荣誉权、隐私权、肖像权等人格权受法律保护。禁止用侮辱、诽谤等方式损害妇女的人格尊严……"1993年《消费者权益保护法》第14条规定："消费者在购买、使用商品和接受服务时，享有其人格尊严、民族风俗习惯得到尊重的权利。"第25条规定："经营者不得对消费者进行侮辱、诽谤，不得搜查消费者的身体及其携带的物品，不得侵犯消费者的人身自由。"第43条规定："经营者违反本法第25条规定，侵害消费者的人格尊严或者侵犯消费者人身自由的，应当停止侵害、恢复名誉、消除影响、赔礼道歉，并赔偿损失。"1994年《监狱法》第7条规定："罪犯的人格不受侮辱……"1996年《刑事诉讼法》第108条第2款规定："侦查实验，禁止一切足以造成危险、侮辱人格或者有伤风化的行为。"1997年《刑法》第246条第1款规定："以暴力或者其他方法公然侮辱他人或者捏造事实诽谤他人，情节严重的，处三年以下有期徒刑、拘役、管制或者剥夺政治权利。"1997年《国防法》第59条第1、2款规定："军人应当受到全社会的尊重。国家采取有效措施保护现役军人的荣誉、人格尊严，对现役军人的婚姻实行特别保护。"1998年《执业医师法》第21条规定："医师在执业活动中享有下列权利：……（五）在执业活动中，人格尊严、人身安全不受侵犯……"1999年《预防未成年人犯罪法》第36条第2款规定："家庭、学校应当关心、爱护在工读学校就读的未成年人，尊重他们的人格尊严，不得体罚、虐待和歧视。工读学校毕业的未成年人在升学、就业等方面，同普通学校毕业的学生享有同等的权利，任何单位和个人不得歧视。"1999年国务院《导游人员管理条例》第10条规定："导游人员进行导游活动时，其人格尊严应当受到尊重，其人身安全不受侵犯。""导游人员有权拒绝旅游者提出的侮辱其人格尊严或者违反其职业道德的不合理要求。"2001年国务院《中国公民出国旅游管理办法》第17条规定："旅游团队领队应当向旅游者介绍旅游目的地国家的相关法律、风俗习惯以及其他有关注意事项，并尊重旅游者的人格尊严、宗教信仰、民族风俗和生活习惯。"2005年《治安管理处罚法》第5条第2款规定："实施治安管理处罚，应当公开、公正，尊重和保障人权，保护公民的人格尊严。"2006年《义务教育法》第29条第2款规定:"教师应当尊重学生的人格,不得歧视学生,不得对学生实施体罚、变相体罚或者其他侮辱人格尊严的行为,不得侵犯学生合法权益。"

宪法上的人格尊严与一般法律所规定的人格尊严是不同的,其区别至少有以下两点。首先,二者的功能不同。私法上的人格尊严是用来防御和对抗平等主体的侵害,而作为公法的宪法所规定的人格尊严是用来防御和对抗国家权力的侵害。需要指出的是,其他公法如行政法、刑法、诉讼法等也保障人格尊严,但它们主要是防御和对抗行政权或司法权,而宪法上的人格尊严则是防御和对抗一切国家权力,其重点是防御和对抗立法权的侵害。宪法上的人格尊严不仅为一般法律法规规定人格尊严提供立法的依据,更重要的是它为宪法监督机构审查法律法规有关人格尊严的规定以及国家机关有关人格尊严的行为是否违宪,提供审查的依据和标准。可以说,这是宪法必须规定人格尊严的根本意义所在。

其次,二者的救济方式不同。私法上的人格尊严受到侵犯,一般通过民事诉讼的方式获得救济;一般公法上的人格尊严受到侵犯,是通过行政诉讼、刑事诉讼等方式得到救济。而宪法上的人格尊严受到侵犯,只能通过违宪审查的途径得到救济,在违宪审查司法化的美、德等国,是通过附带的或专门的宪法诉讼方式予以救济。人格尊严的宪法保障主要是通过违宪审查的途径得以实现。可以说,没有真正的违宪审查,也就没有人格尊严的宪法保障。

当然,宪法上的人格尊严与一般法律所规定的人格尊严也有密切的联系,宪法上的人格尊严不仅是一般法律规定人格尊严的立法依据和审查依据,而且是一般法律上人格尊严的解释依据,即在适用一般法律上的人格尊严条款时,应当依照宪法上人格尊严条款的精神来理解和解释其含义。下面以钱某诉上海屈臣氏日用品有限公司侵犯人格尊严案为例来进一步说明这一问题。

1998年7月8日上午,上海外国语大学女大学生钱某到上海屈臣氏日用品有限公司开设的超市四川北路店购物。当钱某离开时,因该店门口警报器鸣响,她被滞留检查近两个小时,其间还被保安强行带入该店办公室内,被迫解开裤扣接受检查。然而,该店并未检查出钱某身上藏有带磁信号的商品。同月20日,钱某以店方的行为侵害了其名誉权并使其精神受到极大伤害为由,诉至上海市虹口区法院,要求被告屈臣氏公司及其四川北路店公开登报赔礼道歉并赔偿精神损失费50万元。

一审法院审理认为,被告的行为已构成严重侵犯原告的人身权和名誉权,且情节恶劣,原告受害程度较深,又引起社会的不良反响,因此判决被告登报赔礼道歉并赔偿原告精神损失费25万元。被告不服,提出上诉。上海市第二中级法院二审认为,公民的人格尊严受法律保护,上诉人的行为违反了《宪法》和《民法通则》的有关规定,侵犯了钱某的人格权,但原审关于精神损害赔偿的数额过高,故依照《宪法》第38条、《民法通则》第101、120条及《民事诉讼法》的有关规定,改判屈臣氏公司向钱某赔礼道歉并赔偿精神损失费1万元。

该案涉及宪法上的人格尊严条款与民法上的人格尊严条款之间的关系问题,实际上这也就是宪法基本权利条款在民法领域的效力问题。宪法学上一般认为,法院在处理私人之间的民事纠纷时,不能直接适用有关宪法基本权利条款来处理案件,但应当根据宪法基本权利条款的精神来解释民法的有关条款,让宪法的价值理念"辐射"到民法中,最终仍适用民法的有关条款进行裁判。①也就是说,宪法在民法领域的效力是间接效力,所谓宪法私法化或宪法"私法"适用是间接适用而不是直接适用。该案直接引用宪法条文来处理民事纠纷是不妥的,而且把《民法通则》第101条关于人格尊严的规定解释为人格权,也是不当的。《民法通则》第101条主要是规定名誉权,而似乎将人格尊严当做名誉权的客体,并没有把人格尊严视为一项独立的权利。如果该案的审理法院根据《宪法》第38条关于人格尊严的精神,将《民法通则》第101条的人格尊严解释为一项独立的权利,认定屈臣氏公司侵犯了钱某的人格尊严,并据此判决,则会更妥当。

三、人身权利

(一) 人身权利的范围

关于人身权利的范围,学术界存在着不同的认识。一般认为,人身权利有广义与狭义之分,狭义的人身权利就是身体的自由。对于广义的人身权利,学者们看法不一,例如有的学者认为除狭义的人身自由之外,还包括住宅安全;有的则认为,人身权利包括人身自由不受侵犯、人格尊严不受侵犯、住宅不受侵犯以及通信自由和通信秘密受法律保护等内容;还有的学者认为人身权利除狭义的人身自由之外,还包括生命健康权、人格尊严、住宅安全和通信自由以及通信秘密等。然而,从国际人权文件以及世界上各国宪法的规定包括我们国家的规定来看,人身自由就是指狭义上的人身自由,仅仅指一种自由,并不包括其他相关的自由和权利,人身自由与其他自由和权利属于并列关系。鉴于住宅是公民身体活动最自由的场所,是人身自由最基本的存在空间,同时居住与迁徙的自由也属于公民身体的活动自由,与人身自由也密切相关,可以说住宅安全和居住与迁徙自由都是人身自由的直接延伸,是人身自由的重要展开形态。为此,本书将住宅安全和居住迁徙自由与人身自由放在一起阐述。

---

① 参见黄启祯译:《关于"吕特事件"之判决》,载《西德联邦宪政法院裁决选辑(一)》,台湾司法周刊杂志社1995年版,第106—107页。

(二) 保障人身自由

1. 人身自由的含义与保障

人身自由又称人身自由权或身体自由,就是指身体活动的自由,公民的身体不受非法拘留、逮捕和其他拘束而被强行拘禁于某个场所。人身自由是人们一切行动,包括日常生活,参加政治、经济、文化等各种社会活动,享受其他自由和权利的前提条件,它是基本权利中最基本的权利之一。可以说,没有人身自由,就没有人的自由。正如日本著名宪法学家小林直树所说的,人身自由是人的"最小限度的自由"①。

在专制主义统治的时代,由于非法的逮捕、监禁、拷问以及恣意性刑罚权的行使,人身自由受到了不当的蹂躏,为此近代宪法鉴于过去苦难的历史,一般都设有保障人身自由的规定。②例如,美国宪法第四修正案规定:"……人民保护其人身、住房、文件和财物不受无理搜查扣押的权利不得侵犯;除非有合理的根据认为有罪,以宣誓或郑重声明保证,并详细开列应予搜查的地点、应予扣押的人或物,不得颁发搜查和扣押证。"第五修正案规定:"未经正当法律程序,不得剥夺任何人的生命、自由或财产"。第二次世界大战后,各国宪法无不规定人身自由,人身自由已经成为当今世界各国规定最为普遍的基本权利之一。例如,《意大利宪法》第13条规定:"人身自由不可侵犯。""非在法律规定的情况下并依法律规定的方式,由司法当局附有理由的行为执行,一切形式的拘留、检查或人身搜查,以及其他任何对人身自由的限制都不得进行。""在法律严格规定的必要和紧急的例外情况中,公共安全机构可以采取临时措施,但必须在48小时之内通报司法当局,如果该行为在随后的48小时之内未获认可,即视为被撤销并丧失任何法律效力。""对不论以何种方式被限制人身自由的人施以的任何肉体和精神上的暴行都必须受到惩罚。""法律规定预防性拘押的最高期限。"又如,俄罗斯联邦宪法第22条规定:"(1)每个人都享有自由和人身不受侵犯的权利。(2)只有根据法院的决定才能实施逮捕、关押和监禁。在法院作出决定前,拘留不得超过48小时。"

中国《宪法》第37条规定:"公民的人身自由不受侵犯。任何公民,非经人民检察院批准或者决定或者人民法院决定,并由公安机关执行,不受逮捕。禁止非法拘禁和以其他方法非法剥夺或者限制公民的人身自由,禁止非法搜查公民的身体。"这是中国宪法对公民人身自由的保障规定。从结构上看,该条规定包含三个方面的内容:(1)不可侵犯条款,宣示了公民的人身自由不受侵犯;

---

① 转引自林来梵著:《从宪法规范到规范宪法》,法律出版社2001年版,第170页。
② 参见〔日〕芦部信喜著,高桥和之增订:《宪法》(第三版),林来梵等译,北京大学出版社2006年版,第210页。

(2) 限制程序条款,对公民采取逮捕这一限制人身自由的强制措施,必须经检察院批准或者决定或者法院决定并由公安机关执行的程序。(3) 禁止条款,强调了两个禁止:禁止非法拘禁和以其他方法非法剥夺或者限制公民的人身自由,禁止非法搜查公民的身体。

与世界各国宪法以及国际人权公约的规定相比,并从中国公民人身自由保障的现状来看,中国现行《宪法》第37条的规定存在不足之处:(1) 限制程序条款不够完善,只规定了逮捕的限制程序规定,没有涵盖限制人身自由的各种形式。(2) 没有在宪法上明确规定严格的法律保留原则,而是在《立法法》中予以规定,然而,《立法法》也仅仅规定"限制人身自由的强制措施和处罚只能制定法律",给立法者过大的自由裁量空间。总之,现有的人身自由条款没有很好地起到防御国家权力侵害的作用,今后在修宪时有必要加以完善。在这方面,中国已经签署加入的《公民权利和政治权利国际公约》可以作为一个参考,其中第9条规定:"一、人人有权享有人身自由和安全。任何人不得加以任意逮捕或拘禁。除非依照法律所确定的根据和程序,任何人不得被剥夺自由。二、任何被逮捕的人,在被逮捕时应被告知逮捕他的理由,并应被迅速告知对他提出的任何指控。三、任何因刑事指控被逮捕或拘禁的人,应被迅速带见法官或其他经法律授权行使司法权力的官员,并有权在合理的时间内受审判或被释放。等候审判的人受监禁不应作为一般规则,但可规定释放时应保证在司法程序的任何其他阶段出席审判,并在必要时报到听候执行判决。四、任何因逮捕或拘禁被剥夺自由的人,有资格向法庭提起诉讼,以便法庭能不拖延地决定拘禁他是否合法以及如果拘禁不合法时命令予以释放。五、任何遭受非法逮捕或拘禁的受害者,有得到赔偿的权利。"

2. 人身自由的限制

为了维持公共秩序等公共利益以及保护他人的基本权利和自由的需要,国家机关可以依法对公民的人身自由加以必要的限制乃至剥夺。当然,国家机关对公民人身自由的限制和剥夺,不得任意实施,其本身也有限制。这种限制主要有三个方面:(1) 只有法定的国家机关,才能对公民的人身自由加以限制或剥夺。(2) 限制或剥夺公民的人身自由必须有法律依据。这里的"法律"仅指全国人大及其常委会制定的法律。1996年《行政处罚法》第9条第2款规定:"限制人身自由的行政处罚,只能由法律设定。"2000年《立法法》第8条规定,"犯罪和刑罚"(当然包括有关剥夺人身自由的犯罪和刑罚)、"限制人身自由的强制措施和处罚"的事项只能制定法律。(3) 限制或剥夺公民的人身自由必须符合法定的正当程序。根据2011年《行政强制法》的规定,实施限制公民人身自由的行政强制措施,应当履行实施前须向行政机关负责人报告并经批准、由两名以上行政执法人员实施、出示执法身份证件、当场告知当事人采取行政强制措施的理由和依据以及当事人依法享有的权利和救济途径、听取当事人的陈述和申辩、制作现场笔录、当场告知或者实施行政强制措施后立即通知当事人家属实施行政强制措施的行政机关和地点及期限等程序,还强调实施限制人身自由的行政强制措施不得超过法定期限。

目前中国法律所规定的对公民人身自由的限制,按照实施的国家机关的不同,可以分为两大类:(1)司法机关对公民人身自由的限制。这又可分限制和剥夺人身自由的刑罚(即自由刑)与在诉讼中限制人身自由的强制措施。中国《刑法》规定的限制和剥夺人身自由的自由刑有四种,其中限制自由刑有一种,即管制;剥夺自由刑有三种:拘役、有期徒刑和无期徒刑。在诉讼中限制人身自由的强制措施,三大诉讼法均有规定。《刑事诉讼法》规定有拘传、取保候审、扣留和逮捕;《民事诉讼法》和《行政诉讼法》主要规定了拘传和拘留。(2)行政机关对公民人身自由的限制。这又可分限制人身自由的行政处罚与限制人身自由的行政强制措施。关于限制人身自由的行政处罚,主要集中规定在2005年《治安管理处罚法》之中。关于限制人身自由的行政强制措施的规定比较分散,例如《治安管理处罚法》规定有强制传唤、强行带离现场,《人民警察法》规定有当场盘问、检查、继续盘问,《集会游行示威法》规定有强行驱散,《戒严法》规定有人身搜查,《海关法》规定有检查身体、强制扣留,《传染病防治法》规定有隔离治疗等。

3. 劳动教养制度

这些年来,有一项限制甚至是剥夺公民人身自由的强制措施一直受到学术界质疑,那就是劳动教养。根据1957年全国人大常委会批准的《国务院关于劳动教养问题的决定》、1979年全国人大常委会批准的《国务院关于劳动教养的补充规定》以及1982年国务院转发公安部制定的《劳动教养试行办法》的规定,劳动教养,是对被劳动教养的人实行强制性教育改造的行政措施。省、自治区、直辖市和大中城市人民政府成立劳动教养管理委员会,由民政、公安、劳动部门的负责人组成,领导和管理劳动教养的工作,审查批准收容劳动教养人员。对下列几种人收容劳动教养:(1)罪行轻微、不够刑事处分的反革命分子、反党反社会主义分子;(2)结伙杀人、抢劫、强奸、放火等犯罪团伙中,不够刑事处分的;(3)有流氓、卖淫、盗窃、诈骗等违法犯罪行为,屡教不改,不够刑事处分的;(4)聚众斗殴、寻衅滋事、煽动闹事等扰乱社会治安,不够刑事处分的;(5)有工作岗位,长期拒绝劳动,破坏劳动纪律,而又不断无理取闹,扰乱生产秩序、工作秩序、教学科研秩序和生活秩序,妨碍公务,不听劝告和制止的;(6)教唆他人违法犯罪,不够刑事处分的。劳动教养的期限为一年至三年,必要时得延长一年。

据学者们的分析,概括起来,劳动教养制度至少存在以下三个方面的问题:

(1) 缺乏法律依据。2000年《立法法》规定限制人身自由的强制措施和处罚只能制定法律,而目前劳动教养制度的主要依据,有的虽经过全国人大常委会批准,但都不属于《立法法》规定的"法律"的范围。(2) 处罚过重。劳动教养说是一种强制措施,实质上是一种处罚。作为针对犯罪行为的刑罚,管制的期限是3个月以上2年以下,拘役的期限是1个月以上6个月以下,而针对不够刑事处分的违法行为的劳动教养竟可长达4年之久,重者轻罚,轻者重罚。(3) 缺乏正当程序。虽说劳动教养是由劳动教养管理委员会审查批准,但实际上是公安机关一家说了算。由于没有一个公开、居中裁决的严格程序的约束,作出劳动教养的决定随意性很大,公民的人身自由没有保障。正因为如此,大多数学者主张废除劳动教养制度。

此外,中国还有两种行政强制措施,即对吸食、注射毒品成瘾人员的强制戒毒以及对卖淫、嫖娼人员的收容教育,它们也是对公民人身自由的限制,但目前它们只是由国务院制定的行政法规规定,没有法律依据。强制戒毒、收容教育的合法性也值得讨论。

(三) 住宅安全

1. 住宅安全的含义与保障

关于住宅安全,学者们的称谓不少,除"住宅安全"之外,还有"住宅自由"、"住宅权"、"住宅安全权"、"住宅不受侵犯权"等。住宅安全是指公民日常居住、生活和休息的场所不受非法搜查和侵入。

正如前面所言,住宅安全是公民人身自由的延伸,同时由于住宅属于私人空间,所以住宅安全与公民的隐私权也有密切的联系。《世界人权宣言》就是将住宅安全与私生活、家庭、通信的保护并列规定在一起,其第12条规定"任何人的私生活、家庭、住宅和通信不得任意干涉,他的荣誉和名誉不得加以攻击。人人有权享受法律保护,以免受这种干涉或攻击。"《公民权利和政治权利国际公约》第17条也作了类似的规定。

住宅即通常所说的"家",是公民日常生活、休息甚至工作的地方,是公民个人生活的中心。显然,公民的住宅非常重要,需要重点保护。在西方,很早就有"各人的家就是他的堡垒"(Every man's house is his castle)的说法。"风可进,雨可进,但国王和军队不能进",已经成为一句法律谚语。世界各国宪法一般都对公民的住宅安全加以保障,住宅安全成为最为重要的基本权利之一。例如,俄罗斯联邦宪法第25条规定:"住宅不受侵犯,任何人都无权违背居住人的意愿而入其住宅,除非联邦法律规定的情况下或者根据法院的决定。"

中国《宪法》第39条规定:"……公民的住宅不受侵犯。禁止非法搜查或非法侵入公民的住宅。"这是中国《宪法》对住宅安全的保障规定。值得注意的是,此处所指的"住宅",不限于公民具有所有权的房屋,还应当包括虽无所有权但长期或临时使用的场所,例如租赁的住所、暂住的旅馆房屋、学生的寄宿公寓、兼作住处的营业场所乃至船屋和帐篷等。对住宅的"非法侵入",也不仅指直接非法侵入住宅内部的行为,还包括在住宅外部通过一定的设备非法监听或窥视住宅内部的私生活情景的行为。

与其他自由权一样,宪法上的住宅安全主要是公民对国家的一种权利,它防御国家权力的侵害。同时,它还具有保护功能,它要求国家机关积极采取措施,保障公民的住宅安全。立法机关立法规他人侵犯住宅安全的惩罚措施等,就是住宅安全保护功能的体现。例如,中国《刑法》第245条规定:"非法搜查他人身体、住宅,或者非法侵入他人住宅的,处3年以下有期徒刑或者拘役。""司法工作人员滥用职权,犯前款罪的,从重处罚。"《治安管理处罚法》第40条规定:"非法侵入他人住宅"的,"处10日以上15日以下拘留,并处500元以上1000元以下罚款;情节较轻的,处5日以上10日以下拘留,并处200元以上500元以下罚款"。

2. 住宅安全的限制

住宅安全与其他基本权利一样,也受到一定的限制。为了查处违法犯罪行为、保护公民生命安全等的需要,法定的国家机关工作人员可以依法进入住宅、搜查住宅。许多国家的宪法在规定保障住宅安全的同时,往往还明确规定住宅安全的限制以及限制的条件。例如,德国《基本法》第13条规定:"(1)住宅不受侵犯。(2)只有法官发布命令,或如延搁即将发生危险的情况下,根据法律规定由其他机关发布命令,才能进行搜查,并且只能按法律规定的方式进行。(3)在一切其他情况下,这种不可侵犯性不得被侵害或受限制,但为避免共同的危险或个人的致命危险,或依法防止对公共安全和秩序的紧迫危险,特别是为缓和房屋短缺状况,同流行病的危险作斗争或保护遭受危险的少年的情况除外。"

基于宪法对公民住宅安全的保障,对公民住宅安全的限制必须依据法律,并且必须严格按照正当的法律程序进行。一般说来,对于公民住宅安全的限制及其条件,各国都由法律作出明确规定。例如,中国《刑事诉讼法》第134条规定:"为了收集犯罪证据、查获犯罪人,侦查人员可以对犯罪嫌疑人以及可能隐藏罪犯或者犯罪证据的人的身体、物品、住处和其他有关的地方进行搜查。"第136条规定:"进行搜查,必须向被搜查人出示搜查证。在执行逮捕、拘留的时候,遇有紧急情况,不另用搜查证也可以进行搜查。"第137条第1款规定:"在搜查的时候,应当有被搜查人或者他的家属,邻居或者其他见证人在场。"《治安管理处罚法》第87条第1款规定:"公安机关对与违反治安管理行为有关的场所、物品、人身可以进行检查。检查时,人民警察不得少于二人,并应当出示工作证件和县级以上人民政府公安机关开具的检查证明文件。对确有必要立即进行检查的,人民警察经出示工作证件,可以当场检查,但检查公民住所应当出示县级以上人民政府公安机关开具的检查证明文件。"

3."黄碟案"与住宅隐私

据媒体报道,2002年8月18日晚11时许,延安市宝塔公安分局万花派出所民警接群众电话举报,辖区内张家有人在看"黄碟",4名民警遂前去调查。当时新婚不久的张某夫妻已经休息,4名民警以看病为由敲门进入诊所(张某夫妻以开办的诊所为家,平时住在诊所内),没有表明身份,直接闯入张某夫妻的卧室,他们一边掀起被子一边说:有人举报你们看黄碟,快将东西交出来。当民警欲将VCD机和电视机以及碟片拿走的时候,张某和他们发生了争执。民警以妨碍警方执行公务为由,将张某带回派出所,第二天张某家向派出所交了1000元暂扣款后被放回。时隔两个月后的10月21日中午,宝塔区公安分局突然以"涉嫌妨碍公务罪"刑事拘留了张某。11月4日,检察机关以该案"事实不清,证据不足"为由决定不批准逮捕。案件发生后,当地媒体进行了连续报道,在社会上引起强烈反响。

本案公安机关的行为是否侵犯张某夫妻的住宅安全?我们可以从以下两个方面来分析:(1)张某的诊所是否属于住宅。当时本案中的万花派出所所长贺某说:"看黄碟的地点根本就不是家,而是一个诊所,从严格意义上讲,那是公共场所。"其实,据有关媒体报道,诊所的结构像个"田"字形,前两间是药房和输液室,后面一间是夫妻的卧室,显然这是住宅。退一步讲,即使诊所营业用房与卧室没有完全隔开,白天为营业性的公共场所,但由于晚上已经停止营业,成为张某夫妻居住的私人生活空间,这时显然属于典型的住宅。(2)公安机关是否有权进入张某夫妻的住宅?住宅安全并非绝对不受限制,国家机关对住宅内的违法犯罪行为可以依法进入查处。但在本案中,公安机关查处夫妻在家看黄碟,没有法律依据。根据当时的《治安管理处罚条例》第32条的规定,只有"制作、复制、出售、出租或者传播淫书、淫画、淫秽录像或者其他淫秽物品的"行为,才受到严厉禁止和处罚。本案当事人张某夫妻仅属单纯地持有和观赏黄碟的行为,自然不在禁止和处罚之列。可以说,张某夫妻在家中看碟的行为不具有违法性,属于个人隐私权的范围,不但不应受到处罚,而且应当受到法律保护。总之,在本案中,公安机关根本无权搜查张某夫妻的住宅,而且搜查的程序也不合法,其行为严重侵犯了张某夫妻的住宅安全以及隐私权。

(四)居住与迁徙自由

1.居住与迁徙自由的含义与内容

居住与迁徙自由包括两项自由:居住自由和迁徙自由。居住自由是指公民可以自由地选择和决定自己的居住地。迁徙自由是指公民可以自由地离开原来的居住地到其他地方居住、生活和工作。居住自由与迁徙自由密切相关,没有居住自由,就没有迁徙自由,也可以说没有迁徙自由,居住自由就无法实现。有的学者认为居住自由包含迁徙自由,有的则认为迁徙自由包括居住自由,还有的学者甚至认为它们是一回事。但从国际人权文件和各国宪法的规定来看,一般还是将二者并列。在很大程度上,居住自由侧重强调定居的选择自由,而迁徙自由侧重强调迁居的行动自由。

值得注意的是,一般认为居住自由不仅包括在国内的居住自由,还包括出国定居和回国定居的自由。迁徙自由不仅指在国内的自由迁徙,还包括迁徙国外、出入国境乃至出国旅行的自由,甚至包括流浪的自由。而且,迁徙自由既包括迁徙的自由,也包括不迁徙的自由,国家不能非法强迫移民。

居住自由和迁徙自由是世界公认的基本人权。《世界人权宣言》第13条规定:"(一)人人在各国境内有权自由迁徙和居住。(二)人人有权离开任何国家,包括其本国在内,并有权返回他的国家。"《公民权利和政治权利国际公约》第12条规定:"一、合法处在一国领土内的每一个人在该领土内有权享受居住和迁徙自由和选择住所的自由。二、人人有自由离开任何国家,包括其本国在内。三、上述权利,除法律所规定并为保护国家安全、公共秩序、公共卫生或道德、或他人的权利和自由所必需且与本公约所承认的其他权利不抵触的限制外,应不受任何其他限制。四、任何人进入其本国的权利,不得任意加以剥夺。"

2. 居住与迁徙自由的保障与限制

由于居住与迁徙的自由是人身自由的直接延伸,又与经济活动的自由密切相关[①],所以宪法从开始形成之时起就非常重视对居住与迁徙自由的保障。1215年英国的《自由大宪章》第41条规定:"除战时以及对敌对国家的人民之外,一切商人,倘能遵照旧时之公正习惯,皆可免除苛捐杂税,安全经由水道与旱道,出入英格兰,或在英格兰全境逗留或耽搁以经营商业。"第42条规定:"自此以后,任何对余等效忠之人民,除在战时为国家与公共幸福得暂加限制外,皆可由水道或旱道安全出国或入国。"到了今天,居住与迁徙的自由已经成为世界上最为普遍的基本权利之一,各国宪法大多规定了公民的居住与迁徙自由。例如,韩国宪法第14条规定:"任何国民都有居住、迁徙的自由。"俄罗斯联邦宪法第27条规定:"每个合法居住在俄罗斯联邦境内的人都享有自由迁徙、选择停留和居住地的权利。每个人都享有自由离开俄罗斯联邦的权利。俄罗斯联邦公民享有自由返回俄罗斯联邦的权利。"

---

① 有的学者认为,居住与迁徙自由属于经济自由。例如,日本著名宪法学家芦部信喜认为,选择职业的自由、居住与迁徙的自由以及财产权,总称为经济自由权。参见〔日〕芦部信喜著,高桥和之增订:《宪法》(第三版),林来梵等译,北京大学出版社2006年版,第194页。

居住与迁徙的自由同样受到一定的限制。各国宪法往往在规定公民的居住与迁徙自由的同时,强调对居住与迁徙自由的限制必须由法律规定,而且必须出于保护国家安全、公共秩序、公共卫生或道德或者他人的权利和自由的需要。例如,意大利宪法第 16 条规定:"每一个公民都可在国家领土的任何地方自由地迁徙和居住,但法律基于卫生和安全的理由而以一般方式予以限制的除外。不得以政治原因对其进行限制。""每一个公民都可以自由地离开或返回共和国领土,除了履行法律规定的义务外。"又如,德国《基本法》第 11 条规定:"(1) 所有德国人享有在全联邦境内的迁徙自由。(2) 这种权利只能受法律限制或依法予以限制,并只有在下列情况下才能予以限制:缺乏适当的生活基础,由此将造成当地社会的特殊负担,为避免对联邦或某一州的存在或自由民主的基本秩序的紧迫危险,为与流行病的危险作斗争,为应付自然灾害或特别重大事故,为保护少年幼儿不使处于无人照管状态,或为防止犯罪而必须作出这种限制。"

1949 年的《共同纲领》第 5 条曾规定人民有居住、迁徙的自由权。1954 年《宪法》第 90 条第 2 款更是明确规定:"公民有居住和迁徙的自由。"但是,1958 年 1 月 9 日第一届全国人大常委会第九十一次会议通过了影响极其深远的《户口登记条例》,该条例第 10 条规定:"公民由农村迁往城市,必须持有城市劳动部门的录用证明,学校的录取证明,或者城市户口登记机关的准予迁入的证明,向常住户口登记机关申请办理迁出手续。"《户口登记条例》的颁布实施标志着中国政府开始对公民特别是农民的居住和迁徙自由实行严格限制,这在事实上以一般法律的形式否定了当时具有最高法律效力的 1954 年《宪法》的规定。1975 年《宪法》更是明确取消了有关居住和迁徙自由的规定,此后 1978 年《宪法》和 1982 年《宪法》均没有恢复。

由于中国的户籍制度不仅将城乡居民明确划分为城镇户口和农村户口两大户口类型,而且实行有巨大差别的社会福利待遇政策,所以它不但剥夺了农民的居住和迁徙自由,而且造成农民在政治、经济和文化等各个方面都与市民存在明显的不平等,在很大程度上农民已经沦为二等公民,此外这种二元户籍制度还严重影响着中国经济的发展和社会的进步。为此,这些年来学者们在大力呼吁废除这种二元户籍制度,并且在宪法上恢复规定公民的居住和迁徙自由。

3. 收容遣送制度的废除

《城市流浪乞讨人员收容遣送办法》(简称《收容遣送办法》)是 1982 年 5 月国务院颁布的。最初,《收容遣送办法》将乞讨人员和其他露宿街头生活无着的人列为收容遣送对象。到了 1991 年,又将收容对象扩大到"无合法证件、无固定住所、无稳定收入"的"三无"人员。《收容遣送办法》第 6 条规定,被收容人员必须遵守服从收容、遣送,必须遵守收容遣送站的规章制度。这在实际上就是授权公安机关和民政部门可以对被收容遣送对象实施行政强制措施。也就是说,收容遣送成为一项限制公民人身自由的行政强制措施。显然,在 2000 年《立法法》出台后,《收容遣送办法》与《立法法》相悖,因为《立法法》第 8 条明确规定"限制人身自由的强制措施和处罚"的事项只能制定法律,而《收容遣送办法》只是国务院制定的行政法规,无权规定限制人身自由的强制措施。2003 年 6 月,国务院废止《城市流浪乞讨人员收容遣送办法》,代之为《城市生活无着的流浪乞讨人员救助管理办法》,无疑是正确的。

四、财产权利

(一) 财产权:三大自由的核心

财产是人类生存的物质基础。"财产既然是家庭的一个部分,获得财产也应该是家务的一个部分;人如果不具备必需的条件,他简直没法生活,更说不上优良的生活。"[1]无论在哪一个社会中,人们只有首先解决了衣、食、住、行等基本的物质生活问题,才有可能从事政治、科学、艺术、哲学、宗教等方面的活动。没有物质生活资料的生产,人类就是另外一种生存形态。如果说生存权是首要人权,那么财产则是个体生命得以延续的基本物质基础,法律要保障个体的生存权,就必须保障财产权。财产是人得以存在物质基础,黑格尔说过:"人之所以为人,就必须拥有所有权。"[2]当个体的生存问题已经解决并拥有一定的财产权之后,维护个体人格独立、精神自由才成为可能。因而,确认财产权是使人们拥有独立法律地位、能自主决定自己事务进而免于他人压迫的第一步。19 世纪的西方民法学者大都把财产权视为个人人格的延长,主张将个人意志自由和人格尊严的价值体现在个人对财产权的支配方面,人格权利就是对财产自由地占有、使用、收益和处分的权利,对人格的尊严意味着对他人财产的尊重。自由是生命的表现;而财产是生活的必需,是自由的尺度,是人权的屏障。私有财产是自由的基本要素,是不可剥夺的天赋的自然权利,对私有财产权的承认是阻止或者防止国家政府强制与专断的基本条件。如果财产权与物质财富处于某个机构或某个个人排他性的控制之下,个人自由将不复存在。从近代资产阶级革命产生宪法以来,保护财产权就成为各国宪法的共同内容。经过两百多年的发展演变,财产权与生命权、自由权并称为三大基本人权,构成了人权大厦的基石。"一个人,如果他的财产权不受保障,那么他作为人的生命权和人格尊严已经受到了侵害。一个财产不受保障的人,其性命肯定也已危在旦夕。生命、自由、幸福的价值最终都取决于人们能否享有受到充分保障的财产权。财产在任何意义上都是生存的必需品。财产权既保障了人的自由,又保障了人的生命……财产权成了

---

[1] 〔古希腊〕亚里士多德:《政治学》,吴寿彭译,商务印书馆 1965 年版,第 11 页。
[2] 转引自陈新民:《宪法基本权利之基本理论》,台湾三民书局 1991 年版,第 1 页。

生命权和自由权的基础。"①这段论述指明了财产权在古典的三大自由中的核心地位。

财产权的意义更在于使人获得独立地位而不受他人的强制或侵犯。而公民普遍拥有这种自由、自主、自治的地位,正是民主政治和法治国家的良好土壤。"只有独立于行政权威的权力中心才能够约束政府,而此类权力中心常常以财富作为基础。简言之,私有财产绝非仅仅是一种公民权利,它还是反抗政治压抑的一种防卫工具。"②可以说,个人自治的基础是个人对其财产的独立的排他的支配权,没有私有财产,个人会缺乏起码的自由活动的空间,个人价值不受尊重,个人自治的能力也不会得到充分发展。

(二) 宪法规定的私有财产权

最早规定私有财产权的一部宪法性文件是 1215 年的《自由大宪章》。它明确规定:未经国民同意,国王不得额外征税,任何人不得受到非法监禁、剥夺财产或放逐。可见宪法从诞生之日起,就包含着保护私有财产权的精神。1789 年法国《人权宣言》第 17 条规定:"财产是社会不可侵犯的权利,除非当合法认定的公共需要所显然必需时,且在公平而预先赔偿的条件下,任何人的财产不得受到剥夺。"1791 年美国联邦宪法第五修正案规定:"任何人不得不经由法律正当程序,即被剥夺生命、自由或财产;私有财产不得未获公正补偿即遭占取。"1919 年德国《魏玛宪法》第 153 条第 1 款规定:"所有权受宪法之保障。其内容及限制,以法律规定之。"1945 年德国《基本法》第 14 条规定:"财产权及继承权应予保障,其内容与限制由法律规定之。"

一些国际公约也规定了保护私有财产权。例如,1948 年的《世界人权宣言》第 17 条规定:"(一) 人人得有单独的财产所有权以及同他人合有的所有权。(二) 任何人的财产不得任意剥夺。"1952 年通过的《欧洲人权公约第一议定书》第 1 条规定:"每一个自然人或法人均有权和平地享受其财产。非为公共的利益及依据法律的国际法一般原则所规定的条件,任何人均不得剥夺其财产所有权。"

中国宪法对于私有财产权的规定经历了一个比较曲折的过程。1949 年《共同纲领》第 3 条规定:"中华人民共和国……保护国家的公共财产和合作社的财产,保护工人、农民、小资产阶级和民族资产阶级的经济利益及其私有财产……"1954 年《宪法》第 8 条第 1 款规定:"国家依照法律保护农民的土地所有权和其他生产资料所有权。"第 9 条第 1 款规定:"国家依照法律保护手工业者和其他非农业的个体劳动者的生产资料所有权。"第 10 条第 1 款规定:"国家依照

---

① 刘军宁:《保守主义》,中国社会科学出版社 1998 年版,第 128 页。
② 〔美〕迈克尔·D.贝勒斯:《法律的原则》,张文显等译,中国大百科全书出版社 1996 年版,第 95 页。

法律保护资本家的生产资料所有权和其他资本所有权。"第11条规定:"国家保护公民的合法收入、储蓄、房屋和各种生活资料的所有权。"第12条规定:"国家依照法律保护公民的私有财产的继承权。"1975年《宪法》第9条第2款规定:"国家保护公民的劳动收入、储蓄、房屋和各种生活资料的所有权。"1978年《宪法》第9条规定:"国家保护公民的合法收入、储蓄、房屋和其他生活资料的所有权。"1982年《宪法》第13条规定:"国家保护公民的合法的收入、储蓄、房屋和其他合法财产的所有权。国家依照法律规定保护公民的私有财产的继承权。"2004年对《宪法》第13条进行了修正,修改为:"公民的合法的私有财产不受侵犯。国家依照法律规定保护公民的私有财产权和继承权。国家为了公共利益的需要,可以依照法律规定对公民的私有财产实行征收或者征用并给予补偿。"

可以看到:这些国际公约和西方国家的宪法并没有明确使用"私有财产权";对"财产权"、"所有权"的主体使用的是"任何人"、"人人"、"每一个自然人"等称谓,虽没有明确界定,其基本理念是保护个人的私有财产。中国宪法使用"私有财产权"一词主要是在五十多年来实行公有制的大背景下,将其与公有财产做一个区分。中国宪法历来重视对公有财产的保护,2004年宪法修正案保护"公民的合法的私有财产",而现行《宪法》同时明确规定:"社会主义的公共财产神圣不可侵犯。国家保护社会主义的公共财产。禁止任何组织或者个人用任何手段侵占或者破坏国家的和集体的财产。"(第12条)由此看到在同一部宪法之下,国家对于公有财产和私有财产的保护态度、立场是不同的。

(三) 保护私有财产权必须注意的问题

1. 权利如何救济

"有权利必有救济,无救济则无权利。"宪法保护财产权的目的是为了使之得以实现,并用国家强制力来保障财产权的实现。如果财产权受到侵犯而得不到救济,那么,任何人都可以肆无忌惮地侵犯他人的财产权。如果国家不对受到侵犯的财产权予以救济,那么这个国家保障财产权的宪法承诺就只能托诸空言,宪法也不能成其为真正意义上的宪法。因此,对于财产权的救济甚至比在宪法规范上认可和保护财产权更根本、更重要。

当公民的财产权受到侵犯时,国家就应当提供公力救济的机会,公民可以向有关机关请求按照正当法律程序给予公正、有效的救济。当代社会中,法院作为救济机关的地位日益突出,应当建立依靠司法机关和法律制度来救济财产权的制度,而不是依靠好的政治家或领导人利用手中的权力来给受侵犯的财产权提供救济。救济应当及时,应当有公正的程序,救济的成本不宜偏高。

2. 征用如何补偿

中国2004年宪法修正案规定:"国家为了公共利益的需要,可以依照法律规定对公民的私有财产实行征收或者征用并给予补偿。"对于这个补偿条款,应当从以下几方面来理解:(1)非经法律规定不得剥夺、限制公民财产;征收或者征用必须符合法定要件,一般情况下不允许征收、征用;征收、征用只能是例外情形。(2)必须是出于"公共利益"的需要。在当前的形势下,必须防止和制止各种假借公共利益之名的征收征用,这一点在土地征用和城市房屋拆迁方面表现得尤其突出。(3)应当遵守法定程序。宪法没有规定也没有必要详细规定征用程序,在现实中必须依照程序进行,要充分尊重被征收人的知情权、请求权。(4)必须给予及时、充分、合理的补偿。德国《魏玛宪法》规定"适当补偿",美国、日本宪法均规定"正当补偿",这些补偿原则值得我们借鉴。2011年1月,国务院颁布了《国有土地上房屋征收与补偿条例》,对房屋征收与补偿的原则、公共利益的范围、征收程序、补偿标准等作了较详细的规定。

3. 想征税就征税吗?

1215年英国《自由大宪章》第12条确定了"不经国会同意不得征收租税"的原则[1],第14条"确立了未经人民同意国王不得任意征收税收的原则",第52条"确立了未经审判程序不得剥夺个人财产的原则"。[2] 尽管各国宪法都规定公民有依法纳税的义务,但纳税并不是无条件的。从权利转移的角度来看,税收是私有财产从公民向国家的无偿让渡,因而公民纳税的税种、比例、范围、程序、法律依据等都必须明确。按照现代经济学的观点,政府与个人之间的关系是一种特殊的服务关系。"政府向个人提供公共安全和公共服务,个人向政府缴纳税款。因此,税收既是政府提供服务的报酬,也是个人购买政府服务的价格。税赋的高低主要取决于政府提供服务的价格。""政府与其单纯地增加税收,不如强化自己的服务。"[3]征税必须符合公共利益,应当本着消极、谨慎的态度,不可积极、任意。开征新的税种、增加税负等都必须征得纳税人的同意,以往由有关国家机关下一纸通告就付诸执行的做法实际上是严重的侵权行为。税收应当用于提供公共服务和保护财产权,"所有者愿意被征税,某种程度上是为了使他们的财产受到切实的保护,防止无赖的故意破坏和流浪者的抢劫"[4]。建立健全透明、公开、公平、合理的税收制度的同时,就建立起了对公民财产权的救济和保障制度。

---

[1] 张君劢:《宪政之道》,清华大学出版社2006年版,第384页。
[2] 周伟:《宪法基本权利——原理·规范·应用》,法律出版社2006年版,第170页。
[3] 张曙光:《国家能力与制度变革和社会转型》,载董辅礽等:《集权与分权——中央与地方关系的构建》,经济科学出版社1996年版,第59—60页。
[4] 〔美〕霍尔姆斯、桑斯坦:《权利的成本——为什么自由依赖于税》,毕竞悦译,北京大学出版社2004年版,第146—147页。

五、宗教信仰自由

（一）宗教信仰自由是精神自由的重要组成部分

人与动物的最大区别在于,人有一颗能够思考的头脑,有自己的精神世界。由此,精神自由也就成为人所以为人,维持人的尊严的一大标志。而且,精神自由对于保障公民正常地进行各种精神活动,保持心情舒畅与身心健康,对于保障教育科技事业的顺利进行,促进发明创造以及物质文明和精神文明的发展,乃至对于社会的健康稳定和人类的自我完善,都具有不可估量的意义。所以,各国宪法都十分重视对精神自由的保障,将它规定为重要的基本权利。精神自由是个人权利(自由权)的重要组成部分。

有的学者将精神自由分为内在的精神自由和外在的精神自由,把表达自由、文化活动自由、通信自由以及知情权都纳入了精神自由的范畴。这里所说的精神自由主要是指个人内心的自由,包括思想自由、良心自由和信仰自由。正如《世界人权宣言》第18条所规定的:"人人有思想、良心与宗教自由的权利。"

思想自由又称观点自由、意志自由,是指依照自己的思维习惯进行独立的思考和判断,不受干涉、不受歧视地持有自己的思想的自由。为了保障思想自由,世界上许多国家的宪法明确规定人人享有思想自由,并强调国家不得使持有某种思想的人处于不利地位,而且任何人的思想不得被强迫公开。例如,土耳其《宪法》第25条规定:"每个人都有思想和意见的自由。无论出于何种理由和目的,任何人都不得被强迫公开其思想和意见;不得因其思想和意见而受到谴责或起诉。"中国1949年《共同纲领》第5条规定了"思想的自由权",并位居于言论、出版、集会、结社、通讯、人身、居住、迁徙、宗教信仰及示威游行等自由权之首,但1954年至今的四部宪法均未作规定。

良心自由是指独立进行是非善恶的道德判断进而依自己所理解的良心处事的自由。在学术界,对于思想自由与良心自由是包含关系还是并列关系存在不同的认识。人的思想活动理应包括道德判断,有的学者认为良心自由属于思想自由是有道理的,良心自由侧重于思想活动的伦理道德领域,可以说它是思想自由中有关道德判断的自由。然而,各国宪法为了强调和保障良心自由,往往将良心自由与思想自由并列规定,甚至专门规定。例如,日本《宪法》第19条规定:"思想及良心的自由,不受侵犯。"韩国宪法专门规定了良心自由,其第19条明确规定:"任何国民有凭良心处事自由。"中国《宪法》没有明确规定良心自由,但这也是一项重要人权,值得研究并有必要在今后将它载入宪法。关于法院判决赔礼道歉是否违背良心自由的问题,也值得讨论。1956年,日本曾发生一起强制谢罪公告案,最后日本最高法院认为强制被告刊登谢罪公告的法院判决合宪,不违反良心自由,但在学术界仍有争论。①

信仰自由是指按照自己的意愿,不受干涉地决定自己是否信仰、信仰什么以及如何信仰的自由。严格说来,信仰问题也属于思想领域,在很大程度上信仰就是一种执著的思想,因此可以说信仰自由是思想自由的一种。当然,信仰特别是宗教信仰与一般的思想不尽相同,有其自己的独特之处,所以各国宪法一般也是将其单独规定。

信仰自由主要是指宗教信仰自由。严格地说,尽管宗教信仰自由是信仰自由的主要内容,但信仰自由不限于宗教信仰自由,它还包括敬畏崇拜某种神灵或神秘之物、信"命"乃至信"迷信"的自由。中国一些公民的求神拜佛、迷信鬼神等,都应当属于信仰自由的范围。在世界上,有些国家的宪法规定的是信仰自由或把信仰自由与宗教自由并列规定,例如葡萄牙《宪法》第41条规定:"信仰、宗教与礼拜自由不可侵犯。"又如,俄罗斯联邦《宪法》第28条规定:"保障每个人的信仰自由、信教自由,包括单独地或与他人一道信仰任何宗教或者不信仰任何宗教,自由选择、拥有和传播宗教的或其他的信念和根据这些信念进行活动的权利。"当然,由于宗教信仰自由是信仰自由的主要方面,特别是近代宪法的思想基础——自由主义主要产生于中世纪对宗教压迫的抵抗,在历史上宗教信仰自由是人们长期的奋斗目标,人们与宗教强权进行了不懈的斗争,所以各国宪法特别是西方国家的宪法非常重视保障宗教信仰自由,在宪法中规定的信仰自由也主要是宗教信仰自由。中国宪法规定的也是宗教信仰自由。宗教信仰自由是世界各国宪法所规定的最为普遍的基本权利之一。

(二) 宗教信仰自由的含义

在宪法学上,一般认为宗教信仰自由包括三层含义:(1) 内心信仰的自由,指的是个人有信仰宗教或不信仰宗教、选择所信仰的宗教或变更所信仰的宗教的自由;(2) 宗教行为的自由,指的是个人可单独地或与他人一道举行或参加诸如设置祭坛、做礼拜或祈祷等宗教典礼、宗教仪式以及宣传宗教教义的传教等行为的自由,还包括不为宗教行为的自由、不被强制参加宗教行为的自由;(3) 宗教结社的自由,指的是为宣传宗教以及共同实行宗教行为而结合成宗教团体的自由。②其中,传教的自由和宗教结社的自由,与表达自由密切相关,亦可归为表达自由的范畴。在这一点看,宗教信仰自由并不完全属于内在的精神自由,它包含外在的精神自由部分即表达自由的内容,它是信仰自由与表达自由的结合。

中国《宪法》第36条第1款规定:"……公民有宗教信仰自由。"对于中国的

---

① 详见〔日〕芦部信喜著,高桥和之增订:《宪法》(第三版),林来梵等译,北京大学出版社2006年版,第130—131页。

② 同上书,第133—134页。

"宗教信仰自由",长期以来有一个定型化的解释:"宗教信仰自由,就是说:每个公民既有信仰宗教的自由,也有不信仰宗教的自由;有信仰这种宗教的自由,也有信仰那种宗教的自由;在同一宗教里面,有信仰这个教派的自由,也有信仰那个教派的自由;有过去不信教而现在信教的自由,也有过去信教而现在不信教的自由。"[1]显然中国对宗教信仰自由的含义及其内容的界定比较窄,没有包括宗教行为的自由和宗教结社的自由这两部分重要内容。

(三)如何保障宗教信仰自由

正因为宗教信仰自由是一项重要的个人自由,所以各国宪法都十分重视对宗教信仰自由的保障,往往除宣告人人享有宗教信仰自由之外,还作出一些具体的保障规定。例如,葡萄牙《宪法》第41条第2款规定:"任何人不得因其宗教信仰或宗教活动而遭受迫害、剥夺其权利或免除其民事责任或义务。"中国《宪法》第36条第2款也明确规定:"任何国家机关、社会团体和个人不得强制公民信仰宗教或者不信仰宗教,不得歧视信仰宗教的公民和不信仰宗教的公民。"

除宪法的规定之外,中国《民族区域自治法》、《民法通则》、《教育法》、《劳动法》、《义务教育法》、《选举法》、《村民委员会组织法》、《广告法》等法律,还具体规定了公民不分宗教信仰都享有选举权和被选举权,宗教团体的合法财产受法律保护,公民不分宗教信仰依法享有平等的受教育机会,各民族人民都要互相尊重语言文字、风俗习惯和宗教信仰,公民在就业上不因宗教信仰不同而受歧视,广告、商标不得含有对民族、宗教歧视性内容等保障宗教信仰自由的内容。此外,《刑法》对侵犯公民宗教信仰自由权利的行为作了明确的惩处规定:"国家机关工作人员非法剥夺公民的宗教信仰自由和侵犯少数民族风俗习惯,情节严重的,处2年以下有期徒刑或者拘役。"(第251条)

为保障宗教信仰自由,世界各国大多实行"政教分离"原则,国家与宗教分离,所谓"上帝的归上帝,恺撒的归恺撒",国家与宗教互不干涉。例如,美国宪法第一修正案明确规定:"国会不得制定关于下列事项的法律:确立国教或禁止信教自由"。俄罗斯联邦《宪法》第14条规定:"(1)俄罗斯联邦是世俗国家。任何宗教不得被规定为国教或必须服从的宗教。(2)宗教团体与国家分离并在法律面前平等。"韩国《宪法》第20条规定:"(1)任何国民有宗教的自由。(2)不承认国教,宗教与政治分离。"日本《宪法》则规定得更为详细,第20条规定:"任何人的宗教信仰自由,都应予以保障。任何宗教团体都不得从国家那里享有特权,也不得行使政治上的权力。""国家及其机关不得从事宗教教育以及其他宗教活动。"第89条还规定:"公款以及其他国家财产,不得为宗教组织或

---

[1] 这一解释源于中共中央《关于中国社会主义时期宗教问题的基本观点和基本政策》(中发〔1982〕19号文件)。

团体使用、提供方便和维持活动之用"。

(四) 宗教信仰自由的限制

在前面所述的宗教信仰自由的三项内容中,内心信仰的自由是一种绝对的自由,国家不能加以限制,也难以限制。然而,宗教行为的自由和宗教结社的自由(宗教结社自由也可视为包含于宗教行为自由之中)不仅仅属于信仰问题,还伴随着一定的外部活动,它们可能会与他人的权益发生冲突,也可能危害社会公共利益,因此应当受到必要的限制。根据《公民权利和政治权利国际公约》第18条的规定,这种限制必须由法律规定,而且"以保障公共安全、秩序、卫生或道德、或他人的基本权利和自由所必要为限"。

中国《宪法》在第36条中对公民宗教信仰自由的限制作了明确的规定。首先,国家"不得强制公民信仰宗教或者不信仰宗教,不得歧视信仰宗教的公民和不信仰宗教的公民"(第36条第2款)。这既是宪法对宗教信仰自由的保障,也是对宗教信仰自由的限制,规定的是对信教公民和不信教公民在对待他人宗教信仰问题上的限制。其次,"任何人不得利用宗教进行破坏社会秩序、损害公民身体健康、妨碍国家教育制度的活动"(第36条第3款后段)。这对信教公民在国内开展宗教活动的限制。最后,"宗教团体和宗教事务不受外国势力的支配"(第36条第4款)。这是对信教公民在与国外宗教组织交往方面的限制。鉴于旧中国的历史教训,中国的宗教实行独立自主自办的方针,教会实行自治、自养、自传的"三自"原则。中国的宗教事务和宗教团体与世界各国的宗教组织不存在组织和领导关系,不受外国势力支配。1994年1月,国务院专门发布了《境内外国人宗教活动管理规定》,其中第8条明确规定:"外国人在中国境内进行宗教活动,应当遵守中国的法律、法规,不得在中国境内成立宗教组织、设立宗教办事机构、设立宗教活动场所或者开办宗教院校,不得在中国公民中发展教徒、委任宗教教职人员和进行其他传教活动。"当然,中国的宗教坚持独立自主自办的方针,并不排斥在平等友好的基础上积极与世界各国宗教组织和宗教人士进行交往和联系。2004年11月,国务院公布的《宗教事务条例》第4条规定:"各宗教坚持独立自主自办的原则,宗教团体、宗教活动场所和宗教事务不受外国势力的支配。宗教团体、宗教活动场所、宗教教职人员在友好、平等的基础上开展对外交往;其他组织或者个人在对外经济、文化等合作、交流活动中不得接受附加的宗教条件。"

《宗教事务条例》是国务院颁布的中国第一部宗教方面的综合性行政法规,其中既有很多保障公民宗教信仰自由的内容,也有不少对公民宗教信仰自由的限制条款。例如:"宗教团体、宗教活动场所和信教公民应当遵守宪法、法律、法规和规章,维护国家统一、民族团结和社会稳定。""任何组织或者个人不得利用宗教进行破坏社会秩序、损害公民身体健康、妨碍国家教育制度,以及其他损害国家利益、社会公共利益和公民合法权益的活动。"（第3条第2、3款）"宗教团体的成立、变更和注销,应当依照《社会团体登记管理条例》的规定办理登记。""宗教团体章程应当符合《社会团体登记管理条例》的有关规定。"（第6条第2款）"涉及宗教内容的出版物,应当符合《出版管理条例》的规定,并不得含有下列内容:（一）破坏信教公民与不信教公民和睦相处的;（二）破坏不同宗教之间和睦以及宗教内部和睦的;（三）歧视、侮辱信教公民或者不信教公民的;（四）宣扬宗教极端主义的;（五）违背宗教的独立自主自办原则的。"（第7条第2款）"筹备设立宗教活动场所,由宗教团体向拟设立的宗教活动场所所在地的县级人民政府宗教事务部门提出申请……宗教团体在宗教活动场所的设立申请获批准后,方可办理该宗教活动场所的筹建事项……"（第13条）"信仰伊斯兰教的中国公民前往国外朝觐,由伊斯兰教全国性宗教团体负责组织。"（第11条）"擅自组织信教公民到国外朝觐的,由宗教事务部门责令停止活动;有违法所得,没收违法所得,可以并处违法所得1倍以上3倍以下的罚款。"（第43条第3款）

虽然2000年《立法法》在第8条只规定"对公民政治权利的剥夺、限制人身自由的强制措施和处罚"必须制定法律,没有规定对宗教信仰自由的限制必须制定法律,但根据《立法法》的精神以及《公民权利和政治权利国际公约》第18条的规定和世界各国普遍做法,理应只有法律才能对公民的宗教信仰自由加以限制。2004年国务院制定的行政法规《宗教事务条例》对宗教信仰自由的限制规定,应当由全国人大立法。

（五）"邪教"的定义

中国《宪法》在第36条第3款前段首先规定:"国家保护正常的宗教活动",然后在第36条第3款后段规定"任何人不得利用宗教进行破坏社会秩序、损害公民身体健康、妨碍国家教育制度的活动。"在逻辑关系上看,"利用宗教进行破坏社会秩序、损害公民身体健康、妨碍国家教育制度的活动"则属于"不正常"的宗教活动。

值得注意和研究的是,在宗教活动正常与否的问题上,这些年来有关法律和司法解释等重点关注"邪教组织"的问题。1997年《刑法》第300条规定:"组织和利用会道门、邪教组织或者利用迷信破坏国家法律、行政法规实施的,处3年以上7年以下有期徒刑;情节特别严重的,处7年以上有期徒刑。组织和利用会道门、邪教组织或者利用迷信蒙骗他人,致人死亡的,依照前款的规定处罚。组织和利用会道门、邪教组织或者利用迷信奸淫妇女、诈骗财物,分别依照本法第236条、第266条的规定定罪处罚。"1999年10月30日,第九届全国人大常委会第十二次会议通过了《关于取缔邪教组织、防范和惩治邪教活动的决定》,强调"邪教组织冒用宗教、气功或者其他名义,采用各种手段扰乱社会秩序,危害人民群众生命财产安全和经济发展,必须依法取缔,坚决惩治"。"依法取缔邪教组织,惩治邪教活动,有利于保护正常的宗教活动和公民的宗教信仰自由。"

1999年10月、2001年6月,最高法院和最高检察院先后联合颁布了《关于办理组织和利用邪教组织犯罪案件具体应用法律若干问题的解释》和《关于办理组织和利用邪教组织犯罪案件具体应用法律若干问题的解释(二)》,规定了"刑法第300条中的'邪教组织',是指冒用宗教、气功或者其他名义建立,神化首要分子,利用制造、散布迷信邪说等手段盅惑、蒙骗他人,发展、控制成员,危害社会的非法组织"、"组织和利用邪教组织并具有下列情形之一的,依照刑法第300条第1款的规定定罪处罚:(一)聚众围攻、冲击国家机关、企业事业单位,扰乱国家机关、企业事业单位的工作、生产、经营、教学和科研秩序的;(二)非法举行集会、游行、示威、煽动、欺骗、组织其成员或者其他人聚众围攻、冲击、强占、哄闹公共场所及宗教活动场所,扰乱社会秩序的;(三)抗拒有关部门取缔或者已经被有关部门取缔,又恢复或者另行建立邪教组织,或者继续进行邪教活动的;(四)煽动、欺骗、组织其成员或者其他人不履行法定义务,情节严重的;(五)出版、印刷、复制、发行宣扬邪教内容出版物,以及印制邪教组织标识的;(六)其他破坏国家法律、行政法规实施行为的"。"制作、传播邪教宣传品,宣扬邪教,破坏法律、行政法规实施,具有下列情形之一的,依照刑法第300条第1款的规定,以组织、利用邪教组织破坏法律实施罪定罪处罚:(一)制作、传播邪教传单、图片、标语、报纸300份以上,书刊100册以上,光盘100张以上,录音、录像带100盒以上的;(二)制作、传播宣扬邪教的DVD、VCD、CD母盘的;(三)利用互联网制作、传播邪教组织信息的;(四)在公共场所悬挂横幅、条幅,或者以书写、喷涂标语等方式宣扬邪教,造成严重社会影响的;(五)因制作、传播邪教宣传品受过刑事处罚或者行政处罚又制作、传播的;(六)其他制作、传播邪教宣传品,情节严重的。"

第二节 社会权利

一、社会权利

社会权利也可以称为受益权、社会经济权利,是与福利国家、积极国家的国家观相对应的基本人权,是从人的角度,为保证每个人能够过上合乎人类尊严的生活、保障个人自由,而要求国家承担的积极采取措施建立某种社会福利制度来为个人提供生存所需的基本条件。社会权利要求国家积极干预社会经济生活,消除因经济、社会的不公平而引起的社会弊端,保护和帮助弱者。① 应当注意的是,社会权利的保障和实现特别强调国家义务,许多国际公约都规定了国家在保障社会权利方面负有"首要责任"②。国家的作为或者不作为对社会权利的实现具有决定性的影响。

关于社会权利的范围,学者们有着不同的认识。荷兰学者范·德·文(Van der ven)从广义上将社会权利分为五类:(1)工作权。包括涉及工作权的社会及经济层面的诸多附带权利,如自由选择工作的权利;国家充分就业的政策;适当的工作环境及工作条件(如妥当的薪俸、退休及休假制度等);罢工权;个人因工作而获得的报酬之保障等。(2)经济参决权。工人有参与决策的参决权及争取改善待遇及工作环境的劳动结社权。(3)生活保障权。指公民遇到疾病、死亡、年老、失业等无工作能力时,有获得社会救助的权利。(4)社会保障权。这是一项关于人民生理健康与心理健康的权利。要保障每个人获得充分的医疗照顾,儿童也可以享受特殊的照顾和保健。(5)社会文化发展权。此权利涉及人民精神文化生活。比如缔结婚姻组成家庭的自由;家庭扶助之请求权;教育权及参与学术研究的权利等。③ 德国的布伦纳(G. Brunner)和奥地利的托曼德(T. Tomand)则采用三分法:(1)工作权。其内容与范德文的划分相似,但增加了工业失业救济权、女工和童工的待遇保障及参决权。(2)社会安全(保险)权。凡是关于最基本生活要求的权利,例如对生、老、病、死的抚恤照顾及儿童保健,甚至住房之拥有都包括在内。(3)文化教育权。此项权利的范围与范德文的文化发展权相一致。④

时任美国总统的罗斯福在1944年致国际联盟的演讲中,主张通过一个《经济权利法案》。他说:"我们已经清醒地认识到这样一个事实,即真正的个人自由不能脱离经济上的保障和独立而存在。一无所有的人不是自由人。出于饥饿和失业的人民是制造独裁者的原料。"⑤1948年通过的《世界人权宣言》第22条至第27条集中规定了社会权利。其中主要有:社会保障权;工作权;休息权;维持相当的水准生活的权利;对母亲和儿童的特别照顾;受教育权;参加文化生活的权利等。1966年的《经济、社会和文化权利国际公约》则作出了更加全面、细致的规定,成为保障社会权利的经典文献。该国际公约第6—15条详细规定了

---

① 肖泽晟:《宪法学——关于人权保障与权力控制的学说》,科学出版社2003年版,第237页。
② 例如,1969年联合国《社会进步与发展宣言》第8条指出:"每个国家政府的首要任务和根本责任在于确保其人民的社会进步和福利。"1974年联合国大会通过的《各国经济权利和义务宣言》第7条规定:"每个国家有促进其人民的经济、社会和文化发展的首要责任。"1993年世界人权大会《维也纳宣言和行动纲领》宣布:"保护和促进人权和基本自由是各国政府的首要责任。"
③ 陈新民:《德国公法学基础理论》,山东人民出版社2001年版,第691页。
④ 同上书,第692页。
⑤ 转引自奥斯顿:《美国对经济、社会和文化权利的认可》,载《美国国际法杂志》1990年第84期。

社会权利的基本内容。主要有：工作权；组织和参加工会的权利；社会保障（包括社会保险）权；对儿童和少年的特殊保护；获得相当的生活水准的权利；免予饥饿的基本权利；维持体质和心理健康的权利；受教育权；参加文化生活的权利；从事科学研究和创造性活动的权利等。

中国1982年《宪法》第42—49条集中规定了社会权利，第21、22条主要也是有关社会权利的内容。社会权利的本旨在于保障人们的生活，希望每一个人都能享受更好的物质和精神生活。因此，首先要保障人们的财产权，这是每一个人生存的必要条件。在这个意义上，财产权是社会权利的基础，其他各项权利都是以财产权为起点的延伸。劳动是获得财产、为社会创造价值的最佳手段，也是人们维持生活、获得更好的生活条件的必要途径，劳动权受宪法保护也是必然的。教育是人们获得劳动技能、提高生活水平、加强人文修养的基本方式，人类的生存质量与教育息息相关，受教育已经成为现代社会任何人都应当享有的基本人权。社会中的大多数人可以通过劳动和受教育等途径来满足自己的物质和精神生活需求的时候，还有一部分人（如儿童、老人、疾病者、残疾人等）由于各种原因而无法参与正常的社会活动和社会竞争，他们的基本生活可能因此而降低或难以维持。因而，同情弱者、扶助贫困，让他们也能够过上起码的能够维持生命和保持尊严的生活，也就成为宪法保障的基本内容之一。

结合《经济、社会和文化权利国际公约》、中国现行《宪法》和中国的实际情况，本章主要介绍劳动权、受教育权、文化权利和社会保障权。

二、劳动权

（一）狭义还是广义

关于劳动权的含义，有狭义和广义两种理解。狭义的劳动权，"就是指具有劳动能力的公民，有权要求国家和社会提供参加劳动的机会，并切实保证按照公民劳动的质量、数量取得报酬的权利"[①]。国内其他宪法学教科书的观点大都与此相同，主要是从参加劳动的权利（工作权）和获得报酬的权利两方面来理解劳动权。这个意义上的劳动权，大体上相当于国际公约中的"工作权"。《世界人权宣言》规定"人人有权工作、自由选择职业、享受公正和合适的工作条件并享受免予失业的保障"（第23条第1款）。《经济、社会、文化权利国际公约》也规定："本公约缔约各国承认工作权，包括人人应有机会凭其自由选择和接受的工作来谋生的权利，并将采取适当步骤来保障这一权利。"（第6条第1款）

广义的劳动权，从《经济、社会、文化权利国际公约》和其他一些国际公约及国家宪法的规定来看，不仅包括了工作权，而且还包括休息权、同工同酬、男女平

---

① 许崇德：《宪法学》，高等教育出版社2000年版，第364页。

等、获得报酬权、组织参加工会的权利、反对强迫劳动、良好的工作条件之保障以及罢工权等。这些内容浑然一体,互相呼应,构成了完整意义上的劳动权。因而,对劳动权应当做广义的理解比较恰当。《劳动法》第3条规定:"劳动者享有平等就业和选择职业的权利、取得劳动报酬的权利、休息休假的权利、获得劳动安全卫生保护的权利、接受职业技能培训的权利、享受社会保险和福利的权利、提请劳动争议处理的权利以及法律规定的其他劳动权利。"可见,《劳动法》上的"劳动权利",与广义的劳动权大体相当。

(二)劳动权的内涵

1. 个人事务还是国家义务

宪法上的劳动权,首先是针对国家而言,要求国家应当承担为本国公民提供劳动就业机会的义务。劳动对于劳动者本人来说是个体的事情,属于个人事务,但并不能仅仅从个体的角度来理解劳动权,国家负有为劳动者提供就业机会、改善劳动条件、提高劳动报酬等义务。劳动不仅仅是个人事务,更是国家义务。正如《经济、社会、文化权利国际公约》规定的那样:"本公约缔约各国为充分实现这一权利而采取的步骤应包括技术的和职业的指导和训练,以及在保障个人基本政治和经济自由的条件下达到稳定的经济、社会和文化的发展和充分的生产就业的计划、政策和技术。"(第6条第2款)中国1982年《宪法》的规定也表明,劳动是国家对公民承担的义务:"国家通过各种途径,创造劳动就业条件,加强劳动保护,改善劳动条件,并在发展生产的基础上,提高劳动报酬和福利待遇。"(第42条第2款)"国家对就业前的公民进行必要的劳动就业训练。"(第42条第4款)"国家发展劳动者休息和休养的设施,规定职工的工作时间和休假制度。"(第43条第2款)这些规定都说明:工作权作为公民的基本权利,应该由国家提供保障。对于公民的工作权,国家有义务提供工作机会,制定生产就业的计划、政策和技术,减少失业,提供劳动保护,改善劳动条件,提高劳动报酬等。

2. 休息权

《世界人权宣言》规定:"人人享有休息和闲暇的权利,包括工作时间有合理限制和定期给薪休假的权利。"(第24条)《经济、社会、文化权利国际公约》规定:"休息、闲暇和工作时间的合理限制,定期给薪休假以及公共假日报酬。"(第7条第4款)中国现行《宪法》第43条规定:"劳动者有休息的权利。""国家发展劳动者休息和休养的设施,规定职工的工作时间和休假制度。"对比可见,关于休息权的主体,中国《宪法》规定的是"劳动者",《世界人权宣言》则规定的是"人人",即每个人都可以享有休息权而不仅仅是劳动者。当然,休息对于劳动者来说是必不可少的,也就具有更重要的意义。把休息权理解为劳动权的一个方面,可以加深对劳动权本质的认识。劳动权首先是要保障人们基本生存的需要,解决劳动者及其家属的生活需求,保证劳动者自己和他们的家庭能够维持"过得去的生活"。其次,劳动权意在提高劳动者的生活质量,改善生活方式,维护劳动者的人格尊严。休息权可以保障劳动者恢复体力,保护身体,提高劳动效率和积极性,以便持续地投入工作;同时也是提高身体素质、提高生活质量的重要途径和表现。

一般而言,休息权包括如下一些具体内容:

(1)国家要保障劳动者的休息权,不仅要在法律中规定,而且要采取具体的措施,为劳动者和国民休息、休假提供物质设施和各种条件。(2)休息权的具体规定一般都在劳动法中。中国的《劳动法》第四章专章规定"工作时间和休假制度",关于休息权方面,主要规定有:"劳动者每日工作时间不超过8小时、平均每周工作时间不超过44小时的工时制度";元旦、春节等法定节假日的强制休假制度;关于延长工作时间的规定;带薪年休假制度等。

对于休息权的保障,应当做全面的理解,不能仅看休息时间的长短。还应当结合中国的现实国情。比如,中国人的休息和休闲质量不高;由于生活压力,中国人或主动或被动的加班还很多;大量农村居民和城镇失业者处于无事可做的状态并不能认为是宪法意义上的"休息"。

3. 同工同酬的含义

同工同酬就是做同样的工作,得同样的报酬。《世界人权宣言》规定:"人人有同工同酬的权利,不受任何歧视"(第23条第2款)。《经济、社会、文化权利国际公约》要求缔约各国保证"公平的工资和同值工作同酬而没有任何歧视,特别是保证妇女享受不差于男子所享受的工作条件,并享受同工同酬"(第7条第1款第1项)。中国1982年《宪法》对此也作出了规定:"国家保护妇女的权利和利益,实行男女同工同酬,培养和选拔妇女干部"(第48条第2款)。我们可以看出,同工同酬主要是针对男女平等而言,是为了保证妇女在工作中享有与男子同等的报酬。在这个意义上,同工同酬首先是指男女同工同酬,强调的是男女平等,是宪法的平等原则在劳动领域的具体体现。同工同酬还有一层意思就是在工作分类、工作性质等条件相同时,劳动者的报酬应当是相同的。总的来说,同工同酬强调平等,反对歧视,尤其反对性别歧视。

当然,同工同酬还有一个基本的前提:劳动者有获得报酬的权利。其实在《经济、社会、文化权利国际公约》中就是把男女同酬作为获得报酬权的一部分内容(第7条第1款)。获得报酬是劳动者的基本人权,其重要性自不待言。应获得报酬权在各国宪法和国际公约中都得到了明确的规定。《世界人权宣言》第23条第3款规定:"每一个工作的人,有权享受公正和合适的报酬,保证使他本人和家属有一个符合人的生活条件,必要时并辅以其他方式的社会保障。"中国《劳动法》第3条也有规定:"劳动者享有平等就业和选择职业的权利、取得劳动报酬的权利……"对于用人单位来说,应当积极、主动、公正、合理地支付劳动者的报酬,不得克扣和拖延。近年来,拖欠工资的现象比较严重,不仅侵犯了劳动者的基本人权,而且也会危及社会稳定,已经引起了社会各界的重视。

4. 对于劳动条件的规定

对于工作条件,《世界人权宣言》规定人人有权"享受公正和合适的工作条件"(第23条第1款);《经济、社会、文化权利国际公约》规定"人人有权享受公正和良好的工作条件"(第7条)。具体内容主要有:给予所有工人最低限度的报酬;安全和卫生的工作条件;在其行业中有适当的提级的同等机会;休息的权利和定期给薪休假以及公共假日报酬。中国1982年《宪法》对工作条件也有规定:"国家通过各种途径,创造劳动就业条件,加强劳动保护,改善劳动条件……"(第42条第2款)可见,中国宪法的规定与两个国际公约的基本取向是一致的,只不过没有明确规定工作条件要达到"公正"、"合适"或"良好"的要求。同时,关于工作条件的内容,中国宪法已经有了相对比较具体的规定。

5. 强迫劳动

联合国大会1966年通过的《公民权利和政治权利国际公约》第8条规定:"(一)任何人不得使为奴隶;一切形式的奴隶制度和奴隶买卖均应予以禁止。(二)任何人不应被强迫役使。(三)(1)任何人不应被要求从事强迫或强制劳动……"《德意志联邦共和国基本法》第12条第2款规定:"任何人不得被强制为特定之工作,但习惯上一般性而所有人均平等参加之强制性公共服务,不在此限。"第3款规定:"强迫劳动仅于受法院判决剥夺自由时,始得准许。"中国《劳动法》第96条也禁止用人单位"以暴力、威胁或者非法限制人身自由的手段强迫劳动"。强制劳动不仅违背了劳动者的自由意志,限制了劳动者的人身自由,损害劳动者的身体健康和各项合法权益,而且侵犯了劳动者的人格尊严,是对人身的侵犯和人格的侮辱。这与劳动权的本意是背道而驰的。可见,禁止强制劳动,乃是劳动权的应有之义。

但是现实并不乐观。联合国组织国际劳工局2005年5月11日公布的被强迫劳动人口年报显示,全球有超过1200万人口被强迫劳动。其中有900万人被各种企业和组织剥削,有超过200万人被贩卖。被强迫劳动人口最多的地区是亚太地区,其次是拉丁美洲,而美国和欧洲工业发达的国家排行第三。全球被强迫劳动的现象分为三种原因:国家政府强行;贫穷和歧视;以及全球一体化造成移居和劳工贩卖。国家政府强行劳工的现象是少数但情况严重。该报告也指出各类的强迫劳动呈现在农业、建筑、纺织、餐饮、私仆和卖淫等行业,其中女性为大多数,过半为孩童。①

---

① http://www.chuguo.cn/info/news/labour/2005-05/38671.htm,2006年10月10日访问。

6. 工会权

《世界人权宣言》第 23 条第 4 款规定:"人人有为维护其利益而组织和参加工会的权利。"《经济、社会、文化权利国际公约》第 8 条对于组织、参加工会做了更为详细的规定。主要内容有:每个人都有权组织和参加工会,除法律规定外不得限制;工会有权建立全国性的协会或联合会,有权组织或参加国际工会组织;工会有权自由活动,除法律规定外不得限制;有权罢工,此项权利的行使应遵守各国法律规定。《公民权利和政治权利国际公约》第 22 条规定:"人人有权享受与他人结社的自由,包括组织和参加工会以保护他的利益的权利。""对此项权利的行使不得加以限制。除去法律所规定的限制以及在民主社会中为维护国家安全或公共安全、公共秩序,保护公共卫生或道德,或他人的权利和自由所必需的限制。"中国《劳动法》第 7 条规定:"劳动者有权依法参加和组织工会。工会代表和维护劳动者的合法权益,依法独立自主地开展活动。"第 3 条规定:"在中国境内的企业、事业单位、机关中以工资收入为主要生活来源的体力劳动者和脑力劳动者,不分民族、种族、性别、职业、宗教信仰、教育程度,都有依法参加和组织工会的权利。任何组织和个人不得阻挠和限制。"

组织和参加工会,是孤立的、处于弱势地位的劳动者团结起来维护自己合法权益的重要途径。《工会法》第 6 条规定:"维护职工合法权益是工会的基本职责……"有学者认为:"工会以劳动条件之维持及改善为目的"[①],意在使劳动者能够获得及维持更有利的劳动条件与工资待遇。劳动者个体相对于他所在的工作单位而言处于弱者的地位,基本上没有能力与工作单位进行平等协商。当出现劳动纠纷时,个体的劳动者难以充分有效地维护自身利益,劳动者的弱势地位就更加突出。组织工会对于团结劳动者、对于维护劳动者权益至关重要。[②]

三、受教育权

(一) 受教育权是基本人权

通俗而言,从满足人们需求的角度来看,教育有两大功能:职业技能训练和道德伦理教化。职业训练在于传授给人们生存谋生的技能,人们为了能够享受更高的生活水平和生活质量,就需要更高的技术和知识,于是在教育之中便蕴涵着对未知世界的探索和追求,于是科学技术得以不断进步发展。道德伦理教化

---

① 史尚宽:《劳动法原论》,台湾正大印书馆 1978 年重印版,第 151 页。
② 然而,现实中很多企业都没有组建工会。例如,广东省工会的组建率仅为 37.2%,有 63% 的企业至今未组建工会。针对此问题,广东省人大常委会对《广东省实施〈中华人民共和国工会法〉办法》进行修改审议。修订草案明确了工会组建工作可以采取从上而下或从下而上的两种途径,促进工会的发展。此后上级工会有权督促未设立工会的企业事业单位组建工会,企业员工也可以联名申报组建工会。参见《华南新闻》2004 年 5 月 27 日第 4 版,记者张翼鹏、通讯员任宣报道。

在于醇化灵魂,约束人心,通过对人类和社会的认识来形成秩序,提高个人品性修养,培养人们对自然的敬畏、对自由的追求和对人格尊严的尊重,从而形成整个社会的有序状态。在现代社会中,教育已经成为人们生存的必备要素。正如卢梭所说:"我们生来是软弱的,所以我们需要力量;我们生来是一无所有的,所以需要帮助;我们生来是愚昧的,所以需要判断的能力。我们在出生的时候所没有的东西,我们在长大的时候所需要的东西,全都要由教育赐予我们。"①不仅个体如此,一个国家综合国力的增强、社会秩序的稳定、国民生活质量的提高等都离不开教育。受教育既使公民自身受益,也符合国家利益,国家有义务保障国民的受教育权。

在现代宪法中,受教育权是一项基本人权。1791年法国《宪法》第一篇"宪法所保障的基本条款"规定了宪法保障的自然权利和公民权利,其中就有受教育权:"应行设立和组织为全体公民所共有的公共教育,一切人所必需的那部分教育应当是免费的。"《世界人权宣言》第26条规定:"(一)人人都有受教育的权利,教育应当免费,至少在初级和基本阶段应如此。初级教育应属于义务性质。技术和职业教育应普遍设立。高等教育应根据成绩而对一切人平等开放。(二)教育的目的在于充分发展人的个性并加强对人权和基本自由的尊重。教育应促进各国、各种组或各宗教集团间的了解、容忍和友谊,并应促进联合国维护和平的各项活动。"《经济、社会、文化权利国际公约》第13、14条是关于教育的规定。其中第13条第1款明确了教育的目的:"本公约缔约各国承认,人人有受教育的权利。它们同意,教育应鼓励人的个性和尊严的充分发展,加强对人权和基本自由的尊重,并应使所有的人能有效地参加自由社会,促进各民族之间和各种族、人种或宗教团体之间的了解、容忍和友谊,和促进联合国维护和平的各项活动。"中国1982年《宪法》关于受教育权的规定在第46条:"……公民有受教育的权利和义务。国家培养青年、少年、儿童在品德、智力、体质等方面全面发展。"

(二)受教育权的内涵

宪法意义上的受教育权的内涵,主要可以从以下几方面来理解:

1. 义务教育:谁的义务

义务教育是指依法律规定,国家对一定年龄的儿童所实施的一定年限或范围的普通学校教育。在英文中,义务教育的对应词是 compulsory education 或 compulsory schooling,意为"强制教育"。强制性和免费性是义务教育的最显著的两个特征。②"义务教育以其最初产生的法律特质而言,它是一种'强制教

---

① 〔法〕卢梭:《爱弥儿》(上卷),李平沤译,商务印书馆1978年版,第7页。
② 曾天山:《义务教育阶段"择校生"现象剖析》,广西教育出版社1991年版,第12页。

育',旨在强制学龄儿童的父母送其子女入学,'强制'是国家为实行义务教育所采取的一项措施;以义务教育的发展过程言之,它是一种'免费教育',意在保证所有的学龄儿童都能上得起学,'免费'是国家为实行义务教育所采取的另一种措施。"①"义务"包括国家对人民的义务和人民对国家的义务两个方面,其中国家对人民的义务是主义务,其他则是从义务。国家的主义务是公民履行从义务的前提,只有国家履行了兴教办学的主义务之后,父母家长才能够行使送子女入学的从义务。另一方面,受教育权是公民的一项基本权利,此权利的义务主体是国家,国家应当负有积极作为的义务,以满足国民接受教育的需求。在义务教育阶段之外,父母"强制"子女入学的义务已经免除,但国家兴办更高层次和其他类别的教育的义务并没有相应免除。因此,国家应当采取积极措施发展国民教育,保障教育事业的顺利进行。教育是一项公共事业,需要由国家制定相关法律、制度来保障,需要国家提供经费、保障教育设施,为本国教育的发展提供良好的环境。此外,接受教育是一国国民的自由,国家应当尊重,不得任意干涉。

2. 免费教育——天上掉下的午餐

义务教育的另一个方面就是免费性。《世界人权宣言》第 26 条第 1 款规定:"人人都有受教育的权利,教育应当免费,至少在初级和基本阶段应如此。初级教育应属于义务性质。……"《经济、社会、文化权利国际公约》第 13 条第 2 款规定:"初等教育应属义务性质并一律免费"。并认为,中等教育和高等教育"特别要逐渐做到免费"。韩国宪法第 31 条第 3 款规定:"义务教育为无偿。"俄罗斯现行宪法第 43 条第 2 款规定:"保障国家或地方教育机构和企业中的学前教育、基础教育和中等职业教育的普及性和免费性。"由此可见,国家应当承担起免费教育的责任,这在世界各国已经成为共识。免费义务教育在很多国家已经实现,中国政府已于 1986 年通过了《义务教育法》,规定了九年义务教育制度。关于免费教育,首先应当普及到初等教育阶段;在国家财力允许的情况下,逐渐做到中等教育和高等教育全部免费。

有学者认为,"基本教育一律免费"。"所谓免费,不仅免收学费而已,即书籍费及衣食费,亦当由国家供给之。"②并且列举了一些国家宪法和法律文件作出说明。尽管免费的范围不尽一致,但应当不仅仅限于免除学费,当属一致的观点。1985 年中国起草《义务教育法》时只写免除学费,并没有免除杂费。③ 这为后来各种名目繁多的教育乱收费留下了方便之门。新修订的《义务教育法》从

---

① 温辉:《受教育权入宪研究》,北京大学出版社 2003 年版,第 58—59 页。
② 张知本:《宪法论》,中国方正出版社 2004 年版,第 138 页。此处所谓"基本教育"是指小学教育。
③ 参见马昌博、徐卓君:《义务教育,这 20 年为何这么难?》,载《南方周末》2006 年 10 月 12 日。

2006年9月1日开始实施,该法第2条第3款明确规定:"实施义务教育,不收学费、杂费。"

3. 教育与宗教:井水不犯河水

从是否将宗教教义作为教育内容来划分,教育可以分为世俗教育和宗教教育。宪法所保障的受教育权是指接受不以宗教教义为内容的世俗教育,并不包括宗教教育。国家大力发展的是世俗教育。根据政治与宗教分离(政教分离)的原则,国家不得干预宗教事务,不得以国家名义支持或者反对某一宗教,国家不得干预宗教教育。同时,宗教也不得干预世俗教育,不得在世俗教育领域传播宗教教义。在美国,不得利用公立学校的公用教育设施来宣传宗教教义,公立学校的教育应当"对宗教保持严格的中立","既不促进宗教又不限制宗教"。[①] 德国《基本法》虽规定"宗教教育为公立学校课程之一部分",同时又规定"整个教育制度应受国家之监督",要求宗教教育不得妨害国家监督权(第7条)。葡萄牙宪法第43条第2、3款规定:"国家不得出于任何哲学、美学、政治、意识形态或宗教之目的而独揽教育和文化的计划权。""公办教育是非宗教的。"可见,政教分离原则已经把教育和宗教分开。同时,葡萄牙宪法规定的国家不得出于哲学、美学、政治、意识形态等目的而独揽教育和文化,的确是深远之见。

4. 教育平等:机会平等还是结果平等

受教育权的一个主要内容就是要保障公民在受教育的机会和待遇上的平等。义务教育之为"义务",首先不是法律意义上的适龄儿童、少年的法律义务,而是国家的义务。国家有义务发展义务教育,为每个人能够接受义务教育提供平等的机会,在同等条件下,每个人都有权利享受国家提供的教育资源、教育设施以完成相应的教育。义务教育之为"义务",对于受教育者而言,包含有"免费"、"无偿"的意思,义务教育阶段的费用由国家承担。例如,新修改的《义务教育法》规定免收学费、杂费,每一个适龄的儿童、少年都有权利平等地接受义务教育,享有不缴学费、杂费的权利。义务教育普及到哪一级取决于一国的社会、经济、文化发展状况,但是不论是否义务教育,都应当向全体公民开放,只要达到了相应的标准(比如高等教育按照成绩来录取)就有权利接受该种程度的教育。中国《教育法》第9条第2款规定:"公民不分民族、种族、性别、职业、财产状况、宗教信仰等,依法享有平等的受教育机会。"该条文确立了教育平等的原则是强调受教育机会平等而不是结果平等,结果平等不仅不可能实现,还会损害机会平等。事实上每个人受教育的结果是不一样的。但结果的不同不能源于机会不平等,而是由于个体的各种差异所致。例如,不是每个人都能上大学(结果不平等),但国家应当保障上大学的机会向每个人开放(机会平等),由于个体差异,

---

① 李道揆:《美国政府和美国政治》(下册),商务印书馆1999年版,第673页。

很多人达不到大学的录取标准而无法接受高等教育就应当是正常的。国家的义务不是保证让每个人都能够得到某种程度的教育(如高等教育),而是要在立法、制度、政策等方面确保每个符合标准的人都能够接受教育。

四、文化权利

(一)《宪法》规定的"文化权利"

文化权利已经得到国际公约和各国宪法的普遍认可。《世界人权宣言》第27条第1款规定:"人人有权自由参加社会的文化生活,享受艺术,并分享科学进步及其产生的福利。"《经济、社会、文化权利国际公约》第15条规定,人人有权"参加文化生活"、"享受科学进步及其应用所产生的利益"。德国《基本法》第5条第3款规定:"艺术与科学、研究与讲学均属自由,讲学自由不得免除对宪法之忠诚。"葡萄牙《宪法》第42条规定:"思想、艺术与科学创作自由。""这种自由包括进行科学研究和发明的权利,创作和发表文学艺术作品的权利,以及对著作权的法律保护。"韩国《宪法》第22条规定:"所有国民享有学问和艺术自由。""著作者、发明家、科学技术者和艺术家的权利以法律来保护。"中国1982年《宪法》第20条规定:"国家发展自然科学和社会科学事业,普及科学和技术知识,奖励科学研究成果和技术发明创造。"第47条也有规定:"公民有进行科学研究、文学艺术创作和其他文化活动的自由。国家对于从事教育、科学、技术、文学、艺术和其他文化事业的公民的有益于人民的创造性工作,给以鼓励和帮助。"由此可见,关于文化权利,各国的规定注重三个方面:第一,每个公民都有享受文化、艺术、科学等成果的权利;第二,每个公民都有权利从事文化创造工作的权利;第三,文化创造成果受法律保护。

(二)文化权利的范围

文化活动的范围比较宽,很难一一列举。中国1982年《宪法》主要规定了三种:从事科学研究的自由、文艺创作自由和其他文化活动的自由。科学研究自由主要指公民有权自由地探讨科学领域的问题,不受任何组织和个人的干预;国家应当为公民从事科学研究提供必要的物质条件和经费支持;公民的科学研究成果受国家法律保护,国家应当制定相关的法律制度来保护知识产权,保护各类文化创造活动的成果。文艺创作自由是指公民可以根据自己的兴趣、爱好来从事文艺创作活动,自由选择文艺创作活动的内容和形式,自主决定创作成果的发表、利用并享有对创作成果的合法权利。文艺创作一方面是创作者本人的精神活动,可以满足创作者的精神需求;另一方面可以给社会提供新的精神产品,也是社会大众满足精神需求的需要。这是一个社会精神丰富、思想进步、文化传承的重要途径。其他文化活动自由,主要是指公民有权按照自己的意愿和兴趣观赏艺术品藏、欣赏文艺作品以及利用图书馆、博物馆、展览馆、科技馆等文化活动设施进行各种健康的文化娱乐活动。特别要注意的是,文物古迹、文化遗产既是满足公民文化需求的重要文化载体,又是一个民族乃至全人类文化的见证和成果,不仅国家负有特殊的保护义务,而且公民在欣赏、研究的时候必须树立保护意识,不得损坏。此外,国家还有义务保障公民能够更充分地享有文化活动的自由。

五、社会保障权

(一) 社会保障:保障谁和谁来保障

社会保障权是公民依法享有的以社会保障为内容的一项基本权利。因此,社会保障权的内容取决于社会保障的内容。"社会保障"(social security)一词最早源于1935年美国制定的《社会保障法》(Social Security Act),后来迅速得到广泛应用。1952年第35届国际劳工大会通过了《社会保障公约》之后,"社会保障"一词被世界各国普遍采用。对社会保障理论贡献最大的是英国经济学家、伦敦经济学院院长威廉·贝弗里奇(William Beveridge)。在其《社会保险及其相关服务》的报告中,贝弗里奇将社会保障视为一项以国家为主体的公共福利计划,认为社会保障是指保障人民在失业、疾病、伤害、老年退休、失去父母、工资中断时生活费用的保障,以及辅助其生育、婚丧时的意外或必要的费用。在其理论中,社会保障是作为一种国民收入再分配的手段,社会保障制度的建立,遵循的是普遍性原则。① 社会保障的明确定义就是确保最低生活的安全。贝弗里奇的理论被认为是西方福利国家的理论基石,对福利国家产生巨大影响。《英国大不列颠百科全书》在贝弗里奇理论的基础上,对社会保障作了归纳,解释为国家对国民实行"从摇篮到坟墓"的保障。公民在疾病、伤害、失业、年老、生育、死亡及鳏寡孤独等情况下,国家都给予保障。

经过几十年的发展,社会保障权已经成为现代公民的一项基本人权,社会保障也成为由国家立法强制规定的、由国家主动承担,对公民在年老、疾病、伤残、失业、生育、死亡、遭遇灾害、面临生活困难时给予物质帮助,旨在保障公民个人和家庭基本生活需要并提高生活水平、实现社会公平和社会进步的制度。② 社会保障应当包括以下内容:

(1) 社会保障首先是国家的责任,"公民社会保障权的义务属于国家,国家履行在公民权利方面的实现义务,当公民的权利遇有障碍时,国家帮助实现的义务。"③在社会权利体系中,国家对于公民社会保障权的实现负有更为突出的义务。(2) 具有强制性,由国家立法强制规定和实施。(3) 社会保障是对公民在

---

① 参见林嘉:《社会保障法的理念、实践与创新》,中国人民大学出版社2002年版,第4—5页。
② 同上书,第8页。
③ 张慧平:《论社会保障权》,载杨海坤主编:《宪法基本权利新论》,北京大学出版社2004年版,第288页。

年老、疾病、伤残、失业、生育、死亡、遭遇灾害、面临生活困难时给予的帮助。(4) 保障水平主要是满足公民的基本生活需要，但在某些方面也具有提高公民生活水平的功能。(5) 社会保障的价值在于维护人类尊严，实现社会公平和社会正义。对社会成员以物质帮助等形式来满足其基本生活之需，"使人在肉体上、精神上能过像人那样的生活"，以满足"人在社会生活中为确保自我尊严的最低限度生活"。[①] 从根本上说，维护人类尊严是社会保障的终极目的。

(二) 各国宪法对社会保障权的规定

现代世界各国宪法中一般都规定了国家在社会保障方面的义务，只不过各国规定详略不同。有的国家宪法没有专门的社会保障条款(如美国联邦宪法)，有的国家只是作出原则性的规定。例如，日本国《宪法》第 25 条规定："全体国民都享有健康和文化的最低限度的生活的权利。国家必须在生活的一切方面为提高和增进社会福利、社会保障以及公共卫生而努力。"韩国《宪法》第 34 条前两款规定："所有国民享有享受人类生活的权利。""国家负有为加强社会保障、社会福利而努力的义务。"然后分别规定了国家对女性、老年人、青少年、残疾人和无生活能力的国民的生活保障。对于社会保障权规定的比较详细的是葡萄牙宪法。葡萄牙《宪法》第 63 条从如下几方面规定了社会保障权：(1) 首先规定了"所有人均有权享受社会保障。"这是社会保障权的宪法依据。(2) 规定了国家的社会保障义务："国家应组织、协调与资助有工会组织、其他代表工人的组织以及代表其他受益人的组织参加的统一的、实行分权管理的社会保障体系。"(3) 列出专门条款规定了国家致力于保护家庭；未成年人享有社会与国家的保护；青年人在实现其经济、社会与文化权利方面有权受到特殊保护；对于残疾人，"国家应实施一项全国性的预防、治疗、复原及整合残废者的政策；制定并向社会提出能使社会意识到关心与扶助残废人之责任的教育规划"；老年人在经济保障、住房条件及借以避免并消除社会性孤独或无人照顾状态受到国家与社会的保障。(4) 对特殊群体的社会保障。"社会保障体系将保护罹病、老年与残废公民，孀居者与孤儿，以及失业者与所有其他缺乏或丧失生活手段或劳动能力的人。"

《世界人权宣言》主要从三个方面来规定社会保障权。(1) 承认每个人都享有社会保障权。第 22 条规定："每个人、作为社会的一员，有权享受社会保障，并有权享受他的个人尊严和人格的自由发展所必需的经济、社会和文化方面各种权利的实现，这种实现是通过国家努力和国际合作并依照各国的组织和资源情况。"(2) 免于失业的保障。第 23 条第 1 款规定："人人有权工作、自由选择职业、享受公正和合适的工作条件并享受免于失业的保障。"(3) 基本生活保障

---

① 〔日〕大须贺明：《生存权论》，林浩译，法律出版社 2001 年版，第 95 页。

和其他社会保障。第 25 条第 1 款规定:"人人有权享受为维持他本人和家属的健康和福利所需的生活水准,包括食物、衣着、住房、医疗和必要的社会服务;在遭到失业、疾病、残废、守寡、衰老或在其他不能控制的情况下丧失谋生能力时,有权享受保障。"

《经济、社会、文化权利国际公约》第 9—12 条对社会保障权作出了比较细致的规定,主要有四个方面。(1)公约宣布"缔约各国承认人人有权享受社会保障,包括社会保险"。(2)特殊群体的社会保障权。主要有针对家庭、母亲(特别是产前产后的特殊保护)、少年儿童(不受歧视、免受剥削、禁止童工等)的保障。(3)基本生活保障。特别规定了人人享有"免于饥饿的基本权利",各国政府在粮食的生产、保存、分配、供应等方面负有义务,以保障各国人民免于饥饿。(4)体质和心理健康的保障。主要有四个方面的内容:降低死胎率和婴儿死亡率,使儿童得到健康的发育;改善环境卫生和工业卫生的各个方面;预防、治疗和控制传染病、风土病、职业病以及其他的疾病;创造保证人人在患病时能得到医疗照顾的条件。

(三)中国《宪法》如何规定社会保障权

1. 经济制度还是基本人权

中国 1982 年《宪法》也规定了社会保障权。与其他国家宪法以及国际公约规定不同的是,1982 年《宪法》对于社会保障权的规定比较分散,第 14、21、44、45 和第 49 条都涉及了社会保障的内容。其中,第 14 条第 4 款规定:"国家建立健全同经济发展水平相适应的社会保障制度。"这是一个总括性的规定,相当于一个原则条款,即承认了国家对于发展社会保障所承担的义务。其他社会保障条款都是以此为依据在各个领域的具体体现。然而结合宪法条文我们就会发现,宪法对国家的社会保障义务的原则性条款放在第二章《总纲》中有关经济制度的内容之中,具体的社会保障内容则放在第三章公民的基本权利之中了。这样的位置安排反映的是社会保障权的性质归属。应该说,社会保障权是基本人权,它以保障每个社会成员的最基本的生存需求为目的,力求达到饥者有食、病者有医、老者有养、弱者有助等等基本目标。1991 年 11 月中国政府发布的《中国的人权状况》白皮书认为:"生存权是中国人民长期争取的首要人权","在中国,维护人民的生存权利,改善人民的生存条件,至今仍然是一个首要问题"。而社会保障权恰恰是为了保障人们起码要满足的、最低限度的生存所需,是生存权的重要支柱。很难想象,缺少了社会保障的生存权会是什么样子。而且在世界范围内,社会保障权已经成为基本人权,因而在宪法中应当把社会保障的内容集中规定在基本人权之中。

2. 医疗保障

中国 1982 年《宪法》第 21 条规定:"国家发展医疗卫生事业,发展现代医药和中国传统医药,鼓励和支持农村集体经济组织、国家企业事业组织和街道组织举办各种医疗卫生设施,开展群众性的卫生活动,保护人民健康。国家发展体育事业,开展群众性的体育活动,增强人民体质。"这一条主要是关于医疗保健制度的规定。医疗保障是社会保障不可或缺的重要内容,各国政府都把医疗保障放在社会保障的突出地位。诚然,社会保障的程度受一个国家经济发展水平的制约,在国家财力有限的情况下,社会保障体制就比较脆弱。因此,尽管国家有义务为公民提供包括医疗保障在内的各种社会保障制度,但并不意味着所有的医疗和社会保障都要由国家一手"包干"。政府对于医疗保障应当坚持几点:(1)首先要明确的是:政府为建立社会保障制度负有首要的责任,决不可出现把所有的负担都推给社会民众而政府束手不作为的情况。(2)政府应当提供公平的医疗服务,以救助弱者为先,将基本的医疗保障提供给最需要的人群,如农民、失业人员等没有基本医疗保障的人群。(3)政府始终是医疗保障的最大投入者,再结合个人出资和社会保险。(4)应保障全体国民都能够获得最基本的医疗服务,而不是按照某种标准(如户口或者工作单位等)只给一部分人提供医疗保障。

欧洲主要国家都通过政府出资的途径,提供了全民的卫生服务覆盖。全民覆盖是欧洲各国政府的一个主要目标,意味着每个人在需要的时候都能够负担医疗卫生的价格,并且得到恰当的医疗卫生服务。在大多数欧洲国家,自费只占卫生总支出不到23%,大多数欧盟国家自费只占家庭总消费的3%。欧洲国家对公共卫生支出较大,平均卫生总支出占GDP的8.4%,美国占13.2%。加拿大政府在1984年立法建立了中央政府与州政府共同承担责任的全民医疗保险制度。墨西哥卫生医疗体制改革的特点是按需分配,公平为原则,首先让没有保险的人获得医疗保险,改革后,低收入者成为最主要的受益人群。[①]

中国的医疗卫生体制改革是近年来社会关注的焦点。2005年7月,国务院发展研究中心社会发展研究部某负责人表示,由他担任课题组负责人的最新医改研究报告对中国医疗卫生体制改革进行了总体性评价和反思,报告认为"目前中国的医疗卫生体制改革基本上是不成功的"。[②]

3. 退休是部分人的"特权"

中国1982年《宪法》第44条规定:"国家依照法律规定实行企业事业组织的职工和国家机关工作人员的退休制度。退休人员的生活受到国家和社会的保障。"退休人员的生活受到国家和社会的保障,这已经为世界各国所公认,是社会保障制度的重要内容。从中国宪法的规定来看,退休似乎只属于"企业事业

---

① 胡天舒:《发展中国家也能实现医疗保障全民覆盖》,载《南方周末》2006年10月12日。
② http://www.nettx.com.cn/NewsNews/c/p/2005-08-04/06257406778.shtml,2006年10月12日访问。

组织的职工和国家机关工作人员",只有这些人员退休之后的生活受到保障,而这个范围之外的人则无权享有退休后的社会保障。当然,有人会说这种规定是基于当时的经济发展水平比较低的考虑,国家不可能开出太高的标准,受益的范围也不宜过大,否则就难以兑现。这种认识不无道理,但是忽略了一个基本的立场:包括退休权在内的社会保障权是为了使每个人都享有最低生活的保障,而不是只给一部分人提供保障。在很大程度上,社会保障发挥着"扶危济困"的社会功能,之所以保障退休权,也是基于退休人员在劳动能力、身体状况、经济收入等方面的相对"弱势"地位。中国的现实是,一般情况下,"企业事业组织的职工和国家机关工作人员"的经济状况、社会地位各方面都比较高,特别是和八亿多农民相比较而言,他们则处于优势地位。2005年末中国总人口为130756万人,其中城镇人口56212万,占43%;农村人口74544万,占57%。① 通常情况下,农村人口无法享受退休权,城镇人口如果不是"企业事业组织的职工和国家机关工作人员",也无法享受宪法规定的有关退休权利。这样,至少有40%(8亿以上)的中国人被排除在宪法规定的退休保障之外。于是就出现了一个"嫌贫爱富"的奇怪现象:退休权给予经济状况较好的群体,而更需要社会保障的经济状况较差的群体却得不到国家的保障。当然,不是说"企业事业组织的职工和国家机关工作人员"的退休权不需要保障,而是说相比较而言,更多的更需要保障生活的农民等社会群体却得不到保障,这是不公正的。它不是国家和社会经济发展水平高低的问题,而是制度的设计问题。退休应当成为每个人的权利,而不是仅仅为部分人享有。这种设计,显然有悖社会公平,必须改变。反对特权,主张平等。近年来,部分地区开始推行农民养老保险,农村居民可以领取到一定数额的退休金。② 然而,解决农村的社会保障难题,实现社会保障的全民覆盖,还有很长的路要走。

4. 失业保险

法国于1905年建立了最早的失业保险制度。挪威、丹麦在1906年和1907年建立了类似于法国的失业保险制度。它们实行的是非完全强制性失业保险制度,即法律确定范围内的人员是否参加失业保险取决于个人意愿。1911年英国颁布了国民保险法,开创了强制性失业保险制度的先河,后被一些国家效法,构成了世界失业保险制度的主流。到1997年初,世界上已有68个国家和地区建立了失业保险制度,其中大多数国家和地区实行强制性保险,自愿性保险的范围只限于工会已建立失业保险基金的产业。③

---

① http://www.gov.cn/test/2005-07/26/content_17363.htm,2006年10月15日访问。
② 据报道,从2003年9月21日起,青岛市有1万多名农民开始步入"退休农民"的行列,可以每个月从银行领取87元养老金。他们是青岛市农民养老保险制度试点的第一批受益者。http://www.south-cn.com/news/china/gdspcn/spmeiri/200309240617.htm,2006年10月14日访问。
③ http://www.molss.gov.cn/gb/ywzn/2006-02/14/content_106490.htm,2006年10月15日访问。

在中国1982年《宪法》中,并没有规定对失业者的保障。诚然,之所以这样规定,不是立法者没有考虑到这种情况,更多的是囿于意识形态的偏执而不愿意承认社会主义国家也存在失业。事实上在1986年,国务院就颁布了《国营企业职工待业保险暂行规定》,明确规定对国营企业职工实行职工待业保险制度。建立失业保险制度的主要目的之一是配合国有企业改革和劳动制度改革。1993年4月,国务院发布了《国有企业职工待业保险规定》,标志着中国失业保险制度进入了正常运行时期。1999年1月,国务院颁布了《失业保险条例》。该条例规定,城镇企业事业单位及其职工必须参加失业保险。城镇企业事业单位失业人员享受失业保险待遇。失业人员失业前所在单位和本人按规定累计缴费时间满1年不足5年的,领取失业保险金的期限最长为12个月;满5年不足10年的,最长为18个月;10年以上的,最长为24个月。

国际劳工组织发表的《2005年度全球就业报告》中说,大多数经济体2005年都无法把国民生产总值的增长转化为就业机会和工资的增加,再加上自然灾害和高昂的能源价格,世界上的穷人受到的打击较大。国际劳工组织发言人杰夫·约翰逊指出,2005年的失业人数却攀升到近两亿人,而全球劳动力是28亿。[1]

中国改革与发展委员会公布预测报告认为,2005年中国城镇失业人数将增加1100万人,其中包括340万即将毕业走向社会的大学生,与2004年底1400万城镇登记失业人数加在一起,总数将超过2500万。报告认为,就业问题将是中国社会面临的主要问题。

5. 最低生活保障

中国《宪法》第45条规定:"……公民在年老、疾病或者丧失劳动能力的情况下,有从国家和社会获得物质帮助的权利。国家发展为公民享受这些权利所需要的社会保险、社会救济和医疗卫生事业。国家和社会保障残废军人的生活,抚恤烈士家属,优待军人家属。国家和社会帮助安排盲、聋、哑和其他有残疾的公民的劳动、生活和教育。"通常这一条被称为规定了"获得物质帮助权"。本条所保障的对象有三类:年老、疾病或者丧失劳动能力的公民;残废军人;盲、聋、哑和其他有残疾的公民——实际上就是我们通常所说的"老弱病残"。宪法这一条的目的在于通过国家和社会的帮助,给他们提供最低的生活保障。实际上应当享有最低生活保障的不应当仅仅是"老弱病残",也不应当是对某一个特殊群体的照顾,而应当是一个国家的全部公民都应当享有基本权利。这一点在一些国家和国际公约中可以得到比较明显的反映。中国在立法上享有最低生活保障权的社会群体已经扩展到全体城市居民——尽管占人口大多数的农村居民尚未在立法上被纳入最低生活保障群体,但这一步也是一个巨大的进步。1999年10

---

[1] http://www.un.org/chinese/News/fullstorynews.asp?newsID=5048,2006年10月18日访问。

月开始实施的《城市居民最低生活保障条例》的目的是:"为了规范城市居民最低生活保障制度,保障城市居民基本生活",保障的对象是"持有非农业户口的城市居民"。该条例规定:"凡共同生活的家庭成员人均收入低于当地城市居民最低生活保障标准的,均有从当地人民政府获得基本生活物质帮助的权利。"各国都根据本国的实际情况规定了最低工资标准。中国各地近年来也相继规定了本地的最低工资标准和最低生活保障标准,并且根据社会经济状况的变化而不断提高。[①]

6. 特殊主体

从各国宪法性法律和国际条约的规定来看,家庭、婚姻、母亲、少年、儿童也应受到国家和社会的保障。中国《宪法》第49条规定:"婚姻、家庭、母亲和儿童受国家的保护。夫妻双方有实行计划生育的义务。父母有抚养教育未成年子女的义务,成年子女有赡养扶助父母的义务。禁止破坏婚姻自由,禁止虐待老人、妇女和儿童。"在此规定中,除了实行计划生育是中国的特殊国情所决定之外,其他内容大体上都已经"与国际接轨"。对于老人、母亲、未成年人的特殊保护,主要是基于这一类群体在生理、身体、心理等方面处于人生的特殊时期,处于相对的弱势地位,在经济能力、物质生活和精神需求等方面难以自给自足。同时这些阶段的群体还有着一些特殊的要求,应当予以满足。例如,老年人大都不具备完全的劳动能力,经济自给能力不足,身体状况下降,体弱多病,容易孤独等等情况都需要在物质上、精神上给予特殊的保障和关怀。保护母亲的权利与保护妇女权益的侧重点不同,主要是指母亲在怀孕、生育和哺乳等阶段应当受到特殊保护,国家和社会应当在休假、劳动保护、劳动报酬等方面予以保障,给予特别的照顾。对儿童、少年的特殊保护体现在要给未成年人提供身体发育和健康成长所必需的物质条件和精神条件,为他们提供最好生长环境,使其接受良好的教育,接受法定的义务教育,以保障未成年人的身体健康、心智健全。同时,禁止虐待未成年人,禁止在精神上威胁、恐吓、教唆未成年人,禁止使用童工。

推荐阅读

1. 〔美〕德沃金:《认真对待权利》,信春鹰、吴玉章译,中国大百科全书出版社2002年版。

本书是当代著名法学家罗纳德·德沃金的成名之作。什么是法律?法律的目的是什么?谁应当尊重权利?谁是权利的享有者?德沃金给出了明确的答

---

① 例如,自2008年7月1日起,北京市提高了最低工资标准:最低工资标准由每小时不低于4.36元、每月不低于730元,提高到每小时不低于4.6元、每月不低于800元。参见北京市劳动和社会保障局:《关于调整北京市2008年最低工资标准的通知》,京劳社资发[2008]129号。

案。德沃金认为权利具有优先性,政府必须平等地尊重和关心个人权利,不得为了社会福利或者社会利益牺牲人权。他认为权利问题与法律实践密切相关,现代法治的理想就在于保障个人权利,而法官适用法律的目的就在于发现、澄清既有成文法和先例中所包含着的各种权利。

德沃金认为,应当认真对待权利的首先是政府、政府官员以及体现政治意志的法律、制度、政策等。每一位公民都是权利的享有者。宪政民主制度下的政府不能以任何理由侵害和剥夺个人的权利,特别是对于少数人和异己者的权利,更应该施以硬性的制度保障。

基于此,本书进一步主张政府应当合乎道德。权利构成了法律的道德基础,"如果政府不能认真对待权利,它也就不会认真对待法"。这种对政府行为的道德要求的要义是平等,即政府必须平等地关怀和尊重一切人。提出权利主要是为了约束政府行为,防止政府对公民基本权利的侵害。

2. 〔瑞典〕格德门德尔·阿尔弗雷德松、〔挪威〕阿斯布佐恩·艾德主编:《〈世界人权宣言〉:努力实现的共同标准》,中国人权研究会组织翻译,四川人民出版社1999年版。

本书由国际著名的人权专家编写,对《世界人权宣言》逐条进行了深入细致的分析论述,介绍了《世界人权宣言》中各项人权条款产生的历史背景和来龙去脉。众所周知,世界各国在规定本国宪法上的基本权利时深受《世界人权宣言》的影响。阅读此书,有利于我们准确地把握各项基本权利的含义。

3. 〔奥〕曼弗雷德·诺瓦克:《民权公约评注:联合国〈公民权利和政治权利国际公约〉》,毕小青、孙世彦等译,生活·读书·新知三联书店2003年版。

作者多年来一直从事人权法的研究和教学工作,并在联合国长期担任人权问题专家,是该领域最有影响力的学者之一。本书是根据《公民权利和政治权利国际公约》的历史背景和人权事务委员会的案例法对该公约逐条解释和评注,是迄今为止有关该公约的最具权威性的学术性著作。世界各国宪法上的基本权利的规定深受《公民权利和政治权利国际公约》的影响,阅读本书对我们理解基本权利有很大的帮助。

4. 〔瑞士〕托马斯·弗莱纳:《人权是什么?》,谢鹏程译,中国社会科学出版社2000年版。

作者是国际著名的公法学者,曾任国际宪法协会主席。这本小册子"屠夫读得懂,学者愿意读",对人权的论述既精辟又通俗易懂,使复杂的人权问题变得更容易理解,让人在轻松的阅读中受到启发。

5. 〔美〕杰克·唐纳利:《普遍人权的理论与实践》,王浦劬译,中国社会科学出版社2001年版。

本书重点阐述了人权的普遍性,并对人权的历史特定性、特殊性和相对性作了分析,还对集体权利等问题提出了自己的看法,阅读此书有助于理解人权的普遍性。

6. 〔日〕大沼保昭:《人权、国家与文明——从普遍主义的人权观到文明相容的人权观》,王志安译,生活·读书·新知三联书店2003年版。

本书作者对欧美中心主义的人权观提出了质疑,认为欧美人权概念只有虚拟的普遍性,欧美的人权标准不等于国际标准,提出了"文明相容的人权观",强调自由权与社会权的不可分割性和互相依存性,主张中国等发展中国家不能只是将欧美的"人权干涉"作为"干涉内政"来排斥,而必须向欧美及其他国家积极主张自己的人权观,通过思想的争搏和交流来使人权思想真正获得普遍性。阅读此书,有助于理解全球化时代人权问题的复杂性。

7. 〔美〕霍尔姆斯、桑斯坦:《权利的成本——为什么自由依赖于税》,毕竞悦译,北京大学出版社2004年版。

本书强调权利依赖于政府,与我们过去所了解的权利是对抗政府的传统理念相反,让人耳目一新。阅读此书有助于全面地把握个人权利的本质。

8. 〔日〕芦部信喜:《宪法》(第3版),高桥和之增订,林来梵、凌维慈、龙绚丽译,北京大学2006年版。

本书是日本当代最著名的宪法学家芦部信喜著,其嫡系高足、东京大学法学部教授高桥和之增订。本书是宪法学的经典之作,其第二部分"基本人权"的内容对基本人权的论述既简明又深刻,让人深受启发。

9. 许志雄、陈铭祥、蔡茂寅、周志宏、蔡宗珍:《现代宪法论》,台湾元照出版公司1999年版。

本书主要内容包括30讲:宪法与宪法学、宪法的基本概念、宪法与国家、人性尊严、国民主权、人权的思想与历史、人权主体、平等权、内在精神自由、外在表现自由、人身自由、经济自由之保障与限制、社会权、请愿权诉愿权与诉讼权、人权的概括性保障与新人权、权力分立原理、政党制度、立法机关与议会民主制、行政权、司法权与司法独立、违宪审查制度与民主政治、财政制度、地方自治、宪法的稳定与变动、宪法与国际社会等。

10. 林来梵:《从宪法规范到规范宪法——规范宪法学的一种前言》,法律出版社2001年版。

本书阐述了与个人权利相关的宪法权利,特别推荐第二编中的第一章"宪法权利总论"、第二章"平等权"、第四章"精神·文化活动的自由"、第五章"人身自由与人格尊严"。

思考题

1. 什么是个人权利?它与基本权利的关系是什么?它包括哪些权利?

2. 什么是生命权？它包括哪些内容？为什么生命权需要宪法的保障？

3. 什么是人格尊严？为什么说人格尊严是一项独立的基本权利？人格尊严与人的尊严是什么关系？宪法上的人格尊严与一般法律上的人格尊严有何不同？

4. 什么是人身自由？它包括哪些内容？人身自由在什么情况下才能受到限制？劳动教养制度是否合宪？

5. 什么是住宅安全？住宅安全与隐私权是什么关系？

6. 什么是居住自由、迁徙自由？居住自由与迁徙自由是什么关系？户籍制度是否限制了公民的迁徙自由？

7. 如何理解宗教信仰自由？如何区分宗教与"邪教"？

8. 如何认识国家在保障社会权利方面的责任？

9. 阅读重庆"史上最牛钉子户"事件，回答下列问题。

2004年，重庆某房地产开发商对九龙坡区鹤兴路片区进行开发。拆迁工作从2004年9月开始，该片区280户均已搬迁，仅剩一户未搬迁。2004年10月，吴某夫妇的房屋被断水，2005年2月房屋被断电。施工队进场后，房屋与外界的道路也被阻断，成为矗立在工地中的"孤岛"。2005年2月，开发商向九龙坡区房管局提出拆迁行政裁决，要求裁决被拆迁人限期搬迁。九龙坡区房管局于2007年1月11日下达了拆迁行政裁决书，并于2月1日向九龙坡区法院提起了《先予强制拆迁申请书》，法院受理了此案。3月19日，该法院组织九龙坡区房地产管理局、吴某、开发商进行了听证，并当庭裁定限吴某夫妇在3月22日前自动搬迁。后法院多次组织拆迁三方进行协商，均无结果。3月30日，法院发布公告，责令在2007年4月10日前自动搬迁，并将该房屋交给开发商拆迁，否则法院将依法实施强制拆除。4月2日，开发商和吴某夫妇达成协议，吴某夫妇接受异地商品房安置，自愿搬迁，并获得90万元营业损失补偿。

中国《宪法》关于保护公民的私有财产有哪些规定？相关部门法有何规定？本案中有没有侵犯公民私有财产的情况？你是否赞同房管局、法院的做法？为什么？本案是以双方达成协议而告终，结合近年来备受关注的房屋拆迁案件，我们能否从中得到什么启示？

第六章 政治权利

政治权利不仅包括参与选举的权利，而且也以充分的表达自由与合理的政党制度为前提。本章论述了表达自由的法律地位，中国现行《宪法》第35条所规定的政治权利和自由的基本含义，以及限制表达自由的一般法理。其中重点是对《宪法》第35条的理解；难点在于如何根据变化的社会生活，平衡表达自由与其他相冲突的利益，既对表达自由予以充分的承认和保护，又能够防止表达自由的滥用。本章进而讨论了政党的含义、特征和作用，概述了宪法规范和保障政党的相关原理，简述了政党与政体之间的关系，介绍了政党制度与选举制度、政党民主和人民民主之间的关系，并说明了中国《宪法》规定的政党制度。其中重点是宪法规范和保障政党的宪法规则、原则、运用宪法控制和监督政党的途径，以及《宪法》规定的政党制度；难点是政党与政体、政党制度与选举制度之间的关系，以及政党民主和人民民主之间的关系。

第一节 政治权利概说

一、政治权利的概念

关于政治权利的概念，中国内地的一些宪法学著作并没有明确的界定，而是直接介绍各种具体的政治权利。[1] 近年来有的宪法学著作则没有专节"政治权利"，当然也就没有讨论政治权利的概念。[2] 中国大多数宪法学著作都设立专节"政治权利"，有学者认为，"政治权利是指公民依据宪法和法律规定，参与国家政治生活的行为的可能性。表现为两种形式：一种是公民参与国家、社会组织和管理的可能性，以选举权和被选举权的行使为基础；另一种是公民在国家政治生活中依法自由地发表意见、表达意愿的自由"。[3] 也有学者认为，"政治权利在国外宪法学中一般认为是人们参与国家政治活动的一切权利和自由的总称"，在中国宪法中，"主要包括选举权和被选举权、表达自由、监督权"。[4]

---

[1] 例如何华辉：《比较宪法学》，武汉大学出版社1988年版；杨海坤主编：《宪法学基本论》，中国人事出版社2002年版；周伟：《宪法基本权利——原理·规范·应用》，法律出版社2006年版。

[2] 例如，张千帆著：《宪法学导论——原理与应用》（第二版，法律出版社2008年）与其主编的《宪法学》（第二版，法律出版社2008年）则没有专门介绍"政治权利"。

[3] 许崇德主编：《宪法学（中国部分）》，高等教育出版社2000年版，第344—345页。

[4] 文正邦主编：《宪法学教程》，法律出版社2005年版，第171页。

奥地利学者曼弗雷德·诺瓦克认为,《世界人权宣言》第21条已经包括了所有基本的政治权利。① 该条规定:"(一)人人有直接或通过自由选择的代表参与治理本国的权利。(二)人人有平等机会参加本国公务的权利。(三)人民的意志是政府权力的基础;这一意志应以定期和真正的选举予以表现,而选举应依据普遍和平等的投票权,并以不记名投票或相当的自由投票程序进行。"该学者同时认为,严格意义上的政治权利仅指《公民权利和政治权利国际公约》第25条所列举的权利。② 该条规定:每个公民应有下列权利和机会,即"(1)直接或通过自由选择的代表参与公共事务;(2)在真正的定期的选举中选举和被选举,这种选举应是普遍的和平等的并以无记名投票方式进行,以保证选举人的意志的自由表达;(3)在一般的平等的条件下,参加本国公务。"可以看出,政治权利主要是为了保障一国公民能够参与国家公务而享有的基本权利。

二、政治权利的主体:"公民"还是"人民"

长期以来,用政治话语来表述一些法学概念似乎已经成为思维定式——或者说,法学概念经常被政治话语所取代、淹没。以至于在法学领域,许多本来应该使用法学术语的地方却被政治话语所充斥。对于政治权利的主体,就明显地折射出这一现象。

政治权利的享有者是谁?是"人民"还是"公民"?③ 长期以来,一种居于主流的观点认为:政治权利的享有主体是人民。"广大人民是否享有管理国家的政治权利和自由,是反映这个国家中各个阶级所处的地位的重大标志之一。"④中国是人民民主专政的国家,人民是国家的主人,国家的一切权力属于人民,人民行使国家权力的机关是全国人民代表大会和地方各级人民代表大会,政治权利是人民实现当家做主的重要权利。因而,政治权利的享有者应当是人民。

然而,如果我们从宪法的角度来分析,就会发现这种说法并不是规范意义上的宪法学语言。中国《宪法》关于公民政治权利的规定都在第二章,而第二章标题是"公民的基本权利和义务",可见在逻辑上,包括政治权利在内的"基本权利和义务"的主体都是"公民"。

从适用的范围上来说,"人民"是一个抽象的概念,主要适用于总体上的某一个特定的多数群体,是一个复数主体,单个的自然人是不足以称为"人民"的。

---

① 〔奥〕曼弗雷德·诺瓦克:《民权公约评注》,毕小青、孙世彦主译,生活·读书·新知三联书店2003年版,第431页。
② 同上书,第430页。
③ 林来梵先生也对政治权利究竟是属于"人民"还是"公民"提出质疑。参见林来梵:《从宪法规范到规范宪法》,法律出版社2001年版,第119页。
④ 肖蔚云、魏定仁、宝音胡日雅克琪:《宪法学概论》,北京大学出版社1985年版,第287页。

而"公民"既适用于复数主体,也适用于单数主体,我们可以从总体上说"某某国公民",也可以从个体上说某人是某国公民。而且在更经常的意义上,"公民"是指个体,指的是单数主体。从现实中来说,政治权利的行使者都是单个的个人,少数情况下是由个人组成的群体或组织。政治权利不可能由抽象的"人民"来行使,"人民"无法完成行使政治权利所必需的具体环节。政治权利是具体的、实实在在的权利,它存在于我们每个人的身边,与我们每个人的生活都息息相关。宪法应该是具体的,每一项规定、每一项公民权利都可以体现在每一个人的身上,而不仅仅是存在于理论上某一个抽象的整体。只有每一个公民的政治权利充分实现了,作为整体的"人民"的政治权利才具有了坚实的基础,不再是空洞的口号和理想的目标。在这个意义上,政治权利的主体还是归于"公民"为好。

三、政治权利的性质:"公"还是"私"

政治权利是公民参与政治活动和公共事务的一切权利和自由的总称①,是一类与公民身份与资格密切相关的权利。政治权利体现了公民的"公"的一面,即公民参与国家事务和公共事务的一面。国家权力的合法性来源于一国全体公民的同意和承认,而同意和承认的重要渠道就是公民能够参与国家机构的各种活动。参与的途径可以是直接的,也可以是间接的。直接参与就是公民成为国家机构的工作人员,间接参与就是公民通过自己同意或认可的代表来参与国家机构的活动,使国家机构的活动置于公民的监督之下。政治权利是公民的重要权利,各国宪法中均有规定,一些重要的国际公约也有规定。例如,法国《人权宣言》第 6 条规定:"法律是公共意志的表现。全国公民都有权亲身或经由其代表去参与法律的制定……在法律面前,所有的公民都是平等的,故他们都能平等地按其能力担任一切官职,公共职位和职务,除德行或才能上的差别外,不得有其他差别。"《世界人权宣言》第 21 条规定:"人人有直接或通过自由选择的代表参与治理本国的权利。"1993 年俄罗斯《宪法》第 32 条规定:"俄罗斯联邦公民有直接或通过自己的代表参加管理国家事务的权利。""俄罗斯联邦公民有进入国家机关的平等机遇。"

中国 1982 年《宪法》第 2 条第 3 款规定:"人民依照法律规定,通过各种途径和形式,管理国家事务,管理经济和文化事业,管理社会事务。"在"公民的基本权利和义务"一章中,第 34 条、第 35 条、第 36 条、第 41 条可以看做是关于具体的政治权利的规定。第 34 条规定的是选举权和被选举权,第 41 条主要规定

---

① 有学者认为:"唯有将政治权利宽泛地界定为'公民在宪法上所享有的一切政治权利的总称'为佳",参见林来梵:《从宪法规范到规范宪法》,法律出版社 2001 年版,第 120 页。

了公民的监督权,也属于政治权利的范围。第 35 条是有关表达自由的内容,在中国主流的宪法学界和立法者的观念里,其中的主要内容是政治权利。第 36 条规定的是宗教信仰自由(其实宗教自由是个人的"私事",属于思想自由的范畴,不具有"公"的性质,没有必要划分在"政治权利"之中)。一般而言,政治权利主要包括选举权和被选举权、罢免权、创制权、公决权、监督权、公职权和抵抗权等。

第二节 表达自由

表达自由是国际人权条约和现代民主国家的宪法普遍承认和保护的一组相互关联、相互影响的权利和自由,既包括通常我们所讲的言论和出版自由、新闻自由等,也包括结社、集会、游行和示威的自由以及公民对国家机关和国家工作人员享有的批评、建议、申诉、控告、检举的权利和公民进行科学研究、文艺创作和其他文化活动的自由。确保人人都享有不分国界地寻求、接受和传递消息和思想的自由,不仅有利于个体的全面发展,而且会有助于全面促进国家的民主政治建设。

在中国现行的法律体系当中,表达自由所包括的权利和自由主要在《宪法》的第 35 条。这一节将围绕《宪法》第 35 条以及与表达自由有关的其他具有普遍约束力的规定,全面阐述表达自由的法律地位,即中国相关的法律是怎样确定和保护表达自由这一基本权利和自由的;怎样理解《宪法》第 35 条规定的各项具体的权利和自由;表达自由作为一项相对性的权利,在现有的法律框架和在具体的实践当中,应当受到什么限制,怎样对表达进行限制等。

一、表达自由的法律地位

中国《宪法》和相关的法律是如何规定表达自由涉及的一系列权利和自由呢?我们应当如何来理解它们呢?在中国正在成为越来越多的国际人权条约的成员国的今天,如何处理国内法与这些人权条约所确立的标准之间的关系呢?

(一)中国《宪法》对表达自由的规定

中国《宪法》第 2 条第 1 款规定,中华人民共和国的一切权力属于人民。这说明,人民是国家权力的拥有者和行使者,人民有权单独或集体地依照法律规定,通过各种形式和途径管理国家事务、管理经济和文化事业,以及其他公共事务。而通过行使言论和出版这样的政治权利和自由,属于其中的一种。中国《宪法》第 35 条规定,公民有言论、出版、集会、结社、游行、示威的自由——这些自由共同构成公民所享有的政治权利和自由,即公民所享有的对国家和社会公共事务表明态度、发表意见和看法的自由;既包括以个人方式行使这些权利的自由,也包括以集体的方式行使这些权利的自由;既可以以深思熟虑、公开出版的作品表达观点、意见和看法,也可以用即兴、短暂和更具冲击力的集会、游行和示威等表达自己的政治见解。

单第35条的规定来看,中国宪法虽然没有使用表达自由这一术语,但它同时包括了现代民主社会的正常运行涉及的各项权利和自由,我们因此可以将这一组权利和自由称做表达自由,将第35条称做表达自由条款。这种称呼除了可以省去多种不同的术语因内涵和外延的不同所带来的理解方面的不便外,还可用同样的标准来讨论第35条承认和保护的多种权利和自由。此外,将宪法第35条规定的权利和自由称做表达自由,与《世界人权宣言》和《公民权利和政治权利国际公约》第19条的规定,也是一致的。

在《宪法》条文中,与表达自由有关的内容,还包括第41条规定的公民对国家机关和国家工作人员批评、建议、申诉、控告、检举的权利,以及第47条规定的公民进行科学研究、文艺创作和其他文化活动的自由。前一类权利可以称做公民所享有的监督权,该权利是公民向国家机关表达其意见和愿望、对抗国家机关及其工作人员违法失职行为的权利,是公民间接参与国家事务、管理国家事务的权利。

国家机关和国家机关工作人员是人民的公仆,承担着人民所托付的管理社会的重任。国家机关和国家机关的工作人员是否能够严格依照法律办事,不仅关涉到国家机关是否能够正常运转,还涉及人民的切身利益。因此,民众有权通过对国家机关和国家机关工作人员的批评、建议、申诉、控告、检举,保证国家机关及其工作人员依法行使权力。

《宪法》第47条规定的权利可以称为文化权。该自由或权利又可以细分为从事科学研究的自由、文艺创作的自由和其他文化活动的自由。这些自由是公民自我实现的重要途径或方式。在《宪法》第35条即表达自由条款之外单列这类权利和自由,并不意味着这类权利与自由和《宪法》第35条规定的一系列政治权利和自由在性质上是两类完全不同的权利和自由。事实上,文化权利和自由的享有与行使,除了能够丰富人们的文化生活外,还与政治有着密切的关系。民众同样可以用文学艺术作品来表达自己的政治愿望,政府也通过这类文艺作品、文艺节目生动地宣传党和国家的方针政策。因此,本书也将文化权利列为表达自由的组成部分。

中国《宪法》第40条还规定了与表达自由密切相关的权利,即公民所享有的通信自由和通信秘密的权利。"通信虽然不是直接的表达,但是表达的内容往往要通过通信来传输",因此,"保护通信自由和通信秘密,对于公民行使表达权有十分重要的意义"[①]。《宪法》规定公民享有通信自由和通信秘密的权利,意

---

① 魏永征:《新闻传播法教程》,中国人民大学出版社2002年版,第37页。

味着除因国家安全或者追究刑事犯罪的需要外,由公安机关或者检察机关依照法律规定的程序对通信进行检查外,任何组织或者个人不得以任何理由侵犯公民的通信自由和通信秘密。

(二)其他法律、法规对表达自由的规定

为贯彻落实《宪法》第 35 条列举的诸项权利和自由,法律、法规还有许多内容涉及《宪法》第 35 条的内容。既有散见于普通法律、法规当中的部分条款,也有专门的法律、法规和部门规章、通知等。刑法、民法这样的实体法规定了表达自由权利行使的边界,民事诉讼法、刑事诉讼法等程序法,也规定了什么样的案件应当公开审判,什么样的案件不允许媒体记者进入审判的现场。此外,在最高法院发布的具有法律效力的司法解释当中,也有许多规定涉及《宪法》第 35 条规定的具体权利和自由。从这些规定来看,中国已经初步确立了较为完备的承认、保护表达自由和防止该权利滥用的法律体系。

宪法对表达自由的规定是原则性的。这些原则性的规定要在实际生活中发生效用,还必须通过宪法之下的法律、法规、部门规章甚至有关国家机关发布的通知等。因此,表达自由实际上是由庞大的法律体系所承认和保护的自由或权利。该项权利或自由的行使,它在现实生活中的实现,都必须置于中国法律体系所确立的完整的逻辑框架之中。目前,我们还没有建立违宪审查制度,民众无法因表达自由权利受到侵犯为由,直接向法院提起宪法诉讼。在这种情况下,通过下位法的规定和其在实际生活中的贯彻实施来落实公民享有的表达自由的权利,就具有非常重要的意义。也可以说,只有宪法之下的下位法及其实施能够着眼于保护表达自由,与表达自由有关的法律规定才不会成为"纸上的法律"。

除《宪法》的相关规定外,与表达自由有关的其他规定有以下几个特点:其一,既散见于《刑法》、《民法通则》、《民事诉讼法》和《刑事诉讼法》这类由全国人大及其常务委员会制定的法律之中,也有单行的法律、法规和部门规章。前者如《刑法》对煽动性诽谤、传播淫秽出版物行为的惩罚,民法对名誉权、著作权的保护;后者如 1989 年公布的《集会游行示威法》、2001 年国务院颁布的《出版管理条例》等。其二,宪法是授权性法律规范,而宪法之外与表达自由有关的规定,多通过限制表达自由权利的行使,一方面来满足与表达自由利益同等重要的其他利益,另一方面也避免表达自由权利的滥用。其三,根据表达自由应当以促进和保护为原则、以限制为例外的法律原则,当下位法涉及对表达自由的限制或克减时,在避免词义不清等问题的同时,更要避免授予行政机关过多的权力。

宪法是根本大法,具有最高的法律效力。宪法承认并确立的表达自由,应当成为中国制定法律、行政法规、部门规章的依据,应当成为各级政府机关,特别是与各种大众传播媒介相关的管理机关①立法和执法的依据。按照下位法不得与上位法（宪法）抵触和依法治国、依法行政的原则，各级国家机关除了不应当制定违背宪法所确立的言论、出版等自由的法律、行政法规和部门规章、通知外，还不得采取违背宪法基本原则的行政措施，来随便限制、剥夺人们享有的表达自由权。

从制度的层面上来讲，表达自由还意味着，公民或各种大众传播媒介，在自己的该项权利受到侵犯或认为自己的该项权利受到侵犯的情况下，能够通过司法途径获得救济。唯此，表达自由权才能成为具有实际意义的权利和自由。因此，建立具有中国特色的宪法执行机制，比如司法审查制度，对于切实保障人们享有表达自由，具有非常重要的意义。

（三）认真对待表达自由的人权标准

在国际和地区性人权条约中，有许多条款涉及表达自由，而直接承认并保护表达自由的条款则主要集中在《世界人权宣言》和《公民权利和政治权利国际公约》第19条、《儿童权利公约》第13条。在地区性人权公约中，《欧洲人权公约》第10条、《美洲人权公约》第13条以及《非洲人权和民族权宪章》第9条，都直接承认并保护表达自由。欧洲地区还建立了比较有效的地区性的人权保护机制，成立了专门的人权法院，即总部设在斯特拉斯堡的人权法院。在该法院审理的大量案件中，有相当一部分涉及表达自由的基本人权。

自20世纪90年代起，中国政府开始以积极的姿态投入到与人权有关的国际事务当中。除了与欧盟、美国、澳大利亚等西方国家和地区的政府和人权组织展开了形式多样的人权对话外，还签署批准加入了许多国际人权公约，成为许多人权公约的成员国。在国内立法的过程中，中国政府还注意引入国际人权条约中的标准，并用这些标准和对话以及学者研究的成果作为改进国内立法和司法的主要推动力。2004年在修改《宪法》的时候，最终将"国家尊重和保障人权"写进了《宪法》。

人权入宪在中国具有非同寻常的意义。但仅仅将人权写进宪法还远远不够，还需要将宪法确立的精神，分解到宪法之下的法律法规当中，还需要将宪法规定贯彻到具体的执政过程和司法过程中去。这既是作为一个大国在国际政治舞台上应有的姿态，也是解决国内问题，建设和谐社会的内在要求。

与国内法相比，国际人权标准在价值层次上具有优越性，在规范层次上具有优先性，在效力范围上具有普遍性。所谓价值上的优越性，是指人权标准，包括表达自由的人权标准是全世界人民共同追求的目标，是所有成员国国内立法和

---

① 在中国，直接对各种大众传播媒介行使管理权的职能部门有新闻出版总署、广播电影电视总局、信息产业部、文化部等。

司法以及行政行为的最高标准；而规范层次上的优先性，主要指公约的成员国在立法和司法的时候，特别是当国内立法与国际人权标准不一致的时候，应当优先适用人权标准；效力范围上的普遍性是指国际人权标准适用于所有成员国。

中国政府已经于1998年签署了《公民权利和政治权利国际公约》。目前，这项具有法律约束力的人权条约正在等待全国人大的批准。一旦将来中国成为该公约的成员国，该公约便会在中国发生法律效力。按照确保该公约实施的《公民权利和政治权利国际公约任择议定书》规定的个人申诉制度，议定书缔约国管辖之下的个人可以向人权事务委员会提起书面控诉。委员会接受申诉之后，应将此事提请受到指控的国家注意，受到指控的国家应当在6个月内对申诉作出解释或声明。在这种情况下，如果我们不注重在立法和司法上参照人权条约确定的表达自由的人权标准，将会有大量的个人申诉提交到联合国人权委员会那里。这就需要我们从现在做起，认真对待包括表达自由在内的人权标准，尽早将其作为国内立法和司法的依据。

二、表达自由的含义

表达自由是一项综合性的权利或自由。这句话可以从两个方面理解，其一，用美国著名宪法第一修正案学者爱默生(Thomas I. Emerson)的话来讲，它包括一系列权利或自由，既包括通常意义上的言论和出版自由，也涉及思想、信息或传播自由。表达自由还包括倾听他人观点和他人对事实的描述的权利，也即一定意义上的信息使用权。其二，表达自由是人们在讨论该领域的问题时使用的更全面、更综合的概念，它同时包括了相关的权利和自由。这些属于表达自由或构成表达自由某个方面的自由和权利包括言论自由、出版（新闻）自由、艺术创作等自由。当人们不是通过报纸、书籍或口头的方式，而是在公共场所，如公园、街道、广场等地方，同时使用多种表达方式行使该项权利时，表达自由还应当包括使用公共设施、集体或个别地用象征性言论进行表达的自由。在这种情况下，表达自由也可以以集体的方式来行使。[①] 作为该权利必要的延伸，它还应当包括集会、结社和游行示威的权利和自由，也即与他人一道表达的权利和自由。

（一）言论自由不仅仅是言论者的自由

在许多宪法学教科书中，中国的宪法学者一般将言论自由定义为公民对于政治和社会生活中的各项问题，有通过语言方式表达和交流其思想与见解的自由。[②] 也有的学者将其定义为公民有发表意见、交流思想、抒发感情、传递信息、

[①] *Texas v. Johnson*, 491 U.S. 397, 406 (1989).
[②] 肖蔚云等：《宪法学概论》，北京大学出版社2003年版，第194页。

传授知识等而不受干涉的自由。① 第三种意见则倾向于将言论自由与国际和地区人权公约中规定的表达自由权联系起来,认为言论自由还包括搜集、获取、了解各种事实和意见的自由以及传播某种事实和意见的自由。② 还有一种观点认为,言论自由的权利不仅包括将自己的思想、观点表达出来的自由,还应当包括表达行为赖以发生的基础——知情权。这是因为了解情况是行使言论自由权的前提和基础,"一个闭目塞听的人是谈不上有什么意见可以表达的"③。

  我们认为,表达自由是由宪法性法律承认和保护的一系列相互关联的权利和自由,民众享有和行使表达自由的权利,可以通过多种方式。口头或书面言论的方式是其中的一种。宪法承认和保护言论自由,首先是对这种表达方式的承认和保护。从历史发展的角度来看,大众传播技术的发展,也同时推动着、丰富着口头或书面表达的方式。传统社会中,人们欲想让更多的人知道自己的想法和意见,只能借助公园、街道、广场、剧院这样的公共场所。在现代社会,人们则可以通过广播、电视和各种各样的出版物,不受地域限制地与潜在的、不特定的受众进行交流。几乎集所有传统媒体的传播方式和功能于一体的互联网,还能够使人用口头和书面方式交流的同时,为人们进行表达提供多样化的、功能强大的搜索和编辑服务,既丰富了人们的表达手段,又提升了人们的表达能力和表达质量。在这种情况下,宪法对言论自由的承认和保护,也应当随着情况的发展变化,承认和保护这些新形式的言论。

  言论自由还包括言论内容的自由。如果法律这也禁止那也禁止,即便言论的形式再丰富,言论自由也没有太大的意义。言论的形式只是形式,它是为内容服务的。人们借助一定形式的言论,是为了表达情感、传递思想或表明立场。现代民主社会,法律应当致力于为人们就范围广泛的问题、话题、思想、观点之间的交流、传播、碰撞和共享创造尽可能大的空间,应当通过法律或其他途径,撤除、减少信息自由流动过程中可能遇到的各种障碍。法律应当将不限制言论和信息的自由流动作为原则,将对特定言论的限制当做例外。除依照立法机关制定的正规法律,并考虑到保护名誉、隐私和获得公平审判这些与言论自由平行的宪法权利以及民主社会为维护公共安全、健康等需要外,不得对言论进行限制。鉴于少数者的观点,包括那些非主流、偏激和明显与主流观点相左的意见和看法更容易受到有形或无形的压制,从法律上为持这种观点的人提供保护就显得尤为重要。

---

 ① 魏永征:《新闻传播法教程》,中国人民大学出版社2002年版,第38页。
 ② "尽管中国宪法中没有关于表达自由的措辞,但表达自由内含于宪法上述条文(中国《宪法》第35条和第41条)的规定之中,实属不容置疑。"张志铭:《传媒与司法的关系——从制度原理分析》,载夏勇主编:《公法》(第二卷),法律出版社2000年版,第306页。
 ③ 魏永征:《新闻传播法教程》,中国人民大学出版社2002年版,第40页。

言论自由并不仅仅是一个通过口头或书面的方式将特定的思想、观点、意见或信息让他人知晓或公之于众的问题,宪法对言论的保护,也不仅仅是对言论者或传播者的保护。在平面媒体、电子媒体和互联网媒体共生的媒介环境下,法律对受众和言论平台,比如各种大众传媒的保护,也非常重要。正因为如此,《美洲人权公约》第5条第3款规定:不得滥用政府或私人对新闻、广播频率或对用于传播消息的设备的控制,也不得采取其他有助于阻止各种思想和意见的联系和流传的手段,以间接的方式限制人们发表意见的权利。中国《宪法》则从正面强调了国家的义务,第22条第1款规定:国家发展为人民服务、为社会主义服务的文学艺术事业、新闻广播电视事业、出版发行事业、图书馆博物馆文化馆和其他文化事业,开展群众性的文化活动。

此外,宪法对言论自由的保护,不应当限于对言论结果,比如出版物的保护,还应当对言论的过程提供保护,既应当保护人们传播各种思想、观点和意见的自由,也应当保护行使该项自由所必不可少的准备,既寻求、接收各种思想和观点的自由和权利。正因为如此,我们比较赞同《公民权利和政治权利国际公约》第19条的规定,按照该条规定,表达自由既包括搜集、获取、了解各种事实和意见的自由和传播某种事实和意见的自由,也包括人们选择交流和沟通的形式的自由。

(二)出版自由和新闻自由

中国《宪法》的表达自由条款,使用了"出版自由"这一术语。一般来讲,出版自由主要是在宪法和法律许可的范围内,公民有著述、发表、出版书刊,表达自己的思想和意见的自由,也有依照法律规定,从事著述、出版、印刷、发行等活动的自由。从这一点来看,出版自由是言论自由的一种表现形式,是言论自由的自然延伸。

在英语著作和英美法系中,freedom of speech 有对应的汉语词汇,即我们通常所说的"言论自由"。出版和新闻则都用"press"表示。这给我们理解类似于美国宪法第一修正案使用的 freedom of press 这样的规定带来了一定的困难。是将其理解为出版自由?还是新闻自由?或干脆将二者合起来称做言论/出版自由?

我们认为,无论将 freedom of press 理解为出版自由,还是将其解释为新闻自由,都有一定的道理。但要做到准确,可能还需要结合不同历史时期大众传播媒介的发展所造成的"press"词义的变化。如果从立法文件和司法判决的角度来考察,从出版自由到新闻自由还涉及制度化的大众传媒在现代民主政体中的角色定位。

Press 来自于德语的 presse,最初的意思是指用来榨油的机器。自谷登堡将他的榨油机改装成印刷机并用来印刷《圣经》等出版物之后,在西方世界产生了一个以前没有的产业——印刷出版业。出版业批量印刷教会和世俗统治者不喜欢的读物导致了掌权者对出版业的审查和控制,以弥尔顿为代表的西方先哲,也正是在这种情况下,提出了言论出版自由的思想,而不是新闻自由的思想。当时,press 是"出版"或"印刷"的意思。freedom of press 也应当是"出版自由"。

美国 1791 年《权利法案》使用了 press。从报刊对美国革命产生的举足轻重的影响来看,似乎将其看做新闻自由更符合美国宪法制定者们的意图。美国宪法的许多制定者,如曾经参与制定美国宪法第一修正案并担任过美国总统的杰弗逊,就对以传播新闻为主的报纸在美国民主制度中所起的作用,有非常清楚的认识和很高的评价。在 1787 年致友人卡林顿(Carrington)的信中,他曾经写道:

> 预防此类对人民的不合常理的干预的办法,就是通过公共报纸的渠道,向人民提供关于他们自己事务的全部信息,并且努力使这些报纸渗透到全体人民群众中间。民意是政府赖以存在的基础,所以我们首要的目标就是要保持这种权利;若由我来决定我们是要一个没有报纸的政府,还是没有政府的报纸,我会该毫不犹豫地选择后者。[①]

杰弗逊对当时以报纸为主的新闻媒体在监督美国政府、启发民智和维持美国民主政体正常运转过程中所起的作用的认识,在美国最高法院许多与宪法第一修正案有关的案件中都有所体现。[②] 新闻媒体在美国社会中发挥的作用,被上升到了制度化的层面。新闻媒体作为组织化的新闻搜集和传播机构,在社会生活中像其他民事主体一样,享有各种各样的权利,而新闻自由无疑是他们所享有的最重要的权利。这种权利不仅是他们在竞争激烈的市场上能够生存下来并不断壮大的重要前提之一,也是监督政府、启发民智和维持民主政体健康、有序运转的必要条件。

中国《宪法》第 35 条没有提及新闻自由,这是否意味着中国宪法不承认也不保护新闻自由呢?我们并不这样认为。中国是人民当家做主的国家,自由的新闻不仅是民众行使当家做主的权利的平台,也是民众能够行使管理国家的权利的前提。试想,一个闭目塞听的民众怎么能行使好管理国家的权利呢?此外,与其他国家一样,新闻传播活动构成中国社会生活的一个非常重要的方面,而将言论、出版自由的原则贯彻于新闻传播的活动,实际上就是"新闻自由"[③]。

---

① 转引自〔美〕迈克尔·埃默里、埃德温·埃默里:《美国新闻史》,展江、殷文等译,新华出版社 2001 年版,第 91 页。
② 如 *New York Times v. Sullivan*(1964)和 *New York Times v. United States*(1971)。
③ 魏永征:《新闻传播法教程》,中国人民大学出版社 2002 年版,第 38 页。

(三) 要重视艺术创作自由

与政治自由之重要组成部分的言论、出版和新闻自由相比,人们对文学艺术创作自由的关注程度和法律对它的保护力度,无论是从理论上,还是从实践上,都与文学艺术在实际生活中所扮演的角色和它在现实生活中所起的作用不成比例。比如,在美国的宪法理论和司法判决中,存在着一种将不同言论进行分级的理论,而处于不同等级之中的言论,受到不同程度的宪法保护。具体来讲,事关公共事务的政治言论,因为它对民主政治起着不可替代的作用,涉及公共利益,因而应当受到最高级别的宪法保护。相反,文学艺术创作自由,同大量的商业言论一样,由于其对民主政治所起的作用远远不及政治言论,因此,应当受到更多的限制或更少的保护。

同样的做法也见于欧洲人权法院的司法判决。近年来,欧洲人权法院对表达自由不断扩大保护范围和加强保护力度,正是因为表达自由构成社会进步的根基和个人发展的基本条件。但这里的表达自由,也主要是一种政治表达自由,正是基于这种而不是其他,如文学艺术创作自由方面的考虑,"人们普遍要求尊重各种处于边缘的或属于非正统的意见,倾向于用讨论和争论的手段来平息和解决在各种公众关心问题上的分歧,以及对主流的正统学说的各种挑战"。[1]

中国《宪法》第 47 条规定了文学艺术创作自由:公民有进行科学研究、文学艺术创作和其他文化活动的自由。从广义的角度来讲,文学艺术创作自由应当属于言论出版自由的范围之内,或者像出版自由一样,是言论自由的具体表现方式或这一自由的延伸。人们用政治演说和政治出版物来行使宪法规定的言论自由,人们同样也通过特定的艺术形式,来表达他们对国家、民族和其他公共事务的关注,表达他们对人生、对生活和与他们有关的一切事务的理解。而且,与纯粹的政治言论相比,通过一定的艺术形式揭示的政治真理,更能够为民众所接受,也更有可能对中国的民主政治起到巨大的推动作用。

中国宪法直接承认并保护的艺术创作自由,包括两个方面的内容,其一是选题自由,其二是艺术创作过程自由。从选题自由来讲,创作人员选择什么样的题材、采用什么样的叙事手法、使用什么样的表达工具等,除了受到他自己的世界观和物质基础限制外,不应当因选题而受到任何外来的干预、压制或承担任何不利的后果,也就是说,创作人员应当享有绝对的选题自由。当然,这种选题自由主要是作为个人进行创作时所享有的自由,出于不同于商业目的而为他人创作时所服从的条件,或根据创作合同进行的创作,不包括在内。选题自由的要义主要是政府或政府有关部门不应对他人选题施加干预、限制。

---

[1] 张志铭:《欧洲人权法院判例法中的表达自由》,载《外国法译评》2000 年第 4 期。

创作过程自由是选题自由的延续,是创作者将构思好的作品,通过文字、图画、音符等形式记载下来的过程。不同的艺术形式和不同的艺术作品,其创作过程有很大的区别。一部电视剧从选题到拍摄完成所需要的时间可能会花费几年的时间,但拍摄过程中演员的一个动作从设计到完成的时间可能只有几分钟。艺术作品的产生过程,比如剧本的构思和写作过程、创作过程应当完全是自由的。但有些艺术作品的创作过程可能会对他人或社会产生影响,比如影视作品在外景地拍摄时,可能会引来成批围观的群众,大型音乐晚会在演出的过程中也会有许多意想不到的情况出现。在这种情况下,创作过程自由就应当是相对的权利。任何影视剧的拍摄过程,都不能以损害他人或社会利益为代价。

作品创作的各个方面,包括剧本和演出时所使用的动作、台词设计、场景的布置和烘托气氛所使用的音乐和影视作品的其他表现形式,都有可能涉及这里所讲的艺术创作自由。但艺术创作自由并不仅仅限于进行创作的自由,它还应当包括将创作出来的各种形式的艺术作品,通过尽可能大的空间和平台展示并与他人进行交流的自由。如果我们只允许人们从事创作和拍摄,但却不允许或无端限制这些作品进入市场进行流通,文学艺术创作自由就会成为一句毫无意义的空话。

(四)结社、集会和游行示威的自由也属于表达自由

1. 结社自由

结社是指公民基于共同的理想、信念或为了达到某个共同的目的,依照法定程序结成某种持续存在的社会组织。结社自由一方面意味着个人有权加入社团,成为享有管理权限并履行一定义务的某个社团的成员,另一方面意味着公民有不参加或不被强迫参加某个社团的权利。结社自由还意味着,除非依照宪法和法律的相关规定,政府不得干预社团事务,也不得随意强行解散正在运行的社团。

对于孤零零的个体来讲,结社自由的功能首先在于它能够满足个体获得某种归属感的需要;其次,通过团体组织的各种活动,个体还可以与他人以集体的方式共同从事某项事业,在这个过程中,个体能够体会到自己能力的强化和扩大。我们据此可以说,结社自由不仅与其他自由有着密切的联系,结社自由还会影响到其他权利和自由享有的程度和行使的方式。此外,托克维尔还认为,在民主国家,结社自由是防止一党专制或大人物专权的有效办法。借助于结社自由,人们能够走到一起,结成"防止暴政的堤坝",避免一个伟大民族受到一小撮无赖或一个独夫的残酷压迫。[①]

正因为如此,许多国家的宪法都承认民众有结社自由的权利。结社自由权

---

① 〔法〕托克维尔:《论美国的民主》(上卷),董果良译,商务印书馆1996年版,第217页。

也规定在许多国际人权条约中,如《公民权利和政治权利国际公约》第 22 条。国际社会专门制定的承认和保护结社自由的公约,是 1948 年公布的《结社自由及保护组织权公约》。

美国宪法第一修正案规定人们享有各类表达自由,但并没有规定人们享有结社自由,结社自由是否属于表达自由呢? 1927 年美国社会党人惠特尼(Whitney)女士因为参加共产主义劳动党的一次大会而被判有罪[1],说明当时结社自由不受宪法第一修正案保护。到了 1958 年的全国有色人种民权促进会案[2]时,这种情况有了改变。在本案中,阿拉巴马州的法律要求企业或协会在开展活动之前应先获得州政府的批准。但全国有色人种民权促进会却在没有获得州政府批准的情况下,在州内开展活动。州政府以该协会违犯了州的法律为由向法院提起诉讼,要求法院终止该协会的活动,州法院同意州政府的请求,除责令协会提供包括财务状况在内的文件外,还要求协会向法庭披露其成员的身份信息。官司打到联邦最高法院的时候,大法官哈兰代表法院撰写的裁定推翻了州法院的全部判决。

哈兰在裁定中认为,强迫协会披露其成员的材料并将其公开的做法,会导致许多成员因为害怕遭受迫害而离开协会,对协会提供财政或其他支持的人或组织也可能因此而抽回自己的资金。这会极大地削弱协会的力量,使协会所致力于促成和实现的目标——为美国少数民族争取政治、经济、教育等方面的平等权利——受到损害。为了维护人们为促进信念和理想而结合在一种稳定的组织并通过这种组织将其发扬光大的自由,即结社自由,协会成员的隐私利益应当受到尊重和保护。它是维护结社自由所必需的,在协会的主张和信念是非主流的、有争议的情况下,就更应当如此。

与美国到 1958 年才通过判例确立民众享有结社自由不同,新中国成立以来颁布的几部宪法,都明确规定公民有结社自由的权利。[3]目前,在保障公民如何更充分地享有这项权利的问题上,最需要解决的问题是该权利的可诉性问题,即公民是否能够因结社自由权受到侵犯而提起诉讼,获得司法救济。

和其他权利与自由一样,公民在行使结社自由权的时候需要受到相应的限制。1998 年国务院制定的《社会团体登记管理条例》第 4 条第 1 款明确规定:"社会团体必须遵守宪法、法律、法规和国家政策,不得反对宪法确定的基本原则,不得危害国家的统一、安全和民族的团结,不得损害国家利益、社会公共利益

---

[1] Whitney v. California 274 U.S. 357 (1927).

[2] National Association for Advancement of Colored People v. Alabama Ex tel. Patterson, 357 U.S. 449 (1958).

[3] 中国 1954 年《宪法》的第 87 条、1975 年《宪法》的第 28 条、1978 年《宪法》的第 45 条和现行《宪法》的第 35 条,都规定了公民享有的结社自由的权利。

以及其他组织和公民的合法权益,不得违背社会道德风尚。"这意味着任何以实施违法犯罪行为目的的结社,不仅得不到法律的保护,反而会受到法律的惩罚。此外,该条例还对成立社团必经的登记程序、成立社团必须具备的条件等一一作了规定。第 3 条规定,社团的成立必须经过"业务主管单位"审查同意并进行登记,参加政协的人民团体、国务院批准免于登记的团体以及经本单位批准成立并在本单位内部活动的团体除外。第 10 条规定,成立社团应当具备下列条件:有 50 个以上的个人会员或者 30 个以上的单位会员;个人会员、单位会员混合组成的,会员总数不得少于 50 个;有规范的名称和相应的组织机构;有固定的住所;有与其业务活动相适应的专职工作人员;有合法的资产和经费来源,全国性的社会团体有 10 万元以上活动资金,地方性的社会团体和跨行政区域的社会团体有 3 万元以上活动资金;有独立承担民事责任的能力。

2. 集会、游行和示威的自由

中国 1989 年颁布的《集会游行示威法》对这几个概念都作了简要的界定。按照该法第 2 条规定,集会,是指聚集于露天公共场所,发表意见、表达意愿的活动;游行,是指在公共道路、露天公共场所列队行进、表达共同意愿的活动;示威,是指在露天公共场所或者公共道路上以集会、游行、静坐等方式,表达要求、抗议或者支持、声援等共同意愿的活动。集会、游行和示威的自由便是从事这些活动,不受非法干预或限制的自由。

集会、游行和示威是三种既密切联系又有区别的概念。它们之间的联系首先体现在它们都是言论出版自由的延伸,都属于广义上的"言论"或"表达"①。其次,公民开展这几种活动的目的也可能是相同的,即以更激烈、更戏剧化和更引人注目的方式来表达自己的政治意愿,从而达到影响他人或影响公共政策、社会进程的目的。最后,从自然法的角度来讲,开展这些活动应当是民众享有的自然权利,因为每个公民都有权按照他所喜欢的和善长的方式,在公众面前表达他的政治愿望。

正因为如此,通过集会、游行和示威的方式来参与公共生活是一项古老而常新的政治实践。在中国,为了保障该类权利的正当行使,这项基本的权利不仅被写进了宪法,而且中国还制定了专门的《集会游行示威法》。以确保该项权利在实践中不至于被过多地滥用。

作为宪法共同保护的一组权利,这几个概念除了是一组相互联系的权利外,它们之间还存在着一定的区别。具体来讲,结社是公民为了某种目的或推行某种社会改革,结成相对稳定的组织。这种组织可以通过集会、游行和示威等活动,行使宪法赋予的权利和自由。集会、游行和示威可以通过组织,即结社的方

---

① 张千帆:《宪法学导论——原理与应用》,法律出版社 2004 年版,第 551 页。

式来行使,也可以以临时、即兴的方式行使。单独就集会、游行和示威来讲,它们之间也存在着表达政治意愿、政治诉求状态的不同、强弱程度的不同、表达方式等方面的不同。①

3. 集会、游行和示威的表达性行为

集会、游行和示威是完全不同于言论和出版的表达方式和交流方式。从形式上来看,言论和出版自由的行使,在多数情况下,都更像是一种理性和个性化的活动,是一个说理的过程。而后一种则通常面对大量的观众,在公共的街道、公园或政府机关门前与他们进行面对面的交流;从行为的后果来看,口头或书面方式的交流不太容易对公共秩序造成影响,不会像集会、游行和示威那样,带来"清楚与现存的危险",比如群众性的骚乱或大面积的交通堵塞等。也许正是因为如此,集会、游行和示威更容易引起他人和政府的关注,更容易对国家、社会的政治进程产生影响。

集会、游行和示威对现代民主社会的运转起着非常重要的作用。这种形式的表达通常是特定的个人或群体重申或戏剧化地让他人接受其观念、态度或价值的手段。在大众传播媒体越来越集中、越来越被少数人控制,在接近和使用大众传播媒体相对困难的情况下,这种表达方式便成为他人或社会了解其处境或观点的非常有效的方式。它不仅可以吸引大量的受众,而且可以吸引大量的媒体跟进报道,从而引发更深层次的讨论、交流。对于处于边缘境地或不能公平享有社会各种资源的个人或群体来讲,从法律上保障其享有这样的权利,不仅对他们有非常重要的意义,也会对整个社会产生非常重要的影响。因为各种形式的集会、游行和示威行为,都可以成为促成并改进公共讨论的有效途径,成为观念市场得以产生并良性运转的催化剂。

4. 正确认识集会、游行和示威行为

要正确处理集会、游行和示威行为产生的问题,就必须对这类表达性行为有一个客观而理性的认识。只有在思想上摆脱了对这类表达性行为的偏见,才有助于引导我们对实施该类行为的人或群体,采取更具有建设性的回应而不是简单地由忽视其存在到最后粗暴地镇压。那么,怎样正确认识这类表达性行为呢?

首先,对集会、游行和示威行为对社会现有秩序和法律所带来的冲击,甚至是破坏,应当有充分的心理准备。集会、游行和示威行为通常会引发公共场所大规模的群众聚会,聚会时对立双方或敌对的阵营间难免剑拔弩张、情绪激烈,有时还会产生不可预料的后果。因此,在人们集会、游行和示威的时候,期望这类表达性行为都会以非常平静的方式进行是不切实际的。尽管法律事先要求它按照现有法律确立的原则和程序,彬彬有礼地实施,但通常发生的情况可能完全与

---

① 张千帆主编:《宪法学》(第二版),法律出版社 2008 年版,第 202 页。

法律的要求背道而驰,人们的行为很可能是激进、富有攻击性和破坏性的。在这种情况下,一个健全的民主社会,尤其是政府,应当学会容忍一定程度的、可能带点破坏性的集会、游行和示威。只有对那些可能对公共安全、公共秩序产生严重危害的集会、游行和示威才能有针对性地采取措施。并且,在对其采取措施时,应当立足于疏导而不是武断地压制。

其次,任何试图通过集会、游行和示威所传出的信号、所表达的观点来寻求变革现有制度的群体,都极易与现有法律、政策和道德等所建构的秩序形成对立。因为他们要求的是变革,而法律所钟情的,不是变革现有的社会等级体系、社会制度,而且维持现状。作为公正管理之基础的法律程序和被广泛认可的现有法律制度,很容易成为社会变革的绊脚石。当局在面对这种情况时产生的强大的心理压力,包括对此类行为可能引发的不可预测的后果的担忧,也会促使其不遗余力地去维护现有的秩序。而当表达者的冲动受到过分的压抑、延误或警察的武力对待时,更容易产暴力冲突。在这种情况下,政府采取的任何措施,都应当慎之又慎。

最后,在政治冲突中出现的暴力或无序,通常还具有非常重要的社会功能。它向社会发出警告:是修改或变革某些社会制度的时候了,因为它已经不能很好地将社会维持在相对和谐的状态之中。因此,集会、游行和示威行为所诱发的冲突,如果足够激烈或破坏性极大的话,除了需要我们即时处理其带来的不利后果,我们还应当认真反思社会有机体之中存在的问题,做有针对性地修改。

从长远来看,任何社会都不可能通过压制集会、游行和示威行为而达到长治久安。如果社会的表达机制不畅,人们积聚在内心的冤屈、不满不能通过有效的表达自由制度得以释放,下一步很可能采取更为激烈的行为,而集会、游行和示威在其最终酿成动乱、冲突的地方,很可能郁积着某种冤情。只有找出并消除冤情产生的社会根源,具有破坏性的集会、游行和示威行为发生的几率,才能降到最低。

5. 集会、游行和示威自由的限制

为了维护公共秩序和其他公共利益,国家可以对集会、游行和示威自由加以适当的限制。根据中国《集会游行示威法》的规定,集会、游行和示威受到限制的情况有以下几种:第一,任何人都不得利用集会、游行和示威活动来反对宪法确定的基本原则,不得危害国家统一、主权和领土完整,不得煽动民族分裂,不得危害公共安全或者破坏社会秩序;第二,举行集会、游行和示威活动必须事先经过当地公安机关许可;第三,除非经国务院或省、自治区、直辖市的人民政府批准,不得在下列场所周边距离 10 米内至 300 米内举行集会、游行、示威;全国人民代表大会常务委员会、国务院、中央军事委员会、最高法院以及最高检察院所在地;国宾下榻处;重要军事设施以及航空港、火车站和港口;第四,禁止采用暴力、胁迫或者其他非法手段进行集会、游行、示威;第五,不得违犯治安管理法规,不得进行犯罪活动或者煽动犯罪。此外,国家工作人员不得组织或者参加违背有关法律、法规规定的国家机关工作人员职责、义务的集会、游行、示威;公民不得在其居住地以外的城市发动、组织、参加当地公民的集会、游行、示威。

三、限制表达自由

表达自由并不是绝对的,国家有保护人们行使表达自由的义务,同时也有限制滥用表达自由的权力。国家在规范各种各样的大众传媒和各种不同的信息内容时,还会涉及相互冲突的利益保护问题,比如青少年健康成长的社会利益和表达自由的利益、是保护隐私权利益还是表达自由的利益、是名誉权优先还是言论自由优先等。在这些例证当中,政府可以基于对某种特殊权利的保护,或某种比表达自由更重要的利益的保护,依照法律,对表达自由进行限制。政府限制表达自由的法理、理由、原则和方法是什么呢?

（一）限制表达自由的理由

法国启蒙思想家孟德斯鸠说过,自由是做法律所许可的一切事情的权利;如果一个公民能够做法律所禁止的事情,他就不再有自由了。另一位法国启蒙思想家卢梭也说过,绝不能有无法律的自由,也不能有任何人超乎法律之上的自由。表达自由并不是想说什么就说什么,想出版什么就出版什么的自由,而是由法律规定或法律框架内的自由。由于言论和出版等表达自由还受到法律之外的其他因素的制约,绝对的表达自由是不存在的。

所以,许多国家的宪法都在承认表达自由的同时,规定了对这种自由的限制。例如,1789年法国的《人权和公民权宣言》在承认"每个公民都有言论著述和出版的自由"之后,接着规定:享有此项自由的人,"应对滥用此项自由负担责任"。一系列规定了表达自由的人权条约,都规定表达自由是一种可以在特定时候、特定场合下予以克减的权利,是政府可以基于正当的理由、用正当的方式进行限制的自由。在这些人权条约确立的人权标准当中,《欧洲人权公约》的规定尤为详细,在实践中也更具有可操作性。

《欧洲人权公约》第10条首先承认人们有表达自由的权利,接着规定该项权利得受:

> 法律所规定的程式、条件、限制或惩罚的约束;并受在民主社会中为了国家安全、领土完整或公共安全的利益,为了防止混乱或犯罪,保护健康或道德,为了保护他人的名誉或权利,为了防止秘密收到的情报的泄露,或者为了维护司法的权威与公正性所需要的约束。

表达自由受到的限制既有法律规定的程式、条件等方面的限制,也需要受到与表达利益同样重要,甚至比表达自由还要重要的其他利益的限制,当表达自由的利益与这些利益发生冲突的时候,表达自由的利益可能要让位于这些利益。

中国《宪法》不仅在第51条规定"公民在行使自由和权利的时候,不得损害国家的、社会的、集体的利益和其他公民的合法的自由和权利",而且在大量的法律、行政法规、规章中,都详细规定了媒体不得传播的内容。① 这种规定,既有程序法上的要求,比如媒体记者未经许可不得进入涉及个人隐私和国家机密的案件的审判现场,也有实体法上的要求,比如不得传播《刑法》第367条所定义的淫秽物品。

根据国际、地区性人权条约的规定,某些媒体,比如电影、电视和通过该媒体播放的节目,可能受到更多的限制。这方面的例证见于《欧洲人权公约》第10条和《美洲人权公约》第13条的相关规定。《欧洲人权公约》第10规定的表达自由权,不应阻止各国对广播、电视、电影等企业规定许可制度;《美洲人权公约》则规定,尽管有上述(思想和发表意见的自由)规定,但依照法律仍可事先审查公开的文娱节目,其唯一的目的是为了对儿童和未成年人进行道德上的保护而控制观看这些节目。

表达自由虽然本质上不欢迎任何形式的国家干预或限制,但国家对表达自由的限制,并不是在任何情况和条件下都是不利于该项自由的行使或实现。在许多情况下,通过对特定言论的限制,反而有助于促进其实现,比如对散布虚假广告、诽谤性言论的限制会有利于创造一个更加文明的言论生态环境;法庭或议会中限制人们发言的时间,可以让更多的人获得发言和参与的机会等。言论自由的行使还会存在时间、场合、方式或对象方面的限制。例如,法律有可能许可成年人之间自由地就与性有关的问题进行交流、探讨,但却禁止将同样的色情表达传递给未成年人,法律也会对面向成人的读物中包含的色情、暴力内容持较为宽容的态度,但却会严厉限制同样的内容出现在面向青少年的读物当中。

宪法和法律除了保护言论、出版、结社、游行示威等表达自由外,还保护名誉权、隐私权或公平审判权等。这些权利在国际人权公约和中国法律体系中,具有同等重要的地位。当言论和出版自由与这些权利发生冲突时,既需要考虑言论和出版自由等表达自由的利益,也需要照顾与之冲突的其他利益。在这些需要考虑的利益当中,有些利益具有不容置疑的优先性,绝对不允许以言论和出版等表达自由来侵害之;②有些则必须让位于言论或出版等表达自由;在有些案件

---

① 例如中国《刑法》(1997)第363—367条规定的"制作、贩卖、传播淫秽物品罪";《出版管理条例》(2001)第26条;《互联网上网服务营业场所管理条例》(2002)第14条等。
② 比如,绝对不允许以牺牲普通人的隐私权的方式,来满足媒体报道的需要,在中国,也绝对不允许以无限制地满足知情权为由,泄露国家机密。《刑事诉讼法》(第152条)和《民事诉讼法》(第120条)的规定对言论和出版自由也是一种限制。这类限制除了考虑当事人的隐私外,还考虑到商业秘密和法律对未成年人的特殊保护。

中,究竟是应当保护表达自由,还是与之相冲突的其他权利,则需要根据具体情况或案件的具体细节来定。

(二)限制表达自由的目的

表达自由并不是绝对的权利,政府可以基于一定的理由对其进行限制。但当政府这样做的时候,又产生了另外的问题,在什么样的问题上,政府才可以干预表达自由,或政府可以基于什么样的目的来对表达自由进行限制呢?根据国际人权法和中国法律的相关规定,概括来讲,主要有以下几种。

1. 尊重他人权利和荣誉

隐私权和名誉权是两项与表达自由相平行的宪法性权利。政府有义务承认和保护表达自由,同样有义务承认和保护隐私权和名誉权。这有三个方面的含义,其一,公民和媒体在行使表达自由权的时候,应当尊重他人享有的隐私权和荣誉,不应当为了追求商业利益而置他人的隐私权和荣誉于不顾的地位。这既是法律对新闻从业者的要求,也是新闻伦理和职业道德对媒体提出的要求。其二,政府有义务通过法律的实施,制裁损害他人隐私和声誉的行为,政府还应当鼓励、支持媒体通过自律的方式,允许行业组织以适当的方式,培训、教育、处罚违犯职业伦理要求的从业人员。其三,当表达自由的利益与隐私和荣誉的利益发生冲突而需要通过司法途径解决问题的时候,法院应当根据公平正义和案件的实际需要,平衡这两种相冲突的利益。法院在平衡时,不得以损害这两项权利为代价来满足言论和出版等表达自由,也不能以牺牲表达自由为代价,来满足这两项利益。

西方国家,特别是美国与表达自由有关的司法实践——对此采取了区别对待的原则。一方面,法律严格保护普通人的隐私权和荣誉不受侵害;另一方面,在公共官员和社会名人因这两项权利受到侵害而提起诉讼的时候,要求他们满足比普通人更加严格的举证责任。除非他们能够证明媒体在报道时心怀恶意并且不计后果,否则便不可能赢得诉讼。法院这样判决的理由,主要有三个:其一,官员和名人比普通人更需要媒体的监督。官员需要媒体监督是因为他们是民众选举出来的,是民众的公仆,媒体随时对他们进行监督,可以有效地防止他们滥用自己的权力;名人需要接受更多的媒体监督,是因为他们比普通人拥有更多的表达机会,如果再允许他们很轻易地就可以获得针对他们的诽谤诉讼,对其他人来讲是不公平的。其二,媒体在进行报道时,对报道所涉及的任何事情——核准是不可能的,那样只会损害媒体报道的及时性,媒体犯点小错是正常的,法律应当给媒体留下一点"呼吸空间"。其三,公共生活,特别是与政治事务有关的公共讨论的健康、有序进行,需要"开放"、"不受限制"和"充满活力"的公共讨论,而对媒体限制过多,会损害公共讨论的生机和活力,降低公共讨论的质量。

中国《宪法》规定公民享有言论和出版等表达自由,但在实践中却无法获得司法救济。相反,中国的民法却为名誉权和隐私权受到侵犯的自然人和法人,提供了完备的法律救济机制。这非常不利于对表达自由的保护,尤其是当这两种权利发生冲突的时候,法官往往选择更容易操作也更有法律依据的荣誉和隐私权和保护,而将表达自由放在一边。因此,在当下的中国,迫切需要将与诽谤和对名誉、隐私保护相关的问题宪法化,将其上升到宪法的高度,来确定在这两项权利和利益发生冲突的时候,是需要保护表达自由,还是其他利益,以解决目前表达自由有名无实的问题。

2. 国家安全

在国家遭到严重的政治和军事威胁时,政府可以限制表达自由。这些情况包括:政府可以禁止获得或散布本国的军事机密;政府可以在政治动荡的情况下,限制、制裁直接号召暴力推翻政府的公开演讲者;政府可以制裁那些醉心于鼓吹战争的人等。

为维护国家安全,中国法律一方面禁止个人或媒体发布煽动危害国家的言论,另一方面明确规定,任何公民都有保守国家秘密的义务。这意味着,表达自由的行使,不能损害国家利益,不能将国家秘密随便向公众披露,以免对中国的领土完整、主权独立、社会制度造成伤害。

该领域一个比较有争议的问题,即国家是否可以以安全为名,有选择地干扰人们通过广播、互联网等可以跨国获取信息的媒介收听、收看和阅读来自境外的反动或反政府信息。我们认为,不能简单地说政府无权这样做,但政府在这样做的时候,至少应当考虑以下几点:首先,不分国界地寻求和接受信息、传播思想是国际人权条约规定的基本人权。其次,当政权还没有脆弱到一推即倒的程度时候,政府应当把判断、分析和选择的权利交与成年的民众,而不是简单地代替自己的民众作出选择。这既是对民众基本人权的尊重,也有利于国民素质的提高。因为"人类的官能如觉知力、判断力、辨别感、智力活动、甚至道德取舍等,只有在进行选择中才会得到运用"①。

该领域另外一个需要解决的问题是,如何限制政府动辄以国家安全的名义,随意限制媒体的自由报道和公众的知情权,比如限制媒体记者进入交战的现场、随意提高国家文件机密的等级、随意划定军事禁区、通过秘密的军事法庭来处罚违规的记者等。解决这一在实践中非常普遍的问题虽然不可能找到非常明确的答案,但确立以下几个原则,无疑是比较重要的。首先,要破除国家安全利益绝对至上的观念。在许多情况下,媒体的自由报道与公众的知情权的满足,或许比抽象的、假定的国家安全更为重要。其次,维护国家安全的利益,与满足媒体自由报道和公众知情权,从本质上来讲是不冲突的,因为见多识广的民众和用知

---

① [英]约翰·密尔:《论自由》,程崇华译,商务印书馆1982年版,第62页。

识、信息武装起来的民众,才是国家长治久安的基础。最后,司法应当在这类问题的解决上成为权威。因为国家安全和表达自由的冲突双方,都会从各自不同的角度来伸张自己主张的重要性,在这种情况下,要解决好双方的冲突,避免过于强大的一方(通常是政府)滥用自己的权力或权利,就需要中立的第三方来从中作出客观、理性的判决。

3. 公共秩序

在《论自由》一书中,密尔曾经区分了应当受到保护的言论和不应当受到保护的言论的界限。他认为,撰文在报纸上分析饥荒产生的原因并对囤积居奇的粮商提出严厉批评,是一种受到保护的表达。因为这种方式是在理性思考的基础上提出的,体现了对公共讨论的一种负责的态度。而面对着一群饥民时,当面用充满激情或煽动性的语言,说饥荒产生的原因是因为他们旁边的粮仓囤积了大量的粮食,这种表达可能是不受保护的表达,因为这种言论极有可能导致饥民哄抢粮仓,也即导致公共秩序的混乱。

在现代社会中,会导致公共秩序受到损害的表达很多,煽动人们拒不执行生效的法律判决;散布足以导致社会产生混乱的谣言;聚众播放充斥着淫秽和暴力内容的影视作品;煽动监狱中的犯人集体越狱等,都可能对公共秩序造成混乱,影响人们正常的生产、生活和学习。鼓吹战争,煽动民族仇恨,破坏民族团结的内容,也因为会对公共秩序产生影响而受到法律的限制。

4. 公共卫生和公共道德

新华社2006年7月31日报道,国家广播电影电视总局发出通知,要求各地电视台在8月1日停播电视上风行的"甩脂机"广告。在此之前,国家广播电影电视总局还要求丰胸广告要避开未成年人;先后限制过主持人的"港台腔"和"服装"。这些都可以看做政府因公共卫生和公共道德的原因,而对表达自由予以限制的例证。

出于公共卫生方面的要求,政府还可以要求食品、药品等商品的包装上载明该产品的生产日期、成分、有效期等;政府还可以要求生产香烟的企业,在其生产的香烟上注明焦油含量和"吸烟有害健康"的警示;政府还可以要求药品生产企业在其生产的药品上标明药品可能产生的副作用;政府还可以明令禁止电台、电视台等大众传播媒体播放或刊登烟草产品的广告。

为保护公共道德而限制表达自由的典型例证包括禁止或限制色情的或淫秽的出版物;将色情产品的经营集中到未成年人不容易受到影响的区域;迫使节目制作商对其制作的含有色情、暴力内容的影视节目分级等。这样做既为了公共道德,也为青少年创造一个健康的成长环境。

以公共道德干预表达自由时,需要注意三个方面的问题,一是公共道德相差极大,不存在普遍适用的共同标准,负责的国家权威机构应当享有一定自由判决的余地。二是公共道德的概念是相对的,以此而对表达自由的限制不应该使偏见永久化或促进不宽容。在该领域,保护少数者的观点,包括那些冒犯、震惊或扰动多数人的观点是特别重要的。① 三是注意保护未成年人的利益和成年人表达自由之间的平衡。既不能不顾未成年人的健康成长,也不能把所有的读物、影视作品、节目都降低到儿童阅读的水平。

5. 保护未成年人的利益

青少年身体和心智尚处于发展时期,其判决是非和抵抗非法与不健康读物、影视节目的能力处于相对较弱的阶段,因此,未成年人一般上都会受到现有法律的特殊照顾和保护。由未成年人的父母和其他成年家长对未成年人予以看管、照顾的监护制度,便是出于这种考虑而设计的。

但仅有家长的照顾是远远不够的,还需要通过政府和社会各方面的努力,为未成年人的成长,营造良好的气氛。为了实现这一目标,政府需要通过法律规范大众传播媒介可能影响未成年人健康成长的节目内容,比如色情和暴力内容。对于面向未成年人的平面和电子读物、影视节目,应当满足未成年人健康成长的需要;而完全面向成人的读物和节目,则应当以有效的措施,使未成年人难以获取。

国内立法对电子媒体施加比平面媒体更严格的限制,国际人权条约允许成员国对未成年人随时随地都可能看到、听到的电台、电视台实行经营许可制度,都可以看做为了保护未成年人健康成长的需要而采取的措施。

西方国家和中国港台地区对影视节目普遍实行了分级制度。近年来,在中国实行这种制度的呼声也日益强烈。这种制度除了考虑到未成年人健康成长的需要外,还考虑到了成年人表达自由的利益,是保护未成年人和表达自由这两种利益时采用的一种平衡。当表达自由的利益与保护未成年人的利益发生冲突的时候,这种制度为解决这种冲突,提供了有益的参考模式。

(三) 限制表达自由应当遵行的原则

在现代民主社会,表达自由既是个体自我实现的前提,也是社会不断进步的基础。政府在对表达自由进行限制的时候,一方面需要格外小心,以避免伤及表达自由和信息的自由流动。另一方面,如果迫切的政府或社会利益需要政府对表达自由进行必要的限制,政府在限制表达自由的时候,也应当遵循一定的原则。这些原则也是对政府限制表达自由的权力的限制。

1. 合法性原则

对表达自由的限制必须由法律作出明确的规定,对滥用表达自由的行为的

---

① 〔奥〕诺瓦克:《民权公约评注——联合国〈公民权利和政治权利国际公约〉》,毕小青等译,生活·读书·新知三联书店 2003 年版,第 354 页。

处罚,必须依照已经公布的法律。这里的"法律",指的是由享有立法权的机关制定的抽象的、具有普遍约束力的基本法律。既可以指大陆法系国家的议会制定的法律,也可以指英美法国家的国会、议院制定的成文法及法院在司法实践的过程中发展起来的判例法。依据中国《立法法》第8条的规定,对表达自由(公民政治权利)的剥夺,只能制定法律。也就是说,只有全国人大及其常委会制定的法律,才能成为剥夺表达自由的依据;也只有全国人大及其常委会,才有权制定剥夺表达自由的法律。

根据欧洲人权法院相关的判例法,合法性原则还要求限制表达自由的法律必须是"可以获知"和"可以预见"的,法律还应当"为防止政府对表达自由的任意干涉提供有效保障"。"可以获知"的基本要求是法律必须是已经正式公布的,一般人可以获知的;"可以预见"要求法律用语在表达上具有准确性,普通人或通过律师等专业人士,能够理解法律的具体含义。"法律为防止任意干涉提供有效保障"指法律授予政府机关的自由裁量权不能以不受约束的方式行使,它应当充分明确地指明裁量权的范围及其行使方式,并顾及相关的合法目的,以及给个人足够的保障,以防止来自政府的任意干涉。[1]

完全以行政规定或含混的法定授权为依据的限制,容易构成对表达自由的侵害,也容易构成对人权标准,比如《公民权利和政治权利国际公约》第19条的违犯。

2. 合目的性原则

政府限制表达自由的行为满足上述合法性的要求,并不一定意味着限制就具有正当性。首先,存在法律因跟不上不断变化的形势而变得僵化的问题。其次,具体的国内法律还存在如何与国际人权条约确立的人权标准协调的问题。适用法律的时间、地点、方式和对象的不同,也会对法律本身提出具有挑战性的要求。因此,仅仅从合法性来衡量限制的正当性,是远远不够的。还应当从合目的性上来考察。

合目的性的"目的"大致可以分为三类:公共利益、私人利益和维护司法的公正和权威的利益。公共利益包括国家安全、公共安全、公共卫生和公共道德等;私人利益主要指自然人和法人的利益,包括维护他人的荣誉和利益、防止涉及个人隐私和商业秘密的信息披露等;维护司法的公正和权威包括法院可以不公开审理并禁止媒体接触、报道涉及个人隐私、商业秘密和国家机密的案件,同时允许媒体和一般民众旁听依法应当公开审理的案件等。

公共、私人利益既可能单独存在,也可能"共存"或"兼有"。隐私和商业秘密是个人或公司不愿意让人知道的信息,可以将出于保护这两类利益而对表达

---

[1] 参见张志铭:《欧洲人权法院判例法中的表达自由》,载《外国法译评》2000年第4期。

自由的限制看做合私人利益之目的的限制。为维护军纪而禁止散发鼓动士兵开小差的小册子，可能完全出于合公共利益之目的。而维护司法的公正与权威，既是为了公共利益，比如保证司法机构健康有序地运转，也可能是出于维护私人利益之目的，比如个人获得公正审判等。

3. 需要与合比例原则

要证明政府对表达自由限制的正当性，除了上面提及的合法与合目的之外，这种限制还必须是基于案件的事实和情况而必须作出的限制。如果案件的实际情况显示，政府无须对此作出反应，或政府无须对此作出如此剧烈的反应，则政府的限制就应当受到置疑。

为了说明需要与合比例原则，我们可以用密尔在《论自由》中讲的一个例子。当一个人要过一条极度危险的小桥时，局外人可以采用两种方式避免危险的发生。一种方法是劝说他，告诉他小桥已经非常危险，让他在知道了小桥存在的危险后自己不去过这个小桥。另一种方法是采用武力或强迫的方式，将执意过小桥的这个人拉回来。在这两种方式当中，密尔认为，只要有时间和条件劝说，就应当采用劝说的方式。后一种情况只适用于已经没有时间或没有条件让这个人避开危险的情况。换句话说，对这个人的自由的限制，只能在万不得已的情况下，才能采用。具体到对表达自由的限制，就是如果不是非限制不可，就尽量不要予以限制。同时还应当予以关注的是，在这个例子中，限制他人自由的目的具有不容置疑的正当性，那便是比这个人行动自由还要重要和紧迫的生命安全的利益。

为满足需要和合比例原则的要求，政府对表达自由的限制，必须是为了实现上文提到了紧迫或重大的社会利益。如果政府不对表达自由予以限制，就会使社会利益受到不可挽回的损害。为了避免政府以假想或虚构的利益作为限制自由的借口，政府或社会的利益应当是实在、看得见的，一般人凭借其认识能力就能够判断出来的。

合比例原则是对政府限制表达自由的手段或方法提出的要求，即政府不能无所顾忌地采取限制表达自由的方法，所采用的方法应当与政府要实现的利益成正相关关系。政府必须合理、谨慎和诚信地行使其限制表达自由的权力。不应因为微不足道的政府或社会利益为借口，对自我实现和社会发展具有重要价值的表达自由进行限制。

需要注意的是，是否需要、是否合比例通常是一个难以在瞬间作出正确估计的事情，政府采取的方法和手段是否为实现目标而精心选用，短时间内也看不出来。为此，在遇到需要限制的紧急情况，政府应当享有适当的自由裁量权。即先由政府决定是否采取限制表达自由的措施，但政府的做法应当在事后接受独立、中立的法院的严格审查，由法院而不是政府自己来确定其限制是否需要和合比例。

除了司法对政府限制表达的行为进行的审查之外,政府限制表达的行为和做法,至少在事情发生之后,还应当接受人们通过言论、出版物和其他形式而提出的质疑、批评甚至是善意的攻击,并从这些批评当中吸取改进限制方式的营养,不断完善对表达的限制措施。

(四) 限制表达自由的方式

依据不同的标准,可以将法律对表达自由的限制进行分类。依据限制是施加在传播发生和传播发生之后,可以将限制分为事先约束和事后惩罚;依据限制是否直接针对传播的内容,可以将限制分为内容限制和不直接以传播内容为目标的时间、地点和方式限制;中国法律还直接禁止某些信息的传播。法律中的许多规定,尽管不直接限制表达自由,但也会对表达自由产生限制性的效果,我们将这类限制称做对表达自由的附带限制。

1. 事先约束和事后惩罚

事先约束是指交流发生之前或交流尚未结束之前,对出版活动、影视节目制作和播放活动、公共聚会、演讲等施加的限制。警察逮捕准备前去会场发表演讲的人、影视节目播出之前接受政府专门设立的委员会的审查、游行示威之前获得当地政府的批准等,都是比较常见的事先约束。而事后惩罚是交流发生之后,对违犯相关规定的人员和法人施加的法律限制,包括刑事惩罚和承担民事、行政责任。

自德国的谷登堡(Gutenberg) 15 世纪发明了活字印刷机之后,"事先约束"曾经被欧洲的封建君主们广泛运用于对新思想的传播的控制。如今,在确立了表达自由制度的国家,政府不能再像过去那样,随意通过事先约束来限制特定的出版物,西方国家也基本上废除了对报纸、书籍等平面媒体的事先约束(审查)制度,而广泛代之以事后惩罚制度。与此同时,事后惩罚的对象和力度也因受到独立的司法审查和保护、促进表达自由的需要而日益减弱。

但这并不是说,现代的大众传播媒体想传播什么就传播什么。就西方某些民主国家的实践来讲,政府仍然对媒体,特别是像电影、电视这样对青少年身心健康具有重大影响的媒体所播放的内容,施加着名目繁多的限制,以使其更能够从总体上满足公众的利益、便利和必需。政府也只将经营电台、电视台的特许经营权,授予那些在内容上更能够满足上述目标的申请者。美国对大众传播媒体的控制采用区别对待的政策:平面媒体一般不实行事先审查制度,但电子媒体,如广播、电视等,继续实行许可证之类的事先审查制度。

中国政府历来重视像报纸、电影和电视、网络等大众传播媒体在宣传执政党的方针政策、正确引导人民与政府保持一致方面所起的作用。作为执政党喉舌或宣传工具的大众传媒,登载什么和不登载什么,宣传什么和不宣传什么,在很长的历史时期内,都服从于执政党治理国家的需要。中华人民共和国成立后很长的一段历史时期之内,事先约束式的行政手段一直是对媒体进行控制和管制的主要手段。随着越来越多的法律的制定和中国法治进程的推进,通过法律来对大众传播媒体进行控制和管制应当成为一种更为合理的方式。

从中国目前对各类出版物的限制来看,包括报纸、书刊在内的各类大众传播媒体,在成立、运营的各个环节,都需要向主管机关申请,并且只有在取得了合法的手续后,才能够从事各类出版活动。例如,按照《出版管理条例》第9条规定,报纸、期刊、图书、音像制品和电子出版物等应当由出版单位出版。也就是说,公民个人是无法直接以个人名义从事出版活动的。但公民可以通过成立符合法定条件的出版单位来从事出版活动。第32条规定:从事出版物印刷或者复制业务的单位,应当向所在地省、自治区、直辖市人民政府出版行政部门提出申请,经审核许可,并依照国家有关规定到公安机关和工商行政管理部门办理相关手续后,方可从事出版物的印刷或者复制;未经许可并办理相关手续的,不得印刷报纸、期刊、图书,不得复制音像制品、电子出版物。

同时,中国的刑法及其他相关的法律,还规定了违法从事出版活动应当承担的各种法律责任。例如,《出版管理条例》第55条便规定:未经批准,擅自设立出版物的出版、印刷或者复制、进口、发行单位,或者擅自从事出版物的出版、印刷或者复制、进口、发行业务,假冒出版单位名称或者伪造、假冒报纸、期刊名称出版出版物的,由出版行政部门、工商行政管理部门依照法定职权予以取缔;依照刑法关于非法经营罪的规定,依法追究刑事责任;尚不够刑事处罚的,没收出版物、违法所得和从事违法活动的专用工具、设备,违法经营额1万元以上的,并处违法经营额5倍以上10倍以下的罚款,违法经营额不足1万元的,并处1万元以上5万元以下的罚款;侵犯他人合法权益的,依法承担民事责任。

中国法律对各类出版物的限制,既采用带有事先约束性质的许可制度,又针对具体的违法情形,对违法的单位和个人进行事后惩罚。无论对从事出版活动的主体资格实施的严格限制,还是对从事违法出版单位和个人实施事后惩罚,主要是为了"加强对出版活动的管理,发展和繁荣有中国特色社会主义出版事业,保障公民依法行使出版自由的权利,促进社会主义精神文明和物质文明建设"(《出版管理条例》第1条)。

中国专门制定的法律,比如《集会游行示威法》,也对行使集会游行示威权利的个人和组织,规定了比较详细的事先审查和事后惩罚措施。按照该法第8条的规定,游行示威的负责人必须在举行日期的5日前向主管机关递交书面申请。申请书中应当载明集会、游行、示威的目的、方式、标语、口号、人数、车辆数、使用音响设备的种类与数量、起止时间、地点(包括集合地和解散地)、路线和负责人的姓名、职业、住址。这种要求可以被看做对表达自由的事先约束,而该法第28、29条的规定,即集会、游行、示威有违反治安管理行为和犯罪行为的,分别依照《治安管理处罚条例》和《刑法》处罚的规定,则可以看做是对表达自由的事后惩罚。

2. 法律规定的禁载内容

内容限制主要是针对言论或出版物登载的内容、发表的观点或看法而施加的限制。中国一向重视对国家安全、社会正常生活、生产秩序和其他公共利益的维护,任何有害于这些利益或价值之实现的言论,在中国现有的法律体系中,都受到不同程度的限制。

从中华人民共和国建立初期到现在,中国有许多法律、行政法规和部门规章都规定过大众传播媒体禁止传播的内容。相比较而言,中国现行的《出版管理条例》中规定的禁载内容,是中国法律规定的禁载内容比较典型的一种。按照其中第26条的规定,任何出版物都不得含有下列内容:(1)反对宪法确定的基本原则的;(2)危害国家统一、主权和领土完整的;(3)泄露国家秘密、危害国家安全或者损害国家荣誉和利益的;(4)煽动民族仇恨、民族歧视,破坏民族团结,或者侵害民族风俗、习惯的;(5)宣扬邪教、迷信的;(6)扰乱社会秩序,破坏社会稳定的;(7)宣扬淫秽、赌博、暴力或者教唆犯罪的;(8)侮辱或者诽谤他人,侵害他人合法权益的;(9)危害社会公德或者民族优秀文化传统的;(10)有法律、行政法规和国家规定禁止的其他内容的。

除了《出版管理条例》外,中国大量的法律、法规中,都有与上述规定相同的、以内容为基础的限制。如《电影管理条例》(2002)第25条、《音像制品管理条例》(2002)第3条、《互联网电子公告服务管理规定》(2000)第9条等。这些限制对于保障社会主义制度和国家安全,保障正常社会秩序,保护公共利益和公民合法权益,都具有非常重要的意义。但从总体上看,许多要求都存在标准不清、模糊和限制面过宽的问题,容易成为人们行使宪法赋予的权利的障碍,成为打压表达自由的借口。因此,促进并保护人人所享有的表达自由,迫切需要将上述标准进一步细化,以减轻表达者的后顾之忧,使其更能够畅所欲言。

3. 地点、时间、方式和对象限制

与内容限制不同,对表达自由的时间、地点和场所限制,并不直接涉及言论或出版的内容。这种限制不是对言论或出版等表达自由的直接限制,而只是一种间接的限制,但这种限制同样会影响表达自由的行使。在集会、游行和示威这类表达性行为实施的过程中,对其进行时间、地点、方式和对象的限制,往往更容易对表达自由产生致命的影响。

2002年国务院颁布的《互联网上网服务营业场所管理条例》,不仅对从事互联网上网服务的营业场所应当具备的条件,作出了非常详细的规定,而且还限定了这类场所的经营时间。其中第9条规定:中学、小学校周围200米范围内和居民住宅楼(院)内不得设立互联网上网服务营业场所;第21、22条规定:互联网上网服务营业场所经营单位不得接纳未成年人进入营业场所,并且互联网上网服务营业场所每日营业时间限于8时至24时,24时到早上8时之间,互联网上网服务营业场所不得营业。

像网吧这样的互联网营业场所,是民众获取信息、传播思想或从事简单的互联网出版活动的地方。文化行政部门、公安机关、工商行政管理部门、电信管理无论对其营业场所的限制,还是经营时间的限制,都可能间接影响到人们使用这些场所和这些场所提供的设施,行使宪法赋予给人们的权利。如果政府的要求过高,就会提高网吧这样的互联网营业场所的准入标准,不仅会使许多网吧无法生存,给大量无法通过其他途径上网的用户上网带来困难,而且也会增加他们接受、传播信息或进行互联网出版活动的成本,有可能将大量用户挡在互联网这样的信息高速公路之外。

中国的商标法和广告法中的许多规定,都涉及对言论和出版方式的限制,比如,国旗、国徽和国歌等,可以用在各种各样的场合,表达我们的爱国情感,但1995年施行的《广告法》第7条却禁止人们用它们来做广告。

对象限制主要是传播媒体面对特殊的受众,比如青少年时,应当满足特殊的要求。许多国家的法律,都要求大众媒体的内容,应当照顾到青少年的利益,应当有利于青少年的健康成长,中国也不例外。按照1999年颁布施行的《预防未成年人犯罪法》的规定,以未成年人为对象的出版物,不得含有诱发未成年人违法犯罪的内容,不得含有渲染暴力、色情、赌博、恐怖活动等危害未成年人身心健康的内容;任何单位和个人不得向未成年人出售、出租含有诱发未成年人违法犯罪以及渲染暴力、色情、赌博、恐怖活动等危害未成年人身心健康内容的读物、音像制品或者电子出版物;任何单位和个人不得利用通讯、计算机网络等方式提供前款规定的危害未成年人身心健康的内容及其信息;广播、电影、电视、戏剧节目,不得有渲染暴力、色情、赌博、恐怖活动等危害未成年人身心健康的内容。

4. 限制传播某些因特殊法律关系而产生的信息

各种各样的信息并非都处于人人皆可享用、人人皆可传播的状态。在任何法律体系之中,都有限制某些信息传播的规定,比如商业秘密或个人隐私,就不能随便地由A不受任何限制地传播给B;涉及军事机密、国家安全的信息,也不能随便向外界披露。

在知识产权法中,法律在禁止非法传播他人享有著作权的作品的情况下,并不反对合理、合法地使用他人享有著作权的作品。在这类案件中,对传播他人享有著作权的作品,设定了一定的条件。只有在满足了这些条件后,才能从事传播活动。法律还通过程序法来限制以某些特定信息为依据的言论的传播。例如,按照刑事和民事诉讼法的规定,所有的民事、刑事和行政案件,都应当公开审理。公民可以旁听案件的审判过程,新闻记者可以对案件的审判过程、审判情况进行公开的报道。但涉及个人隐私、商业秘密、青少年犯罪或国家机密的案件,则可以不公开审理。

法律对特定信息之传播的限制,还通过对不同主体的权利、义务设定来实现。法律上不负特定义务的人,可以向特定的主体披露某些内容,法律上负有特定义务的人,则不得向有关机关和个人披露自己从事特定活动过程中所获得的信息。比如,按照中国《刑事诉讼法》第48条的规定,凡是知道案件情况的人,都有作证的义务。但这一条显然不适用刑事案件中为犯罪嫌疑人提供法律帮助的律师。按照中国《律师法》第31条的规定,刑事案件中的律师,应当根据事实和法律,提出证明犯罪嫌疑人、被告人无罪、罪轻、免除刑事责任的材料和意见,维护犯罪嫌疑人、被告人的合法权益。依据这一规定,律师在接受了被告人委托的情况下,即便他掌握了被告人犯罪的事实和证据,也不能随便向司法机关披露这方面的情况。

5. 对表达自由的附带限制

直接针对言论内容的法律,并非是规制人们说什么、受众是谁、产生何种影响的唯一法律限制。事实上,所有的法律都会在不同程度上影响人们说什么、向谁说和产生什么样的影响。也就是说,任何法律都会影响表达自由权利实现的方式、程度和效果。

因此,与表达自由有关的法律或者对该权利、自由予以限制的规定,还应当包括合同法、侵权法、财产法、税法和大量的刑事法律规范以及行政法律规范。法律对媒体所有权的规定和国家对具体媒介形式所征收的税率,也会影响谁能够用报纸表达、向谁表达(或所受影响的受众的范围)和可能产生的效果。也就是说,所有的法律都可能对人们进行表达的素材——各种不同种类的信息——产生影响。

影响表达自由的,还不仅仅是法律和行政法规。人们的社会地位、经济收入的差异,也会对人们接受信息和进行表达的活动产生影响。因此,表达自由除了要求政府尽量减少直接针对言论内容而制定法律规范或采取行动外,国家还在积极的层面负有为民众创造良好的表达环境、表达气氛的义务。比如,政务公开、信息公开,让民众知道并参与更多的政府决策过程;通过发展经济,最大限度地减少公众进行表达时所可能受到的经济方面的制约;大力发展科学教育和文化事业,提高人们的表达能力和质量等。国际人权条约的成员国,还在保护弱势群体、边远地区居民的表达自由方面,负有特定的义务。通过提供无偿或低价的通讯设施,让他们能够接受到必不可少的公共信息,或者在他们接受信息受到干扰、破坏的情况下,帮助其排除妨害和干扰等。

中国宪法不仅规定了公民享有政治方面的权利和自由,还规定了公民所享有的社会、经济、教育和文化方面的权利。这些权利包括公民的劳动权、休息权、物质帮助权、受教育权以及科学文化方面的权利和自由。这些权利和自由,是公民参与国家政治生活的物质保障和文化条件保证。公民享有的这些权利和自由越充分,获得享有其他权利和自由的前提条件和可能性就越大。

第三节 民主、选举与宪法

一、民主

作为一种不可抗拒的时代潮流,民主政治至少在宪法或法律的层面上,已经被现代各国所普遍承认,公开否定民主的政府逐渐销声匿迹。例如,德国《基本法》第 20 条第 1 款规定:"联邦德国是民主和社会联邦国家。"法国第五共和国《宪法》第 3 条第 1 款规定:"国家主权属于人民,人民通过自己的代表或者通过公民复决来行使国家主权。"1946 年日本《宪法》也宣布:"主权属于国民并确定本宪法。国政仰赖国民的严肃信托,其权威来自国民,其权力由国民代表行使,其福利由国民享受。这是人类的普通原理,本宪法即以此原理为根据。凡与此相反的一切宪法、法令及诏敕,我们均予排除。"中国《宪法》第 2 条规定:"中华人民共和国的一切权力属于人民。人民行使国家权力的机关是全国人民代表大会和地方各级人民代表大会。人民依照法律规定,通过各种途径和形式,管理国家事务,管理经济和文化事业,管理社会事务。"中国《宪法》还明确宣布要"把中国建设成为富强、民主、文明的社会主义国家"。

然而,在民主的具体内涵、实际价值、制度条件、发展道路等诸多方面,各国仍存在着明显分歧。在某些欠发达国家,与经济发展的迫切需求相比,民主实际上仍被一些人认为是可有可无的、遥远的甚至是有害的事物,民主制度与政治现实可能还有一定的距离。即便在一些"老牌"民主国家,精英政治的论调或影子似乎也从未完全绝迹。[1] 民主究竟是什么?其基本原理是什么?现代国家通常都把民主确认为基本政治制度,这是否表明了民主的必要性和普适性?这些问题仍需要认真对待。

(一) 民主的基本概念

民主的最初含义是相当简单的,可以追溯到古希腊。"这个词的意义是由希腊语的 demos(人民)和 kratia(统治或权威)派生出来的,意义为'由人民进行统治'。"[2]民主这一重要概念一经诞生便一直在发展演化。最初的民主主要指直接民主(direct democracy),人民直接参与并决定国家各种事务。但直接民主

---

[1] 参见〔美〕达尔:《论民主》,李柏光、林猛译,商务印书馆1999年版,第52页。
[2] 〔英〕戴维·米勒等编:《布莱克维尔政治学百科全书》,邓正来等译,中国政法大学出版社1992年版,第188页。

只能在小规模的城邦、社区实行,具有明显的局限性。近代以来,随着国家规模的扩大和人口的增加,间接民主应运而生。间接民主亦称代议制民主(representative democracy),人民通过选举方式选出若干代表组成政府管理国家。其特点是人民保留控制政府人选的权力,但一般不直接参与政府事务的决策、管理。

学界对民主范畴的界定一直充满了争议。人们往往在不同意义上使用民主这一术语,以至于这个词的用法多得难以计数。在20世纪中期,有关民主含义的讨论通常有三个着眼点。作为一种政体,民主一直是根据政府权威的来源、政府所服务的目的和组成政府的程序来界定的。在古典民主理论中,人们根据"人民的意志"(来源)和"公益"(目的)来界定民主,这就形成了抽象的、理性主义的民主概念。但众多的研究表明,民主仅仅被定义为权威的来源或者是目的,会出现含糊不清、不精确等严重问题。在民主已经成为世界潮流的时代,任何统治者必然都会宣称其权力来自人民并服务于人民。

约瑟夫·熊彼特在其开创性的研究《资本主义、社会主义与民主》一书中,具体指陈了古典民主理论的缺陷,并提出了他所称的"另一种的民主理论",从而创造了经验的、描述的、制度的和程序的民主概念。他认为,"民主的方法是为作出政治决定的一种制度安排,在这种制度安排中,个人通过竞选取得人民手中的选票而得到作出决定的权力",民主政治的核心程序是被统治的人民通过竞争性的选举来挑选领袖。在第二次世界大战后,用来源和目的来界定民主的古典派与坚持用熊彼特模式中程序性民主概念的理论家之间发生了持久的辩论,到20世纪70年代,这场辩论以后者的胜出而告终。亨廷顿遵循了熊彼特的传统,更加明确地提出:"评判一个20世纪的政治体制是否民主所依据的标准是看其中最有影响的集体决策者是否通过公平、诚实和定期的选举产生,在这种选举中候选人可以自由地竞争选票,而且基本上所有的成年人都可以参加选举。"①

把民主政治归结为竞争性的选举制度,这确实是一个简练、实证而又实用的民主概念。但是,这种程序性民主概念由于未能明确指明政府权力的来源和目的而存在部分欠缺。事实上,选举的逻辑前提正是政府的一切权力源于人民,而选举的最终目的则是通过周期性的选举迫使政府服务于公益。民主不仅是指通过选举组成政府的程序,还意味着人民是政府权威的终极来源、公益是政府权威使用的终极目的。一个逻辑完整而内涵丰富的民主概念既应当采纳实证、实用的现代民主要义,也应保留古典民主的精义。因此,现代民主在此处界定如下:民主主要是指这样一种政治制度,国家一切权力属于人民,人民通过定期举行的

---

① 〔美〕亨廷顿:《第三波——20世纪后期民主化浪潮》,刘军宁译,上海三联书店1998年版,第4—6页。

竞争性选举,决定政府主要官员人选,以保障国家权力的运作符合人民利益。[①]

民主政治无法离开政治自由而独立存在。无论是人民选举政府官员,还是向政府官员施加影响、表达其利益需求,这些都需要广泛的政治自由。因此,没有政治自由,民主政治不可能持续存在下去。民主政治在逻辑上自然而然地要求政治自由权利的存在。但是,民主主义的价值取向并不等同于自由主义,二者存在如下区别:前者要求建立一个少数服从多数的政府,而后者要求建立一个权力有限的政府。在特殊的历史条件下,民主政治可能会妨害个人自由。但历史经验表明,民主与自由的对立要远远小于二者之间的契合。特别是在有效的宪政制度约束下,民主和自由完全可以相互兼容、相互促进。

(二) 民主的基本原理

在任何一个普通的国家,政府的存在都是一个不可避免的事实。基于财富、资源的有限和人对自身利益的追求,社会成员之间为了自身利益的最大化总是不可避免地存在着利益的竞争。无论是社会的稳定、和谐,还是个人权利和尊严的维护,如果没有政府的保障、管理和干预,都不可能自动实现。此外,现代政府还肩负着发展经济、提供社会保障以及繁荣科学文化等多种重要职责。因此,一般人都同意社会需要一个政府来统治,但什么样的政府才能真正代表并促进公共利益?

长期以来,一直存在两种根本冲突的观点或制度。一种是"精英政治"理论,主张把统治社会的最高权力或最终权力赋予一个人(君主政治)或少数人(寡头政治);另一种则是大众政治理论,主张把统治社会的最高权力或最终权力赋予多数人或全体民众(民主政治)。随着历史的发展,"精英政治"的理论及相应政治制度逐渐衰落,以大众政治理论为依托的民主政治已经成为现代国家的基本政治制度。"精英政治"在现代政治生活中即使没有完全消亡,也只能在民主政治的基本制度框架内扮演辅助的角色。现代民主的胜出与盛行并非偶然。从实用主义和功利主义的角度看,民主政治确实具有坚实的理论依据和经验根据。民主的基本原理就是人民只有通过选举等方式有效地控制政府权力运作,才能确保政府的行为符合人民的实际利益。公共利益的实现主要不能依赖政府官员的良知、觉悟或远见卓识,而只能依赖于人民自己对政府的有效控制。民主理论的理论逻辑和经验假定如下[②]:

第一,社会利益是分化与不同的。这些利益之间存在着矛盾和冲突。每个人均有其特殊的利益和需要。

[①] 此处"人民利益"(或"公益")是指社会全体私人利益的总和。参见张千帆:《"公共利益"是什么?——社会功利主义的定义及其宪法上的局限性》,载《法学论坛》2005年第1期。

[②] 参见张千帆:《宪法学导论——原理与应用》,法律出版社2004年版,第384、385页。

第二，包括政府工作人员在内的全体社会成员都是"理性人"，其行为选择首先追求自身利益的最大化。政府也是"理性人"组成的。政府的工作人员在作出公共选择的过程中，就其自然倾向而言，他们首先考虑的也是对自身最有利，而不是对公共利益最有利。

第三，大多数人能够识别自身的利益所在，并能够作出符合自身利益的理性选择。每个人都是其自身利益的最好代表。至少，大多数人对自己利益和需要的了解比别人更为清楚，特别是在适当的引导和公共辩论之后如此。作为社会的个体成员，作为政府决策的后果的直接承受者，公众往往更能够真切地感受和判断这些政策的实际效果。①

第四，在信息公开和自由的条件下，作为一个整体，业已具备适当公民素质的公众在多数情形下能够对公共事务的利弊作出正确的判断。亚里士多德曾说："假如群众不是卑贱的（带有奴性的）人们，则就个别而言，他的判断能力不及专家，但当他们集合起来，就可能胜过或至少不比专家们有所逊色……对一席菜肴，最恰当的评判者不是那位厨师，而是食客。"②

第五，在缺乏民众外部控制、压力的制度环境中，统治者既缺乏促进公共利益的道德动机，也难以及时获取正确决策所必需的广泛的社会信息。在这样的状态下，统治者是否愿意、是否能够促进公共利益只能听凭其良好的愿望和偶然的机遇。经验表明："有一个时常改革弊政的专制君主，就有99个只知制造弊政的专制君主……理想上最好的政府形式就是主权或作为最后手段的最高支配权力属于社会整个集体的那种政府；每个公民不仅对该最终的主权的行使有发言权，而且，至少是有时，被要求实际上参加政府，亲自担任某种地方的或一般的公共职务。"③

第六，现代社会的庞大规模规定了人民通过直接民主方式控制政府因成本太高而不可行，最有效的控制方式只能是以竞争性选举为核心内容的代议民主。选民们从代表不同利益的候选人中选举统治者来组成政府、管理国家，并根据统治者的实绩来决定他们是否能够留任，从而使政府的行为受到周期性的检查——可以是连选连任、质询或罢免，从而确保政府官员的私人利益与公共利益保持一致：政府官员只有通过正当行使权力，去实现公共利益最大化，才能实现其私人利益的最大化。这就是民主和选举的要义和职能。民主选举是民众赖以控制政府的首要手段，没有民主选举这种最主要的控制措施，政府内部的制衡也会因迷失总的方向而失灵。

---

① 参见张千帆等著：《宪政、法治与经济发展》，北京大学出版社2004年版，第163—165页。
② 〔古希腊〕亚里士多德著：《政治学》，吴寿彭译，商务印书馆1965年版，第146页。
③ 〔英〕密尔：《代议制政府》，汪瑄译，商务印书馆1982年版，第42、43页。

这里的基本原理只是对民主政治的简要概括,但民主的实际运作是相当复杂的。而且只有在具备必要条件的情况下,且获得宪法和法律有效的保障和制约,民主政治才能持续、均衡的运作。这种复杂性决定了民主并非是适合一切社会、一切时代的完美制度。但是历史的发展已经证明,在现代社会,从根本的意义上说,民主的体制是可行的,尽管民主也确实面临着种种危机和挑战①,正如托克维尔所说:民主的真正好处就是"使整个社会洋溢持久的积极性,具有充沛的活力,充满离开它就不能存在和不论环境如何不利都能创造出奇迹的精力"。"民主国家只要愿意干,还是能够建成高尚而繁荣的社会的。"②

最后必须指出的是,虽然民主的基本原理、价值具有普适性,但它的确不是万能的,民主不可能解决一切社会难题,也并非没有潜在的弊端,而且每个国家甚至每个国家在每个不同历史阶段建构民主的具体样式、形态、细节确实应当因国情、民情而异。民主不是自然之物,需要每个国家的人民用其理性、团结、持久的耐心和责任心才能最终建成。③ 即令已经实现民主的国家也必须直面种种新旧难题,不断改革、完善其民主体制。均衡的民主体制既不可能一蹴而就,亦非一劳永逸。民主之路没有终点,它永远只是"未完成的旅程"。④

二、民主选举的基本特征

选举源于拉丁语动词 eligere,意为挑选。它是指根据正式的程序规则并按照少数服从多数的原则,由选民从若干候选人中挑选民意代表机关代表或政府官员的活动。自由选举是民主政治的核心内容。选举应当自由、公正、定期举行,才成为民主选举,完成其利益代表职能。选举的状况通常也反映了一个国家真实的民主与法治的水平。从某种意义上讲,民主选举只是在近代才开始。在现代社会,选举是所有国家都拥有的制度。即使是非民主政权也需要通过某种形式的选举来谋取其统治的合法性,虽然它们并没有给选民提供真正的选举自由。⑤

为保证公正的利益代表,民主国家的选举过程都受到宪法控制。例如,德国《基本法》第38条第1款对议会选举的平等、直接、秘密和自由原则作出了全面规定:"德国众议院的代表应在直接、自愿、平等与秘密选举中产生。他们应是全体人民的代表,不受任何命令和指示约束,并只服从其自己的良知。"又如法

---

① 〔法〕克罗齐、〔美〕亨廷顿、〔日〕绵贯让治:《民主的危机》,马殿军、黄素娟、邓梅译,求实出版社1989年版,第1页。
② 〔法〕托克维尔:《论美国的民主》(下),董果良译,商务印书馆1988年版,第280、885页。
③ 参见张千帆等著:《宪政、法治与经济发展》,北京大学出版社2004年版,第194—196页。
④ 〔美〕达尔:《论民主》,李柏光、林猛译,商务印书馆1999年版,第188页以下。
⑤ 参见〔英〕戴维·米勒等编:《布莱克维尔政治学百科全书》,邓正来等译,中国政法大学出版社1992年版,第215页。

国《第五共和国宪法》第3条规定:"根据宪法所规定的条件,采取直接选举或间接选举。选举一律采取普遍、平等和秘密投票的方式。根据法律所规定的条件,凡享有公民权利和政治权利的法国成年男女国民都有选举权。"综观世界各国情况,民主选举通常具备四个基本特征:选举权的普遍性、选举权的平等性、直接选举和选举自由。

(一) 选举权的普遍性

选举权的普遍性要求享有选举权的主体应当是普遍的,除了必须具备本国国籍、已经成年、无精神病外,人民取得选举权别无其他资格限制条件。这种制度也称"普遍选举制"、"普选制"。与此相对应的是限制性选举,即除了国籍、年龄、精神状态等限制条件外,更设有其他资格作为人民取得选举权的条件,例如对财产、教育、性别、居住期限等条件的要求。

显然,没有选举权的普遍性,所谓选举就不能代表所有人的不同利益。只有基于充分的保障公共利益的理由——例如只有成年人才能作出有意义的政治决定——才可以通过法律剥夺某些人的选举权。普选制在西方国家的确立经历了比较漫长的历史过程,对财产、教育、性别等限制条件的要求直到第一次世界大战以后才逐步被废止。例如,在19世纪初,英国选举法通过各种财产资格的限制、性别的限制、文化的限制和不合理的选区的划分等,多数成年人被排除在议会选举之外。直到1920年联邦宪法第十九修正案被采用,美国妇女才在全国范围内获得了选举权。日本在1945年才取消了对妇女选举权的限制,承认所有20岁以上的国民都拥有选举权。[①]

(二) 选举权的平等性

民主选举要求选举权原则上应当是平等的。平等选举权的制度通常亦称"平等选举制"、"平等选举"(equal suffrage),是指所有选民在权利和地位上是平等的,每人在一次选举中只有一个投票权,且分量或价值大致相等,即"一人一票,一票一值",禁止以财产、教育、性别、居所、职业等不同为由对不同选民选举权的数量、分量进行区别对待。这是一种狭义的平等选举权。与之相对立的是复数选举制(plural suffrage),其特点是普通选民仅能投一票,而具有特殊资格的选民却享有数个投票权,或者特殊选民所投选票的效力大于普通选民的选票。[②]

狭义的选举权平等不同于普选权。普选权要求所有成年公民原则上都应当具有选民资格、享有选举权,但普选权本身并不要求所有选民享有同样数量或同

---

① 〔日〕芦部信喜著,高桥和之增订:《宪法(第三版)》,林来梵等译,北京大学出版社2006年版,第229页。

② 参见王世杰、钱端升:《比较宪法》,中国政法大学出版社1997年版,第153页。

样分量的选举权利。而狭义的平等选举权则要求所有选民选举权的数量、分量应当基本相等。但实际上,假如选举权未能被成年公民所普遍享有,一部分成年公民有选举权,而另一部分却没有选举权,那么按现代民主选举的标准,这自然也应被认为是不平等的,因此广义的平等选举权不仅要求选举权利在分量上的平等,而且要求选举权必须具有普遍性。在历史上,曾经有一些人士提倡"普遍的但分等级的选举权",他们赞成普选权,但主张不同文化程度的选民应当享有不同数量或不同分量的选举权。①

平等选举权已经被现代宪法所普遍肯定。现代宪法确认的法律权利平等保护原则要求选举权的享有也应当平等。选举权是一项公权利(参政权),不同选民只有平等地享有选举权,才能使其各项政治、经济、文化等各种利益在政府活动中获得平等的表达机会和平等的保护机会。然而,与普遍选举制一样,平等选举权的实现也有一个历史的过程。例如,美国宪法规定众议员名额,应按各州人口比例进行分配,在1868年第十四修正案批准之前,其非自由人口(黑人奴隶)仅按3/5予以确定。英国下院选举法在1918年以前把独立"住宅"(Occupation)作为选举权取得的资格,因此,凡选民在数个选区中分别拥有独立住宅的,则在此数个选区中,事实上都拥有投票权。② 诸如此类的公然歧视已经被现代法律所废弃。例如美国宪法第十四修正案取消了宪法第一章第二节原有的"3/5条款"。1870年通过的第十五修正案更加明确禁止联邦或各州政府对选举权进行种族歧视:"合众国公民的选举权,不得被合众国或任何州以种族、肤色或从前的奴役状态为由而否认或剥夺。"

良好的法律只是通往平等选举权的开端而非结束。在法治发达国家,表面化的选举歧视或不平等早已不复存在,但仍可能有隐含歧视。要消除各种歧视、真正获得公民选举权的"平等保护",还必须具备有效的司法保障。例如,在1964年的"选区重划第二案",联邦最高法院正式确立了"一人一票"原则。③ 在该案中,沃伦首席大法官(C. J. Warren)的法院意见指出:"既然立法划分选区的基本目的,乃是取得公正和有效的公民代表,(平等保护)条款保障所有选民在州议员选举中的平等参与机会。就和基于诸如种族或经济地位的歧视一样,因居住地点而削弱选票的分量,也同样削弱第十四修正案保护的基本宪法权利。""我们判决,作为一项宪法标准,(平等保护)条款要求州的议会两院席位必须基于人口而获得分配。简言之,如果和居住州内其他地方的公民选票相比,某地区公民的选票分量受到显著削弱,那么个人选举州议员的权利就受到了违宪

---

① 参见〔英〕密尔:《代议制政府》,汪瑄译,商务印书馆1982年版,第133—140页。
② 参见王世杰、钱端升:《比较宪法》,中国政法大学出版社1997年版,第154页。
③ *Reynolds v. Sims*, 377 U. S. 533.

侵犯。"①

与普遍选举制不同的是,平等选举制即使在当代社会也并非绝对而无例外。如果基于保护弱者(例如少数民族、联邦制下的小州)利益的考虑而对其选举权给予适当的特殊照顾,这种区别对待一般不能被认为是对平等原则的侵犯。例如,根据美国宪法规定,不论各州人口多寡,每州在联邦参议院都只有两个参议员名额,这显然是为保护小州的利益而有意作出的一项制度安排。就形式而言,这不符合选举权的平等性要求;但因其具有公认的正当性理由,一般不会被认为是对大州选民选举权利的歧视。

(三) 直接选举

直接选举就是民意代表机关代表或政府官员由选民直接投票选举产生的选举制度。反之就是间接选举,即由选民选出的代表选举产生民意代表机关代表或政府官员。直接选举相对间接选举来说更为民主,现代民主国家的选举法基本都规定实行直接选举产生民意代表。除对上议院还有采用间接选举或委任者外,下议院的选举绝大多数都采用直接选举制,在当今世界一百八十多个国家下议院议员选举中,只有五六个国家还完全采用间接选举的方式,例如厄立特里亚、刚果(布)、几内亚比绍、利比亚等国;还有六七个国家如圭亚那、不丹、乌干达、汤加、苏丹、塞拉利昂等国采用直接选举和间接选举并用的方式。② 美国1787年宪法最初规定联邦参议员由各州议会选举产生,1913年通过第十七修正案之后,改为由各州人民直接选举产生。目前美国总统的"选举院"(Electoral college)制度在名义上是间接选举,即由各州先产生选举人,然后由选举人选择联邦总统,但选举人的选择实际上受到严格限制,因而美国总统的选举很接近直接选举。

任何监督一般都不可能绝对有效,且每增加一个环节,监督效率就相应下降。选举越是间接,代表选举代表的层级越多,代表与选民的利益纽带关系越疏远,选举的控制与监督效率就越低,不利于发挥选举的民主代表功能。而且在间接选举中,由于投票人的数量较少,候选人容易利用贿选、威胁等不正当手段控制投票人,从而可能导致选举的不公正,致使选举结果偏离真实的民意。在直接选举中,选民人数众多,贿选与威胁都难以有效实施。因此,直接选举虽然成本可能要比间接选举高,但它显然更为民主和公正,能对统治者构成更有效的监督,因而直接选举一般比间接选举更能确保民意代表真正反映广大选民的利益。③ 并且,直接选举还能产生出一个十分重要的"副产品",这就是在直接选举

---

① 张千帆:《西方宪政体系》(上册),中国政法大学出版社2000年版,第310、315—318页。
② 参见王晓民主编:《世界各国议会全书》附录三"各国议会议员产生方式一览表",世界知识出版社2001年版,第751—757页。
③ 参见张千帆:《宪法学导论——原理与应用》,法律出版社2004年版,第389、390页。

中,选民的参政能力、公共精神、国家观念也能获得更多的锻炼和培育,公民素质总体上将得到相应的提高。

间接选举并非毫无优点,选举费用和动员民众所需的工作量以及其他社会负担明显比直接选举小。不过,主张间接选举制的理由并非是基于选举成本的考虑,而是基于对普通选民能力的不信任,认为一般选民缺乏充分知识与判断力,不能抉择相当的政治人才,"这个办法大概是要给民众感情的冲击设置一个小小的障碍"①。但实际上,越是不给选民参加直接选举的机会,选民的参政能力就越是无法提高。第一次世界大战以后,随着民主政治的发展,这种对民众的不信任观点已经不再占据主导地位。与此相反,人们对间接选举的可靠性发生了严重的怀疑。在间接选举中,到最后选举关头,有权最终抉择代表或官员的选举人数量明显较少,选举贿赂(即"贿选")与选举暴力、恫吓容易施行,较难保障选举结果符合选民的真实意思。② 更重要的是,与直接选举相比,选民难以通过间接选举有效地控制当选代表,当选代表也比较缺乏对选民的责任感,选民的真实意见和切身利益难以得到及时、充分的表达。因此,现代民主选举一般都采用更为民主的直接选举制。

在实行直接选举的国家,违反直接选举原则的行为通常不是公开进行的,而只能隐藏在一些不太起眼的活动中。例如,在德国,人民在各个选区直接投给具体候选人的选票一般不会发生违反直接选举权利的问题,这类问题通常存在于政党名单上的比例选票中。德国采用了混合代表制。在议会选举中,选民都要投两票:第一票投给其所在选区的候选人,第二票则投给业已列出候选人名单的政党。政党在根据第二票获得的比例席位之中,扣除该党在各州选区获得的代表人数,再把剩余席位按先后次序分给党票名单上的候选人。在1953年的"州党名单案"③中,州的选举法允许政党为填补新出现的议员空缺,在选举后增加名单上的提名候选人。联邦宪政法院指出,第38条规定的直接选举,不仅意味着选民选择其政党,而是直接选举其代表。候选人的最终选择权必须取决于选民意志。但这项法律却允许政党在选民表决后自行提名候选人,因而违反了直接选举原则。1957年的"替换候选人案"④表达了类似原则。在联邦选举后不久,某自民党议员辞职,该党指定在政党名单上的候选人接替,但他不是第一而是排名在后的候选人。在判决这种做法违宪时,德国联邦宪政法院再次强调:"直接选举原则所要求的选举程序,乃是每项表决都针对一个特定或可识别的候选人;在选举后,没有任何中介力量可有裁量权来选择代表,只有选民最终决

---

① 〔英〕密尔:《代议制政府》,汪瑄译,商务印书馆1982年版,第144页。
② 参见王世杰、钱端升:《比较宪法》,中国政法大学出版社1997年版,第156页。
③ State List Case I, 3 BverfGE 45.
④ Nuchrucker Case I, 7 BverfGE 77.

定,他们的话才能算数。只有到那时,选举才能说是直接的。"①

（四）选举自由

民主选举必须是自由选举,选举过程必须充分自由才能保证选举的公正和民主。如果选民在参加选举过程中受到了强迫或操纵,选举就完全失去了意义,而沦为一种空洞的形式或少数人的游戏。选举过程应当是选民真实意愿和自身利益的自由表达。它要求:候选人自由产生;自由宣传介绍候选人;选民自由投票抉择候选人。例如,在德国,《基本法》规定的自由选举意味着选民不受官方、政党、社会或其他第三者的压力,因此选举必须是一个开放的过程,国家不得运用特权进行干涉。自由选举还代表着多元主义和多党竞争的制度,这要求政府保障言论、新闻和集会自由,使公民能平和地交换意见,并且自由形成公共见解。最后,自由选举一方面承认多数统治的民主原则,另一方面要求保障居于少数的党派通过自由辩论和公正的表决程序,获得成为多数的现实机会。②

各国选举法通常都允许竞选活动的开展,选民不仅有权自由推选其候选人,而且候选人及其支持者都有权为赢得选举,依法自由组织各种宣传组织活动。竞选有助于提高选民参加选举的积极性,密切候选人与选民的联系,加强候选人和选民之间的信息交流,使选民全面了解候选人的情况,从而作出相对理性的投票决定。当然,竞选过程中的各种组织宣传、社会动员活动往往需要耗费大量的人力、物力等各种资源,这无疑是一笔不菲的但又不得不付出的民主成本。

无记名与秘密投票制度是选举自由的另一项制度要求。如果候选人的产生、宣传介绍或选民的投票行为受制于外部力量的强制安排,这种选举将无法真实反映选民的偏好和利益,代议民主也就成为空话。在无记名与秘密投票方式下,选民的意思表示是不公开的,从而能够免受他人的威逼利诱,保障选民的自由选择。

秘密投票制度也称"澳大利亚选票"(Australian Ballot)制度,就是指政府先把所有候选人的名单印在选票上,由选民投票后放入统一的票箱。这项制度由澳大利亚首先采纳,故以此命名。在以前,美国选民投的是政党发到手中的"党票",且两党的票箱是分开的,因而选民投哪个党或哪个候选人的票"一目了然"。当时候选人贿赂选民投自己票的做法极为普遍,然后候选人可以监督"受贿者"履行其"承诺"。采取澳大利亚选票制以后,监督履行不再可能,因为候选人不知道选民在放入统一票箱的无记名票上投了谁的票,因而候选人也不再有理性动机去贿赂选民。澳大利亚的秘密投票制度通过给予选民以更大的自由,

---

① 参见张千帆:《宪法学导论——原理与应用》,法律出版社 2004 年版,第 438—440 页。
② 同上书,第 441 页。

自然消灭了贿选。①

有的国家宪法规定了强制投票制度(compulsory voting)。这种强制投票不是强迫选民去投票支持某个政党或某个特定候选人,而是把参加投票活动作为公民的一项法律义务,强迫选民参与民主选举活动,对于无正当理由而放弃投票权的选民,施以法律制裁,旨在防止选民对选举活动持消极、懈怠的态度。例如奥地利宪法规定国民议会选举实行人人必须参加的义务投票制,参加总统选举是强制的。意大利宪法规定凡已经成年的男女公民均为选民,参加投票是公民的义务。新西兰宪法规定,凡选民必须参加选民登记,凡登记选民必须参加选举,否则要分别情况进行罚金或其他处罚。澳大利亚也实行强制选举制度。②

很多人认为,这种强制违反了选民的意愿,也无法保证被强制参加选举的选民能投出负责任的选票,而且强制往往难以有效实施。但是,强制投票的目的有其正当性,它是为了督促部分对选举持消极态度的选民尊重自己的民主选举权利,通过强制实现民主。③ 不能简单把强制投票制度视为侵犯选举自由原则。投票过低有时可能会产生严重的政治后果,例如选举无效,导致政府或议会的难产。然而,强制投票的手段终非良策,弃权率的降低更应当期待政治教育等途径来实现。④

三、民主选举的基本制度

(一) 选举团体的构成

就选民团体的构成来说,各国的选举制度有地域代表制(geographical representation)与职业代表制(professional representation, functional representation, vocational representation)之分。地域代表制是指以不同的地方团体,如一省、一市、一县、一区之类作为选举团体,或依法将全国、全省、全县划分为若干选区。代表或议员由每一选区的选民选出。职业代表制则以不同职业团体,如工人、商人、律师、教师、新闻记者等职业团体之类,作为选举团体。中国香港与澳门特别行政区的行政长官的选举团采用这种制度。⑤ 在 18 世纪及 19 世纪早期,这

---

① 张千帆:《宪法学导论——原理与应用》,法律出版社 2004 年版,第 404 页。
② 李步云主编:《宪法比较研究》,法律出版社 1998 年版,第 660 页。
③ 卢梭曾经说过一句颇有争议的名言:"即任何人拒不服从公意的,全体就要迫使他服从公意。这恰好就是说,人们要迫使他自由;因为这就是使每一个公民都有祖国从而保证他免于一切人身依附的条件,这就是造成政治机器灵活运转的条件。"〔法〕卢梭:《社会契约论》,何兆武译,商务印书馆 1980 年版,第 29 页。
④ 〔日〕芦部信喜著,高桥和之增订:《宪法(第三版)》,林来梵等译,北京大学出版社 2006 年版,第 230 页。
⑤ 参见《香港特别行政区基本法》附件一《香港特别行政区行政长官的产生办法》、《澳门特别行政区基本法》附件一《澳门特别行政区行政长官的产生办法》。

项制度曾一度时兴于欧洲,但第二次世界大战以后在世界主要宪政国家几乎已销声匿迹。

职业代表制的指导思想是经济主义,即人类的利益和需要主要体现为由职业和阶级决定的经济利益,而不再是家族、部落或地域为基础的利益,理想的政治组织就是以不同行业组织所形成的联治。这种理论认为:只有采用职业代表制,才能使议会制度与社会组织发展的形态相适应,使议会能拥有足够的专门人才以满足现代日趋复杂的立法任务需要,才能减少代议民主制度的流弊。以上这些论点曾促使西方国家设立了经济院(1880年普鲁士、1920年德国、1933年秘鲁)、经济议会(1925年法国)、经济顾问委员会(1930年英国)作为议会的咨询机构。但职业代表制作为一种理论和制度设计在整体上都失败了。其原因有四:一是社会上的职业团体数量众多、大小不一,对各自的重要性不易有正确的衡量,因而各选举团体代表的人数也就难以确立;二是职业团体各有其本行业利益,容易引起议会内部的剧烈冲突;三是职业团体常常是一些富有保守性的团体,它们容易因循守旧,固守其传统习惯,妨碍社会进步[1];四是职业代表制人为规定不同职业的名额,可能对选举权产生不适当的限制或歧视,与平等原则相抵触。职业的划分掺有相当成分的人为判断,且某些职业人口很可能受到忽视或遗忘。特别是所有的失业人口将被排斥,从而使选民范围限于社会的既得利益者。

民主的要义是代议制所代表的是人,而不是职业、财产或其他东西。职业代表制的观点固然不无道理,但人的利益毕竟是多方面的,不仅有经济利益,还有社会、文化、政治、信仰等各方面的利益。相形之下,地域代表制能够比较全面、平等地反映不同阶层选民多方面的利益,避免不同职业利益的直接、剧烈冲突,且选区的划分简单易行,选举团体的人员构成也相对稳定,选举成本也较低[2]。

现代国家的选举制度一般都是地域代表制。作为地域代表的一种"陪衬",在有的国家,在第二院(上院)中还有职业代表,他们或以"社会贤达"的名义出现,或以"对社会有特殊的贡献者"而被委以议席。有的机构虽然由职业代表组成,但该机构只是作为政府的咨议机关而不具有宪法上的权威[3]。例如,法国宪法第十章所规定的经济与社会委员会,其主要职能就是根据政府的请求,经济与社会委员会对由政府提交的法律草案、法令和命令以及法律提案提出意见[4]。中国最高权力机关的选举一直兼采地域代表制和职业代表制。这是因为军队选

---

[1] 参见王世杰、钱端升:《比较宪法》,中国政法大学出版社1997年版,第143—148页。
[2] 参见张千帆:《宪法学导论——原理与应用》,法律出版社2004年版,第388、389页。
[3] 龚祥瑞:《比较宪法与行政法》,法律出版社1986年版,第282页。
[4] 参见赵向阳主编:《当代资本主义国家政治体制纵论》,河南人民出版社1990年版,第358—361页;潘小娟:《法国行政体制》,中国法制出版社1997年版,第248页。

出的全国人大代表并不是地域代表,而且即使在地域代表中,中国在选举时也尽量照顾方方面面。①

(二) 多数代表制、比例代表制与混合代表制

现代民主政治一般都是政党政治,民主选举一般也都受制于政党因素的作用。在西方国家,当选制度有多数代表制、比例代表制与混合代表制的区分。多数代表制(Majority Representation)亦称"多数选举制",是指获得一个选区选票最多的候选人或政党独占该选区全部选票或当选的选举制度。这一制度首先实行于英国,以得票是否要求过半数,多数代表制又可分为绝对多数代表制和相对多数代表制。多数代表制既可在单选区,也可在大选区适用。② 在单选区中,唯一的议席由得票最多的候选人或政党获得;在大选区中,全部议席由得票最多的政党获得。这是一种"胜者全赢"的制度。

比例代表制(proportional representation)亦名"比例选举制",是由选民选择政党而非议员个人,因而选民们投的是"党票",然后各政党按照所获得的选票比例分配议员名额。各政党可在不同的选区内展开竞选,分别按比例分配议席。在有的国家,各政党在全国范围内按自己所得选票占全国投票总数的比例分得席位,这实质是把全国作为一个大选区。1899年比利时首先采用此制,随后通行于瑞士各邦,第一次世界大战以后采用这种制度的国家逐步增多。现在,冰岛、丹麦、西班牙、挪威、荷兰、奥地利、德国、芬兰、葡萄牙、瑞典、阿根廷、秘鲁、菲律宾等国的议会或众议院选举,都采用或部分采用比例选举制。③ 比例代表制只可能在大选区中适用,因为在单选区下每一选区只产生一名议员或代表,无法按比例分配议席。在英国和美国联邦的众议院采用单选区制度,因此其选举制度只能是多数代表制。

一般而言,多数代表制对小党的生存和发展不利。在这一体制下,假如某个小党在每一选区都仅获得了15%的选票而少于另外一个大党,那么在全国范围内,该小党获得的议席数量将是零,虽然它在全国范围内赢得了15%选民的支持。但在比例代表制下,同样是这个小党却能够根据其得票多少按比例瓜分相应数量的议席,从而在议会中取得一席之地。不同的当选制度将影响到政党的聚合和分化。通常情况下,多数代表制倾向于淘汰弱小政党,而对大党有利,因此容易产生事实上的两党制。比例代表制则赋予独立小党较多的生存空间,倾向于形成和维持多党制。④ 在比例代表制下,经常会出现任何一党都无法在议

---

① 许崇德主编:《中国宪法》(修订本),中国人民大学出版社1996年版,第346页。
② 单选区是指每一选区只产生一名议员或代表的选举制度;大选区是指在每一选区产生两名以上议员或代表的选区制度。
③ 参见李步云主编:《宪法比较研究》,法律出版社1998年版,第680、681页。
④ 张千帆:《宪法学导论——原理与应用》,法律出版社2004年版,第396、397页。

会中构成绝对多数的局面,要形成稳定的多数,必须依赖不同政党之间的妥协与联合。

多数代表制的优点是简单易行,议会政府容易作出决定,且比较稳定。但也有一定缺点,它难以准确反映各大、小政党之间的实际力量对比,不利于议会政府代表和保障弱小群体的利益,损失了一定程度的民主代议性。纯粹的比例代表制则鼓励政党的分化,有助于多元化社会利益的代表,但有可能对议会政府的稳定产生不利影响,并对参与政府的各党合作要求很高。1919年的德国《魏玛宪法》采取了比例代表制,因而议会中存在着为数众多的政党,从而提高了不同政党之间合作的难度和成本,造成了政府动荡与最终垮台。

由于上述两种当选制度各有利弊,有些国家采用了混合代表制,将这两种当选制度结合起来运用。例如,第二次世界大战之后,联邦德国的《基本法》就采取了混合代表制:一半众议院议员由比例代表制选出,另一半则按多数代表制选出。这样既保证了不同政党的代表性,又不至于摧毁议会政府的稳定性。① 此外,实行比例代表制的国家一般都规定有最低比例的控制线,防止政党的过度分化,保障议会政府的相对稳定,例如有的国家规定,政党必须获得总选票的0.67%(荷兰)、2%(丹麦)或5%(德国)以上,才有资格参加全国性的议席分配,达不到这个比例仍然得不到议席。

比例代表制的适用以竞争性政党制度为前提。在中国,中共中央文件规定"要保证民主党派成员和无党派人士在各级人大代表、人大常委会委员和人大专门委员会委员中占有适当比例,在各级人大领导班子成员中有适当数量。在全国和省级人大常委会中应有民主党派成员或无党派人士担任副秘书长",但这种适当比例和适当数量的规定是以坚持执政党领导为前提的,与西方选举法律制度中的比例代表制有根本不同,二者不能混为一谈。在中国,执政党是"社会主义事业的领导核心",其他民主党派都是参政党,是"接受中国共产党领导、同中国共产党通力合作的亲密友党",执政党和参政党之间不存在政治竞争的关系,并且"坚持中国共产党的领导是多党合作的首要前提和根本保证"。②

四、民主选举需要法治的保障

(一)处理选举争议

选举是民主国家最重要的、也是规模最大的政治活动。由于地域、职业、收入、教育程度、年龄等各方面的客观差异,选民的利益和价值观念呈现出多元化

---

① 张千帆:《西方宪政体系》(下册),中国政法大学出版社2001年版,第273、274页。
② 参见1989年《中共中央关于坚持和完善中国共产党领导的多党合作和政治协商制度的意见》和2005年《中共中央关于进一步加强中国共产党领导的多党合作和政治协商制度建设的意见》的文件相关规定。

的状态。在竞争性政党制度国家,不同选民群体的多元利益和价值观一般通过不同政党提出的候选人和竞选纲领得以表达,因而在选举的全过程中,选举的竞争一般就表现为政党之间的竞争。特别是全国性选举,选举在全国范围内同时开展,由全国的选民集体参与,选举的竞争往往相当激烈。由于选举的巨大规模、利益的多元态势以及技术手段的局限等复杂原因,任何一次自由选举都难以完全避免法律瑕疵和选举争议的出现。例如在2000年美国总统大选中,民主党候选人戈尔和共和党候选人布什对大选结果的合法性曾产生严重争议。① 六年之后,在2006年美国中期选举中,为避免出现2000年总统大选的争议,共和党和民主党总共派出上万名律师为中期选举监票。美国司法部也在全国范围内派出800名律师,在20个州的65个城市对中期选举投票进行重点监控。但即便如此,仍然出现了选举争议。②

经验表明,势均力敌的政党之间更容易发生选举争议。由于得票比较接近,败选方经常不甘失败,公开质疑选举的合法性、公正性、有效性,指责选举不公或对方有舞弊行为。为增加当选的可能性,主要政党往往会采取反映中间选民观点的立场,以增加其选票的市场。随着这种政党中间化的发展,主要政党之间所获得的选票往往不会出现太大差距,这就进一步增加了选举的竞争程度和选举争议出现的可能性,几乎每次选举都伴随着党派争议。③

选举争议通常起因于某些政党或候选人在选举过程中涉嫌贿赂、欺骗、暴力、威胁、歧视、执政党滥用职权等违法行为。按照不同标准,选举争议可以被分为不同的类别。根据争议主体的不同,选举争议可分为个人和选举机构之间的争议,候选人与候选人之间的争议,政党之间的争议,政党与选举机构或其他国家机构之间的争议等;根据争议发生时间的不同,可分为选举进行过程中发生的争议,选举结果公布后发生的争议;根据争议客体的不同:可分为选区划分争议,选民资格争议,选举行为方式争议,选举效力争议,选票效力争议,当选效力争议。就选举的影响而言,有的选举争议是个别的、孤立的一般争议,不会引致较大的社会纷争,但有些选举争议则是大范围的、具有集体对抗性的严重争议。这种严重争议如果不能通过有效的法律机制及时、公正、有效地加以解决,选举争议将对国家整体秩序构成威胁。

(二)保障民主选举的合法性

成功的选举必须达到三个基本标准:秩序、自由和公正。秩序是自由和公正

---

① 参见张千帆:《论美国总统大选中的宪政问题》,载《中外法学》2001年第4期。
② 韩曙:《美共和民主两党互不信任,上万律师为中期选举监票》,载《法制日报》2006年11月8日;《两党互指欺骗FBI调查》,载香港《文汇报》2006年11月9日。
③ 两党将趋向于中间这一原理是由美国经济学家兼统计学家哈罗德·霍特林(Harold Hotelling)最先提出的。参见〔美〕斯蒂格利茨:《经济学》(上册),梁小民译,中国人民大学出版社2000年版,第497、498、511页。

的前提,没有稳定的选举秩序,选举必将从热闹的场面开始,以动乱结束。不仅选举过程将会被中断,还可能酿成社会动荡,选举的自由与公正当然也就无从说起。除了个别特殊情形,"人类可以无自由而有秩序,但不可无秩序而有自由。必须先有权威,然后才能对它加以限制"①。自由和公正是选举秩序的目的。有的国家选举秩序良好,但却缺乏自由和公正,选举的进程和结果都在政府的安排之中。这样的选举徒有虚名,已经背离了选举的初衷。因此,能否将自由、公正的选举有序地进行到底,选举结果能否获得公众的认可,这是决定民主选举成败的关键,也是检验国家民主政治成熟与否的试金石。

为确保选举的秩序、自由和公正,现代国家一般都制定了相当复杂的选举法律制度,把选举活动纳入宪法和法律的轨道之中。例如,美国纽约州的选举法规范就有250页之多。②但无论选举法律制度有多么严密周详,选举争议仍然不可避免。有的国家选举争议则未能通过有效的制度安排加以化解,民主选举出现僵局,争议迅速演化成大规模的抗议活动,矛盾不断激化,甚至导致社会秩序一度失控。相对于个人的选举争议,政党之间发生的选举争议更容易把选举争议发展成政治对抗。但在成熟的民主国家,选举争议一般都能通过适当的法律机制得以疏导、解决,社会依旧井然有序。因此,在选举过程中,问题的关键不在于选举是否存在争议,而在于选举是否存在严重的违法舞弊行为?在发生严重选举争议的情况下,双方争执的方式是什么?是采用和平方式在法律制度框架内解决,还是通过暴力等制度外方式解决?是否存在公正的途径可供败选方表达异议?选举争议裁决之后的社会秩序是否恢复正常?败诉方是否愿意接受服从裁决,而不论裁决结果是否令自己满意?

经验表明,只有在公正的法律制度的保障下,在竞争中失败的政治力量才可能接受眼前的失利,并愿意在制度框架内继续参与竞争而不是去颠覆制度本身。③法治虽然未必能确保选举的完美,但选举的秩序、自由、公正却丝毫不能离开法治的保障。法治保障的首要前提是国家必须事先制定详细周密、公正合理的选举法律制度,以期尽可能减少舞弊行为和选举争议的发生,并为选举争议的依法裁决提供法律依据。更为重要的法治保障是国家必须提供公正、有效的裁决选举争议的法律机制,确保败选方有适当的机会表达异议,使之在法律制度框架内和平解决选举争议。如果缺乏这一法律机制,选举争议无法在正常的法律秩序框架内得以化解、消弭,守法者的正当权利不能获得有效救济,选举的自由和公正受到侵犯而无从自救,那么选举争议的发展就很容易偏离正常法律秩

---

① 〔美〕亨廷顿:《变革社会中的政治秩序》,李盛平、杨玉生等译,华夏出版社1988年版,第8页。
② 韩大元主编:《比较宪法学》,高等教育出版社2003年版,第270页。
③ 参见〔美〕普沃斯基:《民主与市场》,包雅钧等译,北京大学出版社2005年版,第5页以下。

序的轨道,造成社会动荡。

当然,法治对民主选举的保障并非万能,选民共有的法治信念对于选举的法治保障同样重要。因为任何裁决都难免会有败诉方,假若选民法治信念薄弱,即令裁决机构能够依法作出公正的裁决,败诉方及其支持者也未必能加以信任和接受,法治这样就会面临失灵的危险。公正有效的法治保障机制必须和民众的法治信念结合在一起,才有可能确保选举争议裁决之后败诉方能自觉接受、服从裁决。

例如,在1976年的联邦选举中,德国出版和信息局等官方机构利用政府公共资金,发布了600万份传单,宣传现任行政机构创造的种种业绩。其中在《镜报》上的一幅政府资助的广告称:"总而言之,这个政府给你们带来了更多的自由。"这些用来宣传现政府政绩的经费,来自原来分配给行政机构发布信息的公共资金。而近60%的广告被执政的社民党和自民党联合政府占有,反对党基督教民主党只获得0.26%,由此引发了在野党基督教民主党与执政党之间的争议。基督教民主党向宪政法院指控政府的这些开支违反了《基本法》第20条规定的议会民主原则、第21条保障的政党平等原则及第38条的自由选举原则。这项指控得到了宪政法院的支持。宪政法院宣布1976年的联邦竞选开支无效[1],并指出:

> 宪法机构不得以其官方权能,为了控制这些机构而试图在选举中利用特殊手段来影响大众意愿之形成。在竞选时,宪法禁止宪法机构把自身和政党等同起来,并以公共基金去支持或反对政党。它们尤其被禁止去通过广告来影响选民决定。另外,限制联邦众议院和联邦内阁任期的宪法原则,也不允许现存联邦政府以宪法机构的权能去寻求重新获选,从而促使自身成为"未来政府"。当然,这并不妨碍联邦政府的成员以非官方身份,代表政党来参与竞选……不论其政治信仰或派别如何,所有公民皆承担着支持这个国家之代价。只是为了公共利益,这些财源才受托于国家使用。作为基于法治和社会正义的国家,联邦德国通过许多不同途径来达到这个目的',尤其是支持在多元社会人口中的不同部分和团体,及其各式各样的利益……然而,如果由公众普遍提供与产生的基金,被用来赞同或反对一个政党或竞选人,那么为不同团体服务之承诺,并不能扩展到诸如议会选举这类关键的政治情形……《基本法》容许公民和其政治团体在法律权利之外的不平等;然而,它禁止国家在竞选中偏向一边,来影响政治权力集团之间的竞争力量关系。国家机构必须为每个人服务,并在竞选中保持中立。

宪政法院通过对这个"官方宣传案"的审理和判决,不仅维护了宪法规定的

---

[1] Official Propaganda Case, 44 BverfGE 125.

选举自由原则,而且成功解决了在野党与执政党之间的选举争议。

(三) 选举争议的裁决模式

选举争议裁决模式主要是指选举争议管辖权的归属,具体由哪个机构来裁决选举争议。建立合理的选举争议裁决模式,保证裁判者足够中立、公正,是选举法治保障的核心环节。各国选举争议裁决模式不尽相同。有的学者把这个问题分为两类:一类是选举进行过程中发生的争议,世界各国一般都由普通法院裁决,少数设有行政法院的国家由行政法院裁决;另一类是选举结果公布之后发生的争议,这类争议涉及议员、总统当选的合法性,选举争议裁决模式比较复杂。针对后一类争议的裁决,现代国家大致可分为由代议机关、普通法院或宪政法院、宪法委员会等不同裁决模式。① 也有学者认为除此之外,还有两种模式:选举委员会和专门的选举法院(或选举法庭)裁决模式。②

选举争议需要公正的裁判者。尽管不同国家的选举争议裁决模式并不一致,但都应共享一个相同的目标,这就是保证选举争议能够得到合法、公正、及时的裁决。在政党政治十分发达的今天,西方国家的议会通常都被一个多数党或政党联盟所控制。如果有关当选结果的争议由议会来裁决,这势必会造成"法官审理自己的案件",被一个多数党或政党联盟所控制的议会可能会倾向于作出对本党有利而对其他政党不利的裁决。因此,在竞争性政党制度国家,由代议机关来裁决选举争议容易发生不公允现象。正是基于这个原因,自 1868 年颁布的《议会选举法》施行后,英国当选结果合法性争议即从议会裁决模式改变为法院裁决模式,由高等法院管辖。③

裁决机构的独立性对于裁决结果的公正性至关重要。一般而言,相比议会裁决模式,在司法独立的保证下,法院裁决模式更容易实现选举争议裁决的公正。所有人都有偏向,只有中立的法官才可能赢得选民、政党的普遍信任。在司法独立制度的保证下,法官独立审判,免受政治干预,且审判过程有严格的法律程序保障。因此,法官是最适当的解决选举争议的人选。而且,由于审判活动严格受制于程序法的制约,司法机关也更能够保障裁决的合法和及时。虽然利益斗争是分化的,但法官可以成为维持社会共同规则的枢纽,使政治对立面可以在宪法、法律的规制下有序地开展平等竞争。在这个意义上,法院所维持的法治是民主的前提条件,否则民主就成为政治闹剧。正因为如此,"在美国,几乎所有政治问题迟早都要变成司法问题"④。当然,这里的法院并非注定只能是普通法院,只要能保证选举争议能获得中立的机构依正当的法律程序解决,它也可以是

---

① 何华辉:《比较宪法学》,武汉大学出版社 1988 年版,第 168、169 页。
② 李步云主编:《宪法比较研究》,法律出版社 1998 年版,第 692 页。
③ 何华辉:《比较宪法学》,武汉大学出版社 1988 年版,第 168、169 页。
④ 〔法〕托克维尔:《论美国的民主》,董果良译,商务印书馆 1988 年版,第 310 页。

宪政法院、专门的选举法院(或选举法庭)抑或其他类似的司法性机构。不少国家虽由议会或议会中的专职机构处理选举争议,但该机构也具有一定的司法裁判性质。[①]

根据各国议会联盟1985年对83个国家的调查,各国选举争议的裁决模式如下表[②]:

表6.1 各国选举争议的裁决模式

裁决机构	国家数
法院	38
特别的司法机构	8
全国性选举机构	7
议会	24
选区的选举机构	3
地方或地方议会	2
内务部长	1
总计	83

第四节 中国选举制度

一、中国选举制度的基本原则

在中国,广义的选举制度包括各级人大代表、部分官员以及基层群众自治性组织(村民委员会、居民委员会)等的选举制度;狭义的选举制度专指各级人大代表的选举制度。中国《选举法》调整的对象限于全国人大代表与地方人大代表的选举,因此本书此处一般采用狭义选举制度概念。

1979年7月,第五届全国人大第二次会议对1953年《选举法》进行了重大修改,通过了新的《选举法》。1982年《宪法》颁布后,全国人大或全国人大常委会又分别于1982年、1986年、1995年、2004年和2010年对《选举法》进行过五次修正。修改内容涉及的范围较广,其中比较重要的修改主要集中在关于农村与城镇每一代表所代表的人口比例、正式代表候选人名单的确定方式、宣传代表候选人的方式、选举活动的领导、划分选区的标准、代表当选与罢免代表的具体程序等事项的规定。中国《选举法》的修改一般都和《地方组织法》修改同步进行。与其他法律相比,中国的《选举法》修改的频率相对较高,并且其中某些重

---

① 肖蔚云、姜明安主编:《北京大学法学百科全书:宪法学行政法学》,北京大学出版社1999年版,第628页。

② 湖北省社科院政治学研究所编译:《各国议会制度概况》,吉林人民出版社1991年版,第27页。转引自胡盛仪、陈小京、田穗生:《中外选举制度比较》,商务印书馆2000年版,第242页。

要规定还出现过"肯定——否定——否定之否定"的复返现象。例如在直接选举中,关于正式代表候选人名单的确定方式,1979年《选举法》规定可以通过预选产生,1986年选举法改为"由选民小组反复酝酿、讨论、协商",2004年《选举法》又有条件地恢复了预选制度。① 在这种看似平常修改的背后往往有着复杂的原因,这也从一个侧面表明选举制度在中国的发展有着曲折的历程。

一个国家选举制度的状况是该国政治民主化和法制化水平的集中体现。中国选举制度的基本原则与现代民主选举的基本特征既有吻合之处,也有中国自身的特点。一般认为,中国选举制度具有四项基本原则:选举权的普遍性,选举权的平等性,直接选举和间接选举并用原则,无记名投票原则。这四项原则反映了中国当代选举制度的一些重要特征。

(一)选举权的普遍性

选举权和被选举权是中国公民的一项宪法权利。《宪法》第34条明确规定:"……年满18周岁的公民,不分民族、种族、性别、职业、家庭出身、宗教信仰、教育程度、财产状况、居住期限,都有选举权和被选举权;但是依照法律被剥夺政治权利的人除外。"该条款又被重复规定在现行《选举法》第3条之中。目前,中国选民的范围十分广泛,享有选举权的公民占成年公民的97%以上,占绝大多数,依法被剥夺或限制选举权的范围极为有限。在选举权主体方面,除依照法律被剥夺政治权利的人外,还有两种人的选举权利受到一定限制:一是精神病患者。根据《选举法》第26条第2款规定,精神病患者不能行使选举权利的,经选举委员会确认,不列入选民名单。不列入选民名单的前提是仍然承认精神病患者是享有选举权的主体,只是由于其患有精神病而失去了行使政治权利的行为能力,无法作出有意义的投票决定,因而暂停其行使选举权。二是因危害国家安全罪或者其他严重刑事犯罪案件被羁押的犯罪嫌疑人和被告人。根据1983年第五届全国人大常委会第二十六次会议通过的《关于县级以下人民代表直接选举的若干规定》,因危害国家安全罪或者其他严重刑事犯罪案件被羁押,正在受侦查、起诉、审判的人,经检察院或者法院决定,在被羁押期间停止行使选举权利。根据《刑事诉讼法》规定的无罪推定原则②,这些有待法院判决的犯罪嫌疑人和被告人虽涉嫌国家安全罪或者其他严重刑事犯罪,但并非法律意义上的罪犯,其选举权利也未被依法剥夺,因此这些人员在被依法判决有罪并被剥夺政治权利之前,依然享有选举权利。但根据检察院或者法院的正式书面决定,这些人员在被羁押期间将被停止行使选举权利。

除上述人员外,其他成年中国公民均有权参加选举活动。根据法律规定,因

---

① 具体变化情况参见下文。
② 《刑事诉讼法》第12条规定:"未经人民法院依法判决,对任何人都不得确定有罪。"

其他案件而被剥夺、限制人身自由但未被剥夺政治权利的成年公民仍有资格行使选举权利。下列人员可以行使选举权利：被判处有期徒刑、拘役、管制而没有附加剥夺政治权利的；被羁押，正在受侦查、起诉、审判，检察院或者法院没有决定停止行使选举权利的；正在取保候审或者被监视居住的；正在被劳动教养的；正在受拘留处罚的。经选举委员会和执行监禁、羁押、拘留或者劳动教养的机关共同决定，以上人员参加选举，可以在流动票箱投票，或者委托有选举权的亲属或者其他选民代为投票。被判处拘役、受拘留处罚或者被劳动教养的人也可以在选举日回原选区参加选举。

（二）选举权的平等性

《选举法》第4条规定："每一选民在一次选举中只有一个投票权。"每个选民不管职业、地位、财产、教育程度如何，在一次选举中只能投一票，因此中国选民的选举权在投票数量方面是平等的。同时，根据选举法的有关规定，中国每个选民所投选票的分量也应大体相等。根据中国国体、政体，中国实行城乡按相同人口比例选举人大代表，并体现以下原则要求：一是保障公民都享有平等的选举权，实行城乡按相同人口比例选举代表，体现人人平等；二是保障各地方在国家权力机关有平等的参与权，各行政区域不论人口多少，都应有相同的基本名额数，都能选举一定数量的代表，体现地区平等；三是保障各民族都有适当数量的代表，人口再少的民族，也要有一名代表，体现民族平等。

基于以上原则要求，《选举法》第14条规定地方各级人大代表名额，由本级人大常委会或本级选举委员会根据本行政区域所辖的下一级各行政区域或者各选区的人口数，按照每一代表所代表的城乡人口数相同的原则，以及保证各地区、各民族、各方面都有适当数量代表的要求进行分配。在县、自治县的人大中，人口特少的乡、民族乡、镇，至少应有代表一人。《选举法》第16条规定："全国人民代表大会代表名额，由全国人民代表大会常务委员会根据各省、自治区、直辖市的人口数，按照每一代表所代表的城乡人口数相同的原则，以及保证各地区、各民族、各方面都有适当数量代表的要求进行分配。省、自治区、直辖市应选全国人民代表大会代表名额，由根据人口数计算确定的名额数、相同的地区基本名额数和其他应选名额数构成。"此外，《选举法》第25条还规定："本行政区域内各选区每一代表所代表的人口数应当大体相等。"①

中国城乡选民在选票的分量方面所取得的平等权利来之不易。在2010年

---

① 在选票的分量方面，中国城乡选民之间曾经存在着较大的差距，农村选民所投选票的分量明显少于城镇选民。1953年与1979年选举法对农村与城市每一代表所代表的人口数均作了不同的规定，即县为四比一，省为五比一，全国为八比一。1995年《选举法》把上述不同的比例规定原则上统一为四比一。

之前,中国农村选民所投选票的分量一直明显少于城镇选民,城乡选民虽然"一人一票",但并非"一票一值"。例如在县级人大代表选举中,人大代表的名额要按照农村每一代表所代表的人口数四倍于城镇每一代表所代表的人口数的原则分配。在其他层次的选举中,这种区别对待同样存在。通常认为,这种区别对待是基于中国农村人口太多、经济文化还相对落后的国情,为避免农民代表太多,对城市和农村作了不同的安排。[①]

这种区别对待在中国选举法中由来已久。1953 年与 1979 年选举法对农村与城市每一代表所代表的人口数均作了不同的规定,即县为四比一,省为五比一,全国为八比一。随着中国城市化水平的提高[②],自 1995 年《选举法》开始,原来的八比一、五比一、四比一的比例原则上被统一为四比一,从而在一定程度上缩小了城乡之间的差别。1995 年以来,中国的工业化、城镇化进一步加速,农村经济文化水平大幅提高,社会结构发生深刻变化。城镇人口比重已由 1995 年的 29.04% 上升到 2009 年的 46.6%。与此同时,中国各级人大经历了数次换届选举,积累了丰富的经验。这些新情况为修改选举法、实行城乡按相同人口比例选举人大代表创造了有利的客观条件。

为了保证妇女、归侨和少数民族在人大的代表性,《选举法》采取了一定的特殊保障。《选举法》第 6 条第 1 款规定:"全国人民代表大会和地方各级人民代表大会的代表应当具有广泛的代表性,应当有适当数量的基层代表,特别是工人、农民和知识分子代表;应当有适当数量的妇女代表,并逐步提高妇女代表的比例。"

全国人民代表大会和归侨人数较多地区的地方人民代表大会,应当有适当名额的归侨代表。对少数民族的优惠政策体现于有关代表名额分配的具体规定中。[③] 通常认为这种区别对待的目的具备一定的正当性,此类照顾性规定一般属于《宪法》允许的合理差别范围,是实现实质平等的必要措施。[④] 但也有学者持怀疑观点,认为民主选举的首要原则是"一人一票"、公平竞争,它所关注的对象是"公民",而不论其种族、性别、职业、财富或教育程度如何,因而选举过程并不一定要保证某个种族、性别、职业、身份或其他类别的公民必须获得代表。[⑤]

(三)直接选举和间接选举并用

在中国,直接选举仅限于层级较低的人大代表,其他层级人大代表的选举则

[①] 参见蔡定剑主编:《中国选举状况的报告》,法律出版社 2002 年版,第 41、311 页。
[②] 1949 年,全国城镇 136 个,城镇人口占全国人口数的 10.6%。到了 1993 年,全国城镇发展到 576 个,人口数占到近 21%。改革开放以来,我国的城市化已由 17.1% 提高到 29.9%。胡锦光、韩大元:《中国宪法》,法律出版社 2004 年版,第 334 页。
[③] 《选举法》第 17、18、19、20 条。
[④] 胡锦光、韩大元:《中国宪法》,法律出版社 2004 年版,第 334 页。
[⑤] 参见张千帆:《宪法学导论——原理与应用》,法律出版社 2004 年版,第 446 页。

一律采用间接选举的方式。根据《选举法》第2条的规定,全国人大代表,省、自治区、直辖市、设区的市、自治州的人大代表,由下一级人大选举产生。不设区的市、市辖区、县、自治县、乡、民族乡、镇的人大代表,由选民直接选举产生。其中,省、自治区人大代表和全国人大代表的间接选举是多层次的,需要经过三到四次选举才能最终选出人大代表。例如,在某省选出全国人大代表,要经过以下多个选举过程:第一步是选民选出县级人大代表,第二步是县级人大代表再选出市级人大代表(设区的市),第三步是市级人大代表再选出省人大代表,最后由省人大代表再选出该省的全国人大代表。

立法者认为中国人口众多,文化较为落后,普遍实行直接选举的条件还不成熟,因此选举必须采用直接选举和间接选举并用的制度。1953年《选举法》最早确定了直接选举同间接选举并用的原则,仅乡、镇、市辖区和不设区的市人大代表由选民直接选举。

根据目前各种情况判断,中国未来逐步减少间接选举的范围和层次,直至完全采用直接选举,可能还将经历一个复杂的过程。但从长远趋势看,由于直接选举一般更能确保人大代表对广大选民利益负责,直接选举制度的完全采用必然是选举法发展的最终方向。在条件许可的前提下,直接选举应该逐步扩展到市、省乃至全国人大。

(四) 无记名投票

《选举法》第38条规定:"全国和地方各级人民代表大会代表的选举,一律采用无记名投票的方法。选举时应当设有秘密写票处。选民如果是文盲或者因残疾不能写选票的,可以委托他信任的人代写。"根据该原则,选举人可避免后顾之忧,自由作出抉择,对于正式的代表候选人可以投赞成票,可以投反对票,可以另选其他任何选民,也可以弃权。为了贯彻无记名投票原则,许多地方在选举时专门设立了秘密划票间(点)。在直接选举中,无记名投票原则一般能够得到较好的贯彻落实,但间接选举中,种种破坏无记名投票的做法仍然时有发生,在一些地方,投票人(人大代表)还难以完全做到按照自己的意愿行使选举权利。①

除了上述《选举法》明确规定的四项基本原则,在实践中,中国共产党对各项选举工作的领导也是被普遍遵循的一项重要原则。执政党对选举工作的领导既是其领导核心地位的具体体现,也是其领导核心地位的重要保障。中国共产党是中国的执政党,对人大、政府、法院、检察院和政协等各个组织机构都具有领导作用。在此制度框架下,执政党对整个选举工作也拥有实际领导权,具体表现在以下方面:(1) 党发出有关选举工作的指示,提出每次换届选举的指导思想、政策

---

① 参见蔡定剑主编:《中国选举状况的报告》,法律出版社2002年版,第357—358页。

方针、注意事项。(2)党委及党委组织部门掌握推荐本级人大代表(部分)、国家机关领导人的候选人权力。(3)党委领导和组织部门的人员直接参加选举领导小组或者选举委员会的工作。(4)党领导选举宣传工作。为实现执政党对选举工作的领导,各级人大换届选举时,同级党委内部都会相应设立选举领导机构。党内选举领导机构,主要负责人事安排和选举工作的宣传、部署、协调等工作。可见,"党委领导,人大主办,各方面配合"是目前中国选举的实际格局。①

二、选举的进行

(一)选举机构

选举机构是依法成立的直接负责对选举具体事务进行组织、协调、监督的管理机构。选举活动纷繁复杂,涉及面广,为保证选举活动有序进行,必须要建立相应的选举机构。为保障选举过程的自由和公正,应当设立中立的选举机构。各国选举法都对选举机构作了明确、具体的规定,名称有"选举委员会"、"选举管理委员会"等。选举机构负责对具体选举事务进行组织、协调、安排,其工作基本上是程序性、事务性的,无权操纵选举,侵犯选民或其他投票人的选举自由权利。根据《选举法》的规定,中国主要建立了三个层次的选举机构。②

1. 人大常委会

全国人大常委会主持全国人大代表的选举。省、自治区、直辖市、设区的市、自治州的人大常委会主持本级人大代表的选举。这里的主持,主要是确定选举时间、分配代表名额、提出选举工作要求、审查代表资格等。具体主持提名、酝酿、确定代表候选人以及投票、计票等工作,则由作为选举单位的下一级人大主席团负责。

省、自治区、直辖市、设区的市、自治州的人大常委会指导本行政区域内县级以下人大代表的选举工作。所谓指导,实践中也是领导。为此,一些地方在县、乡换届选举时,省、市都相应设立选举机构。

2. 选举委员会

不设区的市、市辖区、县、自治县、乡、民族乡、镇设立选举委员会,主持本级人大代表的选举。不设区的市、市辖区、县、自治县的选举委员会受本级人大常委会的领导。乡、民族乡、镇的选举委员会受不设区的市、市辖区、县、自治县的人大常委会的领导。

---

① 参见蔡定剑主编:《中国选举状况的报告》,法律出版社 2002 年版,第 36、37、306 页。
② 同上书,第 305—308 页。

按照《选举法》的规定,不设区的市、市辖区、县、自治县的选举委员会的组成人员由本级人大常委会任命。乡、民族乡、镇的选举委员会的组成人员由不设区的市、市辖区、县、自治县的人大常委会任命。选举委员会的组成人员为代表候选人的,应当辞去选举委员会的职务。选举委员会的职责是:(1)划分选举本级人大代表的选区,分配各选区应选代表的名额;(2)进行选民登记,审查选民资格,公布选民名单,受理对于选民名单不同意见的申诉并作出决定;(3)确定选举日期;(4)了解核实并组织介绍代表候选人的情况,根据较多数选民的意见,确定和公布正式代表候选人名单;(5)主持投票选举;(6)确定选举结果是否有效,公布当选代表名单;(7)法律规定的其他职责。此外,选举委员会还应当及时公布选举信息。

3.各选区的选举组织

选举法没有规定选区是否设立选举组织,但各省、自治区、直辖市制定的关于选举的地方性法规大多规定,选区设立选举领导小组(或者选举工作组、选举工作指导组等),负责办理本选区有关选举事宜。每个选区又划分为若干选民小组,设组长、副组长。

有调查显示,目前有的选举机构存在着民主性、公开性不够的问题,导致一些群众产生许多误解,对选举的公正性产生不信任感。公众对一些选举机构认同度不高,与以下因素有关:(1)选举机构缺乏群众参与。间接选举由各级人大常委会主持,没有另设选举机构,群众没有参与机会。县、乡直接选举虽然另设了选举委员会,但其成员主要是党委、人大、政府的负责人;有的地方虽然包括工会、妇联、共青团等社会团体的负责人,但都没有普通群众。有关调查显示,乡、镇一级选举委员会主任绝大多数由乡、镇党委书记担任,个别由乡、镇人大主任担任;副主任一般两名,由乡、镇人大主任和一名乡、镇党委副书记担任;委员一般4至6人左右,大多由党委组织部长、党委宣传委员、武装部长、妇联主任、团委书记、人大秘书等担任。(2)没有实行回避制度,选举委员会成员当选为代表的比例很高,许多都达半数以上。比如,吉林省长白朝鲜族自治县龙岗乡选举委员会成员9人中,有7人当选为代表.其中主任和两名副主任全部当选;四川省遂宁市保石镇选举委员会成员8人中,有6人当选为代表。选举委员会的主任几乎无一例外都当选为代表。(3)选举机构的工作缺乏透明度,其工作状况几乎都不公开。群众无从了解选举机构是如何运作的,更谈不上对其监督。

因此,要提高群众对选举机构的信任感、认同感和接受程度,保证选举客观公正。第一,必须增强选举机构的民主性,扩大选举机构的群众基础。除县、乡直接选举时成立选举委员会外,间接选举时也必须成立选举委员会,负责选举事宜。第二,选举机构必须在各候选人中保持中立。自己不能作自己的法官,是正当程序的一项重要内容。选举机构作为选举法的执行者,选举违法行为的处理者,选举公正的保证者,必须在候选人之间保持中立,不能有角色冲突。因此,凡要参选代表的,都必须退出选举委员会。第三,增加选举组织工作的透明度,接受群众监督。选举机构的工作必须公开,不仅选举机构所作的决定必须公开,选举机构的运作过程也必须公开,允许新闻媒体采访报道,并允许社会团体、候选人组织选举观察小组观察选举机构的工作。

(二)确定和分配代表名额

1. 代表名额的确定

根据《选举法》规定,全国人大代表的名额不超过三千人。地方各级人大的代表名额,按照"代表名额基数+按人口增加数"的方式确定。具体计算方法见下表:

表6.2 地方各级人大代表名额的计算方法 (单位:人)

行政区域	代表名额基数	按人口增加数(每超过若干人数增加1名代表)	代表名额限额
省、自治区	350	15万	最高1000
直辖市	350	2.5万	最高1000
设区的市、自治州	240	2.5万	最高650(人口超过1000万的)
县、自治县、不设区的市、市辖区	120	0.5万	最高450(人口超过165万的)
县、自治县、不设区的市、市辖区	120	0.5万	可少于120(人口不足5万的)
乡、民族乡、镇	40	1500	最高160
乡、民族乡、镇	40	1500	可少于40(人口不足2000的)

自治区、聚居的少数民族多的省,经全国人大常委会决定,代表名额可以另加5%。聚居的少数民族多或者人口居住分散的县、自治县、乡、民族乡,经省、自治区、直辖市的人大常委会决定,代表名额也可以另加5%。

关于确定地方各级人大代表名额的具体程序,选举法规定:省、自治区、直辖市的人大代表的具体名额,由全国人大常委会依法确定。设区的市、自治州和县级的人大代表的具体名额,由省、自治区、直辖市的人大常委会依法确定,报全国人大常委会备案。乡级的人大代表的具体名额,由县级的人大常委会依法确定,报上一级人大常委会备案。地方各级人大的代表总名额经确定后,不再变动。如果由于行政区划变动或者由于重大工程建设等原因造成人口较大变动的,该级人大的代表总名额依法重新确定。

2. 代表名额的分配

代表名额确定以后,需要在不同选区、选举单位进行分配,然后由各选区选民直接选举或由选举单位代表间接选举产生。其中,全国人大代表名额,由全国人大常委会根据各省、自治区、直辖市的人口数,按照每一代表所代表的城乡人口数相同的原则,以及保证各地区、各民族都有适当数量代表的要求进行分配。省、自治区、直辖市应选全国人大代表名额,由根据人口数计算确定的名额数、相同的地区基本名额数和其他应选名额数构成。全国人大代表名额的具体分配,由全国人大常委会决定。香港特别行政区、澳门特别行政区应选全国人大代表的名额和代表产生办法,由全国人大另行专门规定。地方各级人大代表名额的分配由本级选举机构负责。

三、选区

（一）选区划分

选区是以一定数量的人口为基础划分的区域,是选民选举产生人民代表的基本单位。选区划分和选民登记都是直接选举中的事务。间接选举不存在选区划分和选民登记问题,选举是按选区单位(下一级人大)进行。在直接选举中,代表名额分配到各选区,选举按划定的选区进行。选区划分是分配代表名额、登记选民、产生代表候选人、正式投票等选举活动的前提。

选举委员会负责划分选举本级人大代表的选区。《选举法》第24、25条从三个方面对选区划分作了原则性规定：一是划分的标准。选区可以按居住状况划分,也可以按生产单位、事业单位、工作单位划分。二是选区的大小。选区的大小按照每一选区选一名至三名代表划分。三是本行政区域内各选区每一代表所代表的人口数应当大体相等。

选区划分标准的确定既要考虑到选民参加选举的便利,便于选民了解候选人、代表联系选民以及选民行使监督和罢免权[1],也要考虑到充分发挥代议民主的功能,使选民能通过选举来表达自身的利益诉求。国外通常按地域划分选区。[2] 中国选区划分的标准具有自己的特点,强调按居住状况划分,同时也允许按单位划分。

实践中,由于具体情况不同,农村绝大多数是按居住地划分选区,在城市特别是大城市,按居住地划分与按单位划分两种方法并用。按单位划分选区有一定的优点,例如通过利用单位的组织机制等资源,便于贯彻选举机构指令,组织安排选举工作,动员职工参选,提高选民投票率,但其缺点比较明显,弊大于利。应当一律以居住地为标准划分选区。

第一,选举与选民之间的利益纽带关系主要是通过居住地而联结在一起,而不是其所在的单位。地方人大各项工作基本上都属于地方事务,其工作的内容、

---

[1] 参见许崇德主编：《宪法》,中国人民大学出版社2004年版,第209—210页。
[2] 胡盛仪、陈小京、田穗生：《中外选举制度比较》,商务印书馆2000年版,第106页。

成效往往对居住地的环境、教育、道路、卫生等公共事务有比较直接的影响,进而直接影响到选民在居住地的相关利益。以居住状况来划分选区,选民可通过其投票行为,影响选举结果,更好地实现其作为地方选民的利益。如果以单位划分选区,选民就难以通过行使选举权来影响地方人大工作,保障自己在其居住地的各种切身相关利益。选民在居住地的各种利益与其所在单位一般没有关联性。虽然单位的内部事务对选民在工作中的利益有较大影响,但单位对内部事务管理的自主权决定了人大代表的职务对这些事务并无多少影响力,因此这些利益与民主选举过程不具有明显相关性。因此,如果想让选举成为对选民更有意义的活动,比较适当的方式就是按居住状况而不是按单位来划分选区。

第二,在市场经济的条件下,按单位划分选区难度较大,且容易引起混乱。随着市场经济的发展,无论是单位本身,还是单位的成员,其变化、流动性都越来越大,传统上静态的"单位"的特征已经越来越淡薄。在这种背景下,按单位划分选区的便利性和必要性无疑在削弱,而难度却在增大。并用两种选区划分方法将产生两种方法之间的协调配合问题。单位所在地和职工居住地两处选举机构必须加强协调,既要避免重复登记,也要防止遗漏登记。一旦协调工作未做好,即容易造成选民的重复或遗漏登记。由于存在上述问题,按单位划分选区的方法不易被普遍施行,目前采用这种方法的单位主要是国家机关、国有企业事业单位的人员,其他选民大多按居住地登记,参加居住地选举。如果采用单一的按居住地划分,在整体上能够降低选举操作的难度。当然,人口流动的增加、一人拥有多个居所的现象也会给不同居住地的选举机构带来一些协调的问题,但这种协调的成本不会很高。毕竟一个人只有一个法律意义上的住所地,既有的简单法律技术足以解决这个问题。

第三,按单位来划分选区还可能产生抑制选民参选积极性的消极后果,不利于选举自由。单位领导容易利用其权力和地位干涉选举,影响选民的投票行为,以实现其有关选举的意愿。职工基于对单位领导的从属地位,往往不敢或不愿公开表达自己的选举意愿,例如和其他选民联名推荐其他的代表候选人等。在按居住状况划分的选区里,选民则不存在类似的顾虑,可以依法更加自由地行使选举权利。

(二)选民登记

选民只能在自己的选区参加选举活动。选民参加选举活动的前提是自己已经被所在选区的选举机构登记为选民。因此,选民登记是选举工作的重要环节,是公民取得选民资格的基本程序。选民登记按选区进行,由选举委员会负责,依法对选民资格进行法律认可。所有依照《宪法》第34条和《选举法》第3条享有选举权利的公民都应当被登记到选民名单上。

选民登记的方法可简单概括为"一次登记、长期有效、三加三减"。"一次登记、长期有效"是指中国的选民登记采用一次性登记的方法,经登记确认的选民资格长期有效。"三加三减"是指每次选举前,主要是以上次登记结果为基础,对上次登记以来的变更情况进行重新确认,新增登记三种人,并删减登记三种人。新增登记的选民具体包括:上次登记后,新满18周岁的公民、新迁入选区的选民、剥夺政治权利期满的公民;删减登记的选民具体包括:上次登记后,已迁出本选区的选民、死亡的公民、依法剥夺或被暂停行使政治权利的公民。选民名单是具有法律效力的文件。选民名单应在选举日的20日以前公布,实行凭选民证参加投票选举的,并应当发给选民证。对于公布的选民名单有不同意见的,可以在选民名单公布之日起5日内向选举委员会提出申诉。选举委员会对申诉意见,应在3日内作出处理决定。申诉人如果对处理决定不服,可以在选举日的5日以前向法院起诉,法院应在选举日以前作出判决。法院的判决为最后决定。

四、推荐和确定人大代表候选人

在中国的选举活动中,代表候选人的确定是整个选举的关键环节。《选举法》对推荐和确定代表候选人的各个环节做了具体而精心的制度设计。这一环节的法律规定修改比较频繁。

(一) 差额选举制度

差额选举是民主选举制度的前提,是选民行使选举自由权利的重要保障。为了体现选举的民主性,《选举法》规定实行差额选举制度。所谓差额选举是指代表候选人名额多于应选代表名额的选举制度。与之对应的是等额选举,是指代表候选人名额等于应选代表名额的选举制度。比等额选举相比,差额选举明显更加民主,选民或代表享有更多的选择余地。自1979年开始,中国一直实行差额选举制度,且差额有一定的比例限制。现行《选举法》第30条规定,全国和地方各级人大代表实行差额选举,代表候选人的人数应多于应选代表的名额。由选民直接选举人大代表的,代表候选人的人数应多于应选代表名额1/3至1倍;由县级以上的地方各级人大选举上一级人大代表的,代表候选人的人数应多于应选代表名额1/5至1/2。在实践中,选民、代表或其他组织依法推荐的代表候选人往往超过了法定的差额比例,因此有必要按照法定的程序和比例,筛选掉一部分候选人,而后正式确定候选人名单。由此产生了初步代表候选人推荐与正式代表候选人确定的两阶段问题。

(二) 代表候选人的产生

《选举法》第29条规定:"全国和地方各级人大的代表候选人,按选区或者选举单位提名产生。各政党、各人民团体,可以联合或者单独推荐代表候选人。选民或者代表,十人以上联名,也可以推荐代表候选人。推荐者应向选举委员会或者大会主席团介绍候选人的情况。接受推荐的代表候选人应当向选举委员会或者大会主席团如实提供个人身份、简历等基本情况。提供的基本情况不实的,选举委员会或者大会主席团应当向选民或者代表通报。各政党、各人民团体联合或者单独推荐的代表候选人的人数,每一选民或者代表参加联名推荐的代表候选人的人数,均不得超过本选区或者选举单位应选代表的名额。"

各政党、各人民团体,可以联合或者单独推荐通常称为"组织提名";选民或者代表联名推荐通常称为"联名提名"。根据上述规定,代表候选人提名权主体包括选民、人大代表以及政党和人民团体。由于中国实行直接选举与间接选举并用原则,在不同的选举形式和程序中提名权主体有较大不同,选民、人大代表以及各政党、各人民团体这三种主体分别享有不同范围的代表候选人提名权。选民仅在直接选举中享有提名权,人大代表仅在间接选举中享有提名权,各政党、各人民团体则在上述两种选举中均享有提名权。

1. 选民的提名权

提名权是由选举权派生出来的。选民享有选举权,自然就应当享有相应的提名权。选民作为选举权主体有权提出候选人是当今世界各国选举制度的通例。在中国,由于直接选举仅限于县、乡两个层次人大代表的产生,选民只有在直接选举中才有权提名代表候选人;在间接选举中,选民无权提名代表候选人。从1953年第一部《选举法》开始,法律明确规定了选民作为提名权主体的地位。1953年《选举法》曾规定,选民或代表可以联合或单独提出代表候选人名单。1979年《选举法》规定,任何选民三人以上附议,也可以推荐代表候选人1986年修改后的《选举法》把选民联合提名候选人的人数要求提高到10人。现行《选举法》沿用了1986年的规定。

2. 人大代表的提名权

根据《选举法》的规定,在间接选举中,除政党、人民团体可以推荐候选人之外,人大代表有权行使提名权、尽管在间接选举中政党和人民团体的推荐比例相对大些,但人大代表的提名权也是不可忽视的。毕竟中国较高层级的人大代表选举目前都还是间接选举,在这种选举中保障人大代表的提名权有助于反映其所在地域的选民利益。

3. 政党和人民团体的提名权

根据《选举法》的规定,各政党和人民团体在直接选举和间接选举中都享有代表候选人的提名权。各政党指中国共产党和其他八个民主党派。人民团体主要指中华全国总工会、全国妇联、共青团等人民群众组织,其中政党的提名是中国代表候选人提名的基本形式。其中执政党是最主要的提名权主体,并在候选人产生过程中起着重要作用。

关于政党和人民团体的提名方式。根据《选举法》第29条规定各政党、各人民团体的提名有两种方式:一是联合提名,二是单独提名。从选举实践看,政党和人民团体的联合提名占主导地位,运用范围比较广。单独推荐主要是中国共产党的推荐。在全国人大代表、省一级人大代表的选举中,政党和人民团体联合提名是基本的形式。

关于不同层级各政党和人民团体组织的范围:选举法规定各政党、各人民团体单独或联合提名候选人,但没有规定政党和人民团体指哪一级组织。全国人大常委会法制工作委员会1987年6月作出的《关于选举工作几个法律问题的意见》规定:选民直接选举乡级人民代表时,乡级的政党和人民团体可以推荐代表候选人;选举县级人大代表时,县级和乡级的政党和人民团体可以推荐代表候选人;在一个选区选举代表时,选区内的政党和人民团体可推荐代表候选人。间接选举产生的人大代表,中央和省级的政党和人民团体可以推荐全国人大代表的候选人,以及省、自治区、直辖市和设区的市、自治州的人大代表候选人。政党的组织要按照级别,通过法律程序进行人民代表的推荐。

不同的提名权主体在选举过程中行使提名权。尽管在提名过程中不同主体的提名权表现形式各异,但提名权主体的法律地位是平等的,即提名权主体依法律规定程序提出的提名在法律制度上具有平等的价值,应当获得平等的尊重。①

(三) 确定正式代表候选人

尽管《选举法》规定投票人对于正式代表候选人可以投赞成票,可以投反对票,也可以另选他人。但实际上任何人如果不能被确定为正式代表候选人,那他就很难获得投票人的广泛信任,尤其在没有竞选制度的情况下,当选的希望甚小。由于相当一部分初步候选人将被筛选掉,正式代表候选人名单如何确定对选举结果有着关键影响,这无疑是选举过程中一个极为重要的问题。正式代表候选人名单的确定方式是否公开、公正、合理,直接影响到整个选举活动的公正性和民主性。因此,正式代表候选人的确定应当获得公开、明确的法律程序的规范和保障。在此问题上,中国《选举法》的规定有过多次变迁以及反复。修改的重点在于是否必须经过正式预选程序,还是仅仅通过"酝酿、协商",来确定正式代表候选人名单。

1. 直接选举中正式代表候选人的确定

选举法对确定候选人的程序作了原则性规定。1979年《选举法》第28条明确规定在直接选举和间接选举中都可以通过预选产生正式代表候选人。但1986年和1995年《选举法》取消了直接选举中的预选制度,都是规定由各该选区的选民小组"通过反复酝酿、讨论、协商"的方法,根据"较多数选民的意见"确定正式代表候选人名单。但由于"反复酝酿、讨论、协商"和"较多数选民的意见"等概念缺乏必要的法律确定性,在选举实践中容易造成暗箱操作,造成一些

---

① 参见胡锦光、韩大元:《中国宪法》,法律出版社2004年版,第337—340页。

正式代表候选人缺乏民意基础。①

2004年《选举法》重新恢复了直接选举中的预选制度。2010年《选举法》第31条也明确规定了预选制度:"由选民直接选举人民代表大会代表的,代表候选人由各选区选民和各政党、各人民团体提名推荐。选举委员会汇总后,将代表候选人名单及代表候选人的基本情况在选举日的十五日前公布,并交各该选区的选民小组讨论、协商,确定正式代表候选人名单。如果所提代表候选人的人数超过本法第三十条规定的最高差额比例,由选举委员会交各该选区的选民小组讨论、协商,根据较多数选民的意见,确定正式代表候选人名单;对正式代表候选人不能形成较为一致意见的,进行预选,根据预选时得票多少的顺序,确定正式代表候选人名单。正式代表候选人名单及代表候选人的基本情况应当在选举日的七日前公布。"预选制度的恢复虽然会增加一些选举成本,但有助于推进中国选举的民主化和法制化,对保障选举的民主、公正具有明显的积极意义。

在所提候选人的人数超过法定的最高差额比例时,选民小组如何进行"讨论、协商",何谓"较多数选民的意见"和"较为一致的意见",凡此种种具体但又很重要的问题,《选举法》均未作确切规定。在这种立法措辞不甚明确的情况下,如何保证选举机构按照法治要求去理解、适用《选举法》相关规定,民主、公正地确定正式代表候选人名单,这不能不说仍是一个比较困难的问题。相形之下,实行预选制度更容易避免正式代表候选人确定过程中的暗箱操作,保障其符合较多数选民的真实意愿。

2. 间接选举中正式代表候选人的确定

根据1979年《选举法》第28条规定,在间接选举中,由各该级人大主席团汇总大会代表和中国共产党、各民主党派、各人民团体提出的代表候选人名单,组织全体代表反复讨论、民主协商,如果所提候选人名额过多,可以进行预选。但与直接选举的情况相同,这里的预选制度在1986年《选举法》中被取消。1995年《选举法》第31条又重新恢复了预选制度,如果所提候选人的人数超过《选举法》规定的最高差额比例,进行预选。

2004年和2010年《选举法》承继了1995年《选举法》的有关规定。现行《选举法》第31条第2款规定,县级以上的地方各级人大在选举上一级人大代表时,提名、酝酿代表候选人的时间不得少于两天。各该级人大主席团将依法提出的代表候选人名单及代表候选人的基本情况印发全体代表,由全体代表酝酿、讨论。如果所提候选人的人数符合《选举法》规定的差额比例,直接进行投票选举。如果所提候选人的人数超过《选举法》规定的最高差额比例,进行预选,根

---

① 参见卢嵘、周浩:《一个普通公民的参选历程》,载《南方周末》2002年12月12日;林楚方:《谁有资格当人大代表》,载《南方周末》2002年12月12日。

据预选时得票多少的顺序,按照本级人大的选举办法根据《选举法》确定的具体差额比例,确定正式代表候选人名单,进行投票选举。在间接选举中,由于投票人数量较少,预选的成本很低,采用预选制度确定正式代表候选人,有利于保障选举的民主和公正,因而完全是合理、必要的。

五、介绍人大代表候选人

对候选人的介绍是选举活动的一个重要环节。它直接关系到选民对候选人的知情权和候选人的被知情权,而知情权和被知情权是选民选举权和被选举权的具体表现,其实质是选民的宪法地位是否得到尊重与保护的问题。候选人介绍制度的设计在很大程度上决定了选民参与选举的政治热情、投票行为的理性程度,并最终决定了当选代表的素质。中国现行《选举法》虽然没有规定竞选制度,但从保护选民、代表的知情权以及选举机构和推荐者义务的角度,规定了候选人介绍制度,对如何介绍候选人问题作了原则性的、概括的规定。其主要内容规定在《选举法》第33条中:"选举委员会或者人民代表大会主席团应当向选民或者代表介绍代表候选人的情况。推荐代表候选人的政党、人民团体和选民、代表可以在选民小组或者代表小组会议上介绍所推荐的代表候选人的情况。选举委员会根据选民的要求,应当组织代表候选人与选民见面,由代表候选人介绍本人的情况,回答选民的问题。但是,在选举日必须停止代表候选人的介绍。"

(一)介绍候选人在法律程序上的意义

《选举法》把介绍代表候选人作为正式投票选举前的一道必经法定程序,为候选人的介绍提供了法律依据。违反这一规定,选举活动即会发生法律程序上的瑕疵。《选举法》第29条规定推荐者应向选举委员会或者大会主席团介绍候选人的情况;《选举法》第33条规定选举委员会或者人大主席团应当向选民或者代表介绍代表候选人的情况。这表明推荐者有法律义务介绍自己推荐的候选人,选举委员会或人大主席团也有法律义务向选民或者代表介绍代表候选人的情况。

(二)介绍候选人的主体、对象和场所

由谁介绍候选人是涉及介绍候选人组织工作的重要问题。1979年《选举法》第30条规定各党派、团体和选民都可以用各种形式宣传代表候选人。这表明各党派、团体和选民都可以成为介绍候选人主体,均有权开展宣传活动,并且对介绍的对象和场所没有明确限制。这一规定被1982年《选举法》修改为:"选举委员会应当向选民介绍代表候选人的情况。推荐代表候选人的党派、团体或者选民可以在选民小组会议上介绍所推荐的代表候选人的情况。"由此可见,在直接选举中,《选举法》不再提倡选民(包括候选人本人)自行宣传介绍候选人,介绍候选人的主体、内容和场所有很多限制。根据现行《选举法》的规定,介绍候选人的主体有选举委员会、人大主席团,推荐代表候选人的政党、人民团体和选民、代表。其中,选举委员会介绍直接选举产生的代表候选人,大会主席团介绍间接选举产生的代表候选人。这就是说,选举委员会或大会主席团负责介绍所有的候选人,成为介绍候选人的基本主体。

(三) 候选人介绍是否充分

对代表候选人的介绍,时间上有严格限制。《选举法》规定,在选举日必须停止对代表候选人的介绍。至于从何时开始进行介绍,法律并没有明确,但从选举实践看,应从初步候选人提出后,便可开始代表候选人的介绍。现行选举法规定选举委员会可以组织代表候选人与选民见面,回答选民的问题。除此之外,实践中常见的做法还有:(1) 选举机构印发书面介绍,这是最主要的方式。(2) 在选民小组或者代表小组上进行口头介绍候选人情况。(3) 运用广播、录音、电视、录像等手段宣传候选人。①

有必要指出的是,中国现行的人大代表候选人介绍制度与国外的竞选有着根本的区别。竞选是国外议员选举常见的现象。在这些国家,候选人或政党为争取选民信任,多得选票,以达到当选或上台执政的目的,经常会自发地组织进行各种广泛的组织宣传活动,包括建立竞选组织,筹集竞选经费,制定竞选文件,开展竞选宣传等。② 其特点是活动频繁,形式多样,竞争激烈,范围广泛。在中国的人大代表选举中,法律对介绍人大代表候选人的主体、对象、场所、方式都有严格的限定。虽然竞选活动在现行《选举法》中尚无明确的法律地位,《选举法》对此既无正式的禁止性规定,也无授权性规定,但是从中国《选举法》上述的历次修改,不难看出竞选活动至少在现阶段事实上是不被提倡、鼓励的。近年来,在北京、深圳等一些地方选举中重新出现了候选人自发进行的宣传活动。这些选举行为的不断涌现客观上要求《选举法》作出必要的回应,明确其法律地位。对候选人或选民自发组织的宣传活动,应兼顾选举秩序和自由的需要,以适当的方式将其纳入选举法的具体调控之内,并进行必要的规范、引导,扬长避短,以扩大公民有序的政治参与。

六、确定代表当选

(一) 投票选举

选举投票是选举程序的重要环节。在选民直接选举人大代表时,选举委员会应当根据各选区选民分布状况,按照方便选民投票的原则设立投票站,进行选举。选民居住比较集中的,可以召开选举大会,进行选举;因患有疾病等原因行动不便或者居住分散并且交通不便的选民,可以在流动票箱投票。间接选举的

---

① 参见胡锦光、韩大元:《中国宪法》,法律出版社 2004 年版,第 341—342 页。
② 参见李步云主编:《宪法比较研究》,法律出版社 1998 年版,第 670—673 页。

投票由该级人大主席团主持。选举人对于代表候选人可以自由决定投赞成票，可以投反对票，可以另选其他任何选民，也可以弃权。选民如果在选举期间外出，经选举委员会同意，可以书面委托其他选民代为投票。每一选民接受的委托不得超过3人，并应当按照委托人的意愿代为投票。

（二）确定当选

投票结束以后，进入选举结果的确定程序，其内容包括：

（1）确定选票是否有效。每一选票所选的人数，多于规定应选代表人数的作废，等于或者少于规定应选代表人数的有效。

（2）确定选举是否有效。每次选举所投的票数，多于投票人数的无效，等于或者少于投票人数的有效。在选民直接选举人大代表时，选区全体选民的过半数参加投票，选举有效。

（3）代表候选人当选的确定。代表候选人获得参加投票的选民过半数的选票时，始得当选。县级以上的地方各级人大在选举上一级人大代表时，代表候选人获得全体代表过半数的选票时，始得当选。

获得过半数选票的当选代表的人数少于应选代表的名额时，不足的名额另行选举。另行选举时，根据在第一次投票时得票多少的顺序，按照《选举法》第30条规定的差额比例，确定候选人名单。如果只选1人，候选人应为2人。依照规定另行选举县级和乡级的人大代表时，代表候选人以得票多的当选，但是得票数不得少于选票的1/3；县级以上的地方各级人大在另行选举上一级人大代表时，代表候选人获得全体代表过半数的选票，才能当选。

（4）宣布选举结果。投票结束后，由选民或者代表推选的监票、计票人员和选举委员会或者人大主席团的人员将投票人数和票数加以核对，作出记录，并由监票人签字。代表候选人的近亲属不得担任监票人、计票人。选举结果由选举委员会或者人大主席团根据本法确定是否有效，并予以宣布。为保障选民和代表对选举结果的知情权，选举机构不仅应当公开宣布当选代表的名单，还应当向选民或代表报告参加投票人数、有效票数、废票数、当选代表得票数和未当选者得票数。

七、保障选举依法进行

中国的选举法律保障主要制度有：(1)对选民名单的不同意见，向选举委员会申诉。如经选举委员会处理决定而不服时，可向法院起诉，由法院作最后判定。(2)选举结果，包括选举有效、代表当选，由选举委员会或者人大主席团确定并予宣布。(3)代表的资格由人大常委会设立的代表资格审查委员会（乡、民族乡、镇为本级人大设立的代表资格审查委员会)审查。① (4) 对破坏选举的违法行为依法追究法律责任。主持选举的机构发现有破坏选举的行为或者收到对破坏选举行为的举报,应当及时依法调查处理;需要追究法律责任的,及时移送有关机关予以处理。《选举法》第55条规定:"对有下列行为之一,破坏选举,违反治安管理规定的,依法给予治安管理处罚;构成犯罪的,依法追究刑事责任:以金钱或者其他财物贿赂选民或者代表,妨害选民和代表自由行使选举权和被选举权的;以暴力、威胁、欺骗或者其他非法手段妨害选民和代表自由行使选举权和被选举权的;伪造选举文件、虚报选举票数或者有其他违法行为的;对于控告、检举选举中违法行为的人,或者对于提出要求罢免代表的人进行压制、报复的。国家工作人员有上述违法行为的,还应当依法给予行政处分。以上述第一种违法行为当选的,其当选无效。"

第五节 其他政治权利

一、罢免权

(一) 罢免权和选举权的关系

从权利的来源上讲,人民的意志是政府权力的基础,这一意志应以定期的和真正的选举予以表现,这是选举权存在的法理。从形态上讲,罢免权实际上是选举权的延伸或展开,也可以说是选举权的另一种表现形式。选举权和罢免权在运行上是互逆的:选举权出现在使候选人获得公职的"上升"的过程里,而罢免权则现身于使已经通过选举获得代表资格或者公职的人失去该资格或公职的"下降"的过程中。

罢免权是选民对已经选出的代表或国家公职人员在其任期届满之前将其撤换的权利。这是选民对代表的最为严厉的监督手段之一。公民既有权选举代表进入代议机关并代表自己行使权力,就应有权监督代表使之根据自己的意志和利益进行活动。否则,选举权就很可能落空,只能是公民在进行选举时的一瞬间的权利,甚至沦为政客玩弄于股掌之间的工具。如果没有罢免权,选举过后,代表获得了权力,就存在着背离选民利益而不受选民制约的可能性。即便选民的利益受到损害,也无法补救。罢免权是选民有效监督代表的"杀手锏",使得代表在上台之后也必须兢兢业业地代表选民利益,密切联系选民,真正成为选民的代言人。在这个意义上,选举权和罢免权如同一个硬币的两个面,相辅相成,不可偏废。在某种程度上,罢免权比选举权更重要。实践中很多候选人在选举之

---

① 许崇德主编:《中国宪法》,中国人民大学出版社1996年版,第364页。

时百般许诺,当选后却轻诺寡信,甚至背信弃义,选民也徒唤奈何。如果能够把罢免权落到实处,就能很好地保障代表言行一致。这样,选民的利益得以维护,同时代议制也具有更加强大的生机和活力。

(二) 罢免权:能罢免谁

罢免权最初在1852年为瑞士各州所采用,到第一次世界大战以后才扩及整个联邦。1871年的巴黎公社体制中的人民代表的强制委托制,"要求代议机关的议员必须接受选举母体的拘束和指令,否则,选举母体可以将之罢免"[①]。也许是巴黎公社的典范作用,后来的社会主义国家宪法长期沿用了罢免制度,确认了公民有罢免代表的权利。中国1982年《宪法》第77条规定:"全国人民代表大会代表受原选举单位的监督。原选举单位有权依照法律规定的程序罢免本单位选出的代表。"第102条第2款规定:"地方各级人民代表大会代表的选举单位和选民有权依照法律规定的程序罢免由他们选出的代表。"《选举法》第43条规定:"全国和地方各级人民代表大会的代表,受选民和原选举单位的监督。选民或者选举单位都有权罢免自己选出的代表。"应该说,中国宪法和选举法对于罢免权还是比较重视的。但是由于种种原因,在实践中很少有过选民或选举单位罢免代表的事例。

另一方面,中国《宪法》和《选举法》只是规定了选民对人大代表的罢免权,而没有规定选民可以对行政机关和司法机关的工作人员行使罢免权。中国实行议行合一的人民代表大会制度,行政机关和司法机关受人大监督,对人大负责,因而选民不可能直接罢免行政机关和司法机关工作人员。这也说明中国现阶段罢免权的适用范围是比较小的。

西方国家对待罢免权则显得比较谨慎,并不像社会主义国家那样都予以肯定和重视。在理论上,罢免权应否行使还存在一些争议。比如关于代表应否罢免的问题就有不同看法。委托说认为,当选的议员或代表是本选区选民的受托人,他们在代表机关中的一切活动,都须以本选区选民的意志为依据并受本选区选民的监督,因而选民可以罢免他们选出的代表。国民代表说认为,代表一经选出,就和全体代表一起成为全国人民的受托人,他们代表整个国家的人民而不是某一选区的公民,原选区的选民无权罢免他们。[②] 在实践上,各国罢免权的适用范围也不尽相同。作为选举权延伸形态的罢免权与选举权的适用范围是一致的,可以适用于代表机关的代表(议员)和其他由选举产生的国家公职人员。而各国的情形又有不同。例如,美国总统由选举产生但选民无权罢免总统;日本《宪法》第15条第1款规定:"选举和罢免公务员是国民固有的权利。"这就从原

---

① 林来梵:《从宪法规范到规范宪法》,法律出版社2001年版,第136页。
② 参见何华辉:《比较宪法学》,武汉大学出版社1988年版,第207页。

则上确认了凡经国民选举的公务员均可以被国民罢免。有学者认为,人民对于国家机关的议员或官吏都可以直接罢免。① 这种观念是值得肯定的。不论其实施的具体途径如何,对于代议机关的代表和政府官员均可罢免则应成为罢免权的一般理念。

二、创制权

创制权是指由一定数量的公民签署提出宪法修正案,或者提出法律的制定、修改或废止提出建议案,并经公民投票决定的权利。创制权是公民直接参与立法活动的权利,是一种直接民主形式。在传统的宪法理论中,复决权与创制权往往相提并论,二者都属于公民的"直接立法权",在理论上可谓同根同源。

创制权可溯源于古希腊的人民直接立法,近代创制权的行使肇端于瑞士和美国的各州,后来扩展到瑞士、美国联邦及其他国家。创制权的行使,瑞士堪称楷模。创制权作为一种公民的参政权,在很多国家的宪法中都得以确立,不过各国在实践中的做法各不相同。

(一) 创制权的优点

创制权的优点主要有以下几点:

1. 直接体现了主权在民原则

主权属于全体国民。一个国家最高的权力是立法权,法律直接反映民众的意志,公民直接参与立法活动,其意志有可能在法律中得以体现。如果将立法权完全委托给立法机关,"则法律必难适合真正之民意"。② 民主的重要目标就是让最大多数的人最充分地参与国家事务和公共事务,创制权的目的就是让民众直接参与立法活动,这无疑是充分发扬民主、实践民主的重要方式。

2. 防止立法机关的失职和专横

立法机关是由民选的代表组成的,但是立法机关的活动未必符合民众的利益,有些立法甚至会损害公民的利益与意志。公民直接参与立法活动,则可以把立法机关损害民意的可能性降到最低。也有人认为,创制权的行使在事实上侵夺了议会的立法权,削弱了议会的地位,可能会挫伤议员的政治热情和工作责任心。这些说法有一定的道理,但并不足以成为反对或取消创制权的理由。宪法之所以规定创制权,"目的乃在防止议会拒绝制定民意所要求的法律"③。可见在很大程度上,创制权就是对议会立法权的一种控制和监督,让议会的立法沿着民意之轨循序前行而不能"越轨"。

---

① 张知本:《宪法论》,中国方正出版社 2004 年版,第 160 页。
② 同上书,第 163 页。
③ 王世杰、钱端升著:《比较宪法》,中国政法大学出版社 1997 年版,第 185 页。

3. 防止政党或者其他利益集团的营私独断

如果一个政党或者其他利益集团在议会中利用自己的多数优势，为本党或本集团谋取私利乃至实行独裁统治，那么势必损害其他政党乃至全体公民的意愿。公民的创制权则是对此种情形的防治和补救。

(二) 创制权的行使

有人担心，由普通公民参与创制的法律，难免因专业知识欠缺降低立法水平，使法律流于草率粗陋。其实这方面的问题，可以在实践中从技术上进行弥补。特别是随着当代通信技术的发展进步、互联网的出现，都为普通公民行使创制权提供了极好的技术条件。可以说，今天比历史上任何时期都更有利于公民行使创制权。

1. 创制权的行使方式

创制权的行使方式可以分为原则创制和草案创制。原则创制是指公民的建议只提出制定和修改法律的原则，并不制定具体的法律草案，具体法律草案由立法机关制定，最后再将草案交公民投票表决。这样既可以免除立法技术的困难，又能使立法机关制定的法律符合公民提出的立法原则，可谓两全其美。草案创制由公民提出法律草案条文，能够较大程度地符合大多数公民的意愿。如果草案在立法技术、内容等方面存在问题，则可由立法机关修正后交公民表决通过；或者由立法机关说明理由，号召公民投票否决该法律草案。无论何种行使方式，都以在民意与立法精良二者之间维持平衡为佳。

2. 创制权的适用范围

创制权的适用范围可以分为制宪的创制和立法的创制。前者是指创制活动以宪法的制定或修改为限；后者是指创制活动以普通法律的创制为限。瑞士实行联邦制，也是创制权的典范："在联邦政府，人民创制权的范围，仅限于改订宪法；但在各邦政府，人民能用创制权更改本邦的宪法，并且可以更改本邦的普通法律。"[①]虽然瑞士本国的实践中也难以分清宪法修订与普通法律修改的区别，但毕竟给我们提供了一个认识创制权范围的借鉴。结合中国的实际情况，中国公民创制权的范围应当以包括宪法和基本法（一般指须由全国人大通过的法案）两者较为适宜。

3. 创制法案的效力

如果法案由人民自己表决（直接创制），"民主政治是民意政治，凡人民直接表示的意思，政府只有接受，不得拒绝"[②]。如果法案由代议机关通过表决（间接

---

① [英]詹姆斯·布赖斯：《现代民治政体》（上册），张慰慈等译，吉林人民出版社 2001 年版，第 379 页。本书对瑞士的人民直接立法——创制权和复决权做了详细的论述，可资参考。
② 萨孟武：《宪法新论》，中国方正出版社 2006 年版，第 36 页。

创制),政府还可以设法撤销。创制权的行使目的在于"造法",即制定出新的法案,如果该法案由人民直接表决通过,则当然有效,其他机关均无权撤销。间接创制如果不能完全表达民意,在理论上是允许撤销的。

中国宪法没有关于创制权的规定。以前的社会主义国家宪法一般也都没有公民创制权的规定。这不能不说是一个极大的缺憾。随着政治文明的进步和科技的发展,中国宪法规定创制权应该不是一件很久远的事情。

三、公决权

(一)公决权的含义

近年来,很多国家在制定宪法、加入国际组织等活动中行使公决权,有的国家把公决权写进宪法,有的国家甚至有专章规定如何具体运作。

公决权是指公民享有对制定宪法或者有关重要法律、决定国家领土、主权、政体等重大事项进行投票的权利。其表现形式是就某一重大问题由全体公民投票表决,因而也叫"全民公决",简称"公投",是直接民主的一种手段。在宪政国家中,虽然没有经常使用全民公决,但在某些重大事项上还是倾向于采用全民公决的方式来解决。冷战结束以后,全民公投在很多国家都得到了应用,以保障民意的充分实现。有学者认为,从人类政治社会的发展过程来看,全民公决的行使与否以及行使的次数多少,大体上是衡量一个社会基本性质的标尺。全民公决实施的频率的高低标志着民主程度的高低。①

全民公决直接反映了人民主权原则,使得每个人都有机会直接参与国家治理和国家公务。公民投票可以反映他们最真实的意愿,在一定程度上避免了代议制不能完全代表民众愿的问题。同时,全民公决可以培养公民的政治理性和社会责任,既要求公民关心国家事务,又要求公民能够作出独立判断,将个人利益与国家利益、社会利益结合起来作出理性的选择。不仅如此,全民公决还可以限制立法机关和某些政治团体的任性。当出现立法机关不能很好地行使职责时,或者某些政治集团意欲操纵国家事务时,或者出现重大、复杂的政治事件时,全民公决无疑是一种极好的"还政于民"的自治制度,让人民自主决定。公决权是公民的一项直接民主权利,它可以弥补间接民主的缺陷,使民意得到最通畅的表达,所以越来越受到民主国家的重视。

(二)公决的范围

一个国家的哪些事务可以进行全民公决?根据各国的实践来看,全民公决的范围主要有以下几方面:

---

① 参见杜钢建:《从专政到宪政》,载《浙江学刊》1992年第3期。

1. 宪法和重大法案的制定、修改

一些国家将宪法是否通过交给公民决定，用全民公决方式通过。特别是国家经历了巨大的政治变动之后要制定新的宪法时，采用全民公决的形式就更多一些。东欧剧变之后，许多东欧国家举行全民公决通过新宪法，如1992年的罗马尼亚宪法。苏联解体之后，俄罗斯也于1993年以全民公决的方式通过了新宪法。

2. 关于国家主权的重大问题

在国家主权方面进行全民公决的主要是涉及一国分裂为若干个国家、一国中部分领域的独立建国或分割给他国、两个以上的主权国家组成一个新的主权国家、一国加入国际组织等方面。例如，苏联解体之前曾就是否保留苏联进行全民公决；在苏联解体之时，格鲁吉亚、爱沙尼亚等国以全民公决的方式宣布独立，成为独立主权国家。2006年5月，塞黑共和国就黑山独立问题进行全民公决。获得了55.5%的选民支持之后，6月，黑山共和国宣布独立。在欧洲一体化的进程中，欧盟国家也频频进行全民公决。2005年，法国和荷兰就本国加入《欧盟宪法条约》举行全民公决。在全民公决投票中，法国55.96%的选民投了反对票，荷兰有63%的投票者反对。经过全民公决，《欧盟宪法条约》在法国和荷兰未获通过，两国政府推迟了加入欧盟宪法的进程。

3. 事关国计民生的重大问题

各国具体情况千差万别，对于一些事关国计民生的重大问题都可以举行全民公决。例如，2006年10月，巴拿马就价值52.5亿美元的巴拿马运河扩建计划举行全民公决。78%的参投民众赞成，于是该计划顺利通过了全民公决。

（三）全民公决的弊端

作为公民直接参加国家管理的一种手段，全民公决并非十全十美，它也存在着一些弊端：

1. 全民公决不利于保护少数人的人权

全民公决可能会出现"多数人的暴政"。多数人的意志可以压倒少数人，但却并不符合正义。"以多数表决为原则的公投，不提供保护少数人基本权利的手段，却提供压制少数的方法。"[1]特别是以微弱多数通过的全民公决，更应当注意保护少数人的利益。

2. 在一个没有实行地方自治的人口大国，进行全民公决的难度较大

有学者认为，全民公决大都发生于人口比较少的国家，基本上都是发生在人

---

[1] 潘维：《全民公决的历史流变与逻辑困境》，载《南方周末》2002年8月29日。

口在1000万以下的国家,这是由直接民主本身的局限性所决定的。① 在面积较小、人口较少的国家,举行全民公决更为方便。大国如果实行地方自治,也可以在各自治区域内实行公决。美国在这方面的经验可资借鉴。

3. 实行全民公决的成本较高

由于参与人数众多,涉及面广,规模浩大,组织和管理难度大,不可控制的因素过多。特别是在一些民主欠发达的国家,民意没有通畅的表达途径,一旦发生全民公决,往往都是社会矛盾特别集中、其他方式都难以解决之时采取的不得已的方法。在举行全民公决时还会发生意外的恶性事件,甚至引发社会动荡。

历史经验亦证明,公投很容易被滥用为巩固独裁政权的工具,有违政党政治与民主政治原则。面对行使公决权的诸多弊端,全民公决就像是一匹难以驯服的烈马。

(四)全民公决:烈马驯服是良驹

当然,作为一种重要的直接民主的形式,公决权不能只在国家紧急状态时才发挥作用。其实,在许多国家,全民公决已经成为一种较为正常的民主形式,公决权在宪法中有明确规定,已经成为公民的一项重要基本权利。例如,苏联解体之后,独联体国家各国的宪法都已经明确规定了公决权。② 波罗的海各国、乌克兰都曾经制定过公决法。俄罗斯联邦也在1990年10月通过了《公决法》。俄罗斯联邦《宪法》第3条第3款规定:"公决和自由选举是人民权力的最高的直接表现。"白俄罗斯共和国《宪法》第3篇分为"选举制度"和"全民公决(全民投票)"两章,共计6个条文(该国宪法共146条),其中第73条规定:"为解决国家和社会生活的重大问题,可以举行共和国和地方性全民公决。"格鲁吉亚共和国《宪法》第28条第1款规定:"每个年满18岁的格鲁吉亚公民都有权参加公决、国家机关和地方自治机关的选举。"

鉴于全民公决存在的弊端,因而对于公决权的行使必须慎重,应当进行适度的限制,既便于民意的直接表达,又不至于导致意外事件。一般而言,大体上可以从以下几个方面进行限制:

(1)公决内容的限制。有的国家为了防止公民以全民公决的形式规避法律义务或为从事违法活动打开方便之门,在宪法中设立排除规范,规定社会生活的某些方面不得进行全民公决。这些事项主要涉及预算、赋税、法律处分等方面。例如意大利《宪法》第75条规定:"有关税收和预算、大赦和免罪减刑以及授权国际条约的法律,不得举行公民投票公决。"有的国家规定某些事项只能通过全

---

① 王秀哲:《论全民公决权》,载杨海坤主编:《宪法基本权利新论》,北京大学出版社2004年版,第220页。

② 任允正、于洪君:《独联体国家宪法比较研究》,中国社会科学出版社2001年版,第104页。本书关于独联体国家的宪法资料,如无特别说明,均来自该书。

民公决来解决,如乌克兰《宪法》第 73 条规定:"变更乌克兰领土的问题只能由全乌克兰的全民公决来解决。"

(2) 发起条件的限制。主要是对发起人的资格、参与公决的人数等方面的限制。例如白俄罗斯共和国《宪法》第 74 条规定:"根据总统本人动议、代表院和共和国委员会在各自会议上以每院超过宪法规定成员(全员)半数所通过的建议,或者不少于 45 万(每个州和明斯克市不少于 5 万)有选举权的公民倡议,共和国公决由白俄罗斯共和国总统确定。"瑞士《宪法》规定:经 3 万公民或 8 州政府之请求,可以由人民表决联邦法律是否采用。

(3) 范围的限制。全民公决有一定的范围,并不是任何事物都要通过公决。有的国家限于宪法修正案,有的国家除宪法之外,法律案也在公决范围之内,在的国家还包括条约。有的国家宪法规定得比较模糊,比如使用"国家和社会生活的重大问题"一类的术语。一般来说,宪法没有规定的事项,不能进行全民公决。具体范围上文已有论述。

(4) 程序的限制。主要体现在:举行公决的期限、公决的原则、发起公决的人数和地方政府(州)的数量或比例、经议会批准、必须履行的法律程序等。这些规定,各国宪法各有特色,不一而足。

四、监督权

(一) 监督权的含义

监督权是指公民有权监督国家机关及其工作人员的公务活动的权利。国家权力来源于人民的授权,这已是毋庸置疑的道理。人民如何行使权力?显然,能够参加国家机关而直接行使权力的只是少数,绝大多数公民都没有机会参与政治事务的管理。公民权利是国家权力的源泉,但是并不意味着国家权力的行使就一定能够体现和维护公民意志和公共利益。如果只有选举权而没有监督权,就不能保证国家机关及其工作人员始终很好地代表民意。如何保障国家权力的运行能够最大限度地维护公共利益?如何防止权力腐化?如何制约滥用权力?实践证明,最大限度地让公民参与国家政治生活,加强公民对国家政治生活的监督乃是有效途径。

关于监督权,各国宪法都作出了一些规定,中国《宪法》虽没有明确规定,但相关内容均体现在《宪法》第 41 条之中。在名称上,中华民国时期的宪法称之为"请愿权",但中华人民共和国成立以后制定的四部宪法均未沿用此名称,学术界习惯称之为"监督权",已经为人们多普遍接受。近年来有的学者在相关著述中沿用"请愿权"的旧称[①],但总体上还是采用"监督权"者较多。

---

① 参见杨海坤主编:《宪法学基本论》,中国人事出版社 2002 年版,第 139 页。

(二) 监督权:一个"大口袋"

中国现行《宪法》第41条第1款规定:"……公民对于任何国家机关和国家工作人员,有提出批评和建议的权利;对于任何国家机关和国家工作人员的违法失职行为,有向有关国家机关提出申诉、控告或者检举的权利,但是不得捏造或者歪曲事实进行诬告陷害。"第3款规定:"由于国家机关和国家工作人员侵犯公民权利而受到损失的人,有依照法律规定取得赔偿的权利。"

从宪法条文我们可以看到,这两款总共规定了六种权利:批评权、建议权、申诉权、控告权、检举权和国家赔偿请求权。监督权如同一个"口袋",把六种权利悉数收入囊中。其实这并非立法的规定,而是学者的概括。

批评权是指公民享有的对国家机关及其工作人员提出批评意见的权利。主要是针对国家机关及其公务活动中出现的缺点和错误进行批评。

建议权是指公民享有的对国家机关及其工作人员提出自己的主张和看法的权利。公民提出的批评和建议,国家机关及其工作人员不得禁止,也不能要求这些批评和建议必须正确或者合理。公民发表意见,提出建议,从公权的角度讲,这是保障公民行使监督权所必需;从私权的角度而言则属于公民的言论自由。

申诉权是指公民国家机关及其工作人员的违法失职行为侵犯了自己的合法权益时,有向有关机关申明理由要求重新处理的权利。有学者认为,申诉分为两类:一是非诉讼申诉,即公民对有关机关的处理意见不服而向该机关或其上级机关提出的申诉;二是诉讼申诉,即公民对法院的判决裁定不服的,可以向法院或检察院提出的申诉。① 作为政治权利的申诉权,主要是指第一类申诉。公民对于自己遭受的国家机关的不合理或者不公平的对待,可以向作出该行为的机关或者上一级国家机关或者其他专门国家机关陈明事由,要求重新处理。

控告权是指公民对于国家机关及其工作人员实施的侵犯自己合法权益的违法失职行为,有向有关国家机关提出指控和告发,要求予以处理和制裁的权利。控告权的控告对象应当是国家机关及其工作人员,控告的内容是他们的违法失职行为。控告的机关可以是司法机关,如法院或检察院;也可以是行政机关或党务机关中的纪检组织。

检举权是指公民对于国家机关及其工作人员实施的违法失职行为,有向有关国家机关揭发事实真相,要求依法处理的权利。检举权和控告权的主要区别有:(1) 主体不同。控告人是国家机关及其工作人员违法失职行为的受害人,是事件的一方当事人;检举人一般与事件本身没有直接的利害关系,不是当事人一方。(2) 目的不同。控告人的目的是维护自己的合法权益;检举人的目的是出于社会正义感和维护社会公共利益,并非出于个人的目的。当然,控告和检举并

---

① 参见文正邦主编:《宪法学教程》,法律出版社2005年版,第181页。

非任意无度的,应当尊重事实,实事求是,正如中国《宪法》第41条所言:"不得捏造或者歪曲事实进行诬告陷害。"

国家赔偿请求权是指由于国家机关及其工作人员的违法失职行为侵害公民权利时,受害人享有依照法律获得赔偿的权利。此项权利国内学者大多称为"获得国家赔偿的权利"或"取得赔偿权"。从权利的作用来看,是公民向国家机关提出某种主张,要求其履行相应的行为。也就是说,公民主张能否得到满足取决于国家机关是否作为。可见,此权利无疑当属于请求权,因而称之为"国家赔偿请求权"比较恰当。中国《宪法》中关于国家赔偿请求权的规定,有利于国家机关及其工作人员明确责任,约束公权利,防止权力滥用。也可以很好地保护公民的合法权益,培育权利意识。同时也适应了世界宪法发展的潮流。中国《国家赔偿法》第2条第1款规定:"国家机关和国家机关工作人员违法行使职权侵犯公民、法人和其他组织的合法权益造成损害的,受害人有依照本法取得国家赔偿的权利。"这实际上就是对于宪法中国家赔偿请求权的具体执行和体现。

五、公职权

公职权是指公民享有担任国家机关和其他公共机构职务的权利。一些国际公约和一些国家的宪法中明确规定了公民的公职权。例如,《世界人权宣言》第21条第2款规定:"人人有平等机会参加本国公务的权利。"《公民权利和政治权利国际公约》第25条规定:"每个公民应有下列权利和机会,不受第二条所述的区分和不受不合理的限制:……(3)在一般的平等的条件下,参加本国公务。"德国《基本法》第33条第2款规定:"所有德国人民应其适当能力与专业成就,有担任公职之同等权利。"白俄罗斯《宪法》第39条规定:"白俄罗斯共和国公民有权根据自己的能力和职业素养,平等地进入国家机关中就任任何职务。"

(一)强调机会平等

机会平等是公职权的首要要求。公共职务的职位是有限的,不可能每一个公民都能够担任公职。但首先要保证公民有平等的参与公职和公务的机会。机会平等就是要给予每一个公民以平等的担任公务的资格。如果一部分公民有资格担任公职,而另一部分公民却没有这种资格,这种机会的不平等就剥夺了另一部分公民担任公职的权利。其实,就平等的实质而言,机会平等远远要比结果平等更重要。结果平等往往很难实现,有时人为的结果平等反而伤害了平等,造成了另一种不平等。在很大程度上,平等不是体现为结果平等,而是体现为机会平等、资格平等。

机会平等的另一面是反对歧视。公职应当对所有具备法定资格的人开放。只要公民具备法律规定的资格,就不得在法定资格之外再附加其他条件。各国的通行做法是要求担任公职者具有该国的国籍并达到一定的年龄。一般而言,具备了选举权和被选举权所要求的资格的公民就具备了公职权的资格。公民出任公职,不受宗教、种族、党派、性别、出身、财产状况、教育程度等因素的影响,否则就是歧视。不得因个体差异而拒绝公民担任公职。

(二) 任职资格

公职权的要义是让公民能够平等地享有担任公职的法律资格,给予每个公民平等就任公职的机会,并不是保证每一个公民都能够担任公职。一般而言,公民只要具有一国国籍、达到法定年龄并且没有法定的剥夺公权的情形,就具有担任公职的法律资格。没有担任公职的资格,出任公职自然无从谈起;有了任职资格,并不一定能够在事实上出任公职。"公职权对于每个公民而言,仅仅意味着一种法定机会或可预期的权利,并非每个人必得的实然的权利。"①当然,公民就任公职的机会平等并不排除法律或者有权机关可以依法对某些公职设定必要的资格限制。这种资格限制必须是出于从事该种公职所必需的业务水平或公职的性质所定,而不能出于歧视。② 因而公职不同,法定条件也可能会有差异。比如,中国《宪法》第79条第2款规定:"有选举权和被选举权的年满45周岁的中华人民共和国公民可以被选为中华人民共和国主席、副主席。"可见,担任国家主席、副主席的任职资格是:(1) 有选举权和被选举权;(2) 年满45周岁;(3) 须为中华人民共和国公民。具备这三个条件的中国公民都具有担任国家主席、副主席的法律资格,但显然只有极少数人能够担任国家主席、副主席。

(三) 公职权的法律规定

中国宪法中并没有明确规定公职权,1982年《宪法》第2条第3款规定:"人民依照法律规定,通过各种途径和形式,管理国家事务,管理经济和文化事业,管理社会事务。"可见,其基本理念上是赞成公职权的。尽管宪法没有明确规定,而从其他部门法关于开除公职和剥夺政治权利的规定中可以推定出公职权在事实上是存在的。例如,《刑法》关于剥夺政治权利的规定中就有剥夺担任公职的内容。《刑法》第54条规定:"剥夺政治权利是剥夺下列权利:(1) 选举权和被选举权;(2) 言论、出版、集会、结社、游行、示威自由的权利;(3) 担任国家机关职务的权利;(4) 担任国有公司、企业、事业单位和人民团体领导职务的权利。"该条第(3)、(4)两项的内容就是剥夺公职权。从另一个角度而言,这也说明,公职权对于全体公民是平等的,只要没有法定的剥夺情形,公民就可以平等地享有该权利。尽管如此,由于《宪法》没有明确规定公职权,仍然既不利于公民对公

---

① 柳砚涛:《论公职权》,载杨海坤主编:《宪法基本权利新论》,北京大学出版社2004年版,第176页。

② 很多国家对于出任法官、公务员都有一定的资格要求,主要是专业背景、从业经验、道德品行等方面的要求。中国从2002年起开始的国家司法考试就是对从事司法工作的资格要求。这种资格要求不能视为歧视。

职权的行使,也不利于宪法对该权利的保障。作为公民的一项重要的政治权利,应当在宪法中予以规定,使其成为宪法上的公民基本权利。

六、抵抗权

(一) 抵抗权的含义

抵抗权,也称反抗权,是指公民拥有必要时可以对于以政府(国家)名义作出的行为,采取相应的不服从或者抵抗行为的权利。1776年美国《独立宣言》对抵抗权的表达堪称经典:

> 政府的正当权力,则是经被治者同意所授予的。任何形式的政府一旦对这些目标的实现起破坏作用时,人民便有权予以更换或废除,以建立一个新的政府……当始终追求同一目标的一系列滥用职权和强取豪夺的行为表明政府企图把人民置于专制暴政之下时,人民就有权,也有义务,去推翻这样的政府,并为其未来的安全提供新的保障。

1789年法国《人权宣言》也肯定了抵抗权。第2条规定:"任何政治结合的目的都在于保存人的自然的和不可动摇的权利。这些权利就是自由、财产、安全和反抗压迫。"德国《基本法》第20条第4款规定:"所有德国人都有权在不可能采取其他办法的情况下,对企图废除宪法秩序的任何人或人们进行反抗。"故有学者认为,德国此规定意在"使人民可以为维护宪政体制而实行抵抗行为"①。

(二) 抵抗权的理论依据

中国古人有着比较丰富的反抗暴政的思想。② 从《尚书》、孔子、孟子等人到黄宗羲、顾炎武以及近世的梁启超、谭嗣同等,可谓源远流长,绵延不绝。③ 现仅以孟子为例来做说明:"孟子贵民,故极重视民意,而认民心之向背为政权转移及政策取舍之最后标准……孟子寄权于民,故认为政府有绝对养民安国之义务,而人民无绝对服从之义务。若政府失职,则民可不忠。"④ 中国古人的反暴政思

---

① 参见陈新民:《德国公法学基础理论(下册)》,山东人民出版社2001年版,第623页。该书第14章"国民抵抗权的制度与概念"以德国《基本法》的规定为例,集中论述了抵抗权,对于全面认识抵抗权颇有价值。

② 例如《左传·襄公十四年》有一段师旷的话:"良君将赏善而刑淫,养民如子,盖之如天,容之如地……夫君,神之主而民之望也。若困民之主,匮神乏祀,百姓绝望,社稷无主,将安用之? 弗去何为? 天生民而立之君,使司牧之,勿使失性……过则匡之,患则救之,失则革之。"参见杨伯峻编著:《春秋左传注》,中华书局1981年版,第1016—1017页。再如,《孟子·万章句下》有言:"君有大过则谏,反覆之而不听,则易位。""君有过则谏,反覆之而不听,则去。"《孟子·梁惠王下》的话更为惊人:"贼仁者谓之贼,贼义者谓之残,残贼之人谓之一夫。闻诛一夫纣矣,未闻弑君也。"参见朱熹:《孟子集注》,齐鲁书社1992年版,第154页、第25页。

③ 参见夏勇:《中国民权哲学》,生活·读书·新知三联书店2004年版,第9—24页。

④ 萧公权:《中国政治思想史(一)》,辽宁教育出版社1998年版,第85—86页。

想虽然没有直接形成现代宪法意义上的抵抗权,但作为传统思想的一个有机组成部分而流传至今。

近现代宪法上的抵抗权理论主要来源于西方国家公民的不服从传统,其主要理论依据有:

(1) 自然法思想。自然法思想为抵抗权理论的产生和发展提供了肥沃的土壤。自然法传统信守"只有合乎正义的法才是真正的法",认为"恶法非法",只有符合正义的法律才具有正当性权威,才能够被人们遵守,不正义的法律是对法的精神的违反。反对和违反恶法,就是恢复良法,是救济被"恶法"损害了的正义。公民对法律和统治者应当有一个"服从的合理界限","社会成员不服从危害社会并且未得社会同意的不公道的政权","统治者从属于社会,任何时候都无权下令去做那些伤天害理、违反社会康宁的事情"①。公民服从统治者应当能够增进自己的幸福,否则就可以不服从统治者。

(2) 人民主权理论。人民主权学说认为政府权力不仅源于人民,而且属于人民。人民只是将国家权力委托给政府,政府只不过是国家的代理人,是受人民之托而代行国家权力。作为代理人的政府如果违反了人民的意愿和利益,人民当然有权反抗政府甚至推翻政府。

(3) 保障人权。政府的基础是对人民权利的保护,政府产生于被统治者的同意。公民固然有遵守法律和服从政府的义务,但是政府也有义务尊重人民的权利,以增进全民福利为宗旨。如果政府的行为损害了人民的利益,违背了成立政府的目的,那么人民就有权反抗。"在有些场合,人民反抗他们的国王是合法的","对君主的反抗就并不都是叛乱"②。在宪政体制下,这也是一种极好的监督制约政府权力的形式。

(4) 限制公权力的滥用。任何权力在本质上都具有扩张性,仅仅依靠权力者的自我约束,权力的滥用就不可遏止。同时,无论怎么精心的制度安排都难以避免法律和政策偶有错误或不公,人的基本权利受侵害的可能性就始终存在。当权力滥用时,公民可以"合法地反抗一切非法行使其权力的行为"③,如果公民通过合法的渠道不能实现其权利,那么就应该在宪政体制上给他们留下一条超越常规的救济途径。

(三) 抵抗权的原则

1. 反抗的原则

抵抗权绝不意味着为所欲为,想反抗就反抗,而是有着严格的界限。抵抗权

---

① 〔法〕霍尔巴赫:《自然政治论》,陈太先、眭茂译,商务印书馆1994年版,第131页。
② 〔英〕洛克:《政府论》(下),叶启芳、瞿菊农译,商务印书馆1964年版,第140页。
③ 同上书,第126页。

的行使须遵循比例原则和法益权衡原则。"所谓比例原则,指手段尽可能的缓和。抵抗行为必须采行最和缓的必要手段,不可以过度的造成被抵抗者及其他人民法益之损害。"①法益平衡原则指抵抗行为所侵犯的法益"必须小于受到该抵抗权所保障之法益价值"②。同时,抵抗权的行使须出于必要。"必要"的标准是什么?如果一个政府过度滥用国家权力,已经成为人民利益的对立面,以政府(国家)名义作出的行为已经超过了一般民众的忍耐限度,就到了公民行使抵抗权的"必要"时候。

2. 作为最后的手段

抵抗权作为一种社会紧急防卫权,只有当所有合法的、和平的方式都已用尽而无效的时候,在不得已的情况下,才可以作为补助性措施来使用。例如,葡萄牙宪法就规定,公民抵抗权的行使应当是在"无法求助于公共权力机关的场合"③。一般情况下,公民不得随意行使抵抗权,不得动辄以抵抗权为名对抗政府和国家。抵抗权只能作为"最后手段"才可以行使,也就是实在没有其他救济途径可以选择或者其他救济途径已经穷尽时才可以行使抵抗权。

3. 反抗的目的

行使抵抗权必须要有充分的证据和正确的理由,其目的是为了维护国家秩序、社会整体利益或者某一社会群体的正当权利,是出于维护整体福利,并且要避免由此可能给国家和社会利益带来的风险和危害。

4. 和平还是暴力

公民采取的不服从或抵抗行为,应以和平方式为主。抵抗绝不等于暴力,抵抗应当在和平、秩序、规则之下进行。从抵抗权的本意而言,并不赞成以暴力革命的方式对抗或推翻政府,而主张以和平方式解决问题。事实已经证明,暴力反抗所造成的问题比它能解决的更多。

5. 隐蔽还是公开

反抗须以公开方式进行。在一个缺乏宪政传统的国家,人们对权力的滥用只有逆来顺受和揭竿造反两种选择;而在宪政体制下,抵抗权是这个体制中纠错机制的重要组成部分。通过公开违反某项法律或政府的行为,将问题公开化,促使公众注意到正义和宪政原则遭到了破坏,以期纠正不正义的行为。不仅如此,公开性还使反抗与阴谋或刑事犯罪在道义上划清了界限。坚守手段必须与目的相一致的道德理念,维护了抵抗权在道德上的正当性。

---

① 陈新民:《德国公法学基础理论(下册)》,山东人民出版社 2001 年版,第 620 页。
② 同上。
③ 见葡萄牙《宪法》第 21 条:"任何人均有权抗拒侵犯自身权利、自由与保障的指令,并有权在无法求助于公共权力机关的场合以武力抗拒任何侵犯。"

第六节 政党制度

一、什么是政党?

1. 政党是国家机关吗?

关于政党的含义,各国学者有不同的看法。中国国内主要有意识说、功能说、目的说、阶级属性说、代表说和要素说。① 中国台湾学者也有国家机关说、社会团体说、中介团体说。② 其中有争议的是,政党是否是国家机关。如政治学者布莱斯曾指出,政府是依宪法规范而设置,但是政党却也是宪法中没有出现的另一种形态的政府。③ 这意味着,布莱斯在实质上把政党作为国家机关看待。

德国在国家和政党的关系上采取更为折中的态度,并发展了独特的"政党国体"理论。考玛斯教授认为人们对政党国体通常持有两种观点:④

> 一种看法认为政党是国家的准官方机构。政党具备这项特征,是因为它们在现代大众民主中发挥至关重要的作用。它们是国家权力和政治代表的主要引擎,并以这种权能去形成与回应"人民的政治意愿"。对于理想的政党国体,政党不仅必须具有竞争力,而且必须是统一、活跃并具备纲领的公民组织,能够教育选民并代表他们的利益。按照定义,政党国体排斥"利益联合国体"(Verbandestaat);在后者,利益集团垄断政治过程,因而削弱多数统治规则。国家必须把自身和政党从这类利益统治解脱出来,并为达到这个目标最确定的途径,就是利用公共基金来资助政党。

> 与之相对立的看法,则更接近德国对政党的传统观点。……政党是扎根于社会的自发组织,而非国家的一部分。它们可以帮助形成人民的政治意愿,但并不代表国家意愿。国家是奉献于公共利益的独立实体;但公共利益之表达或实施,并不取决于政党。

德国联邦宪政法院在历年来发展了"政党国体"理论(德文 Parteienstaat)。如果公民的结社自由受到《基本法》第9条的保护与限制,那么政党地位则被提高到普通组织之上。在《基本法》建立初期,宪政法院曾一度把政党和国家机构等同看待。但在1954年的联席决定中,⑤法院把政党地位确定为宪法机构:

---

① 参见杨海坤主编:《跨入新世纪的中国宪法学》(下),中国人事出版社2002年版,第536—537页。
② 参见许庆雄著:《宪法入门》,元照出版公司2000年版,第500—502页。
③ 同上书,第495页。
④ 译自 Kommers, *Constitutional Jurisprudence*, pp. 210—211. 引自张千帆著:《西方宪政体系》(下册),中国政法大学出版社2001年版,第286—287页。
⑤ Plenum Party Case, 4 BVerfGE 27.

通过参与形成人民政治意愿的过程,政党作为宪法机构而发挥职能。政党主要通过参与议会选举,来行使这项第21条所保障的权利。如果政党在这一领域内积极活动,并为这项来自我们宪政特殊职能的权利而奋斗,那么它们就有权在本院的宪政程序中行使其自身作为宪法机构之权利。

可见上述两种观点把政党看作是国家机关和把政党看作一般的社会团体,政党兼具有两种属性。尽管上述两种看法各有其充分的理由,但是无法全面解释为何政党同时兼具有由人民组成的一般社会上团体的特性及宪法上对其给予异于其他一般社会上组织的特殊保障及规范。

为了同时兼顾政党在一国法秩序下的此双重性,在德国学界及实务界慢慢采取了较为折中的看法。此一论点是由德国联邦内政部专家委员会在一篇报告《政党之法规范秩序》中所提到。这一观点首先承认,政党是一国宪法规范体系中的一部分,且为最高司法判决所描述的对象,即承认政党在一国的法秩序下具有宪法位阶上的地位。但如果在宪法上(及基本法第21条)没有规范的政党权利部分,则保留给政党一个足够的行为空间,也就是除了承认政党在宪法位阶上的地位外,同时承认其也是一个存在于国家组织体系外,依民法上规定所组成之一自由的社会上的团体。[①] 这说明,德国不再把政党简单地看成国家机关。

2. 政党有哪些特征?

中国台湾有学者将之界定为:政党指的是人民基于共同的政治理念,为推派候选人参与民主选举,进而影响民主政治运作,所集结而成的政治性团体。[②] 可见,政党是一种特殊的政治组织。政党具有许多特征,可以从不同的角度对此加以概括。如以取得及维持政权(权力)为目的,以和平、制度性的手段争取权力,是长期存在、持续运作的组织,其成员应有一致的政纲、政治原则,追求的目标,应属国民整体的利益。[③] 也有学者概括为:就政党属性而言,它与其他团体不同之处在于其具有政治性,它是为了一定的政治目的即参与选举及国民政治意志的形成,并经此达到执政的目的而组成的组织;就政党的作用及活动而言,它是一个有组织的政治团体,长期持续活动的作用在于经过选举方式直接影响国民政治意志的形成;再次,政党如果要达成其政治上的目的,必须提出其党纲或政纲,其行为活动都应当—实现党纲或政纲为主要内容。[④] 综上,要正确了解政党

[①] 参见陈慈阳著:《宪法规范性与宪政现实性》,翰芦图书出版有限公司1997年版,第143—146页。

[②] 参见许志雄、陈铭祥、蔡茂寅、周志宏、蔡宗珍合著:《现代宪法论》,元照出版公司1999年版,第265页。

[③] 参见许庆雄著:《宪法入门》,元照出版公司2000年版,第496—497页。

[④] 参见陈慈阳著:《宪法规范性与宪政现实性》,翰芦图书出版有限公司1997年版,第135—139页。

的特征,必须揭示其目的、手段、组织性、政治纲领、目标及主要功能等方面的要素。

3. 政党在选举中有什么作用?

政党与其他政治团体的最大不同在于,政党是以推派候选人参与选举以影响政治为主要目的。① 政党与选举制度具有密不可分的关系。具体说:

第一,政党的存在便利了选民对候选人的了解和选择。选举因为有政党经常性政治活动的协助,有关候选人、政策主张等选民必须了解的问题,都能在短期间传达出去,使选举能达到更佳效果。法国宪法第 4 条即强调政党此一功能。② 之所以需要政党在选举中发挥作用,是因为,在现代民主政治条件下,民意作为一切施政的根基与正当性依据,但是民主国家并不存在自然形成的人民"整体意愿",而只存在各种各样未经整合的个人观点和价值取向。如果没有政党,各种分散的"意志"使得人民在作出选择时面临着诸多困难。借助于政党机制的运作,由各政党整合出一套各自不同的政策理念、方针、计划等,人民选举时,即可借助于这些不同的组织理念和特色来认识和判定各个候选人,以进行对候选人的选择。通过这样的中介程序,人民选举民意代表的同时,也反映出人民对其所属组织团体的理念、方针、计划的认同与期待。③

第二,政党直接决定着民主体制的成败。一个国家的政党运作是否成功,直接决定着民主体制的成败。考玛斯(D. Kommers)教授指出:"政党是民主政府的必要机构;这是现代政治学的公理。它们筛选领袖、形成议题、结合利益、组织政府并制订政策。正如宪政法院所承认的,在具有成千上万选民的现代国家,政党是履行这些职能的理性和民主手段:理性,是因为它们为选民提供了政策选择;民主,是因为它们提供了多数规则和在人民赞同下统治的机制。"④换言之,如果政党能够发挥正常作用,一国的民主往往能够得到较好的发展。

第三,资本主义国家,政党的作用主要是通过选举来实现的。一个政党要成为执政党,首先必须在选举中取得胜利,获得议会中的多数席位,然后才能组织政府,并通过立法程序,将本党的政策和纲领上升为法律,达到控制国家政权的目的。因此,资产阶级的政党在形式上必须通过选举才能执政,这也就决定了各政党对选举的重视。政党操纵选举成为资产阶级选举制度的一个突出特点。

第四,中国的选举制度是在中国共产党的领导下发挥其作用和功效的。在

---

① 德国联邦宪法法院也强调这是政党的关键性特征,BVerfGE 91, 276, 284, m. w. N. 参看许志雄等合著:《现代宪法论》,元照出版公司 1999 年版,第 265 页下注释。
② 参见许庆雄著:《宪法入门》,元照出版公司 2000 年版,第 498 页。
③ 参见许志雄等合著:《现代宪法论》,元照出版公司 1999 年版,第 266 页。
④ Donald P. Kommers, *The Constitutional Jurisprudence of the Federal Republic of Germany*, Durham, South Carolina: Duke University Press (1989), pp. 201.

各级人民代表大会代表的选举中,共产党员在代表比例上的优势,以及各民主党派和无党派民主人士代表占有一定比例的名额,体现了中国共产党领导的多党合作制的党派关系和政党制度的特点。

二、宪法如何规范和保障政党?

1. 宪法对政党的规范情况如何?

早期各国宪法排斥政党,更谈不上在宪法中占有重要地位。但是政党越来越重要,使其成为宪法中必不可少的内容。越来越多的国家在宪法中对政党作出相应的规定。

宪法对于政党的规定,经过了一个发展过程。1927年8月3日托理贝鲁(H. Triepel)在柏林大学演讲,在谈到国家法秩序(宪法)对政党的态度时,提到政党的法制化经历了四阶段的演变:敌视、无视、法治化、宪法化。其中宪法化阶段出现在第二次世界大战之后,政党开始成为宪法秩序规范的对象,不少国家在宪法中规范政党,使政党与宪法开始接触、发生关连。政党"宪法化"的形态主要有三:第一,特殊保障与地位。宪法将政党与一般结社团体加以区别,一方面比一般结社更积极保障政党组成的自由及活动发展的空间,一方面则反而在宪法中要求限制特定国民加入政党的自由(公务员、法官、军人)。第二,明订政府、议会活动的地位。宪法中明文规定国会中的政党有其地位及权利,包括提案、质询、协商等权限。第三,全面成为规范对象。政党除了成为宪法特别保障的对象之外,也承担宪法赋予的义务。如规定政党、党员活动应公开,财政受监督,政治资金提出报告等。甚至规范到政党的主张活立场,如不得反对民主、共和、联邦制等。当然大多数国家并未将政党纳入宪法规范的对象,也有不少人反对在宪法中对政党加以规制。① 可见,宪法对政党的规定越来越详细具体,一方面给予越来越多的保障,另一方面也施加越来越严格的控制。

中国学者在讨论宪法对政党的规范情况时,除了强调明示的宪法规定外,还强调宪法惯例对政党的调整。宪法规范和政党之间的密切关系体现在以下几方面:第一,现在政党政治已进入宪法惯例与宪法规范同时适用的时代,即政党组织活动包括宪法惯例、宪法规范和普通法规范。② 第二,二者关系包括两方面:其一,政党的宪法地位有三种形式:少数国家宪法对政党的权利、功能及政党活动限制等作了规定,政党具有宪法地位;制定专门政党法,作出详细的规定;在其他法律或判例中对政党进行规定。其二,政党同宪法确认的国家宪政体系关系:政党行动形成的宪法惯例成为国家宪政体制的组成要素,对宪法规定的宪政体

---

① 参见许庆雄著:《宪法入门》,元照出版公司2000年版,第510—512页。
② 参见何华辉著:《比较宪法学》,武汉大学出版社1988年版,第324—329页。

制起补充和完善作用；宪法确认的宪政体制是政党斗争的中心和焦点；政党也是宪法确认的统治关系运转的中心。① 总之，宪法与政党之间关系密切，政党是宪法的重要内容，它对宪法的实施起着重大的影响；宪法是政党合法地位的依据和载体，是政党在民主宪政建设中充分发挥作用的最重要的规范。需要指出的是，宪法惯例是宪法调整政党的重要形式，因为宪法惯例是宪法的重要渊源。但由于惯例容易被政党本身所操纵，并发生质变，因此应当逐步在宪法中对政党作出明示的规定。

2. 规范政党的宪法原则有哪些？②

无论是对政党的有效保障，还是防止政党因异化而对国家产生危害，都有必要从宪法法律上对政党进行规范。宪法对政党规范的内容有多方面。其中，运用民主原则和平等原则加强对政党规范控制尤为重要。③

（1）民主原则。民主原则是宪法一项重要的原则，它对于政党同样具有拘束性意义。第一，政党活动首先要遵守宪法的一般民主原则要求。这些基本要求包括：传统的民主是指公民能自己决定国家的国体及政体；以人性尊严及人的基本价值为中心的民主原则。第二，在将宪法民主原则适用于政党时，要根据政党概念及任务等特性加以必要的修正，此种修正的界限要符合宪法民主原则的本质。具体包括三方面含义：其一，在组织层面上，政党内部意志的形成、组织结构、政党党纲及章程的制定及修改必须遵守民主原则所要求的由下而上的决定形式，党员不得被排除在政党内部意志形成的过程之外，党员不需要承诺毫无条件地服从于政党领导阶层的意志之下。这就要求，必须建立健全政党内部的民主决策和监督机制，使党的组织结构、党纲党章的产生都是在经由由下到上的过程完成的。其二，在人事上，民主原则既要保护党员个人的民主权利，如党员的

---

① 参见王广辉著：《比较宪法学》，武汉水利电力大学出版社1998年版，第270—271页。关于政党与宪法关系的两个方面可参见周叶中主编《宪法》，北京教育出版社、北京大学出版社2000年版，第338—340页。

② 本部分主要参见陈慈阳著：《宪法规范性与宪政现实性》，翰芦图书出版有限公司1997年版，第二部分《论政党在宪法位阶上之意义及地位》、第三部分《论政党内部秩序之规范》。

③ 实际上，在德国，政党不得危害自由民主的宪政秩序是一项核心内容。但是这一核心内容有哪些具体内容呢？经联邦宪法法院阐明的许多宪法原则都是合法的政党组织必要要遵守的，如1952年关于联邦政府提请联邦宪法法院法草案第35条及在1951年8月30日所提刑法修正案，修正案在刑法第88条第1项第4目中加入了所谓受刑法关于危害自由法治国一章保障的宪法原则，包括了：国民的权利、国家权力须经由选举及自决，还可经由特殊的立法、行政及司法机关来行使，国民代表必须经由普通、直接、自由、平等及秘密的选举来产生；立法受宪法秩序的拘束，行政及司法受制定法及法的拘束；国会中反对党派有依宪法组织及行使其权限的权利；政府对国会负责的政治责任；法院的独立性；对任何暴力及恣意统治的排除。学者们则认为包括基本人权的保障、权力分立原则、法治国原则、责任政治、国民主权等。而联邦宪法法院在一系列判决中阐述出来的原则内容还包括：尊重在基本法中所实践的基本人权；国民主权原则；权力分立原则；责任政府；依法行政原则；法院独立原则；多党原则；政党机会平等原则及反对党在国会有依据宪法组织及行使其权限的原则。参看陈慈阳著：《宪法规范性与宪政现实性》，翰芦图书出版有限公司1997年版，第164—168页。

参与权,包括党内事务及对外代表的参与,自由权及平等权,均应受保护;也要维护政党独立的地位,即政党作为一个独立个体,其决定权行使的完整性必须得到维护。对于党内职务的选任、任期、职称、名额的决定必须由依政党章程有权选举及决定的党员为之,不允许由非民主的寡头政党出现。对于一般党员的民主权利,要有有效的保障机制;对于党组织和党的领导人违反党内民主制度,侵犯党员权利的行为,要有切实的措施加以追究。其三,在政党财政及经费来源上的民主原则主要是在捐助的问题上。德国联邦宪法法院曾经指出,在民主原则的要求下,政治意志的形成过程必须使选民能一目了然,应对选民公开哪些社会上的团体、组织及个人基于其利益经由对政党金钱的捐助期能在政治上产生一定的影响作用。因此政党对其所收支及社会上团体及个人捐助负有公开说明的义务。只有公开,才能将政党置于大众的监督之下,其内部的民主才有保障。如果只有内部的公开而没有向外部社会公众公开,其民主制度可能容易被操纵,进而发生党内财政和经费上的腐败。一些国家和地区因为党产问题不能做到公开透明,导致了党内领导人的腐败,还使政党失去了不少民众的支持。

(2) 平等原则。宪法平等原则适用于政党,最重要的是坚持政党机会平等原则。这一原则通常有多个宪法渊源:首先,其来源是基于组党自由的保障及由人民有组党自由所推导出来多党体制的必要性。在民主宪政国家,宪法法律通常确保人民享有组党自由,其结果是承认多党制,因此,要求各政党有平等的机会参与竞争。其次,它还与一国宪法的自由权及参政权同属于宪法基本权受保障的范围内,因此它是一国自由民主基本价值秩序中不可或缺的要素。只有人民有组党的自由及多党制的存在,组党之间才能有互相公平竞争的机会,也才有机会平等原则的适用。再次,它不仅与选举权等价(即票票等值)有密切的关联性存在,而且同时适用于政党在选举过程中的活动,包括了各政党在国家及各个社会生活中的整体活动。

在德国,"政党(机会)"平等原则是政党政治所不可或缺的要素,对此基本法并未明文规定,但德国联邦宪法法院仍从"政党成立自由"、"多党政治原则"以及"选举平等原则"等原则,导出"政党平等原则",并数次强调恪守此项原则的重要性。[①] 德国早就运用平等原则对政党关系进行调整。其中一例是德国1958年的"政党捐款免税案"。在20世纪50年代,基督教民主党通过联邦法律,允许公民从其可征税收入中,减免部分对政党的捐款。社会民主党控制的黑森州政府在联邦宪法法院挑战其合宪性,宣称这项法律使富裕阶层集中的政党获得更多财政资助,因而歧视其他主要依靠中下层选民支持的政党。联邦宪法

[①] 参见李建良著:《宪法理论与实践》(一),学林文化事业有限公司1999年版,第37页。

法院认为,受到挑战的税法侵犯了政党具有平等机会的权利。①

政党机会平等原则从消极观点看,在于禁止某一政党经由不平等的被对待,使其所享有的权利相对于其他政党受到妨害或侵害。此种妨害或侵害也可以经由某一政党权利的侵害或对某一政党授予一定的利益的方式达成。此即禁止政党间在类似或同一事件上遭受差别待遇或受歧视,也就是,政党不应受国家事实或法律措施上不平等的对待。

3. 宪法对政党保障的形式有哪些?

从总体看,运用宪法对政党的保障有两种形式:一种是运用宪法中的相关权利自由加以保障;另一种是运用宪法中的权力条款,对议会立法加强控制,从而保障政党。

(1) 通过宪法中的相关权利自由条款加以保护

不少国家宪法中一般都有关于结社自由、言论自由和集会自由等规定,这些成为政党自由的宪法依据。政党自由一般包括个人的组党自由和政党从事活动的自由。②

在实行两党制或多党制国家,某些执政党对于其他政党实行歧视甚至试图采用消灭的政策。其时,如何通过宪法保障政党组织及其活动,成为宪法的一个重要课题。在上个世纪中叶前后,在某些发达的资本主义国家,都遇到了如何对待共产党组织的问题。如何处理这一问题成为衡量各国宪政的一个重要标准。

美国的情况:③

美国共产党于 1919 年建党之后,美国的国家安全,即开始面临共产党的渗透颠覆活动的威胁,此项活动直接或间接涉及思想信仰、言论出版与集会结社等问题,因此涉及美国宪法"意见自由"的范围,也涉及美国宪法第 1 条的言论自由等。

在第二次世界大战前,最高法院处理的有关颠覆活动的诉讼,大都是因为违反州法引起的。二十世纪三十年代,最高法院在三个有关共产党活动的诉讼案中,或根据"明显而即刻危险的原则",或以合理的观点立论,推翻下级法院的有罪判决,宣告政府败诉,主要案件有:Herndon v. Lowry 案、Stromberg v. Calif. 案,以及 De Jonge v. Oregon 案。

第二次世界大战后的重要的颠覆活动案,都涉及到违反《史密斯法》与《国内安全法》的控案。《史密斯法》的目的并非专为制裁共产党活动而制定,而是仿照当时各州特别式纽约州取缔危害治安法的模式,借以惩罚包括纳粹、法西

---

① 参见张千帆著:《西方宪政体系》(下册),中国政法大学出版社 2001 年版,第 287—289 页。
② 参见许志雄等合著:《现代宪法论》,元照出版公司 1999 年版,第 268—270 页。
③ 关于美国部分,参见荆知仁著:《美国宪法与宪政》,三民书局 1993 年第三版,第 237—284 页。

斯、无政府主义、工团主义，以及共产主义等所有危害美国国家安全的非法破坏及颠覆活动。它在本质上是一个平时的取缔危害治安法。其中有许多管制外侨的规定，如外侨的登记与打指印等，但其中第1条第2—3节关于禁止鼓吹颠覆，和所谓"会员条款"的规定，却对所有居留在美国境内的人，不分国籍，一律予以适用。但该法第1条上述规定，在第二次世界大战结束前没有积极发挥作用。到大战结束后的冷战期间，司法部开始运用该法第1条以制裁共产党的非法颠覆。上诉到最高法院的有四件。政府败诉的有 Yates Case 及 Noto Case 两案。就《史密斯法》第1条检控共产党活动的适用而言，并未发挥积极的作用。其主要原因在于，除了重视人民个人自由权利的民主传统外，表面上直接的原因，是由于法院基于民权保障，对该法采取狭义的解释。如该法关于禁止鼓吹颠覆的规定，法院将之限于鼓吹具体的颠覆行动，而不及于鼓吹抽象的颠覆学说；关于会员条款的规定，法院将之限于"积极的"会员，而非积极的会员不为罪。由此使该法制裁共产党活动的效用大为减低。由此看出法院在美国民主政治中的独立精神，以及保障民权的作用。

德国①：

德国采取多种措施保护共产党等组织的平等权和其他相关权利。1978年的"极左党派案"，显示了正面保障和负面限制——"自卫型民主"——之间的相互作用。在1975与1976年的联邦和各州竞选中，三个州的广播电视台拒绝为三个极左政党——德国共产党、德国马克思—列宁主义共产党和西德共产党联盟——提供播音时间。其理由在于这三个政党宣扬极端的革命性纲领，并号召摧毁现存的宪政秩序。州的行政法院维持了广播电视台的决定。三个党派在联邦宪政法院挑战这些决定的合宪性，指控它们侵犯了《基本法》第3条、第5条和第21条所保障的政党权利。宪政法院推翻了州法院和广播电视台的决定。

而在政党平等方面争议最多的还是政党财政资助案引起的争议。②

在1958年的典型判例中③，基督教民主党通过联邦法律，允许公民从其可征税收入中减免部分对政党的捐款。社会民主党控制的黑森州政府在联邦宪政法院挑战其合宪性。黑森州宣称，这项法律使富裕阶层集中的政党获得更多财政资助，因而歧视其他主要依靠中下层选民支持的政党——如社民党。在以下的意见中，宪政法院第二庭判决该法律违反了平等原则。第一，通过使政党捐款得以减税，联邦立法者放弃了一部分收入或企业税……这种放弃有利于政党。因此，政党捐款被承认为可减税的开支；这一事实表明，政府通过失去部分收入，

---

① 参见张千帆著：《西方宪政体系》（下册），中国政法大学出版社2001年版，第300—309页。
② 参见张千帆著：《西方宪政体系》（下册），中国政法大学出版社2005年第二版，第274—284页。张千帆、朱应平、魏晓阳著：《比较宪法》（上册），中国人民大学出版社2011年版，第426—427页。
③ Party Tax Deduction Case, 8 BVerfGE 51.

间接参与了政党的资助。第二,受到挑战的税法条款违背了政党具有平等机会的权利。联系第 21 条第 1 款,联邦宪政法院已解释了平等原则,认为它首先适用于选举过程本身。受挑战的条款允许支付收入或企业税的**每一位纳税者**对**任何政党**捐献资金,并享受同样的法律优惠,即从被征税的收入中减免捐款。根据其文字,这项规定给予每个政党同样机会去获得捐款。但即使法律文字避免了不平等对待,如果其实际应用得到明显不平等的效果,并且这个效果直接由法律规定所引起,那么法律仍然违背平等原则。决定问题的关键不是外在形式,而是法律的实体内容。第三,通过积极规制,即使立法者仅采取间接行动来形成政治意愿,从而影响了政党的机会平等之方式,他也必须牢记其裁量权所受到的严格界定。所有政党必须在原则上以平等方式受到对待。除非具有特别"迫不得已的理由",这项原则禁止任何对政党的区别对待。这项规则起源于我们宪法体制的民主平等之基础.。第四,政党的主要活动是形成政治意愿。这个形成结果对所有人都有约束力,包括那些不支持多数政党的人。因此,对政党的机会平等标准必须得到特别严格的实施。因此,本案联邦法律违反了平等原则。

宪政法院在上案中判决,为了保障政党之间的有效竞争,并避免使它们过分依赖利益集团,国家可以为政党提供资助。公共资助无须平均分配于各党;它们的分配可以适合每个政党的选民实力。但法院告诫说,这类公共资助不得加剧现有政党在竞选中事实上的不平等。有鉴于此,联邦众议院于 1959 年通过了《政党财政法》,授权政府对政党的"政治教育"给予公共资助。公共资金按照各政党在议会所占席位比例加以分配,因而这项法律得到进入议会的各党派普遍支持。1961 年,一个未能进入议会的小党——德国全民党(All-German Block Party),挑战该法的合宪性,但联邦法律受到宪政法院的维持。

到 1964 年,对政党的公共资助达到 3,800 万马克,相当于每个选民贡献 1 马克。众议院的四大党——基督教民主联盟、基督教社会联盟、社会民主党和自由民主党——各获 20%,其余 20% 由议会各小党按其席位总数分配。黑森州和一些未能进入议会的小党——如德国全民党、巴伐利亚党和倾向纳粹的国家民主党——在宪政法院宣称联邦法院违宪。鉴于联邦对政党的资助迅速上涨,宪政法院第二庭改变了以前的宽容立场。上案表明,有限的国家公共资金不可能用来资助大大小小的所有党派;尤其在比例代表制国家,政党数量众多、大小不一,因而不可能满足所有党派的财政需要。然而,议会也不得仅资助那些往年进入议会的党派,否则将过分维持既得利益、限制小党的平等机会。法院反复强调,在民主国家,大众意愿必须在各党平等竞争的过程中自然形成。竞选过程需要开支,而这在时序上排在竞选成功之前。如果在竞选过程中就遏制小党参与,将资助限于以往获得 5% 以上的政党,那么势必对既得利益构成过分保护。因此,宪政法院显著降低了资助标准,使降为进入议会的十分之一。

在1992年的"竞选资助免税案",宪政法院认为区分竞选成本和政党其他开销已不再合理与可行,因而第二庭一致推翻了1966年决定的核心以及从1968到1986年的大部分判决。宪政法院宣布《政党法》的基本补贴制度违反了平等原则,撤消了私人赞助的税务减免条款,完全禁止企业赞助获得任何税务减免,并将公布赞助的最低数额从4万马克降低到2万马克。国家资助和补贴不得超过政党本身筹集资金的总额。值得注意的是,在1990年的选举中,各党总共获得了5亿马克的国家资金,其中两大党获得超过3亿,自由民主党获得了4600万马克。这些党派利用国家资金巩固自己的实力,强化官僚机器,从而进一步增加了自己和选民的距离。宪政法院的决定有助于政党回到社会,依靠自己的资源和实力筹措活动经费。

和上述决定如出一辙,法国的选举权平等也要求政党竞选经费的公平分配。在1990年的"选举开支决定"中,1988年3月通过的立法寻求支持政党竞选,并使候选人受制于公开审查。虽然其公共开支条款受到广泛支持,这项法案因歧视小党利益而受到批评。基于宪法第61条第2款,总理提交了法案的这些条款。宪政院自行审查了经费分配规定,并推翻了对政党竞选的资助限制。和德国类似,法国宪政院的理论依据主要是选举权平等和思想多元化。国家资助能减少金钱对于大选的影响,使一些经济实力相对不足的政党也能利用现代媒体表达观点并影响大众政治偏好的形成。这表明公共资助不能过分歧视小党,否则就偏离了原先的目的。在本案,要求在第一轮选举中获得5%选民支持的比例太高,因而违反了平等原则。

中国台湾:

中国台湾大法官会议在释字第445号中也运用宪法中的自由权利对共产党组织加以保障。它指出:《集会游行法》第11条第1款规定,违反同法第4条规定者,为不予许可的要件,乃对"主张共产主义或分裂国土"的言论,使主管机关于许可集会、游行以前,得就人民政治上之言论而为审查,与宪法保障表现自由之意旨有违,应自本解释公布之日起失其效力。在详细阐述中指出,第11条第1款所指同法第4条"集会游行不得主张共产主义",乃具有高度政治性之议题,其概念有欠明确。盖以集会、游行的方式主张共产主义或分裂国土,若未妨碍或侵犯他人权利或自由,应为表现自由所保障的范围。如果主张马列式之共产主义,并欲以暴力推翻体制,以达到共产主义目的而积极进行组织者,显然已超越集会、游行权利的内在限制,当可另立特别法予以规范。很显然,在该解释中,主要通过引用结社自由、言论自由等加以保障。

(2) 通过运用宪法的权力条款保障共产党组织:澳大利亚

在宪法没有确立结社自由和言论自由等情况下,如何保障政党?澳大利亚在此方面,有一个经典案例。

共产党诉联邦案①是澳大利亚违宪审查制度的奠基性案件。在此案中,高等法院审查并宣布了联邦议会一部重要的立法违宪无效;而且更重要的是,通过该案件,高等法院阻止了联邦议会对司法权的侵夺;高等法院独立和崇高的地位逐步确立和巩固,逐步改变了消极被动的局面;此后,违宪审查更为频繁。

共产党诉联邦案

澳孟席斯(Menzies)联合政府试图通过禁止澳大利亚共产党。1950年联邦议会制定了《共产党解散法》,就是该政府意图的体现。该法的显著特征是,在正文之前的序言中包含了九项叙述。其中第4项到第8项叙述列出了议会对共产主义和共产党的看法。如在第4项陈述,该党"从事的活动或工作是,意图通过武力、暴力、恐吓或者欺骗性的行为,推翻澳大利亚政府确立的制度和经济的目标,产业或政治目标,或者使上述事项发生混乱"。法律规定,解散共产党组织并成立一个组织接收共产党的财产;法律还规定,凡是没有经过登记注册为产业组织并与共产党有联系的团体或者机构,只要联邦总督认为该组织的存在有害于联邦的防卫和安全,均为非法。一旦总督作出上述宣布,被宣告的任何人,不得在联邦从事公共服务,不得在由总督宣布对澳大利亚的安全和防卫关系极为重大的产业部门任职。如果某人试图对总督的宣布表示怀疑,那么他或她可以根据第9条第4项规定如此行为,但是第9条第5项规定,他必须承担举证责任,即"应当给他施加证明其不属于本条适用的人这样的责任"。对于一般人来说,要能够在此方面举证,几乎是不可能的。

共产党和几个工会组织向联邦高等法院提起诉讼,控告议会法律违反宪法第51条第6项②对联邦议会的授权,或者超越了宪法第51条第39项③和宪法第61条④相互影响的范围。澳大利亚共产党组织还主张,由于该法克减了公民的自由和民主进程,所以无效。⑤

高等法院严格审查了这部法律,给联邦议会以强烈的回应。除莱瑟姆首席法官有不同看法外,法院多数法官认为,《共产党解散法》无效。但是,多数法官裁决这部法律无效,不是因为它侵犯了宪法上保障的公民自由,而是因为它不可能被特征化(characterisation)为一部处于宪法授权范围内的法律。易言之,它侵

---

① Australian Communist Party v. Commonwealth (1951) 83 CLR1.
② 该条规定,联邦议会有权就下列事项立法:联邦和各州的海军和陆军守卫,以及管辖武装部队以执行和维护联邦法律。
③ 联邦议会有权对下列事项立法:有关由本宪法授予议会或议会中的一院、联邦政府、联邦司法机关或联邦任何部或长官的任何职权的执行事项。
④ 联邦行政权属于女王,由总督以女王代表名义行使之。此项权限包括本宪法及联邦法律的执行与维护。
⑤ G. Williams, 'Reading the Judicial Mind: Appellate argument in the Communist Party Case', (1993) 15 Sydney Law Review 3 at 17—22.

犯了宪法赋予联邦议会的权力范围。

高等法院作出了以下裁决：

第一，法院拒绝接受该法律序言中的陈述。法院认为，无论该法律序言中的叙述对于联邦议会的立法目的来说是如何的重要，但都不能被延伸到宪法权力的适用上。换言之，序言中的叙述不能被看作是宪法对议会授权的延伸。宪法第 51 条对联邦议会授予的权力不可能延伸到该法律的序言上。高等法院拒绝把共产党组织看成是该法律中所说的那种组织；法律中陈述的那些内容，对查明联邦议会该部法律的意图或许有用，但是在决定该法是否真正处于宪法授予的立法权力范围之内的问题上，则没有任何作用。因为共产党究竟是否属于非法组织，那是法院才有权决定的事情，不是法律本身就能决定的事情。

第二，法院裁决，该法律与联邦议会享有的任何宪法性权力事项（head of powers）之间缺乏充分的联系，因此该部法律缺乏宪法的授权。因为：其一，现在是和平时期，宪法第 51 条第 6 项的防卫权不可能支持议会通过此项立法。其二，宪法第 51 条第 39 项和第 61 条明示的附属性权力（express incidental power）也不会批准此项立法。因为这两条并不允许立法禁止特定的行为或措施（acts or conducts），这两条直接涉及到联邦议会或行政机关中的人。

第三，该法授予总督的权力侵犯了法院的司法权。《共产党解散法》规定，总督根据该法第 5 条第 2 项和第 9 条第 2 项规定作出声明的权力，被确认为不得由法院审查的权力，因此它以宣布某些人或者组织是"对联邦安全和防卫产生危害的"违法行为的形式，赋予总督在决定联邦权力范围上具有不受拘束的裁量权。高等法院认为：只有法院才有权决定联邦权力的范围；联邦议会试图决定它自己的权力范围，这种做法侵犯了这一格言："一条河流不可能超出其源头"（a stream cannot rise higher than its source）。① 联邦议会的权力来源于宪法，自然不能超越宪法的范围。

综上，在该案中，法院并没有引用宪法的自由权利条款。实际上，澳大利亚联邦宪法也没有类似其他国家宪法中的言论自由、表达自由、结社自由等规定。但是，法院从议会立法权是否超越宪法授权范围入手，宣告法律越权无效。

4. 国家如何运用宪法控制和监督政党？

国家与政党之间存在密切的关系。政党本身就是为了参与、影响、控制和赢得选举进而操纵国家政权而成立的政治组织。另外，政党的存在既有赖于政府的保障，也有赖于政府的合法限制。政府对于政党的资助实际上也是不可缺少

---

① Communist Party Case at 258 per Fullagar J. See A. R. Blackshield and G. Williams, Australian Constitutional Law and Theory: Commentary and Materials, 2nd ed., the Federation Press, 1998, p. 671; L. Zines, The High Court and the Constitution, 4th ed., Butterworths, 1997, ch. 11.

的一项活动。宪政国家的实践证明,尽管在政党制度下,政党发挥着重要的作用,但是政党不应超越于国家之上。一国必须有切实可行的体制保障和制约政党。

(1) 美国

第二次世界大战前,在 Gitlow v. New York 案和 Whitney v. Calif 案件中,法院判决政府胜诉。这两个案件都发生在 20 年代,都是上诉人因为发表或从事有关共产党式颠覆性的言论或活动而被控告,最高法院也都从恶劣或危险倾向的观点立论,支持州政府经警察权的合理行使,维持下级法院的有罪判决。这就运用宪法对某些政党的活动加以遏制。第二次世界大战后一些重要的颠覆活动案,涉及到违反《史密斯法》与《国内安全法》的控案。《到大战结束后的冷战期间,司法部开始运用史密斯法》第 1 条以制裁共产党的非法颠覆。在 Denni Case 和 Scale Case 案件中,最高法院判决政府胜诉。

美国运用宪法控制监督政党的不限于针对共产党的活动,还有两大政党。在 1944 年"党禁初选第一案"中,德克萨斯州民主党通过决议,禁止有色人种成为民主党员,来参与国会、州长及其他官员的选举。由于该州对政党选举提供了详细的规则,但未能禁止种族歧视,最高法院指出:合众国是宪政民主国家;其组织法授予所有公民参与官员选举权利,不受任何州基于种族的限制。这项被授予人民的选择机会,不能因各州允许私人组织在选举中实行种族歧视而遭到废弃。如果宪法权利可以被如此间接地剥夺,那么它们就失去了实际价值。这是以判例的形式确立了:州政府不能通过允许民间组织在选举过程中进行种族歧视来间接侵犯平等保护。在 1953 年的党禁初选第二案中,主要由私人控制的德州县级组织——坚鸟党团(Jaybird party),以种族歧视的方式操纵民主党的地方初选竞争中获胜。最高法院指出,如果一州允许政党去做政府自己不能做的事情,"那就无异于允许明目张胆地滥用这些程序,去挫败第十五修正案的目的。使用县级操纵的初选来认可违宪选举的结果,仅使侵权复杂化而已。如一州通过这类伎俩,在其境内允许使用任何机制来产生违宪选举的等价物,那就违反了第十五修正案。"虽然初选不是最终的选举,但它是选举过程的一部分,因而歧视行为仍然违宪。

因此,虽然政党在美国不算"国家机构",但由于地方立法机构被要求对政党的选举活动进行调控,以禁止政党在选举过程中的任何种族歧视行为,州法本身将被判决违宪而必须作出修正,以禁止这类歧视行为。[①]

(2) 德国

为了充分记取纳粹政权摧毁魏玛共和的教训,《基本法》第 21 条在保障政

---

① 张千帆著:《宪法学导论》,法律出版社 2004 年版,第 407—408 页。

党地位和作用的同时,也对政党的内在性质提供了限制。其第 2 款规定:"如果出于其目标或追随者的行为,政党试图去破坏或废弃自由民主的基本秩序、或危及联邦德国之生存,那么它就是违宪的。联邦宪政法院应决定其违宪性问题。"另外,《基本法》第 18 条还对个人权利作出类似限制:"如果为了抵抗自由民主的基本秩序,任何人滥用表达见解的自由…,那么他将丧失这些基本自由。联邦宪政法院应决定这些权利之丧失及其程度。"或许出于对个体极端分子的宽容,联邦政府至今尚未行使过第 18 条权力。但根据第 21 条,违宪政党则曾两次受到查禁。

"社会帝国党查禁案"

第一次查禁发生于 1952 年。"社会帝国党"于 1949 年成立,其部分目标是在西德重组右派势力。在开始几年,社会帝国党(SRP)在数州获得相当数量的支持,并在联邦议会中获得两个席位。由于该党对联邦内阁和民主政府采取敌视态度,阿登诺政府于 1951 年提请联邦宪政法院予以取缔。接受案件后,第一庭命令搜查帝国党的办公室及其领导人的住宅,以获取有关证据。在提请取缔社会帝国党几天之内,阿登诺政府又向宪政法院提议解散第二个政党:德国共产党(KPD)。在"德国共产党案",[①]宪政法院明确形成了自卫型民主规则:

在包涵所有政治思想的宽容原则和政治体制的某些不可剥夺之价值之间,《基本法》代表着一种取得综合的自觉努力。第 21(2)条并不和宪法的任何基本原则相矛盾;它表达了缔造者基于具体历史经验的诉求:国家不能再对政党保持中立态度。在这个意义上,《基本法》创造了"自卫型民主",这项对宪法的价值决定约束着联邦宪政法院。

宪政法院指出,政党是否违宪的问题取决于它是否有决心不断抗衡自由民主的基本秩序之目的,以及为了达到这个目的而根据固定计划所采取的政治行动。要取缔政党,政府无须证明政党的非法活动或消灭宪政秩序的具体行动;但仅有推翻政府的口头宣传,并不足以查禁政党。涉嫌政党的计划和目标,可以从其政治纲领、官方口号、领袖发言、及教育材料中获得推测。在长达 300 多页的意见书中,法院详细分析了共产党的理论基础、发展历史和内部组织形态,并第二次宣布政党因违宪而受取缔。

1990 年代初期,新纳粹分子对外国人发动了一系列纵火攻击,导致联邦政府于 1993 年向宪政法院申请取缔其中的某些政党或团体。作为对这些"目标是摧毁民主秩序"的组织之警告,联邦政府于 1992 年查禁了其中的"国家前线"组织。

---

① 译自 Kommers, *Constitutional Jurisprudence*, p. 228.

(3) 法国

在 1990 年的"选举开支决定"中,1988 年通过的立法寻求支持政党竞选,并使候选人受制于公开审查。虽然其公共开支条款受到广泛支持,这项法案因为歧视小党利益而受到批评。法国立法规定只有选民支持超过 5% 的政党才能获得竞选资助。基于宪法第 61 条第 2 款,总理把这些条款提交宪法委员会审查。宪法委员会推翻了对政党竞选的资助限制,并指出:宪法第 2、3、4 条的条款并不阻止国家对帮助表达选民愿望的政党或团体授予财政资助。但为了符合平等和自由原则,被授予的资助必须符合客观标准。另外,所采纳的援助机制不得产生或建立政党对国家之依赖,或削弱各种不同思潮与见解的民主表达。即使对政党或团体的援助纯粹基于它们向众议院选送候选人的人数,且可受制于它们必须获得最低选票支持的要求,议会所采纳的标准亦不得忽视思想多元化的要求;后者构成了民主的基础。

另一方面,为了把国家资助按照选举结果的比例而分配给政党,只有那些'在每个选区至少获得 5% 选票的结果'才获得考虑;由于其所选择的阈值,这项要求可能阻碍新思想的表达。因此,就法律所施加的这项条件而言,我们必须宣布,被提交的法律第 11 章违反了宪法第 2 与第 4 条的联合规定。①

(4) 土耳其

1998 年 1 月 16 日土耳其宪法法院作出裁决,以"暗中损坏宪法"等名义取缔了前总理埃尔巴坎所领导的繁荣党。②

(5) 中国台湾

宪法增修条文第 5 条明文规定政党违宪解散之事项,由司法院大法官组成宪法法庭审理;并且明文将违宪政党限定于"政党之目的或其他行为,危害中华民国之存在或自由民主之宪政秩序者",此一规定赋予政党在关于解散事项上不同于其他人民团体的特权地位,既是宪法对政党的保障规定,也构成宪法对政党的监督。

(6) 中国

在中国,宪法确立了中国共产党领导的多党合作制,确立了各政党必须在宪法法律范围内活动,中国共产党和各民主党派的党章和章程中也有相应的规定。但是遗憾的是,至今尚无切实可行的宪政体制对执政党自身的行为加以规范和拘束。结果,执政党实际上只受自己本身的有限监督和制约,宪法实际上并没有成为可以制约执政党的规范。至今,中国的学术界还在为中国的国家机关是否有权监督执政党的问题而争论不休。前几年学术界一直在讨论的一个问题是,

---

① 张千帆著:《宪法学导论》,法律出版社 2004 年版,第 413 页。
② 1998 年 2 月 23 日《北京晚报》。

在中国,人大能不能监督执政党?① 因为,根据目前的体制和实际做法,执政党有权监督一切公权组织、社会团体、人民群众,而它自己似乎不受制于国家机关的监督。宪政的本质是"他律",任何组织或者个人的"自律"作用是十分有限的。因此,按照宪政规律办事,执政党应当尽快推动建立可行的宪政体制,将执政党纳入宪法法律的控制范围内。这样既有利于政党本身的健康发展,也有利于国家政权的安全,避免被异化的政党所操纵。

三、政党与宪法确立的政体之间关系如何?②

政党与宪法之间的关系除了表现在上述内容以外,还表现在政党制度与宪法确立的国家体制之间存在密切关系。因为,宪政体制(即宪法确立的国家体制)、政党体系与选举制度构成民主政治的三大基柱。现代民主国家采行的宪政体制分为总统制、议会制(内阁制)、双首长制(半总统制)和委员会制四种。实践证明,一定的政体对于政党制度有相应的要求,政党制度的选择并不是随意的。反过来,一国的政党制度对于国家政体也有相应的要求。

1. 政体对政党制度的影响。

一般而言,实施总统制国家趋向形成"两党制";实施议会制(英国除外)、半总统制及委员会制则趋向形成"多党制"。但这些并非绝对,还要看各国选举制度。

2. 政党制度对政体的要求。

"一党优势制"(predominant party system)③及"两党制"趋向形成"一党多数内阁"(single majority party cabinet);④"多党制"则趋向形成"联合内阁"。

3. 政治稳定对政体和政党制度配合的要求。

来看,总统制配合两党制优于内阁制配合多党制;总统制配合多党制是较不好的组合。所以,宪政体制的设计与政党体系的建立是要有相关配套措施,而非政治行动者恣意为之的。

综上,政党与政体之间存在着密切的关系。当宪法确立了某种政体之后,实际上就内在地包含着对某种政党体制的要求。违背了这一内在要求所建立的政党制度就可能成为破坏或阻碍宪法所确立的政治体制得以运行的障碍。反之,当一国宪法确立了某种政党体制之后,也实际上内在地要求其宪法承认或允许

---

① 参见杨海坤主编:《跨入新世纪的中国宪法学(下)》,中国人事出版社 2001 年版,第 553—555 页。
② 以下主要参见陈佳吉:《宪政体制与政党体系关联性之研究》,载《复兴岗学报》2002 年第 76 期。
③ 它是指一国虽然有多党,但有某一党实力远超过其他政党,如过去的日本和印度,萨托利称之为一党优势制。
④ 它是指一个政党因掌握半数以上席次,而独立组织政府的内阁。

设立某种与之相适应的宪政国家体制,否则,国家体制与政党体制不相适应。

四、政党制度与选举制度之间关系如何?

政党制度和选举制度在宪法制度中占有重要的地位,二者之间关系密切。总结如下:

1. 政党制度是设计选举制度的一项重要因素。

各国选举制度的设计与选择并非随意而产生,"选举制度不会凭空创造出来,其存在的事实乃是当时所处环境的反应。"①选举制度的设计,必须考量当代宪政主义的重要面向,将民主正当性、政府制度与政党政治、政治权利的保障、司法审查、国民意志的凝聚、与转型宪政主义等议题纳入理念与制度的辩论。选举制度的设计好坏,不仅影响宪法上民选机关的组成与运作,也涉及宪法上权力机关相互之间的互动与制衡,对于宪政主义的实践与维护,更居于关键性地位。②尽管各国宪法很少在宪法上对民选机关的选举制度作出详尽的规定,但这并不意味着宪法上所设计的政府制度、权力分立、司法审查、人民政治权利的保障等相关宪法机制,以及现代自由民主宪政主义所揭示的国民主权原则、民主正当性原则、以及其背后凝聚国民意志、塑造宪法认同的宪法上位原则,即欠缺对于具体选举制度应如何设计的规范可能性。③换言之,选举制度不能随意设计,要与上述宪法上的基本制度和原则相适应,否则可能因为与宪法制度和原则相抵触而受到违宪的质疑。④政党制度是设计选举制度的一项重要因素,应当将二者结合起来作统一的安排。

2. 选举的形式和配合。

各国选举种类有多种类型,但影响较大的主要是国家元首、议会代表的选举方式和原则。选举制度目前采用的比较典型的形式是"单一选区相对多数决"⑤和比例代表制。前者又称"胜者全赢"或"赢者全拿",它实行于地区代表制或单一成员选区制的类型中。指如果某个地区有两个或两个以上政党,那么一个政党只要获得多数的选票,它就相当于获得了全部的选票。比例代表制是指,政党按其所得选民票数的比例决定该党应该产生的代表数额。

---

① Taagepera and Shugart, Seats and Votes: The Effects and Developments of Electoral Systems, op. cit., p. 234. 转引陈佳吉:《选举制度与政党体系关联性之研究》(下),载《复兴岗学报》2004年第82期,第241页。
② 张文贞:《宪政主义与选举制度》,http://www.taiwancf.org.tw/seminar/20020202/20020202-2.html。
③ See Bruce Ackerman, The New Separation of Powers; John Hart Ely, Gerrymanders: the Good, the Bad, and the Ugly, 50 Stan. L. Rev. 607, 639—40 (1998). 转引出处同上。
④ 中国台湾学者认为,选举制度可能抵触的宪法规范类型主要包括:人民基本权利规范,如参政权、平等权—参政权相对化、自由权;制度(性)保障规范;基本原则规范;权限规范。参见《选举制度违宪审查》,http://www2.nsysu.edu.tw/debate/lo/a030201.htm。
⑤ 参见张千帆著:《宪法学导论》,法律出版社2004年版,第396页。

由于选举制度包括了政府首脑的选举和议会选举问题,这二者之间的配合情况也十分重要。学者研究已经达成的一个共识是:"总统制(或半总统制)+比例代表制的国会选举制"是最糟糕的搭配组合。其原因是,在总统制(或半总统制)国家,总统由人民直选或准直选(如美国),不论总统权限范围多少,经由多数决选出的总统,取得人民的付托,成为国家与政治上的领导人,必定要有所作为。而如果国会采用比例代表制选出,往往造就出一个多党林立且需要不断整合的国会。此时最经常看到的宪法实践是,这个多党林立的国会,一方面不断推翻或杯葛总统以及其所属政党拟议的政策与法案,另一方面也因为无法有效汇聚不同党派间的共识而无法议决出任何相反的政策或通过最大的法案。在总统制国家,如果国会不采用比例代表制选举议会代表,而是采用"胜者全拿"的选制,即便产生总统与国会分属不同党的"分裂政府"(divided government),还是比"比例代表选制"下的分裂政府,更容易出现"建设性的政治协商(constructive politics),而非陷于永无止境的政治杯葛。

3. 政党制度和选举制度之间的关系复杂多样。

总统制与国会比例代表制可能在两党政治或多党制上产生矛盾或冲突。换言之,由于总统选举和国会选举制度的不同,以及二者之间结合的情况不同,对于实行的政党制度也有较大的影响。具体情况如下:

其一,实行"赢者全拿"选举原则的总统制或半总统制容易诱发两党政治。①美国的两党制、法国宪法在1958年采纳的半总统制之后产生的两党政治就是例证。其原因在于选举制度的影响所致。在美国采用"赢者全拿"的选举原则,总统的选举获胜必须获得半数民意的支持,缺乏整合的小党无法取得大党般的政治实力与胜选机会,所以经过几次选举之后,两大党对决的情况自然而然形成。其二,比例代表制容易产生多党制。这是因为,如果国会选举采用比例代表制,使得其他小党有生存的空间。在此种方式下,获得选民票数多者可产生较多的议员,获得票数较少的政党,则可选出少数议员。当然,比例代表制可以刺激或便利多党制的兴起,但它并非多党制产生的充分必要条件。其三,需要注意,前述总统制与国会代表选制在两党或多党政治之间的矛盾,在于总统的胜选必须获得过半数民意的支持。假如总统的胜选采取相对多数决即不需要过半数选民支持,加上国会比例代表选制的催化,有可能导致多党制。总之,从宪政体制运行来说,总统制应搭配"单一选区多数决选制"即赢者全拿,以健全两党制;而内阁制则应搭配相当程度的比例代表制而允许多党制的存在。

---

① 参见李帕特著:《民主类型:三十六个现代民主国家的政府类型与表现》,高德源译,桂冠出版社2001年版中文版序,第2页。

4. 杜瓦杰三大规律。

杜瓦杰(Maurice Duverger)曾经提出过选举制度影响政党制度的三大规律。其一,相对多数选举制即单一选区相对多数投票制,容易导向相互轮流执政的两党制,如英美两国。其二,绝对多数投票制即两轮投票制容易产生多党制。其三,比例代表制容易形成多党制。杜瓦杰提出的三大定律虽然也有所修正,但学者们基本上肯定三大规律的正确性。① 上述三大定律,学者们有不同的表达。如中国台湾学者表达为:单一选区相对多数决法有助于两党制的形成,两轮投票法则促成温和多党制,比例代表制则倾向极端多党制。②

政党制度和选举制度之间的上述密切关系要求,一国在设计相关宪政制度时,应当作全面的考量,不能把这些相关的制度割裂开来,以免设计出相互冲突的体制。

五、政党民主和人民民主关系如何?

在现代民主宪政体制下,政党民主和人民民主都占有重要的地位。它们之间存在着密切的关系。在二者关系处于良性的情况下,可以相互促进;反之,则相互制约,影响宪政制度的健康发展。

1. 政党民主对民主政治、对人民民主的实现具有极其重要的作用。

政党是近代民主政治的产物,自近代资产阶级民主制度建立以来,它就与政党制度密切联系。正如凯尔森所指出的那样,"现代民主完全是建立在各政党的基础之上的,民主原则越是付诸实施,各政党的重要性也就越大","认为没有政治派别也能够实现民主,那不是幻想就是虚伪"。③ 其作用表现如下:

第一,政党制度是资产阶级民主制度发展的产物。从政党制度的发展过程来看,导致政党制度产生的直接原因,就是以代议制为核心的民主制度的发展。对此美国学者哈罗德·F.戈斯内尔曾指出:"为了使人民对于政府所作的决定有发言权,并保护普通人民反对专横的政府,人们进行了长期的斗争,从而产生了民主的政党制度。"④

第二,政党制度对民主制度的发展起了重要的促进作用。政党制度是近代民主制度发展的产物,而随着政党的产生和政党制度的建立,又极大地推动和促

---

① 参见黄炎东:《选举制度对政党制度发展影响之研究》,《通识教育与警察伦理学术研讨会论文集》,cpuweb2.cpu.edu.tw/general/941122paper/03。关于杜瓦杰规律,参见张千帆著:《宪法学导论》,法律出版社 2004 年版,第 396—397 页。

② 参见陈佳吉:《选举制度与政党体系关联性之研究(下)》,载《复兴岗学报》2004 年第 82 期。

③ 〔意〕萨尔沃·马斯泰罗内:《欧洲民主史》,黄华光译,社会科学文献出版社 1990 年版,第 399—400 页。

④ 〔美〕哈罗德·F.戈斯内尔等:《美国政党和选举》,复旦大学国际政治系译,上海译文出版社 1980 年版,第 2 页。

进了民主制度的发展。正是随着政党的出现,形成了两党或多党的轮流执政,出现了责任制政府后,近代民主制度才得以真正确立。

第三,政党制度是解决民主制度下不同群体间的矛盾、冲突的主要途径。利益冲突是社会普遍现象。在民主制度下,解决利益冲突的有效手段,是通过协商的途径,对不同利益群体的关系进行协调,从而维持社会秩序的稳定。而政党制度在这一过程中起了非常重要的作用,它可以将这种矛盾和冲突在宪法秩序的范围内解决,防止矛盾的激化。正如英国学者利普塞特所说:"一切民主制度固有的内在威胁是群体冲突——民主的生命线——可能固定化以致有瓦解社会的可能。因此,足以缓和党派斗争强度的条件,系民主政府必不可少的前提之一。"他同时认为,在每一个民主政体下,社会集团的冲突都是通过政党制度表现出来的。政党制度在根本上表明了阶级斗争向民主形式的转化。①

第四,政党制度是扩大人民政治参与的主要措施。在民主国家中,人民的政治参与是实现民主的基本途径。人民政治参与的程度,在某种意义上说是决定了民主实现的程度。由于政党制度运行的结果就是使一定的阶级、阶层或集团的代表人物能够对国家权力的行使发挥影响,因此它自然成为促进政治参与的主要途径之一。美国著名学者亨廷顿对此曾指出:"形成政治参与扩大的主要制度手段,是政党和政党体系。"②

第五,两者还有很多适用规则之间也存在密切的关系。如都必须遵循民主、法治、平等、自由的原则。

2. 政党活动对人民民主也有潜在的严重危害性。

政党的作用固然重要,"政党政治"是民主政治不可或缺的要素之一。然而,如果政党不受控制地操纵政权,把"公意"窄化为"党意",议员沦为"党意"的执行工具,则议会民主政治制度的功能将会逐渐式微,进而徒留形骸。……回顾历史,人类在追求民主政治的过程中,始终徘徊在民主与专制独裁之间。③ 这说明,不恰当的政党活动会对民主制度构成严重的威胁。

鉴于德国纳粹党滥用民主所带来的破坏民主的恶果,德国《基本法》确立了自卫性民主。第 79 条第 3 项规定,第 1 条及第 20 条所确立的基本原则,立法者不得借由修宪的程序,予以变更,确立"国家根本规范"的观念,而为了捍卫此等"国家根本规范",德国《基本法》针对可能破坏此等根本规范的"敌人",设立若干防弊条款,在宪法上确立了"防卫性民主体系",规定了四项主要制度:基本权

---

① 参见〔英〕戴维·米勒韦农·波格丹诺编:《布莱克维尔政治学百科全书》,中国政法大学出版社 1992 年版,第 7—8 页。
② 〔美〕亨廷顿著:《变革社会中的政治秩序》,李盛平等译,华夏出版社 1988 年版,第 387 页。
③ 参见李建良著:《宪法理论与实践(一)》,学林文化事业有限公司 1999 年版,第 9 页。

利剥夺制度、政党禁止制度、结社禁止制度、公务员的忠诚义务。① 当然这些制度在运作过程中也存在争议。其中一例是：欧洲人权法院于1995年9月26日作出判决，认为德国下萨克森邦以某一教师具备德国共产党籍为由，而认定其违反宪法忠诚的义务，并将之免职，系抵触《欧洲人权公约》第10、11、14条所保障的言论、集会结社等自由。此项判决的作出，再度引起德国学界对于公务员忠诚义务与基本权利关系的讨论。②

正是因为政党有其危害性，因此对于政党活动加强控制十分重要。学者指出：维护现代民主政治的正常运作，其当务之急，与其说是如何鼓励或协助政党的成立与运作，不如说是如何控制、导正，乃至于抑制政党或利益团体的过度膨胀，以免戕害民意，危及民主制度。尤其应指出者，如果为了强调政党及社会团体的民主功能，而对之过度的"美化"或"颂扬"，甚至出现所谓"政党不会犯错"的说法，其结果无异使政党享有免于遭受批评的特权，自非民主政治之福。盖依照古老的"权力法则"，凡是握有权力者，如果缺乏有效的限制，必定会滥用其权力，因此，在承认政党与团体多元化的前提下，如何避免其发生弊端，确保其正常发展，并发挥其功能，乃是宪法学界、实务及大众所必须面对及解决的问题。③

3. 如何处理政党民主和人民民主关系？

上文分析表明，政党民主和人民民主二者之间存在密切的内在关系。我们认为，在现代民主政治体制之下，关键是要建立有效的国家违宪审查体制，加强对政党活动的控制，促进政党遵守宪法的民主和平等原则。这既是保证国家健康发展，也是保证政党自身健康发展的需要。

在一党执政的国家，推进人民民主发展很大程度上取决于执政党的自觉性，取决于执政党能否顺应民意，及时推进政党民主和人民民主的进步。能够顺应时代发展潮流的做法是，将党内民主建设和人民民主建设共同推进。以党内民主带动人民民主建设，以国家的民主制度保障党内民主的开展，从而形成良性互动。但是，事实证明，在一党执政的国家，推进党内民主的难度往往比推进国家民主的难度更大。在此情况下，通过国家（人民）民主的改革发展，推动党内民主的改革完善，成为必不可少的途径。

六、中国的政党制度

1. 中国宪法对政党制度相关内容的规定有哪些？

（1）确立了中国共产党的历史地位和作用。

序言第5段规定，一九四九年，以毛泽东主席为领袖的中国共产党领导中国

---

① 参见李建良著：《宪法理论与实践（一）》，学林文化事业有限公司1999年版，第44—47页。
② 同上书，第49页下注释第108。
③ 同上书，第50—51页。

各族人民,在经历了长期的艰难曲折的武装斗争和其他形式的斗争以后,终于推翻了帝国主义、封建主义和官僚资本主义的统治,取得了新民主主义革命的伟大胜利,建立了中华人民共和国。从此,中国人民掌握了国家的权力,成为国家的主人。

第7段规定,中国新民主主义革命的胜利和社会主义事业的成就,都是中国共产党领导中国各族人民,在马克思列宁主义、毛泽东思想的指引下,坚持真理,修正错误,战胜许多艰难险阻而取得的。

(2) 确立了中国共产党在社会主义初级阶段的基本路线作为国家的基本政策。

序言第7自然段规定(修正案第12条),中国将长期处于社会主义初级阶段。国家的根本任务是,沿着建设有中国特色社会主义的道路,集中力量进行社会主义现代化建设。中国各族人民将继续在中国共产党领导下,在马克思列宁主义、毛泽东思想、邓小平理论和三个代表重要理论的指引下,坚持人民民主专政,坚持社会主义道路,坚持改革开放,不断完善社会主义的各项制度,发展社会主义市场经济,发展社会主义民主,健全社会主义法制,自力更生,艰苦奋斗,逐步实现工业、农业、国防和科学技术的现代化,把国家建设成为富强、民主、文明的社会主义国家。

(3) 充分肯定了中共领导的多党合作与政治协商制度。

序言第10自然段规定,在长期的革命和建设过程中,已经结成由中国共产党领导的,有各民主党派和各人民团体参加的,包括全体社会主义劳动者、拥护社会主义的爱国者和拥护祖国统一的爱国者的广泛的爱国统一战线,这个统一战线将继续巩固和发展。中国人民政治协商会议是有广泛代表性的统一战线组织,过去发挥了重要的历史作用,今后在国家政治生活、社会生活和对外友好活动中,在进行社会主义现代化建设、维护国家的统一和团结的斗争中,将进一步发挥它的重要作用。

修正案第4条规定,宪法序言第十自然段末尾增加:"中国共产党领导的多党合作和政治协商制度将长期存在和发展。"

(4) 规定了党必须在宪法和法律的范围内活动的原则。

序言第13自然段规定,本宪法以法律的形式确认了中国各族人民奋斗的成果,规定了国家的根本制度和根本任务,是国家的根本法,具有最高的法律效力。全国各族人民、一切国家机关和武装力量、各政党和各社会团体、各企业事业组织,都必须以宪法为根本的活动准则,并且负有维护宪法尊严、保证宪法实施的职责。

第5条第4款,一切国家机关和武装力量、各政党和各社会团体、各企业事业组织都必须遵守宪法和法律。一切违反宪法和法律的行为,必须予以追究。

第 5 款,任何组织或者个人都不得有超越宪法和法律的特权。

在上述内容中,最具有实际规范性意义的主要是最后一点,即宪法序言最后一段和第 5 条的相关规定。今后,国家主要在落实此方面的规定,使各政党的活动真正纳入宪法的轨道。

2. 中国共产党领导的内涵

中国共产党的领导是中国政党制度的重要内容和基本方面,也是中国政党制度的基本特征。中共对国家的领导,主要就是通过制定和执行正确的路线、方针、政策,为国家机关的活动奠定政治基础,确立政治目标。就其内容而言,主要包括三个方面。

(1) 政治领导。指中国共产党对国家事务在政治原则、政治方向和重大决策方面的领导。政治原则的领导,就是指中国共产党为了实现一定历史时期的任务而制定根本原则,并把全国各族人民及各民主党派的思想、认识统一到这个原则上来;政治方向的领导,是指中国共产党根据一定的政治原则,指明一定历史阶段的奋斗目标,并领导、组织全国人民和各民主党派为实现这个目标而共同努力;重大方针政策的领导,是指中国共产党为实现一定的奋斗目标而在政治、经济、文化等各个领域,主持并领导全国人民和各民主党派根据中国的实际情况,制定科学、合理、切实可行的重大方针政策,推进社会主义建设事业。

要实现正确的政治,执政党必须善于把党的意志通过法定途径转化为国家意志即法律。坚持党的领导,并不是让党来包办代替国家机关的工作,而是通过法定的程序,把党的主张转变为国家意志。中国共产党党章中明确规定:"党必须在宪法和法律的范围内活动。"中国宪法的序言部分也明确规定了包括中国共产党在内的各政党"都必须以宪法为根本的活动准则,并且负有维护宪法尊严、保证宪法实施的职责。"

(2) 思想领导。思想领导就是指中国共产党坚持用马克思主义、毛泽东思想和邓小平理论来教育、武装广大党员干部和人民群众,使之自觉地为党领导的社会主义事业作出贡献;就是坚持党的实事求是的思想路线,用以正确地认识和解决中国革命和建设过程中的各种复杂的实际问题;就是向人民群众宣传党的路线、方针和政策,把党的主张变成人民群众的自觉行动。

要实现思想上的领导,必须保证执政党的思想理论体系做到科学、开放和具有包容性,应当最能吸收社会的先进文化;要坚持一定程度的思想多元化、保持开放的思想体系,不应该是一个僵化的孤立的体系。

(3) 组织领导。组织领导就是指通过党的干部、党的各级组织和广大党员组织和带领人民群众为实现党的任务和主张而奋斗。党的组织领导的重要一环是向国家政权机关推荐重要干部,将德才兼备、年富力强的干部输送到各种领导岗位上,组织坚强的领导班子,以保证党的路线、方针、政策在实际工作中得到切实有效的贯彻执行。如果没有党的强有力的组织领导,政治领导和思想领导就不可能实现。从这个意义上说,党的组织领导是政治领导、思想领导的组织保证。要实现合法的组织领导,执政党必须依法行事。执政党在向国家机关推荐领导人的时候,必须遵循法定程序,不得越权行使国家权力。

3. 中国共产党与各民主党派的多党合作

中共中央 2005 年制定的《中共中央关于进一步加强中国共产党领导的多党合作和政治协商制度的意见》规定,中国共产党领导的多党合作和政治协商制度是中国的一项基本政治制度,是具有中国特色的社会主义政党制度。中国是人民民主专政的社会主义国家,同这种国体相适应的政权组织形式是人民代表大会制度,同这种国体相适应的政党制度是中国共产党领导的多党合作和政治协商制度。这一政党制度的显著特征是:共产党领导、多党派合作,共产党执政、多党派参政。

中国共产党领导的多党合作是中国政党制度的重要内容。其基本含义是:各民主党派在中国共产党的领导下,共同致力于改革开放和社会主义现代化建设,致力于民主政治建设。从中国的具体情况而言,中国共产党的领导的多党合作主要包括以下几方面的基本内容:

第一,作为执政党的中国共产党与作为参政党的各民主党派的关系,在政治上是领导与被领导的关系,是通力合作的关系。中国共产党作为执政党,对国家进行领导,民主党派承认并接受中国共产党在国家政权中的领导地位,参与政权,共同执行和遵守在中国共产党领导下经法定程序制定的国家法律和政策。中国共产党在政党关系中对民主党派实行政治领导,即政治原则、政治方向和重大政策方针的领导。其中政治原则的领导是基础,没有这个基础,就没有多党合作;政治方向的领导是对多党合作和民主党派参政议政活动的方向的把握,没有正确的政治方向,多党合作就会背离原来的目标;重大方针政策的领导是中国共产党对民主党派和多党合作领导的保证,它直接关系到多党合作制度的切实有效的贯彻。因此,坚持中国共产党的领导,是多党合作的政治前提。

第二,中国共产党与各民主党派都是合法的政党,各民主党派在宪法范围内具有政治自由、组织独立和法律上的平等地位。各民主党派都有自己的纲领、章程和组织机构,在政治上可以自由地发表对国家大政方针的意见和看法,提出自己的政治见解;在组织上可以独立开展活动,自主地决定内部机构、人事安排和组织发展。中国共产党尊重民主党派的政治法律地位,重视民主党派的政治作用,并对民主党派开展活动提供各种支持和帮助。

第三,多党合作的基本方针是:"长期共存,互相监督,肝胆相照,荣辱与共"。民主党派参政的基本点是参加国家政权,参与国家大政方针和国家领导人选的协商,参与国家事务的管理,参与国家方针、政策、法律、法规的制定和执

行,以及同执政党互相监督;

第四,多党合作的目的,是和执政的中国共产党共同致力于社会主义建设事业,共同实现建设现代化的宏伟目标。

4. 中国的政治协商制度

(1) 含义和特点

政治协商制度是指在中国共产党领导下,各民主党派、各人民团体、各少数民族和社会各界代表以中国人民政治协商会议为组织形式,就国家的大政方针和重大问题进行民主协商的一种制度。政治协商制度是中国特色的社会主义政治制度的一个重要内容,它具有以下特点:

首先,政治协商制度是以坚持中国共产党的领导为前提条件的,中国共产党的领导是政治协商制度的政治基础和重要内容。政治协商制度的政治前提是中国共产党的领导,它是中国共产党领导制度的一种附属机制。人民政协作为爱国统一战线的组织形式,是共产党在中国革命中的三个基本问题之一,是战胜敌人的三大法宝,即:统一战线、武装斗争和党的建设之一。因此,统一战线是实现党的领导的制度和措施保障,也是中国革命的关键问题之一。在社会主义现代化建设时期,它同样具有重要的作用,因此,1993 年宪法修正案也作了明确规定:"中国共产党领导的多党合作和政治协商制度将长期存在和发展",从根本法的角度明确了政治协商制度的政治前提和合宪性依据。

其次,政治协商的主体是有组织的、高层次的和具有广泛代表性的,包括各民主党派、各人民团体和社会各界的代表人物,是中国知识层次最高的一个政治群体。政治协商制度的特点之一,就是它具有党派性。作为一种组织形式而言,它是具有政党社团联盟性质的政治组织,是执政党和参政党(也包括各阶层的团体)进行政治协商、合作共事的政治机构;而作为政党制度而言,它是具有中国特色的政党制度。

其三,政治协商制度是国家政体的组成部分,是对人民代表大会制度的一种必要的补充。政治协商制度作为中国政治制度重要内容,在中国政体中占有重要地位。政协委员一般都是社会的精英分子,具有较高的文化素质和参政能力。虽然政协不是正式的国家机关,但根据中国宪法惯例,两会一般同时召开,许多重要事项是由人大和政协同时进行讨论的,而"议事精神不在于最后的表决,主要在于事前的协商和反复的讨论"[①]因此,它事实上参与了国家的立法活动,构成中国政体的基本要素。

(2) 政治协商制度的组织

政治协商制度的组织是中国人民政治协商会议,它分为全国政协和地方政

---

① 《周恩来统一战线文选》,人民出版社 1984 年版,第 134 页。

协两个系统。

全国政协全国委员会由主席1人、副主席若干人、秘书长、委员若干人组成。政协全国委员会的任期为5年。

政协全国委员会会议形式分为全体会议和常务委员会会议两种形式。政协全国委员会全体会议每年举行1次，由常务委员会召集。全体会议的职权有：修改中国人民政治协商会议章程，监督章程的实施；选举全国委员会的主席副主席、秘书长和常务委员；听取和审议常务委员会的工作报告，讨论政协的重大工作方针、任务并作出决议；参与对国家大政方针的讨论，提出建议和批评。

政协全国常务委员会由政协主席、副主席、秘书长和常务委员组成。常委会的职权有：解释政协章程、监督章程实施；召集并主持政协全国委员会全体会议；组织实现政协章程和政协全国委员会全体会议决议规定的任务；在全国委员会全体会议闭会期间，审查通过提交全国人大及其常委会或国务院的重要建议案；根据秘书长的提议，任免政协全国委员会副秘书长；协商决定本届政协参加单位、委员名额和人选的变更以及下一届政协参加单位、委员名额和人选；决定政协全国委员会工作机构的设置和变动，并任免其领导成员；联系和指导地方政协工作。

常务委员会会议主要有常务委员会全体会议和主席会议两种形式。常务委员会全体会议由常委会全体组成人员参加，主席会议由主席、副主席、秘书长组成。此外，还设立各专门委员会，作为全体会议闭会期间委员活动的工作机构。

政协地方委员会包括政协省、自治区、直辖市委员会以及政协自治州、设区的市、县、自治县、不设区的市和市辖区委员会，任期为5年。政协地方各级委员会每年至少举行1次全体会议，其职权有：选举地方委员会的主席、副主席、秘书长和常务委员；听取和审议常务委员会的工作报告；讨论并通过有关的决议；参与对国家和地方事务的重要问题的讨论，提出建议和批评。

地方各级政协委员会由常务委员会主持。常务委员会由政协主席、副主席、秘书长和常务委员组成，其职权有：召集并主持政协地方委员会全体会议；组织和实现人民政协章程规定的任务和全国委员会所作的全国性决议以及上级地方委员会所作的全地区性的决议；执行本级地方委员会全体会议的决议；在地方委员会全体会议闭会期间，审议通过提交同级地方人大及其常委会或人民政府的重要建议案；根据秘书长的建议，任免地方委员会的副秘书长；决定地方委员会工作机构的设置和变动，并任免其正副职领导成员。地方各级政协常委会会议也分为常务委员会全体会议和主席会议两种形式。常委会内亦相应设立各专门委员会。

（3）政治协商会议的性质与职能

政治协商会议是中国的爱国统一战线组织，也是中国共产党领导的多党合作和政治协商制度的重要组织形式。它具有党派性的特点,是具有政党社团联盟性质的政治组织。它不是国家政权组织,但又与国家政权组织有着密切的联系;它不同于一般的社会团体,具有比一般的社会团体更广泛、更权威的代表性的政治组织。按照《中国人民政治协商会议章程》的规定,其主要职能是"政治协商、民主监督、参政议政。"

第一,政治协商。1995年通过的《政协全国委员会关于政治协商、民主监督、参政议政的规定》第3条规定:"政治协商是对国家和地方的大政方针以及政治、经济、文化和社会生活中的重要问题在决策之前进行协商和就决策执行过程中的重要问题进行协商。"《中共中央关于加强人民政协工作的意见》中提出:"把政治协商纳入决策程序,就国家和地方的重要问题在决策之前和决策执行过程中进行协商,是政治协商的重要原则。"一些地方党委对此作了具体规定。2009年通过的《中共广州市委政治协商规程(试行)》第3条规定:"政治协商的原则:把政治协商纳入决策程序,就重大问题在决策之前和决策执行过程中进行协商的原则,切实做到'对重大问题的协商在市委决策之前、市人大常委会通过之前、市政府实施之前',切实加强重大问题在决策执行过程中的协商;党总揽全局、协调各方的原则,由市委统一部署、协调并认真组织实施;民主协商、平等议事、求同存异、增进共识的原则,发扬民主,鼓励各种意见的充分表达和沟通。"据此,除了人民政协场所之外,党委、人大常委会、市政府都可以为人民政协提供政治协商的平台。

政治协商的主要内容包括:社会主义现代化建设和改革开放过程中的重要方针政策及大政方针问题;政府工作报告;国家或地方财政预算、经济与社会发展计划;国家政治生活方面的重大事项;国家重要的法律草案和国家领导人选;国家省级行政区划的变动;外交方面的重要方针政策;群众生活的重大问题;有关爱国统一战线及各民主党派之间的共同性的重要事务和重要问题等。

政治协商的程序。党政决策是个完整的过程,重大决策往往要经过以下环节:立项、起草草稿、公布和征求意见、听证、审议和通过、报批、公布。根据中共中央和地方党政部门的规定,党政部门在决策之前要有人民政协的政治协商。在上述几个环节,人民政协可以与相关党政部门进行政治协商,提出自己的意见和建议。相关部门对于合理的应当吸收,不接受的应当说明理由。其一,决策立项通常由党政部门提出。在提出之前要与人民政协进行政治协商,研究其立项的必要性。其二,起草草案通常由相关党政部门牵头起草,政协应当积极介入。决策草案的正式形成往往经过多次反复,人民政协对于草案意见较大的应当进行政治协商。其三,决策草案的公布和征求意见。人民政协仍然可以对此提出意见和建议。其四,听证。对于重要决策事项,党政部门应当听证。政协委员可以建议党政部门主动听证,重点进行不可行性研究。① 其五,党政部门审议并通过。对于重要的决策往往要经过多次审议。对审理过程中争议较大的问题,党政部门应当与人民政协再次进行政治协商。其六,报批。党政部门通过的某些决策要经过上级组织、部门或者人大及其常委会批准。相关批准部门在批准之前,要听取人民政协的意见和建议。其七,公布。作出的决策必须公布之后才能生效。人民政协在党政部门公布决策之前,如果发现决策有重大问题的,可以建议暂停公布并请求政治协商。

第二,民主监督。2004年通过的《中国人民政治协商会议章程》第2条规定:"民主监督是对国家宪法、法律和法规的实施,重大方针政策的执行、国家机关及其工作人员的工作,通过建议和批评进行监督。"这种监督的实质是有组织地反映统一战线各方面意见的群众性监督,它不同于人大的监督,不具有法律效力,但却是国家政治生活中发扬社会主义民主的一种重要形式。《中共中央关于加强人民政协工作的意见》对"积极推进人民政协的民主监督"提出了四个方面的明确要求:

其一,肯定了其重要性,强调中共要接受民主监督。人民政协的民主监督是我国社会主义监督体系的重要组成部分,是在坚持四项基本原则的基础上通过提出意见、批评、建议的方式进行的政治监督。它是参加人民政协的各党派团体和各族各界人士通过政协组织对国家机关及其工作人员的工作进行的监督,也是中国共产党在政协中与各民主党派和无党派人士之间进行的互相监督。对于中共来说,更加需要接受来自各个方面的监督。

其二,人民政协民主监督的主要内容是:国家宪法、法律和法规的实施情况;中共中央与国家领导机关制定的重要方针的贯彻和执行情况;国民经济和社会发展计划及财政预算执行情况;国家机关及其工作人员在履行职责、遵纪守法、为政清廉等方面的情况;参加政协的各单位和个人遵守政协章程和执行决议的情况等。

其三,人民政协民主监督的主要形式有:政协全体会议、常委会议、主席会议向党委和政府提出建议案;各专门委员会提出建议或有关报告;委员视察、委员提案、委员举报、大会发言、反映社情民意或以其他形式提出批评和建议;参加党委和政府有关部门组织的调查和检查活动;政协委员应邀担任司法机关和政府部门特约监督人员等。

其四,具体措施:各级党委和政府要认真倾听来自人民政协的批评和建议,自觉接受民主监督。要完善民主监督机制,在知情环节、沟通环节、反馈环节上

---

① 参见陈军:《"把政治协商纳入决策程序"的几点思考》,载杨奇庆、陈海刚主编:《人民政协理论与实践研究》,上海市人民政协理论研究会2008年度论文集,第11页。

建立健全制度,畅通民主监督的渠道。党委和政府的监督机构以及新闻媒体要密切与人民政协的联系,加强工作协调和配合,提高民主监督的质量和成效。要切实发挥政协提案、建议案在民主监督方面的作用,对政协的提案和建议案要认真办理,及时给予正式答复。

第三,参政议政。2004年《中国人民政治协商会议章程》第2条规定:"参政议政是对政治、经济、文化和社会生活中的重要问题以及人民群众普遍关心的问题,开展调查研究,反映社情民意,进行协商讨论。"它是人民政协通过调研报告、提案、建议案或其他形式,向中国共产党和国家机关提出意见和建议的重要形式。《中共中央关于加强人民政协工作的意见》对"深入开展人民政协的参政议政"提出了具体明确的要求:

其一,地位和含义:人民政协的参政议政是人民政协履行职能的重要形式,也是党政领导机关经常听取参加人民政协的各民主党派、人民团体和各族各界人士的意见和建议、切实做好工作的有效方式。人民政协的参政议政是对政治、经济、文化和社会生活中的重要问题以及人民群众普遍关心的问题,开展调查研究,反映社情民意,进行协商讨论,通过调研报告、提案、建议案或其他形式,向党和国家机关提出意见和建议。

其二,人民政协职责:人民政协要选择经济社会发展中具有综合性、全局性、前瞻性的课题,深入调查研究,开展咨询论证,提出意见和建议。要运用包容各界、联系广泛、人才聚集的有利条件,了解和反映社会不同阶层、不同群体的愿望和要求。人民政协的重要考察活动及重大外事活动要请参加政协的民主党派有关负责人参加,政协专门委员会要积极开展与参加政协的各党派团体的联合调研。要建立健全人民政协参政议政的各项工作制度,形成合理有效的工作机制。

其三,党政部门职责:各级党委和政府要加强与人民政协的联系和沟通,为人民政协参政议政创造良好条件。对政协提出的重要意见和建议,要认真研究、积极采纳。党委和政府有关部门要密切同政协专门委员会的协作和配合,对他们的工作提供必要的支持和帮助。

推荐阅读

1.〔美〕达尔:《论民主》,李柏光、林猛译,商务印书馆1999年版。

本书首先探讨了民主是什么以及人们对民主的期望内容。作者坚持认为自由选举是现代民主制最显著的标志之一,但同时必须辅之以其他一系列包括普遍的投票权和公民的个人自由在内的权利才有现实意义。然后,他考察了有助于民主成功的种种政治、社会和经济因素,并对民主所面临的挑战进行了分析。本书概念清晰,文字简练,内容深入浅出。一书的观点不一定都是"正确"的,但确实是一本了解民主理论的必读书。

2. 〔美〕科恩:《论民主》,聂崇信、朱秀贤译,商务印书馆1988年版。

本书能够使读者对民主有一个较为全面的认识。本书系统地阐述什么是民主,民主的前提、手段、条件,对民主的价值的辩护和证明以及世界范围内民主的展望。作者提出了一系列真知灼见:民主是一种使社会成员大体上能直接或间接地参与影响全体成员的决策社会管理体制;民主的核心是选择,并不带有任何先验的价值标准;自由和平等是民主最重要的两个目标,并且"有自由才能实现民主,但只有在平等的情况下才有理由相信应该实现民主";政治自由和言论自由是民主必要的基础等。

本书论证了民主的物质条件、民众智力和心理条件。但这并不是说贫穷国家不应追求民主,更不是为某些专制和不公找借口。民主有其内在的价值,是我们最终所能选择的最适宜的手段。在世界上各种政体中,民主是危险最小的、坏处最少的一种。真正的民主,必然促进一个社会的公正、效率以及经济发展。民主并不决定我们的未来,但民主使我们可以自己决定自己的未来。

3. 蔡定剑主编:《中国选举状况的报告》,法律出版社2002年版。

《中国选举状况的报告》是北京大学法学院"人民代表大会与议会研究中心"组织的一项重大调研课题的最后成果报告。该项调查从1999年7月至2001年底历时两年多。从事这项调研的有全国人大常委会机关长期从事立法工作和选举组织工作的专家,也有对中国选举制度素有研究的专家学者参加。本书以大量的实证调查和问卷调查为基础,描述并分析了中国实际的选举状况、选民心理和选举行为,并对选举制度改革进行了论证和设计。阅读此书将深化读者对中国选举实际状况的客观认识。

4. 〔英〕约翰·密尔:《论自由》,程崇华译,商务印书馆1959年版。

本书是经典学术名著,近代第一个比较系统地提出并阐述言论出版自由的著作,对西方后来表达自由的理论研究和制度建设影响巨大,中译本翻译非常准确到位甚至有点出神入化。

5. 〔英〕约翰·密尔顿:《论出版自由》,吴之椿译,商务印书馆1996年版。

作者提出了也许是至今为止对表达自由的最有力的辩护。他在书中阐述的观点不仅学者引述较多,而且美国最高法院的许多与表达自由有关的判决也多引述此著作。

6. 〔美〕亚历山大·米克尔约翰:《表达自由的法律限度》,侯健译,贵州人民出版社2003年版。

本书讨论了表达自由与自治政府之间的关系,提出了表达自由的价值主要是服务于民主政治的学说。其学说在美国很有影响,因为他的理论建立在美国式的代议制政府的基础之上。

7. 〔美〕唐·彭伯:《大众传媒法》,张金玺、赵钢译,中国人民大学出版社

2005 年版。

本书也许是美国发行量最大的一本综合介绍美国大众传媒法的著作,体系完备,中文译本准确规范。众所周知,美国是表达自由制度比较健全的国家,而这本著作是对这一说法的最好的注释。

8. Thomas I. Emerson, *The System of Freedom of Expression*, Random House Inc., 1970.

本书是美国最权威的表达自由专著,文笔流畅,在美国和美国之外的学术界有较大的影响。著作具有学术大家的风范,对热爱英语阅读的学生来讲,可读性强,容易产生兴趣。

9. Fredrick Seaton Siebert, *Freedom of the Press in England (1476—1776)*, University of Illinois Press, Urbana, 1965.

这本书全面详细介绍了英国早期的出版许可制度,对理解西方国家表达自由制度的起源,本书提供了较好的线索,具有重要参考价值。本书条理清楚,逻辑严密,史料丰富。

10. C. Edwin Baker, *Human Liberty and Freedom of Speech*, Oxford University Press, 1989.

作者提出了表达自由的价值主要是个体价值的自我实现。在美国研究表达自由的著作当中,本书是一本影响比较大的著作。

11. 王四新:《网络空间的表达自由》,社会科学文献出版社 2007 年版。

国内第一本研究网络言论自由的专著,本书较系统地梳理了表达自由的一些基本理论问题。针对网络这种全新的交流媒体产生的表达自由问题,本书也分几个专题进行了阐述。

12. 中国选举与治理网:http://www.chinaelections.org/

这是一个从选举和治理的角度探索和研究中国政治制度和政治体制改革的中英文网站,由中国人民大学比较国际政治经济研究所与卡特中心中国选举项目联合主办。该网站设有选举制度、地方治理、法律规章、新闻集萃、选举统计、理论探讨、图书资料、国外选举、人大工作等栏目,内容涵盖即时新闻报道和评述,对现行选举、治理制度和理论的探讨,以及对西方选举制度和政府体制的观察,力求从不同的角度,深刻、全面地探讨中国选举和治理的现状和发展前景。

思考题

1. 什么是民主?其理论基础是什么?
2. 结合选举制度与选举权来认识各种政治权利。
3. 民主选举有哪些基本特征?民主选举有哪些基本制度?如何保障民主选举的秩序、自由和公正?

4. 中国选举制度的基本原则有哪些?
5. 在中国,谁来主持选举?如何确定、分配代表名额?如何划分选区和登记选民?
6. 在中国,如何推荐、确定和介绍人大代表候选人?如何投票与确定代表当选?
7. 如何监督人大代表?如何保障选举依法进行?
8. 什么是政党?政党与国家机关之间关系如何?
9. 政党在选举中发挥什么作用?
10. 宪法对政党有哪些规范和保障作用?
11. 政党与宪法政体之间有何密切关系?
12. 政党制度与选举制度之间关系形态如何?
13. 政党民主和人民民主之间的关系如何?
14. 宪法规定的中国政党制度包括了哪些内容?中国共产党的领导的正确含义是什么?
15. 宪法规定的中国政党制度包括了哪些内容?
16. 《公民权利和政治权利国际公约》第19条规定:人人有自由发表意见的权利;此项权利包括寻求、接受和传递各种消息和思想的自由,而不论国界,也不论口头的、书写的、印刷的、采取艺术形式的、或通过他所选择的任何其他媒介。请你比较一下中国《宪法》第35条的规定与该条规定的异同。
17. 广电总局在其通知中要求电视剧的语言(地方戏曲片除外)应以普通话为主,一般情况下不得使用方言和不标准的普通话。重大革命和历史题材电视剧、少儿题材电视剧以及宣传教育专题电视片等一律使用普通话,电视剧中出现的领袖人物的语言要使用普通话。请你用表达自由的限制的相关理论,分析广电总局的这一通知。
18. 按照你的理解,表达自由这一概念和与其相关联的那些概念,比如言论、新闻出版自由,请愿自由和游行示威的自由之间在逻辑上具有什么关联性,相互之间有什么区别?

第三编
国家结构与组织形式

权利是重要的,但只是崇拜权利是不够的。如果基本权利不能得到有效实施,那么宪法的权利条款无异于一张不能兑现的空头支票,而实现权利的重要途径和手段就是政府权力的合理分配。事实上,在基本权利获得最高地位之前,宪法被认为主要是一部关于政府"构成"(constitution)的法;即使在"权利"成为宪法最高价值之后,政府结构仍然是宪法必不可少的部分。因为如果政府权力配置不合理,那么基本权利就难以得到可靠保障。

政府权力的分配分为两大部分:横向的和纵向的。纵向权力分配是指中央和地方关系,横向权力分配是指中央或地方政府内部不同职能——主要包括立法、行政与司法——之间的关系。第三编探讨纵向与横向分权,共分四章,分别论述立法、行政与司法机构以及中央和地方关系。与横向分权一样,纵向分权也有几种不同形态,譬如联邦制、邦联制和单一制。中国是一个以中央集权为特征的单一制国家,但地方差异也很大,因而不可能采用简单的中央集权模式。港澳基本法的模式实现了不同制度在同一部宪法内的融合,更凸现了中国单一制框架的多元与复合特征。

第七章 立法机构

本章阐述了立法机构的地位、结构、组成、职权和运作等问题。第一节论述了议会的起源、"议会至上"和"三权分立"、人民代表大会制;第二节论述了议会结构、代表制理论、议员的法定职责和职务保障;第三节论述了议会的职权、议事规则和工作程序;第四节专门研究中国立法机构:重点阐述了全国人大及其常委会的宪法地位与职权、专门委员会制度、地方人大及其常委会、国家立法权和地方立法权的配置、权力机关的运作、人大代表如何履职等问题。

第一节 "议会至上"与"三权分立"

一、议会的发展

现代民主国家一般设有三个宪法机构:立法机构、行政机构和司法机构。其中的立法机构(legislatures)一般称为议会,也称为国民大会、杜马、人民代表大会,等等,其中全国性的议会通称为国会。议会一般都是由选民定期选举产生的代表组成,选民通过其选出的代表对国家机关的活动行使最后的控制权。作为民主政治的"大本营",议会在现代政治生活中扮演着关键性的角色。根据逻辑上的先后关系,议会的性质首先是民意代表机构,然后才是立法机构和最高的议事机构。议会通常以少数服从多数的决议方式,从事制定法律、任免国家高级官员、监督其他国家机构运作等重要的国务活动。由于民主选举产生的议会是公共利益的最可靠保障,在某种意义上,议会相当于一个"公益机器"(public interest machine)。在通常情况下,它所产生的法律或决定一般都符合"公共利益"。①

现代议会本身是历史演变、政治斗争的产物。作为一种咨询和议事机构,议会最早的雏形出现于人类文明史的开端,盖古代原始民主制度都有某种形式的议事机构。现代议会的前身是欧洲中古封建时期的等级会议(Estates-General, Etat-Generaux)。当时各封建国家大都有一个等级会议。等级会议主要是直接属于封建君主的由贵族、僧侣、市民代表组成的一种会议,是附属于君主的咨询机构。各等级分别开会,因此总称为等级会议。如果君主所要求于诸侯的义务,

---

① 张千帆:《"公共利益"的困境与出路——美国公用征收条款的宪法解释及其对中国的启示》,载《中国法学》2005年第5期,第36—45页。

超过了旧日的成规,则这种要求,须获得等级会议的同意。但等级会议的组成、性质和职能均与现代议会大不相同,并且等级会议也没有稳定的权力。

作为民意代表机关和正式的立法机构,现代议会发端于英国,英国议会(Parliament)因此被公认为"议会之母"。早在公元 9 世纪中叶,盎格鲁·撒克逊国王开始不定期召集"贤人会议",由主教、郡长、诸侯及贵族组成。贤人会议权限很广,讨论议题包括王位继承人、税收、外交、防卫、分封等重要事务。贤人会议还是国家的最高法庭,审理地方法庭不能判决或涉及政府官员的争议。国王颁布法令,往往需要贤人会议的同意。1066 年,诺曼公爵威廉入侵英国并征服盎格鲁·撒克逊,登上了英国王位,称威廉一世(1066—1087 年在位)。威廉一世在重新确认各项旧的习惯法之前,曾要求各郡派 12 名代表到宫廷共同确定。盎格鲁·萨克逊时代的贤人会议到诺曼时期变为大会议。但贤人会议和大会议都没有民选的代表参加。亨利一世(1100—1135 年在位)在加冕宣誓时保证,如若更动法律,一定同封臣协商。亨利二世(1154—1189 年在位)时统一了各地习惯法,开始施行普通法。此后虽然颁布法律的权力经常属于国王,但要得到封臣同意的原则并未改变。①

国王和贵族之间存在着激烈的斗争。1215 年,约翰王(1199—1216 年在位)由于教皇要开除他的教籍和迫于贵族的压力,被迫接受贵族提出的《自由大宪章》。该宪章限制了王权,国王征收特别税费必须通告各大主教、住持、伯爵与男爵,指明时间与地点,召集会议,以期获得全国公意许可,并规定推选男爵 25 人组成一个常设的委员会,监督国王遵守宪章。

1257 年,亨利三世(1216—1272 年在位)加重了租税,不愿受《自由大宪章》的约束,致使大封建主再次反抗国王,他们要求召开由所有贵族参加的会议。这个会议于 1258 年在牛津召开。这次会议被称为"议会"(Parliament)。会议经过激烈辩论(史称"疯狂议会"),通过一个《牛津法规》,规定在国王之下设立一个常设的 15 人会议,负责向国王提出关于管理国家的善意建议;为解决最重要的事项,会议应每年召开 3 次。1261 年,亨利三世取消了《牛津法规》,导致在国王和封建主之间爆发了一场内战。大封建主西门·德·孟福尔依靠骑士(即小诸侯)、市民、自由农民和主张改革的封建主的支持,取得了反对国王斗争的胜利。亨利三世被迫同意实行《自由大宪章》和《牛津法规》。

1265 年,为了解决财政困难,拟征新税,孟福尔根据《自由大宪章》的规定,在伦敦召集了有贵族、僧侣和骑士(每郡两名)、市民(每个大城市两名)代表参加的会议。由于有市民代表参加,这次会议被认为是英国议会的滥觞。孟福尔被视为英国议会的创始人。但开始几个议会,有时缺乏市民代表,有时缺乏下级

---

① 沈汉、刘斯成:《英国议会政治史》,南京大学出版社 1991 年版,第 6 页。

僧侣的代表。1295年,爱德华一世(1272—1307年在位)因战争原因,需筹集费用,于是召开新的议会。这次会议除大贵族、教士参加外,每郡有两名骑士代表,每个城市有两名市民代表参加。自1295年始,这些阶级的代表被认为是议会所不可少的成员,因此,该年的会议被誉为"模范议会"。在爱德华一世时期,每年定期定点召开两次议会已形成制度。

在议会制度形成的过程中,出乎王室的本意,议会中逐渐产生了反对派。1297年,迫于反对派的压力,爱德华一世接受了《宪章确认书》。爱德华一世在实际上承认了议会的征税权,即国王拟征集新的税款,事先必须经过议会的讨论和同意。在爱德华二世(1307—1327年在位)时期,议会权力在同国王的斗争中进一步提高。1327年,在大贵族的压力下,爱德华二世经过正规的议会方式被废黜。这一举动创立了一个重要的先例。

与欧洲大陆一般等级会议不同的是,14世纪中期,由于利益的殊同,英国不同等级的代表在议会中开始分化组合:贵族和僧侣代表利益相同,并都由国王以诏书召集,结合为一种势力,发展成为议会的上院;骑士和市民代表有着共同的利益,并都是选举产生,从而结合为另一种势力,发展成为议会的下院,即平民院。1343年,骑士和市民代表第一次单独召开会议,标志着下院的形成。1376年后,下院代表推选产生了自己的议长,标志着下院组织日趋成熟。这是英国议会两院制的由来。①

在长期的政治斗争中,国王权力不断受到限制、削弱,议会权力逐步加强并得到巩固,地位愈加提高。1688年"光荣革命"后,议会通过的《权利法案》(1689年)和《王位继承法》(1701年),终于从法律上确立了议会的权威,确认了议会是凌驾于国王之上的最高立法机构和最高权力机关。到19世纪中叶,英国最终确立了责任制政府,即政府必须得到平民院多数议员的支持和信任方能执政,议会成为国家生活的核心。至此,英国议会制度的建立遂告完成。随后,英国议会又经历了四次选举改革以及宪章运动,到1911年《议会法》通过,英国议会制度才发展得比较完备。在此过程中,贵族院权力和平民院权力此消彼长。在两院中,平民院的权力因1911年《议会法》和1949年新《议会法》的通过而得到明显加强,贵族院的地位大为衰落。现在的平民院已经基本成为英国议会的代名词。

美国没有经历过封建社会,因此不曾有过欧洲的等级会议。自1607年英国在北美建立第一个殖民地起,到1776年美国宣布独立时止,为美国殖民地时期。在这一时期,各殖民地建立了自己的议会,并且除宾夕法尼亚和佐治亚两个殖民

---

① 参见郑允海、阚珂、李秋生:《当代资本主义国家的议会制度》,福建人民出版社1994年版,第2—5页。

地外,都实行两院制。上议院通常称为参事会或管理委员会,由 12—18 人组成,除自治殖民地由自由民选举产生外,余者均由英国王室或业主任命产生。下议院议员由合格选民选举产生。1776 年《独立宣言》通过,宣告美国独立。1781 年,大陆会议通过的《邦联条例》开始生效。该条例规定,组成邦联国会,但严格来讲,邦联国会并不是一个真正的议会,它没有权力强制各州执行其决定,也没有立法权和决定预算的权力。现代的美国国会(Congress)是根据 1787 年联邦宪法设立的。联邦《宪法》第 1 条明确规定:"本宪法所授予的立法权,均属于由参议院和众议院所组成的合众国国会。"

与英国相似,法国议会也起源于封建社会的三级会议,但法国议会制度比英国落后约四百年。1302 年,法国国王菲利普四世因同罗马教皇发生冲突,为争取世俗力量的支持,召集法国历史上的第一次三级会议,命令贵族、僧侣、平民各推代表若干人参加。但三级会议基本上只是国王的咨询机关和御用工具。后来由于国王不再需要利用三级会议,加之三级会议自身没有共同利益,并互相轻视,三级会议逐渐衰落。1789 年法国大革命前夕,路易十六为解决财政危机,才被迫宣布恢复召开停会长达 175 年的三级会议。而三级会议一开,就发展成为第三等级同国王的尖锐冲突。第三等级(平民代表)于 6 月 17 日宣布会议为国民会议(Assemblee Nationdle)。此举被公认为是法国议会制度的肇端。① 1791 年法国宪法设立了一院制议会,为最高立法机构。现代法国议会正式建立。1795 年,国民制宪会议通过的新宪法规定立法权属于国会,国会实行两院制。但此后法国议会制度长期处于频繁变动之中,直到 1958 年戴高乐政府主持通过了第五共和国宪法,法国议会制度才真正得以稳定。②

二、"议会至上"

尽管每个国家通常都设有议会(立法机构),同时设有行政机构和司法机构,但各国宪法和法律对三者之间横向权力关系的配置却有许多差异,由此形成了不同的宪政体制。所谓"议会至上"是指议会的立法权代表了国家至高无上的权力,几乎不受任何其他权力控制的一种宪政体制。它以立法权为最高统治权,以法律为最高命令。作为国家的最高权力,立法权超越执法权与司法权。

议会至上制度崇尚民主,代表了比较朴素的民主观念。就英国而言,其议会至上制度的理论基础源于英国思想家约翰·洛克(John Locke)的宪政思想。为防止权力的滥用,洛克虽然主张权力的分工,立法权和执行权应当由不同的人行使,但坚持认为立法权是最高的权力,立法权制约其他权力但不受其他权力的制

---

① 参见李步云主编:《宪法比较研究》,法律出版社 1998 年版,第 759、760 页。
② 参见蔡定剑:《中国人民代表大会制度》,法律出版社 2003 年版,第 97—102 页。

约。洛克认为,立法权源自人民的委托。人类只是为了避免自然状态的缺陷,才联合成为社会,以便用整个社会的集体力量来保障和保护他们的财产,并以经常有效的规则来加以限制。立法权必须专属于立法机构,立法机构不能把立法权转让给任何他人。只有人民才能通过组成立法机构和指定由谁来行使立法权,选定国家的形式,这是因为立法权只是来自人民委托的一种权力,享有这种权力的人就不能把它让给他人。①

英国是奉行"议会至上"制度的典型国家。在英国,议会就是最高国家权力机关,内阁(行政机构)则居于从属地位,其运作以议会信任为前提。议会有权制定或废止一切法律,核准政府税收;它可通过不信任投票迫使内阁垮台,运用弹劾权控制大臣和法官。内阁通过议会选举产生,首相就是议会多数党领袖,内阁部长通常由首相任命本党议员产生。内阁必须对议会负责。根据惯例,议会若通过对内阁的不信任案或否决政府的重要法案(如财政法案),内阁必须总辞职。英国的高等法院对行政机构是独立的,但必须执行议会的决议,受议会的监督,并且其贵族院本身同时又是最高上诉法院。该国亦无效力高于普通法律的成文宪法,这导致英国不存在针对议会立法的宪政审查制度。英国立法机构的这种优越地位,使其得到了"议会万能"的称谓。②虽然英国的内阁可通过行使解散议会下院的权力对议会构成一定制约,但就整体而言,这一权力尚不足以改变议会至高无上的地位。戴雪指出:"按照英国宪法,议会……有权制定或取消任何法律;并且英国法律不承认其他人或机构能够制定规章以压倒或毁损议会法律,或……在违反议会法律时得到法院执行。"③同样必须指出的是,由于英国民主革命的不彻底性,迄今为止,其议会事实上从未成为一个纯粹民主的机构。其议会上院(贵族院)虽经多次改革,地位明显衰落,但仍一息尚存,对下院所代表的民主政治发挥一定的制约作用。④

除英国外,瑞士也是实行议会至上的国家。虽然存在权力分工,联邦议会行使立法权,联邦政府行使行政权,联邦法院行使司法权,但是,议会选举产生联邦政府和联邦法院,并对其享有最高监督权。联邦政府必须执行议会通过的法案,既无权要求复议,也不能解散议会。根据瑞士宪法的有关规定,联邦议会享有保障联邦宪法和各州宪法实施、监督联邦行政机关、处理联邦各机关之间有关权限的争议和修改联邦宪法的权力。人民和州有权复决联邦法律、法令和宪法修正

---

① 〔英〕洛克:《政府论》(下),叶启芳、瞿菊农译,商务印书馆1964年版,第82、85、88、89、90、92页。
② 有学者指出英国已经有了一部"成文宪法"(欧洲共同体条约)。由于议会法案不得抵触共同体的条约和其他立法,且欧洲法院和英国法院本身有权解释共同体的法律规范,英国议会至上已经受到限制——包括本国法院的限制。不过,这种限制本身仍然是非常有限的。参见张千帆:《宪法学导论——原理与应用——原理与应用》,法律出版社2004年版,第281页。
③ 转引自同上注,第279页。
④ 韩大元主编:《外国宪法》,中国人民大学出版社2005年版,第34—38页。

案。联邦法院虽然可以审理一定的宪法纠纷,在一定程度上发挥着保障宪法实施的作用,但无权宣布联邦议会违宪,对联邦政府的法令也无权干预,没有宪政审查权。[①] 不过瑞士的国情非常特殊,"小国寡民",直接民主制的运用较为广泛。

议会至上制度有一定局限性。以英国为例,由于没有成文宪法和有效的宪政审查机构,英国主要通过宪政、自由、人权观念以及两院制的内部制约等来防御议会的滥权。尽管来自宪政文化的保障以及单纯议会内部的制约能够基本满足英国的国情需要,但这种浓厚的国家特色很难使其制度具有普适性。代议制民主并非没有任何潜在危险,如何通过正式的宪政制度防范议会滥用权力,或者说如何防范议会被某些政治派别操纵并滥用其权力,是个十分重要的问题。即使是坚信代议民主制度的英国思想家约翰·密尔(John Mill)也持有谨慎怀疑态度:"代议制民主容易产生的危险有两种:代议团体以及控制该团体的民意在智力上偏低的危险;由同一阶级的人构成的多数实行阶级立法的危险。"正因如此,"我们现在必须进一步考虑的是,在实际上不妨害民主政体所特有的好处的情况下,如何组织民主制,俾能在人类设计可能达到的最大限度上除去这两大害处,或至少加以减轻"[②]。

三、"三权分立"

(一) 三权分立的含义

作为一种现代宪政制度,三权分立不能简单理解为国家权力划分为立法权、行政权、司法权,并由立法机构、行政机构、司法机构分别行使,而是指在权能分立的前提下,立法机构、行政机构和司法机构之间存在相互制约的关系。换言之,这是一种分权制衡的宪政制度。如果没有这种彼此制约,即使存在权能的分立,行政权和司法权也难以抵御立法权的干预,最终仍然无法避免议会至上的政治格局。英国、瑞士国家权力虽然也分别划归三个机构行使,但由于奉行议会至上原则,议会基本不受其他国家机构的制约,因而不属于三权分立国家。

如果说,议会至上在理论上系出于对民主或者对民众的信任,那么三权分立就意味着在基本保留这种信任的前提下,又对民主和民众,或者更进一步说是对普遍的人性抱有某种程度的怀疑。议会至上的理论基础是民主主义政治哲学,主张人民至上、民主至上,而三权分立的理论基础是自由主义政治哲学,它们否认任何权力具有至高无上的地位,包括立法权在内的各种权力必须受到制约,才

[①] 谢鹏程:《瑞士的宪法监督体制》,载《新疆人大》(汉语版)2003年第7期。
[②] 〔英〕密尔:《代议制政府》,汪瑄译,商务印书馆1982年版,第101页。

能避免公民自由因权力滥用而被侵犯,不论这些权力掌握在谁的手中。三权分立只承认权力有限的政府,追求的最高价值是自由,制约防范的主要对象是议会。不同于议会至上所信奉的朴素的民主观念,三权分立代表了一种节制、审慎的民主观念,它虽然把民主政治作为宪政制度的基石,但它确实构成了对民主政治的防范、制约。在保持民主政治活力的前提下,三权分立在民主政治中溶入了一些精英政治的成分,使民主政治受到一定的节制,通过不同权力分支机构的相互制约达到政治的平衡状态。所谓平衡,主要是指政府能够维持正常社会秩序、政府权力不被滥用、自由得到可靠保障的理想状态。

(二) 三权分立的基本理论

三权分立的思想萌芽于古希腊罗马时代。亚里士多德在《政治学》、波罗比阿在《罗马史》中,都提到"分权"、"制约"、"均衡"问题。近代的洛克也曾经提出过立法权和执行权分立、防止权力混同造成权力滥用的思想。① 不过,如前文所述,洛克主张立法权至上,因此严格说来,他的主张虽然有益于三权分立思想的最终形成,但其本身并非是三权分立的思想。②

三权分立思想的真正集大成者是法国的孟德斯鸠。孟德斯鸠的思想对美国宪法所建立的三权分立制度的建立发挥了关键性的作用。孟德斯鸠认为要想保障自由,必须从国家政治制度角度限制政府权力,防止权力滥用和权力腐败。他说:"一切有权力的人都容易滥用权力,这是万古不易的一条经验。有权力的人们使用权力一直到遇有界限的地方才休止……从事物的性质来说,要防止滥用权力,就必须以权力约束权力。我们可以有一种政制,不强迫任何人去做法律所不强制他做的事,也不禁止任何人去做法律所许可的事。"③只有从政制上防止权力滥用和权力腐败,才能使政治自由在法律上不至于落空。"当立法权和行政权集中在同一个人或同一个机关之手,自由便不复存在了。因为人们将要害怕这个国王或者议会制定暴虐的法律,并暴虐地执行这些法律。如果司法权不同立法权和行政权分立,自由也就不存在了。如果司法权同立法权合而为一,则将对公民的生命和自由实行专断的权力,因为法官就是立法者。如果司法权同行政权合而为一,法官便将握有压迫者的力量。如果同一个人或是由重要人物、贵族或平民组成的同一个机关行使这三种权力,即制定法律权、执行公共决议权和裁判私人犯罪或争讼权,则一切便都完了。"④

但真正把孟德斯鸠的分权思想转化为现实宪政体制的人还是美国联邦宪法的缔造者麦迪逊等联邦主义者。他们不仅继承了孟德斯鸠的分权思想,而且还

---

① 〔英〕洛克:《政府论》(下),叶启芳、瞿菊农译,商务印书馆1964年版,第89、90页。
② 龚祥瑞:《比较宪法与行政法》,法律出版社1985年版,第66、67页。
③ 〔法〕孟德斯鸠:《论法的精神》(上册),张雁深译,商务印书馆1961年版,第154页。
④ 同上书,第156页。

创造性地提出了权力的局部混合观点,使分权思想更加具有可行性。其三权分立制度的理论逻辑主要是:

第一,集权必然是虐政,因此必须分权。建立分权体制是当时制宪会议全体代表的政治共识。麦迪逊指出:"在组织一个人统治人的政府时,最大困难在于必须首先使政府能管理被统治者,然后再使政府管理自身。毫无疑问,依靠人民是对政府的主要控制;但是经验教导人们,必须有辅助性的预防措施。"分权制衡制度就是这种辅助性的预防措施。① 第二,立法权是主要的制约对象。他们认为议会特别是代议民主制下的议会,有可能会滥用权力。第三,分权不能仅仅靠宪法对权力的表面划分和界定,必须以权力对抗权力,才能保障分权的效果。"防御规定必须与攻击的危险相称。野心必须用野心来对抗。人的利益必然是与当地的法定权利相联系。用这种种方法来控制政府的弊病,可能是对人性的一种耻辱。但是政府本身若不是对人性的最大耻辱,又是什么呢? 如果人都是天使,就不需要任何政府了。如果是天使统治人,就不需要对政府有任何外来的或内在的控制了。"②第四,分权制衡的实现需要三权的局部混合。绝对的权力分立无法实现分权制衡的目的。麦迪逊认为:"除非这些部门的联合和混合使各部门对其他部门都有法定的监督,该原理所要求的、对一个自由政府来说是不可或缺的那种分立程度,在实践上永远不能得到正式的维持。"汉密尔顿亦认为,"只要各个权力部门在主要方面保持分离,就并不排除为了特定目的予以局部的混合。此种局部混合,在某些情况下,不但并非不当,而且对于各权力部门之间的互相制约甚至还是必要的。"③

(三)三权分立的宪政制度

除了个别例外,三权分立是西方国家普遍承认的宪政原则。这些国家试图在宪法的统一规制下,把议会民主和三权分立结合起来,并使两者相互制约达到平衡和协调,从而构建宪政的民主制度(constitutional democracy),防止民主沦为"多数人暴政"的工具。④

在具体的结合和平衡方式上,各国不存在固定的模式。事实上,由于各国的政治力量对比、历史传统、思想文化等因素的差异,不同国家在分权制衡的具体形式有很多不同之处,鲜明地打下了本国的烙印。其中,美国联邦、德国联邦和法国是具有代表性的三种基本类型。在三者之中,又以美国联邦宪法确立的总统制下的三权分立体制最为典型。在这一体制下,国会的民主立法权受到了另

---

① 〔美〕汉密尔顿、麦迪逊、杰伊:《联邦党人文集》,程逢如等译,商务印书馆1980年版,第246、264页。
② 同上书,第256、264页。
③ 同上书,第247、252、337页。
④ 参见〔法〕托克维尔:《论美国的民主》(上卷),董果良译,商务印书馆1988年版,第282—300页。

外两个权力分支——以总统为首的行政分支和联邦法院的司法分支——的制约。美国联邦宪法赋予总统以立法否决权。总统有权基于合宪性或政策性考虑,以否决国会法律。联邦法院则可以在审理具体案件的过程中,对相关的国会立法以及总统发布的法令进行合宪性审查,对一切违反宪法的法律、法令、措施宣布违宪从而使之在事实上无效。美国的分权制度还表现在立法权的内部分立。美国宪法采用严格的两院制,且两院的权力基本平等。通过分别规定两院不同的组成与选举方式、成员的资格与会议程序,从而分化众议院和参议院,使其相互制约。

德国联邦宪法所确立的三权分立以立法权为重点,是一种议会制(亦称责任内阁制、议会内阁制)下的三权分立。其议会主要受到宪政法院的制约。宪政法院有权对议会的立法和决定以及行政机构的权力行为实施宪政审查。另外,总统可否决违反宪法程序的立法。① 法国宪法所确立的三权分立是以行政权为重点,是一种半总统制(兼有总统制和议会制特点)下的三权分立,其议会的立法活动受到宪政院的制约。议会程序规则和组织法在颁布之前必须被提交到宪政院,以决定其合宪性。其他法律获得颁布之前,可以由总统、总理、众议院和参议院议长或60名众议院代表或参议员提交宪政院进行审查。总统、总理对议会立法也有一定的制约权力。

三权分立限制民主,但并不否定民主。在德国,总统一般无权以实质性理由去否决他认为在内容上违宪的法律,更无权纯粹基于政策加以否决。法国总统仅可要求议会重新考虑而无权直接否决议会通过的法律。美国总统对国会所通过的法律案虽然可以行使否决权,但为了防止总统滥用否决权,过分侵犯国会的立法权,宪法明确规定国会可以以国会两院各2/3的超多数推翻总统的否决,从而使法律案生效。从1789—1994年,历届总统共正式行使过1436次立法否决权,其中有103次否决被国会成功地推翻。自肯尼迪总统之后,总统行使立法否决权的情况比较少见。② 国会的一般立法虽然可能被法院宣布违宪,但这项立法如果确实代表了普遍的民意,国会在法律上仍有可能通过修宪程序,把违宪的法律"宪法化",上升为宪法条款,从而推翻法院对民意代表机关决定的否定。尽管这种操作极为困难,但并非没有可能。在修宪程序较为简单的国家,例如德国,如果联邦议会不同意宪政法院对《基本法》的解释,它能够通过较简便的程序来修改《基本法》之含义,从而挫败宪政法院的决定。③

三权分立追求的目标主要不是强大有力的政府,而是一个权力有限的政府;

---

① 参见张千帆:《西方宪政体系》(下册),中国政法大学出版社2001年版,第243页。
② James M. Burns et al., *Government by the People*, New Jersey: Prentice Hall, Inc., 1995, p.389.
③ 参见张千帆:《西方宪政体系》(下册),中国政法大学出版社2001年版,第180页。

主要不是效率,而是自由。这种结构,历史学家理查德·霍夫施塔特称之为"互相抑制的和谐体制"①。分权制衡体制导致政府权力的行使受到重重制约,决策权力相对分散,其决策成本明显高于一元化的集权制度,但如果这种谦抑的、审慎的民主体制果真能避免和减少政府一时冲动作出的错误决策,那么其决策成本的付出将会因错误成本的降低而得到很大的弥补。对于分权制衡体制的实际效率,应当从权力运作的长期过程和整体利益角度来观察,由各国具体的宪政实践来检验,或者说"让人类判断最不易产生错误的指南——经验,来回答这些问题"②。

四、人民代表大会制

(一)人民代表大会制的含义

人民代表大会制一般被认为是中国的根本政治制度。该制度主要包括四个环节:一切权力属于人民;人民在普选的基础上选派代表,组成全国人大和地方各级人大并作为人民行使国家权力的机关;其他国家机关由人大产生,受其监督,对其负责;人大常委会向本级人大负责,人大向人民负责。把上述四个环节综合起来,就是人民代表大会制度。③ 该制度规定在《宪法》第一章"总纲"中。《宪法》第2条第2、3款明确规定:"中华人民共和国的一切权力属于人民。人民行使国家权力的机关是全国人民代表大会和地方各级人民代表大会。"第3条进一步规定:"中华人民共和国的国家机构实行民主集中制的原则。全国人民代表大会和地方各级人民代表大会都由民主选举产生,对人民负责,受人民监督。国家行政机关、审判机关、检察机关都由人民代表大会产生,对它负责,受它监督……"需要注意的是,人民代表大会制度和人民代表大会的概念是有区别的,前者是一种制度,而后者仅仅是一种具体的国家机关。

人民代表大会制的基本理论逻辑是:人民——作为统一的不可分割的整体——是主权者,而人大则是代表人民行使主权的权力机关,其他国家机关的权力都是由权力机关派生出来的,因此必须受后者的统帅,而权力机关除了对人民负责、受人民监督外,不受同一层次的其他国家机关的监督、制约。因此,中国的人民代表大会制虽然出于国家管理的实际需要,承认权力的必要分工,但并不实行分权制衡的原则和制度。

(二)人民代表大会制的历史

中国共产党取得政权后,人民代表大会制度作为政府组织形式,在《共同纲

---

① 转引自〔美〕加里·沃塞曼:《美国政治基础》,陆震纶等译,中国社会科学出版社1994年版,第24页。
② 〔美〕汉密尔顿、麦迪逊、杰伊:《联邦党人文集》,程逢如等译,商务印书馆1980年版,第26页。
③ 参见许崇德主编:《中国宪法》,中国人民大学出版社1996年版,第139—143页。

领》中和后来中国的四部宪法中都被加以确认。1949年9月,《共同纲领》确定人民代表大会制度为中国的政权组织形式:……国家政权属于人民,人民行使国家政权的机关为各级人大和各级政府,国家最高政权机关为全国人大;在普选的全国人大召开之前,由中国人民政治协商会议的全体会议执行全国人大的职权;在普选的地方各级人大召开之前,由地方各级代表会议代行人大的职权。

1953年至1954年春,全国进行首次普选,在此基础上相继召开了地方各级人大,选举产生了地方各级国家政权机关。随后,选举产生了出席全国人大的代表名单。1954年9月,第一届全国人大第一次会议在北京召开,通过了中华人民共和国第一部正式《宪法》。该《宪法》规定,中华人民共和国的一切权力属于人民,人民行使权力的机关是全国人大和地方各级人大,全国人大是最高国家权力机关;全国人大设立常委会,为其常设机关;在全国人大闭会期间,由其常委会依照宪法的规定行使最高国家权力机关的部分职权;设立国务院,即中央政府,它是全国人大的执行机关和最高国家行政机关。

1957年反右倾斗争以后,各级人大的正常工作也受到了影响,各级人大会议均难以如期举行,即使召开了会议,也多流于形式。1962年以后的几年,各级人大的工作稍有起色,但最终未能恢复到1957年以前的水平。1966年"文化大革命"爆发以后,在长达八年半的时间内,从未召开过全国人大及其常委会会议,直到1975年1月第四届全国人大第一次会议召开。这一阶段的人民代表大会制度几乎是名存实亡。

1975年《宪法》恢复了人民代表大会制。1978年2月,第五届全国人大第一次会议通过了修改后的《宪法》,推动了地方各级人大的恢复工作。1979年7月,第五届全国人大第二次会议通过了关于修正《宪法》若干规定的决议,决定在县和县以上地方各级人大设立常委会;改地方各级革委会为地方各级政府;县人大代表改由选民直接选举产生。1982年通过的现行《宪法》继续坚持人民代表大会制,并健全了全国人大的组织和各项工作制度,扩大了全国人大常委会的职权,使人民代表大会制度得到进一步发展。①

(三)人民代表大会制与"议行合一"

与三权分立原则相反,人民代表大会制体现的是"议行合一"原则。"议行合一"原则有实质意义和形式意义之分。形式意义的"议行合一"原则是指代议机关和行政机关合而为一,制定法律的机关同时又负责执行法律;代议机关的成员同时又是执行部门的领导者。1871年的巴黎公社委员会集立法权、行政权与审判权于一身,体现了形式意义的"议行合一"原则。这种"议行合一"原则曾经

---

① 许崇德主编:《宪法》,中国人民大学出版社2004年版,第115—116页。

得到了马克思和列宁的肯定。① 但由于国家正常管理活动的高度复杂性,形式意义的"议行合一"原则不可能被运用于常态的国家管理中,所以后来的社会主义国家实际上都放弃了巴黎公社委员会的模式,而贯彻了实质意义的"议行合一"原则。按照这种原则,在形式上,国家根据管理的实际分工需要,仍然需要分别设立民意代表机构、行政机构和司法机构,分别行使不同的权力,但民意代表机构作为权力机关,居于同一层次的其他国家机关之上,其他国家机关必须执行权力机关作出的决定,受权力机关监督,对权力机关负责。权力机关制约其他国家机关而不受其他国家机关的控制。这种单向控制不同于三权分立体制下的议会与其他权力分支机构之间的双向制约。

(四)人民代表大会制与议会制

议会制是目前西方国家普遍采用的一种政府组织形式。除英国外,西方实行议会制的国家还有德国、日本、意大利、希腊、印度等。议会制国家的代表机构通常在国家政治生活中占有主导地位,政府内阁由代表机构选举产生并对代表机构负责,必须执行代表机构的决定,取得代表机构的信任。议会制的这些特点确实与人民代表大会制有几分近似。但这种相似主要是表面的雷同,实际上它们在政治基础、基本原则和制度内容均有明显区别。

第一,人民代表大会制的政治基础是执政党的统一领导,而西方议会制的政治基础是竞争性政党制度。中国的国家机关无论是人大、政府还是司法机构都必须在执政党的统一领导下工作,而西方国家实行竞争性政党制度,政府内阁由在议会中取得多数席位的政党组阁,政府内阁随政党共进退。政府内阁的组成因议会中多数党的更换而更换。

第二,人民代表大会制强调人大至高无上,不实行三权分立,而西方议会制通常采用分权制衡原则,实行三权分立。中国的人大是权力机关。如上文所述,作为最高权力机关,全国人大不受任何其他国家机关的监督、制约。议会制国家除英国、瑞士奉行议会至上外,一般都实行三权分立,议会的立法和决定受到宪政法院或普通法院等的制约,并非神圣不可挑战。

第三,在制度内容方面,人民代表大会制与议会制也有较大不同。中国的政府组成人员对人大不负连带的政治责任。人大有权审议政府工作报告,决定政府的财政预算,但政府不会因工作报告、预算案未获得通过而导致政府集体总辞职。同时,政府也无权提请国家主席解散人大。在议会制国家,内阁对议会共同负连带责任。内阁向议会提出的主要法律提案和预算法案,财政法案等如果没

---

① 有学者认为,强调"议行合一"容易忽视政权之间的合理分工和制约,混淆各国家机关的权力界限,不利于保障各国家机关依法行使职权;在思想理论上也容易导致人大越权干涉行政、司法的职权。参见蔡定剑:《中国人民代表大会制度》,法律出版社2003年版,第87、88、91页。

有得到议会的通过,或是议会通过了对政府的不信任案,则内阁必须总辞职。如果内阁不愿辞职,可以提请国家元首解散议会,重新选举议会。在改选后的议会中如果原执政的党仍居多数,内阁即可不辞职,否则应立即辞职。

此外,两种不同制度背景下的代表制度、民意代表机构本身的工作制度也有种种较大的差异。(具体内容参见本章第四节)

第二节 议会的结构与组成

一、一院制还是两院制

(一)议会结构的概况

一院制还是两院制,这属于议会的结构问题。一院制是指由一个单设的议会机构行使议会全部职权的议会体制。两院制是指由两个独立并行的议会机构分别行使议会职权的议会体制,这两个议会机构通常以不同的方式产生。一部分称下议院、下院、众议院、国民议会、平民院等。另一部分称上议院、参议院、联邦院或贵族院。此外,历史上还有三院制、四院制甚至五院制议会,但现在基本已经不复存在。

从世界范围分析,议会结构的状况具有以下四个特点:第一,总体上仍以采用一院制议会的国家居多。根据统计,世界上186个有议会的国家和地区中,采用一院制的国家和采用两院制的国家分别占61.8%和38.2%。第二,联邦制国家通常实行两院制。在实行联邦制的国家中,采用两院制议会的占85%以上,实行单一制的国家中,实行两院制议会的国家仅占25%左右。[1] 第三,西方主要发达国家一般实行两院制。例如,美国、英国、法国、德国、加拿大、意大利、日本等七个主要的工业化国家都采用了两院制。第四,从地域的分布看,欧洲和美洲采用两院制的国家较多。

在两院制国家中,两院之间的权力分配部分取决于两院的组成方式。众议院(或下院)通常都由选民直接选举产生,因而被视为当然的民意代表机关;参议院(或上院)则比较复杂,有的由直接选举产生,有的是间接选举产生,有的则是君主钦定产生,基本上不代表民意。一般而言,选举产生的参议院具有更高的民主合法性;不经选举产生的参议院在立法事务上仅享有有限的参与权。[2]

(二)一院制的根据

一院制首创于1789年法国大革命时期。关于一院制和两院制的优劣在历史上一直争论不休。主张一院制的主要理由是:(1)设立一院能保证人民意志

---

[1] 蔡定剑:《中国人民代表大会制度》,法律出版社2003年版,第107页。
[2] 张千帆:《宪法学导论——原理与应用》,法律出版社2004年版,第292页。

的统一性,承认两院就等于承认国民有两种意志,国家有两个主权,造成人民意志的分裂。例如卢梭认为主权是不可分割的,"主权权威只有一个;我们分割它,就不可能不毁灭它"①。(2) 一院制工作效率高。在一院制下,议会工作可以节省人力、物力、财力,并且议会的会议性质和严格的工作程序使一院制议会不会出现轻率立法行为。两院制致使立法和议事程序繁琐,易引起法案不必要的拖延,有时上院集中保守势力,还会妨碍社会改革与进步。(3) 一院制比两院制责任集中,避免互相推诿。(4) 现代政治、经济发展使人之间更为平等,民族之间、中央与地方之间关系和利益密切,没有必要由不同的机关来代表其利益。(5) 两院之间容易产生矛盾、内耗,使议会易受行政机构操纵,不利于监督行政机构。②

(三) 两院制的根据

两院制首创于英国。美国也是世界上最早采用两院制的国家之一。美国的两院制是制宪会议代表和美国人民根据其国家的特殊需要,通过深思熟虑进行制度设计的结果。美国的两院制与其采用的联邦制有重要关系,意在保护各州尤其是小州的权利,同时也有限制民主政治等方面的考虑。③ 宪法第一章规定"这里授予的所有立法权力应被赋予合众国的国会,它由参议院和众议院组成",继而分别规定了两院不同的组成与选举方式、成员的资格与会议程序。众议员每两年、参议员每六年选举一次,皆可连选连任。参议员不分大州、小州,每州一律两名,众议员席位则按各州人口比例分配。任何法律必须同时通过众议院和参议院的批准。

结合美国设立两院制的理由,主张两院制的主要根据一般可归纳为:第一,控制立法权的滥用,防止议会多数的专断。在两院制下,由于两院制产生方式、任期长短的差异,某种利益诉求在此院中可能属于少数,而在彼院中却可能构成多数。两院相互制约,可在很大程度上减少多数人的专横,使民主的利益代表功能得到更加均衡的发挥。

第二,防止立法的草率、偏激、冲动,提高立法质量。在两院制中,议会立法通常通过两院分别审议,意见一致后,交议会表决,两院可从代表不同利益的角度审议法律,使法案经反复研讨,审慎地制定,使法律更精密、完善,进而增强法律的稳定性。④

---

① 〔法〕卢梭:《社会契约论》,何兆武译,商务印书馆1980年版,第121页。
② 参见蔡定剑:《中国人民代表大会制度》,法律出版社2003年版,第108页;李步云主编:《宪法比较研究》,法律出版社1998年版,第807、808页。
③ 〔美〕汉密尔顿、麦迪逊、杰伊:《联邦党人文集》,程逢如等译,商务印书馆1980年版,第315、316、321、322页。
④ 蔡定剑:《中国人民代表大会制度》,法律出版社2003年版,第108页。

第三,缓和立法机构与行政机构的冲突。立法机构和行政机构由于职能分工和责任承担方式的不同,对问题的认识往往有分歧,还可能发生冲突。在一院之外再另设一院,站在不同角度代表人民利益,使之立于冲突之外,当矛盾发生时,出面进行调解,可以达到减缓冲突的效果。①

第四,两院制议会能同时代表不同性质的利益。英国议会的上下两院分别代表贵族和平民的利益,美国国会的参众两院则分别代表各州和各地人口的利益;除此之外,还可采取别的体制来代表职业、宗教或少数民族等派别。

第五,议会中设置议员任期较长的某一机构(参议院),有利于保持国内外法律、政策的稳定性和连续性,而且还有助于积累议员从事政治、立法活动的经验,提高议员相应的专业水平,避免议会容易具有的"头脑不灵"、"智力缺欠"。②

两院制在建构审慎的代议民主制度方面有着积极的意义,但其运行的复杂性要求具备相对成熟的民主文化。从各国的实际情况看,一院制或两院制的适用与许多因素相关,往往受制于国家结构形式、历史传统、民主政治发展状况等多种因素的影响。不过,两院制并不专属于西方,社会主义国家中也有采用两院制甚至多院制的,例如苏联、东欧的部分国家;两院制也不专属于联邦制国家,西方的单一制国家也有一些采用了两院制,例如英国、法国、意大利、日本等。各国应当根据本国的实际情况和需要,就议会的结构问题作出最有益于本国的制度安排。

二、"行动中的国会"

议会委员会是为了使议会更好地履行职责而在议会内部设立的由议员组成的分管某一方面事务的专门机构。国家和社会事务非常繁杂,涉及政治、经济、文化、环境保护和社会生活的几乎所有领域,而来自民众的议员不可能同时具备所有方面的专业素质和知识背景,这就导致了议会委员会的产生,以提高现代议会工作的专业化,满足议会活动和国家、社会的需要。事实上,现代议会的大部分工作都是在委员会内而不是在议会的全体会议上完成的。因此,美国第 28 届总统威尔逊曾经说:"大会上的国会不过是一种展示,委员会(Committee)里的国会才是行动中的国会"③,今天有人进一步说:"小组委员会(Subcommittee)里的国会才是行动中的国会"④。现代议会普遍设立委员会。绝大多数国家议会设

---

① 参见李步云主编:《宪法比较研究》,法律出版社 1998 年版,第 804 页。
② 〔美〕汉密尔顿、麦迪逊、杰伊:《联邦党人文集》,程逢如等译,商务印书馆 1980 年版,第 316 页。
③ Woodrow Wilson, *Congressional Government*, Houghton, Mifflin & Co., 1885; reprint Johns Hopkins University Press, 1981, p. 69.
④ James M. Burns et al., *Government by the People*, New Jersey: Prentice Hall, Inc., 1995, p. 359.

置6至20个委员会。议会委员会一般分常设委员会和临时委员会。

常设委员会是议会中固定设立的委员会,每届议会产生后组成,至下届议会产生时结束。委员会的数量与议会大小、会期长短,各国传统和议会发挥作用大小有关,并且是不断增减的。目前美国国会参、众两院各有20多个常设委员会,每个委员会研究一或两个一般性问题。每个众议员在两个委员会中工作,参议员则在两或三个委员会中工作。每个众议院常设委员会平均由35名议员组成。每个参议院常设委员会由12至29名议员组成。① 这些委员会又下设4至6个小组委员会(拨款委员会有13个小组委员会),只有535位议员的国会共有300多个小组委员会。根据83个国家议会的下院(或一院制国家的议会)委员会的情况,常设委员会在10个以内的占51%,设11至20个的占36%,设21个以上的占12%。西方发达国家议会委员会数目相对较多,不发达的国家的常设委员会都较少。各国议会常设委员会一般有:法律(法制、司法等)、外交、拨款、预算、内务、教育、国防、经济、能源、劳动、农业、城建、交通运输、社会事务等。这样每个常设委员会与政府的一个或几个部门对口。

临时委员会有两种:一种是存在每次议会常会期间,处理与常会有关问题的委员会,如两院混合委员会或两院联席会议,它存在于两院制议会中。要通过一部立法,两院必须相继审议并通过同一文本;当两院意见不一致时,依法律规定,按一定程序即组织两院混合委员会或联席会议,协商意见,谋求妥协。另一种是处理临时发生的或专门性问题的委员会。问题调查或处理后即告解散。这类委员会主要处理不属于常设委员会管辖或分属几个常设委员会管辖的综合性问题,或社会特别关注的某个问题,通常有调查委员会和特别委员会。②

委员会的职权主要是:(1)议案审查权。议案数量庞大,质量参差不齐,不可能全部提交议会大会讨论。因此一般要先交有关委员会审议,获得委员会多数通过,才能提交议会全体会议讨论。(2)监督权。举行听证会是委员会最通常的监督方式。如法国、德国的委员会有权要求政府官员就有关活动提供资料文件并回答问题。(3)提案权。有的国家议会委员会有权自行提出议案。

委员会已经成为议会工作不可或缺的机构。委员会通过对议案的审查,可以发挥筛选、过滤、优化的作用,这有助于提高议会工作的效率,提高立法的质量。许多国家的委员会对议案有修改、生杀大权,绝大部分议案在委员会审查后被搁置一边,无人问津。即便最终通过委员会审查的议案在审查过程中通常也会经过多次讨论、修改、加工,充分吸收各方面意见,使议案更加完善、周密,直到

---

① James M. Burns et al., *Government by the People*, New Jersey: Prentice Hall, Inc., 1995, pp. 360—361.
② 蔡定剑:《中国人民代表大会制度》,法律出版社2003年版,第118、119页。

最终基本定型。在有些国家,委员会事实上已经成为一种小型立法机构。拥有巨大权力的议会委员会可以说既是议案的"加工厂",也是绝大多数议案的"停尸场"。

但就世界各国一般情况而言,把委员会视为"行动中的国会"仍然是一种夸张的说法。委员会并不具有议会那样的广泛民主代表性,这就决定了委员会只能是议会下属的辅助性工作机构,而不能成为议会本身。"委员会将仅仅体现创设法律方面的智慧因素,议会将代表意志因素。"①因此,议会委员会应当无权取代议会作出正式决议,事实上也无权替代议会,除了个别国家例外。过于膨胀的委员会权力将会使议会全会"空洞化",从而在实际上取代议会。这种情况早在一百年前,就引起了学者和政治家的关注。威尔逊曾说:"议案提交后,其命运一般就算定了。一般而言,一份提交的议案就是一份命定的议案。它从秘书的办公桌来到委员会的办公室,可以说是经过一条唉声叹气的议会之桥,来到一间阴暗沉寂的地牢,再也无望由此说还了。无从知道它死难的方式和时间,它的朋友从此永远再看不到它。"②对议会委员会的职权和作用应当进行合理的界定,兼顾立法机构的民主需求和效率需求。

三、议员应扮演的角色

(一) 代表制的基本理论

议员是议会中具有代表资格的个体成员,而议会就是全体议员所构成的整体。全体议员的权利、义务及其精神状态、业务素质、工作状况决定了议会作用的大小、成败。当大多数议员消沉的时候,议会自然也就消沉;当大多数议员作为人民代表,积极行使其利益代表职能的时候,议会自然就活跃,能真正成为国家政治活动的一个中心。

在欧洲中世纪,议会不向议员提供薪水,因而议员只是一项属于贵族等"有闲阶级"(leisure class)的荣誉职务,议会则多少相当于一个"业余爱好者协会"③。议员并不真正代表普通民众的利益,或者说,他们只代表他们自身所属的阶级凌驾于大多数民众之上,其结果就是当时国家最主要的税负由那些最贫困的阶级承担,而这些议员对此漠然视之,甚至参与掠夺。与此相关,法国的卢梭强烈反对代议制民主,主张直接民主制。卢梭认为:"正如主权是不能转让的,同理,主权也是不能代表的……代表的观念是近代的产物;它起源于封建政府,起源于那种使人类屈辱并使'人'这个名称丧失尊严的、既罪恶而又荒谬的

---

① 〔英〕密尔:《代议制政府》,汪瑄译,商务印书馆1982年版,第78页。
② 〔美〕威尔逊:《国会政体:美国政治研究》,熊希龄、吕德本译,商务印书馆1986年版,第41页。
③ 张千帆:《宪法学导论——原理与应用》,法律出版社2004年版,第319页。

政府制度。"①尽管他的观点并非全无道理,但他在批评代议民主制缺点的时候全盘否定了整个代议民主制,过于偏激也不切实际。现代国家事务的繁杂、人口规模、幅员等都决定了直接民主制不可能作为民主的基本制度,代议民主通常是唯一可行的民主之路。因此,现代国家都建立了议会制度。但在代议民主制度下,议员与人民之间究竟是什么关系?怎样才能让议员真正成为民众的利益代言人?对这个问题,长期以来理论纷争不止。

一种较早的观点认为议员与选民如同民法上的委托与受委托的关系,议员不是独立的主体,而是选民的受托人。议员要与其本选区选民的意见保持一致,其在议会的各种发言和投票应严格按选民的意志行事,而不能按自己的认识和能力独立判断行事。这种理论一般称为"强制委托说"。按此观点,议员的职务行为深受选民的约束,只拥有较少的自由。由于该理论的实施容易使议员因固守各自不同利益变成一盘散沙,立法机构难以整合不同选民利益,也不利于议会从长远利益和整体利益出发作出决定。现代宪法大多已不采用该理论。例如,法国《宪法》第 27 条明确规定:"选民对议员的任何强制委托均属无效。"

另一种观点是"代表说",认为议员不受到选民指令的直接约束,应当拥有较多的独立和自由判断的机会,有权依据个人的观点、经验和智慧,从国家的整体利益和长远利益角度去作出自己的判断。许多国家的立法实践支持这一理论。例如,德国《基本法》第 38 条规定德国联邦议院的议员"是全体人民的代表,不受委任和指令的约束,只服从自己的良心。"意大利《宪法》第 67 条规定:"议会的每个议员均代表国家,并在行使其职权时不受委任令的约束。"比利时《宪法》第 32 条规定:"议会两院的每个议员都代表国家,而不仅仅代表他们所各自当选的省或省内的选区。"

在不同的政治文化中,议员的作用各不相同。无论如何,在实践中,没有一种代表模式可以排他性地处于优势地位。在所有的议会中,议员必须兼顾地方利益和国家利益。所有议员也在一定程度上被要求进行独立的判断。同时,由于"要想成为好的国会议员,必须首先成为国会议员",任何议员在争取连任的压力下,事实上都无法不认真对待选民的呼声和要求。②

(二) 议员的法定职责

1. 议员的权利

议员的职权通常规定在宪法、议会组织法或专门的议员法中。主要有:

第一,提案权。议员有权依照法律程序向议会提出议案。这是议员最基本

---

① 〔法〕卢梭:《社会契约论》,何兆武译,商务印书馆 1980 年版,第 125 页。
② 〔英〕戴维·米勒等编:《布莱克维尔政治学百科全书》,邓正来等译,中国政法大学出版社 1992 年版,第 648 页。

的权利。为防止议员滥用立法提案权,保证立法提案的广泛性和严肃性,各国通常都有一些法律规定,从提案主体的人数、提案内容、时间、程序等方面进行限制。

第二,出席会议和审议、表决的权利。这是议员不言而喻应当享有的权利。议员有权参加议会会议,对各项议案进行审查,发表自己的意见,作出自己的投票决定。议员参加议会辩论,既可以发言表示支持,也可提出修改或反对的意见。为了保障议员能够自由发表各种意见,避免议员因自由言论遭到政治迫害,各国宪法还规定了议员发言的免责特权。

第三,质询、调查权。议员有权依法定程序就政府工作对政府官员提出质疑和询问,并要求有关人员作出答复,并有权依法对有关问题展开调查工作。质询是议会制的议员代表选民监督政府的重要手段及普遍形式。为确保议员的质询权,大多数国家都以法律形式规定被质询者受到或接到质询后必须在规定的时间内给予答复。美国由于实行总统制,国会对以总统为首的联邦政府的监督不能采取质询的形式,但有类似的听证会制度,在听证会上议员就法案提出有关疑问时,有关政府人员必须到会问答,否则被视为犯有蔑视国会罪。为防止议员滥用质询权,干涉影响政府正常工作,各国也对质询作出一些必要的限制性决定。如质询时间的限制、质询次数的限制、质询内容的限制、必须有一定数量的议员联名才能提出质询等。

2. 议员的义务

为保证议员履行职责,议员除必须忠于宪法和法律外,一般还必须承担如下特殊义务:

(1)出席会议并参加投票。出席会议并参加投票不仅是议员的权利,也是其义务。有的国家规定议会有权按法律所规定的方式和罚则,强迫缺席议员出席会议。议员经常无故缺席会议的,有可能被逐出议会。

(2)遵守议会纪律和道德规范。德国规定,大会举行会议期间,议员应遵守会场秩序,破坏秩序者可由大会主席给予惩处。美国联邦国会每一院对本院议员扰乱议会秩序的行为,有权根据本院的议事规则予以惩罚,经2/3议员的同意可开除议员。

(3)财产公开,禁止受贿或获得任何不正当利益。例如,美国国会议员都应提交关于个人财产的详细报告,内容包括除国会薪金和津贴以外的任何所得的来源、类型、数额和价值,以及100美元以上的酬金,来自亲属以外的250美元以上的以交通、住宿、饮食和娱乐形式提供的赠与,1000美元以上的购买、销售或交换等。议员如果被控受贿或有其他不道德行为,国会两院可组织调查。

(4)不得兼任某些职务和职业。例如,法国规定,议员不得兼任所有的国家公务员及法官、一切国有企业或公共机构的高级职务以及各省、各大区的经济社会委员会成员,并且不得兼任大部分的私人职业,但教师、科研人员以及非赢利性的职业除外。如果公职人员当选为议员,或者议员被任命为政府成员,则必须按规定的期限放弃原来的职务。

各国议会规则对议员规定的惩戒措施不尽一致。常见的有下列几种:(1)在议院或会议上公开告诫或宣读惩戒决议,相当于精神罚。(2)责令违纪议员向议院或被其侵犯的对象作公开的道歉。(3)将议员暂时逐出议会,中止其参加特定的议事活动的资格。(4)在一定时期内暂停议员的议事资格,但不剥夺议员的代表资格。(5)逐出议会。即取消议员的代表资格,这是最重的处罚。较轻的惩罚由议长直接依职权作出,较重的惩罚一般由议长依职权或经动议提出,议院的惩戒委员会或纪律委员会审查,最后由议院决定;逐出议会或除名的决定必须 2/3 以上出席议员作出。①

(三)议员的职务保障

为保障议员个人的安全与自由,能够有效地履行职责,各国宪法和法律一般都赋予议员一些特权和豁免权。

1. 人身豁免权

人身豁免权即人身自由保障权,是指议员在议会开会期间和途中,或未经议会批准,不得受逮捕或审判。此权与言论免责权一样,其目的都是为维持议员的自由与安全,使其不致受到政府的摧残,免除其履行职务的后顾之忧。当然,这种豁免权是相对的。美国《宪法》第一章第六节规定:"(议员)除犯叛国罪、重罪和妨害治安罪外,在一切情况下都享有在出席各自议院会议期间和往返于各自议院途中不受逮捕的特权。"德国《基本法》第46条第2、3、4款规定:"非经联邦议院许可,不得因为涉嫌犯罪行为对议员追究责任或予以逮捕,但在犯罪时被捕或在犯罪次日被捕的除外。此外,限制议员人身自由或依据第18条的规定引入有关针对议员的程序时,均需取得联邦议院的批准。应联邦议院的要求,针对议员的任何刑事诉讼程序和根据第18条采取的程序、任何拘捕和人身自由其他限制措施,均应停止进行。"此外,德国还规定议员享有拒绝作证权,议员以议员身份被他人告知事实或以议员身份将事实告知他人时,有权拒绝就他人和事实本身作证。议员有权拒绝作证的,不得没收有关文件。法国宪法亦规定议员在会议期间,除现行犯外,非经其所属议院的同意,不得因其犯有刑事罪或轻罪而被起诉或逮捕。

2. 言论免责权

这是指议员在议会职务上的言论和表决不受任何追诉的权利。此项权利保

---

① 肖蔚云、姜明安主编:《北京大学法学百科全书:宪法学行政法学》,北京大学出版社 1999 年版,第 662 页。

障的范围不限于口头或书面言论,还保障表决等意见表达行为免受任何追究。其目的是确保议员自由履行其职责,真实表达其意见。此种保障始于英国。1689 年英国《权利法案》第 9 条规定:"国会内之演说自由、辩论或议事之自由,不应在国会以外之任何法院或任何地方,受到弹劾或讯问。"此规定后来被后世各国宪法所沿用。如,美国《宪法》第一章第六节规定:"(议员)不得因在各自议院发表的演说或辩论而在任何其他地方受到质问。"德国《基本法》第 46 条第 1 款规定:"对于议员在联邦议院或在联邦议院委员会中所作的投票和发表的言论,任何时候均不得以法律和职务追究,也不得在联邦议院外追究其责任。但有关诽谤性侮辱除外。"法国《宪法》第 26 条也规定:"不得根据议员在行使职务时所发表的意见或所投的票而对议员起诉、搜查、逮捕、拘禁或审判。"

3. 物质保障权

物质保障是议员工作的经济基础。多数国家的议员都是职业代表,以议员工作为职业,议员有权领取国家发给的薪金和其他补贴,并在履行职务的范围内享受免费交通和通讯,此外还有办公经费和助手费用以及退休金等。这些物质条件均由国家提供,通常被作为十分重要的问题直接由宪法加以规定和保障。如,美国《宪法》第一章第六节规定"参议员和众议员应得到服务的报酬,此项报酬由法律确定并由合众国国库支付。"德国《基本法》第 48 条规定:"议员有权获得适当的用以保证其独立性的报酬。他们有权免费使用所有国家交通工具。详细办法由联邦法律规定。"法国《宪法》第 25 条规定"议员俸给"、"不得兼任职务的制度"等都由组织法予以确定。组织法在法国是由特别严格的程序进行表决和修正的,在颁布前必须经过法国宪政院的审查,因而具有一定的宪法性质。日本《宪法》第 49 条规定:"两议院议员得按法律规定自国库接受相当数额之岁费。"作为一个欠发达国家,印度宪法也规定了议员的薪俸与津贴,其《宪法》第 106 条规定:"议会两院议员有权根据议会法律随时确定的数额领取薪俸与津贴。"但有些国家议会上院议员无薪金,也无养老金,仍带有荣誉职务的特点,如德国和英国。

在美国,国会普通议员的年收入大致相当于行政部门的副部长,2003 年为 15.47 万美元,众议长年薪为 19.86 万美元,参议院临时议长和两院两党领袖为 17.19 万美元(接近内阁部长的工资)。退休后,与国家公务员享受同样的退休金待遇。其收入和退休金对普通人来说是相当高的。议员可以撰书、演讲或其他合法形式获得额外收入,但根据规定,议员工资以外的收入不能超过工资的 1/3,这就给他们设立了限额,促使议员专心致志地从事本职工作。为保证议员能够顺利地回复选民信件,美国早在 1775 年就有允许议员使用"公款"给选民邮寄信件的做法。① 此外，议员还享有助手专款供议员雇佣人员，现在该国国会议员助手约有 1.1 万人。

根据法律规定，英国平民院议员的年薪等同于文官第六级最高额的 89%。1999 年 4 月议员薪水为 47008 镑，2000 年 4 月为 48371 镑，2003 年 4 月为 56358 镑。此外，议员领取办公成本费、退休金和安置费。法国议员薪酬的具体实施办法由 1958 年 3 月通过的《组织法实施法令》加以调整。议员薪酬的数额参照某类高级政府官员的平均工资水平而定。在德国，议员在履行职务期间享有津贴（实为工资）、办公经费及聘请私人助理的津贴、出席费、旅行优惠、前公务员的权利，医疗及生活关怀；离任之后还有过渡期薪金、退休金、健康补助、遗属金、遗属周转金等一系列制度保障。

在这些国家，尽管议员还不是通常意义上的政府官员，具有亦官亦民的特点，但因其待遇好、地位高、影响大，议员已经成为热门的职业，议员通常都是政治活动家。因此，议员的工作非常繁忙，既要忙于议会内部的各种工作，还要经常通过写信等方式和社会各方面特别是选民进行沟通，扩大知名度、影响力，争取连选连任。例如，1995 年和 1996 年，美国国会参、众两院仅用于议员给选民写信的邮费即分别达到 3000 万美元和 3200 万美元。②

第三节 议会的职权和运作

一、议会的职权

作为民意代表机关，国家议会不仅拥有制定与修改法律的立法权，还有人事任免权、监督权和财政权。人事任免权是议会任命或罢免某些官员的权力。监督权是指议会对行政与司法部门的官员进行监督的权力。财政权是指议会享有对国家的财政决定权和对政府的财政监督权。③

（一）立法权

立法权是议会最重要、最基本的权力。许多国家的宪法明文规定，议会的性质就是立法机构，甚至是唯一的立法机构。在单一制国家，宪法一般不作明文限定议会的立法范围。但在联邦制国家，基于宪法所规定的联邦与其成员单位的分权关系，且各成员单位的权力是固有的，因而联邦立法权是有限的，且其范围受到宪法的界定。各成员单位的权力受到联邦宪法的保障，联邦立法权不得侵犯。

---

① 参见丁孝文：《走进国会山——一个中国外交官的亲历》，复旦大学出版社 2004 年版，第 201、215、216 页。
② 同上书，第 215 页。
③ 参见张千帆：《西方宪政体系》（上册），中国政法大学出版社 2000 年版；《西方宪政体系》（下册），中国政法大学出版社 2001 年版，有关章节。

就议会与政府之间立法权限的划分而言,各国宪法规定有一定差异。美国实行较为严格的三权分立,《宪法》第一章把合众国立法权力委托给国会,第二章把执法权力授予总统。法律颁布之前必须经总统签署,总统享有立法否决权。宪法的规定表明,除了罕见的例外,只有国会才享有直接制定法律的权力,其他机关无权立法。

德国属于议会制国家,其立法权仍然主要由议会享有并行使。议会制定法律,行政机关执行法律,二者的职责分工明确。联邦德国的法治国体要求所有执法权力都必须来自宪法或法律的委代授权。基于历史教训,《基本法》对立法委代作了严格要求。《基本法》第80条第1款规定:"联邦内阁、联邦部长或各州政府可被法律授权以颁布法令。授权的内容、目的和范围应受到有关法律的规定。法令应陈明法律理由。"如果议会法律不能明确定义委托执法权力的目的、内容和范围,那么这项法律本身就因违反《基本法》第80条而无效。基于三权分立原则,议会对执法机构的立法控制并非没有极限,它不能控制执法细节,尤其不能命令执法机构如何去行使权力,以达到法律所要求的目标。

与德国、美国宪法相比,法国第五共和国宪法的最引人注目之处,即在于对立法权作了横向划分,明确限制了议会立法权力的范围。法国《宪法》第34和37条界定了第五共和国的议会和内阁立法权。对于议会的立法权,第34条规定了5类主要的立法事务。另外,法国宪法其他几项亦特别授权议会立法。与第34条对议会立法权的限制相对应,《宪法》第37条一揽子授权内阁制定"法律"范围以外的规章。同时第38条还规定:"为了实现其方案,内阁可提请议会在有限期间内授权,使之采取通常在法律领域内的法规措施。在同国政院协商之后,部长会议可制定法规……"从法国宪法对立法权的规定可以看出,尽管议会仍然是法国的中心立法机构,但其立法权的重心在一定程度上由传统的议会向行政机关偏移,代议机关和行政机构皆为法国重要的立法机构。这是法国宪法的一大特别之处。

(二)人事任命权

在总统制国家,国家元首一般不是由议会产生,而是由选民直接选举产生。然而,议会仍然对人事任免具有一定的控制权。美国联邦《宪法》第二章第二节规定,总统"提名,并经咨询参议院和取得其同意,任命大使、公使和领事、最高法院法官和任命手续未由本宪法另行规定而应由法律规定的合众国所有其他官员。但国会认为适当时,得以法律将这类低级官员的任命权授予总统一人、法院或各部部长"。

作为议会制国家,德国的执法机构采用的是双元元首制度,总统是国家元首,总理是政府首脑并领导内阁工作。联邦总统并非由人民直选,而由临时成立的联邦大会间接产生。但德国的总统基本上是虚位元首,具有实权的是另一个执法分支——以联邦总理为首的联邦内阁。《基本法》第63条和第64条分别定义了联邦总理和联邦部长的提名与选举:"在联邦总统的提议下,联邦总理应被联邦众议院不经辩论而选出。赢得众议院多数成员之表决的人选应获得选举。获选人应受到联邦总统之任命";"在联邦总理提议下,联邦部长们应被联邦总统任命与解职"。实际上,联邦总理和内阁的人选完全被在联邦议会取得多数席位的政党所控制。

法国的情形较为特别,它的政体既非总统制亦非议会制,但又同时具备总统制和议会制的一些特点,是所谓的半总统制。和德国相同的是,法国也采用双元元首制度。其总统由选民直接选举产生。尽管总统对内阁具备任命权,总统还任命国家的公务人员和军事官员以及大使和对外特使,但由于内阁的持续运作取决于议会信任,实际上总统任命权的行使受到了议会严格的约束,特别是当总统的党派不属于议会多数党的时候。如果总统一意孤行,不顾议会的多数意见,任命某少数党成员为总理,那么该总理的工作将难以开展。

（三）监督权

议会监督权的行使因各国的政府组成形式不同而异。在总统制国家,如美国,总统是由选民而非由国会选举产生,因此总统的行政工作只对宪法和选民负责,而无须对国会负责。国会无权对总统的施政纲领、行为进行信任投票,进而基于不信任而迫使内阁垮台。但国会有权控制总统的财政支出,从而能够在一定程度上控制总统的行政活动及其方向。根据分权制衡原则,国会有权依据宪法弹劾总统。但除非总统被确定为犯有叛国、行贿受贿或其他重大罪行或不端行为,并按照法定程序遭到国会弹劾,总统不能被要求离职。而且即使总统被弹劾,其责任也是个人责任,不会导致内阁整体去职,总统当然也无权解散国会。

德国《基本法》第61条也规定了针对联邦总统的弹劾程序。作为议会制国家,德国的联邦众议院可以通过不信任表决,来撤换联邦内阁。但为了汲取魏玛共和时期政府动荡的教训,《基本法》第67条规定了"建设性不信任表决",使议会不能随便置换内阁,并防止出现权力交替的真空:只有通过多数选出下一任联邦总理之后,众议院才能罢免失去信任的现任总理。反之,为了保障在获得议会的多数信任下统治,联邦总理可以主动要求众议院进行信任表决,并根据《基本法》第68条,可在未获得多数信任时向联邦总统提议解散议会,以期提前举行大选。但《基本法》并未授予联邦总统以任何解散议会的独立权力,而是授予他独立的裁量权去衡量总理提议,并且一旦众议院以多数成员选举了另一位联邦总理,解散权即失效,从而严格控制了执法机构解散议会之权力。

法国总统在一定条件下可能受到弹劾。但与德国、美国相比,法国《宪法》关于弹劾总统的条件规定得非常严格,以至于几乎不可能有成功的弹劾。《宪法》第68条规定:"除非犯有叛国罪,共和国总统不应对履行职责所采取的行动负责。只有根据两院在公开表决中获得成员的绝对多数,他才能受到指控。他应被高级法庭审判。"迄今为止,弹劾权尚未获得运用。在内阁负责的议会体制下,法国议会有权通过不信任表决以罢免内阁。但基于传统议会体制下政府动荡不安的历史教训,第五共和国特别限制了议会倒阁权的行使,以促进政府的稳定。

(四) 财政权

议会的财政权源于英国,是议会最原始也是很重要的职权,具有立法和监督政府的双重性质。财政权包括财政决定权和财政监督权。财政决定权包括决定国家财政和预算、税收、关税、借贷等的权力。财政监督权包括审查决算和公共资金审计。国家所有资金的收入和支出都必须由议会决定并受议会监督。财政权的合理使用能提高财政资金使用的效率,使之真正"取之于民,用之于民",但完全把财政权作为政党斗争的工具,滥用财政权,又可能会造成政府工作的瘫痪。基于这种考虑,许多国家议会都对财政权的行使作了一些特殊规定。

首先,预算案的提案权专属于政府或议会,其他国家机关或人员无权提出预算案。美国的预算案起草、决定和通过均由国会负责,总统只是有义务向国会提出预算咨文,国会根据总统咨文制定征税法案、授权和拨款法案等。在议会制国家,预算由政府提出,议会审议。其次,预算案的审议权主要由议会下院行使。各国宪法大多肯定在预算案审议方面下院优于上院的权力。再次,议员讨论预算案要受某些限制。选民总是希望政府少征税,多办事,但这往往是矛盾的。如果政府这样施政,必然会导致财政赤字,政府负债累累。为防止议员滥用权力,迎合选民的短期利益驱动,许多国家法律规定议员不得提出增加国家支出或削减国家收入的意见,以保证政府工作的正常运作。最后,预算案的审议时间较短。与繁琐的普通立法程序不同,预算案如果久拖不决,势必很快就会严重影响政府的正常工作,因此必须迅速审议。

政府的施政纲领、内外政策的推行都需要公共财政资金。财政预算本身就是政府施政纲领的具体说明。因此,议会财政权的行使实质上构成了对政府施政纲领的监督,议会财政权是控制、监督政府的最重要、最有效的手段。在议会制国家,政府提出的财政议案一旦被议会拒绝通过,即意味着议会对政府失去信任,可能导致内阁辞职。①

二、议会的议事规则

议事规则是议会进行各种活动时必须遵行的程序性规范的总称,又称为"议事规程",主要包括议事程序的一般原则、具体规则和内部议事纪律。议事规则使议会民主获得正当程序的保障。它主要发挥三种作用:第一是维持议事

---

① 蔡定剑:《中国人民代表大会制度》,法律出版社2003年版,第125、126页。

活动的秩序,使议事活动成为一种理性、和平的对话、交流过程,避免混乱和暴力的出现。第二是保证议事过程的民主。让议员获得平等的发言机会,开展实质性的辩论。第三是提高议事活动的效率。避免议题分散混乱,议案议而不决,减少时间浪费。没有这些规则,议会的议事活动很难有序并有意义地进行下去。议会成员众多,分别代表着不同的利益和价值观念,彼此之间往往有明显冲突,由此又会形成各种派系斗争。越是复杂的民主过程,越是需要精密合理的议事规则。议会民主的背后不仅需要一般的抽象理论,还需要具体细节的设计。议会制度的细节决定着议会制度的成败,而且"魔鬼"经常正是藏在细节里的。孙中山将"议事之学"视为民主政治的入门课程,1917年曾经专门编写手册《民权初步》,向民众传授议事规则的基本知识。

在西方国家,议会的议事规则更是受到格外重视,而且已经有非常成熟的规范。① 美国国会的规则多达一千多页,这并不偶然。宪法、组织法等法律通常只规定了议会规则的主要原则,议会规则的具体细则主要由议会作进一步详细制定。大部分议事规则是成文规范,但也有一定数量的不成文规范。议事规则对进行或参与议事活动的议员和有关政府官员有约束力,对议院外不发生效力,记者和旁听者在议会也须遵守有关的规则规定。

议事规则中的一般原则主要有法定人数原则、议事公开原则、多数决原则(少数服从多数)、一事不再议原则、言论自由原则、议事平等原则等;具体的议事规则可按议会议事活动的阶段不同,分为议程规则、提案规则、动议规则、发言和辩论规则、表决规则等;议会内部纪律主要是用来规范议员议事行为的制裁性规则,保证议事活动有秩序地进行,违反纪律的议员通常要受到惩罚,直至被逐出议会。议事规则对议会活动至关重要,因此多数西方国家议会在每次召集时必先确定本届议会所应运用的议事规则,然后才能开始正常的立法活动。西方国家议会中通常都设立规则委员会,负责监督规则遵行,审查有关规则问题的动议,协助议长控制议会会议等。②

议事规则在议案审议阶段最为重要,而审议阶段的最主要规则又是辩论规则。③ 有序、深入的辩论有助于澄清问题,集思广益,优化决策;而无序的辩论徒为无意义的吵闹,甚至可能引发仇恨和暴力。公共讨论应当具备"真正的道德","对于每一个人,也不论他抱持什么意见,只要他能够冷静地去看也能够诚实地来说他的反对者以及他们的意见真正是什么,既不夸大足以损害他们的信

---

① 〔美〕罗伯特:《议事规则》,王宏昌译,商务印书馆1995年版;董璠舆:《外国议会议事规则》,中国政法大学出版社1993年版。
② 肖蔚云、姜明安主编:《北京大学法学百科全书:宪法学行政法学》,北京大学出版社1999年版,第661页。
③ 〔英〕密尔:《论自由》,许宝骙译,商务印书馆1959年版,第58页。

用的东西,也不掩藏足以为他们辩护或者想来足以为他们辩护的东西,那就要给以应得的尊敬。"辩论的道德不仅有赖于议员自身的素养,更要依靠辩论规则的保障。因此,这里重点介绍辩论规则。

议案必须先向议会提出并获得成立后,才能将其作为议会议题对其进行辩论。辩论在议会全院大会上开展。未经全院辩论,不得将议案径自付诸大会表决。① 辩论须遵循以下规则:

(1) 在议长宣布开会前,任何人不得对议事发言。当一项动议被提出并附议时,在辩论之前要由议长陈述。

(2) 议员有平等的发言机会。只要有任何议员想要发言,议长不能结束辩论。在辩论时不得有固定的发言顺序,使议员的发言资格平等,保障辩论自由。如有两名或两名以上议员同时起立发言,由议长决定何人在先发言,并且一经决定不许对之非难。

(3) 在同一时间内只能辩论一个问题,发言不得超出既定议题。

(4) 当任何议员要在辩论中发言时,他应通告议长并获准发言。议员发言须注意说出要点,不能以宣读书面意见代替发言,但为了引证或报告朗读简单的文书不在此限。议员必须起立发言。

(5) 议员的发言不得对议长或其他议员有侮辱言辞。在辩论中议员必须限制自己只对会议讨论的问题发言,而避免评议个人。在提到另一议员时,他应尽可能避免直呼姓名。不允许指责一个议员的动机,但可用强烈的语言谴责一个议案的性质或后果。

(6) 除议长外,议员(主要是人数众多的下院议员)对于同一议题,发言一般要受到次数和时间限制,使多数人都能有发言的机会。提案人为了辩明议案的宗旨,可以进行数次发言。

(7) 任何议员一经议长允许发言,即暂时占有议场,其他议员对其所言不论是否赞成,均有必须倾听的义务,发言正在进行期间,不得以其他发言加以妨碍。

三、议会的工作程序

所有的议员在议会的议事规则面前都是平等的主体,都必须遵守议事规则。在议事规则规定的共同框架下,议会开展提案、审议和表决等各项工作。在所有的现代民主与法治国家,制定法律都是议会的"第一要务"。为了保证议会的决定代表社会的公共利益,宪法规定了议会活动所必须遵循的一般程序。议会的工作程序通常包括议案的提出、审议、表决、公布等阶段。

---

① 韩大元主编:《比较宪法学》,中国人民大学出版社 2003 年版,第 322 页。

(一) 议案的提出

提出议案是议会议事过程的第一阶段。议案是指向议会提出的涉及程序或实质问题的草案或立法建议,或称"提案"。因各国宪政体制不同,享有提案权的主体不完全相同,有的国家议员个人、政府都享有提案权,而有的国家只有议员个人才有正式的提案权。在美国,根据分权原则,提案权属于国会两院的议员。总统没有提案权,但可以随时向国会提出国情咨文,总统及内阁成员还可向两院议长发出行政公函。这种咨文与公函对议员提出议案具有实质影响,并往往优先讨论通过。总统还可以通过国会中的本党议员提出议案。

在议会制国家,德国《基本法》第76条规定了立法的提案过程:"(1)法律提案应由联邦内阁、众议院或参议院成员引入联邦众议院。(2)联邦内阁的法律提案应首先递交参议院。参议院有权在六个星期内对该法案陈述意见。(3)参议院的提案应在3个月内由联邦内阁提交众议院。这时,联邦内阁应陈述其观点。"意大利也是议会制国家,其《宪法》(1947年)第71规定:"法案提出权属于政府、议会每个议员,以及根据宪法法律享有此种权利的机关和机构。人民通过提出拟成条文的提案的方式来行使法案提出权,但该提案至少得由50万选民联名提出。"除了政府和议员,达到50万以上的选民也可直接提出议案。法国《宪法》第39条则规定:"总理和议会成员皆有权提议立法。在获得国政院之协商后,内阁议案应在部长会议获得讨论,并向两院之一的书记备案。"

如上文所述,现代议会一般需要在正式讨论前由专门委员会对立法提案进行筛选、酝酿和完善。在美国,议院负责人收到提案之后,酝酿过程即已开始,议案被送交委员会或小组委员会讨论。只有在委员会审查完毕后,才能进入下一个议程。其中绝大部分议案在委员会审查环节即告夭折。据统计,最终成为法律的议案只占议案总数的5%左右。提案被相继交给听证委员会(Hearings Committee)和众议院的规则委员会(Rules Committee)或参议院的多数党领袖,听取其修改意见并送交议院全体讨论。在该院讨论通过后,法案被送交另一院讨论,上述程序重新开始。在程序结束后,另一院可对前院议案提出修改,并将修改后的法案送回前院再进行表决。[①] 由于提案质量等原因,总体而言,在许多国家,官方议案往往能优先列入大会正式议程,成为法律的概率也远远大于议员的个人提案。

(二) 议案的审议和表决

审议和表决议案是议会议事过程的第二阶段,也是最复杂、最重要的一步。审议是指立法机构对列入正式议程的议案进行审查、讨论、辩论的活动。在审议过程中,议会往往会就有关议案展开全院辩论,并根据审议情况,对议案进行修

[①] 张千帆:《宪法学导论——原理与应用》,法律出版社2004年版,第294页。

改、补充和完善。审议是否充分、全面、深入将直接影响到议案的通过以及立法决定的质量。其中,法案的审议程序尤其严谨。西方国家的议会审议法案多采用"三读"制度,即每一个法案须经过三次诵读,其中间还需要对法案进行逐条审议,才能付诸议院表决。这种制度起源于英国,后来传到美国和欧洲大陆。

西方很多国家实行两院制。宪法一般规定立法应以同样文本由两院同时通过,但如果在协商后两院不能达成共识,那么众议院可以采取最后决定。例如法国参众两院的地位并不相等。如果参议院否决了众议院的法案,那么众议院可通过再次表决而超越参议院否决。法国《宪法》第 45 条规定:"任何法律草案或法律提案,均在议会两院相继进行审议,以求通过相同文本。如果议会两院意见分歧,当某项法律草案或法律提案在每个议院两读后未获通过时,或政府认为有紧急需要时,经两院一读后,总理有权召集一个双方人数相等的混合委员会负责对讨论中的条款提出一个文本。混合委员会所拟定的文本得由政府提交两院通过。除政府同意的修正案以外,其他都不予受理。如果混合委员会不能通过一个共同的文本,或者如果该文本未在前款所规定的条件下通过,政府得在国民议会和参议院重读后,要求国民议会最后表决。"对于宪法确认具有组织法性质的法律,第 46 条规定"如果议会两院未能取得一致意见时,国民议会对于该项文本必须有议员人数绝对多数的同意,始得在最后一读予以通过。"和法国类似,德国联邦众议院在立法事务上发挥着主要作用。其参议院对众议院立法权的牵制因立法事务的不同而不同。对一般立法事务,参议院只有延迟法案通过的有限否决权力;只有影响到各州主权事务的联邦立法,才需要获得参议院同意。

少数国家的立法必须由参众两院同时通过。例如在美国,参众两院的地位基本是平等的,任何一院均对另一院通过的法律案享有绝对否决权。美国《宪法》第一章第七节规定,"每项法案必须在众议院与参议院获得通过,并在成为法律之前,送交合众国总统"。如果参众两院的文本有差别,在送交总统签署或否决以前必须予以消除。

关于表决的法定人数,各国规定不一。由于法案的重要程度不同,有关宪法议案的表决,通常都要求有 2/3 的绝对多数票才能通过,而对一般议案(包括法律案)的表决,过半数即可。"过半数"究竟是指超过哪些人员的半数,这属于表决的计算基准问题。各国的规定大致可分为三种类型。一是出席表决比例制,以出席而参加表决的人数为计算基准,出席而不参加表决(弃权或投白票)的不计算在内。二是出席会议比例制,以全体出席人数为计算比例的基准,而不问其参加表决与否。三是,以全体议员人数为计算比例的基准,而不问其是否出席或是否参加表决。[①] 其中,第三种对"过半数"的要求最高。例如全体议员 180 人,

---

[①] 参见李步云主编:《宪法比较研究》,法律出版社 1998 年版,第 833、834 页。

其中 150 人出席,有 120 人参加表决,30 人弃权,分别按出席表决比例制、出席会议比例制、全体成员比例制进行表决,各自需要赞成票 61、76、91 票以上(包括本数),才能符合过半数的要求通过决议。

(三) 议案的公布

议案的公布是议会工作程序的最后阶段,将立法机构通过的决议或法律按法定的方式公之于众。经法定主体正式公布是立法机构通过的法律、决议对外发生法律效力的必要条件。各国一般都由国家元首公布法律。这一制度起源于英国。由于宪政体制的差异,国家元首公布法律在不同国家往往具有不同的意义。在议会制的国家,例如,英国、日本、德国、意大利等,基于法律的规定或者宪法惯例,国家元首对立法机关通过的法律一般无否决权,必须公布。虽然这种公布只是一种形式和象征,仅具有程序性的意义,但仍是法律生效不可省略的环节。

然而,在三权分立的总统制国家,公布则有着实质性的权力意义。国家元首有权决定是否签署公布,以制约议会的立法权。通过否决权的行使,总统得以分享国家部分的立法权。在半总统制国家,如法国,总统应当在法律最后通过并送交政府后 15 天内予以公布。如果总统对该项法律有异议,虽无权否决,但可要求议会重新审议。

第四节 中国的立法机构[①]

一、全国人大是最高权力机关

(一) 全国人大的性质与地位

根据中国实行的人民代表大会制,人大不仅是民意代表机构和立法机构,而且还是权力机关,行政机关和司法机关都是由它产生,对它负责,受它监督。人大具体包括:全国人大;省、自治区、直辖市的人大;设区的市、自治州的人大;县、自治县、不设区的市、市辖区的人大;乡、民族乡、镇的人大。人大由直接或间接选举产生的人大代表组成,目前全国各级人大代表总计 280 多万人。其中全国人大是最高国家权力机关。全国人大常委会是全国人大的常设机关。全国人大始建于 1954 年。

全国人大的特殊地位主要体现在三个方面:第一,全国人大是全国人民的民意代表机关,具有广泛的代表性。全国人大是由省、自治区、直辖市、军队和特别行政区按照法定程序选举产生的代表组成的。第二,全国人大是行使国家立法权的机关。宪法将立法权分为国家立法权和地方立法权。国家立法权是制定在

[①] 本节内容较多参考了蔡定剑《中国人民代表大会制度》(法律出版社 2003 年版)的相关研究成果。

全国范围内统一适用的法律的权力。《宪法》第58条规定:"全国人民代表大会和全国人民代表大会常务委员会行使国家立法权。"第三,全国人大是最高国家权力机关。在纵向的权力机关相互关系上,作为单一制国家的立法机关,全国人大常委会有权撤销省、自治区、直辖市国家权力机关制定的同宪法、法律和行政法规相抵触的地方性法规和决议。在横向的中央国家机关相互关系上,作为人民代表大会制国家,行政机关、审判机关、检察机关都由人大产生,对它负责,受它监督。有必要指出的是,政协不是中国的民意代表机构,更不是国家权力机构。

从全国人大到地方各级人大,中国一直都实行一院制。作为全国人大的常设机构,全国人大常委会是必须对全国人大负责并报告工作,受到全国人大的监督。无论是全国人大常委会,还是全国政协,它们都不是与全国人大相并列的另一个代表机构。在起草1982年《宪法》过程中,曾有人主张两院制,政协为上院,人大为下院。邓小平认为,实行两院制,如果两院意见不一致,协调起来非常麻烦,运作很困难。一定不要搞两院制,不要把政协搞成上院。[①] 最终宪法采用了一院制。

(二) 组成与任期

全国人大由省、自治区、直辖市、特别行政区和人民解放军选出的代表组成。省、自治区、直辖市出席全国人大的代表由各省、自治区、直辖市的人大按全国人大常委会确定的名额依选举法规定选举产生。军队的代表由各总部、大军区级单位和中央军事委员会办公厅的军人代表大会选举产生。台湾地区出席全国人大的代表从各省、自治区、直辖市和中国人民解放军的台湾地区同胞中选出,由在各省、自治区、直辖市和中国人民解放军的台湾地区同胞派代表到北京协商选举产生。特别行政区出席全国人大的代表按全国人大专门规定的产生办法产生。香港、澳门出席十届全国人大的代表是通过选举会议选举产生的。选举会议由一定范围内的特别行政区居民中的中国公民组成。

全国人大代表每届名额变化不定。十届全国人大一次会议的代表总数为2984名。一届全国人大和二届全国人大的代表人数相对较少,均为1226名,自三届全国人大开始,代表总数始终维持在3000名左右。五届全国人大代表最多,为3497名。1979年《选举法》曾规定最高限额为3500人。1986年《选举法》把最高限额修改为3000人,该限额一直延续至今。国外一院制议会或两院制议会中的下院议员通常在400至700名之间。中国最高权力机关代表人数之多居世界议会之最。这与中国人口众多有一定关系。代表人数较多有益于保证全国人大代表的民主代表性。不过,人数太多势必增加了代表机关议事的困

---

① 王汉斌:《邓小平同志亲自指导起草一九八二年宪法》,载《法制日报》2004年8月19日。

难。① 全国人大举行全体会议审议议案时,如果每天开会 8 小时,每位代表均发言 5 分钟,全部发言完毕就需要一个月时间。

就全国人大代表的构成看,根据对最近的五届全国人大(第六届到第十届全国人大)进行统计分析,中共党员一般占 70% 左右,民主党派与无党派人士约占 17%,非党群众占 13% 左右。这既充分体现了执政党在国家政治生活中的领导核心地位,保证了其对最高权力机关的切实领导,同时也是执政党领导的多党合作和政治协商制度的具体反映。

全国人大代表每届任期 5 年,从每届全国人大举行第一次会议开始,到下届全国人大举行第一次会议为止。为保证两届人大任期的衔接,全国人大任期届满的两个月以前,全国人大常委会必须完成下届全国人大代表的选举。如果遇到不能进行选举的非常情况,由全国人大常委会以全体组成人员的 2/3 以上的多数通过,可以推迟选举,延长本届全国人大的任期。在非常情况结束后一年内,必须完成下届全国人大代表的选举。全国人大会议一般每年举行一次。

(三) 全国人大的职权

根据宪法规定,全国人大行使的职权是:

(1) 修改宪法并监督宪法的实施。宪法具有最高的法律效力,因此修宪权是国家的最高权力,其地位高于普通的国家立法权以及其他一切国家权力。修改宪法的权力专属于全国人大。与三权分立国家不同,中国的全国人大不仅是修宪机关,而且还是监督宪法实施的机关。《宪法》第 5 条规定:"……一切法律、行政法规和地方性法规都不得同宪法相抵触。一切国家机关和武装力量、各政党和各社会团体、各企业事业组织都必须遵守宪法和法律。一切违反宪法和法律的行为,必须予以追究。任何组织或者个人都不得有超越宪法和法律的特权。"根据该规定,宪法监督的对象和范围是相当宽泛的,全国人大既要审查法律、行政法规和地方性法规是否与宪法相抵触,还要审查一切国家机关和武装力量、各政党和各社会团体、各企业事业组织以及个人的行为是否符合宪法。这里的"一切国家机关"不仅包括行政机关、司法机关,还包括最高权力机关自身。

(2) 制定和修改刑事、民事、国家机构的和其他的基本法律。作为最高的民意代表机关,全国人大和全国人大常委会行使国家立法权。其中,全国人大制定和修改基本法律,全国人大常委会制定和修改除应当由全国人大制定的法律以外的其他法律。"基本法律"同全国人大常委会制定的"其他法律"在法律效力上并无高低之分,但它的内容无疑更具重要性。

关于"基本法律"准确的内涵与外延,目前尚无正式的解释。在立法实践中,直接由全国人大制定的法律主要有:《刑法》、《刑事诉讼法》、《民法通则》、

---

① 参见蔡定剑:《中国人民代表大会制度》,法律出版社 2003 年版,第 174—176、220、451 页。

《民事诉讼法》、《行政诉讼法》、《全国人民代表大会组织法》(以下简称《全国人大组织法》)、《国务院组织法》、《地方组织法》、《人民法院组织法》(以下简称《法院组织法》)、《人民检察院组织法》(以下简称《检察院组织法》)、《合同法》、《义务教育法》、《继承法》、《妇女权益保障法》等。这些法律一般涉及整个国家生活中的根本性、全局性、基础性的问题,因此必须由全国人大制定。但全国人大制定的有些法律是否属于基本法律则值得商榷。

(3) 选举或决定国家机关组成人员。全国人大选举全国人大常委会委员长、副委员长、秘书长和委员;选举国家主席、副主席;根据国家主席的提名,决定国务院总理的人选;根据国务院总理的提名,决定国务院副总理、国务委员、各部部长、各委员会主任、审计长、秘书长的人选;选举中央军事委员会主席;根据中央军事委员会主席的提名,决定中央军事委员会其他组成人员的人选;选举最高法院院长;选举最高检察院检察长。其中凡经选举产生的国家机关领导人员的人选,由主席团提名,经各代表团酝酿协商后,再由主席团根据多数代表的意见确定正式候选人名单。

(4) 审查、批准和决定国家的重大事项。全国人大审查和批准国民经济和社会发展计划和计划执行情况的报告;审查中央和地方预算及中央和地方预算执行情况的报告,批准中央预算和中央预算执行情况的报告。批准省、自治区、直辖市的建置;决定特别行政区的设立及其制度;决定战争和和平的问题。

(5) 监督其他国家机关及其领导人员。全国人大监督的权力主要有:① 听取和审议工作报告。全国人大每年举行会议的时候,全国人大常委会、国务院、最高法院、最高检察院向会议提出的工作报告,经各代表团审议后,会议可以作出相应的决议。② 提出询问和质询。各代表团、主席团和专门委员会审议议案和有关报告的时候,国务院或者有关机关应当派负责人员到会,听取意见,回答询问,并可以对议案或者有关报告作补充说明。全国人大会议期间,一个代表团或者30名以上的代表联名,可以书面提出对国务院和国务院各部、各委员会,最高法院,最高检察院的质询案。由主席团决定交受质询机关答复。③ 全国人大有权罢免其选举或决定的国家机关组成人员。④ 改变或者撤销全国人大常委会不适当的决定,有权撤销全国人大常委会批准的违背《宪法》和《立法法》第66条第2款规定的自治条例和单行条例。

(6) 应当由最高国家权力机关行使的其他职权。《宪法》规定全国人大行使"应当由最高国家权力机关行使的其他职权",该规定属于高度概括的授权条款。关于"应当"的具体含义,宪法并未作出明确界定。全国人大自身就是监督《宪法》实施的机关,同时又是修宪机关,这种特殊地位决定了全国人大有权对"应当属于自身行使的职权"的范围作出自己的判断。

(四) 全国人大各专门委员会

1. 专门委员会

(1) 专门委员会的产生和组成

专门委员会是人大的常设工作机构,国外一般称议会常设委员会。《宪法》第 70 条规定:"全国人民代表大会设立民族委员会、法律委员会、财政经济委员会、教育科学文化卫生委员会、外事委员会、华侨委员会和其他需要设立的专门委员会。在全国人民代表大会闭会期间,各专门委员会受全国人民代表大会常务委员会的领导。各专门委员会在全国人民代表大会和全国人民代表大会常务委员会领导下,研究、审议和拟订有关议案。"各专门委员会的主任委员、副主任委员和委员的人选由主席团在代表中提名,大会通过。在大会闭会期间,全国人大常委会可以补充任命专门委员会的个别副主任委员和部分委员,由委员长会议提名,常委会会议通过。

从十届全国人大的各专门委员会组成看,主任委员基本上都是全国人大常委会委员,且大多曾经担任过省部级领导职务。副主任委员和委员则多数由全国人大常委会委员担任,少数由全国人大代表担任。从六届到十届全国人大,各专门委员会的人数分别为 77(经陆续增补,到六届全国人大四次会议达 129)、158、175、204、246 人,人数呈明显的递增趋势。十届全国人大各专门委员会平均有 27 名委员。

各专门委员会主任委员主持委员会会议和委员会的工作。副主任委员协助主任委员工作。各专门委员会可以根据工作需要,任命专家若干人为顾问;顾问可以列席专门委员会会议,发表意见。顾问由全国人大常委会任免。

(2) 专门委员会的职权

各专门委员会在全国人大和全国人大常委会领导下,研究、审议和拟订有关议案。具体工作如下:① 审议全国人大主席团或者全国人大常委会交付的议案;② 向全国人大主席团或者全国人大常委会提出属于全国人大或者全国人大常委会职权范围内同本委员会有关的议案;③ 审议全国人大常委会交付的被认为同宪法、法律相抵触的国务院的行政法规、决定和命令,国务院各部、各委员会的命令、指示和规章,省、自治区、直辖市的人大和它的常委会的地方性法规和决议,以及省、自治区、直辖市政府的决定、命令和规章,提出报告;④ 审议全国人大主席团或者全国人大常委会交付的质询案,听取受质询机关对质询案的答复,必要的时候向全国人大主席团或者全国人大常委会提出报告;⑤ 对属于全国人大或者全国人大常委会职权范围内同本委员会有关的问题,进行调查研究,提出建议。

除上述一般职权外,法律委员会和民族委员会在立法方面还具有重要权力。

法律委员会统一审议向全国人大或者全国人大常委会提出的法律草案;其他专门委员会就有关的法律草案向法律委员会提出意见。民族委员会审议自治区报请全国人大常委会批准的自治区的自治条例和单行条例,向全国人大常委会提出报告,还可以对加强民族团结问题进行调查研究,提出建议。

2. 特定问题调查委员会

特定问题调查委员会是中国人大的一种临时委员会,由主任委员、副主任委员若干人和委员若干人组成。全国人大和其常委会认为必要的时候,可以组织关于特定问题的调查委员会,并且根据调查委员会的报告,作出相应的决议。调查委员会的组织和工作,由全国人大或其常委会决定。全国人大主席团、三个以上的代表团或者1/10以上的代表联名,可以提议组织关于特定问题的调查委员会,由主席团提请大会全体会议决定。调查委员会组成成员由主席团在代表中提名,提请大会全体会议通过。调查委员会可以聘请专家参加调查工作。调查委员会进行调查时,有关的国家机关、社会团体、企业事业组织和公民都有义务向其提供必要的材料。提供材料的公民要求调查委员会对材料来源保密的,调查委员会应当予以保密。调查委员会应当向全国人大提出调查报告。全国人大根据调查委员会的报告,可以作出相应的决议。全国人大可以授权全国人大常委会在全国人大闭会期间,听取调查委员会的调查报告,并可以作出相应的决议,报全国人大下次会议备案。

此外,县级以上的地方各级人大也可以组织关于特定问题的调查委员会。主席团或者1/10以上代表书面联名,可以向本级人大提议组织关于特定问题的调查委员会,由主席团提请全体会议决定。根据《各级人民代表大会常务委员会监督法》(以下简称《监督法》)的规定,各级人大常委会可以组织关于特定问题的调查委员会。调查委员会组成成员由委员长会议或者主任会议在本级人大常委会组成人员和本级人大代表中提名,提请常委会审议通过。调查委员会应当向产生它的常委会提出调查报告。常委会根据报告,可以作出相应的决议、决定。

二、全国人大常委会的设立

(一) 全国人大常委会的设立依据、性质、组成和任期

根据《宪法》第 57 条规定,全国人大常委会是最高国家权力机关的常设机关。全国人大闭会期间,最高国家权力机关的许多职权都由全国人大常委会行使。全国人大代表人数众多,每年一般仅召开一次会议,且会期通常只有半个月,而国家的许多重大事项都需要最高权力机关及时作出决定,立法和其他工作任务都非常繁重。在这样的格局下,最高国家权力机关必须设立常设机关,保证最高权力机关工作的经常化,以满足国家立法、议事的实际需要。

全国人民代表大会常务委员会与国外议会常设委员会既有相似之处,也有

性质方面的根本不同。就常委会的存在方式而言,人大常委会相当于国外的议会常设委员会,但又不是一般的议会常设委员会。人大常委会成员的数量明显多于一般的议会常设委员会。国外的议会常设委员会仅仅是一种工作机构,而人大常委会则是握有广泛权力的立法机构,并能领导人大的其他常设委员会。国外议会不管是一院或者还是两院,议会权力都是统一的,作出任何有法律效力的决定,都只能是在全院会议上。议会常设委员会不能代表立法机构进行立法、作出决议。而在中国,由于人大全年大部分时间闭会,在人大闭会期间,国家权力机关的许多职权都由人大常委会行使,因此,全国人大常委会已经成为中国名副其实的"行动中的国会",承担着非常繁重的立法任务及其他工作任务。例如,仅就第十届全国人大常委会第二十五次会议而言,其六天(2006年12月24日至12月29日)的会议议程即安排了27个审议事项,其中包括审议《物权法(草案)》、《劳动合同法(草案)》等重要法律案。

全国人大常委会由委员长、副委员长若干人以及秘书长、委员若干人组成。常委会的组成人员由全国人大从全国人大的代表中选举产生。可以说,常委会委员是"代表中的代表"。全国人大常委会的组成人员不得担任国家行政机关、审判机关和检察机关的职务。最高权力机关工作任务繁重,许多事务带有较强的专业性。为适应工作要求,全国人大常委会需要一定数量的专职委员,且常委会组成人员的结构也需不断得到优化。作为最高权力机关的常设机关,全国人大常委会拥有宪法赋予的广泛的职权。但相对于常委会的职权和中国的人口而言,其组成人员数量很少。从一届全国人大常委会到十届全国人大常委会,人数最少的是一届有79人,最多的是十届有175人。目前,平均一位常委会组成人员要代表的人口数高达747万人,大致相当于瑞士全国的人口。全国人大常委会组成人员数量较少的优点是便于开会运作,但同时其民主代表性也会随着人数的减少而削弱。[①]

全国人大常委会会议一般每两个月举行一次;有特殊需要的时候,可以临时召集会议。全国人大常委会每届任期和全国人大每届任期相同。在全国人大闭会期间,各专门委员会受全国人大常委会的领导。全国人大常委会每届任期同全国人大每届任期相同,它行使职权到下届全国人大选出新的常委会为止。委员长、副委员长连续任职不得超过两届。

(二)全国人大常委会的组织机构

1. 全国人大常委会的领导机构

委员长会议是全国人大常委会的领导机构,承担着十分重要的职责。全国人大常委会委员长会议由委员长、副委员长、秘书长组成。委员长会议负责处理

---

① 张千帆:《宪法学导论——原理与应用》,法律出版社2004年版,第204页。

常委会的重要日常工作。其主要职责有：(1) 决定常委会每次会议的召开日期和会期，拟定会议议程草案；(2) 向常委会提出属于常委会职权内的议案；(3) 对其他机关向常委会提出的议案和质询案，决定交由有关的专门委员会审议或提请常委会全体会议审议，决定回答质询案的方式；(4) 提名代表资格审查委员会的主任委员、副主任委员和委员的人选；(5) 向常委会提名全国人大各专门委员会的个别副主任委员和部分委员；(6) 指导和协调各专门委员会的日常工作；(7) 处理常委会其他重要日常工作。

委员长主持全国人大常委会的工作，召集全国人大常委会会议。副委员长、秘书长协助委员长工作。副委员长受委员长的委托，可以代行委员长的部分职权。委员长因为健康状况不能工作或者缺位的时候，由常委会在副委员长中推选一人代理委员长的职务，直到委员长恢复健康或者全国人大选出新的委员长为止。国家主席、副主席都缺位的时候，在全国人大补选以前，由全国人大常委会委员长暂时代理主席职位。

2. 全国人大常委会代表资格审查委员会

全国人大常委会设立代表资格审查委员会。代表资格审查委员会的主任委员、副主任委员和委员的人选，由委员长会议在常委会组成人员中提名，常委会会议通过。全国人大代表选出后，由全国人大常委会代表资格审查委员会进行审查。全国人大常委会根据代表资格审查委员会提出的报告，确认代表的资格或者确定个别代表的当选无效，在每届全国人大第一次会议前公布代表名单。对补选的全国人大代表，依规定进行代表资格审查。

3. 全国人大常委会的办公机构和工作委员会

全国人大常委会设立办公厅，在秘书长领导下工作。全国人大常委会设副秘书长若干人，由委员长提请常委会任免。全国人大常委会可以根据需要设立工作委员会，例如法制工作委员会和预算工作委员会。工作委员会的主任、副主任和委员由委员长提请常委会任免。根据《立法法》和《监督法》规定，全国人大常委会工作机构可以对有关具体问题的法律询问进行研究予以答复，并报常委会备案；在行政法规、地方性法规、自治条例和单行条例以及司法解释合法性审查方面，该工作机构对一般的个人或组织提出的审查建议，具有初步筛选的权力。此外，全国人大常委会还下设香港特别行政区基本法委员会和澳门特别行政区基本法委员会。该委员会的主要职责是为常委会解释基本法提供咨询意见；对修改基本法的议案进行事先研究并提出意见。

(三) 全国人大常委会的职权

全国人大常委会行使以下职权：

(1) 解释宪法，监督宪法的实施。与全国人大相比，由其常设机关全国人大常委会行使解释宪法的职权更为便利。全国人大常委会有权监督宪法实施。全国人大常委会有权撤销同宪法相抵触的行政法规、地方性法规、自治条例和单行条例、决定、命令、决议等。由于全国人大地位高于全国人大常委会,全国人大常委会监督宪法实施的权力应当从属于全国人大。目前全国人大及其常委会都尚无正式的依据宪法规定进行违宪审查的实践。

(2) 制定和修改法律。全国人大常委会制定和修改除应当由全国人大制定的法律以外的其他法律;在全国人大闭会期间,对全国人大制定的法律进行部分补充和修改,但是不得同该法律的基本原则相抵触。全国人大常委会承担了重要的立法职能,制定了大量的法律,例如《公务员法》、《行政许可法》、《行政复议法》、《国家赔偿法》、《集会游行示威法》等。全国人大常委会制定的"其他法律"和全国人大制定的"基本法律"之间有一定区别,但界限尚未获得法律明确的界定。

(3) 解释法律。法律解释权属于全国人大常委会。这种解释属于立法解释。全国人大常委会的法律解释同法律具有同等效力。根据《立法法》第42条第2款规定,法律有以下情况之一的,由全国人大常委会解释:① 法律的规定需要进一步明确具体含义的;② 法律制定后出现新的情况,需要明确适用法律依据的。国务院、中央军事委员会、最高法院、最高检察院和全国人大各专门委员会以及省、自治区、直辖市的人大常委会可以向全国人大常委会提出法律解释要求。常委会工作机构研究拟定法律解释草案,由委员长会议决定列入常委会会议议程。法律解释草案经常委会会议审议,由法律委员会根据常委会组成人员的审议意见进行审议、修改,提出法律解释草案表决稿。法律解释草案表决稿由常委会全体组成人员的过半数通过,由常委会发布公告予以公布。

根据全国人大常委会《关于加强法律解释工作的决议》,最高法院和最高检察院也有权对司法工作中具体应用法律、法令的问题进行解释;国务院及主管部门有权对不属于审判和检察工作中的其他法律、法令如何具体应用的问题进行解释。一般把最高法院和最高检察院的解释称为"司法解释",把国务院及主管部门的解释称为"行政解释"。在中国,立法解释的效力高于司法解释和行政解释。

(4) 任免国家机关工作人员。在全国人大闭会期间,全国人大常委会根据国务院总理的提名,决定部长、委员会主任、审计长、秘书长的人选;在全国人大闭会期间,根据中央军事委员会主席的提名,决定中央军事委员会其他组成人员的人选;根据最高法院院长的提请,任免最高法院副院长、审判员、审判委员会委员和军事法院院长;根据最高检察院检察长的提请,任免最高检察院副检察长、检察员、检察委员会委员和军事检察院检察长,并且批准省、自治区、直辖市的检察院检察长的任免;决定驻外全权代表的任免。

(5) 审查、批准和决定国家的重要事项。在全国人大闭会期间,全国人大常委会审查和批准国民经济和社会发展计划、中央预算在执行过程中所必须作的部分调整方案;决定同外国缔结的条约和重要协定的批准和废除;规定军人和外交人员的衔级制度和其他专门衔级制度;规定和决定授予国家的勋章和荣誉称号;决定特赦;在全国人大闭会期间,如果遇到国家遭受武装侵犯或者必须履行国际共同防止侵略的条约的情况,决定战争状态的宣布;决定全国总动员或者局部动员;决定全国或者个别省、自治区、直辖市进入紧急状态。

(6) 监督其他国家机关及其领导人员。全国人大常委会监督国务院、中央军事委员会、最高法院和最高检察院的工作;撤销国务院制定的同宪法、法律相抵触的行政法规、决定和命令;撤销省、自治区、直辖市国家权力机关制定的同宪法、法律和行政法规相抵触的地方性法规和决议。此外,全国人大常委会还有权撤销省、自治区、直辖市的人大常委会批准的违背《宪法》和《立法法》第66条第2款规定的自治条例和单行条例。在常委会会议期间,常委会组成人员10人以上,可以向常委会书面提出对国务院和国务院各部、各委员会的质询案,由委员长会议决定交受质询机关答复。

(四) 国家立法权与立法保留制度

中国的国家立法权由全国人大和全国人大常委会行使,这是所有国家代表机关的最主要职能。在最高权力机关的各种职权中,国家立法权的行使对于国家权力的运用和公民权利的保障具有特别重要的意义。法律的效力仅次于宪法,高于行政法规、地方性法规、规章以及其他所有规范性文件。全国人大及其常委会制定法律,其他国家机关则执行或者适用法律,而不能违反法律。在中国,由于宪法实施机制方面的原因,最高权力机关制定的法律事实上已经成为社会实际生活中调整国家机关和公民之间关系、公民和公民之间关系的最重要的规范性文件。

为规范立法活动,保障公民权利,《立法法》第8条规定了最高权力机关的专属立法权,明确规定某些事项必须由全国人大及其常委会的专属立法权统辖,将这些事项的立法权保留给最高权力机关。专属立法权的事项也称立法保留事项,相应的制度称为立法保留制度或议会保留制度。专属立法权所列的事项,只能由法律规定,行政法规、地方性法规不能规定,除非依法获得正式授权。不属专属立法权的事项,在没有制定法律之前,行政法规、地方性法规可以在其职权范围内先行规定,不需要授权。立法保留制度是对代表机关立法权的保障,而非限制,代表机关有权进行立法的事项不限于专属立法权所保留的事项。不过,事实上,中国《立法法》并未对最高权力机关立法权的范围作出任何限制。

专属立法权的事项包括:(1) 国家主权事项。(2) 各级人大、政府、法院和检察院的产生、组织和职权。(3) 民族区域制度、特别行政区制度、基层群众自治制度。(4) 犯罪和刑罚。(5) 对公民政治权利的剥夺、限制人身自由权利的强制措施和处罚。《立法法》这样规定,目的是更好地保护公民的政治权利和人身自由,行政法规、地方性法规不能作出剥夺公民政治权利或者限制公民人身自由的规定。(7)对非国有财产的征收。(7)民事基本制度。(8)基本经济制度以及财政、税收、海关、金融和外贸的基本制度。(9)诉讼、仲裁制度。(10)其他必须由法律规定的事项。

《立法法》规定,专属全国人大及其常委会立法权范围内的事项尚未制定法律的,全国人大及其常委会有权作出决定,授权国务院可以根据实际需要,对其中的部分事项先制定行政法规,但是有关犯罪和刑罚、对公民政治权利的剥夺和限制人身自由的强制措施和处罚、司法制度等事项不得授权,它们是绝对的专属立法权事项。

三、地方国家权力机关的权力

(一)地方人大

1. 地方人大的性质、组成、任期

除全国人大外,中国还有众多的各级地方人大。地方各级人大是地方国家权力机关。省、自治区、直辖市、设区的市、自治州的人大由下一级人大选出的代表组成。县、自治县、不设区的市、市辖区,以及乡、民族乡、镇的人大由选民直接选出的代表组成。地方各级人大每届任期五年。地方各级人大每年至少举行一次会议。经1/5以上的代表提议,可以临时召集本级人大会议。县级以上的地方各级人大会议由本级人大常委会召集。乡、民族乡、镇的人大会议由上次人大主席团召集。地方各级人大举行会议时,选举主席团,由主席团主持会议。

2. 县级以上地方人大的职权

(1)保证法律和决定的实施。县级以上地方各级人大在本行政区域内,保证宪法、法律、行政法规和上级人大及其常委会决议的遵守和执行,保证国家计划和国家预算的执行。

(2)决定本行政区域内的重大事情。审查和批准本行政区域内的国民经济和社会发展计划、预算以及它们执行情况的报告;讨论、决定本行政区域内的政治、经济、教育、科学、文化、卫生、环境和资源保护、民政、民族等工作的重大事项。

(3)选举本地方国家机关组成人员。选举本级人大常委会的组成人员;选举省长、副省长,自治区主席、副主席,市长、副市长,州长、副州长,县长、副县长,区长、副区长;选举本级法院院长和检察院检察长,选出的检察院检察长,须报经上一级检察院检察长提请该级人大常委会批准;选举上一级人大代表。

(4)监督本地方国家机关的工作。听取和审查本级人大常委会的工作报告；听取和审查本级政府和法院、检察院的工作报告；改变或者撤销本级人大常委会的不适当的决议；撤销本级政府的不适当的决定和命令；罢免由它选出的国家机关组成人员；罢免检察院检察长，须报经上一级检察院检察长提请该级人大常委会批准。此外，代表10人以上联名可以书面提出对本级政府和它所属各工作部门以及法院、检察院的质询案，由主席团决定交由受质询机关答复。

（5）保护公民权利，维护社会秩序。保护国有财产和集体所有财产，保护公民私人所有的合法财产，维护社会秩序，保障公民的人身权利、民主权利和其他权利；保护各种经济组织的合法权益；保障少数民族的权利；保障宪法和法律赋予妇女的男女平等、同工同酬和婚姻自由等各项权利。

3. 乡镇人大的职权

（1）保证法律和决定的执行。乡、民族乡、镇的人大在本行政区域内，保证宪法、法律、行政法规和上级人大及其常委会决议的遵守和执行。

（2）决定本行政区域内的重大事务。在职权范围内通过和发布决议；根据国家计划，决定本行政区域内的经济、文化事业和公共事业的建设计划；审查和批准本行政区域内的财政预算和预算执行情况的报告；决定本行政区域内的民政工作的实施计划。

（3）选举本级人大主席、副主席；选举乡长、副乡长，镇长、副镇长。

（4）监督乡镇政府的工作。听取和审查乡、民族乡、镇的政府的工作报告；撤销乡、民族乡、镇的政府的不适当的决定和命令；罢免乡长、副乡长，镇长、副镇长。此外，代表10人以上联名可以书面提出对本级政府的质询案，由主席团交受质询机关答复。

（5）公共利益保护和公民权利。保护国有财产和集体所有财产，保护公民私人所有的合法财产，维护社会秩序，保障公民的人身权利、民主权利和其他权利；保护各种经济组织的合法权益；保障少数民族的权利；保障宪法和法律赋予妇女的男女平等、同工同酬和婚姻自由等各项权利。

（二）地方人大常委会

1. 地方人大常委会的性质、组成、任期

县级以上的地方各级人大均设立人大常委会作为本级人大的常设机关，对本级人大负责并报告工作。省、自治区、直辖市、自治州、设区的市的人大常委会由本级人大在代表中选举主任、副主任若干人、秘书长、委员若干人组成。县、自治县、不设区的市、市辖区的人大常委会由本级人大在代表中选举主任、副主任若干人和委员若干人组成。常委会的组成人员不得担任国家行政机关、审判机关和检察机关的职务；如果担任上述职务，必须向常委会辞去常委会的职务。

常委会组成人员的名额：（1）省、自治区、直辖市35人至65人，人口超过8000万的省不超过85人；（2）设区的市、自治州19人至41人，人口超过800万的设区的市不超过 51 人;(3) 县、自治县、不设区的市、市辖区 15 人至 27 人,人口超过 100 万的县、自治县、不设区的市、市辖区不超过 35 人。省、自治区、直辖市每届人大常委会组成人员的名额,由省、自治区、直辖市的人大依照前款规定,按人口多少确定。自治州、县、自治县、市、市辖区每届人大常委会组成人员的名额,由省、自治区、直辖市的人大常委会依照前款规定,按人口多少确定。每届人大常委会组成人员的名额经确定后,在本届人大的任期内不再变动。

省、自治区、直辖市、自治州、设区的市的人大常委会主任、副主任和秘书长组成主任会议;县、自治县、不设区的市、市辖区的人大常委会主任、副主任组成主任会议。主任会议处理常委会的重要日常工作。地方各级人大常委会会议由主任召集,每两个月至少举行一次。地方各级人大常委会的任期与本级人大的任期相同,它行使职权至下届本级人大选出新的常委会为止。省、自治区、直辖市、自治州、设区的市的人大根据需要,可以设法制(政法)委员会、财政经济委员会、教育科学文化卫生委员会等专门委员会。各专门委员会受本级人大领导;在大会闭会期间,受本级人大常委会领导。

2. 地方人大常委会的职权

(1) 县级以上的地方各级人大常委会在本行政区域内,保证宪法、法律、行政法规和上级人大及其常委会决议的遵守和执行。

(2) 领导或者主持本级人大代表的选举;召集本级人大会议。

(3) 决定重大的地方性事务。讨论、决定本行政区域内的政治、经济、教育、科学、文化、卫生、环境和资源保护、民政、民族等工作的重大事项;根据本级政府的建议,决定对本行政区域内的国民经济和社会发展计划、预算的部分变更。

(4) 决定人事任免。在本级人大闭会期间,决定副省长、自治区副主席、副市长、副州长、副县长、副区长的个别任免;在省长、自治区主席、市长、州长、县长、区长和法院院长、检察院检察长因故不能担任职务的时候,从本级政府、法院、检察院副职领导人员中决定代理的人选;决定代理检察长,须报上一级检察院和人大常委会备案;根据省长、自治区主席、市长、州长、县长、区长的提名,决定本级政府秘书长、厅长、局长、委员会主任、科长的任免,报上一级政府备案;按照《法院组织法》和《检察院组织法》的规定,任免法院副院长、庭长、副庭长、审判委员会委员、审判员,任免检察院副检察长、检察委员会委员、检察员,批准任免下一级检察院检察长;省、自治区、直辖市的人大常委会根据主任会议的提名,决定在省、自治区内按地区设立的和在直辖市内设立的中级法院院长的任免,根据省、自治区、直辖市的检察院检察长的提名,决定检察院分院检察长的任免;在本级人大闭会期间,补选上一级人大出缺的代表和罢免个别代表;决定授予地方的荣誉称号。

(5) 监督本级地方国家机关的工作。监督本级政府、法院和检察院的工作,联系本级人大代表,受理人民群众对上述机关和国家工作人员的申诉和意见;撤销下一级人大及其常委会的不适当的决议;撤销本级政府的不适当的决定和命令;在本级人大闭会期间,决定撤销其任命的个别人员的职务。此外,在常委会会议期间,省、自治区、直辖市、自治州、设区的市的人大常委会组成人员五人以上联名,县级的人大常委会组成人员三人以上联名,可以向常委会书面提出对本级政府、法院、检察院的质询案。质询案由主任会议决定交由受质询机关答复。

（三）地方立法权

1. 一般地方立法权

除一般的职权外,省、自治区、直辖市和较大的市(包括省、自治区政府所在地的市,经济特区所在地的市和经国务院批准的较大的市①)的人大及其常委会还享有地方立法权。其他的一般地方人大及其常委会无地方立法权。省、自治区、直辖市的人大及其常委会根据本行政区域的具体情况和实际需要,在不同宪法、法律、行政法规相抵触的前提下,可以制定和颁布地方性法规,报全国人大常委会和国务院备案。较大的市的人大及其常委会根据本市的具体情况和实际需要,在不同宪法、法律、行政法规和本省、自治区的地方性法规相抵触的前提下,可以制定地方性法规,报省、自治区的人大常委会批准后施行,并由省、自治区的人大常委会报全国人大常委会和国务院备案。

地方性法规可以就下列事项作出规定:(1)为执行法律、行政法规的规定,需要根据本行政区域的实际情况作具体规定的事项;(2)属于地方性事务需要制定地方性法规的事项。除《立法法》第8条规定的立法保留事项外,其他事项国家尚未制定法律或者行政法规的,省、自治区、直辖市和较大的市根据本地方的具体情况和实际需要,可以先制定地方性法规。在国家制定的法律或者行政法规生效后,地方性法规同法律或者行政法规相抵触的规定无效,制定机关应当及时予以修改或者废止。此外,经济特区所在地的省、市的人大及其常委会根据全国人大的授权决定,制定法规,在经济特区范围内实施,根据授权制定的法规应当报授权决定规定的机关备案。

2. 民族自治地方立法权

民族自治地方的人大有权依照当地民族的政治、经济和文化的特点,制定自治条例和单行条例。自治区的自治条例和单行条例,报全国人大常委会批准后生效。自治州、自治县的自治条例和单行条例,报省、自治区、直辖市的人大常委会批准后生效,并由省、自治区、直辖市的人大常委会报全国人大常委会和国务院备案。《立法法》第66条第2款规定,自治条例和单行条例可以依照当地民

---

① 国务院批准的较大的市目前共有18个:齐齐哈尔、吉林、抚顺、鞍山、大连、本溪、唐山、邯郸、大同、包头、青岛、淄博、洛阳、淮南、无锡、宁波、徐州、苏州。

族的特点,对法律和行政法规的规定作出变通规定,但不得违背法律或者行政法规的基本原则,不得对《宪法》和《民族区域自治法》的规定以及其他有关法律、行政法规专门就民族自治地方所作的规定作出变通规定。

(四)上级人大与下级人大之间的关系

根据《宪法》和有关组织法的规定,各级地方人大在本行政区域内,都有义务保证宪法、法律、行政法规和上级人大及其常委会决议的遵守和执行,保证国家计划和国家预算的执行。但上下级人大之间的关系不同于上下级行政机关的关系。中央政府与地方政府之间以及地方政府上下级之间均是领导从属关系,上级领导下级,下级服从上级。领导关系意味着上级机关对下级机关除了具有监督权外,还具有指挥权和介入权。根据《宪法》的规定,上级人大与下级人大之间不存在这种领导关系,而是法律上的监督关系。

首先,最高权力机关与省、自治区、直辖市国家权力机关之间是一种法律上的监督关系。全国人大常委会有权撤销省、自治区、直辖市国家权力机关制定的同宪法、法律和行政法规相抵触的地方性法规和决议。因此,全国人大常委会对省、自治区、直辖市国家权力机关的监督表现为一种合法性审查。为便于审查,立法法规定省、自治区、直辖市的人大及其常委会制定的地方性法规,必须报全国人大常委会备案;较大的市的人大及其常委会制定的地方性法规,由省、自治区的人大常委会报全国人大常委会备案。自治州、自治县制定的自治条例和单行条例,由省、自治区、直辖市的人大常委会报全国人大常委会备案。

其次,上下级的地方权力机关之间也是法律上的监督关系,但与前者又有一定区别。县级以上地方各级人大常委会有权撤销下一级人大及其常委会的不适当的决议。《监督法》第30条规定:"县级以上地方各级人民代表大会常务委员会对下一级人民代表大会及其常务委员会作出的决议、决定和本级政府发布的决定、命令,经审查,认为有下列不适当的情形之一的,有权予以撤销:(一)超越法定权限,限制或者剥夺公民、法人和其他组织的合法权利,或者增加公民、法人和其他组织的义务的;(二)同法律、法规规定相抵触的(三)有其他不适当的情形,应当予以撤销的。"撤销的前提是下一级地方权力机关作出的决议"不适当"。因此,地方权力机关上下级的监督关系表现为适当性审查。在这里,适当性审查的监督权包含但不限于合法性审查,监督范围要比单纯的合法性审查更大。上级地方人大常委会不仅有权撤销下级权力机关的违法决定,还可以撤销其认为的不适当的决定。

除了法律上的监督关系,上级人大与下级人大之间还有着业务上的指导关系和工作上的联系关系。[①]

[①] 蔡定剑:《中国人民代表大会制度》,法律出版社2003年版,第250—257页。

四、权力机关的运行

与世界各国的议会类似,在中国,人大的决议模式也是合议制,由全体代表共同召开会议、集体议事,按多数决原则作出决议。因此,人大会议开得如何直接体现了权力机关运作的民主、效率、秩序的状况和水平。权力机关的运作需要相关的议事规则和工作制度。全国人大及其常委会的议事规则和工作制度主要规定在《宪法》、《全国人大组织法》、《全国人大议事规则》和《全国人大常委会议事规则》中。地方权力机关一般也都规定了相应的议事规则和工作制度。这些议事规则和工作制度为权力的运作提供了制度保证。今后,各级人大及其常委会的议事规则和工作制度还需进一步发展和完善。

(一) 代表大会会议

1. 全国人大会议

(1) 会议的召集。全国人大会议由全国人大常委会召集。如果全国人大常委会认为必要,或者有1/5以上的全国人大代表提议,可以临时召集全国人大会议。每届全国人大第一次会议,在本届全国人大代表选举完成后的两个月内,由上届全国人大常委会召集。全国人大会议于每年第一季度举行。全国人大常委会在全国人大举行前,进行下列准备工作:第一,提出会议议程草案;第二,提出主席团和秘书长名单草案;第三,决定列席会议人员名单;第四,会议的其他准备事项。全国人大常委会在全国人大会议举行的一个月前,将开会日期和建议会议讨论的主要事项通知代表,并将准备提请会议审议的法律草案发给代表。

(2) 代表团。全国人大会议举行前,代表按照选举单位组成代表团。代表团全体会议推选代表团团长、副团长。团长召集并主持代表团全体会议。副团长协助团长工作。代表团可以分设若干代表小组。代表小组会议推选小组召集人。代表团审议议案和有关报告,由代表团全体会议,代表小组会议审议。以代表团名义提出的议案、质询案、罢免案,由代表团全体代表的过半数通过。

(3) 预备会议。全国人大会议举行前,召开预备会议,选举主席团和秘书长,通过会议议程和关于会议其他准备事项的决定。预备会议由全国人大常委会主持。每届全国人大第一次会议的预备会议,由上届全国人大常委会主持。各代表团审议全国人大常委会提出的主席团和秘书长名单草案、会议议程草案以及关于会议的其他准备事项,提出意见。全国人大常委会委员长会议根据各代表团提出的意见,可以对主席团和秘书长名单草案、会议议程草案以及关于会议的其他准备事项提出调整意见,提请预备会议审议。全国人大会议设立秘书处。秘书处由秘书长和副秘书长组成。

(4) 主席团。主席团主持全国人大会议。根据《宪法》和有关组织法的规定,主席团不仅有权决定人大会议的会议日程,决定哪些议案列入会议议程,还全面负责全国人大常委会组成人员，国家主席、副主席，中央军事委员会主席，最高法院院长和最高检察院检察长，以及各专门委员会的主任委员、副主任委员和委员的人选的提名，并确定正式候选人名单。

主席团的决定，由主席团全体成员的过半数通过。主席团第一次会议由全国人大常委会委员长召集。主席团第一次会议推选主席团常务主席若干人，推选主席团成员若干人分别担任每次大会全体会议的执行主席，并决定下列事项：副秘书长的人选；会议日程；表决议案的办法；代表提出议案截止日期；其他需要由主席团第一次会议决定的事项。

主席团常务主席召集并主持主席团会议。主席团常务主席可以对属于主席团职权范围内的事项向主席团提出建议，并可以对会议日程安排作必要的调整。主席团常务主席可以召开代表团团长会议，就议案和有关报告的重大问题听取各代表团的审议意见，进行讨论，并将讨论的情况和意见向主席团报告。主席团常务主席可以就重大的专门性问题，召集代表团推选的有关代表进行讨论；国务院有关部门负责人参加会议，汇报情况，回答问题。会议讨论的情况和意见应当向主席团报告。

（5）会期。宪法和法律对会期长短这个关键问题未作规定。从以往情况看，全国人大每年会期一般半个月左右，一年大部分时间闭会。自2004年到2006年，十届全国人大第二、三、四次会议每次会期为10天，期间代表休息半天，会期比往年缩短1/3。闭会期间，由于代表分散在全国各地的各行各业，除全国人大常委会组织的一些活动外，全国人大本身无法开展工作。闭会期间最高权力机关的职能由其常设机关来执行。国外议会的会期通常短则三四个月，长则九十个月。与国外的这些议会相比，中国人大的宪法权力无疑是最大的，但其会期也是最短的。目前的会期要求人大代表必须在最短的时间内去决定国家最重要的事务。人大的职能事关全局、影响深远，代表的职责神圣而又光荣，人大代表应当在深思熟虑、广泛讨论、充分协商的基础上，审慎行使表决权，作出各项立法和决议。人大会议需要有足够的时间来保证决议的民主和科学，从而加强和改进立法工作，提高立法质量。应当从社会整体利益出发，立足于中国的实际需要，设法解决全国人大的最高权力与最短会期之间的矛盾。

2. 地方人大会议

县级以上的地方各级人大会议由本级人大常委会召集。县级以上的地方各级人大每次会议举行预备会议，选举本次会议的主席团和秘书长，通过本次会议的议程和其他准备事项的决定。预备会议由本级人大常委会主持。每届人大第一次会议的预备会议，由上届本级人大常委会主持。县级以上的地方各级人大举行会议的时候，由主席团主持会议。县级以上的地方各级人大会议设副秘书长若干人；副秘书长的人选由主席团决定。乡、民族乡、镇的人大举行会议的时候,选举主席团。由主席团主持会议,并负责召集下一次的本级人大会议。地方各级人大每届第一次会议,在本届人大代表选举完成后的两个月内,由上届本级人大常委会或者乡、民族乡、镇的上次人大主席团召集。县级以上的地方各级政府组成人员和法院院长、检察院检察长,乡级的政府领导人员,列席本级人大会议;县级以上的其他有关机关、团体负责人,经本级人大常委会决定,可以列席本级人大会议。

(二) 常委会会议

1. 全国人大常委会会议

全国人大常委会会议由委员长召集并主持,委员长可以委托副委员长主持会议。常委会会议必须有常委会全体组成人员的过半数出席,才能举行。委员长会议拟订常委会会议议程草案,提请常委会全体会议决定。常委会举行会议,应当在会议举行7日前,将开会日期、建议会议讨论的主要事项,通知常委会组成人员和列席会议的人员;临时召集的会议,可以临时通知。常委会举行会议的时候,国务院、中央军事委员会、最高法院、最高检察院的负责人列席会议。不是常委会组成人员的全国人大专门委员会主任委员、副主任委员、委员,常委会副秘书长、工作委员会主任、副主任,有关部门负责人,列席会议。常委会举行会议的时候,各省、自治区、直辖市的人大常委会主任或者副主任一人列席会议,并可以邀请有关的全国人大代表列席会议。常委会举行会议的时候,召开全体会议,并召开分组会议和联组会议。常委会分组会议对议案或者有关的工作报告进行审议的时候,应当通知有关部门派人到会,听取意见,回答询问。常委会联组会议对议案或者有关的工作报告进行审议的时候,应当通知有关负责人到会,听取意见,回答询问。

2. 地方人大常委会会议

地方各级人大常委会会议由主任召集。省、自治区、直辖市、自治州、设区的市的人大常委会主任、副主任和秘书长组成主任会议;县、自治县、不设区的市、市辖区的人大常委会主任、副主任组成主任会议。主任会议处理常委会的重要日常工作。

县级以上的地方各级人大常委会主任会议可以向本级人大常委会提出属于常委会职权范围内的议案,由常委会会议审议。县级以上的地方各级政府、人大各专门委员会,可以向本级人大常委会提出属于常委会职权范围内的议案,由主任会议决定提请常委会会议审议,或者先交有关的专门委员会审议、提出报告,再提请常委会会议审议。省、自治区、直辖市、自治州、设区的市的人大常委会组成人员5人以上联名,县级的人大常委会组成人员3人以上联名,可以向本级常委会提出属于常委会职权范围内的议案,由主任会议决定是否提请常委会会议审议,或者先交有关的专门委员会审议、提出报告,再决定是否提请常委会会议审议。

(三) 权力机关工作程序

与国外议会类似,中国权力机关的工作程序通常包括提案、审议、表决、公布等阶段。国家立法权是最高权力机关最重要的职权,制定和修改法律是其最重要的职能活动。而且除了宪法,法律制定和修改的程序最为完整、严谨。因此,这里主要以最高权力机关的立法程序为重点,介绍中国权力机关的工作程序。

1. 议案的提出

议案只能由享有提案权的主体提出,并且所提议案必须属于本级权力机关的职权范围。根据《宪法》《立法法》和有关组织法的规定,(1) 向全国人大提出议案的主体有:全国人大主席团、全国人大常委会、全国人大各专门委员会、国务院、中央军事委员会、最高法院、最高检察院,以及一个代表团或者30名以上代表联名;宪法的修改,由全国人大常委会或者1/5以上的全国人大代表提议。(2) 向全国人大常委会提出议案的主体有:委员长会议、全国人大各专门委员会、国务院、中央军事委员会、最高法院、最高检察院,以及常委会组成人员10人以上联名。(3) 向地方人大提出议案的主体有:主席团、常委会、各专门委员会、本级政府,以及县级以上的地方各级人大代表10人以上联名,乡、民族乡、镇的人大代表5人以上联名。(4) 向地方人大常委会提出议案的主体有:县级以上的地方各级人大常委会主任会议、地方各级政府、人大各专门委员会,以及省、自治区、直辖市、自治州、设区的市的人大常委会组成人员5人以上联名,县级的人大常委会组成人员3人以上联名。

虽然中国法律规定的提案主体的范围非常广泛,但与国外情况有些相似,实际上绝大多数议案都是人大机构和政府提出的,其中又以政府居多。并非所有议案都能列入权力机关的正式议程。根据法律规定和人大实践,人大机构和政府的提案一般优先于普通的代表提案或委员提案,交由权力机关审议。关于议案列入会议议程的方式,法律对不同议案作了区别对待。例如,就向全国人大提出的法律案而言,立法法规定了三种不同处理方式:(1) 全国人大主席团提出的法律案,由全国人大会议审议。(2) 全国人大常委会、国务院、中央军事委员会、最高法院、最高检察院、全国人大各专门委员会提出的法律案,由主席团决定列入会议议程。(3) 一个代表团或者30名以上代表联名提出的法律案,由主席团决定是否列入会议议程,或者先交有关的专门委员会审议、提出是否列入会议议程的意见,再决定是否列入会议议程。全国人大常委会对其收到的法律案,其处理方式与全国人大相似。在地方人大或人大常委会会议上,《地方组织法》对各种议案列入会议议程的方式,也作了类似的区别对待。

罢免案涉及对有关人员政治责任的追究,因此该种议案提出的条件和程序较为严格。只有主席团、3个以上的代表团或者1/10以上的代表,才可以提出对于全国人大常委会的组成人员,国家主席、副主席,国务院的组成人员,中央军事委员会的组成人员,最高法院院长和最高检察院检察长的罢免案。县级以上的地方各级人大举行会议的时候,主席团、常委会或者 1/10 以上代表联名,可以提出对本级人大常委会组成人员、政府组成人员、法院院长、检察院检察长的罢免案,由主席团提请大会审议。乡、民族乡、镇的人大举行会议的时候,主席团或者 1/5 以上代表联名,可以提出对人大主席、副主席,乡长、副乡长,镇长、副镇长的罢免案,由主席团提请大会审议。罢免案都应当写明罢免的理由。

2. 议案的审议

列入权力机关会议议程的议案必须要经过审议,才能付诸表决。人大与人大常委会对议案审议的方式有一定区别。

(1) 全国人大对议案的审议

主席团可以召开大会全体会议进行大会发言,就议案和有关报告发表意见。但由于代表人数过多,全体大会审议确实困难,全国人大对议案的审议主要是在代表团的会议上进行。代表团审议议案和有关报告,由代表团全体会议、代表小组会议审议。因此,代表对议案的讨论主要在此小范围内展开。主席团还可以将议案并交有关的专门委员会进行审议、提出报告。有关的专门委员会的审议意见应当及时印发会议。

大会全体会议上的审议基本不采用国外的议会全院辩论制度,但法律规定了代表发言制度。根据《全国人大议事规则》规定,代表在大会全体会议上发言的,每人可以发言两次,第一次不超过 10 分钟,第二次不超过 5 分钟;要求在大会全体会议上发言的,应当在会前向秘书处报名,由大会执行主席安排发言顺序;在大会全体会议上临时要求发言的,经大会执行主席许可,始得发言。主席团成员和代表团团长或者代表团推选的代表在主席团每次会议上发言的,每人可以就同一议题发言两次,第一次不超过 15 分钟,第二次不超过 10 分钟。经会议主持人许可,发言时间可以适当延长。

就全国人大会议对法律案的审议而言,主要规定是:全国人大会议审议列入全国人大会议议程的法律案。大会全体会议听取提案人的说明后,由各代表团进行审议。各代表团审议法律案时,提案人应当派人听取意见,回答询问;根据代表团的要求,有关机关、组织还应当派人介绍情况。有关的专门委员会进行审议,向主席团提出审议意见,并印发会议。法律委员会根据各代表团和有关的专门委员会的审议意见,对法律案进行统一审议,向主席团提出审议结果报告和法律草案修改稿,对重要的不同意见应当在审议结果报告中予以说明,经主席团会议审议通过后,印发会议。必要时,主席团常务主席可以召开各代表团团长会议,就法律案中的重大问题听取各代表团的审议意见,进行讨论,也可以就法律案中的重大的专门性问题,召集代表团推选的有关代表进行讨论,并将讨论的情况和意见向主席团报告。

（2）全国人大常委会对议案的审议

全国人大常委会审议议案的基本形式有三种：全体会议、分组会议和联组会议。常委会分组会议由委员长会议确定若干名召集人，轮流主持会议。常委会举行联组会议，由委员长主持。委员长可以委托副委员长主持会议。

常委会组成人员在会议上发言，应当围绕会议确定的议题进行。常委会全体会议或者联组会议安排对有关议题进行审议的时候，常委会组成人员要求发言的，应当在会前由本人向常委会办事机构提出，由会议主持人安排，按顺序发言。在全体会议和联组会议上临时要求发言的，经会议主持人同意，始得发言。在分组会议上要求发言的，经会议主持人同意，即可发言。在会议上的发言应当遵守法定的时限。

全国人大常委会对法律案的审议实行三审制：列入常委会会议议程的法律案，一般应当经三次常委会会议审议后再交付表决。一审是在全体会议上听取提案人的说明，由分组会议进行初步审议。二审是在全体会议上听取法律委员会关于法律草案修改情况和主要问题的汇报，由分组会议进一步审议。三审是在全体会议上听取法律委员会关于法律草案审议结果的报告，由分组会议对法律草案修改稿进行审议。常委会审议法律案时，根据需要，可以召开联组会议或者全体会议，对法律草案中的主要问题进行讨论。各方面意见比较一致的，可以经两次常委会会议审议后交付表决；部分修改的法律案，各方面的意见比较一致的，也可以经一次常委会会议审议即交付表决。

此外，根据《全国人大常委会议事规则》规定，拟提请常委会全体会议表决的议案，在审议中有重大问题需要进一步研究的，经委员长或者委员长会议提出，联组会议或者全体会议同意，可以暂不付表决，交有关专门委员会进一步审议，提出审议报告。

3. 议案的表决

表决议案的方式可以是无记名投票方式或举手表决方式，也可以采用其他方式。但宪法的修改，必须采用投票方式表决。过去，法律草案一般采用举手表决，1986年第六届全国人大第十五次常委会开始，常委会通过法律采用电子表决器。1990年第七届全国人大第二次会议通过法律也开始采用了电子表决器。[①] 在中国，人大的无记名投票方式主要是为了保护代表投票的自由。而国外议会则通常实行公开表决制度，这是为了保证选民对议员投票决定的知情权。交付表决的议案，有修正案的，先表决修正案。任免案逐人表决，根据情况也可以合并表决。对法律案的表决方式是一次性表决，而不是逐条表决。

无论是最高权力机关，还是地方权力机关，人大表决议案必须以本级人大全

---

① 蔡定剑：《中国人民代表大会制度》，法律出版社2003年版，第305页。

体代表的过半数通过;人大常委会表决议案必须以本级常委会全体组成人员的过半数通过。此外,宪法的修改由全国人大以全体代表的 2/3 以上的多数通过。表决结果由会议主持人当场宣布。

法律案的表决决定法律草案能否正式成为法律,因此在整个立法程序中起着决定性的作用。在全国人大会议上,法律草案修改稿经各代表团审议,由法律委员会根据各代表团的审议意见进行修改,提出法律草案表决稿,由主席团提请大会全体会议表决,由全体代表的过半数通过。在全国人大常委会会议上,法律草案修改稿经常委会会议审议,由法律委员会根据常委会组成人员的审议意见进行修改,提出法律草案表决稿,由委员长会议提请常委会全体会议表决,由常委会全体组成人员的过半数通过。

4. 公布

中国的法律经全国人大或者由全国人大常委会通过后,由国家主席签署主席令公布。未经国家主席签署公布,法律不发生法律效力。国家主席是中国的国家元首。国家主席签署法律主要是具有象征意义,体现统一的国家权威。公布法律的主席令需载明该法律的制定机关、通过和施行日期。法律签署公布后,及时在全国人大常委会公报和在全国范围内发行的报纸上刊登。在常委会公报上刊登的法律文本为标准文本。

五、人大代表的权利和义务

一般认为,人大是中国公民表达意愿、实现和扩大有序政治参与的重要渠道。人大代表则是人大的具体成员,是选民通过直接或间接方式选出的利益代言人。代表所担负的职责、职责的履行情况和履行职责的保障情况直接影响到代表作用以及人大作用的实际发挥。宪法对人大代表的职责和保障作了原则性规定。1992 年《全国人民代表大会和地方各级人民代表大会代表法》(以下简称《代表法》)则依据宪法对代表的职责和保障作了更加具体的规定。

(一) 代表的权利

代表的权利主要就是参加人大会议、议事讨论并进行投票表决。这些权利体现在人大开会期间的各种活动中。代表有权参加大会全体会议、代表团全体会议、小组会议,审议列入大会议程的各项议案和报告。代表可以被推选或者受邀请列席主席团会议、专门委员会会议,发表意见。代表有权参加本级人大表决,可以投赞成票,可以投反对票,也可以弃权。除了这些最重要和最基本的权利外,代表在本级人大会议期间,还依法享有以下的权利:

1. 参加选举和决定人选

代表有权参加选举和批准任免国家和地方国家机关领导人以及其他组成人员。在最高权力机关,对全国人大以选举方式产生的国家机关组成人员(全国人大常委会组成人员,国家主席、副主席,中央军事委员会主席,最高法院院长和最高检察院检察长),代表在进行选举投票时,可表示赞成、反对或弃权,还可另选他人;对全国人大以决定方式产生的国家机关组成人员(国务院总理和国务院其他组成人员,中央军委主席以外的其他组成人员),代表在决定任命人选投票时,对依法提名的人选可表示赞成、反对或弃权,但不能另选他人。无论是以选举的方式还是决定的方式产生有关人选,全国人大代表均有权对主席团提名的人选提出自己的意见,但都无权提名上述人选。

在地方权力机关,代表除参加选举任免地方国家机关领导人以及其他组成人员外,还有权依法提名有关的候选人。省、自治区、直辖市的人大代表30人以上书面联名,设区的市和自治州的人大代表20人以上书面联名,县级的人大代表10人以上书面联名,可以提出本级人大常委会组成人员,政府领导人员,法院院长,检察院检察长的候选人。乡、民族乡、镇的人大代表10人以上书面联名,可以提出本级人大主席、副主席,政府领导人员的候选人。不同选区或者选举单位选出的代表可以酝酿、联合提出候选人。代表10人以上联名可以推荐上一级人大代表的候选人。各级人大代表有权对本级人大主席团的人选、本级人大主席团和代表依法提出的有关人员的人选提出意见。代表对确定的候选人,可以投赞成票,可以投反对票,可以另选他人,也可以弃权。

2. 提出议案

代表有权依照法律规定的程序向本级人大提出属于本级人大职权范围内的议案。议案应当有案由、案据和方案。列入会议议程的议案,在交付大会表决前,提出议案的代表要求撤回的,经主席团同意,会议对该项议案的审议即行终止。全国人大代表,有权依照宪法规定的程序向全国人大提出修改宪法的议案。

3. 提出询问和质询

代表在审议议案和报告时,可以向本级有关国家机关提出询问。有关国家机关应当派负责人或者负责人员回答询问。人大会议期间,代表有权依照法律规定的程序提出对本级有关国家机关的质询案。质询案必须写明质询对象、质询的问题和内容。质询案按照主席团的决定由受质询机关答复。提出质询案的代表半数以上对答复不满意的,可以要求受质询机关再作答复。质询案由主席团决定交由受质询机关答复。

4. 提出罢免案

人大代表有权依照法律规定的程序对由本级人大产生的国家机关组成人员提出罢免案。罢免权是选举权的延伸,是人大代表对国家机关组成人员实施监督的一种最严厉手段。罢免案都由本级人大主席团提请大会审议。罢免案提请大会全体会议表决前,被提出罢免的人员有权在主席团会议和大会全体会议上提出申辩意见,或者书面提出申辩意见,由主席团印发会议。

5. 提议组织特定问题调查委员会

各级人大代表有权依法提议组织关于特定问题的调查委员会,是否组织由大会主席团提请大会全体会议决定。

6. 提出批评、建议

代表有权向本级人大提出对各方面工作的建议、批评和意见。在闭会期间,代表对各方面工作的建议、批评和意见可向本级人大常委会提出。有关机关、组织必须研究处理并负责答复。与一般公民的批评、建议有所不同,代表一旦向本级人大提出对某方面工作的批评、建议,即意味着有关机关、组织必须承担对代表意见加以研究处理并负责答复的法定义务。

(二)代表的义务

出席本级人大会议,依法执行代表的职务不仅是代表的权利,也是其法定的职责和基本的义务。根据《代表法》第41、42条规定,代表未经批准两次不出席本级人大会议的,其代表资格终止。县级以上的各级人大代表资格的终止,由代表资格审查委员会报本级人大常委会,由本级人大常委会予以公告。乡、民族乡、镇的人大代表资格的终止,由代表资格审查委员会报本级人大,由本级人大予以公告。除了该义务外,《宪法》和《代表法》还规定代表应履行以下义务:(1)代表必须模范地遵守宪法和法律,保守国家秘密。(2)联系群众。代表应当与原选区选民或者原选举单位和人民群众保持密切联系,采取多种方式经常听取人民群众的意见,反映他们的意见和要求,努力为人民服务。(3)协助宪法和法律的实施。代表必须在自己参加的生产、工作和社会活动中,协助宪法和法律的实施。协助本级政府推行工作。(4)接受监督。代表应当回答原选区选民或者原选举单位对代表工作和代表活动的询问,接受原选区选民或者原选举单位的监督。

(三)代表在闭会期间的活动

在本级人大闭会期间,代表还必须积极开展和参加一些与代表职务有关的活动,为开会期间提出议案和审议各项议案做好必要的准备。人大代表在闭会期间的主要活动就是联系群众、调查研究、参加代表活动等。主要有:(1)代表持代表证就地进行视察。县级以上的地方各级人大常委会根据代表的要求,联系安排本级或者上级的代表持代表证就地进行视察。代表视察时,可以向被视察单位提出建议、批评和意见,但不直接处理问题。(2)参加代表小组活动。县级以上的各级人大代表,在本级或者下级人大常委会协助下,可以按照便于组织和开展活动的原则组成代表小组。县级以上的各级人大代表,可以参加下级人大代表的代表小组活动。(3)列席有关会议。全国人大代表,省、自治区、直辖市、自治州、设区的市的人大代表可以列席原选举单位的人大会议,并可以应邀列席原选举单位的人大常委会会议,还可以应邀列席本级人大各专门委员会会议。县级以上的各级人大代表可以应邀列席本级人大常委会会议。此外,代表有权依照法律规定的程序提议临时召集本级人大会议。

(四)代表的职务保障

代表依照代表法规定在本级人大会议期间的工作和在本级人大闭会期间的活动,都是执行代表职务。为保障代表有效履行职务,宪法和代表法为代表提供了包括人身保障、言论保障、物质保障以及其他保障在内的多重保障制度。与国外相比较,中国的人大代表的职务保障有一定的相似之处,例如都规定了人身豁免权和言论免责权。但也有明显的区别,这主要表现在物质保障和保障的提供主体方面。中国的人大代表执行职务没有法定的工资报酬;执行代表职务的保障是由国家和社会(主要是其所在单位)共同提供,非专由国家保障。

1. 人身豁免权

根据《宪法》第74条和《代表法》第30条规定,县级以上各级人大代表,非经本级人大主席团许可,在本级人大闭会期间,非经本级人大常委会许可,不受逮捕或者刑事审判。如果因为是现行犯被拘留,执行拘留的机关应当立即向该级人大主席团或者人大常委会报告。对县级以上的各级人大代表,如果采取法律规定的其他限制人身自由的措施,应当经该级人大主席团或者人大常委会许可。乡、民族乡、镇的人大代表,如果被逮捕、受刑事审判、或者被采取法律规定的其他限制人身自由的措施,执行机关应当立即报告乡、民族乡、镇的人大。

2. 言论免责权

根据《宪法》第75条和《代表法》第29条规定,全国人大代表和地方各级人大代表在人大各种会议上的发言和表决,不受法律追究。代表言论免责权的范围是指在"人大的各种会议"的发言和表决。这些会议包括:代表大会全体会议、小组会议、代表团会议、专门委员会会议、主席团会议、常委会全体会议和分组会议。因此,代表在闭会期间的言论,不在言论免责权的范围。

3. 物质保障

人大代表执行职务没有法定的工资报酬,但法律对人大代表执行代表职务规定了一定的物质保障,这些物质保障制度由普通法律主要是组织法和代表法加以规定,宪法未作直接规定。根据现行法律规定,履行代表职务的物质保障主要有以下形式:

第一,代表执行代表职务时所需的各种经费列入本级财政预算,由本级财政开支。《代表法》第33条规定:"代表的活动经费,应当被列入本级财政预算。"

第二,代表在人大会议期间,国家根据实际需要给予适当的补贴和物质上的便利。《全国人大组织法》第42条规定:"全国人民代表大会代表在出席全国人民代表大会会议和执行其他属于代表的职务的时候,国家根据实际需要给予适当的补贴和物质上的便利。"《地方组织法》第 36 条规定:"地方各级人民代表大会代表在出席人民代表大会会议和执行代表职务的时候,国家根据需要给予往返的旅费和必要的物质上的便利或者补贴。"

第三,代表在人大闭会期间开展代表活动,其所在单位按正常出勤对待。在闭会期间,代表还会经常性地积极开展或参加一些与代表职务有关的活动,这些活动也属于代表执行职务的范围。根据《代表法》第 31 条和第 32 条第 1 款规定,代表在本级人大闭会期间,参加由本级人大或者其常委会安排的代表活动,代表所在单位必须给予时间保障。代表所在单位对代表参加的这些活动必须按正常出勤对待,享受所在单位的工资和其他待遇。据此规定,在闭会期间内(即全年的大部分时间),代表所在单位有义务对代表执行职务提供时间和物质保障。这一规定与代表职务的公共和公益性质有一定矛盾。代表职务为公共职务,其职务执行是为了社会的公共利益。因此,代表执行职务的物质保障都应当由国家财政即全体纳税人承担,而不应由某个特定社会成员单独负担。

第四,无固定工资收入的代表,要根据实际情况由本级财政给予适当的补贴。《代表法》第 32 条第 2 款规定:"无固定工资收入的代表执行代表职务,根据实际情况由本级财政给予适当补贴。"如全国人大在第八届时每年给这些代表以 600 元的补贴,第九届时每年给予 800 元的补贴,后来又有所增加。

上述制度为代表执行职务提供了一些保障,但还不尽完善。第一,代表执行职务没有相应的工资报酬。这种状况与中国《宪法》第 6 条确认的按劳分配原则存在一定矛盾。依照按劳分配原则,代表执行职务,付出了辛勤的并富有创造性的劳动,就应当获得相应的报酬。在现行制度下,普通的人大代表必须要依赖其他工作的收入作为其主要生活来源。实际情况表明,人大代表一般都有自己的固定单位和本职工作,而且大多是单位的骨干或领导,承担着繁重的工作任务。在其有限的时间、精力范围内,代表工作的主要内容必然是其单位本身的业务活动,其代表职务难以成为代表在实际生活中的主要角色。而人大会期之短也显然与此相关。

第二,代表法未对代表活动经费和其他物质保障(补贴、物质便利等)的具体标准、方式作出明确规定。实际情况表明,在一些地方,尤其是在乡镇,人大代表开展活动的物质条件没有得到应有的保障。据报道,2002 年在四川省有的市、区人大,一个市级人大代表一年仅有 150 元的活动经费,此外还可以选订一份报纸,订报费由代表所在的单位支付;而一个区人大代表每年就只能得到 50 元的活动经费。[①] 代表缺乏必要的办公条件和费用,用来执行职务、联系群众、调查研究。这种状况制约了人大代表作用的发挥。

---

① 曹勇、王甘霖:《"骑士代表"艰难履职》,载《南方周末》2002 年 2 月 28 日。

解决人大代表在执行职务方面遇到的实际困难和问题,为代表执行职务提供更加具体、充分和稳定的物质保障,这符合社会的整体和长远利益,应当是人大制度及其代表制度发展的大方向。特别是在市场经济的利益多元化时代,只有健全完善代表职务的物质保障制度,代表才可能将其主要精力用于代表职务的执行,延长人大会期也才具有可行性,人大代表的利益代言人作用乃至人大的"公益机器"功能才能更加充分地展现出来。①

4. 其他保障

代表法还规定了一些其他的代表职务保障制度。县级以上的地方各级人大常委会,应当为本行政区域内的代表执行代表职务提供必要的条件,其办事机构应当为代表执行代表职务提供服务。为了便于代表执行代表职务,各级人大为本级人大代表制发代表证。少数民族代表执行代表职务时,有关部门应当在语言文字、生活习惯等方面给予必要的帮助和照顾。此外,《代表法》还规定,一切组织和个人都必须尊重代表的权利,支持代表执行代表职务;有义务协助代表执行而拒绝履行义务的,有关单位应当予以批评教育,直至给予行政处分。

推荐阅读

1. 〔英〕洛克:《政府论》(下),叶启芳、瞿菊农译,商务印书馆1964年版。

本书是政治自由主义原则的经典陈述,影响了美国革命、法国大革命以及美国联邦宪法。洛克在继承前人分权思想的基础上,系统地提出并阐释了分权理论,把国家权力分为立法权、执行权和对外权。

2. 〔法〕孟德斯鸠:《论法的精神》,张雁深译,商务印书馆1961年版。

孟德斯鸠从政治自由主义的立场出发,汲取了自古希腊罗马以来的分权思想,特别是洛克提出的立法、执行和对外三权划分的学说,创立了完整的立法、行政、司法三权分立与制衡的理论,对欧洲和美国的宪政思想有着深远的影响,并被美国的宪法编撰人所采用。《论法的精神》同时也是一本综合性的政治学、法学著作,研究的视野极为开阔,其法学研究方法也独树一帜,系统地提出和运用了比较的方法和历史的方法。

3. 〔美〕汉密尔顿、麦迪逊、杰伊:《联邦党人文集》,程逢如等译,商务印书馆1980年版。

本书是一系列为美国联邦宪法辩护的论文,共85篇,发表于1787~1788年间,系汉密尔顿、麦迪逊和杰伊为说服纽约州选民支持批准宪法而作。它是对一直沿用到今天的美国联邦宪法的精辟说明,美国最高法院曾把它作为宪法的来

---

① 张千帆:《论人大职能的强化与转变》,载《法律科学(西北政法学院学报)》2004年第5期。

源加以引证。这些论文除了深入地论证联邦制,还从人性哲学、宪政理论和具体政治经验等多个角度出发,对三权分立体制的宪法设计进行了精辟的论述,是有关分权制衡学说和制度的经典读物。《联邦党人文集》带有强烈的实践特征,同时也有其深刻的理论阐述。

4. 〔英〕密尔:《代议制政府》,汪瑄译,商务印书馆1982年版。

本书发表于1861年,是学界公认的有关议会民主制的一部经典著作,对现代议会民主制度有较大影响。本书的特点不在于论述议会民主制的抽象原则,而在于深入论证了有关代议制政府的各种重要问题。

5. 蔡定剑:《中国人民代表大会制度》,法律出版社2003年版。

本书自1992年出版以来多次再版,是迄今为止国内最系统、最权威的阐述人民代表大会制度的理论联系实际的专著,在海内外具有较大影响。本书资料翔实,论述具体、深入,直面现实问题。本书包含"总论"、"组织"、"职权"、"运作"四个部分,全面论述了中国人大制度的原理和实践。

6. 人大与议会网:http://www.e-cpcs.org/

人大与议会网由中国政法大学宪政研究所主办,是关于人大、议会理论和制度的专业性网站。它设有"中心活动"、"人大要报"、"人大新事"、"人大研究"、"宪政制度"、"外国议会"、"宪政文本"、"常用资料"等栏目。该网站及时报道和反映人大工作的最新探索,聚焦宪政方面的重点、热点问题,发表新的优秀理论研究成果,介绍人大工作的重要信息、资料和国外议会制度等。

7. 中国人大网:http://www.npc.gov.cn/

中国人大网是由全国人大常委会办公厅主办的全国人大常委会门户网站,是全国人大常委会的重要舆论媒介。该网站全面报道全国人大及其常委会的主要工作和活动、地方人大的重要动态,即时发布全国人大及其常委会会议通过的法律、决议决定、任免名单,系统介绍人大代表的构成、履职和活动情况等,使网站成为人民群众了解人大工作的重要窗口。

思考题

1. 议会是如何发展起来的?
2. 什么是"议会至上"? 什么是"三权分立"? 两者之间有什么联系与区别?
3. 什么是人民代表大会制? 与议会制有何区别?
4. 什么是一院制? 什么是两院制? 它们的理论依据分别是什么?
5. 什么是议会委员会? 有哪些职权? 有什么作用?
6. 议员通常有哪些法定职责? 议员的职务保障有哪些?

7. 议会有哪些职权？通常是怎样运作的？
8. 什么是议会的议事规则？议事规则主要有什么作用？
9. 如何理解全国人大是"最高权力机关"？全国人大有哪些职权？
10. 为什么设立全国人大常委会？全国人大常委会有哪些职权？
11. 地方国家权力机关有哪些权力？
12. 中国的权力机关是如何运行的？
13. 中国人大代表分别有哪些权利和义务？有哪些职务保障？实际作用如何？

第八章 行政机构

行政机构是国家机构的重要组成部分。本章主要讨论了行政机构的基本概念、国家元首(包括中国的中央军事委员会)、行政机关、地方政府以及居民委员会和村民委员会等内容。本章重点包括:行政机构与行政机关、政府之间是什么关系,国家主席是不是国家元首,中央军事委员会的性质是什么,国务院是什么性质的机关,中国地方政府是如何设置的,居民委员会和村民委员会是什么样的组织等问题。

第一节 基本概念

一、行政机构

（一）行政机构的概念

行政机构是相对立法机构、司法机构而言的,是指主要行使以执行法律为内容的行政权的国家机构。① 在《论法的精神》一书中,孟德斯鸠系统地提出"三权分立"的思想,把国家权力分为立法权——制定临时或永久的法律并修正或废止已制定法律的权力,行政权包括执行公共决议的权力,譬如媾和或宣战、派遣或接受使节、维护公共安全和防御侵略,以及司法权,也就是裁判私人犯罪或争讼与惩罚犯罪的权力。② 此后,人们一般将国家机构分为立法机构、行政机构和司法机构。在实践中,美国是按这三种权力来设立国家机构的典型。

值得注意的是,世界各国的国家机构并非都是像美国那样"三权分立"。许多国家既设有总统或国王行使国家元首权,又设政府(狭义的)行使行政权,而不像美国总统那样既然是国家元首又是行政首脑,直接掌管行政机关。特别是第二次世界大战后,很多国家不像美国那样由普通的法院来行使违宪审查权,而是设置了专门的宪政法院,实施违宪审查权(亦即宪法监督权)。也就是说,在世界上许多国家,元首权、监督权均是一种独立的国家权力。当今世界有一种"五权分立"的趋势(当然,这与孙中山提出的"五权宪法"中的五权即立法权、行

---

① 需要注意的是,在中国《宪法》文本中,"国家机构"是国家权力机关、国家行政机关、国家审判机关、国家法律监督机关等所有国家机关的总称,而"国家机关"是指某一具体的国家机关。在一些学者著述中,常常混用这两个概念。在本章中,我们尽可能将二者区分开来,但有时由于不好表述,也可能有混用的个别情况。

② 〔法〕孟德斯鸠著:《论法的精神》(上册),张雁深译,商务印书馆1997年版,第155、156页。

政权、司法权、考试权、监察权不同),国家权力可分为元首权、立法权、行政权、司法权、监督权等五种权力①,相应的,国家机构也可分为元首、立法、行政、司法和监督五大机构。

然而,鉴于国家元首以执行立法机构制定通过的法律和决定为主要职责,元首权大体上可划归为行政权,而专门负责实施违宪审查的宪法监督机构多为宪政法院,故监督权也可视司法权的范围,特别是基于传统习惯,所以本书仍将国家机构大体上分为立法机构、行政机构和司法机构三大类,其中行政机构既包括行政机关(狭义的政府),也包括许多国家独立设置的国家元首。同时,鉴于军事权在学术界一般被视为一种行政权,而且军队统率权一般由国家元首来行使,故将中国的中央军事委员会与国家主席一起来阐述。

(二) 行政机构与行政机关、政府

在我们的日常用语甚至学术研究中,有时将行政机构与行政机关视一回事,有时行政机构又是指行政机关的下属机构。根据中国《宪法》的规定,中国的行政机关是指各级政府。总体而言,对那些由总统担任行政首脑的国家来说,"行政机构"就是指总统(总统也就是行政机关);在那些国家元首与行政首脑分设的国家,"行政机构"包括国家元首和行政机关。而就中国而言,本章所说的"行政机构"包括政府(行政机关)、国家主席和中央军事委员会。

此外,我们还要注意行政机构与政府的区分,"政府"(government)一词有广义与狭义之分,广义的政府是指国家机构,狭义的政府仅指行政机关(在中国指人民政府)。显然,广义的政府包括行政机构,而狭义的政府则属于行政机构的一种。

(三) 行政机构与行政权

行政机构特别是其中的行政机关是行使行政权的国家机构。行政权的主要内容,或者说,其实质是执法权(亦称"执行权"),它负责主要执行国家立法机构制定的法律。

值得注意的是,第二次世界大战后随着行政权的扩张,不仅出现了委任立法,而且各国行政机关自身还制定行政法规、规章、条例、政令等规范性文件,有学者称之为"行政立法";而且,现代行政机关也处理一些行政纠纷和民事纠纷,人们称之为"行政司法"。从表面上看来,好像现代行政权中已经包含有"立法权"和"司法权"。但是,"行政立法"的目的是为了执行法律②,"行政司法"也是

---

① 参见杨海坤主编:《宪法学基本论》,中国人事出版社 2002 年版,第 181 页。

② 例如中国《立法法》第 56 条明确规定,国务院主要是"为执行法律的规定需要制定行政法规的事项"而制定行政法规;第 71 条规定,国务院各部、委员会、中国人民银行、审计署和具有行政管理职能的直属机构制定的部门规章所规定的事项**应当属于执行法律或者国务院的行政法规、决定、命令的事项**";第 73 条规定,省、自治区、直辖市和较大的市的人民政府制定的地方政府规章所规定的事项应当是"为执行法律、行政法规、地方性法规的规定需要制定规章的事项"。

根据法律的授权裁决纠纷,其实质也是执行法律的规定。因此,行政权就其总体和本质而言,依然是一种执法权。

二、总统制、内阁制、委员会制和半总统半议会制

对于总统制、内阁制、委员会制和半总统半议会制,中国宪法学界通常将它们视为"政体"或"政权组织形式"的类型。在实质上,政体(或政权组织形式)的问题就是立法、行政、司法等国家机构之间的权力关系问题。①我们不难发现,哪个国家机构处于国家权力关系的中心地位,学界就以这个国家机构的名称来命名这一种政体类型。总统制、内阁制、委员会制和半总统半议会制,基本上都是以行政机构的名称来命名的,这表明在当今世界各国的行政机构是国家权力的中心,以行政为主导是当代宪法的一大特点和趋势。② 正因为如此,所以我们可以说总统制、内阁制、委员会制和半总统半议会制也是行政机构的组织形式,它们是世界各国行政机构的典型模式。

(一)总统制

总统制是指总统掌握最高行政权并为国家权力核心的行政机构模式。美国是第一个实行总统制的国家,是总统制的典型代表。目前实行总统制的国家除美国外,还有阿根廷、巴西、墨西哥、危地马拉、委内瑞拉、印度尼西亚、埃及等国家。

总统制的主要特征是:(1)总统集国家元首和行政首脑于一身,既是行政首脑,直接领导行政机关,行使行政权;又是国家元首,代表国家对内对外行使国家元首权,统帅全国武装力量。(2)总统一般由选民直接选举产生,对选民负责。美国总统虽由选举人团选举产生,但与直接选择相差无几。(3)总统与议会严格分离,总统和行政官员不得兼任议会议员。(4)总统与议会相互制衡,虽然议会不能通过不信任案的方式迫使总统辞职,总统也不能解散议会,但总统可通过向国会发表国情咨文提出立法建议等形式影响立法,负责签署公布法律,并可对国会通过的法案行使否决权,而国会可弹劾总统。

(二)内阁制

内阁制,又称议会制,还有的学者称之为"议会内阁制",它是指内阁(行政机关,狭义的"政府")由议会产生并对议会负责的行政机构模式。内阁制最早

---

① 严格说来,政体问题是整个国家机构之间的权力关系问题,它不仅包括横向的立法、行政、司法等国家机构之间的权力关系,还包括纵向的中央与地方之间的权力关系,即包括联邦制和单一制——所谓"国家结构形式"——的问题。详见上官丕亮:《政体新探》,载《吉林大学社会科学学报》2001 年第4 期。

② 参见许崇德、王振民:《由"议会主导"到"行政主导"——评当代宪法发展的一个趋势》,载《清华大学学报(哲社版)》1997 年第3 期。

是在英国通过惯例逐步形成的,英国是内阁制的典型代表。

内阁制的主要特征是:(1)国家元首与行政首脑由两人分别担任,但国家元首为虚权元首,不掌握实权,不负行政责任,仅在形式上代表国家。(2)内阁(政府)由议会产生,由议会中获得多数席位的政党或政党联盟组成。(3)议会与内阁合一,内阁成员一般是议会议员,首相或总理就是议会多数党领袖。例如,日本《宪法》第67条规定:"内阁总理大臣经国会决议在国会议员中提名。"第68条规定:"内阁总理大臣任命国务大臣。但其中半数以上人员必须在国会议员中选任。"[①](4)内阁对议会负责,当议会通过不信任案或信任案遭到否决时,内阁必须总辞职,但首相或总理也有权提请国家元首下令解散议会,重新进行议会选举,这也体现了内阁与议会之间的相互制约关系。

值得注意的是,内阁制(议会制)可分为议会君主制与议会共和制,议会君主制与议会共和制的主要区别在于二者的国家元首有所不同:议会君主制的国家元首为君主,议会共和制的国家元首为总统。实行议会君主制的国家主要有英国、日本、荷兰、瑞典、挪威、丹麦、比利时、卢森堡、西班牙、泰国、加拿大、澳大利亚、新西兰等国,实行议会共和制的国家主要有德国、意大利、印度、新加坡、希腊等国。由此我们可知,一个国家设有总统并不一定是总统制,有可能是议会共和型的内阁制。

(三)委员会制

委员会制是指由多人组成的委员会集体行使国家最高行政权的行政机构模式。目前,世界上只有瑞士一个国家采用这种模式。

根据1999年瑞士宪法的规定,委员会制的主要特征是:(1)作为瑞士联邦最高管理和执行机构的联邦政府由七名委员组成,由联邦议会选举产生,在来源上一个州至多只能有每一位委员。每一个委员各分管一个行政部门,兼任部长。(2)实行集体领导。每年联邦议会从七名委员中选举一人为联邦总统,主持联邦政府的工作,任期一年,不得连任,联邦总统既是国家元首又是行政首脑,但这主要是礼节仪式上的工作,总统与其他委员的权力相同,联邦政府的各种决定均由七名委员集体作出。正是基于这一点,所以我们通常认为瑞士联邦政府实行的是委员会制。(3)联邦政府负责执行联邦议会制定的法律和决定,受联邦议会的监督,但联邦议会不能通过不信任案等形式迫使联邦政府辞职,联邦政府也无权解散联邦议会。这与内阁制明显不同。

(四)半总统半议会制

半总统半议会制是指一种兼有总统制和内阁制(议会制)特点的行政机构模式。它最早出现在戴高乐主持制定的1958年法国《宪法》之中,戴高乐称它

---

① 本章所引用的外国宪法条文主要来源于姜士林等主编:《世界宪法全书》,青岛出版社1997年版。

为"半总统半议会制"。学术界还称之为"半总统制"、"混合制"、"双元首脑制"等。① 目前实行半总统半议会制模式的国家除法国外,还有奥地利、冰岛、爱尔兰、芬兰,以及以俄罗斯为代表的大多数前社会主义国家。

半总统半议会制的主要特征是:(1)具有总统制的特点。总统是国家元首,由选民选举产生,不对议会负责,实际掌握最高行政权,有权任命政府总理和部长等内阁成员,主持内阁会议,并负责公布法律,有权要求议会重新审议已通过的法律,统帅军队等。显然,这些与美国的总统制很相似。但与美国的总统制也有不同之处,法国总统还有权将重要法律草案提交公民投票,有权在征询总理和议会两院议长意见后宣布解散国民议会,并享有采取紧急状态措施的权力等。(2)又有内阁制(议会制)的特点。总理为政府首脑,领导政府的活动,政府决定并指导国家的政策,政府掌管行政部门,政府对议会负责,当国民议会通过不信任案或者表示不赞同政府的施政纲领或者总政策声明的时候,总理必须向总统提出政府辞职。这显然与内阁制(议会制)相同。但也有不同于内阁制(议会制)的地方,政府成员不能兼任议会议员,解散议会的主动权主要在总统而不在总理,而且议会对政府的不信任投票要比内阁制严格。法国《宪法》第23条第2款规定:"国民议会可以通过一项不信任案追究政府的责任。此项动议至少有国民议会议员1/10的人数签署才能受理。此项不信任案提出后经过48小时之后,才可以进行表决。只统计对不信任案的赞成票,不信任案只有获得组成国民议会的议员过半数票才能通过。如果不信任案被否决,这些签署人在同一会期中不得再提出不信任案。"不难看出,法国的半总统半议会制虽然兼有总统制和内阁制的特点,更像是总统制的变种,日本有学者称其为"总统制性质的议会政治"②。

第二节 国家元首

一、国家元首

(一)国家元首的特征

国家元首是一个国家对内对外的最高代表,是各国国家机构的重要组成部分。正如前面所述的,在实行总统制和委员会制的国家,国家元首由行政首脑兼任,在很大程度上,可以说国家元首属于行政机关的一部分。然而,在实行内阁制乃至半总统半议会制的国家,国家元首显然是一种独立的国家机关。大多数

---

① 张千帆著:《宪法学导论——原理与应用》,法律出版社2004年版,第330页。
② 参见〔日〕芦部信喜著,高桥和之增订:《宪法》(第三版),林来梵等译,北京大学出版社2006年版,第289页。

国家的宪法都对国家元首作了明确规定,例如俄罗斯联邦《宪法》第80条第1款规定:"俄罗斯联邦总统是国家元首。"

世界各国都设有国家元首,但部分由于翻译的原因,称呼不尽相同。在君主制国家,一般称国王、天皇、女王等。例如,荷兰、比利时、泰国的国王,日本的天皇,英国的女王,摩纳哥的亲王,卢森堡、列支敦士登的大公,科威特、巴林、卡塔尔的埃米尔,阿曼、文莱的苏丹,不丹的大君等。在共和制国家中,国家元首则称为总统或主席等。例如,美国、俄罗斯、法国的总统,越南的国家主席,古巴的国务委员会主席,圣马力诺共和国的执政官,马来西亚的最高元首等。一般说来,一个人只能作为一个国家的国家元首,但也存在一个人同时兼任两个以上国家的国家元首的情况。比如,英国女王,她既是大不列颠及北爱尔兰联合王国的国家元首,同时也是英联邦国家如加拿大、澳大利亚、新西兰等国的国家元首(由女王任命的总督代表女王行使国家元首职权)。

综观世界各国的国家元首,各国的元首制度差别很大,元首行使的职权有大有小,虚实不一,元首在国家中的实际地位也不完全相同,但归纳起来,各国元首仍具有以下一些共同特征:

第一,对外代表国家。国家元首最基本的特征是代表国家,是国家的最高代表。国家元首对外代表国家,是各国宪法所确定的地位,也是国际法公认的准则。当今世界,国与国之间的交往越来越频繁。在国际交往中,每个国家都需要有一个代表,代表本国与他国交往,国家元首就是国家代表。当然,除国家元首之外,政府首脑和外交使节等都也是国家的代表,他们也是代表国家进行外交活动。但是,国家元首是国家的最高代表,享有最高代表权。

第二,属于国家机构。国家元首不仅是一种职务,更是一种国家机关,它是各国国家机构的重要组成部分。世界上多数国家的国家元首是一个独立的国家机关,而且地位最高,属于整个国家机构的首脑部分。固然,实行总统制等的国家元首是政府首脑兼任的,不是一个独立的国家机关,但它们至少属于行政机关的组成部分。

第三,享有崇高地位。有许多国家在宪法中明确规定国家元首不受侵犯的神圣地位,如俄罗斯联邦《宪法》第91条规定:"俄罗斯联邦总统不受侵犯。"马来西亚《宪法》第32条第1款规定:"设联邦最高首脑一人,称为最高元首,其地位居于联邦所有人之上。不得在任何法院对最高元首提起任何诉讼。"西班牙《宪法》第56条第3款规定:"国王不容侵犯,不承担责任。"有的则在称谓中也可略见一斑,例如英国伊丽莎白二世女王的全称为"托上帝洪恩,大不列颠及北爱尔兰联合王国以及其他领土和属地的女王,英联邦元首、基督教的保护者伊丽莎白二世"。

第四,享有特殊礼遇。国家元首是主权国家的最高代表和象征,国家元首出国访问时往往享有最高规格的礼仪待遇,即使对于那些临朝而不理政的虚权元首也是如此。在国际交往中,奉行对等原则,国家元首出访享有礼仪上的特殊待遇已成为国际惯例。

(二) 国家元首的类型

根据不同的标准,国家元首可以作不同的分类:

第一,按政体的形式,国家元首可分为君主制国家元首和共和制国家元首。君主制国家元首一般为世袭制并终身任职,例如英国、日本、荷兰、瑞典、挪威、丹麦、比利时、卢森堡、西班牙、泰国、约旦、摩洛哥、尼泊尔、摩纳哥等国的君主。共和制国家元首由选举产生,有一定的任期,例如美国、阿根廷、巴西、法国、俄罗斯、奥地利、德国、印度、新加坡、意大利、希腊等国的总统。

第二,按职权的虚实,国家元首可分实权元首和虚权元首。实权元首既是国家对内对外的最高代表,往往同时又在行政、立法乃至司法方面具有很大的权力。而虚权元首虽是国家对内对外的最高代表,但只能根据议会和内阁的决定来行使职权,他本身并没有实际的权力。一般说来,总统制国家的总统以及半总统半议会制国家的总统均为实权元首,如美国、阿根廷、巴西、墨西哥、危地马拉、委内瑞拉、印度尼西亚、埃及以及法国、俄罗斯等国家的总统,都是实权元首。议会制国家的国家元首为虚权元首,如英国、日本、荷兰、瑞典、挪威、丹麦、比利时、卢森堡、西班牙、泰国、加拿大、澳大利亚、新西兰等实行议会君主制国家的国王,以及德国、印度、新加坡、意大利、希腊等实行议会共和制国家的总统,都是虚权元首。[①]

有的学者还根据国家元首的组成形式,将国家元首分为个体元首和集体元首,认为瑞士、圣马力诺等国的元首为集体元首。其实,瑞士的国家元首是联邦总统,而不是联邦委员会(即联邦政府),它仍属于个体元首,只不过它没有实权而已。圣马力诺的国家元首称为执政官,由两人共同担任,两名执行官具有相等权力,各自有权否决对方的提议,他们对外代表国家,对内主持国务会议和大议会,既是国家元首,又是政府和议会首脑。[②]严格来讲,三人以上才称为集体,所以圣马力诺的国家元首仍属于个体元首,只不过它是一种特殊的个体元首,即两个人的个体元首。我们以为,从国家元首的最基本特征来看,国家元首只是个体元首,不存在集体元首。个体元首与集体元首的划分,主要是没有注意到国家元首不一定掌握实权,国家元首根据集体的决定行使职权并不等于它就是集体元首,只能说明它是虚权的个体元首。

---

① 参见杨海坤主编:《宪法学基本论》,中国人事出版社 2002 年版,第 267 页。
② 可参阅中国外交部网站(http://www.fmprc.gov.cn/chn/default.htm)"国家和地区"栏目中的有关介绍。

(三) 国家元首的产生

世界各国宪法规定的国家元首的产生方式主要有两种：世袭制和选举制。

1. 世袭制

君主制国家的国家元首多采用世袭制，一般是根据血缘关系由君主的后裔继承王位，但各国宪法规定的具体世袭方法不尽相同。归纳起来，主要有以下几种情况：(1) 继承者男女均可，但必须是长男长女，如荷兰；(2) 继承王位者必须是男性，长子优先，如比利时；(3) 继承者必须是男性但不一定是长子，如科威特；(4) 继承者不限于男性，但男性优先，如丹麦等。值得注意的是，柬埔寨、沙特阿拉伯王国等的国王王位不一定是由国王的子女继承，而是由王位委员会或王室长老委员会从王族后裔中推选产生。

2. 选举制

共和制国家的国家元首一般通过选举产生。各国宪法规定的选举办法大体可以分为直接选举和间接选举两类。

(1) 直接选举。即由公民直接投票选举决定国家元首的产生。法国、俄罗斯、葡萄牙、奥地利、埃及、冰岛、保加利亚、菲律宾、玻利维亚、秘鲁、坦桑尼亚、萨尔瓦多等国的国家元首都是由公民直接投票选举产生。

(2) 间接选举。间接选举又分为三种情况：第一，由议会选举产生国家元首。比如，土耳其、瑞士、新加坡、以色列、黎巴嫩、希腊、匈牙利、捷克、爱沙尼亚、拉脱维亚、圣马力诺、马耳他、圭亚那、瑙鲁、博茨瓦纳、多米尼加等国都是采取这种方式。越南、古巴、朝鲜等社会主义国家也是采取这种方法选举产生国家元首。第二，由选举人选举产生国家元首。这种选举方式是先由公民投票选出选举人，再由选举人投票选出国家元首，如美国、芬兰等。第三，由特别团体选举产生国家元首。比如，德国联邦总统由联邦议院全体议员和按比例代表原则产生的同等人数的各州议会的代表组成的联邦大会选举产生；印度尼西亚总统由国会议员以及各地区、各阶层的代表组成的"人民协商会议"以多数票选出；印度总统由议会两院中的当选议员和各邦立法会议议员中的当选议员组成的"选举团"成员选举产生；巴西总统由国民议会成员和州立法议会代表组成的"选举人团"记名投票选举产生；南非总统由50名白人议员，25名有色人议员和13名印度人议员组成的"选举团"选举产生……

当然，各国宪法一般都规定了担任国家元首的基本条件，主要包括国籍、年龄、居住期限等方面的要求。例如，美国《宪法》在第2条第1款中明确规定："任何人除出生于合众国的公民或在本宪法通过时已为合众国公民者外，不得当选为总统。年龄未满35岁及居住在合众国境内居住未满14年者亦不得当选为总统。"

此外，国家元首就职时一般都要举行就职仪式，并宣誓。很多国家的宪法还明确规定了国家元首就职宣誓的誓词。例如,俄罗斯联邦《宪法》第82条规定:"(1)俄罗斯联邦总统就职时向人民宣读如下誓词:'我宣誓,在履行俄罗斯联邦总统职权时,尊重和维护人和公民的权利与自由,恪守并捍卫俄罗斯联邦宪法,捍卫国家主权和独立、安全和完整,忠诚地为人民服务。'(2)誓词应在联邦委员会委员、国家杜马议员和俄罗斯联邦宪政法院法官出席的情况下在就职典礼上宣读。"

(四)国家元首的任期

根据世界各国宪法的规定,国家元首的任期大体可分为终身任职制和限期任职制两类。一般的,君主制国家的国家元首为终身任职;共和制国家的国家元首实行限期任职,有一定的任期。

对于实行限期任职制的国家元首的任期,各国宪法有不同的规定,差别较大。最短的只有半年,如圣马力诺的执政官;最长的是8年,如利比里亚共和国总统;瑞士联邦主席的任期为1年;拉脱维亚的总统任期为3年;也有一些国家的国家元首任期为6年,如奥地利、芬兰、阿根廷、巴西、墨西哥、智利、菲律宾等;意大利、土耳其、爱尔兰等国的总统任期则为7年。但大部分国家宪法规定的国家元首任期是4年或5年,如美国、俄罗斯、新加坡、以色列、冰岛、罗马尼亚、秘鲁、玻利维亚、哥伦比亚、哥斯达黎加、厄瓜多尔、洪都拉斯等国的国家元首任期均为4年;德国、法国、葡萄牙、希腊、白俄罗斯、乌克兰、格鲁吉亚、阿塞拜疆、哈萨克斯坦、乌兹别克斯坦、爱沙尼亚、保加利亚、匈牙利、波兰、捷克、克罗地亚、立陶宛、马其顿、韩国、孟加拉国、印度、印度尼西亚、以色列、马来西亚、越南、古巴、尼加拉瓜、危地马拉、萨尔瓦多、巴拉圭、巴拿马、秘鲁、委内瑞拉、乌拉圭、布隆迪、喀麦隆、佛得角、冈比亚、科特迪瓦、卢旺达、南非、坦桑尼亚、乌干达、赞比亚、刚果等国的国家元首的任期都是5年。在世界上,国家元首每届任期为5年的最多。

在国家元首的任期中,除每届的任期以外,还有一个连选连任的问题。如果对于国家元首的连任没有限制,可能会使限期任职制变成事实上的终身任职制。所以,许多国家的宪法对国家元首的连任问题作出了规定:(1)有的明文规定国家元首不得连任,如土耳其、韩国、圣马力诺、瑞士、玻利维亚、巴西、智利、哥伦比亚、哥斯达黎加、厄瓜多尔、洪都拉斯和墨西哥等。委内瑞拉规定国家元首不得连任,但10年以后可以再参加竞选。(2)有的规定国家元首只能连任两届,即连续任职不得超过两届,如美国、德国、俄罗斯、葡萄牙、菲律宾、津巴布韦等。其中,葡萄牙《宪法》第126条规定,总统不得连任三届,第二届连任任满后五年内不得再次当选。

(五)国家元首的职权

由于政体、历史传统等各方面的差异,世界各国宪法规定的国家元首的职权

范围及实际行使的情况有所不同。归纳起来,各国元首的职权主要包括以下几个方面:

1. 法律公布权

各国的法律由立法机关通过后,一般都由国家元首予以公布。对法律的公布权几乎是所有的国家元首享有的职权。当然,各国元首的法律公布权存在着差别。在一些国家,国家元首的法律公布权只是程序上的职权,不包含批准的意思,国家元首只能履行公布法律的职责,而没有否决权,不能不公布,比如日本、德国、挪威等。而在另一些国家,如美国、俄罗斯、意大利、法国、土耳其、约旦、印度、阿根廷、巴西、津巴布韦等国的国家元首享有对法案的相对否决权,国家元首对议会通过的法案可以不批准,要求议会重新审议,但如果议会重新以绝对多数通过该法案,国家元首必须予以签署公布或者该法案即直接成为法律。印度尼西亚、不丹、尼泊尔、加蓬、马里等国的国家元首则对议会通过的法案享有绝对否决权,议会不能推翻国家元首的否决,而且该法案不得在应届议会中再次提出。除批准和公布法律外,俄罗斯、阿尔及利亚、喀麦隆、阿根廷、埃及、加蓬、肯尼亚、列支敦士登、墨西哥、马里等国的国家元首还享有立法提案权,美国、法国等国的国家元首也通过发布国情咨文等形式影响议会的立法活动。

2. 军队统率权

大多数国家的宪法都规定国家元首拥有军队统率权,是国家武装力量的统帅或总司令,统率陆、海、空军及其他武装力量。当然,也有少数内阁制国家的元首如瑞典的国王、以色列的总统等没有军队统率权,军队由国防大臣(或部长)代表政府领导,实际上是由首相(或总理)统率。在宪法中规定了国家元首统率权的国家里,有些国家的元首只是名义上拥有统率权而在实际上并不统率军队,比如实行议会君主制的英国、挪威等国的国王和实行议会共和制的意大利、印度等国的总统。在名义上和实际上都是武装力量统帅的国家元首多是实行总统制及半总统半议会制的国家元首,如美国、法国、俄罗斯等国的总统。

3. 外交权

国家元首对外代表国家,自然应有外交方面的职权,故各国宪法都规定了国家元首的外交权。这项职权的内容主要包括使节权和缔约权。(1)使节权,就是国家元首派遣本国驻外使节和接受外国使节的权力。表面上看来,国家元首接见外国使节和接受国书似乎纯粹是一种礼仪,其实它包含承认来使所代表的国家为独立的主权国家以及他所代表的政府为合法政府的意义。实际上,各国也常常以国家元首接见或不接见外国外交使节和派遣或召回本国大使、公使、特使、领事等使节的方式来表明其外交态度和推行其外交政策。(2)缔约权,即国家元首代表国家与外国缔结条约的权力。国家元首的缔约权在各国情况有所不同。一般的,国家元首只有谈判和缔结国际条约的权力,没有批准权,国际条约须经议会批准才能生效。为此,在实际政治生活中有的国家元首如美国总统常常以行政协定代替国际条约,以避免国际条约须经参议院批准同意的麻烦。

4. 任免权

各国元首都有任命国家高级官员的权力。但各国元首的任免官员范围有所差别,较普遍的是任免政府总理或首相、各部部长或国务大臣、驻外大使等,也有些元首拥有任免高级法官、高级检察官、高级军官的权力。国家元首的任免权有虚有实。在议会君主制国家,如英国、日本、荷兰等国的元首在法律上虽有任命政府高级官员的权力,但实际上按照惯例他们只能任命议会中多数党领袖出任内阁首相,并由首相推荐内阁大臣,元首不能根据自己的意愿任免。在议会共和制国家,元首的任免权与议会君主制国家的情况大致相同,如印度、德国、意大利、新加坡等国的总统只能任命议会中多数党领袖担任总理,组织政府。而在实行总统制及半总统半议会制的国家,元首的任免权则要大得多,比如美国总统有权任命的官员包括各部部长、副部长、外交官员、海陆空军的高级将领、联邦最高法院及联邦地方法院的法官、分布在各州的一些联邦机构的重要官员、联邦独立行政机构的首长以及各地区的联邦检察官等,美国总统直接任命的官员可达一万名左右,当然其中重要官员的任命要经过参议院的批准。

5. 赦免权

赦免权是国家元首以命令的方式免除某些犯罪行为的刑事追究和对已定罪的罪犯进行免除或减轻其刑罚的权力。赦免通常分为大赦和特赦两种,它们的区别在于:大赦是赦免某一时期的犯罪者,特赦则是赦免特定的罪犯;大赦是赦免被赦者的罪,而特赦是赦免被赦者的刑罚;大赦既可施行于法院判决之后,也可施行于法院判决之前,而特赦只能施行于法院判决之后。元首的赦免权也有虚实之分。日本宪法规定,天皇根据内阁的建议与承认,为国民进行认证大赦、特赦、减刑、免除刑罚执行及恢复权利的国事行为。在总统制及半总统半议会制国家,元首则拥有赦免的实权,如法国《宪法》第17条规定:"共和国总统有赦免权。"当然,有一些国家的宪法对国家元首的赦免权作了某些限制,比如美国《宪法》规定:总统有权对危害合众国的犯罪行为发布缓刑令和赦免令,但弹劾案除外。

6. 荣典权

各国宪法一般都规定国家元首有颁发国家奖励、授予国家荣誉称号和荣誉职衔的权力。比如,俄罗斯联邦宪法规定:俄罗斯联邦总统颁发俄罗斯联邦的国家奖励,授予俄罗斯联邦的荣誉称号、最高军衔以及其他最高专门称号。挪威宪法规定:国王可以向他认为成绩卓越应予表彰的人员授勋,并明令宣布,但不得授予与各该职务不相称的头衔或称号。国家元首的荣典权表面上看来似乎没有什么实际意义,但它具有精神上和心理上的作用。国家元首授予的是国家的最高荣誉,它给人以巨大的荣誉感,也使人们感到元首的尊严。

此外,有些国家的国家元首还享有发布紧急命令宣布紧急状态、召集议会会议及解散议会等权力。例如,俄罗斯联邦《宪法》第84条规定,俄罗斯联邦总统有权"根据俄罗斯宪法规定的情况和程序解散国家杜马。"第88条规定:"在联邦宪法性法律所规定的情况下和程序内,俄罗斯联邦总统在俄罗斯联邦全境或个别地区实行紧急状态并立即向联邦委员会和国家杜马通报此事。"

二、国家主席是中国的国家元首

（一）国家主席的定性

通观中国现行《宪法》"国家机构"一章,《宪法》对全国人大、国务院、最高法院、最高检察院的性质都作了明确规定,但却没有规定国家主席的性质。长期以来,中国学术界一直有一种主流观点,认为国家主席同全国人大常委会结合起来行使国家元首的职权,中国的国家元首是集体元首。[1]这种观点的形成主要是受刘少奇的影响,刘少奇在1954年所作的《关于宪法草案的报告》中指出:中国的国家元首职权由全国人大所选出的全国人大常委会和国家主席结合起来行使,"我们的国家元首是集体的国家元首"。

其实,这种观点对国家元首存在误解,以为只有享有实权才是国家元首,而没有认识到国家元首有实权元首与虚权元首之分,仅因为国家主席是根据全国人大常委会的决定行使职权的,就认为中国的国家元首是由全国人大常委会与国家主席组成的集体元首。照此推理,国家主席还根据全国人大的决定行使职权,那么全国人大也是中国的国家元首。而且,各国一般由国家元首行使的军队统帅权,在中国是由中央军委行使,那么中央军委也应在中国的国家元首之列。这样,中国的集体元首未免太多了,显然不符合国家元首的基本特征和各国惯例,关于中国的国家元首是集体元首的观点难以让人信服。

国家主席的性质就是国家元首。首先,从中国现行《宪法》规定的国家主席的职权来看,国家主席的职权既不是行政权,也不属于立法权,更不是司法权,而按世界各国惯例属于国家元首职权。虽然中国宪法没有规定国家主席享有军队统帅权,而是另外设置中央军委领导全国武装力量,似乎与外国元首有些不同,但正如前面所介绍的,世界上也有一些国家的国家元首不统率军队,而且近几届国家主席均兼任中央军委主席,国家主席在实际上领导全国武装力量,这正逐渐成为一种宪法习惯。其次,从国家主席的实际活动来看,国家主席在实际的国家政治生活中充分演示了国家元首的角色,外国元首的来访,是由国家主席出面对等

---

[1] 也有学者称之为"以主席为代表的集体元首制",参见吴家麟主编:《宪法学》,群众出版社1983年版,第474页。

接待;国家主席出访,外国都是以元首的礼仪相待;国家主席经常出席应由各国元首参加的国际会议,在国际场合发表符合国家元首身份的讲话和声明。最后,从媒体报道来看,外国通讯社乃至中国的官方报刊电视广播在报道中国国家主席的外交活动时也通常称国家主席为中国的国家元首。由此可见,国家主席作为中国的国家元首的地位是官方所承认的,也是国际所公认的。总之,中国的国家元首就是国家主席,属于个体元首,只不过中国的国家元首是根据全国人大和全国人大常委会的决定行使职权的虚权个体元首。当然,说中国的国家主席是虚权元首是仅就现行《宪法》的规定而言,在实际政治生活中国家主席具有很高的权威,因为这些年来国家主席都是由中共中央总书记担任。

(二)国家主席的产生

中国1954年《宪法》首次设置国家主席,1975年《宪法》和1978年《宪法》取消了国家主席的设置,1982年《宪法》即现行《宪法》恢复了国家主席的设置。从中国现行《宪法》的规定来看,国家主席不仅是一种职务,更是一个独立的国家机关,它是中国国家机构的重要组成部分。

国家主席由全国人大选举产生。现行《宪法》第79条第1款明确规定,中华人民共和国主席、副主席由全国人大选举产生。在实践中,全国人大选举国家主席、副主席的基本程序是:在每次换届选举前,先由中共中央酝酿候选人名单,在征求各民主党派等党外人士的意见后,提出候选人建议名单。然后,在每届全国人大第一次会议上,由大会主席团根据中共中央提出的候选人建议名单,提出国家主席和副主席的候选人名单,经各代表团酝酿协商后,再由主席团根据多数代表的意见确定正式候选人名单,交付大会投票表决,获得全体代表的过半数票后当选。

现行《宪法》第79条第2款规定,有选举权和被选举权的年满45周岁的中华人民共和国公民可以被选为国家主席、副主席。

现行《宪法》第79条第3款、第83条、第84条对国家主席的任期以及起止时间、缺位处理作了明确规定。国家主席、副主席每届任期同全国人大每届任期相同,连续任职不得超过两届。也就是说,国家主席、副主席的每届任期为5年,且连续任职不得超过10年。国家主席、副主席行使职权到下届全国人大选出的主席、副主席就职为止。国家主席缺位的时候,由副主席继任主席的职位。国家副主席缺位的时候,由全国人大补选。国家主席、副主席都缺位的时候,由全国人大补选;在补选以前,由全国人大常委会委员长暂时代理主席职位。

(三)国家主席的职权

根据现行《宪法》第80、81条的规定,国家主席享有以下五个方面的职权:

(1)法律公布权。国家主席根据全国人大及其常委会的决定,公布法律。这是中国立法程序的最后环节,法律只有经过国家主席签署主席令予以公布后才能生效,但国家主席对全国人大及其常委会通过的法律没有否决权,既不能退回要求重新审议,也不能搁置不签署公布。

(2) 命令发布权。主要是指国家主席对特赦、紧急状态、战争状态的宣布权。国家主席根据全国人大常委会的决定,发布特赦令;宣布全国或者个别省、自治区、直辖市进入紧急状态。国家主席根据全国人大会或其常委会的决定,宣布战争状态,发布动员令。

(3) 人事任免权。主要是指国务院总理人选的提名权与国务院组成人员、驻外全权代表的任免宣布权。国家主席向全国人大提出国务院总理的人选;根据全国人大及其常委会的决定,任免国务院总理、副总理、国务委员、各部部长、各委员会主任、审计长和秘书长以及驻外全权代表。

(4) 外交权。国家主席代表国家,进行国事活动,接受外国使节;根据全国人大常委会的决定,派遣和召回驻外全权代表,批准和废除同外国缔结的条约和重要协定。

(5) 荣典权。国家主席根据全国人大常委会的决定,授予国家的勋章和荣誉称号。

此外,现行《宪法》第 82 条还对国家副主席的职权作了规定:"副主席协助主席工作。""副主席受主席的委托,可以代行主席的部分职权。"这表明副主席没有独立的职权,其职责是协助主席工作。副主席受主席委托行使主席的部分职权时,具有与主席同等的法律地位,所处理的国务具有与主席同等的法律效力。中国自从设立副主席这一职位以来,一直只设一名副主席,但是《宪法》也没有规定副主席的职数。

三、中央军事委员会的性质

正如前面所述,世界上绝大多数国家都是由国家元首统率国家武装力量。中国《宪法》的规定则有很大的不同,现行《宪法》在"国家机构"一章中专门设置了"中央军事委员会"一节,规定中央军事委员会领导全国武装力量。

(一) 历史沿革

1949 年新中国成立前夕制定的《共同纲领》明确规定:"人民解放军和人民公安部队,受中央人民政府人民革命军事委员会统率"。当时的《中央人民政府组织法》更明确地规定:"中央人民政府委员会……组织人民革命军事委员会,以为国家军事的最高统辖机关。""人民革命军事委员会统一管辖并指挥全国人民解放军和其他人民武装力量。"

1954 年《宪法》规定,国家主席统率全国武装力量,担任国防委员会主席。当时,国家主席行使军队统率权,但《宪法》未专门对国防委员会作出规定,没有明确国防委员会是一个独立的国家机关。1975 年《宪法》则规定,中共中央委员会主席统率全国武装力量。1978年《宪法》又作了类似的规定,国家武装力量由中共中央委员会主席统率。这种规定混淆了政党职能与国家职能,造成了"以党代政"的不良局面。

1982年《宪法》总结了新中国成立以来的历史经验,纠正了1975年《宪法》和1978年《宪法》的错误规定,并根据当时国家的实际情况和需要,在国家机构中增设了中央军事委员会。

(二)性质与地位

现行《宪法》第93条第1款规定:"中华人民共和国中央军事委员会领导全国武装力量。"这一规定表明中央军事委员会是国家的最高军事领导机关,是中国武装力量的最高统率机关,又是中国的一个独立的国家机关,是中国国家机构的重要组成部分。

中央军事委员会领导全国武装力量,这也表明了中央军事委员会在武装力量及军事机关中的最高地位。同时,根据中国《宪法》的规定,中央军事委员会由最高国家权力机关产生并对它负责,最高国家权力机关全国人大有权罢免中央军事委员会主席和其他组成人员,这又表明在整个国家机构体系中中央军事委员会处于从属最高国家权力机关的地位。

值得注意的是,这里所说的中央军事委员会是指国家的中央军事委员会。除此之外,还有一个党的中央军事委员会。不过,国家的中央军事委员会与党的中央军事委员会实际上是"一个机构,两块牌子"。

(三)组成与任期

根据现行《宪法》的规定,中央军事委员会由主席、副主席若干人、委员若干人组成。中央军事委员会主席由全国人大选举产生,中央军事委员会的其他组成人员由全国人大根据中央军事委员会主席的提名决定。在全国人大闭会期间,全国人大常委会可以根据中央军事委员会主席的提名,决定中央军事委员会其他组成人员的人选。中央军事委员会副主席一般设2至4人,委员设4至7人。近几届中央军委主席均由国家主席兼任,国防部长一般为中央军委副主席,解放军总参谋长、总政治部主任、总后勤部部长、总装备部部长以及海军、空军、第二炮兵等各军兵种司令员一般是中央军委委员。[①]

中央军事委员会每届任期同全国人大每届任期相同,即5年。但现行《宪法》没有像对国家主席、全国人大常委会委员长、国务院总理、最高法院院长、最高检察院检察长等国家领导人规定连续任职不得超过两届那样,对中央军事委员会主席、副主席的连续任职作出限制性规定。

---

① 可参阅新华网(http://news.xinhuanet.com)的"资料"频道中有关中央军委的介绍。

(四) 领导体制

现行《宪法》规定,中央军事委员会实行主席负责制。中央军事委员会在组织形式上是一个集体组成的国家机关,但因为军事上需要高度集中统一的指挥,其领导体制为首长负责制,即主席负责制。现行《宪法》也没有规定中央军事委员会向国家权力机关负责,而是规定中央军事委员会主席对全国人大及其常委会负责,但没有具体规定负责的内容和方式。

(五) 职权

现行《宪法》并没有对中央军事委员会的职权作出具体规定。有必要指出的是,现行《宪法》在第一章"总纲"第29条对武装力量作了原则性的规定:国家的"武装力量属于人民。它的任务是巩固国防,抵抗侵略,保卫祖国,保卫人民的和平劳动,参加国家建设事业,努力为人民服务。国家加强武装力量的革命化、现代化、正规化的建设,增强国防力量"。根据1997年《国防法》第22条的规定,国家武装力量由解放军现役部队和预备役部队、武装警察部队、民兵组成。解放军现役部队是国家的常备军,主要担负防卫作战任务,必要时可以依照法律规定协助维护社会秩序;预备役部队平时按照规定进行训练,必要时可以依照法律规定协助维护社会秩序,战时根据国家发布的动员令转为现役部队。武装警察部队在国务院、中央军事委员会的领导指挥下,担负国家赋予的安全保卫任务,维护社会秩序。民兵在军事机关的指挥下,担负战备勤务、防卫作战任务,协助维护社会秩序。

《国防法》第13条对中央军事委员会的职权作了具体规定,即中央军事委员会领导全国武装力量,行使下列职权:(一)统一指挥全国武装力量;(二)决定军事战略和武装力量的作战方针;(三)领导和管理解放军的建设,制定规划、计划并组织实施;(四)向全国人大及其常委会提出议案;(五)根据宪法和法律,制定军事法规①,发布决定和命令;(六)决定解放军的体制和编制,规定总部以及军区、军兵种和其他军区级单位的任务和职责;(七)依照法律、军事法规的规定,任免、培训、考核和奖惩武装力量成员;(八)批准武装力量的武器装备体制和武器装备发展规划、计划,协同国务院领导和管理国防科研生产;(九)会同国务院管理国防经费和国防资产;(十)法律规定的其他职权。

需要强调的是,中国除了设有独立的中央军事委员会之外,还设有国防部,隶属于国务院,是国务院领导和管理国防建设事业的部门。《国防法》第12条规定:"国务院领导和管理国防建设事业,行使下列职权:(一)编制国防建设发

---

① 在中国,除《国防法》之外,《立法法》第93条第1款也规定:"中央军事委员会根据宪法和法律,制定军事法规。"由于中国现行《宪法》没有关于中央军事委员会制定军事法规的规定,军事法规制定权的宪法依据不明确,由此学术界对其合宪性存在着不同的看法和争论。

展规划和计划;(二)制定国防建设方面的方针、政策和行政法规;(三)领导和管理国防科研生产;(四)管理国防经费和国防资产;(五)领导和管理国民经济动员工作和人民武装动员、人民防空、国防交通等方面的有关工作;(六)领导和管理拥军优属工作和退出现役的军人的安置工作;(七)领导国防教育工作;(八)与中央军事委员会共同领导中国人民武装警察部队、民兵的建设和征兵、预备役工作以及边防、海防、空防的管理工作;(九)法律规定的与国防建设事业有关的其他职权。"

此外,《国防法》第14条还规定:"国务院和中央军事委员会可以根据情况召开协调会议,解决国防事务的有关问题。会议议定的事项,由国务院和中央军事委员会在各自的职权范围内组织实施。"

中国现行《宪法》没有规定国家主席统率全国武装力量,而另外设有专门的中央军事委员会统率全国武装力量,这一设置在世界上实为罕见,只有朝鲜与中国相同,朝鲜《宪法》规定"国防委员会"为国家的最高军事领导机关,国防委员会委员长指挥和统率所有武装力量。值得注意的是,近几届中国国家主席均兼任中央军委主席,在事实上统率全国武装力量,这也说明中国国家主席统率全国武装力量是符合实际的。为适应国家的国防需要,确保国家元首的权威,建议借鉴世界上大多数国家由国家元首统率武装力量的有益经验,恢复中国1954年《宪法》的相关规定,在宪法中明确规定"国家主席领导全国武装力量"。

第三节 行政机关

一、政府

(一)政府的概念

正如前面所述的,政府有广义与狭义之分,广义的政府相当于国家机构,是指所有的国家机关,而狭义的政府相当于行政机关,是指行使国家行政权,对国家事务和社会公共事务进行组织管理的国家机关。在美国,一般在广义上使用"政府"一词,而在欧洲,通常使用狭义的"政府"概念。[①] 本节所说的"政府"是指狭义的政府,亦即行政机关。

对于政府,各国有不同的称谓。就中央政府而言,大多数国家称为政府(其中联邦制国家称为联邦政府),如法国、德国、奥地利、越南、俄罗斯、亚美尼亚、克罗地亚、罗马尼亚、葡萄牙、西班牙等;日本、意大利、科威特、泰国、土耳其、叙利亚、白俄罗斯、乌克兰、马耳他、瑞典等国称为内阁;古巴、苏联等国叫部长会

[①] 参见张千帆主编:《宪法学》,法律出版社2004年版,第346页。

议；朝鲜叫政务院；中国叫国务院。

值得注意的是，"内阁"与政府并不完全相同。在日本等国家，内阁就是指中央政府。在英国，内阁则是中央政府的领导机关和决策核心，内阁一般由首相和政府中一些重要部的大臣及执行党内各派重要领袖人物组成，其人数比政府成员少得多。英国自20世纪初以来，拿薪的政府大臣已达100多人，而内阁成员的人数通常在20名左右，除首相外，主要包括财政大臣、外交大臣、国防大臣、内政大臣、大法官、枢密院长、掌玺大臣等。首相还经常在内阁中挑选5—6名最信赖大臣组成"核心内阁"。而在美国，宪法虽然没有规定设立内阁，但按惯例，每届联邦政府都设有内阁，内阁由总统、副总统和各部部长及个别其他重要官员组成，成员由总统任命，人数也由总统确定。然而，美国政府的内阁既不是联邦政府的一级组织，也不是联邦政府的领导机构，它只是总统的咨询机构，总统不受内阁的约束。

根据前面所介绍的行政机构模式的不同，政府可分总统制政府、议会制政府、委员会制政府、半总统半议会制政府等几种类型。

由于政府（即行政机关）是国家的重要机关，所以各国宪法都对政府作了规定，往往规定了政府的组成、性质、地位、任期、职权等内容。需要指出的是，各国宪法规定的政府，主要是指各国的中央政府，由于世界各国特别是发达国家大多实行地方自治，各国宪法往往只对地方自治问题做一些原则的规定，对地方政府规定的内容较少。

（二）政府的组成

在总统制国家，其宪法一般不规定政府的组织，只规定行政权属于总统。比如美国《宪法》第2条第1款规定："行政权属于美利坚合众国总统。"墨西哥《宪法》第80条规定："联邦最高行政权由单独一人行使，这个人称为'墨西哥合众国总统'。"在某种意义上讲，总统制国家的政府是由总统一人组成。当然，这些国家的政府也设有政府部长，故又可以说，政府是由总统和部长等组成。但有少数总统制国家的宪法明确规定了政府的组成，如危地马拉《宪法》第182条第2款规定："总统、副总统、部长、副部长和下属官员构成行政机关"。在总统制国家，政府首脑即总统由选民直接或间接选举产生。对于政府部长，有的国家由总统提名，经议会批准后，再由总统任命，例如根据美国宪法的规定，各部部长由总统提名，经咨询参议院并取得同意后任命。有的国家则由总统直接任免政府部长，比如墨西哥宪法规定总统有权自由地任命和解除政府部长。

在议会制（内阁制）和半总统半议会制国家，各国政府一般由首相（或总理）和大臣（或部长）等成员组成。比如，日本《宪法》第66条第1款规定："内阁按照法律规定由其首长总理大臣及其他国务大臣组织之。"俄罗斯《宪法》第110条第2款规定："俄罗斯联邦政府由俄罗斯联邦政府总理、俄罗斯联邦政府副总理和联邦部长组成。"在议会制国家,政府首脑由国家元首或国会提名、国家元首任命,政府其他组成人员由政府首脑提名、国家元首任免或直接由政府首脑任免。比如,在英国,每次大选后,英王按照宪法惯例授权下议院的多数党领袖为首相进行组阁,并根据首相的提名任命内阁大臣。在半总统半议会制国家,政府总理一般由总统征得议会同意后任命或直接任命,政府其他组成人员由总统根据总理的提名任免。比如,法国宪法规定由共和国总统任命总理。总统根据总理提出的政府辞呈,免除其职务。共和国总统根据总理的建议,任免政府的其他成员。

(三)政府机构的设置

各国政府一般设有以下三类机构:第一,政府首脑办事机构。这类机构是政府首脑的决策参谋和助手班子,一般不承担具体的行政管理事务。第二,政府组成部门。它们是政府的职能机构,直接管理国家行政事务。第三,独立机构。独立机构往往是根据议会"授权法案"设立的,主要承担专业性较强、比较单一的行政事务,具有行政权、准立法权和准司法权的行政机构。此外,各国政府还设有许多咨询机构。

当然,各国政府机构的具体设置不尽相同,在此我们举一个美国的例子。在美国,联邦政府主要有三类:(1)总统办事机构。是总统的决策参谋和助手班子,一般不承担具体的行政管理事务。主要有白宫办公厅、国家安全委员会、经济顾问委员会、预算与行政管理局、政策发展办公室、科学技术政策办公室、环境质量办公室、美国贸易代表办公室、总统律师办公室等十几个机构。(2)政府组成部门。近几届美国政府一般设有国务院、财政部、国防部、内政部、司法部、农业部、商务部、能源部、运输部、劳工部、住房与城市发展部、卫生与公众服务部、教育部、退伍军人事务部等14个部,在2001年"9·11事件"之后新设立了国土安全部。(3)独立机构。有州际商务委员会、民用航空委员会、联邦贸易委员会、国家劳工关系委员会、平等就业机会委员会、证券交易委员会、联邦储备委员会、中央情报局、邮政管理总局、行政服务局、环境保护署、国家航空和宇宙航行局等六十多个机构。

(四)政府的职权

从各国宪法的规定来看,各国政府一般享有以下几方面的职权:

(1)立法参与权,即根据议会授权进行委任立法以及向议会提出立法议案等。例如,法国《宪法》第38条第1款规定:"政府为执行其施政纲领,可以要求议会授权自己在一定期限内以法令的方式采取通常属于法律范围内的措施。"第39条第1款规定:"法律的创议权同时属于总理和议会议员。"第44条第1款规定:"议会议员和政府都有提出修正案的权利。"

(2)法规制定权,即为实施宪法和法律而制定行政法规、规章、条例、政令等。例如,德国《基本法》第84条第2款规定:"联邦政府经联邦参议院同意,可以颁布适当的一般性行政法规。"法国《宪法》在第 21 条中规定,"总理行使规章制定权"。又如,日本《宪法》在第 73 条中规定,内阁有权"为实施本宪法及法律的规定而制定政令。但在此种政令中,除法律特别授权者外,不得制定罚则"。

（3）外交权,主要是处理有关外交事务、与外国政府缔结行政协定等。例如,日本《宪法》在第 73 条中规定,内阁负责"处理外交关系","缔结条约,但必须在事前,或根据情况在事后获得国会的承认"。

（4）军事权,即指挥、管理国家武装部队。例如,德国《基本法》在第 65 条和第 67 条中规定:"关于武装部队的指挥权,赋予联邦国防部长"、"联邦武装部队的管理属联邦直接行政,由联邦政府下级行政机关执行。"

（5）人事权,主要是任免、培训、奖惩政府官员等,许多国家的法院法官一般也是由政府提名。例如,根据日本《宪法》第 6、79 和 80 条的规定,内阁负责提名最高法院院长,任命最高法院院长以外的其他法官和下级法院的法官。

（6）行政管理权,即管理国家各项行政事务。比如,俄罗斯联邦《宪法》第 114 条规定,俄罗斯联邦政府行使下列职权:保障在俄罗斯联邦实行统一的金融、信贷和货币政策;保障俄罗斯联邦在文化、科学、教育、卫生、社会保障和生态领域实行统一的国家政策;管理联邦财产;在确保法制、公民权利和自由、维护财产和社会秩序、同犯罪作斗争方面采取措施等。

（7）监督权,即监督本级政府各行政部门和下级政府。如日本《宪法》在第 72 条中规定内阁总理大臣代表内阁"指挥监督各行政部门"等。

当然,各国宪法对政府职权的规定不尽相同。从实际情况来看,总统制国家的政府首脑兼任国家元首,其政府职权最大;议会制国家的政府职权也很大,首相或总理的权力仅次于总统制国家的总统;而半总统半议会制国家的许多行政职权由总统行使,政府职权最小。

二、国务院的性质

（一）国务院的宪法地位

根据中国现行《宪法》第 85 条的规定,国务院即中央人民政府,是最高国家权力机关的执行机关,是最高国家行政机关。

从《宪法》的规定来看,国务院的性质有二:（1）国务院是国家行政机关。国务院作为行政机关,它既不同于国家权力机关,也不同于国家司法机关,它是管理行政事务,行使行政职权的国家机关。（2）国务院是国家权力机关的执行机关。国务院是最高国家权力机关的执行机关,它负责执行全国人大及其常委会制定的法律和通过的各种决议。虽然国务院有权制定行政法规,但它制定行政法规的目的也是为了执行全国人大及其常委会制定的法律。

国务院的地位主要体现在两个方面:（1）相对地方各级政府而言,国务院是中央政府,是最高国家行政机关,国务院在整个国家行政机关体系中处于最高地位,地方各级政府都必须服从国务院的领导。(2)相对国家权力机关而言,国务院从属于最高国家权力机关全国人大。国务院由全国人大产生,对其负责并报告工作;在全国人大闭会期间,对全国人大常委会负责并报告工作。

(二)国务院的组成

根据《宪法》第 86 条第 1 款的规定,国务院由总理、副总理若干人、国务委员若干人、各部部长、各委员会主任、审计长、秘书长组成。根据《宪法》第 62 和 67 条的规定,国务院总理根据国家主席的提名,由全国人大决定;副总理、国务委员、各部部长、各委员会主任、审计长、秘书长根据总理的提名,由全国人大决定。在全国人大闭会期间,全国人大常委会根据国务院总理的提名,决定部长、委员会主任、审计长、秘书长的人选。

虽然《宪法》没有明确规定中国人民银行行长为国务院组成人员,但在实践中中国人民银行行长一直是国务院组成人员,而且行长的决定程序与各部部长、各委员会主任的决定程序完全相同。

根据《宪法》第 87 条的规定,国务院每届任期同全国人大每届任期相同,即为 5 年。总理、副总理、国务委员连续任职不得超过两届。

(三)国务院的领导体制与会议制度

1. 领导体制

国务院的前身是根据 1949 年《中央人民政府组织法》设立的政务院,由当时的最高国家权力机关中央人民政府委员会组织,是国家政务的最高执行机关,政务院由总理、副总理、秘书长、政务委员组成。当时政务院的运作主要通过政务会议进行,每周举行一次,"政务院的会议,须有政务委员过半数的出席始得开会,须有出席政务委员过半数的同意始得通过决议"。政务院总理只是"主持政务院全院事宜"。显然,当时政务院实行集体领导体制,属于委员会制。[①] 1954 年《宪法》将政务院改为国务院,首次规定"国务院,即中央人民政府,是最高国家权力机关的执行机关,是最高国家行政机关",并规定"总理领导国务院的工作,主持国务院会议",但没有明确规定实行首长负责制,学界一般认为这一时期国务院实行的领导体制仍属于集体责任制,是部长会议制。[②] 1982 年《宪法》则明确规定国务院的领导体制为首长负责制即总理负责制,《宪法》第 86 条第 2 款规定:"国务院实行总理负责制"。

总理负责制的主要内容包括:(1)国务院其他组成人员的任免人选由总理提名,报全国人大及其常委会决定;(2)总理领导国务院的工作,副总理、国务委

[①] 韩大元、林来梵、郑贤君著:《宪法学专题研究》,中国人民大学出版社 2004 年版,第 461 页。
[②] 参见张千帆:《宪法学导论——原理与应用》,法律出版社 2004 年版,第 339 页。

员协助总理工作;(3)总理召集和主持国务院常务会议和国务院全体会议,对讨论的重大问题享有最后决定权,并对决定的后果承担责任;(4)国务院发布的决定、命令和行政法规,向全国人大及其常委会提出的议案,任免人员,都由总理签署;(5)总理代表国务院向全国人大及常委会负责并报告工作。

2. 会议制度

国务院实总理负责制,并不意味着国务院总理可以不充分发扬民主,广泛听取各方面的意见,集思广益。1982年《国务院组织法》在第4条中明确规定:"国务院工作中的重大问题,必须经国务院常务会议或者国务院全体会议讨论决定。"

根据中国《宪法》第88条和《国务院组织法》第4条的规定,国务院常务会议由总理、副总理、国务委员、秘书长组成,国务院全体会议由国务院全体成员组成。这两种国务院会议都由总理召集和主持。

(四) 国务院的职权

对国务院的职权,现行《宪法》第89条列举了18项。概括起来,国务院的职权主要有以下几个方面:

(1) 行政法规制定权。国务院有权根据宪法和法律,规定行政措施,制定行政法规,发布决定和命令。根据《立法法》第56条的规定,国务院可以就为执行法律的规定需要制定行政法规的事项和《宪法》第89条规定的国务院行政管理职权的事项来制定行政法规。应当由全国人大及其常委会制定法律的事项,根据全国人大及其常委会的授权,国务院也可以先制定行政法规,条件成熟时再提请全国人大及其常委会制定法律。

(2) 议案提出权。国务院有权向全国人大或者全国人大常委会提出议案。

(3) 行政机关领导权。规定各部和各委员会的任务和职责,统一领导各部和各委员会的工作,并且领导不属于各部和各委员会的全国性的行政工作;统一领导全国地方各级国家行政机关的工作,规定中央和省、自治区、直辖市的国家行政机关的职权的具体划分。

(4) 行政工作管理权。编制和执行国民经济和社会发展计划和国家预算;领导和管理经济工作和城乡建设;领导和管理教育、科学、文化、卫生、体育和计划生育工作;领导和管理民政、公安、司法行政和监察等工作;管理对外事务,同外国缔结条约和协定;领导和管理国防建设事业;领导和管理民族事务,保障少数民族的平等权利和民族自治地方的自治权利;保护华侨的正当的权利和利益,保护归侨和侨眷的合法的权利和利益。

(5) 行政监督权。国务院有权改变或者撤销各部、各委员会发布的不适当的命令、指示和规章;改变或者撤销地方各级国家行政机关的不适当的决定、命令和规章;对国务院各部门和地方各级政府的财政收支进行审计监督等。

(6) 重大事项决定权。批准省、自治区、直辖市的区域划分,批准自治州、县、自治县、市的建置和区域划分;决定省、自治区、直辖市的范围内部分地区的戒严等。

(7) 人事管理权。审定行政机构的编制,依照法律规定任免、培训、考核和奖惩行政人员。

(8) 其他职权。国务院还有权行使全国人大和全国人大常委会授予的其他职权。

(五) 国务院的机构

根据《宪法》、《国务院组织法》和《国务院机构改革方案》、《国务院关于机构设置的通知》、《国务院关于部委管理的国家局设置的通知》以及《国务院关于议事协调机构和临时机构设置的通知》等文件的规定,现国务院设置有如下机构[①]:

1. 国务院办公厅

国务院办公厅是协助国务院领导处理国务院日常工作的机构,由国务院秘书长领导,下设副秘书长若干人协助秘书长工作,秘书长受总理领导。

2. 国务院组成部门

国务院组成部门是主管特定方面全国性行政工作的机构。它们是中国履行行政管理职能的主要行政机关。目前国务院组成部门共有25个,包括20个部、3个委员会、1个行、1个署,它们是:外交部、国防部、国家发展和改革委员会、教育部、科学技术部、工业和信息化部、国家民族事务委员会、公安部、国家安全部、监察部(监察部与中共中央纪检委机关合署办公,机构列入国务院序列,编制列入中共中央直属机构)、民政部、司法部、财政部、人力资源和社会保障部、国土资源部、环境保护部、住房和城乡建设部、交通运输部、水利部、农业部、商务部、文化部、国家卫生和计划生育委员会、中国人民银行、审计署。

国务院各部、各委员会的设立、撤销或者合并,经总理提出,由全国人大决定;在全国人大闭会期间,由全国人大常委会决定。各部设部长1人,副部长2至4人;各委员会设主任1人,副主任2至4人,委员5至10人;中国人民银行设行长1人,副行长2至4人;审计署设审计长1人,副审计长2至4人。

各部、各委员会实行部长、主任负责制。各部部长、各委员会主任负责本部门的工作,召集和主持部务会议或者委员会会议、委务会议,讨论本部门工作的重大问题。部务会议由部长、副部长和其他成员组成;委员会会议由委员会主任、副主任和委员组成;委务会议由委员会主任、副主任和其他成员组成(这种委员会不设委员)。根据《宪法》和《立法法》的规定,国务院各部、各委员会、中

---

① 国务院机构设置的变化,可查阅《中国政府网》(http://www.gov.cn)中的"政府机构"。

国人民银行和审计署可以根据法律和国务院的行政法规、决定、命令,在本部门的权限范围内,发布命令、指示和制定规章。

3. 国务院直属特设机构

目前国务院设置的直属特设机构只有1个,即国务院国有资产监督管理委员会,它主要负责对国有资产进行监督管理。国务院授权国有资产监督管理委员会代表国家履行出资人职责。国有资产监督管理委员会的监管范围是中央所属企业(不含金融类企业)的国有资产。

4. 国务院直属机构

国务院直属机构是主管某项专门的行政业务工作的机构,它们具有独立的行政管理职能。每个直属机构设负责人2至5人,由总理任免。

直属机构由国务院根据工作需要和精简的原则设立。目前,国务院设有16个直属机构,包括海关总署、国家税务总局、国家工商行政管理总局、国家质量监督检验检疫总局、国家新闻出版广电总局(加挂国家版权局牌子)、国家体育总局、国家安全生产监督管理总局、国家食品药品监督管理总局、国家统计局、国家林业局、国家知识产权局、国家旅游局、国家宗教事务局、国务院参事室、国务院机关事务管理局、国家预防腐败局(国家预防腐败局列入国务院直属机构序列,在监察部加挂牌子)。

根据《立法法》第71条的规定,具有行政管理职能的直属机构也可以根据法律和国务院的行政法规、决定、命令,在本部门的权限范围内,制定规章。[①]

5. 国务院办事机构

国务院办事机构是协助总理办理有关专门事项的机构,不具有独立的行政管理职能。目前国务院设有4个办事机构,它们是国务院侨务办公室、国务院港澳事务办公室、国务院法制办公室、国务院研究室。此外,国务院台湾事务办公室与中共中央台湾工作办公室、国务院新闻办公室与中共中央对外宣传办公室,一个机构两块牌子,列入中共中央直属机构序列。

6. 国务院直属事业单位

国务院直接管理一些事业单位。目前,国务院直属事业单位有13个:新华通讯社、中国科学院、中国社会科学院、中国工程院、国务院发展研究中心、国家行政学院、中国地震局、中国气象局、中国银行业监督管理委员会、中国证券监督管理委员会、中国保险监督管理委员会、全国社会保障基金理事会、国家自然科学基金委员会。

---

① 由于中国现行《宪法》没有明确国务院直属机构的地位,更未规定它可以制定规章,所以学术界对《立法法》规定国务院直属机构享有规章制定权有一些不同的看法和争论。

7. 国务院部委管理的国家局

1998年国务院机构改革时，将原来的一些部委、国务院直属机构和办事机构改为国家局，归口有关部委管理。这些国家局不同于国务院部委内设的职能司局机构，而是主管特定行业、特定业务的行政机构，具有相对独立性，可以依法独立对外行使行政管理职权。

目前国务院部委管理的国家局设置有16个，包括国家信访局（由国务院办公厅管理）、国家粮食局（由国家发展和改革委员会管理）、国家能源局（由国家发展和改革委员会管理）、国家国防科技工业局（由工业和信息化部管理）、国家烟草专卖局（由工业和信息化部管理）、国家外国专家局（由人力资源和社会保障部管理）、国家公务员局（由人力资源和社会保障部管理）、国家海洋局（由国土资源部管理）、国家测绘地理信息局（由国土资源部管理）、国家铁路局（由交通运输部管理）、中国民用航空局（由交通运输部管理）、国家邮政局（由交通运输部管理）、国家文物局（由文化部管理）、国家中医药管理局（由国家卫生和计划生育委员会管理）、国家外汇管理局（由中国人民银行管理）、国家煤矿安全监察局（由国家安全生产监督管理总局管理）。此外，国家档案局与中央档案馆、国家保密局与中央保密委员会办公室、国家密码管理局与中央密码工作领导小组办公室，一个机构两块牌子，列入中共中央直属机关的下属机构序列。

8. 国务院议事协调机构

国务院还设置有一些议事协调机构，这类机构主要负责协调国家有关跨部门跨行业的重要工作，由众多有关部门的负责人兼任组成人员，具体工作往往由国务院的有关部委、直属机构或中央军委的有关部门或全国性社团组织承担，也有一些是单设办事机构。目前国务院有二十多个议事协调机构。

第四节 地方政府

一、中国地方各级政府的设置

（一）组织体系

根据中国现行《宪法》、《地方组织法》的规定，中国政府的组织体系与人民代表大会相对应，从中央到地方分为五级：中央政府（即国务院）、省级政府（即省、自治区、直辖市的政府）、地级政府（即自治州、设区的市的政府）、县级政府（即县、自治县、不设区的市、市辖区的政府）和乡级政府（乡、民族乡、镇的政府）。中国地方政府包括省、地、县、乡四级政府。

严格说来，地方政府还包括香港和澳门两个特别行政区的政府。根据《香港特别行政区基本法》和《澳门特别行政区基本法》的规定，特别行政区政府是特别行政区的行政机关,它们与内地的地方各级政府有很大的不同,有关内容将在"中央与地方关系"一章中介绍。

(二)性质与地位

中国现行《宪法》第 105 条第 1 款规定:"地方各级人民政府是地方各级国家权力机关的执行机关,是地方各级国家行政机关。"这是对地方各级政府的性质的规定。

根据《宪法》第 110 条等的规定,在地位上,地方各级政府既从属于本级人大,又服从上一级政府和国务院的领导。地方各级政府由本级人大产生,对本级人大负责并报告工作;县级以上的地方各级政府在本级人大闭会期间,对本级人大常委会负责并报告工作。地方各级政府对上一级政府负责并报告工作,都服从国务院。

(三)组成与任期

省、自治区、直辖市、自治州、设区的市的政府分别由省长、副省长,自治区主席、副主席,市长、副市长,州长、副州长和秘书长、厅长、局长、委员会主任等组成。县、自治县、不设区的市、市辖区的政府分别由县长、副县长,市长、副市长,区长、副区长和局长、科长等组成。乡、民族乡、镇的政府分别由乡长、副乡长,镇长、副镇长组成。民族乡的乡长由建立民族乡的少数民族公民担任。

地方各级政府每届任期同本级人大每届任期相同,每届任期 5 年。

(四)领导体制与会议制度

1. 领导体制

中国地方各级政府也像国务院一样实行行政首长负责制。行政首长负责制,又称"一长制"、"独任制",是指行政首长对所属行政机关的工作享有决策权和最后决定权并承担全部责任的领导体制。各级政府实行行政首长负责制是由政府的性质和行政管理的客观需要决定的。人民政府是国家权力机关的执行机关,必须忠实地执行国家权力机关制定的法律法规和作出的决议,同时政府又是国家行政机关,独立负责行政管理,处理社会各个领域的行政事务,涉及国家利益和社会公共利益,这些都在客观上要求政府在行使职权时必须权力集中,高度负责,迅速决断,指挥灵敏,及时地处理各项事务,克服官僚主义,防止出现政出多门、职责不清、互相推诿、效率低下的现象。

《宪法》第 105 条第 2 款以及《地方组织法》第 62 条规定,地方各级政府实行省长、自治区主席、市长、州长、县长、区长、乡长、镇长负责制。省长、自治区主席、市长、州长、县长、区长、乡长、镇长分别主持地方各级政府的工作。

2. 会议制度

中国各级政府实行行政首长负责制,但对于政府工作中重大问题的决策,行政首长仍应充分发扬民主,召开会议,广泛听取各方面的意见,集思广益,在集体充分讨论的基础上作出决定。由此,可以说中国的行政首长负责制实行的是个人负责与发挥集体智慧相结合的方式。①

《地方组织法》第63条规定,县级以上的地方各级政府会议分为全体会议和常务会议。全体会议由本级政府全体成员组成。省、自治区、直辖市、自治州、设区的市的政府常务会议,分别由省长、副省长,自治区主席、副主席,市长、副市长、州长、副州长和秘书长组成。县、自治县、不设区的市、市辖区的政府常务会议,分别由县长、副县长,市长、副市长,区长、副区长组成。省长、自治区主席、市长、州长、县长、区长召集和主持本级政府全体会议和常务会议。政府工作中的重大问题,须经政府常务会议或者全体会议讨论决定。

(五)职权

根据《宪法》、《地方组织法》以及《立法法》的规定,地方各级政府主要有以下职权:

(1)执行上级决议决定,发布决定命令。执行本级人大的决议(县级以上包括本级人大常委会的决议)以及上级国家行政机关的决定和命令,发布决定和命令。省、自治区、直辖市的政府还可以根据法律、行政法规和本省、自治区、直辖市的地方性法规,制定规章,报国务院和本级人大常委会备案。较大的市的政府,也可以根据法律、行政法规和本省、自治区的地方性法规,制定规章,报国务院和省、自治区人大常委会、政府以及本级人大常委会备案。省、直辖市的政府还有权决定乡、民族乡、镇的建置和区域划分。

(2)领导和监督下级工作。领导所属各工作部门和下级政府的工作;改变或者撤销所属各工作部门的不适当的命令、指示和下级政府的不适当的决定、命令;依照法律的规定任免、培训、考核和奖惩国家行政机关工作人员。

(3)管理各项行政工作。执行本行政区域内的经济和社会发展计划、预算,管理本行政区域内的经济、教育、科学、文化、卫生、体育事业、环境和资源保护、城乡建设事业和财政、民政、公安、民族事务、司法行政、监察、计划生育等行政工作。

(4)保障公民各方面的权利。保护社会主义的全民所有的财产和劳动群众集体所有的财产,保护公民私人所有的合法财产,维护社会秩序,保障公民的人身权利、民主权利和其他权利;保护各种经济组织的合法权益;保障少数民族的权利和尊重少数民族的风俗习惯,帮助本行政区域内各少数民族聚居的地方依照宪法和法律实行区域自治,帮助各少数民族发展政治、经济和文化的建设事业;保障宪法和法律赋予妇女的男女平等、同工同酬和婚姻自由等各种权利。

(5)办理上级国家行政机关交办的其他事项。

---

① 参见韩大元主编:《宪法学》,高等教育出版社2006年版,第460页。

（六）机构设置

地方各级政府根据工作需要和精干的原则，设立必要的工作部门。这些工作部门为厅、局、委员会、科、室等。县级以上的地方各级政府都设立审计机关。乡、民族乡、镇的政府一般不设工作部门。省、自治区、直辖市的政府的厅、局、委员会等工作部门的设立、增加、减少或者合并，由本级政府报请国务院批准，并报本级人大常委会备案。自治州、县、自治县、市、市辖区的政府的局、委员会、科等工作部门的设立、增加、减少或者合并，由本级政府报请上一级政府批准，并报本级人大常委会备案。

省、自治区、直辖市的政府的各工作部门受政府统一领导，并且依照法律或者行政法规的规定受国务院主管部门的业务指导或者领导。自治州、县、自治县、市、市辖区的政府的各工作部门受政府统一领导，并且依照法律或者行政法规的规定受上级政府主管部门的业务指导或者领导。

省、自治区的政府在必要时，经国务院批准，可以设立若干派出机关。县、自治县的政府在必要时，经省、自治区、直辖市的政府批准，可以设立若干区公所，作为它的派出机关。市辖区、不设区的市的政府在必要时，经上一级政府批准，可以设立若干街道办事处，作为它的派出机关。

自1982年中央发出《关于改革地区体制，实行市管县的通知》以来，"市管县"的体制逐渐普及，全国绝大多数省、自治区政府在地区所设立的派出机关——地区行政公署，纷纷改为一级政府，即地级市（设区的市）的政府。从2002年起，为了壮大县域经济，浙江、湖北、安徽等许多省份又开始"省管县"体制的改革试点，而且"十二五"（2011—2015年）规划在"十一五"规划的基础上进一步强调"推进省以下财政体制改革，稳步推进省直管县财政管理制度改革"、"在有条件的地方探索省直接管理县（市）的体制。""省管县"体制的改革将会对中国地方各级政府及其派出机关的设置乃至整个政府体制产生什么影响，值得进一步关注。

二、居民委员会和村民委员会

早在20世纪50年代初期中国即开始在城市按居民居住地区设立居民委员会。1954年12月31日，第一届全国人大常委会第四次会议通过了《城市居民委员会组织条例》。现行《宪法》第111条规定："城市和农村按居民居住地区设立的居民委员会或者村民委员会是基层群众性自治组织。居民委员会、村民委员会的主任、副主任和委员由居民选举。居民委员会、村民委员会同基层政权的相互关系由法律规定。居民委员会、村民委员会设人民调解、治安保卫、公共卫生等委员会，办理本居住地区的公共事务和公益事业，调解民间纠纷，协助维护社会治安，并且向政府反映群众的意见、要求和提出建议。"1987年11月24日，第六届全国人大常委会第二十三次会议通过了《村民委员会组织法(试行)》。1989年12月26日,第七届全国人大常委会第十一次会议通过了《城市居民委员会组织法》。1998年11月4日,第九届全国人大常委会第五次会议对1987年试行的《村民委员会组织法》进行了修订,通过了正式的《村民委员会组织法》,2010年10月28日全国人大常委会又作了较大修改。

(一)居民委员会和村民委员会的性质与特点

根据《宪法》、《城市居民委员会组织法》和《村民委员会组织法》的规定,居民委员会和村民委员会是城市居民和农村村民自我管理、自我教育、自我服务的基层群众性自治组织。它们不是行政机构,也不属于其他国家机关,并不属于社会团体。[①]与国家机关和其他组织相比较,作为基层群众自治组织的居民委员会和村民委员会具有以下特点:

(1)基层性。从自治组织的设立来看,居民委员会和村民委员会是按居民居住地区设立的,只存在于居民居住地区范围的基层社区之中,它们与居民关系最直接、最紧密,是中国城市和农村最基层的组织。从自治的内容来看,居民委员会和村民委员会所从事的工作只是居民居住社区范围内的公共事务和公共事业,而不涉及更高的层次,这也具有基层性。

(2)独立性。居民委员会和村民委员会不是国家机关和社会团体,它们在组织上是独立的,它们没有上级组织,更没有全国性、地区性的统一组织,不从属于任何社会团体和经济组织,同时也不从属于任何国家机关,它们不是国家机关的下级组织或下属组织,国家机关与居民委员会、村民委员会之间不存在领导与被领导的关系,国家机关及其派出机关无权对它们发布指示和命令。此外,居民委员会与居委员会之间、村民委员会与村委员会之间、居民委员会与村民委员会之间也是互不隶属,相互独立的。

(3)自治性。城市和农村的居(村)民通过民主选举、民主决策、民主管理、民主监督,直接行使民主权利,依法办理自己的事情,做到自我管理、自我教育、自我服务,实行居(村)民自治。居民委员会和村民委员会是居(村)民自治的执行机构和工作机构。

(4)群众性。居(村)民自治的组织居民委员会和村民委员会是根据居(村)民群众居住状况、人口多少,按照便于群众自治的原则设立的,由本居住地区的居(村)民群众选举产生,其任务之一是维护居(村)民群众的合法权益,向政府反映群众的意见、要求和提出建议,而且居民委员会和村民委员会在工作时要坚持群众路线,充分发扬民主。

---

① 有学者认为,在一定程度上,村民委员会是一个兼有立法、行政和司法职能的机构。参见张千帆:《宪法学导论——原理与应用》,法律出版社2004年版,第349—350页。

（二）居民委员会和村民委员会的设立与组成

1. 居民委员会和村民委员会的设立

在城市，居民委员会根据居民居住状况，按照便于居民自治的原则，一般在100至700户的范围内设立。居民委员会的设立、撤销、规模调整，由不设区的市、市辖区的政府决定。

在农村，村民委员会根据村民居住状况、人口多少，按照便于群众自治，有利于经济发展和社会管理的原则设立。村民委员会的设立、撤销、范围调整，由乡、民族乡、镇的政府提出，经村民会议讨论同意后，报县级政府批准。

2. 居民委员会和村民委员会的组成

居民委员会由主任、副主任和委员共5—9人组成。多民族居住地区，居民委员会中应当有人数较少的民族的成员。居民委员会主任、副主任和委员，由本居住地区全体有选举权的居民或者由每户派代表选举产生；根据居民意见，也可以由每个居民小组选举代表2—3人选举产生。居民委员会每届任期3年，其成员可以连选连任。

村民委员会由主任、副主任和委员共3—7人组成。村民委员会成员中，应当有妇女成员，多民族村民居住的村应当有人数较少的民族的成员。村民委员会主任、副主任和委员，由村民直接选举产生。任何组织或者个人不得指定、委派或者撤换村民委员会成员。村民委员会每届任期3年，届满应当及时举行换届选举。村民委员会成员可以连连连任。村民委员会的选举，由村民选举委员会主持。村民选举委员会由主任和委员组成，由村民会议、村民代表会议或者各村民小组会议推选产生。选举村民委员会，由登记参加选举的村民直接提名候选人。村民提名候选人，应当从全体村民利益出发，推荐奉公守法、品行良好、公道正派、热心公益，具有一定文化水平和工作能力的村民为候选人。候选人的名额应当多于应选名额。选举村民委员会，有登记参加选举的村民过半数投票，选举有效；候选人获得参加投票的村民过半数的选票，始得当选。

（三）居民委员会和村民委员会的任务与工作原则

1. 居民委员会和村民委员会的任务

根据《城市居民委员会组织法》的规定，居民委员会的任务是：(1) 宣传宪法、法律、法规和国家的政策，维护居民的合法权益，教育居民履行依法应尽的义务，爱护公共财产，开展多种形式的社会主义精神文明建设活动；(2) 办理本居住地区居民的公共事务和公益事业；(3) 调解民间纠纷；(4) 协助维护社会治安；(5) 协助政府或者它的派出机关做好与居民利益有关的公共卫生、计划生育、优抚救济、青少年教育等项工作；(6) 向政府或者它的派出机关反映居民的意见、要求和提出建议。此外，居民委员会还应当开展便民利民的社区服务活动，可以举办有关的服务事业；教育居民互相帮助，互相尊重，加强民族团结；对编入居民小组的被依法剥夺政治权利的人进行监督和教育。

根据《村民委员会组织法》的规定,概括起来,村民委员会的任务主要有:(1) 办理本村的公共事务和公益事业,调解民间纠纷,协助维护社会治安,向政府反映居民的意见、要求和提出建议。(2) 协助乡、民族乡、镇的政府开展工作。(3) 支持和组织村民依法发展各种形式的合作经济和其他经济,承担本村生产的服务和协调工作,促进农村生产建设和经济的发展;尊重并支持集体经济组织依法独立进行经济活动的自主权,维护以家庭承包经营为基础、统分结合的双层经营体制,保障集体经济组织和村民、承包经营户、联户或者合伙的合法的财产权和其他合法的权利和权益;依法管理本村属于村农民集体所有的土地和其他财产,教育村民合理利用自然资源,保护和改善生态环境。(4) 宣传宪法、法律、法规和国家的政策,教育和推动村民履行法律规定的义务,爱护公共财产,维护村民的合法的权利和权益,发展文化教育,普及科技知识,促进男女平等,做好计划生育工作,促进村与村之间的团结、互助,开展多种形式的社会主义精神文明建设活动。(5) 支持服务性、公益性、互助性社会组织依法开展活动,推动农村社区建设。(6) 多民族村民居住的村,村民委员会应当教育和引导各民族村民增进团结、互相尊重、互相帮助。

2. 居民委员会和村民委员会的工作原则

从《城市居民委员会组织法》和《村民委员会组织法》的有关规定来看,居民委员会和村民委员会进行工作至少应当遵循以下三项原则:

(1) 合法。居民委员会成员应当遵守宪法、法律、法规和国家的政策,办事公道,热心为居民服务。居民公约的内容不得与宪法、法律、法规和国家的政策相抵触。村民委员会及其成员应当遵守宪法、法律、法规和国家的政策,办事公道,廉洁奉公,热心为村民服务。村民自治章程、村规民约以及村民会议或者村民代表讨论决定的事项不得与宪法、法律、法规和国家的政策相抵触,不得有侵犯村民的人身权利、民主权利和合法财产权利的内容。

(2) 民主。居民委员会进行工作,应当采取民主的方法,不得强迫命令。居民委员会决定问题,采取少数服从多数的原则。居民委员会向居民会议负责并报告工作。涉及全体居民利益的重要问题,居民委员会必须提请居民会议讨论决定。居民会议有权撤换和补选居民委员会成员。村民委员会应当实行少数服从多数的民主决策机制和公开透明的工作原则,建立健全各种工作制度。村民委员会向村民会议、村民代表会议负责并报告工作。村民会议审议村民委员会的年度工作报告,评议村民委员会成员的工作;有权撤销或者变更村民委员会不适当的决定;有权撤销或者变更村民代表会议不适当的决定。《村民委员会组织法》第 24 条明确规定:"涉及村民利益的下列事项,经村民会议讨论决定方可办理:(一)本村享受误工补贴的人员及补贴标准;(二)从村集体经济所得收益的使用;(三)本村公益事业的兴办和筹资筹劳方案及建设承包方案;(四)土地承包经营方案;(五)村集体经济项目的立项、承包方案;(六)宅基地的使用方案;(七)征地补偿费的使用、分配方案;(八)以借贷、租赁或者其他方式处分村集体财产;(九)村民会议认为应当由村民会议讨论决定的涉及村民利益的其他事项。"而且,村民委员会成员以及由村民或者村集体承担误工补贴的聘用人员,应当接受村民会议或者村民代表会议对其履行职责情况的民主评议。民主评议每年至少进行一次,村民委员会成员连续两次被评议不称职的,其职务终止。

(3)公开。居民委员会办理本居住地区公益事业所需的费用,收支账目应当及时公布,接受居民监督。《村民委员会组织法》第30条明确规定:村民委员会实行村务公开制度。村民委员会应当及时公布下列事项,接受村民的监督:(一)本法第23条、第24条规定的由村民会议、村民代表会议讨论决定的事项及其实施情况;(二)国家计划生育政策的落实方案;(三)政府拨付和接受社会捐赠的救灾救助、补贴补助等资金、物资的管理使用情况;(四)村民委员会协助人民政府开展工作的情况;(五)涉及本村村民利益,村民普遍关心的其他事项。前款规定事项中,一般事项至少每季度公布一次;集体财务往来较多的,财务收支情况应当每月公布一次;涉及村民利益的重大事项应当随时公布。村民委员会应当保证所公布事项的真实性,并接受村民的查询。村民委员会不及时公布应当公布的事项或者公布的事项不真实的,村民有权向乡、民族乡、镇政府或者县级政府及其有关主管部门反映,有关政府机关应当负责调查核实,责令公布;经查证确有违法行为的,有关人员应当依法承担责任。

(四)居民委员会和村民委员会与基层政府的关系

《宪法》在第111条中规定:"居民委员会、村民委员会同基层政权的相互关系由法律规定。"基层政权,在城市是指不设区的市、市辖区的政府和人大,在农村是指乡、民族乡、镇的政府和人大。在居民委员会和村民委员会与基层政权的相互关系中,自然应当包括居民委员会和村民委员会与基层人大的关系,《村民委员会组织法》第39条也明确规定:"地方各级人民代表大会和县级以上地方各级人大常委会在本行政区域内保证本法的实施,保障村民依法行使自治权利。"但其中,最主要的关系还是居民委员会和村民委员会与基层政府的关系。

《城市居民委员会组织法》第2条第2款规定:"不设区的市、市辖区的政府或者它的派出机关对居民委员会的工作给予指导、支持和帮助。居民委员会协助不设区的市、市辖区的人民政府或者它的派出机关开展工作。"《村民委员会组织法》第5条规定:"乡、民族乡、镇的人民政府对村民委员会的工作给予指导、支持和帮助,但是不得干预依法属于村民自治范围内的事项。村民委员会协助乡、民族乡、镇的人民政府开展工作。"显然,居民委员会和村民委员会与基层政府及其派出机关的关系是指导与被指导、协助与被协助的关系。

1. 基层政府及其派出机关对居民委员会和村民委员会的工作给予指导、支持、帮助

指导主要是基层政府及其派出机关应当通过培训、宣传、说服、动员等方式引导基层群众性自治组织在法律的范围内积极开展自治活动，同时对基层群众性组织违反群众自治制度的错误行为予以纠正。比如，《村民委员会组织法》规定，村民委员会不及时公布应当公布的村务事项或者公布的事项不真实的，村民有权向乡、民族乡、镇政府反映，有关政府应当调查核实，责令公布。支持和帮助，主要是指对基层群众性自治组织依法开展自治活动给予尊重和肯定，对基层群众性自治组织在工作中遇到的各种阻力、困难和问题予以帮助协调解决和处理，比如居民委员会的工作经费、居民委员会成员的生活补贴费等由不设区的市、市辖区的政府拨付，居民委员会的办公用房由当地政府统筹解决，乡、民族乡、镇政府对村民关于破坏村民委员会选举的举报应当负责调查并依法处理等。但是，基层政府及其派出机关不得干预依法属于居（村）民自治范围内的事项。

在实践中，有些乡镇政府和市辖区政府及其派出机关街道办事处包办代替村（居）自治范围内的事项，甚至指定、委派、撤换村民委员会、居民委员会成员，这些做法都是违法的，必须予以纠正。

2. 居民委员会和村民委员会协助基层政府及其派出机关开展工作

居民委员会和村民委员会主要是协助基层政府及其派出机关做好与村（居）民利益有关的公共卫生、治安保卫、计划生育、优抚救济、青少年教育等各项工作。协助的形式主要是宣传、教育、动员、提供情况等，一般不直接办理。必要时，可以受基层政府的委托，代表基层政府办理有关政府事宜。居民委员会和村民委员会受委托办理的政府事宜，属于政府的具体行政行为，应当由委托的基层政府承担责任。

在实际工作中，有些乡镇政府和市辖区政府及其派出机关街道办事处把村民委员会、居民委员会当做基层政府的下级组织或者下属组织，当成基层政府的"腿"，自己坐在屋里发文件、打电话、下指示，让村民委员会、居民委员会去办理各项行政事务，将不该由基层群众性自治组织从事的行政工作也交给村民委员会、居民委员会去做，基层群众性自治组织的"协助"成了"直接办理"，基层群众性自治组织从事政府工作多，反而从事有关群众自治的本职工作少。这种现象有悖于《宪法》设立居民委员会和村民委员会的宗旨，必须予以纠正。

推荐阅读

1. 〔英〕洛克：《政府论》（下），叶启芳、瞿菊农译，商务印书馆1964年版。
本书由17世纪英国著名启蒙思想家、西方政治自由主义的鼻祖约翰·洛克

(1632—1740)于1689年所著。本书是有关政府理论的经典名著,对政府的起源、范围和目的作了论述,并提出了立法权、执行权和对外权的分权思想,阅读此书有助于认识政府存在的目的。

2. 〔法〕孟德斯鸠:《论法的精神》(上册),张雁深译,商务印书馆1961年版。

本书是一部经典名著。孟德斯鸠在书中对政体问题进行了详细的论述,并首次提出了立法权、行政权与司法权三权分立和"以权力制约权力"的思想,阅读此书有助于深刻领会国家机关必须分权制衡的理论。

3. 张千帆:《宪法学导论——原理与应用》,法律出版社2004年版。

本书第五章中的第三节"国家元首与行政机构",对中国与世界上主要国家的行政机构作了精要的比较分析。

4. 蔡定剑:《宪法精解》,法律出版社2004年版。

本书对与本章所述的国家主席、国务院、中央军委、地方各级人民政府、居民委员会和村民委员会等行政机构和基层群众自治组织相关的宪法条款进行了逐条逐词地精解,特别是大量使用了原始历史资料进行解释。阅读此书,有助于掌握中国宪法上有关行政机构规定的历史背景和真实含义。

5. 中国政府网,http://www.gov.cn

该网站是中华人民共和国中央人民政府门户网站,是国务院和国务院各部门以及各省、自治区、直辖市人民政府在国际互联网上发布政府信息和提供在线服务的综合平台,该网开通有"国家机构"、"政府机构"等栏目,其中有关中国行政机构的介绍,并可随时查阅中国行政机构设置的变化情况。

思考题

1. 什么是行政机构?它包括哪些国家机关?行政机构与行政机关、政府是什么关系?

2. 什么是总统制、内阁制、委员会制和半总统半议会制?它们之间有哪些异同?它们与政体、政权组织形式有什么联系?

3. 什么是国家元首?它有哪些特征?中国的国家元首是集体元首吗?国家主席是否有权宣布紧急状态?中央军事委员会是什么性质的机构?

4. 什么是政府?政府与内阁有何不同?中国的国务院是什么样的机关?它与美国的国务院有何区别?什么是总理负责制?国务院有哪些职权?中国的地方人民政府是如何设置的?"市管县"与"省管县"这两种体制有哪些不同,从宪法角度如何评价这两种体制的改革?

5. 居民委员会和村民委员会属于什么组织?它们与基层人民政府是什么关系?

第九章 司法机构

通常认为,司法独立是司法权的首要特征,而这项原则产生了一系列问题:为什么司法必须独立?司法权的性质究竟是什么?法院独立和法官独立又有什么区别?司法独立是否和民主监督相冲突?在我国宪法上,检察院既是公诉机关,也是有权启动再审的法律监督机关。检察权是否是司法权?有没有必要进行重新定位?以上是本章探讨的重点问题。

第一节 司法权的基本理论

一、司法权

(一)司法权的特点

在近代立宪主义的国家,司法系与立法、行政分立的国家作用之一,即对于具体的法律性纷争进行裁判的国家作用。行使司法作用之权限,被称为司法权。

在中国,封建帝制时代,司法与行政不分,司法权系由行政官员兼理,故而行政官员给人以"判官"形象。清末法制改革以降,大理院以及下级审判厅相继设立,司法权的行使终于开始逐步地独立于行政部门,近代宪法意义上的"司法"一词由此诞生。中华人民共和国成立后,对于"司法"的定义,经历了变迁、分歧和整合。

1. 公检法(司)说

截至20世纪90年代初,司法被视为专政的工具,主流观点认为,司法机构不仅指行使审判权的法院和行使检察权的检察院,还包括行使侦查权的公安局以及负责监狱管理的司法局。[①] 其理由是,虽然中国现行《宪法》未使用"司法"一词,但《刑法》第94条规定"本法所称司法工作人员,是指有侦查、检察、审判、监管职责的人员",实际上明确了侦查机关和监管机关作为司法机构的性质。[②] 随着市场经济的发展,民事诉讼案件大幅增加,这种以刑事诉讼过程为模型的理

[①] 例如熊先觉:《中国司法制度》,中国政法大学出版社1986年版,第6—7页;鲁明健主编:《中国司法制度教程》,人民法院出版社1991年版,第1、3页(熊先觉执笔);杨一平:《司法正义论》,法律出版社1999年版,第26页。

[②] 章武生、左卫民主编:《中国司法制度导论》,法律出版社1994年版,第2页。

论,由于无法解释民事诉讼过程,逐渐被抛弃。现在学界已普遍认为,公安局和司法局在性质上属于行政机关。①

2. 裁判权说

也有一部分学者参照国外的宪法理论,将司法权的本质视为判断权或裁判权。② 但是,中国现行《宪法》采取人民代表大会制度,权力的分配是按照分工合作原则,而非分权制衡原则,因而,该说在中国的实证法上尚缺少深厚的土壤。

3. 两权说

由于中国现行《宪法》在第三章"国家机构"中,规定了第七节"人民法院和人民检察院",基于这种编排设计,多数学者赞同"两权说",即认为中国的司法机构包括审判机关和检察机关。③

以上三种认识,大司法的观念停留于对司法活动的感性认识,在实务部门与一般民众中影响较大,是计划经济时代集权主义模式的产物,与法律工具主义有一定的联系,应为时代所摒弃。裁判权的观念深受西方尤其是英美司法观念的影响,以市场经济与民主政治为背景,从对司法权与行政权的对比考察来说明司法的特有属性和司法活动的基本规律,反映了司法权本质和权力分立的一般规律,因此容易被学者们接受,但与中国现实状况和集权主义的政治传统之间有着强烈的张力,故而被认为带有理想主义的色彩。而主流的两权说则是在实证法的基础之上,对上述两种观念的妥协与调和,代表了官方和大部分学者的观点。④

4. 折中说

就世界范围而言,世界各国宪法所规定的司法权,通常是指法院所行使之裁判权。随着市场经济和民主政治的发展,国内目前的通说认为,司法有广义和狭义之分。⑤ 广义的司法,包括裁判和检察;狭义的司法,仅指法院之裁判,现行法上,称之为"审判"。

关于检察权的性质,国内尚有争议,与国外的司法权理论也难以衔接。因

---

① 例如刘茂林:《中国宪法导论》,北京大学出版社 2005 年版,第 336 页。
② 例如孙笑侠:《司法权的本质是判断权——司法权与行政权的十大区别》,载《法学》1998 年第 8 期,第 34—36 页;贺日开:《司法权威的宪政分析》,人民法院出版社 2004 年版,第 25 页;谭世贵主编:《中国司法制度》,法律出版社 2005 年版,第 26 页。
③ 例如张千帆主编:《宪法学》,法律出版社 2004 年版,第 391 页(强世功执笔);刘茂林:《中国宪法导论》,北京大学出版社 2005 年版,第 336 页。
④ 杨海坤主编:《跨入新世纪的中国宪法学——中国宪法学研究现状与评价(下)》,中国人事出版社 2001 年版,第 487 页(徐东执笔)。
⑤ 例如王利明:《司法改革研究》,法律出版社 2001 年版,第 8 页;韩大元、林来梵、郑贤君:《宪法学专题研究》,中国人民大学出版社 2004 年版,第 490 页(郑贤君执笔);韩大元主编:《宪法学》,高等教育出版社 2006 年版,第 467 页(王晓滨执笔)。朱国斌教授则认为,狭义的司法权就是法院的审判权,而广义的司法权则是司法机关在审判、检察、侦查等司法活动中行使的权力,具体包括审判权、检察权、侦查权等。朱国斌:《中国宪法与政治制度(第二版)》,法律出版社 2006 年版,第 226 页。

此,本节对司法权理论之阐述,仅是就狭义的司法而展开。

(二)司法权的范围

1. 国外的法院体制

美国的法院由独立的联邦法院和州法院两套法院系统组成,二者之间不存在从属关系。联邦法院自上而下分为三级:联邦最高法院、联邦上诉法院、联邦地区法院。此外,作为专门法院,在上诉法院层级,设有联邦索赔法院、联邦关税及专利上诉法院;在地区法院层级,设有联邦关税法院、联邦税务法院。州法院的设置和组织,由各州自行制定法律,所以比较复杂,名称各异,在不少州,也是分为三级:州终审法院,州上诉法院,州初审法院。①

在法国,大革命之前,巴黎最高法院对于政府发布的命令享有审查其是否与根本大法相抵触的权力,政府的命令非经法院登记无效。最高法院经常利用这种权力干预行政。为此,1791年法国宪法规定,法院不得侵犯行政职权,也不得以执行法院职权为理由而审问行政官员。为防止司法干预行政,又在普通法院之外,另设行政法院来处理行政诉讼案件。由此,形成了现在的二元化司法体制。普通法院与行政法院是相互独立的两个系统。普通法院受理民事刑事案件,由最高法院、上诉法院、初审法院组成,在下级法院层级,也设有专门法院。行政法院性质上属于行政系统,而非司法系统。其内部,又分为普通行政法院和专门法院。普通行政法院由最高行政法院、上诉行政法院、行政法庭组成。②

德国受法国影响很深,也有独立的行政法院。但二者又有很多不同。德国有独立的宪政法院,而法国则是由作为政治性机构的"宪政院"来行使违宪审查权。特别是,德国的法院有多元化的特征。在横向上,不存在统一的司法管辖权来处理全部领域的法律问题,通常的司法功能分布在五套平行而又各自独立的法院系统:普通法院审理民刑事案件、四中特别法院(行政法院、财政法院、劳动法院、社会法院)分别处理行政、财政、劳动与社会争议。这五套法院系统又根据等级,分成联邦、各州与地方法院。其中,地方法院是初审法院,各州法院是上诉法院,联邦法院则最高法院。③

日本在明治宪法时代,在普通法院系统之外,还设有行政法院。第二次世界大战后,根据新颁布的日本国宪法,废除了行政法院制度,行政诉讼案件统一由法院管辖。日本的法院分为三级:最高法院、高等法院、地方法院。在高等法院层级,设有知识产权法院。在地方法院层级,设有家庭法院和简易法院。家庭法院审理家庭案件、少年案件;简易法院负责对小额诉讼或轻微案件进行简易迅速

---

① 王德志、徐进:《西方司法制度》,山东大学出版社1995年版,第86—100页。
② 同上书,第137—149页。
③ 张千帆:《宪法学导论:原理与应用》,法律出版社2004年版,第363—364页。

的审理。由于最高法院是所有案件的终审机关,因此,专门法院的设置,并不违反日本宪法上禁止设立"特别裁判所"之规定。

2. 司法权与裁判权

在外国宪法上,"司法权"通常是指称法院的权限,因而司法权的性质,可以理解为裁判权,或曰判断权。尽管如此,"司法权"的范围并不等同于"裁判权"。这是因为:

首先,法院的裁判权到底有多大的范围,因国家、时代而异。例如,在法国、德国这种欧陆国家,司法向来是指民事、刑事的裁判作用,而行政案件的裁判,则被认为系具有与民事、刑事裁判作用有别的行政作用,归行政法院管辖。反之,在英国和美国,司法不仅是指民事、刑事的裁判,行政案件的裁判亦被视为司法的作用,而归普通法院管辖。而在日本,第二次世界大战后废除了行政法院,行政案件改由法院管辖。

其次,法官在行使裁判权时,能否摆脱议会法律之拘束,也因违宪审查制度的不同而异。在美国、日本等国,法官可行使违宪审查权,故而,司法权涵盖所有类型之裁判权(宪法裁判、刑事裁判、民事裁判、行政裁判),司法权与裁判权之间,可以画等号。而在德国、法国等欧陆国家,宪法裁判权集中由宪政法院或宪法委员会行使,法院的裁判权,仅是针对民刑事案件。

最后,司法机关除了裁判权之外,是否还行使某些辅助性的权能,也因国家、时代而异。例如,民国时期的最高法院以及现今日本的最高法院,均行使司法规则制定权和司法行政权。另外,中国的最高法院还有一个特色,就是行使"司法解释权",频繁制定具有立法功能的司法解释,这就明显地超出了司法辅助性权能的范围。

(三)司法权的特征

1. 司法权的特征

徐显明教授最早提出司法权有五大特征,即被动性、判断性、程序性、中立性、终极性。[1]

其一,司法是被动性权力,非因诉方或控方请求,不得主动行使("不告不理"原则)。对社会纠纷进行裁判,是司法者的唯一法定职责,除此以外的国家责任与社会责任,均应远离。而所谓的"提前介入"、"挖掘案情"、"送法上门"、

---

[1] 徐显明:《论"法治"构成要件——兼及法治的某些原则及观念》,载《法学研究》1996年第3期,第43页。对此,其他学者有不同的归纳。例如,齐延平教授归纳为六个特征,即被动性、独立性、判断性、被规束性、居中裁判性、分散性、终极性。齐延平:《人权与法治》,山东人民出版社2003年版,第244—245页。朱国斌教授归纳为四个特征,即裁判性、中立性、救济性、监督性。朱国斌:《中国宪法与政治制度》,法律出版社2006年版,第226页。

"保驾护航"等,都属于司法权的滥用,有损司法的神圣和庄严。① 另外,审判过程须围绕当事人的诉讼请求进行,法官不得添加或减少当事人的请求事项。

其二,司法权是判断性权力,非予兼听则无以明断,其责任即是依既定标准判断是非曲直,对争议作出裁判。比较而言,"司法权是判断式的权利,行政权是执行式的权利,立法权是决定式的权利"②。在西方,法官以维护公平正义为己任,被视为法律的象征和公正的化身,人们对行政机关的行政裁量保持戒心,但对司法表达了信任,认同和接受法官的自由心证,由此才形成崇尚法治的传统和秩序。

其三,司法权是程序性权力,非依诉讼程序行使,既失尊严,又易生随意和疏漏。前者将导致法官与当事人互不尊重,后者将出现事实上或法律上的误判,而无论哪种后果都将失其公正。因此,司法权一旦启动,则必须依法定程序推进,法官不得随意加快程序、省略程序,更不得随意拖延程序、中断程序。

其四,司法权是中立性权力,法官必须居中裁判,不得有意或无意地偏袒一方。只有与当事人保持距离,在金钱和权势面前固守人格尊严,才能赢得司法权威和社会信赖。要保持司法的中立性,需满足两个基本条件:一是审判独立,即法官在履行审判职责时应不受来自任何方面的干涉;二是在体制上法官只接受监督而不接受命令。"法官唯一的上司,就是法律。"③在西方,法官除向宪法和法律负责外,不向任何机关和人负责。

其五,司法权是终极性权力,法官对法律争议的处理是最终的和最具权威的,"人们信仰法律不是因为它是如何完美无缺,而是因为法官能在此基础上作出正义的判决"④,在国外,通过行政诉讼,司法机关可直接对行政权的滥用进行纠正;通过司法审查,司法机关可以对立法和行政机关制定法律规范的行为进行

---

① 法官应当是被普遍尊崇、近乎神圣的职业。在西方,法官出庭时要头戴假发、手持权杖、身着法袍,以维护法官的尊严和司法仪式的庄严。被尊重和敬畏的有一身清纯正气的法官才能担当起独立行使司法权、维护司法权威的神圣职责,才能致力于维护社会公正,不辱司法使命。肖金明、尹凤桐:《论司法独立》,载《山东大学学报(哲社版)》1999 年第 3 期,第 111 页。司法者应有司法专念之自觉,司法者作为社会纠纷的终极裁决人,对社会纠纷进行终局裁决是司法者的唯一法定职责,除此以外的国家责任与社会责任,均应当远离。徐显明:《司法改革二十题》,载《法学》1999 年第 9 期,第 5 页。
② 徐显明:《大学理念与依法治校》,载《中国大学教学》2005 年第 8 期,第 12 页。
③ 法院有高级、中级之分,而法官没有高低之分,法官无上级。在全国范围内,最高法院的法官和基层法院的法官所作出的判决具有同等效力。如果对法官下达指挥和命令的话,就会出现矛盾,首先,如果指挥和命令的内容与法律一致,这个指挥和命令一定是多余的,下达指挥和命令的机构是否多余就会引起怀疑;如果指挥和命令的内容与法律的内容不一致,又会产生两大问题,一是如果法官选择了指挥和命令,他获得了一个有利于自己的后果,但同时也预示着他是法律最大的叛徒;如果法官不是选择指挥和命令,而是选择法律,那么一定有一个对他不利的后果产生。所以只能加强对司法权的监督,不能强化对司法权的指挥和命令。同上文,第 12 页。
④ 牟宪魁:《法理念与法治进化论》,载《中国人民大学学报》2001 年第 1 期,第 87 页。

裁判和监督。因而,司法被看做是社会正义、国家法治的最后一道防线,法官被视为法治的守护神。如果一个国家的司法腐败了,这个国家的法治也就荡然无存。可见,在法治社会之中,真正的社会权威不应是"纸上的法律",而是效忠正义的司法。因此,法院成为法治社会中"法律帝国"的首都。[①]

2. 司法与立法、行政的区别

司法权的特征使之与其他国家权力区别开来。

(1) 司法与立法的区别

司法是就具体的案件,作出符合个案妥当性的决定;而立法一般是就不特定的问题,作出符合一般妥当性的决定。例外的是,在某些国家,议会对于具体事项的决定,也是以法律的形式作出的。

另一方面,司法判决的效力仅及于该案件本身,即个案效力,而立法则具有普遍的效力。但法官在裁判案件时,如法无明文规定,基于"法官不得以法无明文而拒绝裁判"的原理,可以根据法理或社会通念进行裁判,此种情况下所作出的判决,作为先例,对于今后之裁判具有指导或参考意义,已近于立法,故而又称"法官造法"。而在英美国家,判例具有与法律同样的法源地位,法官判决的造法功能更强。

(2) 司法与行政的区别[②]

司法权根据"不告不理"原则,只能被动行使。而行政权则可自动行使。而且,行政的作用在于依法管理行政事务,司法的作用在于依法裁判。一般而言,两者都有执行法律的外观。但是,司法的终极目标不是执行法律,而是作出妥当的判决,故而,当法律的一般妥当性与个案的具体妥当性发生冲突之时,法官应追求个案的具体妥当性。

另外,在英美国家,法官有违宪审查权,可以法律违宪为由,排除法律之适用。而行政权必须遵循依法行政、法治行政的原则,不得违反法律,即使是行政裁量行为,对其合理性也可以进行司法审查。

[①] 牟宪魁:《法理念与法治进化论》,载《中国人民大学学报》2001年第1期,第87页。美国学者德沃金提出,"法院是法律帝国的首都,法官是帝国的王侯"。德沃金:《法律帝国》,李长青译,中国大百科全书出版社1996年版,第361页。

[②] 孙笑侠教授则将司法权与行政权的区别归纳为:(1) 行政权在运行时具有主动性,而司法权则具有被动性;(2) 行政权在它面临的各种社会矛盾面前,其态度具有鲜明的倾向性,而司法权则具有中立性;(3) 行政权更注重权力结果的实质性,但司法权更注重权力过程的形式性;(4) 行政权在发展与变化的社会情势中具有应变性,司法权则具有稳定性;(5) 行政权具有可转授性,司法权具有专属性;(6) 行政权主体职业的行政性,司法权主体职业的法律性;(7) 行政权效力的先定性,司法权效力的终极性;(8) 行政权运行方式的主导性,司法权运行方式的交涉性;(9) 行政权的机构系统内存在官僚层级性,司法权的机构系统内则是审级分工性;(10) 行政权的价值取向具有效率优先性,司法权的价值取向具有公平优先性。参见孙笑侠:《司法权的本质是判断权——司法权与行政权的十大区别》,载《法学》1998年第8期,第34—36页。

二、司法必须独立

法官应基于公正无私的立场履行职责,以确保裁判的公正。这就必须排除来自于外部的压力或干涉。另一方面,立宪主义的本质,就在于通过权力分立,达到人权保障之目的。但是,如果表面上有独立设置的司法机关,但实际上司法机关却不能保持其独立性,则权力分立的政治体制难免会沦为"画饼"。因此,司法独立被看做是立宪主义的一项重要原则,在世界各国的宪法上得以确立。

（一）赢得司法独立:对抗王权的斗争史

英国是立宪主义的母国。在英国历史上,司法独立和立宪主义的发展,也是如影随形。在这方面,有一个著名的典故。1608 年 11 月 10 日,应红衣大主教的奏请,国王詹姆士一世召见以王室法院首席法官爱德华·柯克（Coke）为代表的法官们,就大主教提出的收回部分案件审判权的建议,征求法官们的意见。在这次会议上,大主教鼓吹王权至上,他认为,法官只是国王的代表,国王认为有必要时,把本由自己决断的案件授权给法官们处理。大法官柯克代表法官们反驳说,根据英格兰法律,国王无权审理任何案件,所有案件无论民事或刑事,皆应依照法律和国家惯例交由法院审理。

> 国王:但是,朕以为法律以理性为本,朕和其他人与法官一样有理性。
>
> 柯克:陛下所言极是,上帝恩赐陛下以丰富的知识和非凡的天资,但微臣认为陛下对英王国的法律并不熟悉,而这些涉及臣民的生命、继承权、财产等的案件并不是按天赋理性（natural reason）来决断的,而是按人为理性（artificial reason）和法律判决的。法律是一门艺术,它需经长期的学习和实践才能掌握,在未达到这一水平前,任何人都不能从事案件的审判工作。
>
> 国王:如此说来,朕应受法律的约束了,这是大逆不道的!
>
> 柯克引用布雷克顿的名言:国王虽在万人之上,却在上帝与法律之下。①

像这样辩论激烈的会议持续了数次,柯克因坚持非法官不能审案而终被解职。然而,那句"国王虽在万人之上,却在上帝与法律之下"的名言,却对英美立

---

① 参见〔美〕罗斯科·庞德:《普通法的精神》,唐前宏等译,法律出版社 2001 年版,第 41—42 页;〔美〕爱德华·S.考文:《美国宪法的"高级法"背景》,强世功译,生活·读书·新知三联书店 1996 年版,第 34—35 页;〔美〕小詹姆斯·R.斯托纳:《普通法与自由主义理论:柯克、霍布斯及美国宪政主义之诸源头》,姚中秋译,北京大学出版社 2005 年版,第 48 页。这次会议史称"星期日会议",其背景是,教会法院不依任何既定的法律和成规,不遵从任何控诉程序便对案件进行审判,试图仅凭一张完全世俗性质的诉状而派其随员进入被告人的住宅中并对其实施逮捕时,高等民事法庭颁布了禁令,取缔该诉讼行为。教会对此感到不满,打算利用君权神授的国王来对抗普通法院,于是建议国王按自己的意愿收回部分案件的审判权,由国王亲自进行审判。因此,国王召开这次会议,就该建议进行辩论并征求法官们的意见。

宪主义传统的奠定,产生了不可磨灭的影响。

  在17世纪的资产阶级革命时期,议会在与自命君权神授的国王的斗争中,与法院结成了同盟关系,1641年,迫使国王废除了星室法院和高等宗务官法院,实际上剥夺了行使国王大权的手段。① 1688年"光荣革命",确立了议会主权的君主立宪体制。当时的议会认为,柯克被詹姆士一世免职,表明如果法官作出了于国王不利的判决,就可能遭到撤职,法官事实上会因此而屈从于国王。故而,1701年颁布的《王位继承法》最终规定,法官只要品行良好即应保有职务,其薪俸不得变动,但可根据议会两院的要求而被解职。② 由此,英国的宪法性文件确立了司法独立原则。

(二) 司法独立保障条款的宪法规定

  在各国宪法上,对于司法权的独立给予特别的强调和保障,其理由在于:一方面,司法权的职责是通过裁判来保护国民的权利,特别是少数人的人权,这种情况下,往往需要以极大的努力,来排除政治性权力的干涉。权力分立的意义就在于,它是保障个人自由的必要手段。对自由的威胁,不单独来自于司法部门,司法部门与其他二者任一方面的联合,才是最大的威胁。③ 关于这一点,孟德斯鸠曾在《论法的精神》一书中写道:"如果司法权不与立法权和行政权分立,自由也就不复存在。如果司法权与立法权合而为一,则将对公民的生命和自由施行专断的权力,因为法官是立法者。如果司法权与行政权合而为一,法官便握有压迫者的力量。"④因此,加强司法权的独立,对于人权的保障,意义非常重大。

  另一方面,司法权是非政治性的权力,遭受来自政治性较强的立法权、行政权之干预的危险性很大。司法部门的任务性质,决定该部门对政治权力危害最寡,因其具备的干扰与为害能力最小。行政部门不仅具有荣誉、地位的分配权,而且执掌社会的武力。立法机关不仅掌握财权,且制定公民权利义务的准则。与此相反,司法部门既无军权,又无财权,不能支配社会的力量与财富,不能采取任何主动的行动。⑤ 由于司法部门具有这种软弱性,容易被立法权或行政权所挟持,致使权力分立、司法独立有名无实,因此,要保障其独立性,必须在宪法上做特别的制度安排。

---

① 〔日〕田中和夫:《英美法概说》,日本有斐阁1981年版,第70页。
② 〔英〕詹宁斯:《法与宪法》,龚祥瑞、侯健译,生活·读书·新知三联书店1997年版,第11页。
③ 〔美〕汉密尔顿、杰伊、麦迪逊:《联邦党人文集》,程逢如等译,商务印书馆1980年版,第391页。
④ 〔法〕孟德斯鸠:《论法的精神》(上),张雁深译,商务印书馆1982年版,第153页。
⑤ 〔美〕汉密尔顿、杰伊、麦迪逊:《联邦党人文集》,程逢如等译,商务印书馆1980年版,第391页。

三、法院独立和法官独立的区别

（一）司法独立的二重构造

司法独立原则，包括两层含义。一层是，司法权独立于立法权和行政权，即广义的司法权独立，或曰"法院独立"；另一层则是，法官在裁判时独立行使职权，又称法官的职权独立、审判独立，或曰"法官独立"。

法官的职权独立，是司法独立的灵魂。① 日本《宪法》第 76 条第 3 款规定："法官依其良心独立行使职权，仅受本宪法及法律拘束。"所谓"依其良心"，按照日本最高法院判例的解释，乃是指"宪法及法律"的内容为何，由法官自己来解释，法官应依从其自信为正确者进行裁判。② 所谓"独立行使职权"，是指不受其他任何指示、命令的约束，根据自己的判断进行裁判。立法权与行政权自不待言，而司法机关内部的指示、命令，也应被排除。因为对法官的判断造成重大影响的行为，势必侵害司法权的独立。而那些侵害，有的来自于外部势力，而来自于司法机关内部的，也不鲜见。③

（二）司法独立的悖论：大津事件

大津事件是日本司法史上的标志性事件。

1891 年（明治二十四年）5 月，沙皇俄国皇太子尼古拉二世访问日本。当沙俄皇太子行至滋贺县最南端的大津市时，遭到担任警卫的警察津田三藏的袭击，额头被砍伤。当时，日本政府方面担心与沙俄的邦交问题，于是对负责审理该案的法官施加压力，要求适用刑法上关于谋杀皇室的规定，判处死刑。当时的大审院长儿岛惟谦认为，严守国法是统治的根基，刑法上所谓的"皇太子"并不包含外国皇太子，因此，应适用刑法中关于普通谋杀罪的规定，并亲自前往大津说服承审法官。结果，法庭以普通的谋杀未遂罪判处津田三藏无期徒刑。儿岛惟谦的行为被普遍认为是捍卫了司法权的独立而受到高度的评价。但是，他在司法部门的内部干涉了承审法官的独立判断，亦不容否认。故而，对儿岛惟谦的行为应如何评价，成为了法哲学思考的课题。

值得注意的是，关于司法独立，中国现行《宪法》第 126 条规定："人民法院依照法律规定独立行使审判权，不受行政机关、社会团体和个人的干涉。"但遗

---

① 关于司法独立，民国时期宪法学者张知本先生提出过不同的理论构成。他认为，司法独立一语，与审判独立不同。审判独立，专指司法官职务之独立（即独立行使审判之职权）而言。而司法独立，大概应有下列三点：(1) 司法官地位独立（即身份保障）；(2) 司法官职务独立（即审判独立）；(3) 司法判决效力独立（即判决有既判力）。参见张知本：《宪法论》，中国方正出版社 2004 年版，第 220—221 页。

② 〔日〕阿部照哉等著：《宪法》（上册），周宗宪译，中国政法大学出版社 2006 年版，第 356 页（野坂泰司执笔）。

③ 〔日〕芦部信喜：《宪法》（第三版），高桥和之增订，林来梵等译，北京大学出版社 2006 年版，第 327、328 页。

憾的是,关于法官的职权独立尚无明确的规定。

(三) 司法独立的凤凰涅槃:不同意见书制度

法官既不受法院外部力量的非法干涉,也不受法院内部的非法干涉。法官在案件的审理中,有形成和保持自己判决意见的自由,不受其他法官包括审判长的干涉。在英美,判决书就是法官的意见书,法官在意见有分歧时,以多数法官的意见为判决结论,但其他法官可在判决书后附上自己的不同意见书或不同理由书。日本在第二次世界大战后导入不同意见书制度,最高法院的判决书中写明各位法官的意见,分为"多数意见(法庭意见)"和"少数意见","少数意见"又分为"补足意见"(赞成法庭意见,为慎重起见进行补充说明,以支持法庭意见)、"意见"(一般是赞成多数意见的结论,但对其理由持不同意见)和"反对意见"(对法庭意见的结论予以反对)。

在宪政未成熟、司法不独立的国家和地区,法官一般不希望在判决书中表明个人立场,以免于己不利。中国台湾地区的"大法官解释"于 1958 年导入不同意见书制度,当时,并不要求发表不同意见的"大法官"在不同意见书上署名,到了 1977 年,才改为具名发表不同意见。如今,不同意见书制度不但使"大法官"确立起独立、权威的形象,也起到宪法教育的社会作用,并为宪法学研究积累了宝贵的智慧财富。

四、司法独立需要的保障

然而,法院实际的或精神的独立,绝非规定了"法官独立审判"就能实现的。这种规定,至多不过是明确地宣布公然干涉法官审判的行为违宪违法,却并不能保障法官在实际的案件裁决中,不会仰承来自法院外部势力或者内部势力的影响。因此,要实现精神上的独立,则法官之如何任用,法官身份之如何保障,具有十分重要的意义。要实现司法权的独立,至少需具备以下要件:

1. 政治民主化

可以说,"在立法机关及法律权威没有真正树立起来的地方,不存在严格意义上的司法机关及司法权,司法机关可能只是行政机关与行政权的附庸、陪衬或者延伸"[①]。这是因为法院这个"既不掌握财权也不掌握军权"的"最不危险的部门",是最容易被强权者收服、控制的。可以断言:有专制和强权,就无独立之司法。

2. 法官的培养与任用

对于法官的职业条件,既要重视法学素养,更须强调司法伦理。在西方,法官的任职资格比之其他官员更为严格,这样可以减弱和排除法官选任上的恩赐、

[①] 韩大元、林来梵、郑贤君:《宪法学专题研究》,中国人民大学出版社 2004 年版,第 490 页(郑贤君执笔)。

裙带或其他背景成分。近年来,面对报考人数的激增,采取了提高司法考试难度的方法维持一定的合格比例,但却导致了法律专业人才的浪费和法学教育评价标准的扭曲;更何况,法学教育对于法学素养和司法伦理的培养教化过程,又岂是复习、考试所能替代?

另外,在法官的选任方面,杜绝政治干预和人情关系,方能正本清源。在大多数国家,法官由立法机关或行政机关任命,而不是由选民选举产生。因为法官所服从的只能是宪法和法律,而不应服从某一地方选民的意志。① 同时,为保证法官不受地方的干涉和影响,西方国家几乎毫无例外地把法官的任命权集中由中央统一行使。②

3. 法官的身份保障

英国是近代立宪主义的发源地,也是司法独立的母国。如上所述,柯克对国王干预司法的对抗,奠定了英美宪政的精神传统。但这次对抗毕竟是以柯克被罢职而结束的。司法权的独立真正地在英国得以实现,是光荣革命之后的事情。1701年,在对王权的斗争中取得优势地位的国会制定了《王位继承法》,最早规定了法官薪俸固定,不得变动。而1789年的美国《宪法》第3条,则进一步规定"最高法院与下级法院的法官为终身制,并于规定期间应受职务的报酬,该项报酬于任期内不得减少之"(但却可以增加,这一点也与总统不同),加强了对法官的身份保障。

规定法官薪俸不得减少的意义,正如汉密尔顿所言,"对某人的生活有控制权,等于对其意志有控制权"③。规定法官为终身制的意义在于,任期制或者短期任职的法官,不论是由谁以什么方式任命的,其精神上的独立都有可能会受到掌握任命权的部门之影响;只有废除任期制,法官才能不必担心因秉公断案得罪他人而在职务上受到不利影响。另外,西方国家实行法官高薪制,以保障其生活

---

① 美国某些州曾采取定期由人民选举法官的做法,结果变成了政党分肥制,法官在各政党的左右下很难保持不偏不倚的立场,引发了美国各州的司法改革。1940年,密苏里州率先将法官由政党预选和选举的制度改为非党派选举制度。具体步骤是:由州律师协会选出的律师若干人,以及由州长指定的数目相同的非专业人员,组成一个非党派的不领薪金的委员会,负责提名法官,由州长从委员会提供的名单中任命。法官至少试用一年后,再由选民根据其工作成绩进行投票,决定是否继续留任,这样就减少了政党和利益集团对法官选举的影响。目前,美国有二十多个州采用这一方案。王德志:《西方国家对法官独立的保障》,载《山东大学学报(哲社版)》1999年第4期,第83页。

② 例如美国的联邦法院法官均由总统提名,参议院批准。在日本,最高法院的院长由内阁提名,天皇任命;最高法院的其他法官由内阁任命,天皇认证;高等法院的法官由最高法院提名,内阁任命,天皇认证;下级法院的法官、候补法官均由最高法院提名,内阁任命。地方议会和政府对下级法官的任命没有发言权。同上文,第83页。

③ 〔美〕汉密尔顿、杰伊、麦迪逊:《联邦党人文集》,程逢如等译,商务印书馆1980年版,第396页。

安定,减少贿赂和营私舞弊。① 为使法官退休后生活无忧,各国一般规定法官退休后可领取全薪,并可拿到优厚的退休金。

4. 法官独立的宪法保障

宪法上保障法官独立行使职权,是其对抗来自于法院内部和外部之干预的护身符。在立宪主义国家,法官的判决结果不受非议,不被追究,乃是当然之理。但中国《宪法》尚未确立这一条款。在中国,人民代表大会可以对法官的判决进行个案监督,发动再审,甚至以"错案"定性,追究法官的责任。

为确保法官的中立性和超然地位,法官不得兼职,不得兼任行政官员、议员以及其他有报酬的职务。有的国家还规定,法官不得有政党身份或从事政治活动。

五、司法独立和民主原则

(一) 司法独立是立宪主义的永恒主题

司法能否建立社会公信力,赢得人民的信赖,关键在于能够确立起司法权独立之形象。此种形象之确立,需要在历史上有典范人物树立榜样。例如,美国在独立之前,就有许多杰出的法官坚持司法独立以对抗政府与法律的不公,所以美国人民对法官非常信赖。特别是美国独立之后,一些法官的行止更堪称万世典范。像与杰弗逊总统同时代的马歇尔,他的能力与资历堪当总统大任。当时,亚当斯总统任命他为联邦最高法院首席大法官,他在马伯里诉麦迪逊案中,以一纸判决确立起法官的违宪立法审查权,在美国奠定了世界上最好的司法独立传统。他本人也因此名垂青史,成为世界级的伟人。②

又如,美国总统在向国会提名联邦最高法院大法官的候选人之时,通常不会推荐与自己政治立场不同的人。尤其是首席大法官的任命,对于今后长时间内的法院立场,可能会有决定性的意义。因此,大法官的提名和任命,在美国备受重视。但是,历史上,也有不少大法官在上任后,改变了以前的政治立场,令提名他的总统后悔不迭。例如 20 世纪 50 年代,艾森豪威尔总统提名保守派的加州州长沃伦为首席大法官,但后来"沃伦法院"却采取司法积极主义立场,作出了很多扩张宪法权利的判决。为此,艾森豪威尔总统说提名沃伦是他一生之中最大的一个错误。

然而,此种榜样的存在,并不能从根本上消除司法权自身的生理弱点。在民

---

① 例如英国的大法官年俸与首相一样;日本的最高法院院长的薪俸与总理大臣相同,其他十四位最高法院法官则与国务大臣相同;美国的联邦最高法院首席法官的年俸与副总统相同。法官除享有薪金外,还享有其他津贴,出差费用不受限制,实报实销。王德志:《西方国家对法官独立的保障》,载《山东大学学报(哲社版)》1999 年第 4 期,第 84 页。

② 李鸿禧:《李鸿禧宪法教室》,台湾元照出版公司 2001 年版,第 124 页。

主国家,司法权尚可以得到议会民主主义的辅助,但在专制国家,却难免演变为受强权摆布。因此,司法权的独立,可谓立宪主义的永恒主题。

即使在民主政治的体制之下,司法权的独立仍然可能会受到威胁。在美国的宪政史上,罗斯福总统的"法院填充计划"所引发的宪政危机就是一个例子。① 1932 年,民主党人富兰克林·罗斯福当选总统,为摆脱经济大萧条,制定了一系列政府干预市场的立法,实行新政(New Deal)。但联邦最高法院基于经典自由主义的立场,坚持最少政府干预和财产权不可侵犯的传统观念,相继宣布《全国工业复兴法》、《农业调整法》、《限制采油法》违宪,而这些法律代表了新政的核心内容。在罗斯福看来,最高法院已经变成了阻碍全国急需的进步改革的绊脚石。

1937 年,罗斯福开始第二个总统任期后,向国会递交提案。该提案中提到,司法部门需要"重组",建议对于每一位超过 70 岁而又没有辞职的最高法院大法官,由总统提名另一位大法官作为补充。当时,最高法院的 9 位大法官中,有 6 位年满 70。如果该提案被国会采纳,大法官的人数就会扩大至 15 人,反对新政的大法官就会变为少数。这项"法院填充计划"(Court-Packing Plan)最后在参议院受阻而告终。

当时,广播电台为最高法院大法官们提供免费的时段,让他们评论总统的计划,但九位大法官明智地无一接受这种邀请,选择了保持沉默。首席大法官休斯在写给民主党人参议员伯顿·维勒的信中,用极具说服力的统计数据,说明最高法院完全胜任自己的工作,并且不可能有比现在更快的断案效率。这封信后来被送到参议院司法委员会,粉碎了议案的原始借口,迫使罗斯福说出了更直接的理由:现任的大法官们所组成的最高法院会通过判决社会立法违宪而阻挠公众的意志。

同年春天,最高法院以 5 比 4 的结果,作出了两个支持罗斯福新政重要举措的裁决,被后人称为"拯救九老的及时转变"。接着,最老和最保守的大法官之一的威利斯·范·德华特主动辞职,给罗斯福提供了任命一位大法官的机会。同时,该"重组"计划遭到了公众的反对,参议院司法委员会在否决"重组"计划的报告中指出:"我们宁愿保持一个独立和无所畏惧的法院,和一个对于维护人民自由敢于宣布它的诚实意见的法院,而不要一个心怀恐惧、或对任命权感恩图

---

① 关于该案的经过,参见威廉·伦奎斯特:《倾听大法官的智能之音——在里士满大学法学院司法独立研讨会上的演讲》,翟明煜译,载法律思想网 http://www.law-thinker.com/show.asp? id = 3079。原文载美国联邦最高法院官方网站 http://www.supremecourtus.gov/publicinfo/speeches/sp_03-21-03.html。感谢译者提供原文出处。另外,参见张千帆:《宪法学导论:原理与应用》,法律出版社 2004 年版,第 194—195 页;王希:《原则与妥协:美国宪法的精神与实践》,北京大学出版社 2005 年版,第 344—346 页。

报、或屈服于派系的感情冲动和对立法案毫无异议的概予认可的法院。"①

最后，罗斯福被迫删除掉了提案中有关法院填充计划的内容。虽然罗斯福的计划被挫败，但其后，随着最高法院大法官的更替，最高法院的判决转而采取了支持社会立法的立场。

（二）司法审查与民主主义的关系

司法独立与民主主义虽有相互辅助的一面，但也有相克的一面。立法权虽然奉行民主主义，但议会民主政治看起来美妙，实际运作起来，却有可能走向专断。司法权只有独立于立法权，才能通过司法审查纠正立法权的专断，为人民的自由留出活路。在民主共和政体之下，对宪法的威胁，反而最可能来自于由多数派所掌控的议会。如果多数派受某些特殊因素的影响而挑战宪法原则，制定侵害人民自由的法律，就会导致宪政危机。此时，司法权只有独立于议会，才能够对议会的立法进行审查，纠正违宪行为。

然而，由人民选出的代表，代表人民将民意制定成法律之后，非民选的司法机关竟然可以对之进行审查，甚至宣布为无效，这岂不是反民主主义吗？这个令人难以理解的逻辑，在美国宪法学界争论已久，被称为司法审查的"反多数主义难题"（counter-majoritarian difficulty）。如果我们戳破"议会制民主主义的神话"，这个"难题"也就迎刃而解了。对此，我们可以提出两个问题来反诘。第一，议会政治能够保证民主的实现吗？第二，民主政治等同于宪政吗，或者说，民主能够承载宪政的全部价值吗？

关于第一个问题，理论上讲，议员的所代表的是人民的意志和利益，但在现实中，却很可能是他个人的政治前途和利益。故而，议会很可能会演变为少数议员瓜分政治利益的赌场。多数民众的意志在代表产生之后，实际上被束之高阁，由此导致社会上对政治漠不关心的人越来越多，投票的比率越来越低，使得议会政治的理想和现实，呈现天使与魔鬼的变幻。因此，我们可以将法官看做是那些没有参与投票、在议会政治中缺席或者被多数人的声音所掩盖的人们的代表，司法权独立于立法权并对之进行制约，未必违背民主，反而可以治愈议会政治的病理。

关于第二个问题，如前所述，在民主共和政体之下，对宪法的威胁反而最可能来自于由"多数派"所掌控的议会。议会里的多数人意志很可能是人民中的少数人意志，假设议会通过立法提高议员资格，非大学毕业不得参选议员，则大多数人的参政权就被少数的议员所剥夺！由此可见，民主政治并不等同于宪政。法国的《人权宣言》规定："在权利无保障、权力未分立之国度，没有宪法。"民主政治如果缺失了"人权保障"与"权力制约"这两个立宪主义的核心要素，则必将

---

① 李昌道：《美国宪法史稿》，法律出版社1986年版，第268页。

走向暴政。

有学者指出,为了使司法权的行使不至于危害到民主政治的根基,司法有必要做自我的克制。例如,美国在最早开创违宪审查制度的同时,其最高法院也确立了诸如对政治问题不审查等一整套"宪法诉讼的原理和技术",以相互克制、容忍的精神,使司法不至于危害民主,同时又能拯救民主之病理。[①] 但是,要发挥司法的人权保障功能,积累起作为"宪法守护者"所应有的权威和信誉,终究需要司法部门在"宪法时刻"抛弃司法消极主义,转而采取司法积极主义的立场,担当人民意志的代言人。

（三）对司法的信任和民主监督

按照民主主义的原理,权力的行使要反映人民的意志,并受其监督制约。总统和议员是由选举产生,立法权和行政权的行使可能会接受司法审查,并受到选举机制的监督。然而,法官不是由选举产生,享有身份保障,由其作出的终审判决即使与民意不符,也不受审查和监督。否则,就会与司法独立原则相违背。

既然如此,要确保司法的公正,就必须选拔具备良好法律职业伦理的法律专家来担任法官,并确保其在审判上的独立超然地位。但是,诉讼裁判如果完全由法官、检察官、律师这些法律专家以法律技术来运作,就有可能朝着脱离民众常识、极度专业化的方向发展,造成难以令民众接受、信服的结果,最终降低民众对司法的关心和信赖。因此,在坚持司法独立,使裁判免于他人压力,保持自由状态的前提下,应引入适当的民主监督机制。这就需要考虑,如何在法官任免和裁判过程方面,与民主主义的理念相调和。

对司法的民主监督必须适当,不然就会对司法独立构成妨碍。各国宪法上有以下几种典型的对司法的民主监督方式：

（1）法官弹劾制度。法官如严重违反职务上义务或有损害法官威望之不良行为（例如买春）,有负人民的信赖,则以人民的意志予以罢免。但是,法官的判决不妥,是不能成为被罢免的理由的。在美国和日本,法官除以身心健康原因而退休之外,非受弹劾,不被罢免。在美国,对法官的弹劾是由参议院进行。而在日本,则是由众议员和参议院议员中各选7名议员组成的弹劾裁判所,来代表国民行使法官罢免权。作为在国会中设立的特别法院,该制度被看做是日本宪法上禁止设立特别法院之规定的例外。此外,从两议院中各选10名议员,组成诉追委员会,负责向弹劾裁判所提出诉追状。任何人均可向诉追委员会提出要求弹劾某位法官的请求,最高法院确认某位法官具有弹劾罢免的事由时,也必须向该委员会提出弹劾请求。另外,该委员会也可自行调查,决定是否提起弹劾

---

① 李鸿禧：《李鸿禧宪法教室》,台湾元照出版公司2001年版,第116页。

程序。

（2）国民审查制度。在日本，在法官弹劾制度之外，最高法院法官在任命后首次举行的众议院总选举之时，必须交付国民投票审查，其后，在每次任期届满（十年）后首次举行众议院总选举之时，再交付国民审查。若多数投票人赞成罢免该法官，该法官即被罢免。该制度建立以来，迄今尚无任何法官因此而被罢免。日本宪法学界认为，"若将此结果评价为此制度的效果不彰，或此制度的意义正衰退，应属过于短视。此制度的意义，不在于哪位法官遭罢免，而在于将最高法院法官的职务行为，置于国民的监督下，以及使其地位的存续系于国民的意思。易言之，在于使最高法院法官具有须为国民而尽职的自觉。"①

（3）审判公开、旁听自由制度。为了将审判过程置于民众的监督之下，避免成为密室审判，审判原则上应当公开进行，允许公众旁听。旁听虽为自由，但为维持法庭秩序，如果法庭的旁听席不足以容纳旁听者，可以发放旁听证等方式加以限制；如果旁听者有妨碍诉讼进行的行为，必要时法官可采取命令退庭的措施。另外，为使民众监督司法成为可能，须为媒体报道司法裁判提供条件。例如，在法院建筑物内设立媒体使用的房间，将部分旁听席优先分配给媒体，允许在开庭前摄影拍照，或将判决书提供给媒体等。但是，对于裁判过程的报道，很多国家规定，非经法庭许可不允许摄影拍照等（电视上播放的仅为情景画像），以免影响法庭各方的心理，使法官沦为作秀的演员，或损害诉讼当事人的名誉以及证人出庭的积极性。

（4）舆论监督。对法院的诉讼、判决进行口诛笔伐式的批判，既属宪法所保障的表达自由，也是对司法的民主监督。但是，案件当事人基于自己的利害关系而对法院进行的不当非难以及企图影响法官做有利于己的裁判的片面报道、宣传活动、示威游行等，必然会给对方当事人、检察官、律师、法官造成舆论压力，使法官难以维持中立超然地位。这种私人行为，虽属法律上的自由，但却会形成社会风潮，造成对司法的不信任，进而动摇司法独立。因此，司法的民主监督不能过于依赖社会舆论。要抵消社会舆论的负面效果，最重要的还是要凭借法官不受政治、社会风潮左右的社会良知和自信，以保持自制，不被批判非难所动摇，坚持公平、中立的立场。②

（5）公民参与司法。司法的民主性，集中体现于公民参与司法的制度。例如，在英美，实行陪审制，即从一般人中选出陪审员，使其意思反映于判决中的制度。有大陪审团（6至12人组成，决定应否正式起诉）与小陪审团（12至23人

---

① 〔日〕阿部照哉等著：《宪法》（下册），周宗宪译，中国政法大学出版社2006年版，第320页（田口精一执笔）。
② 同上书，第328页。

组成,在审判时判断事实问题)之分。英国已于 1933 年废除了大陪审团制度,因而通常所谓英美陪审团制度,乃是指小陪审团制度。有四个特点,一是人数众多;二是采取抽签方式决定陪审员,而非事先指定,当事人也可以进行否决,直到选出双方都认可的陪审团;三是陪审员一旦进入审判程序,就与外界隔离,不准看报、看电视、听广播,在法庭上只准听案,不准纪录,不准议论,以免受到外界干扰和影响;四是陪审员与法官分工明确,陪审团负责审查证据,听取辩论,就被告人是否有罪作出裁判,如有罪,由法官负责判刑。如果陪审团作出无罪判决,被告人立即被释放,控诉方无权上诉。① 在德国和法国,实行参审制。例如由从公众中选举或抽签方式产生的参审员两名,与职业法官一名共同组成刑事法庭,二者之间不存在分工,但判决是由职业法官起草。参审员参与法律判断,是其不同于英美陪审制之处。② 而在中国,实行人民陪审员制度,其特点是:首先,一旦经选举被任命为人民陪审员,在一段时间内就一直具有该身份,而不是随机决定的;其次,出庭的人民陪审员的人数较少,一般为两名;再次,人民陪审员与法官共同组成合议庭审理案件,按照少数服从多数原则表决,在审理案件的权力上与法官相同,没有分工;最后,担任某一案件的人民陪审员后,仍可生活在社会上,不与外界隔离。但是,由于法律上并未规定合议庭必须要有人民陪审员参加,该制度实际上很少被采用。③

尽管司法制度需要调和民主主义的理念,但是,如果我们不能把握"对司法的民主监督"和"对司法的不信任"的界限,那么,法治社会就只能是"遥远的梦乡",因为"法官独立需要法律的特别保障,制度应当使法官免受政治控制,免受行政束缚,免受议会辩论,甚至免受追诉,免除生活之忧。但是,与其说法官的独立性取决于法律的形式规定,不如说取决于法官应当是独立的这样一种普遍的意愿,尤其取决于法律职业界(比如法官、律师等)的独立精神";"如果一个国家和社会不能认同和维护法官的独立或者法官不能保持其自身的独立,那么,人们对司法公正与社会的公平正义就不要有太多的奢望"。④

---

① 肖扬:《当代司法制度的理论与实践》,载万鄂湘主编:《中国司法评论》第 1 卷,人民法院出版社 2001 年版,第 4 页。
② 〔日〕阿部照哉等著:《宪法》(下册),周宗宪译,中国政法大学出版社 2006 年版,第 324 页(田口精一执笔)。
③ 肖扬:《当代司法制度的理论与实践》,载万鄂湘主编:《中国司法评论》第 1 卷,人民法院出版社 2001 年版,第 5—6 页。
④ 肖金明、尹凤桐:《论司法独立》,载《山东大学学报(哲社版)》1999 年第 3 期,第 111 页。

第二节　中国的现行司法体制

一、中国审判机关的构成

(一) 法院的组织体系

根据《法院组织法》的规定,中国的法院分为四级:

1. 最高法院

最高法院是最高审判机关,行使以下职权:

(1) 依法行使国家最高审判权。最高法院审判下列案件:法律、法令规定由它管辖的和它认为应当由自己审判的第一审案件;对高级法院、专门法院判决和裁定的上诉案件和抗诉案件;最高检察院按照审判监督程序提出的抗诉案件。

(2) 监督地方各级法院和专门法院的审判工作。最高法院对地方各级法院和专门法院已经发生法律效力的判决和裁定,如果发现确有错误,有权提审或者指令下级法院再审。

(3) 对死刑案件统一行使核准权。《法院组织法》第 13 条规定:"死刑除依法由最高人民法院判决的以外,应当报请最高人民法院核准。"

(4) 制定司法解释。即对于在审判过程中如何具体应用法律、法令的问题,进行解释。

(5) 领导和管理全国各级法院的司法行政工作事宜,以及对审判工作进行检查指导,总结审判经验,选编典型案例,编辑审判业务书刊等。

地方各级法院则分为以下三级。

2. 高级法院

高级法院包括各省、自治区、直辖市的高级法院。

高级法院审判以下案件:法律、法令规定由它管辖的第一审案件;下级法院移送审判的第一审案件;对下级法院判决和裁定的上诉案件和抗诉案件;检察院按照审判监督程序提出的抗诉案件。

3. 中级法院

中级法院包括在省、自治区内按地区设立的中级法院;在直辖市内设立的中级法院;在省辖市、自治区辖市设立的中级法院;自治州中级法院。

中级法院审判以下案件:法律、法令规定由它管辖的第一审案件;基层法院移送审判的第一审案件;对基层法院判决和裁定的上诉案件和抗诉案件;检察院按照审判监督程序提出的抗诉案件。另外,中级法院对它所受理的刑事和民事案件,认为案情重大应当由上级法院审判的时候,可以请求移送上级法院审判。

4. 基层法院

基层法院包括县法院、市法院、自治县法院、市辖区法院。其职权包括审判刑事和民事的第一审案件(法律、法令另有规定的案件除外);对它所受理的刑事和民事案件,认为案情重大应当由上级法院审判的时候,可以请求移送上级法院审判;处理不需要开庭审判的民事纠纷和轻微的刑事案件;指导人民调解委员会的工作。

另外,《法院组织法》第20条规定:"基层人民法院根据地区、人口和案件情况可以设立若干人民法庭。人民法庭是基层人民法院的组成部分,它的判决和裁定就是基层人民法院的判决和裁定。"因此,人民法庭的性质是基层法院的派出机构,代表基层法院审理一般民事和轻微刑事案件,而非另外一个审级。由于中国地域辽阔,由基层法院设若干人民法庭,有便利群众诉讼的优点,尤其在偏远的山区,其意义更为重要。

此外,在地方法院的层级,还设有专门法院,它按照特定部门或者特定案件而设立,管辖与该部门有关的案件或特定案件,包括军事法院、海事法院、铁路运输法院等。

军事法院设立中国人民解放军军事法院(军内的最高级)、大军区及军兵种军事法院(相当于中级)、军级军事法院(相当于基层级)三级。但军事法院的最高审级是最高法院。军事法院负责审判军事人员犯罪的刑事案件。

海事法院只设一级,设立在广州、上海、武汉、天津、大连、青岛、宁波、厦门、海口和北海等港口城市,其建制相当于地方的中级法院。海事法院管辖中国法人和公民之间,中国法人、公民和境外(外国或地区)法人、公民之间的第一审海事案件和海商案件。对海事法院判决和裁定的上诉案件,由海事法院所在地的高级法院管辖。

铁路运输法院是设在铁路沿线的专门法院,分为二级:一是在铁路管理分局所在地设立的铁路运输基层法院,二是在铁路管理局所在地设立的铁路运输中级法院。铁路运输法院负责审判由铁路公安机关侦破、铁路检察院起诉的发生在铁路沿线的刑事犯罪案件和与铁路运输有关的经济纠纷。对铁路运输中级法院判决和裁定的上诉案件,由所在地的省、自治区、直辖市高级法院管辖。

(二) 法院的组成、任期和领导体制

1. 法院的组成

最高法院由院长一人,副院长、庭长、副庭长和审判员若干人组成,还配有助理审判员、书记员、司法警察,以及综合部门的工作人员和后勤人员。最高法院设有刑事审判第一庭、刑事审判第二庭、民事审判第一庭、民事审判第二庭、民事审判第三庭、民事审判第四庭、行政审判庭、告诉申诉审判庭等审判庭以及必要的其他机构。根据《法院组织法》的规定设立审判委员会,总结审判经验,讨论重大、疑难案件和其他有关审判工作问题。根据国家赔偿法的规定设立赔偿委员会,处理所管辖的国家赔偿案件,根据法官法的规定设立法官考评委员会,负责对法官进行考评等工作。

地方各级法院,也是由院长一人,副院长、庭长、副庭长和审判员若干人组成,还配有助理审判员、书记员、司法警察,以及综合部门的工作人员和后勤人员。根据审判工作的需要,设立刑事审判庭、民事审判庭、行政审判庭、告诉申诉审判庭等审判庭以及必要的其他机构。根据《法院组织法》的规定设立审判委员会,讨论重大、疑难案件。根据《国家赔偿法》的规定,中级以上的法院设立赔偿委员会,处理所管辖的国家赔偿案件,根据《法官法》的规定,各级法院设立法官考评委员会,负责考评本院法官的有关工作。

专门法院的组成人员与各级法院基本相同,各专门法院也是由院长一人,副院长、庭长、副庭长和审判员若干人组成,还配有助理审判员、书记员、司法警察等。根据审判的特点,设立必要的审判庭以及必要的其他机构。各级法院的院长、副院长、审判委员会委员、庭长、副庭长、审判员、助理审判员的任职资格,是年满23周岁并有选举权和被选举权的公民,但被剥夺过政治权利的人除外。

2. 法院院长的任期

各级法院院长的任期与本级人大的每届任期相同,都是五年。最高法院院长连续任职不得超过两届。

3. 法院的领导体制

最高法院对全国人大及其常务委员会负责并报告工作。地方各级法院对本级人大及其常务委员会负责并报告工作。最高法院监督地方各级法院和专门法院的审判工作,上级法院监督下级法院的审判工作,即上级法院对下级法院已经发生法律效力的判决和裁定,如果发现确有错误,有权提审或者指令下级法院再审。这与上级检察院和下级检察院之间的领导与被领导的关系有所不同。[①]

二、法院审判应遵守的制度和原则

(一) 法院审判的基本制度

1. 审级制度

(1) 两审终审制

法院审判案件,实行两审终审制,即凡案件经过两级法院审判,即告终结。地方各级法院审判的第一审案件所作的判决和裁定,如果当事人或其代理

---

① 殷啸虎:《宪法学要义》,北京大学出版社2005年版,第309页。

人不服,可以在法定期限内向上一级法院上诉;如果检察院认为确有错误,应在法定期限内向上一级法院提出抗诉;上一级法院对上诉和抗诉案件按第二审程序进行审理后所作出的判决和裁定,为终审的判决和裁定,不得再上诉。

在上诉期限内,当事人不上诉,检察院不抗诉,第一审判决或裁定即发生法律效力。

(2) 两审终审制的例外

最高法院作为第一审法院所审判的一切案件,都是终审审判,不能上诉。不论是否经过两审,最终判处死刑的案件,都必须经最高法院核准,判决方能生效。

法院按民事诉讼法特别程序审理的选民资格案件、宣告失踪案件、宣告死亡案件、认定公民无行为能力案件、认定公民限制行为能力案件和认定财产无主案件,实行一审终审制。

任何法院作出的终审判决和裁定,在发生法律效力之后,如发现有错误,还可按照审判监督程序进行再审。

2. 合议制度

合议制度是指由三人以上审判员或三人以上审判员和人民陪审员组成合议庭审判案件的制度,又称合议制,它是与一个审判员独任审判相对而言的。法院审判第一审案件时,由审判员组成合议庭或者由审判员和人民陪审员组成合议庭进行;但简单的民事案件、轻微的刑事案件和法律另有规定的案件,可以由审判员一人独任审判。法院审判上诉案件和抗诉案件时,由审判员组成合议庭进行。

合议庭组成人员必须是单数,一般为三人,实行少数服从多数的原则,可以保留少数人的意见,但须记入笔录。审判员和人民陪审员有同等的权利。合议庭由院长或者庭长指定审判员一人担任审判长。院长或者庭长参加合议庭时,院长或者庭长自己担任审判长。

3. 审判委员会制度

审判委员会是各级法院内设立的审判工作组织,同时又是中国法院在审判工作中实行的一项制度。审判委员会的成员包括:法院院长、副院长、各庭庭长及审判业务骨干。其成员由人大常委会任命。最高法院审判委员会的委员,由院长提请全国人大常委会任免;地方各级法院审判委员会的委员,由院长提请本级人大常委会任免。审判委员会开会由院长主持,本级检察院检察长可以列席。

审判委员会的任务,是总结审判经验,讨论重大的或者疑难的案件和其他有关审判工作的问题。决定助理审判员代理审判员办案,也应依法由审判委员会决定。业经合议庭审理而又因案情重大复杂,认定事实和适用法律比较困难的案件,须由审判委员会讨论作出决定。其程序一般是由庭长提交主管副院长或直接提请院长,要求院长提交审判委员会讨论。审判委员会在开会时,由案件主审法官汇报案情,委员必要时询问有关情况,对应认定的案件事实及适用法律展开讨论,最后以少数服从多数原则表决作出决定。整个讨论过程,由书记员记录。

4. 审判监督制度

审判监督制度又称再审制度,是指对于已发生法律效力的判决和裁定,法院和检察院如发现其在认定事实或适用法律上确有错误,可依法重新进行审理的特殊制度。提起审判监督程序的前提是发现已经发生法律效力的判决和裁定,在认定事实或适用法律上确有错误。

有权提起审判监督程序的主体是:

(1) 本院院长。各级法院院长对本院已发生法律效力的判决和裁定,如发现认定事实上或者适用法律上有错误,必须提交审判委员会处理。

(2) 上级法院。最高法院对各级法院已发生法律效力的判决和裁定,上级法院对下级法院已发生法律效力的判决和裁定,如发现确有错误,有权提审或者指令下级法院再审。

(3) 上级检察院。最高检察院对各级法院已发生法律效力的判决和裁定,如发现确有错误,可向最高法院抗诉;上级检察院对下级法院已发生法律效力的判决和裁定,可向同级法院抗诉;地方各级检察院对同级法院已经发生法律效力的判决和裁定,可报请上级检察院,由上级检察院向同级法院提起抗诉。对于检察院抗诉的案件,法院应当再审。

再审时,应当裁定中止原判决和裁定的执行。法院按照审判监督程序重新审判时,应当另行组成合议庭进行。如果发生法律效力的判决和裁定是第一审法院作出的,仍由第一审法院再审的,应依照第一审程序进行审理,再审所作出的判决裁定,可以上诉、抗诉;如果是由上级法院提审的案件,或者发生法律效力的判决和裁定是第二审法院作出的,则应依照第二审程序进行审理,再审所作出的判决和裁定就是终审判决和裁定,不得上诉。

确立审判监督制度是为了纠正审判工作中可能出现的错误,保护公民和组织的合法权益,纠正冤假错案。但是,为了保证生效判决和裁定的既判力,维护司法的权威,在运用审判监督制度时,必须极为慎重。

5. 回避制度

回避制度是指审判人员与其经办的案件或案件的当事人有某种特殊的关系,则不得参加该案的审理的制度。回避制度的目的是为了防止审判人员徇私枉法或主观偏向,也避免案件当事人对审理结果产生疑虑而导致诉讼决而不断。

根据《刑事诉讼法》的规定,审判人员、检察人员、侦查人员有下列情形之一的,应当自行回避。当事人及其法定代理人也有权要求他们回避:(1) 是本案的当事人或者是当事人的近亲属的;(2) 本人或其近亲属与本案有利害关系的;(3) 担任过本案的证人、鉴定人、辩护人或诉讼代理人的;(4) 与本案当事人有其他关系,可能影响案件公正处理的。该规定也适用于书记员、翻译人员、鉴定人。对此,民事诉讼法和行政诉讼法也有类似的规定。

为保证当事人行使申请回避的权利,法院在开庭时,应当向当事人宣布合议庭组成人员及书记员名单,告知当事人有申请回避的权利。

审判人员的回避,由本院院长决定;院长的回避,由本院审判委员会决定。在刑事司法实践中,应当回避的审判人员,本人没有自行申请回避,当事人和他们的法定代理人也没有申请其回避的,院长或审判委员会应当决定其回避。

(二)法院审判遵循的基本原则

1. 依法独立审判原则

依法独立审判原则,是指法院在审理具体案件时,应坚持以事实为依据,以法律为准绳,严格依照法律程序办事;行政机关、社会团体和个人不得非法干涉法院的审判活动。这一原则对法院正确、合理地行使审判权,保障审判活动的严肃性和公正性具有重大的意义。依法独立审判并不意味着法院(法官)不接受任何监督。对该原则应作如下的理解:

(1)就法院系统外部而言,行政机关、社会团体及个人不得干涉法院的审判工作;国家权力机关要依法监督法院的审判工作,但根据国家权力分工的原则,也不得直接审理案件或者对案件的审理结果作出命令性的指示。检察院在对法院的审判工作实施法律监督时,也必须按照法律规定的程序进行。

(2)就法院系统内部而言,法院行使审判权独立于上级法院。上级法院可以监督和指导下级法院的审判工作,但不得干涉下级法院的审判工作,只能在审理上诉案件的过程中或者通过审判监督程序,对下级法院的审判工作进行监督。

(3)就本法院内部而言,法院行使审判权要尊重案件承审法官个人的独立判断。审理案件原则上采取合议庭形式,由组成合议庭的审判人员对案件进行具体的审理,在参加合议庭审理案件的每一位审判人员进行独立判断的基础上,合议庭进行合议最终得出合议庭的意见,从而形成法院的意见。只有在遇到重大、复杂和疑难案件,合议庭难以确定结论时,才提交审判委员会进行讨论。而审判委员会的讨论也是在审判委员会成员个人独立判断的基础上,以少数服从多数的表决方式最终得出法院的意见。在实行独任制的情况下,审判员个人的独立判断则表现得更为明显。

2. 当事人在适用法律上一律平等原则

公民在法律面前一律平等,既是公民的一项基本权利,又是法治的一项重要原则。它要求法院在审判案件时不得考虑法律以外的其他因素,对于一切公民,不分民族、种族、性别、职业、社会出身、宗教信仰、教育程度、财产状况、居住期限等,在适用法律上一律平等,不允许有任何特权。

该原则的含义,不仅包括对行政案件、民事案件中双方当事人平等地适用法律,也包括对刑事案件中的被告人平等地适用法律;既指当事人在实体法的适用上地位平等，也指当事人在诉讼程序中的地位平等，必须享有诉讼权利，履行诉讼义务。

3. 公开审判原则

公开审判原则是指法院审判案件，除法律规定的特别情况外，一律公开进行。对于依法不公开审理的案件，必须一律公开宣判。所谓公开，就是对社会公开。对于开庭审判的全过程，除合议庭评议外，都允许旁听、采访和报道。对依法应予公开审理的案件，法院在开庭前要公布案由、当事人的姓名、开庭的时间和地点。通过公开审判，可以把法院的审判活动置于人民群众的监督之下，促使法院严格依法审判，也能使被告有机会在公开场合为自己辩护，有助于保护当事人的诉讼权利和合法权益。

《人民法院组织法》规定，下列三种案件不公开审理：（1）涉及国家机密的案件；（2）涉及个人隐私的案件；（3）未成年人犯罪的案件。此外，《民事诉讼法》规定，审理离婚案件、涉及商业秘密的案件，当事人申请不公开审理的，可以不公开审理。

4. 使用本民族语言文字进行诉讼原则

各民族公民都有使用本民族语言文字进行诉讼的权利。对于不通晓当地通用的语言文字的当事人，法院应当为他们提供翻译。在少数民族聚居或者多民族杂居的地区，法院应当用当地通用的语言进行审理，用当地通用的文字发布判决书、裁定书、布告和其他文件。

在诉讼中使用本民族语言文字，是民族平等原则在诉讼制度上的具体表现。贯彻这一原则，有利于法院审理案件，有利于当事人行使诉讼权利和履行诉讼义务，有利于法院判决、裁定的执行及对人民群众进行法制教育。

5. 被告人有权获得辩护原则

《宪法》和《法院组织法》规定，被告人有权获得辩护，这是国家赋予被告人保护自己合法权益的一种重要诉讼权利。在刑事诉讼中，检察机关认为犯罪嫌疑人有罪而向法院提起控诉，法院的判决可能会影响被告人的生命权、自由权和财产权。因此，允许被告人及其辩护人在诉讼中根据事实和法律提出证明被告人无罪、罪轻或者免除、减轻刑事处罚的材料和意见，以保障被告人的基本人权。同时，也有助于法院全面客观地认定案件事实，正确适用法律，避免错案或冤案的发生。

《刑事诉讼法》规定，被告人有权获得辩护，法院有义务保证被告人获得辩护。犯罪嫌疑人、被告人除自己行使辩护权以外，还可以委托1至2人作为辩护人。可以被委托为辩护人的有：（1）律师；（2）人民团体或者犯罪嫌疑人、被告人所在单位推荐的人；（3）犯罪嫌疑人、被告人的监护人、亲友。但是，正在被执行刑罚或依法被剥夺、限制人身自由的人，不得担任辩护人。

三、中国法官的任命

法官是依法行使国家审判权的审判人员,包括最高法院、地方各级法院和军事法院等专门法院的院长、副院长、审判委员会委员、庭长、副庭长、审判员和助理审判员。法官的首要身份是审判员。审判长是从现有的审判员之中,根据德、能、勤、绩等方面的考核择优选任的,负责合议庭或担任独任法官。

（一）法官资格

在中国,担任法官必须同时具备以下资格条件:

(1) 须为年满23岁的中国公民;

(2) 拥护宪法,有良好的政治、业务素质和良好的品行,且身体健康;

(3) 必须具备法律专业知识和法律工作经验。高等院校法律专业本科毕业或者高等院校非法律专业本科毕业具有法律专业知识,从事法律工作满2年,其中担任高级法院、最高法院法官,应当从事法律工作满3年;获得法律专业硕士学位、博士学位或者非法律专业硕士学位、博士学位具有法律专业知识,从事法律工作满1年,其中担任高级法院、最高法院法官,应当从事法律工作满2年。《法官法》施行前的审判人员,如果不具备法律专业知识和法律工作经验,应当接受培训。适用此学历条件确有困难的地方,经最高法院审核确定,在一定期限内,可以将担任法官的学历条件放宽为高等院校法律专业专科毕业。

(4) 曾因犯罪受过刑事处罚的或曾被开除过公职的,不得担任法官。

（二）任职回避制度

为保证审判的公正性和严肃性,《法官法》第16条规定:"法官之间有夫妻关系、直系血亲关系、三代以内旁系血亲以及近姻亲关系的,不得同时担任下列职务:(1)同一人民法院的院长、副院长、审判委员会委员、庭长、副庭长;(2)同一人民法院的院长、副院长和审判员、助理审判员;(3)同一审判庭的庭长、副庭长、审判员、助理审判员;(4)上下相邻两级人民法院的院长、副院长。"第17条规定,法官从法院离任后两年内,不得以律师身份担任诉讼代理人或者辩护人;法官从法院离任后,不得担任原任职法院办理案件的诉讼代理人或者辩护人;法官的配偶、子女不得担任该法官所任职法院办理案件的诉讼代理人或者辩护人。

（三）法官的任免

1. 法官的选任方式

选拔初任法官,采用严格考核的办法,按照德才兼备的标准,从通过国家统一司法考试取得资格,并具备法官任职条件的人员中择优提出人选。法院的院长、副院长则是从法官或者其他具备法官任职条件的人员中择优提出人选。

2. 法官的免职原因

对于丧失国籍的、调出本法院的、职务变动不需要保留原职务的、经考核不称职的、因违纪、违法犯罪、退休以及因健康等原因长期不能履行职务的法官,应依法提请免除其法官职务。

3. 任免法官的程序

各级法院院长由同级人民代表大会选举和罢免,副院长、审判委员会委员、庭长、副庭长和审判员,由本院院长提请同级人大常委会任免。法院的助理审判员,由本院院长任免。另外,在省、自治区内按地区设立的和在直辖市内设立的中级法院院长,由省、自治区、直辖市人民代表大会常务委员会根据主任会议的提名决定任免,副院长、审判委员会委员、庭长、副庭长和审判员由高级法院院长提请省、自治区、直辖市的人大常委会任免。

军事法院等专门法院院长、副院长、审判委员会委员、庭长、副庭长和审判员的任免办法,由全国人大常委会另行规定。

4. 法官的辞职和辞退

法官要求辞职,应当由本人提出书面申请,依照法律规定的程序免除其职务。法官有下列情形之一的,予以辞退:(1)在年度考核中,连续两年确定为不称职的;(2)不胜任现职工作,又不接受另行安排的;(3)因审判机构调整或者缩减编制员额需要调整工作,本人拒绝合理安排的;(4)旷工或者无正当理由逾假不归连续超过15天,或者一年内累计超过30天的;(5)不履行法官义务,经教育仍不改正的。辞退法官应当依照法律规定的程序免除其职务。

(四)法官的级别

法官的级别分为12级。最高法院院长为首席大法官,2至12级法官分为大法官、高级法官、法官。法官等级的确定,以法官所任职务、德才表现、业务水平、审判工作实绩和工作年限为依据。法院设法官考评委员会,其职责是指导对法官的培训、考核、评议工作。该委员会由5至9人组成,主任由本院院长担任。

(五)法官的考核

法官的考核,由所在的法院组织实施,实行领导和群众相结合,平时考核和年度考核相结合。考核的内容包括:审判工作实绩、思想品德、审判业务和法学理论水平、工作态度和审判作风。重点考核审判工作实绩。年度考核结果分为优秀、称职、不称职三个等次。

考核结果以书面形式通知本人,作为对法官奖惩、培训、免职、辞退以及调整等级和工资的依据。本人对考核结果如有异议,可以申请复议。

(六)法官的奖励和惩戒

1. 法官的奖励

法官在审判工作中有显著成绩和贡献的,或者有其他突出事迹的,应当按照精神鼓励和物质鼓励相结合的原则,给予奖励。奖励分为:嘉奖、记三等功、二等功、一等功,授予荣誉称号。法官有下列表现之一的,应当给予奖励:(1)在审理案件中秉公执法,成绩显著的;(2)总结审判实践经验成果突出,对审判工作有指导作用的;(3)对审判工作提出改革建议被采纳,效果显著的;(4)保护国家、集体和人民利益,使其免受重大损失,事迹突出的;(5)勇于同违法犯罪行为作斗争,事迹突出的;(6)提出司法建议被采纳或者开展法制宣传、指导人民调解委员会工作,效果显著的;(7)保护国家秘密和审判工作秘密,有显著成绩的;(8)有其他功绩的。

2. 法官的惩戒

法官不得有下列行为:(1)散布有损国家声誉的言论,参加非法组织,参加旨在反对国家的集会、游行、示威等活动,参加罢工;(2)贪污受贿;(3)徇私枉法;(4)刑讯逼供;(5)隐瞒证据或者伪造证据;(6)泄露国家秘密或者审判工作秘密;(7)滥用职权,侵犯自然人、法人或者其他组织的合法权益;(8)玩忽职守,造成错案或者给当事人造成严重损失;(9)拖延办案,贻误工作;(10)利用职权为自己或者他人谋取私利;(11)从事营利性的经营活动;(12)私自会见当事人及其代理人,接受当事人及其代理人的请客送礼;(13)其他违法乱纪的行为。

法官有以上行为之一的,应当给予处分;构成犯罪的,依法追究刑事责任。处分分为:警告、记过、记大过、降级、撤职、开除。受撤职处分的,同时降低工资和等级。

四、中国检察机关的构成

(一)检察院的组织体系

根据《检察院组织法》,中国的检察院也分为四级:

1. 最高检察院

最高检察院是国家最高检察机关,其主要职责是:(1)领导地方各级检察院和专门检察院的工作;(2)对全国性的重大刑事案件行使检察权;(3)对各级法院已经发生法律效力的判决和裁定,如发现确有错误,按照审判监督程序提出抗诉;(4)依法对监管改造机关的活动实行监督;(5)依法对民事诉讼、行政诉讼实行监督;(6)对检察工作中具体应用法律的问题进行司法解释;(7)制定检察工作条例、细则和规定;(8)管理和规定各级检察院的人员编制;(9)组织初任检察员、助理检察员全国统一考试等。

地方各级检察院,分为以下三级。

2. 省、自治区、直辖市检察院

其主要职责是:(1)领导本辖区内各级检察院及铁路运输检察分院的工作;(2)对全省(自治区、直辖市)性的重大刑事案件行使检察权;(3)对直接受理的刑事案件行使侦查权;(4)对同级公安机关、国家安全机关的侦查活动进行监督、批准逮捕、审查起诉;(5)批准延长侦查期限;(6)对当地高级法院一审的刑事案件,由省级检察院提起公诉,省级检察院派检察人员出庭支持公诉;(7)对下级法院已经发生法律效力的判决和裁定,如发现确有错误,有权按审判监督程序向当地高级法院提出抗诉,对于当地高级法院已经发生法律效力的判决、裁定,发现确有错误,应当提请最高检察院向最高法院提出抗诉;(8)对本辖区内高级法院的刑事案件的判决、裁定的执行进行监督;对本辖区内监狱、看守所等执行判决、裁定机关的活动是否合法实行监督;对法院的审判活动是否合法进行监督;(9)行使法律规定的其他法律监督职权,以及最高检察院交办的其他案件。

3. 省、自治区、直辖市检察分院,自治州和省辖市检察院

其主要职责是:(1)领导本辖区内的县级检察院的检察工作;(2)对本辖区内的重大刑事案件行使检察权;(3)对同级公安机关、国家安全机关的侦查活动进行监督、批准逮捕、审查起诉;(4)对本辖区中级法院管辖的第一审刑事案件提起公诉、派检察人员出庭支持公诉;在法院审理过程中,如发现违反法律规定的诉讼程序,有权向法院提出纠正意见;(5)对县级法院已经发生法律效力的判决、裁定发现确有错误,有权按审判监督程序向中级法院提出抗诉;如认为中级法院已经生效的判决和裁定确有错误,则提请上级检察院向高级法院提出抗诉;(6)对《刑事诉讼法》规定的检察院直接受理的侦查案件行使侦查权;(7)对本辖区中级法院判决或裁定的刑事案件的执行活动进行监督;对本辖区监狱、看守所等执行判决、裁定机关的活动是否合法进行监督;对法院审判活动是否合法进行监督;(8)行使法律规定的其他法律监督职权,以及上级检察院交办的其他案件。

4. 县、市、自治县和市辖区检察院

其主要职责是:(1)对本辖区内应由同级法院管辖的刑事案件行使检察权;(2)对依据刑事诉讼法规定应由检察院直接受理侦查的案件行使侦查权,该类案件应当是可能由同级法院管辖的案件;(3)对同级公安机关侦查活动进行监督、批准逮捕、审查起诉;(4)对同级法院管辖的第一审刑事案件中的公诉案件,提起公诉并派员出庭支持公诉,对法院审理活动进行监督,根据《刑事诉讼法》第210条适用简易程序审理的公诉案件,检察院也应当派员出席法庭;(5)对同级法院已经发生法律效力的判决和裁定,如发现确有错误,可以提请上级检察院向上级法院提出抗诉;(6)对同级公安机关看守所的活动是否合法进行监督;(7)行使法律规定的其他法律监督职权,以及上级检察院交办的其他案件。

省一级和县一级检察院,根据工作需要,经提请本级人民代表大会常务委员会批准,可以在工矿区、农垦区、林区等区域设置检察院,作为派出机构。此

外,在地方检察院的层级,设有专门检察院,包括军事检察院和铁路运输检察院。

军事检察院的主要职责是:上级军事检察院领导下级军事检察院的工作;确保国家的法律法规和各种军事法规、命令、条例在军队的统一实施;对危害国家军事利益和侵犯军人权利的各种军职人员犯罪案件行使检察权;向军事法院提起公诉;教育广大指战员增强法制观念,严格自觉履行军人职责,提高部队的战斗力,巩固国防。

铁路运输检察院的主要职责是:对与铁路运输有关的刑事犯罪案件行使检察权;向相应的铁路运输法院提起公诉并派员支持公诉;通过行使检察权,打击和防范在铁路上发生的刑事犯罪活动,维护国家的法律、法规在铁路运输系统统一实施,维护铁路的运输秩序,保护铁路财产和运输物资,保护旅客和职工的人身权利和财产权利不受侵犯。

(二)检察院的组成、任期和领导体制

1. 检察院的组成

最高检察院由检察长一人、副检察长和检察员若干人组成。检察长由全国人大任免,任期与全国人大每届任期相同,连续任职不得超过两届。副检察长、检察委员会委员、检察员由检察长提请全国人大常委会任免。最高检察院设有办公厅、政治部、刑事检察厅、反贪污贿赂总局、法纪检察厅、监所检察厅、民事行政检察厅、控告申诉检察厅、最高检察院举报中心、铁路运输检察厅、检察技术局、法律政策研究室、监督局、干部训练局等部门,并设有中国检察出版社、中国检察日报社、中国检察理论研究所、中国检察技术科学研究所、国家检察官学院等。

地方各级检察院由检察长一人、副检察长和检察员若干人组成。地方各级检察院根据工作需要,可以设立刑事检察、法纪检察、民事行政检察、监所检察、控告申诉检察、反贪污贿赂等机构及其他必要的机构。

省、自治区、直辖市检察院检察长和检察分院检察长由省、自治区、直辖市人大选举和罢免;副检察长、检察委员会委员、检察员由省、自治区、直辖市检察院检察长提请本级人大常委会任免。省、自治区、直辖市检察院检察长的任免,须报最高检察院检察长提请全国人大常委会批准。自治州、省辖市、县、市、市辖区检察院检察长由本级人大选举和罢免;副检察长、检察委员会委员和检察员,由该级检察院检察长提请本级人大常委会任免。自治州、省辖市、县、市、市辖区检察院检察长的任免,须报上一级检察院检察长提请该级人大常委会批准。省、县一级检察院在工矿区、农垦区、林区设置的检察院,其检察长、副检察长、检察委员会委员、检察员,均由派出的检察院检察长提请本级的人大常委会任免。

2. 检察长的任期

各级检察院检察长的任期与本级人大每届任期相同,都是五年。最高检察院检察长连续任职不得超过两届。检察院实行检察官制度。检察官制度的具体内容,除检察长任免程序及检察官职责与法官不同外,其他方面与法官制度基本相同。

3. 检察院的领导体制

中国的检察院实行双重领导体制。首先,各级检察院受本级人大及其常委会的领导,即最高检察院对全国人大及其常委会负责并报告工作,地方各级检察院对本级人大及其常委会负责并报告工作。其次,上级检察院与下级检察院之间是领导与被领导的关系,即最高检察院领导地方各级检察院和专门检察院的工作,上级检察院领导下级检察院的工作。

检察机关上下级之间的领导与被领导关系,具体表现在以下几方面:(1)上级检察院在执行法律和政策方面,对下级检察院进行指导和帮助,并有责任监督下级检察院正确执行法律,做好法律监督工作。当下级检察院有违法现象或其他错误时,应及时采取措施予以纠正;当下级检察院在工作中遇到干扰、阻力或其他困难时,上一级检察院有责任予以支持和帮助;必要时可派人协助工作,也可以将案件调由自己直接办理。(2)上级检察院在业务上,对下级检察院进行领导。地方各级检察院对同级法院第一审判决、裁定的抗诉,应当通过原审法院提出抗诉书,并将抗诉书抄送上一级检察院。上一级检察院如认为抗诉不当,可向同级法院撤回抗诉,并通知下级检察院。(3)上级检察院对下级检察院的组成人员和其他工作人员有权进行管理和考核。全国和省、自治区、直辖市的检察院检察长,有权向本级代表大会常务委员会提请批准任免和建议撤换下一级检察院检察长、副检察长和检察委员会委员。

检察院内部的领导关系是:检察长统一领导检察院的工作。为了贯彻民主集中制原则,发挥集体领导作用,各级检察院设立检察委员会,由检察长、副检察长及部分检察员组成,其职责是在检察长的主持下,讨论决定重大案件和其他重大问题。如果检察长在重大问题上不同意大多数人的决定,可以报请本级人大常委会决定。

检察院实行双重领导体制,有利于国家权力机关对检察机关的监督,也有利于检察院有效地行使检察权。特别是当下级检察院在办理一些案情复杂或具有较大政治影响的案件时,这种领导体制使上级检察院不但能对其进行业务指导,而且还能支持其独立行使职权。

(三)公检法三机关之间的关系

现行《宪法》第135条规定:"人民法院、人民检察院和公安机关办理刑事案件,应当分工负责,互相配合,互相制约,以保证准确有效地执行法律。"这既是宪法所确立的公、检、法三机关在办理刑事案件时的相互关系,同时对中国司法机关在其他方面的关系也具有宪法指导意义。

分工负责是指公、检、法三机关根据法律规定的责任,依照法定程序,各司其职,各尽其责。在办理刑事案件时,三机关要严格按照法律规定的职责进行工作,不能因为案件复杂、难度大和某些干扰而互相推诿或者越权。

互相配合是指公、检、法三机关在分工负责的基础上,又必须通力合作。三机关职责不同,但目的和任务是一致的,执行法律和政策的标准是统一的。在办理刑事案件时,必须坚持原则,依法办事,密切配合。

互相制约是指公、检、法三机关在分工配合的基础上,依照法律的规定,互相监督,防止错案的发生,保证准确有效地执行法律。

公、检、法三机关的相互关系在办案过程中的具体表现为:按照法律规定,公安机关要逮捕犯罪嫌疑人,必须经过检察院审查批准;检察机关对公安机关的侦查活动是否合法进行监督;公安机关对于检察机关不批准逮捕的决定认为有错误时,可以要求检察院复议,也可以要求上级检察院复核;上级检察院应当及时作出决定,通知下级检察院和公安机关执行;公安机关对侦查终结的案件,应报检察院决定起诉或不起诉,检察院审查后如果认为证据不充分,可以退回公安机关补充侦查。检察院对法院的审判活动是否合法进行监督,对法院的判决或裁定可依法提出抗诉。

(四)检察院

1. 国外的检察院体制

在西方,检察机关或附设于法院系统内(如法国),或附设于行政部门内(如德国),或与行政机构合署(如美国)。而中国则是受苏联的影响,采取审、检并立且直接向议会负责的体制。

法国实行审检合署制度,检察机关设置于法院内部,这就决定了检察机关与法院的对应关系。总检察长是检察机关的最高领导,但要接受司法部的领导。① 法国检察官的职能较多,主要有:参与和监督所有的刑事诉讼活动,包括立案侦查、提起公诉、参加审判法庭的辩论;所有裁决都应在检察官在场时宣布;检察官监督司法裁决的执行等。此外,检察官还参与某些民事诉讼,并对经纪人、公诉人、律师等职业人员以及户籍管理等人员的活动进行法律监督。②

德国的检察机关隶属于司法部,与各级普通法院相对应地设置,合置于法院体系之内。同法院系统一样,检察机关也由联邦体系和州体系两部分构成。联邦检察机关设联邦总检察长和副总检察长,受联邦司法部长领导。各州设高级

---

① 王德志、徐进:《西方司法制度》,山东大学出版社 1995 年版,第 155 页。
② 周理松:《法国、德国检察制度的主要特点及其借鉴》,载《人民检察》2003 年第 4 期,第 57 页。

检察院和州检察院,州高级检察院检察长领导全州检察机关的工作,州检察机关从属于州司法部。① 德国检察官主要有三个方面的职能,即对刑事犯罪行为和违法行为进行侦查、提起公诉、对刑罚的执行进行监督。②

在英国,检察署属于政府部门,负责检控警署移送的刑事案件,虽与警署有密切的工作关系,但相互独立。总部设在伦敦和约克,下设区检察署和检察分署,其设置和法院的分布大致相同。区检察署实际上是检察署总部的延伸,下辖数个检察分署。检察分署是基本的办案单位,下设两到三个由律师和一些非法律专业人士组成的办案小组。检察长由总检察长任命并在总检察长监督下履行职责,对警署移送的所有刑事案件的起诉活动负责,如果必要,可以参与任何诉讼活动。检察署同警署是建议与合作关系,对法官的审判活动也不存在监督与制约。检察署的主要职责是起诉刑事罪犯,包括以下四项内容:(1) 就可能起诉的案件,向警署和非警署机构提出诉前建议;(2) 审查起诉,确保被告人身份与罪名相符;(3) 作出庭准备;(4) 在治安法院起诉案件和指导律师在刑事法院或高等法院的起诉。③

美国检察机关分为联邦系统和地方系统,互不隶属。这一点与法院相同。联邦检察机关即联邦政府司法部,由具有检察职能的部门(包括联邦调查局)和联邦地区检察官办事处组成,主要职能是调查起诉违反联邦法律的行为。联邦总检察长即司法部长,是首席检察官,主要职责是制定联邦政府的检察政策,只在极少数案件中代表联邦政府提起诉讼,而且仅限于联邦上诉法院和联邦最高法院审理的案件。地方系统以州检察机关为主,还包括市、镇检察机关。州检察机关一般由州检察长和地方检察官办事处组成,州检察长名义上是州的首席检察官,但是多数没有公诉职能,也很少干涉各检察官办事处的具体业务,相互间是顾问和协调关系。④ 市、镇检察机关独立于州检察机关,其职责主要是在刑事方面,但也负责儿童抚养等非刑事案件。⑤

日本实行"审检分离",检察厅隶属于法务省,检察总长接受法务大臣的指挥,但法务大臣对于检察机关的具体案件无权干预。检察机关的设置与法院相对应,分为最高检察厅、高等检察厅、地方检察厅、区检察厅。上级检察机关对下级检察机关有命令和指挥权,但检察官作为独立机关行使国家检察权。⑥ 检察机关的职能主要有:(1) 对刑事案件的公诉(日本无刑事自诉制度),请求法院

---

① 张鹏飞:《简述德国司法制度》,载《中国司法》2004年第2期,第72页。
② 周理松:《法国、德国检察制度的主要特点及其借鉴》,载《人民检察》2003年第4期,第57页。
③ 李洪朗:《英国检察制度评介》,载《法学评论》2000年第1期,第139、141页。
④ 刘咏海:《美国的检察制度》,载《人民检察》1996年第4期,第56页。
⑤ 王德志、徐进:《西方司法制度》,山东大学出版社1995年版,第155页。
⑥ 同上书,第211、203页。

正确适用法律并监督判决的执行;(2)对一切犯罪进行侦查(检察官对任何案件都可自行侦查,还可指挥司法警察职员进行辅助侦查);(3)对属于法院权限范围内的事项,检察官认为有必要时,有权要求法院通知或陈述意见;(4)作为公益代表人有权进行其他法律、法令规定的属于其权限范围内的事项,如对民事诉讼案件有发表意见、维护法律的尊严的权力;(5)监督刑事判决、裁定的执行。①

2. 中国的检察权定位

中国的检察院,是否属于"司法机关"? 这个问题涉及中国的"司法"概念。按照现行《宪法》所体现出的"两权说",检察院应属于司法机关。但是,晚近的"裁判权说"则将司法权定义为一种裁判权,认为只有法院才是司法机关。

然而,对检察权定位的争论,并不只是为了界定谁是司法机关,更主要的是因为检察机关的角色功能与审判机关发生了冲突。一方面,让一个承担着刑事追诉甚至刑事侦查职能的国家机构,去监督和保证国家法律的统一实施,并在其他国家机构违反法律时作出纠正,就很有"乌托邦"的意味,成了一种制度"神话"。因为,法律监督者的角色要求检察机关尽可能保持中立、超然和公正;而刑事侦控者的诉讼角色,却要求检察机关尽可能地保持积极、主动和介入,尽量获得使被告人被判有罪,从而惩罚犯罪、维护社会秩序。这两个诉讼角色是直接矛盾和对立的。检察机关要么会偏重法律监督而忽视追诉犯罪,要么倾向于侦控犯罪而疏于法律监督,不可能对两者加以兼顾。实际上,面对并不乐观的社会治安状况和官员腐败案件频频发生的现实,检察机关的打击犯罪尤其是职务犯罪的责任受到更大的重视,只能倒向刑事侦控一方,很难再保持中立性。另一方面,检察机关法律监督地位的存在,还对司法裁判的独立性和控辩双方的对等性造成极为消极的影响。因为检察机关站在法院之上从事所谓的"法律监督",会使案件的裁判活动不仅永无终止之时,而且还会随时重新启动,从而损害司法裁判的终结性。而且,拥有"法律监督者"身份的检察机关不会"甘心"与作为被指控方的被告人处于平等的地位,控辩双方的这种地位上的不平等性,会对司法裁判的公正性形成负面的影响。②

因此,有学者提出,检察机关的司法机构色彩应当逐渐弱化,法律监督应当逐渐淡化并在条件成熟时最终退出检察机关的职能范围。诉讼领域中法律的实施应当通过控辩裁三方相互制约和平衡的机制加以解决,而不要轻易从诉讼机制之外,引进所谓的"法律监督"。否则,"谁来监督监督者"的永恒难题,就不可

---

① 种若静:《日本司法体制》,载《中国司法》2004年第6期,第104页。
② 陈瑞华:《司法权的性质——以刑事司法为范例的分析》,载《法学研究》2000年第5期,第54—55页。

避免地出现在制度设计和法律实践之中。另一方面,与公安机关的命运一样,检察机关所享有的审查批准逮捕的权力及其作为刑事侦查机构所行使的涉及限制个人基本权益和自由的强制处分权,也应当逐步被纳入到法院的司法裁判权之中。① 这种试图与国际接轨的改革建议,就触及了检察权的性质定位问题。而对此问题的争论,其实就是探讨:中国应如何改革检察机关的职能?中国的检察制度应进行怎样的重新架构?

关于检察权的性质,目前尚无定论,主要有以下几种观点:

(1)行政权说,认为检察权在性质上属于行政权。其理由在于:与司法权的被动性不同,检察权是主动性权力,检察机关如果不主动地行使职权去侦查、控诉违法犯罪行为,就是失职;与司法权的中立性不同,检察机关行使权力是以国家的名义出现的,也就是说它是站在国家的立场上行使权力的;与司法权的判断性不同,检察权具有命令执行性,上下级检察机关之间、检察机关与其组成人员之间均是命令与服从关系;与司法权的终极性不同,检察权属执行性权力,它最终要接受司法权的裁判。② 也有学者主张,检察机关的基本职能是公诉,以公诉权为基本内容的检察权在本质属性和终极意义上应属于行政权;检察机关在刑事诉讼中的各项权力都是具体的诉讼程序性权力,与所谓的法律监督机关、法律监督权并不存在必然的关联性;应该按照检察机关就是公诉机关的思路去改革司法制度,建立以公诉机关为核心、主导的审判前程序,同时改革现行的逮捕和其他侦查措施的审查批准制度。③

(2)广义的司法权说,认为中国实行人民代表大会制,在"一府两院"的架构下,检察院与政府机关已彻底分离,体制上已不存在检察权是行政权的问题;检察机关参加司法活动,在办理有关案件中采取措施、作出决定,是对个案具体事实适用法律的活动,符合司法权的特征;诉讼是行使司法权的基本方式,检察官行使侦查、起诉等权力,必须依统一的诉讼程序规定进行,是诉讼中行使司法权的重要部分,检察权和审判权的权限不同,但都是在共同的诉讼活动中,为同一个案件事实进行适用法律的活动。④ 也有学者认为,司法权是裁判权这一定位的理论基础,是西方三权分立和权力制衡原则。但是,中国的国家机关都是由国家权力机关——人民代表大会产生,并且向它负责。因而,这种三权分立的设计不能解释中国的国家机构设置。⑤ 这个论断有一定的道理,但在论证检察权

---

① 陈瑞华:《司法权的性质——以刑事司法为范例的分析》,载《法学研究》2000 年第 5 期,第 55 页。
② 徐显明:《司法改革二十题》,载《法学》1999 年第 9 期,第 6 页。
③ 陈卫东:《中国检察权的反思与重构——以公诉权为核心的分析》,载《法学研究》2002 年第 2 期,第 3 页。
④ 徐益初:《析检察权性质及其运用》,载《人民检察》1999 年第 4 期,第 56 页。
⑤ 张千帆主编:《宪法学》,法律出版社 2004 年版,第 391 页(强世功执笔)。

是司法权这一点上,似乎仍不够充分。中国《宪法》第三章"国家机构"部分明确将"人民法院"和"人民检察院"合并在一节,这样的体例安排,为论证检察院是中国式的"司法机关",提供了实证法上的支持。因而,大多数宪法教材都是将审判制度和检察制度合并在一章中讲述。另外,中国的检察院目前还分担着监督司法审判并提起抗诉的职能,在此意义上,可以被视为传统司法机构的补充。[①]

(3) 双重属性说,认为检察权兼具司法性和行政性的双重属性。所谓司法性,主要是指检察机关依法独立行使检察权,它在国家体制中的独立地位与法院相等;其公诉活动以适用法律为目的,其监督职能和监督活动更具有明显的"法制守护"的性质,因此检察活动具有"法律性";公诉权是具有司法性质的权力,尤其是不起诉决定,与法院的免刑和无罪判决具有相似的效力,是具有裁断性、终局性、法律适用性等司法特征的"司法"行为(适用法律进行裁决)。所谓行政性,则主要是指检察机关的上下领导关系集中体现了检察权的行政性;检察机关依靠自己的侦查力量对自侦案件的侦查(不同于其他国家检察官指挥、监督司法警察实施侦查),强调其侦查效益,重视严密的组织协调(大案要案通常由检察长、分管检察长或部门领导直接组织侦查队伍实施侦查),侦查行为的侦查目的性特征以及严密的组织纪律,体现了明显的行政属性。[②]这又分两种代表性主张:

第一,带有行政权性质的司法权说。认为中国检察权应定位为司法权,理由是:其一,有利于保障检察权行使的独立性;其二,检察机关担当着法律监督职能,在体制上脱离行政系统而相对独立;其三,强调检察权的司法性,由此强化检察机关的独立性,应为世界上的普遍趋势。[③]

第二,带有司法权性质的行政权说。认为检察权应定位为行政权,理由是:首先,符合当事人主义的诉讼原则;其次,从整合有限的司法资源、提高诉讼效率的角度看,应强调检察权的行政特性;再次,有助于保障犯罪嫌疑人、被告人的合法权益免受侵犯,符合刑事司法国际准则的要求。[④]

(4) 第四权力说,该说突破了三权分立的思维模式,将检察权定位为在立法权之下,与司法权、行政权并立的第四权力。又分两种代表性主张:

第一,法律监督权说。认为检察权既不是司法权,也不是行政权,中国的法

---

① 张千帆:《宪法学导论:原理与应用》,法律出版社2004年版,第381页。
② 龙宗智:《论检察权的性质与检察机关的改革》,载《法学》1999年第10期,第5页。
③ 同上文,第6页。
④ 彭勃:《检察权的性质与"检警一体化"理论试析》,载《当代法学》2002年第8期,第142、144页。

律已将检察机关确认为国家的法律监督机关。① 还有学者指出,大陆法系国家倾向于将检察机关划归审判机关,但同时又规定"检察官是行政机关派在各级法院的代理人";英美法系国家倾向于将检察机关划归司法行政机关,但同时又承认"检察机关是行政系统中享有司法保障的独立机构"、"公共利益的代表"。甚至在有些国家,一个时期里检察机关隶属于司法行政机关,而另一个时期里检察机关隶属于审判机关。这种"归属之争"说明了以下几点:一是三权分立模式具有内在的制约与监督的机制,对专门法律监督机关的要求并不十分强烈;二是三权分立模式本身也有一定的局限性,数学上的"三角形的稳定性和美感"并不能够满足实际的政治权力结构的需要,它使检察权游离于三权之间,难以定位;三是检察权是兼有行政和司法等多重性质的法律监督权,本来就是独立于行政权和司法权之外的一项权力,不应简单地将其归属于行政权或司法权。②

第二,公诉权说。认为检察权作为社会利益的代表,是专司国家追诉权的社会公共权力。它在运行中可以指控公民、可以指控法人,也可以站到政府的对面,所以,它不可能是行政权的附属。司法权以其法律裁判的身份,更不能兼容以追诉为特征的检察权。因此,它应当定位于与行政权、司法权共享的执行和实施法律这一平台上。应确立制定法律和执行实施法律的两个基本权力平台,构建立法在上,行政、检察、司法三项权能的分立,这既符合现实的权力运行秩序,又具有理论上的正当性。检察权不是法律监督权,法律监督权也不能由检察机关行使。因为在人民代表大会制下,行政机关、检察机关、司法机关平等地行使法律赋予的职权,已然蕴涵三机关之间的相互制约,不需要所谓"站着的法官"来监督。如果再给检察机关加上法律监督权,监督行政机关和审判机关,有如画蛇添足。在权力配置模式中,国家追诉权如果得到充实和完善,在权力制衡中高效率地发挥作用,对各类犯罪和严重违法行为实施严密追诉,就已达到目的。③

(5) 综合说,认为对于检察权的性质,应从三个层面来分析。从实在法的层面上看,中国检察机关的性质为法律监督权,检察机关的地位相当于司法机关;从权力运行的实然状态来看,中国的检察权是一种混合权力,在实践中行使的所谓检察权,既包括大量的司法权,如审判监督权、批准逮捕权,又包括大量的行政权,如刑事侦查权、公诉权;从理论架构中的应然层面来看,在现代宪政国家,检察权应当是为保障人权、维护法制统一而设,扮演着公益代表人的角色,检察权

---

① 叶建丰《法律监督权:检察权的合理定位》,载《河北法学》2004 年第 3 期,第 92 页;许尚金:《检察权定位问题的思考》,载《国家检察官学院学报》2002 年第 6 期,第 45 页。
② 谢鹏程:《论检察权的性质》,载《法学》2000 年第 2 期,第 14 页。
③ 唐素林:《对检察权属性定位的重新认识》,载《江汉论坛》2002 年第 8 期,第 91 页。

应定位为具有司法特征的独立行政权。①

以上各种学说,均有其合理性。比较而言,综合说对于检察权性质的把握较为全面。

第三节 中国司法权的课题

一、现行法院制度对司法独立的不利影响

(一) 法院体制行政化背景下的法官独立

1. 理论困惑:法院独立还是法官独立

中国《宪法》第 126 条规定,法院"依照法律规定独立行使审判权,不受行政机关、社会团体和个人的干涉"。与西方国家不同,《宪法》上规定独立行使审判权的,不是法官,而是法院。而目前的司法体制,又采用了行政化的管理模式,因此,很难产生西方意义上的法官独立。

首先,法官的身份保障尚不完善。1985 年联合国《关于司法独立的基本原则》等一些国际条约,明确要求各国建立法官的身份保障制度。在中国,对法官的保障主要体现于《法官法》第 8 条关于法官权利的规定:(1) 职业保障。履行法官职责应具有相应的职权和工作条件;依法审判案件不受行政机关、社会团体和个人的干涉;非因法定事由、非经法定程序,不被免职、降职、辞退或者处分。(2) 工资保障。法官按规定获得劳动报酬,享受保险、福利待遇。(3) 人身保障。法官的人身、财产和住所安全受法律保护。(4) 其他保障。法官有辞职、参加培训、提出申诉或控告等权利。但是,这些规定还不够全面,在现实中也远未真正落实。尤其在身份保障方面,按照中国《公务员法》和《法官法》的规定,法官属于公务员,而公务员法的首要原则就是党管干部原则,因此,法官除了在审判上要服从法律之外,在组织上还要服从党的领导和方针政策,在政治上要服从于和服务于党的利益、国家的利益和人民的利益。其结果是,法院被视为一个普通的地方政府部门,法官也被当做普通的国家干部,随时可能因各种理由像公务员一样被免职、降职或调动,或者随着人大换届而变动。②

其次,法院的内部管理体制也与行政机关类似,具有行政化、科层化的特征。司法权除了审级意义的上下层级之外,不应有高低之分。然而,中国的法院却按照行政级别来确定规模、人员等,法官也是同样是按照行政级别来确定待遇、职权等,形成了从院长、副院长、庭长、审判长到普通法官的等级体系。特别是,

---

① 杨海坤主编:《跨入新世纪的中国宪法学——中国宪法学研究现状与评价(下)》,中国人事出版社 2001 年版,第 500 页(徐东执笔)。
② 朱国斌:《中国宪法与政治制度》,法律出版社 2006 年版,第 242—243 页。

《法官法》以法官所任职务、德才表现、业务水平、审判工作实绩和工作年限为据将法官确定为 12 级,具有官僚色彩。① 其结果是,法院内部必然实行民主集中制和首长负责制,另外,法院内部的考核和惩戒制度,也与法官的身份保障形成了一定的紧张关系。

2. 现实困境:法官判案是否需要请示汇报

以行政级别为中心的法官管理体制,使法官难以将行政工作和审判工作严格区分开来,对于本应独立进行的审判工作,经常出现进行请示、汇报的情况。例如在审判实践中,经常出现独任法官或合议庭法官在进行审理后,提出处理意见报庭长审核和院长审批的情况。遇到重大、复杂或疑难的案件,则由院长提交审判委员会讨论。这种由审判员、合议庭认定案件事实,由院长、庭长或"审判委员会"适用法律定性判决的"审者不判,判者不审"方式,与审判工作所应遵守的独立审判原则南辕北辙。

另外,上级法院与下级法院是监督关系,而非领导关系,上级法院对下级法院的审判工作,只能实行审级监督。但在实践中,在"错案追究制"的压力下,下级法院法官遇到重大、疑难、复杂的案件,倾向于向最高法院或上级法院请示,根据指示、批复的精神作判决。这样不但违背了法官独立审判原则,也使二审程序形同虚设,既破坏了审级制度的正常功能,也不利予人民行使诉讼权利。

3. "有限法官独立"的推进

法院独立行使审判权的实质,终究还是要以法官独立行使审判权的形态体现。因此,仍然有必要推行"相对意义上的有限的法官独立"②。在实践中,这种认识已逐步得到体现。例如最高法院 1998 年制定的《关于民事经济审判方式改革问题的若干规定》第 31 条规定:"合议庭组成人员必须共同参加对案件的审理,对案件的事实、证据、性质、责任、适用法律以及处理结果等共同负责。"

尽管如此,法律上还没有明确规定法官的独立审判地位,其职务行为在受到干扰或妨碍之时缺乏具体而有力的保障措施,这就导致法官在受到干扰或压力时,即使要坚持原则,却找不到可以凭借或自保的制度保障。因此,完善法官的身份保障,是今后司法改革中不可回避的课题。

(二) 人大个案监督与法官独立

1. 中国特色:个案监督

在采取三权分立体制的国家,三权是相互独立、相互制约的关系。司法机关只服从宪法和法律,独立于其他任何机关或者组织,不存在一个更高的权力来监督司法权的运行。法院的判决被证明是误判时,则通过严格的司法程序,为当事

---

① 徐显明:《司法改革二十题》,载《法学》1999 年第 9 期,第 7 页。
② 胡锦光主编:《宪法学原理与案例教程》,中国人民大学出版社 2006 年版,第 471 页(刘飞宇执笔)。

人提供救济,对此,议会无权干预和置评。① 而在中国,法院由人大产生,向人大负责。人大对法院(以及检察院)的监督,一方面体现在人事任免上,一方面体现在个案监督上,即如果认为其处理的案件确有错误,可以建议其按照法定程序重新处理。

人大对法院的监督应当回复到宪法规定的权限之内,即人大享有的审议工作报告权、提名和罢免权、质询权、视察权等,主要是整体的、事后的监督。② 且这种监督的主体是各级人民代表大会及其常委会,而作为个体的人大代表则不能在法律规定的程序外任意行使这种权力。虽然根据《代表法》第 22 条的规定,县级以上人大代表有权根据本级人大常委会的统一安排,对本级或者下级国家机关和有关单位的工作进行视察,提出建议、批评和意见,但该条第 4 款明确规定代表"在视察时……不直接处理问题"。故而,人大代表不能脱离人大常委会的安排,直接对法院的审判工作发号施令,干预法院的独立审判。③ 且人大在其监督工作中,应注意避免以下做法④:

（1）避免人大直接对案件进行审查。人大对群众反映突出的案件可以通过法律规定的渠道了解情况,如听汇报、询问、质询、视察等方式进行,但不宜组织调查委员会,像司法机关那样直接对案件进行调查。

（2）避免人大对案件的处理提出建议或决定。人大一旦对具体案件的实体问题提出建议,就会实际上对法院的审判工作产生具有法律效果的影响。在现实工作中,由人大的工作机构转交信件、材料、询问、要求给予答复等办法还是可行的。当然,在严重徇私枉法的案件中,人大可以就司法人员违法审判的行为进行批评和质询,甚至对这些违法行为作出决定。但这不同于对案件实体问题的处理。

（3）严防支持一方当事人对抗已生效的判决。如果判决确有失误,人大可以通过正常的监督渠道反映意见,而不可对已生效的判决进行抵制,从而破坏法制的严肃性和尊严。

（4）严防个人或团体利益受到案件影响的代表对该案件的审理进行监督。如前所述,回避原则应当适用于此。

（5）避免通过决议等形式,或把上述做法合法化,或直接撤销、变更法院的判决。据说,有的省市人大正考虑在制定监督法规时规定人大可以直接对案件

---

① 例如在判决被告人杀人罪名成立后,被害人又重新出现的情况下,原判决显然为误判。据黄士元先生介绍,在法国,只有最高法院才可根据民间设立的刑事司法审查委员会的要求启动再审程序;在德国和日本,则是由作出判决的法院自己来撤销原来的判决。在英美国家,虽然法院判决作出后不可变更,但刑事案件被告人可利用人身保护令制度来抵制判决的执行。
② 黎国智、冯小琴:《人大对法院个案监督的反向思考》,载《法学》2000 年第 5 期,第 13 页。
③ 王晨光:《论法院依法独立审判权和人大对法院个案监督权的冲突及其调整机制》,载《法学》1999 年第 1 期,第 21 页。
④ 同上文,第 23 页。

进行调查、并作出相应决定。如果确有这种考虑,其理论根据和可能产生的实际效果是值得认真推敲的。

(6) 严防出于保护地方利益的考虑,对案件的审理进行不同寻常或反复的监督,从而使法院的独立审判权实际上被干扰或剥夺。这种做法虽然有人大监督的外表,实际上则意在对法院的审判工作造成干扰或压力。其表现形式是:在法院作出有事实根据和法律依据的回答或报告后,仍然多次重复同一个问题或要求。

(7) 防止行政机关或个人通过人大或代表对案件进行干预。由于不少人大领导是行政机构的前任领导,在行政机关不能直接干预的情况下,通过人大实施这种干预是应当引起注意的现象。

2. 中国特色:法院向人大报告工作

根据中国《宪法》第128条规定,最高法院对全国人民代表大会和全国人民代表大会常务委员会负责,地方各级法院对产生它的国家权力机关负责。但是,宪法并没有规定法院向人民代表大会报告工作,只规定对其"负责";而对于行政机关的规定,才要求对全国人民代表大会和全国人民代表大会常务委员会"负责并报告工作"。然而,《法院组织法》第17条规定,最高法院对全国人民代表大会及其常务委员会负责并报告工作,地方各级法院对本级人民代表大会及其常委会负责并报告工作。另外,《全国人民代表大会议事规则》第30条也规定,全国人民代表大会每年举行会议的时候,全国人民代表大会常务委员会、国务院、最高法院、最高检察院向会议提出的工作报告,经各代表团审议后,会议可以作出相应的决议。这两个规定成为法院必须向人民代表大会报告工作的法律依据。

问题是,如果法院的工作报告未被人大通过,责任应由谁来承担呢?可能的责任主体有两种,一是法院院长,二是全体法官。如果追究法院院长的责任,就必须强化院长的权能,实行院长负责制,这明显违背司法权的性质和现行制度;如果追究全体法官的责任,就必须实行法官集体责任制,这也明显违背司法权的性质,也没有可操作性。由此可见这一制度的重大缺陷,不能不令人思考这一制度的存废。美国最高法院的法官是由总统任命的,但法官被任命后却无须向总统负责并报告工作。在中国,中央军事委员会由全国人大选举产生后,也无须向全国人大报告工作。法官应只向法律负责,而不向任何人或任何机关负责,这应是司法独立的真正含义。从现行《宪法》的规定来看,也并未要求法院向人大报告工作。① 因而,法院向人大报告工作,应被视为法院独立、法官独立的制度性障碍。

(三) 在法院地方化背景下的法官独立

法院的地方化是指司法辖区与行政区划混为一体,法院在人事、经费、设施方面依附于地方,法院在利益上和地方利益连为一体,从而沦为地方保护主义的工具。这种高度行政化的司法体制,是计划经济时代的产物。自从毛泽东在《1957 年夏季形势》中提出"地方政法文教部门受命于省、市、自治区党委和省、市、自治区人民委员会,不得违反"的原则以来,中国的法院实际上实行的是"块块领导",地方法院在地位上从属于地方党委和政府。②

虽然法院与行政机构的地位相同,都由地方人大产生并对其负责,但现实中,在人事上,法院从院长到审判员的任命,实际上都要由地方党委或其组织部门实质决定,由其分配人员编制;在财政上,法院的经费和法官的薪金待遇,是由行政机构中的财政部门来控制;在设施和后勤保障上,也需要行政机构中的其他部门承担或配合。在对法院的年终考核过程中,分属于地方党委政府的一些部门,如纪检监察、组织人事、宣传、审计局等,都可能对法院进行各种名目的考核、检查。可见,地方法院在实体上是作为地方政府的组成部分而存在的,自然被卷入地方的利益格局之中,被看做是为地方经济利益保驾护航的法律工具。其结果是,法院在审判工作中不得不考虑和顾及地方利益,很难保持中立超然的地位。而地方政府则通过对法院的影响力,以维护地方利益为名对法院的案件审理进行干预。其突出的表现就是司法的"地方保护主义"、"执行难"等问题。③

为了解决司法地方保护主义问题,学界提出了各种改革构想。有的学者认为,应改革行政化的司法区设置,设立跨省的最高法院巡回法庭以及省内跨地区、市的高级法院巡回法庭④;有的学者提出,必须改革现行法院人、财、物供给制度,变横向供给为纵向供给,彻底切断同级法院与同级政府间的直接利益联系,去除同级政府侵涉司法的最终砝码,使司法机关可以获得对抗非法侵涉的力量和勇气,为此,应通过立法来建立单独的法官编制和单独的司法预算⑤;修改

---

① 徐显明:《司法改革二十题》,载《法学》1999 年第 9 期,第 5—6 页。另外,法院对人大作工作报告本身,还存在违宪疑义。详见焦洪昌、姚国建著:《宪法学案例教程》,知识产权出版社 2004 年版,第 167—172 页(姚国建执笔)或本书"宪法解释"一节中的有关论述。
② 钟玉瑜主编:《中国特色司法制度》,中国政法大学出版社 2000 年版,第 148 页。
③ 参见刘作翔:《中国司法地方保护主义之批判——兼论"司法权国家化"的司法改革思路》,载《法学研究》2003 年第 1 期,第 90—92 页。
④ 杨海坤主编:《跨入新世纪的中国宪法学——中国宪法学研究现状与评价(下)》,中国人事出版社 2001 年版,第 493 页(徐东执笔)。
⑤ 徐显明:《司法改革二十题》,载《法学》1999 年第 9 期,第 5 页。

宪法中有关地方司法机关由同级人大产生的相关规定,以"司法权国家化"作为司法体制改革的思路,来进行相应的宪法修改和制度设计,使司法权回归到国家所有,改变和消除司法权地方化的体制性根源。①

(四) 在"党领导司法"背景下保持法官独立

关于法官可否加入政党,涉及如何权衡与调和法官的结社自由与司法的威信,对此各国法制颇为分歧,理论上也存在争议。大致有四种不同立场:最激烈或最严厉者主张法官不得加入政党,已加入者须退出;亦有人主张可加入政党,但不得参与政党活动;另有人主张在参与政治活动时,须自我节制,而不致影响其独立行使职权之公信力;最和缓者则仅要求法官于审判具体案件时,不受政党干涉即可。②

中国不宜实行"法官不党"的制度,问题在于,在"党领导司法"的大前提下,部分党员法官未能很好地明确自己的角色。在对待审判独立和党的领导的关系方面,"党员法官与其他法官的不同之处在于,党员法官应成为效忠法律的典范"③;法官忠实于法律,也就实现了党对司法的领导,因为法律本身就体现了党和人民的意志。

中国近代革命是一场囊括民族独立、国家统一、经济发展、文化革新、政制转型等多种目的的革命,这就注定了司法集权的必要性和党对司法领导的重要性。在依法治国的时代,党对司法的领导必须由指挥式的领导转化为法律的领导,由直接的领导转化为间接的领导。党对司法的领导须通过将其司法政策上升为法律来实现,须通过在司法程序启动之前对法官的任命建议和司法程序终结后对法官的监督来实现。在案件审理过程中,党委对案件的调阅、书记对案件的批示、政法委对案件的协调、党组对案件的讨论,往往容易成为个别人在党的名义下,侵蚀司法独立性、损害司法公正性的借口。因此,党对司法的领导越具体,越损害党的领导。

在对待审判独立和党的领导的关系方面,"党员法官与其他法官的不同之处在于,党员法官应成为效忠法律的典范"④,法官忠实于法律,也就实现了党对司法的领导,因为法律本身就体现了党和人民的意志。

---

① 刘作翔:《中国司法地方保护主义之批判——兼论"司法权国家化"的司法改革思路》,载《法学研究》2003 年第 1 期,第 98 页。

② 参见法治斌、董保城:《宪法新论》,台湾元照出版公司 2005 年版,第 390 页。陈新民教授在比较法官应否加入政党的各方理由后认为,禁止法官加入政党的理由,不如许可法官加入政党来得充分。但要调和法官的固有权利与维持司法公信力,则应加强法官政治行为的"节制原则",此义务之加重尤甚于一般的公务员。因此,法官虽可参加政党活动,但不得为任何激烈的言行,才不会令他人日后怀疑其丧失了中立的"积极性"。陈新民:《宪法导论》,台湾新学林出版股份有限公司 2005 年版,第 285 页。

③ 徐显明:《司法改革二十题》,载《法学》1999 年第 9 期,第 5 页。

④ 同上。

(五) 中国语境下的"司法独立"和"权力制约"

法院要真正获得法律上和事实上相符的独立地位,绝非几日之功,也不是"以独立司法区域替代行政区划"、"设立司法财政"、"建立法院自成体系的人事制度"等措施所能奏效的。什么时候在政治上弄清和解决了执政党与法院的关系问题,在宪政制度中重新审视和界定了人大与法院的关系,在宪政实践中消除了法院与政府的位差,什么时候才会有真正的司法独立。①

可见,中国的司法独立与西方国家至少有以下几方面的区别:(1)独立的理论根据不同。西方国家的司法独立建立在三权分立基础上,而中国则建立在国家权力统一,并由人民代表大会及其常务委员会行使的基础上。(2)独立的范围不同。前者独立于立法和行政机构;后者则指审判和检察机构独立于行政机构。(3)独立的主体不同。前者主要是指法官个人独立;后者则指法院和检察院行使职权上的独立。(4)独立的保障不同。前者较为完备;后者目前还在任期、人、财、物等方面赋予行政机构过多的决定权,从而无法真正保障司法独立。②

法院总得有一个途径产生,由人大产生法院并无不妥。问题在于,法院是对人大负责,还是对人大产生的法律负责?③ 这一点成为中国的"权力制约"与西方国家的"分权制衡"之间的分水岭。

就字面意义而言,"制衡"是指通过处于平等地位的实体之间的相互制约,达到一种均衡状态。而"制约"则不具有平等地位和均衡的意味。即使用不同的词汇可以揭示出中国的独立审判权与西方国家的司法独立的差异。这种差异主要源于根本政治制度的区别。中国的审判机关产生于人大制度的框架中,处于低于权力机关的派生地位,其独立审判权也是在人大这一统一的国家权力之下的相对独立权限。而西方国家基本政治制度建立在三权分立的基础上。立法、行政和司法机构地位相互平行、权力相互分立并相互制约。司法机构一方面要适用立法机构制定的法律,一方面又拥有依照宪法对立法机构制定的法律和行政行为进行司法审查的权力;法官一方面要由行政机构首脑或立法机构任命,一方面又具有独立的地位和终身任期,除遭受弹劾外,不受任何其他和官员的控制。因此,西方国家的司法机构一经设立,便具有不受其他任何机构和个人控制的、较为完全的司法独立。④

---

① 参见肖金明、尹风桐:《论司法独立》,载《山东大学学报(哲社版)》1999 年第 3 期,第 110 页。
② 谭世贵:《论司法独立》,载《政法论坛》1997 年第 1 期,第 30—31 页。
③ 肖金明、尹风桐:《论司法独立》,载《山东大学学报(哲社版)》1999 年第 3 期,第 110 页。
④ 王晨光:《论法院依法独立审判权和人大对法院个案监督权的冲突及其调整机制》,载《法学》1999 年第 1 期,第 19 页。

二、法院行使法律解释权

（一）中国语境中的"司法解释"

法官在裁判案件、适用法律时，必然要解释宪法和法律，这是司法权的应有之义，一般称为"法律解释权"或"法解释权"。

《法院组织法》第 33 条规定："最高人民法院对于在审判过程中如何具体应用法律、法令的问题，进行解释。"全国人大常委会制定的《关于加强法律解释工作的决议》(1981)也规定："凡属于法院审判工作中具体应用法律、法令的问题，由最高人民法院进行解释。"最高法院的这种对法律、法令做一般性解释的权力，一般被称为"司法解释权"。

因此，对于这一概念，不能望文生义地以为它是指最高法院在裁判具体案件的过程中针对具体的法律条款进行解释的法律解释权。最高法院的"司法解释"，大体上有三种类型①：

(1) 整体性的司法解释。全国人大及其常委会通过具体的部门法之后，为了使该法律更具有可操作性，最高法院通常会根据审判中的具体情况，以司法解释的名义针对整部法律制定一般性的规范性文件，供法院在适用该法律时进行参考。这种整体性的司法解释成为各级法院在适用该部门法时必须遵守的规则。②

(2) 专题性的司法解释。最高法院针对法院在审判过程中遇到的某类集中反映出来的具体问题，对部门法的有关内容或条款作出一般性的解释。③

(3) 个案性的司法解释。下级法院在针对某个具体案件适用法律之时，遇到疑难问题，向最高法院发出请示，然后最高法院以"批复"、"回答"等形式，对相关的问题作出解释。尽管这样的解释是针对具体案件的，但也具有普遍的拘束力。因此，最高法院在清理司法解释之时，也会根据情况，对由于特定的原因

---

① 张千帆主编：《宪法学》，法律出版社 2004 年版，第 404 页（强世功执笔）。
② 比如 1986 年全国人民代表大会通过《民法通则》之后，最高法院于 1988 年制定了《关于贯彻执行〈民法通则〉的若干问题的意见（试行）》。之后，又于 1990 年制定了《关于贯彻执行〈民法通则〉的若干问题的意见（修改稿）》。《民法通则》共 162 条，而最高法院对其所作出的司法解释的试行稿达 200 条，修改稿达 230 条。最高法院通过一般性司法解释的实现强大的立法功能，由此可略见一斑。目前，最高法院已针对《民法通则》、《民事诉讼法》、《行政诉讼法》、《继承法》、《破产法》、《著作权法》等重要的部门法都做了整体性的司法解释。
③ 例如，1997 年修订的《刑法》通过之后，金融诈骗案件的高发案率暴露出《刑法》的漏洞，对此，最高法院根据《刑法》和全国人大常委会通过的《关于惩治破坏金融秩序犯罪的决定》，作出了《关于审理诈骗案件具体应用法律的若干问题的解释》，对《刑法》第 151 条、第 152 条和《决定》的有关条款作出了更为具体的解释。2002 年，针对著作权民事纠纷案件中的问题，制定了《关于审理著作权民事纠纷案件适用法律若干问题的解释》，对《民法通则》、《合同法》、《著作权法》和《民事诉讼法》中的相关规定集中在一起加以解释。

导致已失效的个案性司法解释进行清理。①

（二）中国"司法解释"制度的问题点

1．"司法解释"的拘束力与法官的职权独立

美国的某些州法院、欧洲大陆国家的法院以及国际法院也发表特定的"抽象司法行为"——咨询性意见（advisory opinion）。所谓"咨询性意见"，是指法院应立法部门、行政首脑或部门首长的邀请，对宪法或法律的特定条款进行阐释。这类解释的对象一般仅限于特定条款，而不是整个一部法律，且只是"咨询性"的，因而没有法律拘束力。申请咨询的部门可以把这种解释作为参考，但没有法律义务遵从之；对于下级法院来说，咨询性意见同样只有参考作用。因此，总的来说，尽管某些西方国家的法院可以发布抽象意见，但是它们不能发表任何抽象的具有拘束力的"司法解释"②。

在中国，最高法院的司法解释，对全国各级地方法院和专门法院具有普遍的拘束力，在必要的场合，可以作为判决或裁决的根据而引用于司法文书之中。③

另外，上级法院与下级法院是监督关系，而非领导关系，上级法院对下级法院的审判工作，只能实行审级监督。但在实践中，在"错案追究制"的压力下，下级法院法官遇到重大、疑难、复杂的案件，倾向于向最高法院或上级法院请示，根据指示、批复的精神作判决。这样不但违背了法官独立审判原则，也使二审程序形同虚设，既破坏了审级制度的正常功能，也不利于人民行使诉讼权利。

笔者认为，通过司法解释制度来强化法院系统内部控制，给来自外部的干涉提供了长驱直入的管道，与加强法官职权独立的方向背道而驰。尤其是请示批复制度，明显地违反了"法官独立行使审判权"这一普遍的司法原理。因此，应考虑废除最高法院进行抽象司法解释的制度。

2．"司法解释"的性质与合法性审查

最高法院进行的抽象性的司法解释，并不是最高法院法官在裁判案件的过程中做出的，并且，对于下级法院法官的裁判具有普遍的拘束力，在此意义上，这种"司法解释"具有立法的性质。

---

① 例如，2001年最高法院发布的废除2000年底之前的司法解释的目录中，就宣布1978年作出的关于"朱玉琴与山田良离婚问题的批复"因为与1992年最高法院、外交部和司法部发布的《关于执行〈关于向国外送达民事或商事司法文书和司法外文书公约〉有关程序的通知》不相符而失效。

② 参见张千帆：《宪法学导论：原理与应用》，法律出版社2004年版，第377页。

③ 为了确保司法解释的实施，最高法院在1997年6月23日颁布的《关于司法解释工作的若干规定》第16条还规定，上级法院以及最高法院可以对下级法院以及个别法官是否严格遵守司法解释等职能行为行使监督权，将司法解释的实施情况也纳入了审判监督的范围。这种司法解释与审判监督程序的结合，被认为对于法院内部的步调统一具有非常重要的意义。除此之外，《违法审判责任追究办法（试行）》《审判纪律处分办法（试行）》以及督导员制度，也从不同侧面保障了司法解释的拘束力以及最高法院在司法行政方面的权威。参见季卫东：《最高人民法院的角色及其演化》，载《清华法学》第7辑，第12页。

如果司法解释的内容和法律的内容相抵触,应优先适用法律。问题是,应由谁来审查司法解释是否与法律相抵触呢?例如,2003年1月,最高法院发布了《关于行为人不明知是不满十四周岁的幼女,双方自愿发生性关系是否构成强奸罪问题的批复》。该批复指出:"行为人明知是不满十四周岁的幼女而与其发生性关系,不论幼女是否自愿,均应依照刑法第二百三十六条第二款的规定,以强奸罪定罪处罚;行为人确实不知对方是不满十四周岁的幼女,双方自愿发生性关系,未造成严重后果,情节显着轻微的,不认为是犯罪。"该司法解释出台之后,舆论一片哗然。后来,最高法院撤销了该司法解释。①

2005年12月16日,第十届全国人大常委会第四十次委员长会议通过了《法规备案审查工作程序》和《司法解释备案审查工作程序》。后者规定,最高人民法院所制定的司法解释应当自公布之日起30日内报送全国人大常委会备案;国务院等国家机关和社会团体、企事业组织以及公民如认为司法解释同宪法或法律相抵触,均可向全国人大常委会书面提出审查要求或审查建议。该规定解决了对司法解释的外部监督问题,同时也默认了司法解释具有立法的性质。

3."司法解释"制度的违宪疑义

中国现行《宪法》规定,全国人大及其常委会行使立法权,中央人民政府行使行政法规的制定权,地方人大与政府行使制定地方性法规和地方性规章的权力,而法院行使审判权。但是,《法院组织法》和全国人大常委会制定的《关于加强法律解释工作的决议》以授权做司法解释的方式,授予最高法院以广泛的立法权,使最高法院成为一个集司法权和立法权于一身的部门。

正如强世功教授所言,"从规范主义的宪法立场看,全国人大及其常委会通过授权的方式将立法权赋予宪法上明确规定履行审判职能的最高法院,是不是具有宪法文本上的依据?如果全国人大及其常委会的这种授权是违宪的,那么对这样的违宪行为应由哪一个机构履行违宪审查呢?"②从法律逻辑上讲,这一质疑并非没有道理。法律现实主义者也许认为,这样的制度是中国社会的现实情况决定的,符合现实的需要。但我们也该认识到,问题存在的合理性,与问题解决的必要性毕竟是两回事。

汉密尔顿曾言,"解释法律乃是法院的正当与特有的职责。而宪法事实上是,亦应被法官看做根本大法。所以对宪法以及立法机关制定的任何法律的解释权应属于法院"③。但必须看到,中国最高法院的"司法解释权",与法院行使司法权所当然应有的法律解释权,并非同一事物。另外,曾有学者提出通过最高

---

① 张千帆主编:《宪法学》,法律出版社2004年版,第405页(强世功执笔)。
② 同上书,第407页(强世功执笔)。
③ 参见〔美〕汉密尔顿、杰伊、麦迪逊:《联邦党人文集》,程逢如等译,商务印书馆1980年版,第393页。

法院的司法解释来导入宪法法院制度的思路。① 但笔者认为，维护司法制度的正常机理具有更为重要的宪政意义。

三、法官与违宪审查

当法律和宪法冲突之时，法官可否选择适用宪法？汉密尔顿强调："宪法与法律相较，以宪法为准；人民与其代表相较，以人民的意志为准。"在汉密尔顿看来，如果让司法权听命于立法权，就等于漠视立法者对人权的侵害，因而立法机关必须受到一定的限制，"此类限制须通过法院执行，因而法院必须有宣布违反宪法明文规定的立法为无效之权"②。

在中国，所有国家机关在行使宪法所授予的职权之时，都有义务遵守宪法并维护宪法的最高效力，并在行使职权的范围内可以解释和适用宪法。法院在审判案件时，也同样负有通过适用和解释《宪法》来维护《宪法》最高效力的义务。因为《宪法》在第5条第3款中规定，"……一切违反宪法和法律的行为，必须予以追究"，而追究法律责任的机关，最终只能是法院。

自20世纪90年代中期以来，中国已有相当一部分学者认为，法院在裁判案件之时，可以直接适用宪法。③ 但在现实中，由于人民代表大会的地位处在法院之上，这样的主张遇到了强大的障碍。2003年发生的"李慧娟事件"，就充分地说明了这一点。2003年5月27日，根据洛阳市中级法院审判委员会经过讨论形成的决议，法官李慧娟在审理河南省汝阳县种子公司与河南省伊川县种子公司合同纠纷案的民事判决书中指出："《种子法》实施后，玉米种子的价格已由市场调节，《河南省农作物种子管理条例》作为法律阶位较低的地方性法规，其与《种子法》相冲突的条款自然无效"。被认为与《种子法》相冲突的条款，指的是该条例第36条，它规定农作物种子必须由政府定价。

就是因为这几句看似轻描淡写的表述，随着案件被上诉至二审法院，这个原本不起眼的小案子突然升级为"法官违法审查地方性法规"的问题。河南省人大常委会法制办公室发文（豫人常法【2003】18号）认为"违背了中国的人民代表大会制度，侵犯了权力机关的职权，是严重违法行为"，该文还作出"《河南省农作物种子管理条例》第36条关于种子经营价格的规定与《种子法》没有抵触，继续适用"的结论。继而，根据这份文件，洛阳市中级法院党组于11月7日撤销

---

① 季卫东：《合宪性审查与司法权的强化》，载《中国社会科学》2002年第2期。
② 〔美〕汉密尔顿、杰伊、麦迪逊：《联邦党人文集》，程逢如等译，商务印书馆1980年版，第392—393页。
③ 例如见刘连泰：《中国宪法规范在审判中直接适用的实证分析与评述》，载《法学研究》1996年第6期，第18页；周永坤：《论宪法基本权利的直接效力》，载《中国法学》1997年第1期，第28页；姜峰：《论中国宪法中人权条款的直接效力》，载《山东大学学报（哲社版）》2001年第3期，第33页；殷啸虎：《感悟宪政》，北京大学出版社2006年版，第184页。

李慧娟的审判长职务,并免去李慧娟的助理审判员资格。2003年11月初,李慧娟将一份"情况反映"通过中国女法官协会送至最高法院。同时,该事件也由此引发了学术界,乃至整个法律界对其中反映出的司法实践和改革问题的讨论。

2004年3月30日,最高法院对河南省高级法院就该案的请示作出了答复(【2004】民二他字第6号),其中指出:"法院在审理案件过程中,认为地方性法规与法律、行政法规的规定不一致的,应当适用法律、行政法规的相关规定。"紧接着,4月1日,河南省第十届人大常委会第八次会议通过了《河南省实施〈种子法〉办法》,该《办法》第28条规定:"本办法自2004年7月1日起施行……《河南省农作物种子管理条例》同时废止。"①

对于该案,最高法院孔祥俊法官的评论耐人寻味:"立法法以及其他有关法律规定不同法律规范的效力等级及选择优先适用的法律规范的规则的目的和功能,就是交给了执行机关自行解决规范冲突的钥匙,赋予直接的选择适用权。……法院在不一致或者相冲突的法律规范之间作出选择时,能否直接说明选择适用的理由,如下位法某某规定与上位法某某规定相抵触,甚至说明与上位法相抵触的下位法的规定当然无效?从裁判应当说理的角度而言,如果法院在不一致或者相冲突的法律规范之间进行了取舍,当然应当在裁判理由中阐明取舍的原因和依据。但是,由于各地司法环境差异较大,一些法院因在裁判文书中评判下位法(如地方性法规)与上位法的抵触而受到责难,或者其自身因担心受到责难而不敢在裁判文书中进行选择适用的评价,致使说理不充分或者未予说理。这些问题实际上都不属于是否应该在裁判理由中作出评价问题,而是司法环境的外部影响问题。出于保护法官的需要,可以不要求不适用下位法的裁判文书必须作出如此直言不讳的说理。同样,法官为自我保护的需要,在裁判理由的措辞中应当审慎,尽量避免使用诸如与上位法抵触的下位法规定无效之类的刺激性较强的字眼。随着法治水平的提高和司法环境的改善,相信这种问题会逐步得到解决。"②

必须看到,法官的法律选择权,其实就是附随性违宪审查制度的实质内容。如果法官在行使法律选择权之时有后顾之忧,不能作出"选择宪法"的判断的话,那么法官就无法履行遵守宪法、保障人权的职责。而所谓的"司法环境",实际上就是法官能否独立行使职权的问题。

---

① 详见郭国松:《法官判地方性法规无效:违法还是护法》,载《南方周末》2003年11月20日;王颖:《种子案二审将定 李慧娟"正名"悬念》,载《21世纪经济报道》2004年5月12日。
② 孔祥俊:《法官在法律规范冲突中的选择适用权》,载《法制日报》2003年12月1日。

四、行政法院设置论

（一）行政法院设置论的提出

行政诉讼因其被告为行政机关，所以被俗称为"民告官"。由于中国的司法体系有浓厚的地方化、行政化特点，法院的财权、人事权难以摆脱来自行政机关的影响，导致"民告官"案件原告的胜诉率并不高。鉴于我国法院在行政诉讼中功能不彰，近年，有学者主张设立行政法院。例如，有学者提出，设立行政法院的宗旨，在于以司法权制约行政权，行政法院的设置将有助于提高法院地位、树立法院权威，并能克服司法地方化和司法行政化的弊病。行政法院的设置不与现行行政区划重叠，各级行政法院与各级人民法院在组织上相分立，两者之间没有隶属关系。行政法院的经费由国家财政直接拨付，不再依赖地方财政，人、财、物等全由最高行政法院集中掌握，不再受行政机关控制。行政法院的法官在行政审判中完全独立，并且其独立地位有相应的制度保障。这样，可使行政法院独立于行政权力，免受地方干预。[①]

（二）行政法院制度的问题点

这一主张所提出的问题很值得重视，但是否可行，还需要探讨商榷。

如果行政案件需要行政法学的专业素质，一般法官不能胜任的话，那么民刑事案件中，有很多案件会涉及医学、科技等方面的专业知识。这些特殊性质的案件，都应当另外设立专门法院吗？在笔者看来，设立行政法院可能会带来诸多弊端，并且，在政治体制改革有待深化的前提下，其功能也未必能改观多少。

首先，中国幅员辽阔，地区发展不平衡，在农村和边远地区设立许多基层法院，其工作条件和环境可以说是捉襟见肘，如果另外设立一套行政法院系统，势必要为行政法官们的工资福利、行政法院的设施和管理拨付大量的经费，必然会造成国家财政上的巨大负担，很可能是只在一些中心城市设立。其结果，会使人民不能再像现在这样直接在本地的法院进行诉讼，而必须长途跋涉去少数的行政法院，这会增加民告官的诉讼成本，不利于农村和边远地区的贫者弱者的权益保障，违背了司法便民的原则。

其次，现在已经进入21世纪，随着科技的发达、政府职能的强化、新类型权利的出现，一个案件中所涉及的法律规定究竟是公权规定还是私权规定，当事人是公权受到侵害还是私权受到侵害，该案件是行政案件还是民刑事案件，经常会很难明确区分。如果在普通法院之外另设一套行政法院系统，老百姓往往会不易辨别案件性质，难免会出现找错衙门的情况，此时，行政法院和一般法院之间甚至可能会出现管辖争议，给当事人增加诉讼障碍。另外，对于同一案件，普通

[①] 马怀德：《地方保护主义的成因和解决之道》，载《政法论坛》2003年第6期，第160—161页。

法院和行政法院的判决在事实认定和法律解释上也可能会出现分歧。而在目前的一元化法院体制下,尽管法院内部设立了民事法庭、刑事法庭和行政法庭,但案件的判决毕竟是由同一法院做出,从而回避了不同法院系统之间的管辖争议和判决上的见解分歧。

再者,法院与政府之间,需要建立司法权对行政权的制约关系,法院如果不掌理行政诉讼,就会丧失权力制约、宪法保障的功能。世界上,真正设立具有终审裁判权、独立于法院系统之外的行政法院系统的国家,以法国和德国为代表,普通法院的法官既不能审查行政行为,也不能进行违宪审查。而在英国和美国,不存在法国、德国的那种法院系统意义上的行政法院,行政机关内部就专业性比较强的案件,设立了许多具有独立性的裁决机构,但这种"行政裁决机构"[①]的裁决,仍然可能受到法院的审查,故而不同于行政法院制度。

回顾历史,行政法院是法国大革命时代权力斗争的产物[②],1912年的中华民国临时约法导入了该制度,但当时国会所起草的宪法草案决定将行政裁判权统一于法院行使,这成为了袁世凯废弃国会宪法草案的理由之一。[③] 实际上,不论是北洋政府时期的平政院,还是国民政府时期的最高行政法院,都未能充分发挥人权保障的功能。而在日本和韩国,也都曾有类似的经验。

(三)司法改革的难关

再看似完善的制度,也是通过人来运作的,忽视人背后的各种控制因素而做出的良好预期,很可能是片面的。我们不能把民告官的难题,归罪于司法制度本身,认为只要改革了司法制度,就能解决了问题。毋庸讳言的是,没有进一步的政治体制改革,就很难实现法官的职权独立。从这一点上,可以预测,没有改革的深化,即使多搞一个行政法院系统,也不可能摆脱掉一般法院法官所面对的问题。

法官的职权独立在法院行政化体制下难以充分确保,才为行政干预司法提供了管道。但是,为了解决行政干预司法而单设行政法院,就能够使行政法院摆脱行政化的法院体制的话,那么又何以不能让所有的法院都改革行政化的体制,

---

① 英、美的行政机关内部的裁决机构(美国 administrative commission,英国 administrative tribunal),其功能有的与我国的行政复议相近。我国学者在译介英美法律制度之时,有的采用"英国行政裁判所"、"美国行政裁判所"的译法。例如,龚祥瑞:《比较宪法与行政法》,法律出版社2003年版,第454、459页;H. W. 埃尔曼:《比较法律文化》,贺卫方、高鸿钧译,清华大学出版社2002年版,第210页;宋华琳:《英国的行政裁判所制度》,载《华东政法学院学报》2004年第5期等。但须注意的是,中国的现代法律用语大多来自于日本,日文中的汉字"行政裁判所",是指明治宪法体制下日本仿效法国、德国而设立的行政法院。将英、美的行政裁决机构译为"行政裁判所",则有与法、德等国的"行政法院"系统相混淆之虞。

② 关于法国行政法院制度形成的过程,详见王名扬:《法国行政法》,中国政法大学出版社1988年版,第551—555页。

③ 详细内容请参见谢振民:《中华民国立法史(上)》,中国政法大学出版社2000年版,第86页。

从而实现司法的独立公正呢？而如果单独设立的行政法院也是不得不接受这种行政化法院体制的话，又如何能够期待，行政法院中的法官会比一般法院的法官更独立、更能发挥人权保障功能呢？

　　司法的改革，应该朝着有利于为人民方便而又及时地提供救济，有利于保障裁判的独立和公正，有利于加强司法的权力制约功能的方向迈进。而如果单独设立一套行政法院系统的话，会在诉讼管道上，给人民带来权利救济上的障碍和负担，而另一方面，却又未必能回避和解决法官独立的根本问题，其结果，反而可能会使WTO要求中国建立的法院对行政机关进行司法审查的制度变形变质，更使法院的护宪功能弱化、萎缩。

　　法院体制行政化和法官独立方面的改革"难关"，难道是另设行政法院就能够回避和解决的吗？

推荐阅读

　　1.〔美〕汉密尔顿、杰伊、麦迪逊著：《联邦党人文集》，程逢如、在汉、舒逊译，商务印书馆1980年版。

　　作为一部影响了美国历史进程的论战性宪政名著，本书在立宪主义史上的地位无可替代。本书从学理、经验和历史出发，对美国宪法的总体设计和重要条款做了精细权威的论证。其中第78篇到第83篇就司法制度所展开的论述，已成为各国宪法学者耳熟能详的不朽篇章。

　　2.最高人民检察院法律政策研究室组织编译：《支撑21世纪日本的司法制度：日本司法制度改革审议会意见书》，中国检察出版社2004年版。

　　1999年，日本政府宣布开始司法制度改革，成立了司法制度改革审议会具体负责日本司法制度改革事宜。审议会自成立以来，通过召开会议讨论、广泛征求意见、分赴外国考察等调查审议活动，形成了该意见书并提交给内阁。该意见书提出了日本司法改革的目标、方向和具体改革措施，已成为日本进行司法改革的指南。

　　3.贺卫方：《超越比利牛斯山》，法律出版社2003年版。

　　本书从法制史、比较法、社会学等角度，分析了近代中国和当代中国的司法独立课题，并就司法改革进程中的具体问题进行了思辨性的分析或批判，对当代中国的司法改革产生了重大的影响。

　　4.苏力：《送法下乡：中国基层司法制度研究》，中国政法大学出版社2000年版。

　　本书通过实证研究，勾勒出基层司法实际运作中国家制定法和民间法之间的隔阂，以及执行送法下乡任务的基层法官的地方性知识与法学家所传播的法学知识之间的隔阂，其所提出的问题发人深省。

思考题

1. 为什么中国的法官工作压力大?你赞同"法官素质低"的说法吗?
2. 如何看待对法官的监督和对法官独立的保障?
3. 司法腐败的原因是什么?
4. 如何评价检察院的法律监督职能?

第十章 中央与地方关系

本章探讨中央与地方关系的理论与实践。中央和地方关系一直是宪法学的中心问题之一，在宪法学体系中的重要性不亚于权力分立与制衡制度。同时也是被很多人忽略的基本问题之一。在单一制国家，它还是一个政治家和宪法学者必须共同面对的"老大难"问题。如何处理中央和地方关系，关系到中国这样一个世界上最大的单一制国家的未来走向。

第一节 国家结构形式

所谓国家结构形式，就是指国家依照一定的原则，通过设置国家机关，用以调整国家整体与组成部分之间、中央与地方之间相互关系的一种形式。它所表现的是一种职权划分关系。国家结构形式具体又分为单一制和复合制两大类，而复合制又包括邦联制和联邦制两类。国家结构形式反映特定国家整体与局部之间的关系特别是中央与地方之间的关系，中央与地方关系是国家结构形式的核心内容。

一、纵向分权

反对权力集中、主张权力分立，乃是宪法的基本理念。限制政府权力、建立有限政府、权力符合规则正是宪法产生的原动力。如果没有政府权力来自人民、政府权力必须受到限制等基本观念，宪法就无从产生；即便某国有一部宪法而没有限制权力的内容或者无法对权力形成有效的制约，也不能说该国有真正意义上的宪法。因此如何限制权力，使权力能够"规规矩矩"地行使，就成为历代制宪先贤苦思冥想的问题。权力服从法律，树立法律的至上权威早在古希腊时期就已经成为许多思想家的共识。柏拉图在其《法篇》中借助"雅典人"之口明确表达了用法律约束权力的思想："我刚才把权力称做法律的使臣，这样说并非为了标新立异，而是因为我深信社会的生存或毁灭主要取决于这一点，而非取决于其他事情。法律一旦被滥用或废除，共同体的毁灭也就不远了；但若法律支配着权力，权力成为法律的奴仆，那么人类的拯救和上苍对社的赐福也就到来了。"①亚里士多德在论述平民政体时说："凡不能维持法律威信的城邦都不能说它已经建立了任何政体。法律应在任何方面受到尊重而保持无上的权威,执政人员和公民团体只应在法律(通则)所不及的'个别'事例上有所选择,两者都不该侵犯法律。"②古罗马的西塞罗在《法律篇》中说道："官吏的职能是治理,并发布正义、有益且符合法律的指令。由于法律治理着官吏,因此官吏治理着人民,而且可以确切地说,官吏是会说话的法律,而法律是沉默的官吏。"③这些思想对于更好地防止权力滥用,让权力服从法律都提供了宝贵的理论支持,但一直没有提出明确的分权思想,也没有提出对权力本身的分割。直到分权理论提出之后,才逐渐形成良好的制度。特别是孟德斯鸠提出了"以权力约束权力"的思想,如同发现了人类政治生活中的"牛顿定理"④,制约权力滥用终于有了可行的制度安排。孟德斯鸠认为:"一切有权力的人都容易滥用权力,这是万古不易的一条经验。有权力的人们使用权力一直遇到有界限的地方才休止。""要防止滥用权力,就必须以权力约束权力。"⑤基于这种认识,他认为权力必须分立,应当实行立法、行政、司法的三权分立制度。而实行分权制、以权力制约权力则凝聚了无数贤哲的智慧,并成为现代宪政的基本要素。通常所说的"分权制度"或者说"权力分立"制度,都是关于国家权力或国家机关的组成的制度。

权力分立,从宪政的设计上而言有两个方面:横向分权(horizontal separation of powers)和纵向分权(vertical separation of powers)。三权分立制度就是横向分权的典型形式。三权分立制度实际上只是分权制度的一种。一说起权力分立理论,很多人就想到三权分立,甚至把三权分立等同于权力分立理论。这种观点是不全面的。不管是两权分立、三权分立还是五权分立⑥,都是"横向分权"的不同形态,主要是指中央国家机关之间的分权。作为横向分权之一的三权分立针对

---

① 〔古希腊〕柏拉图:《柏拉图全集》(第三卷),人民出版社2003年版,第475页。此语出自《法篇》第四卷之715D。也有译本将这段话译为:"(这些人通常被叫做'统治者',)如果我们叫他们做'法律的仆人',那不是因为我杜撰一个新词语,而是因为我确信一个国家的兴亡取决于这一点,而不是别的什么东西。在法律服从于其他某种权威,而它自己一无所有的地方,我看,这个国家崩溃已经为时不远了。但如果法律是政府的主人并且政府是它的奴仆,那么形势就充满了希望,人们能够享受众神赐给城市的一切好处。这就是我的看法。"参见张智辉、何勤华译《法律篇》,上海人民出版社2001年版,第123页。
② 〔古希腊〕亚里士多德:《政治学》,吴寿彭译,商务印书馆1965年版,第191—192页。
③ 〔古罗马〕西塞罗:《国家篇 法律篇》,沈叔平、苏力译,商务印书馆1999年版,第223—224页。
④ 参见张乃根:《西方法哲学史纲》,中国政法大学出版社2002年版,第156页。
⑤ 〔法〕孟德斯鸠:《论法的精神》(上册),张雁深译,商务印书馆1961年版,第154页。
⑥ 例如,洛克将国家权力分为立法权、执行权和对外权,并坚决主张立法权和执行权的分立(参见〔英〕洛克:《政府论》(下),叶启芳、瞿菊农译,商务印书馆1962年版,第89页),故可称为"两权分立"理论。孙中山主张立法权、行政权、司法权、考试权和监察权"五权分立"的"五权宪法",此思想成为1946年《中华民国宪法》的重要理论依据。可参见张学仁、陈宁生主编:《二十世纪之中国宪政》,武汉大学出版社2002年版,第127页以下。

的是全权主义,意在防止由某一人或某一国家机关掌控立法、行政、司法等多项重要的国家权力。正如孟德斯鸠所说:"如果一个人或者是由重要人物、贵族或平民组成的同一个机关行使这三种权力,即制定法律权、执行公共决议权和裁判私人犯罪或争讼权,则一切便都完了。"① 康德对此也有着明确的判断:"一个政府,作为一个执行机关去行动,同时又像立法权那样制定和颁布法规,它会成为一个专制政府,而且必然和爱国政府截然相反。""立法权力不应该同时又是执行权力或管理者。""不论是立法权或是执行权都不应该行使司法职务,只有任命法官作为行使此职务的官员。"②

纵向分权主要是中央与地方的分权,它反对将国家权力过度集中于中央的中央集权体制。在单一制国家,主要是指中央政府和地方政府之间的分权;在联邦制国家,主要是指联邦政府和各州政府之间的分权。因此从分权的意义上讲,纵向分权和横向分权同样重要。在宪法上,中央与地方关系的重要性不亚于三权分立制度。

横向分权的重要性已经广为人知,而纵向分权的重要性在很大程度上还是"养在深闺人未识"。从历史上看,除了极小的国家之外,绝大多数国家都实行一定程度的纵向分权制度。这种纵向分权主要表现为中央和地方两极关于国家权力的分配。一般而言,中央是一极,通常表现为中央一级国家机关;地方是另一极,而地方国家机关可能表现为不同级别的多个层级——比如中国现阶段的地方国家机关就分为省(自治区、直辖市)、(地级)市、县、乡(镇)四级。特别是国土面积广大、人口众多、民族林立的国家,如果一切决策统归中央裁断,在事实上是不可能的。因此实行纵向分权就成为更重要和更现实的治理方式。实行有效的纵向分权、实施相应的地方治理模式已经成为各个国家政治治理中必须认真解决的重要命题。无论是单一制国家还是联邦制国家,都不可能仅凭中央一级国家机关就能够完成对全国事务的治理。实行纵向分权、建立地方治理制度就势在必行。

另一方面,纵向分权既可以减轻中央政府负担,使中央始终高瞻远瞩地站立在全国的立场上考虑问题,处理具有全局性质的事务,制定全国性的决策,摆脱事务主义,避免陷入纷繁复杂的事务堆之中不能自拔。同时,也可以降低中央政府的政治风险、减轻政治责任。权力越集中责任就越大,权力集中于中央的另一面就是责任也集中于中央。中央政府不仅要对自身行为承担责任,更多的情况下还要为各级地方国家机关的行为承担责任。如果没有纵向分权,地方政府的权力完全来源于中央政府的授权,那么,地方政府只是中央政府的代理人,其行

---

① 〔法〕孟德斯鸠:《论法的精神》(上册),张雁深译,商务印书馆1961年版,第156页。
② 〔德〕康德:《法的形而上学原理》,沈叔平译,商务印书馆1991年版,第144—145页。

为后果自然应当由中央政府来承担。然而,现实往往是:地方政府并不会完全执行中央政府的意志,甚至会因自身利益而与中央政府背道而驰。很多情况下,中央政府就会替地方政府"背黑锅"。这就不难理解,为什么现实中人们对基层政府的不满往往发泄到中央政府身上。如果是纵向分权,中央与地方的权限划分明确(有时在某种程度上中央与地方是一种平等的关系),责任自然也明确,地方政府真正对它自身的行为负起责任,就不会再让中央政府来充当"冤大头"。如此既可以分清中央与地方的责任,也有利于维护中央权威。

此外,领土面积广大的国家,人口数量多,国情复杂,各地区社会发展程度差异较大,政治、经济、文化社会发展状况不平衡,在很多方面都难以由中央制定统一的标准和要求,而应当由各地方充分结合本地区的实际情况来制定符合本地区的方针政策。如果权力统归中央,必然会出现某些政策、法规在甲地区活力旺盛而在乙地区水土不服的情况。这种局面对于中央和地方都是不利的。而纵向分权则可以很好地解决这些问题。地方政府拥有了法定的自主权,则可以因地制宜地制定适合本地区的方针政策,进而衍生出适合本地区的治理模式。在一定程度上还可以鼓励各自治地方的制度进行良性竞争,一国内的人们可以在不同的自治地方进行自由选择,从而为一国居民创造福祉、促进民主政治制度建设。

为了表述方便,本章将单一制国家的中央政府称为"中央政府"或"中央",将地方政府称为"地方政府"或"地方";将联邦制国家中的中央政府称为"联邦政府"或"联邦",联邦制国家中的成员单位政府称为"州政府"。文中所称的"政府"是广义上的,包括立法机关、行政机关和司法机关,是一级政权单位,不是狭义的行政机关意义上的"政府"。

二、单一制

有学者认为,"单一(unitary)制,又称中央集权制,是指国家政治制度是一个中央控制下的统一整体,主要表现为国家只有一部宪法和一个最高中央政府,地方政权从属于中央政府的领导、授权或委托"[①]。这个概念是比较准确的,并且与中国一般宪法教科书中关于单一制含义的通说基本一致。目前,中国的宪法教科书一般将单一制的特征归纳为:(1)从法律体系看,国家只有一部宪法,只有一个统一的法律体系;(2)从国家机构看,国家只有一个最高立法机关,一个中央政府,一套完整的司法系统;(3)从中央与地方的权力划分看,地方接受中央的统一领导,地方政府的权力由中央政府授予,地方行政区域单位或自治单位没有脱离中央而独立的权力;(4)从对外关系看,国家是一个独立的主体,各

[①] 张千帆:《宪法学导论——原理与应用》(第二版),法律出版社 2008 年版,第 209 页。

地方没有独立的外交权力,公民具有统一的国籍。也有的学者认为单一制有三个显著特征:(1) 全国只有一部宪法,一个中央机关体系;(2) 各行政单位和自治单位均受中央的统一领导,没有脱离中央而独立的权力;(3) 不论中央与地方的分权达到什么程度,地方的权力均由中央以法律文件规定或改变,地方权力没有宪法保障。① 应当说,这些学者的概括都抓住了单一制的突出特征,为我们理解单一制提供了可贵的资料。从中央与地方关系的角度来说,我们可以从以下几个方面来理解单一制:

(一) 单一制的重点在于集权而不是分权

国家主权完全掌握在一个统一的机关手中。这个统一的机关,可以是一个皇族,一个政党,也可以是一个国家机关或者其他组织。在单一制下,几乎没有分权的理念,也就谈不上横向分权和纵向分权,更谈不上中央与地方关系意义中的分权。历史上,奴隶制国家、封建制国家的国家主权制度一般都集中于君主、皇帝或者皇族,因而是典型的单一制形式。当然,随着历史的进步,国家权力集中于一人的单一制在世界范围内已经越来越少,但是由一个政党或者政治机构掌握国家主权的国家还为数不少。在这个意义上,与单一制相对立的是共和制,共和制的灵魂是分权。

这是单一制国家的突出特征。中央政府是一切国家权力的拥有者,具有最高的权威。中央政府的政策、命令、授权是地方政府合法性的来源。在理论上,中央有权干预地方的一切事务,随时有权将地方的权力拿过来由中央直接行使。② 在单一制下基本上不存在中央和地方分权的问题;即便在事实上中央和地方也存在一定程度的分权,但是分权的主动权、决定权在中央而不在地方。中央的"分权",往往不是出于主动或自愿,而是根据形势的需要,而对地方作出的让步或者"放权"。中央和地方的权力划分一般并不是依据法律,而是由中央根据具体形势的需要来自行决定。这种没有法律依据的"放权",并不是宪法意义上的分权,也很少有法律依据。因而,出于权力集中于中央政府的需要,在单一制国家只能有一部宪法,只能有一个最高立法机关、一个中央政府和一套司法系统。

(二) 单一制国家的地方政府与中央政府之间的关系

地方政府的权力来源于中央政府的授权,地方政府权力的合法性依赖于中央政府。地方政府在很大程度上是中央政府在地方的代理人,或者被认为是中

---

① 王磊:《论中国单一制的法的内涵》,载《中外法学》1997 年第 6 期。
② 近年来中国中央政府对于一些职能部门相继实行"垂直管理"就说明了这一点。从较早的海关、税务、工商,再到质量监督、国土等一些重要的行政部门,都已经从地方政府序列退出,地方政府无权管辖,改为中央或省以下"垂直管理"。现在,审计、环境保护等部门也一直被呼吁要实行"垂直管理"。"垂直管理"只是将权力集中于中央,并没有从制度上解决中央与地方的权力划分问题。

央的附属机构,因而缺少独立的法律地位,根本不可能获得与中央政府平等的法律地位(而在联邦制国家,州与联邦的法律地位在很多方面都是平等的)。地方政府与中央政府的权力没有明确的法律界定,宪法中一般没有关于中央与地方分权的规定,也没有专门的中央与地方关系法来规范、界定二者的权限。地方政府在立法、行政、司法、人事、财政等多方面都依赖于中央政府,很难获得独立的地位,更没有脱离中央政府而独立的权力。地方政府对中央政府的权威质疑、挑衅或违抗,都可能被认为是分裂国家。地方政府不可能享有立宪权,立法权也完全受制于中央政府。地方的自治权也很有限,在立法、行政、司法等方面都接受中央政府的直接领导或监督。

三、单一制的类型

按照地方职权的大小,单一制国家又可分为中央集权型单一制国家和地方分权型单一制国家。

（一）中央集权型

在中央集权型单一制国家,地方政府的自治权是极其有限的。地方政府在中央政府的严格控制下行使职权,地方官员(特别是主要领导)由中央任命或委派。地方官员即使由地方选举产生,也要接受中央的严格管束,他们首先不是代表地方利益,而是代表中央来对地方行使治权,管理地方各项事务。一般而言,地方的自治权很小。地方政府的负责人实际上是对中央负责,他们在名义上是地方政府的代表,中央对他们享有完全的任命权、撤换权和罢免权。有时候,地方也设有各级地方自治机关,但自治机关都不是地方自行设置的,而是经中央批准方能设立。中央严格控制着地方自治机关的设立。同时,地方自治机关在中央政府批准的范围内行使职权,必须接受中央政权的统一领导。

在1789年大革命之前,法国是欧洲历史上最典型的中央高度集权的国家。"法国大革命以后形成统一国家,在全国建立省级行政区划。拿破仑执政时期,任命省长为中央政府驻省的代表,形成一种高度中央集权的行政体制。"[①]拿破仑推行新的中央集权专制,实行"地方行政长官制",通过层层负责、逐级控制的制度,确立了地方对中央的绝对服从关系,地方自治的力量难以成长。在法国,起主要作用的地方国家机关是地方行政机关,其官员具有双重身份:一方面,他们是代表中央,按照中央的命令来办事,对国家的内务部负责;另一方面,他们又作为地方官员,管理一切地方行政事务,中央有权撤换地方官员。比如省长由中央委任,但省长权力不大,只是起到沟通和协调作用。

1981年,法国总统密特朗上台后,就着手改革中央地方关系。并以1982年

---

① 秋风:《立宪的技艺》,北京大学出版社2005年版,第230页。

《权力下放法案》为核心,在法国掀起了大革命以来一场关于政治、经济、行政等领域的地方分权改革运动。通过这场改革运动,法国中央与地方关系发生了深刻变化,主要体现在以下几方面:(1)改革了从中央到地方层层节制的行政管理体制,将纯粹的地方性事务的行政管理权从中央代理人手中转移到地方民选长官手中。(2)中央及其代理人不再对各级议会进行事前监控,地方议会集会、议事无须事先得到批准,其决议只要正式公布并送达中央代理人手中便自动生效。如果中央代理人认为决议违法,也只能在决议生效后到相应的行政法院起诉,由行政法院作出裁决。(3)中央高度集权的程度有所放松,中央对地方预算的监控方式有了重大改革。地方税占全国税收总额的比例由改革前的19%提高到25%—28%,中央及其代理人不再对地方预算的编制、审议和生效进行事先控制,只能进行事后监督。[1]

尽管地方自治也获得了较大程度的发展(例如地方官员的由任命制逐渐被选举制所取代),但是中央集权的特征仍然很明显,中央政府有权对地方政府通过行政、法律、经济等手段对地方政府的进行监督,中央政府有权否决地方议会的任何决议。[2] 总的来说,法国的单一制具有如下特点:(1)中央与地方的权力关系是一种委托—代理关系。地方政府权力是中央让与的权力,其性质是不具有中央权力性质的一种地方自治权。(2)中央通过行政监督和司法监督的方式对地方代议机关和地方行政长官实施控制和影响,保证国家的一体化,从而显示出明显的中央集权特征。(3)地方政府的法律地位、行政地位和财政地位呈现出一种不断提高的发展趋势。这意味着地方分权在法国进入不断调整时期。地方分权的扩大主要体现在地方经济权力和公共行政权力方面,并表现出三大明显特征:一是权力和职能同时向地方转移;二是权力下放和中央政府向各级地方政府转移职能是有步骤、有计划、有控制的;三是地方政府的权能增大同地方财政扩展同时进行,后者为前者提供资源,从而使责、权、利三者相匹配。[3]

(二)地方分权型

在地方分权型单一制国家,地方居民可以依法自主组织地方公共机关,并在中央监督下依法自主处理本地区事务,而中央不得干涉地方具体事务。如发现地方议会有越权行为,则中央政府可诉请司法机关予以纠正。地方分权型单一制国家的典型例子为英国。英国是最早进行地方自治实践的单一制国家。1688年"光荣革命"之后,英国建立了单一制国家结构形式,英国地方政府很早就开始了自治的尝试。1835年制定了《市自治法》,该法扩大了市民的权利,规定市

---

[1] 陈骏程:《中法两国中央与地方关系之比较》,载《广东行政学院学报》2000年第6期。
[2] 参见秋风:《立宪的技艺》,北京大学出版社2005年版,第230页。
[3] 林尚立:《国内政府间关系》,浙江人民出版社1998年版,第216页。

作为自治团体应当由公民选举产生市议会和市行政首长。市议会不仅仅是立法机关,也是执行机关。英国的地方自治制度虽然历史悠久,但是,由于很多地方自治单位辖区范围太小,不能给居民提供实质性的服务。所以,要求改革地方自治制度的呼声日益高涨。在20世纪60年代,出现了向苏格兰和威尔士下放权力的运动。1972年,保守党提请英王批准《地方政府法》,将全英格兰分为县、区、村三级自治单位,它们都设有民选的议会,较大的村除了村议会之外,还设有村民大会。1978年议会通过了《苏格兰法》和《威尔士法》,规定可以将多项事务处理权下放给民选的苏格兰和威尔士议会,并赋予其行政机构以权力。但在1979年,保守党赢得大选后就废止了《苏格兰法》和《威尔士法》。从1979年至1997年,保守党反对任何关于权力下放的提议。①英国是君主立宪国家,议会主权的思想源远流长,深入人心,地方政府应当向选举它的全体选民负责,实际上却在许多方面受到中央政府的监督与控制。

　　英国的中央与地方关系特点是:(1)地方政府职权范围确定的法律化和程序化。中央与地方权力关系的确定和变革,完全通过法律的手段和程序进行,在此过程中,议会发挥重要作用。(2)政党组织在协调中央与地方关系中发挥越来越重要的作用。反对党经常通过自己控制的地方政府与由执政党控制的中央政府抗衡,迫使中央政府满足地方政府需求。(3)中央与地方关系存在一种内在的相互依赖关系,中央政府与地方政府是相互独立、相互依赖、相互需要和相互协商的关系。(4)总体趋势是走向集权。中央主要通过财政控制的手段达到集权的政策目标,中央政府的拨款是地方政府财政的主要来源。因而,中央政府通过对地方财政的补贴所进行的控制是最核心的控制。②不仅如此,中央政府没有设置主管地方政府事务的部门,而是分别设立苏格兰事务部、威尔士事务部和北爱尔兰事务部;地方政府具有法律人格和独立地位,能以自己的名义享受权利、承担义务,在法律范围内负责广泛的地方事务等特点。这些都大大加强了地方政府的自主权。

　　相比较而言,法国和英国在处理中央和地方关系上具有共同之处:(1)在中央与地方关系中,中央政府占主导地位,中央政府不同程度地运用其政治和经济的特殊优势影响地方政府。(2)地方政府具有一定的自主性。中央政府占主导地位,在保证中央政府统一权威前提下,赋予地方一定自主性,使地方实行有限自治。(3)法制是规范和协调中央地方关系的基本手段和基本原则,通过法律化、制度化、程序化手段来协调中央与地方关系和矛盾,使中央和地方关系能在

---

　　① 参见莫纪宏:《英国权力下放》,http://www.e-cpcs.org/yhyj_readnews.aspx? id = 1139&cols = 1110。

　　② 参见张永斌:《世界主要国家与中国处理中央和地方关系的历史考察》,载《上海行政学院学报》2002年第2期。

法律基础上保持相对稳定,防止随意性。① 可以看出,同是单一制国家,英国的地方自治程度明显高于法国。

四、联邦制

联邦制是指由两个以上的成员国(共和国、邦或州)联合组成的统一国家。中国的宪法学教材的通说认为,联邦制的基本特点是:除中央有统一的政权机关体系外,各成员国同时建立自己独立的政权机关体系,即存在两套相对独立、自成体系的政权机关体系;中央政府与成员国共享主权权力,联邦成员的主权地位受法律保护;除全国有统一的宪法外,各成员国有自己独立的宪法和完整的法律体系;联邦成员国有权制定和修改宪法,有权保留自己的国籍等。② 现今世界的联邦制国家主要有美国、加拿大、澳大利亚、德国、瑞士、奥地利、俄罗斯、印度、巴西、阿根廷等国。③ 有学者指出:全世界所有国土面积在100万平方公里之上的民主国家,都实行联邦制;所有国土面积在300万平方公里之上的国家,都实行联邦制(中国例外)。尽管只有二十多个国家实行联邦制,仅占国家总数的十分之一,但联邦制国家占去了全世界1/2面积和1/3以上的人口。④

这种通说固然反映了联邦制的特点,但我们还可以从中央与地方关系的角度来审视联邦制,并能够得到一些新的认识。

(一)联邦制的重点在于分权而不是集权

联邦政府行使国家主权,是对外交往的主体。但这并不是说联邦政府拥有一切国家权力。立法权的分配是整个联邦制分权结构中最重要的部分。仅从各联邦国家宪法的规定来看,对立法权的划分有三种基本的方式:第一种是宪法对联邦权力采取"列举式",对州的权力则做保留权力的"概括式"规定。如美国、瑞士、澳大利亚、阿根廷和巴西就是如此。第二种是宪法将联邦和州的权力分为几个层次,对涉及联邦的权力均加以列举,宪法未涉及的权力归属州。如德国、奥地利和俄罗斯及采取此种立法例。第三种是宪法对联邦的权力范围和州的权力范围均加以列举,再规定剩余权力的归属。采取此种立法例的国家有加拿大、

---

① 参见张永斌:《世界主要国家与中国处理中央与地方关系的历史考察》,载《上海行政学院学报》2002年第2期。
② 许崇德主编:《宪法学(中国部分)》,高等教育出版社2000年版,第273页。
③ 加拿大学者罗纳德·瓦茨认为,现在共有24个联邦制国家,分别是:阿根廷、澳大利亚、奥地利、比利时、巴西、加拿大、科摩罗、埃塞俄比亚、德国、印度、马来西亚、墨西哥、密克罗尼西亚、尼日利亚、巴基斯坦、俄罗斯、南非、西班牙、圣基茨和尼维斯、瑞士、阿联酋、美国、委内瑞拉、南斯拉夫。参见〔加〕罗纳德·瓦茨:《联邦分权的模式》,载《国际社会科学杂志(中文版)》2002年第1期。
④ 参见王怡:《宪政主义:观念与制度的转捩》,山东人民出版社2006年版,第350页。

印度和马来西亚。①

联邦制的分权传统源于美国。在美国独立战争之前,北美13州实际上是13个独立的国家。13州成立美利坚合众国的目的是要保护各州的经济贸易的正常进行,以及建立各州共同的防务,保证各州不受外来侵犯等等。各州在美国独立革命之后,仍未交出它们各自的主权,直到美国从邦联转变为联邦后,各州仍然坚持保留了若干固有的权力。"在独立自主倾向的影响下,各州不愿意接受完全丧失主权、完全处于最高中央机构控制之下的这种共同体。就其本质来说,自由被看做是地方性的,并且与一直享有相当程度之自治的小规模共同体自我管理的行为有关。此外,中央集权被视为有害于自由而且非常有利于确立专制政治。"②因而形成了联邦制的一个传统:联邦政府(中央政府)与各州政府(地方政府)首先要处理的关系就是分权,中央政权是建立在分权的基础之上的。如果以集权为价值取向,可能就不会产生联邦制。

(二) 联邦制国家的联邦政府与地方政府之间的关系

"实行契约性的非集权制的联邦主义,在宪法的制度框架下,能够确保联邦政府将许多职能分散到组织完善的各个州或省……联邦政府虽然是处于政治权力的顶端,在许多领域拥有很大的权力,但不是控制所有垂直部门的资源与决策的中央政府。"③在实行联邦制的国家,联邦政府和州政府都服从一部统一的联邦宪法,遵从代表国家利益的统一法律,州政府认同中央政府对外代表联邦并承认其外交行为的合法性。联邦设有国家最高立法机关和行政机关,行使国家最高权力,领导各州并协调各州之间的关系。州政府并不是中央政府的附庸或者下属机关,更不是中央在各州(共和国)的代理人,其权力来源于州而不是中央。州政府由本州选举产生而不是由中央任命,因而州政府首先要对州人民负责而不是对中央负责。通俗地说,联邦制下的州政府是"对下不对上",一般情况下联邦政府无权罢免州政府的官员,不能直接干预各州的地方事务。

州政府拥有独立于联邦政府的宪法地位,"作为在联邦体制下的独立法律实体,联邦和各州政府彼此不能干涉内政"④。在很大程度上,州与联邦的法律地位是平等的。各州都有自己的立法机关和行政机关,甚至一些联邦制国家的州还有自己的司法系统(如美国),有自己的宪法、法律和国籍,独立负责管理本州内的财政、税收、文化、教育等公共行政事务。同时,联邦和各成员国的权限划

---

① 参见杨利敏:《关于联邦制分权结构的比较研究》,载《北大法律评论》第五卷第一辑,法律出版社2003年版。

② 〔美〕小查尔斯·爱德华·梅里亚姆:《卢梭以来的主权学说史》,毕洪海译,法律出版社2006年版,第133页。

③ 张志红:《当代中国政府间纵向关系研究》,天津人民出版社2005年版,第238页。

④ 张千帆:《美国联邦宪法》,法律出版社2011年版,第149页。

分是明确的,由联邦宪法规定。如果联邦宪法与成员国的宪法发生冲突,通常以联邦宪法和法律为准。如果州认为联邦超越了宪法规定的权限或者侵犯了自己的利益,可以起诉联邦政府。

美国是世界上第一个联邦制国家,也是典型的联邦制国家。美国联邦制度的特征有:(1)联邦是各自治州为共同目标之结合;(2)联邦政府和各州政府的权限由宪法规定,联邦政府的权力限于宪法所列举,其未列举的均概括地属于各州;(3)联邦与各州政府在其职权范围以内,所行使的管辖权,直接及于辖区内的人民和财产;(4)联邦政府的权力在宪法所赋予的权力范围内,高于各州的权力。[①]

在中央与地方关系上,美国的联邦制具有两个明显的特点:

第一,权力划分是美国联邦制的前提。没有联邦政府与州政府的权力划分,就不会有美国的联邦制。美国联邦宪法划分了联邦政府和州政府的权限,联邦政府拥有"授予的权力",州政府拥有"保留权力"。对联邦政府的权力采取的是"列举式","联邦政府只能行使宪法明确授予的权力,以及根据最高法院解释可以从授予权力合理引申出来的权力,即'默示权力'"。[②] 对州政府的权力采取的是"概括式"。美国联邦宪法第十修正案规定:"宪法未授予合众国、也未禁止各州行使的权力,由各州各自保留,或由人民保留。"这不仅仅是一个立法技术的考虑,而是为了避免出现一个强大的中央集权国家,意在既要保留各州的州名、边界、地位,又可以使各州在整个联邦制度中占有重要的地位。1787年制定的美国联邦宪法共有七个条文,其中前三条分别规定了国会、总统、最高法院的权力,对于联邦政府的立法权、行政权、司法权作出了规定。结合美国联邦宪法的制定背景,我们可以知道:宪法对于联邦政府的立法权、行政权和司法权的规定,很大程度上就是要限制联邦政府的权力,保持各州政府的独立性。

第二,联邦政府并不是处处都高于州政府。联邦的地位高于州只是一个原则——确切地说,联邦政府只有在宪法赋予的范围内才高于州政府。宪法没有授权之处,便是联邦政府止步之所。州政府具有极大的独立活动空间。从联邦宪法制定者的本意来看,联邦宪法并不是要偏袒联邦政府,更不是要赋予联邦政府以某种特权地位,恰恰是要使联邦政府和州政府之间保持一种平衡状态。在产生的时间顺序上,美国是"先有各州,后有联邦",各州产生于联邦之前,联邦是各州为了达到共同目的而进行妥协的产物,联邦是各州更高利益的需要和体现,因而各州不会因为联邦而牺牲自己的利益。参与制定联邦宪法的人都是北美13州的代表,自然会制定一部以维护各州利益为基础、维持联邦政府与各州

[①] 参见陆润康:《美国联邦宪法论》,书海出版社2003年版,第32页。
[②] 李道揆:《美国政府和美国政治》(上册),商务印书馆1999年版,第59页。

利益平衡、地位独立的联邦宪法。在这个历史背景之下,就不会产生高度集权的中央政府,这与单一制国家中央政府的历史背景是有极大差异的。

五、联邦制的类型

尽管现今世界只有二十几个联邦制国家,却是形态各异,很难用一种标准概括所有的联邦国家都有的特征。行政体制、成员单位的数量、民族构成、国民同质程度等都可以作为区分联邦制国家的标准。如果我们从集权和分权两方面的功能来考察,就可以把联邦制国家大致上分为两类:分权制衡型联邦制和中央集权型联邦制。

有的学者也将分权制衡型联邦制称为"均权型联邦制",美国、德国、奥地利、澳大利亚等国基本上属于这种类型。其主要特点是:(1)联邦政府与各成员政府间的权力分配比较平衡,虽然联邦政府在法律上高于成员政府,但各州政府也享有宪法和法律所赋予的特权。(2)联邦政府无权直接干预州政府以下的各级地方政府;各成员政府对各地方政府,只能行使监督权,不能像单一制国家那样行使直接管辖权。(3)在公共行政关系上,成员政府起主要作用。① 在这种模式下,联邦政府不会因过度集权而走向中央集权,各州政府也不会因独立性太强而不服从联邦,或者导致联邦解体。

中央集权型联邦制包括阿根廷、印度、墨西哥、马来西亚等国。② 其主要特点是:(1)联邦政府高度集权,从而导致联邦政府和州政府之间的权利与职能划分不平衡。(2)在权力划分上,州政府所享有的权力(特别是主权)非常小,在联邦政府与州政府的权限发生争议时,联邦政府居于绝对的优势地位。

六、邦联

"邦联"与"联邦",表面上只是字序的颠倒,而事实上两个概念的内涵却有着本质的差异。在英文中,"邦联"是 confederation,而"联邦"是 federation。尽管在分类上,通常将邦联制与联邦制一同归入复合制的国家结构形式,但严格地讲,邦联制并不是一种真正意义上的国家结构形式。真正意义上的国家结构形式只有单一制和联邦制。尽管目前学术界对于邦联和联邦尚无统一定义,但一般认为,邦联是指两个或两个以上的主权国家为了某种特定的目的而建立起来的一种国家联合体。

(一)邦联不是国家

邦联在本质上不是国家,主要表现在以下几个方面:

---

① 参见熊文钊:《大国地方——中国中央与地方关系宪政研究》,北京大学出版社 2005 年版,第 7 页。
② 参见童之伟:《单一制、联邦制的区别及其分类问题探讨》,载《法律科学》1995 年第 1 期。

1. 邦联只是主权国家之间的一种松散的联盟

"邦联的各成员国地位平等,在内政外交上互不隶属,只是在一些特定的领域,如军事、外交和外贸等方面采取联合行动。从邦联成员国与成员国之间的关系来看,在邦联范围内,成员国之间的关系是一种国际关系;但涉及邦联对外事务时,各成员国之间的关系又是一种国内关系,所以邦联制是一种介于国际与国内关系之间的'妥协方案'。"① 如北美13州的《邦联条例》第2条规定:"各州保留其主权,自由和独立,以及其他一些非邦联条例所明文规定授予合众国国会的权力。"这样的权力关系决定了邦联的中央机构实际上只是一种协商性的"邦联议会"和成员国的"首脑会议",对于各成员国并不享有实质的管辖权。

2. 邦联不具有主权国家的基本要素

主权国家一般应具备固定的居民、确定的领土、政权组织和独立主权,而邦联则不具备这些要素。作为一种国家联合体,邦联成立的基础是邦联成员的条约或协议,各成员单位仅仅根据条约或协议而将部分主权委托给邦联机构行使,而绝大部分主权仍保留在各成员单位。在一般情况下,邦联没有统一的最高立法机关和行政机关和司法机关,也没有统一的军队、宪法和国籍。邦联通常是主权国家基于特殊的政治、经济、军事目的或历史原因而成立的,因而邦联机构所拥有的权力都是主权国家为了达到这些目的而让渡或委托给邦联的,因而邦联机构的权力十分有限,不可能达到主权国家那样的完整程度。

3. 邦联成员国可以随时退出邦联

"各邦之有无脱离权,为分别邦联与联邦的唯一标准。"② 联邦制国家的成员单位不得随意退出联邦,这是联邦制国家得以存在的重要基础,而邦联则无权限制成员的退出。

(二) 邦联与联邦的区别

概括而言,邦联与联邦的区别主要表现在以下几个方面:

1. 两者主权地位不同

邦联不享有完整的主权,不具备国际法主体资格,邦联的主权被各个成员国分别拥有,邦联只是主权国家的联合,其成员国可以自由地退出邦联。联邦能体现出主权的唯一性,是一个完整的国家,联邦政府是国际法上能够代表该国的唯一合法组织。它的成员在成立联邦前即便拥有主权,在成立联邦后,也必须终止这种主权地位。另外,联邦一旦确立,其成员单位就不能随意退出,否则就是分裂或叛乱。

---

① 王英津:《邦联制模式与两岸统一之探析》,载《台湾研究集刊》2003年第3期。
② 王世杰、钱端升:《比较宪法》,商务印书馆1999年版,第356页。

2. 两者成立的合法性不同

依据人民主权理论,联邦的主权属于联邦的全体国民,联邦政府只是一个执行民意的机构。因此,联邦中央政府和成员政府的合法性来源于人民的选举。而邦联则不是由选举产生的,而是出于军事、政治、经济等目的,经由各成员国政府委托而产生。

3. 两者的职权不同

联邦有自己的宪法和法律,联邦的地位高于任何一个成员单位,一切重大权力均属于联邦中央政府,联邦法律为国家的最高法律,各州法律不得与它相抵触,联邦法院的判决,其效力适用于全国,各州政府、法院和公民均有遵守的义务。参加联邦的各州,可以根据联邦宪法制定本州宪法和法律,可以建立本州的立法、行政和司法机关,并在自己的管辖区内行使权力,领导下属各级政府。邦联的活动只限于特定方面,其首脑会议的决议必须经过成员国认可才能生效,但无法律效力。各成员国仍是有主权的独立国家,各自拥有立法、行政、外交、军事、财政等方面的权力。联邦的决策能力和权限远远强于和大于邦联,邦联成员国的地位和权限则远远高于和大于联邦国家的成员单位。

4. 公民的法律地位不同

在邦联制下,邦联并不赋予某国公民新的权利,公民也不必向邦联承担义务,公民都只有他所在国的公民身份而没有统一的邦联国籍。在联邦制下的公民可以具有双重身份:既是其所在成员单位的公民,也是该成员单位所加入的联邦的公民,受联邦法律和所在成员单位的法律的保护,享有各项法定权利并承担相应的义务。

(三) 邦联:消亡还是复兴

可以说,邦联是特殊历史条件下的产物。从历史上来看,邦联制国家是非常少有的。在近现代世界历史上曾出现过五个典型的邦联制国家:即瑞士邦联(1291—1789 年,1815—1848 年)、尼德兰联省共和国(1579—1795 年)、美国邦联(1777—1789 年)、德意志联盟(1815—1866 年)和塞内冈比亚邦联(1982—1989 年)。后来,随着各成员国政治、经济联系的加强,邦联制国家逐渐解体或被联邦制的国家所取代。

当代国际社会仍然有邦联,比如联合国、欧洲联盟、"大英联邦"、独立国家联合体等。但各种邦联之间的结合程度差别很大。有的学者认为,"松散邦联的极端是联合国,紧密邦联的极端是欧洲共同体。"[①]也有学者认为:"我们现在正在见证邦联体制的复兴。""具有实用体制的欧共体预示着在世界其他地方邦

[①] 张千帆:《宪法学导论——原理与应用》(第二版),法律出版社 2008 年版,第 238 页。

联政府也在复兴。"①并举出欧共体、东南亚国家联盟等作为邦联复兴的例证,指出南非也在走向邦联。我们认为,邦联究竟是走向消亡还是悄然复兴,不可贸然下结论,有待进一步的观察和分析。

第二节 中国的中央与地方关系

一、单一制

中国是中央集权的单一制国家。从秦朝废除封建制开始,就建立了一种中央集权的政体模式,两千年来并没有实质性的变化。尽管历史演进的历程中出现过多次王朝的更替,经历了许多次从集权统一到分权分裂再到集权统一的循环反复,但每一次循环并不是简单的重复,而是呈现出螺旋式上升的趋势。这个趋势就是后来的王朝总是吸收前人的经验教训,中央集权呈现出逐渐加强的趋势。从历史上看,中国的政治制度有中央政府逐步集权的倾向。"自汉迄唐,就已有过于集权之势。到宋、明、清三朝,尤其是逐步集权,结果使地方政治一天天地衰落。直到今天,成为中国政治上极大一问题。"②中央集权往往演化成君主专制,君主一人凌驾于国家机构之上,独断专行,窒息了社会发展的活力,阻碍了政治进步和制度创新,并不是说单一制一定会导致君主专制,而是说君主专制和单一制有着某种必然的联系。那么,为什么中国多年来一直采取单一制呢?宪法学界的通说认为主要有以下几个方面的原因:

(一) 历史传统

自秦汉以来,在漫长的两千多年中,统一始终是中国历史发展的主流,分裂只是暂时的。"自元朝至今的七百多年,中国再也没有出现过大的分裂局面,长期的历史传统决定了中国有建立统一的主权国家的政治基础和社会心理。"③当然,国土疆域的统一并不必然导致实行单一制,从历史和现实来看,统一的国家也并不必然实行单一制。当然我们并不否认统一有利于实行单一制,但并不是必然如此。因而相反,现代政治理论认为,国土面积越大,实行单一制的困难就越大。中国的领土面积长期稳定在一千万平方公里左右,从理论上说实行中央集权是很困难的。可见,中国实行单一制还有其深刻的政治文化背景。"中国这个大一统的'天下',虽然周期性地趋于瓦解,但是在意图上总是想维持长治久安——这也是文化结构上的'超稳定'在政治形态上的反应。"④中国文化中根

---

① 〔美〕丹尼尔·J.伊拉扎:《联邦主义探索》,彭利平译,上海三联书店 2004 年版,第 60 页。
② 钱穆:《中国历代政治得失》,生活·读书·新知三联书店 2001 年版,第 170—171 页。
③ 张千帆主编:《宪法学》(第二版),法律出版社 2008 年版,第 436 页。
④ 〔美〕孙隆基:《中国文化的深层结构》,广西师范大学出版社 2004 年版,第 328 页。

深蒂固的大一统思想为历朝历代的政治家所推崇,已经成为国民的固有观念,历代政治家莫不将国家统一作为至高目标。而政治家和一般民众心目中大一统国家不仅仅是疆域的统一,而且是中央权力的统一。这个统一的国家应当是一个中央集权的单一制国家,这种文化心理结构的作用是非常明显而且强大的。自秦以后,中国两千多年的治乱兴替都表明:在统一时期,中国实行的是中央集权制度;即便是在分裂时期,各个割据政权虽然偏安一隅,但是在政治体制上采取的仍然是中央集权制,中国实际上分裂为若干个实行中央集权制的小国。"在同样实行专制制度的情况下,分裂和分治政权同统一政权的治国之道并没有本质上的区别。"①这些分裂(或分治)政权只不过是领土面积比较小的中央集权国家,当其中某个强大的分裂政权统一中国之后,就开始在全国实行中央集权制。所以,统一与分裂只是一种表象,无论是统一时期的中央政权还是分裂时期的割据政权,在国家结构形式上都是采取相同的模式,可见具有中国实行单一制的漫长的历史传统。

(二) 民族状况

中国是一个以汉民族为主体的多民族国家,民族分布的特点是大杂居、小聚居。据 2000 年第五次全国人口普查统计,中国内地共有 12.9533 亿人。其中汉族 115940 万人,占 91.59%;少数民族 10643 万,占 8.41%。经过历史上的多次民族大融合,汉民族与少数民族在文化、经济、政治等多方面已经融为一体,不可分割。特别是近几十年来随着市场、科技、信息、交通、教育等多方面的飞速发展,更加强了民族交流和融合。各民族之间的经济文化交流不断加深,呈现出明显的同质化,社会经济联系也趋向一体化,民族认同感增强,已经形成了共同的民族心理素质和民族文化。

(三) 现实依据

大多数宪法学教材在涉及中国实行单一制的现实原因时,列举出了实行单一制的诸多有利因素:有利于国家统一;有利于增强国防力量;有利于合理地协调中央与地方关系;有利于实行民主集中制;有利于社会主义现代化建设;有利于加强民族团结;有利于各民族共同发展、共同繁荣等。此外,还有一些重要因素不应忽视。例如,中国共产党在建立政权之初所处的国际国内环境。有学者认为,各地经济文化发展不平衡、没有统一的市场、中国人缺少一种民族认同、汲取了军阀割据的教训等因素使得中国共产党采取了单一制。②

---

① 葛剑雄:《统一与分裂》,生活·读书·新知三联书店 1994 年版,第 201 页。
② 参见苏力:《当代中国的中央与地方分权》,载《中国社会科学》2004 年第 4 期。

（四）理论因素

1949年建立的新政权明显遵循马列主义的建国理论,这成为中国共产党执政后采取单一制的重要原因。学术界存在这样一些理论认识,认为马克思主义认为无产阶级在取得政权之后原则上是倾向于建立统一的单一制国家。在较早的一些宪法学教材中,几乎都毫无例外地认为单一制优越于联邦制,联邦制最终将向单一制过渡,"联邦制是一种例外的国家结构形式"[1]。其理论依据主要是来源于恩格斯、列宁等人的论述。恩格斯说过:"应当用什么东西来代替现在的德国呢?在我看来,无产阶级只能采取单一而不可分的共和国的形式……对德国来说,实行瑞士的联邦制,那就是倒退一大步……一般来说,我们的'联邦制国家'已经是向单一制国家的过渡。"他的结论是:"需要单一的共和国。"[2]列宁也说过:"在各种不同的民族组成一个统一的国家的情况下,并且正是由于这种情况,马克思主义者是决不会主张实行任何联邦制原则,也不会主张实行任何分权制的。"[3]

对于他们的论述,学术界长期深信不疑,只是对这段话做一些注释,说明单一制如何优越,如何适应中国国情。这种解释空洞教条,说服力较弱。近年来有学者认为,中国学术界存在着对恩格斯这段话的误解,特别是存在着翻译上的错误,比如误把"邦联"译为"联邦",致使联邦制蒙受不白之冤。同时指出,单一制并不必然比联邦制优越。[4] 且不说恩格斯等人的论述是否可以在中国套用,事实上,在恩格斯之前中国实行单一制就已经有了两千年的历史,我们应当从历史和现实中寻找单一制的原因,而不是教条地引用经典作家的只言片语来论证现行制度的合理性。

二、中央控制地方

如何实现对地方的有效控制和管理,一直是中央政府首先必须面对的难题。中央对地方的控制并不是绝对的,地方政府也有相应的自主权。地方的自主权,或来源于中央授权,或来源于法律规定。中央不可能也没有必要对地方的事务一一过问,关键是中央政府在重大问题和事务上应当掌握最后的控制权和决策权。一般而言,中央政府需要宏观控制,把握大局,在立法、行政和财政等方面占据主动地位,而不必将所有的权力都集中到手中。这是一个博弈的过程,双方在博弈中达到一种动态的平衡。下面结合中国的实际情况,简要介绍一下中央控制地方的主要手段。

---

[1] 何华辉:《比较宪法学》,武汉大学出版社1988年版,第149页。
[2] 《马克思恩格斯全集》第22卷,人民出版社1965年版,第275页。
[3] 《列宁全集》第24卷,人民出版社1990年版,第148页。
[4] 童之伟:《单一制、联邦制的理论评价和实践选择》,载《法学研究》1996年第4期。

（一）立法控制

从各国经验来看，立法控制是中央控制地方的最为重要的手段。首先，最高立法权由中央掌握，最高立法机构制定的立法在全国有效，地方政府必须遵守。西方很多国家的立法控制表现为中央议会对地方政府的控制，地方政府由中央议会选举产生。比如，英国地方政府的产生、性质都出自议会，议会确定地方政府的组织机构、权限和活动范围。很多国家通过国家立法的形式确定了中央政府和地方政府的权限划分，而中央政府往往在立法中占据主导地位。

中华人民共和国成立以来，立法控制的地位和作用不断加强。在1979年《地方组织法》出台之前，立法权统一归中央行使，地方政府没有立法权，完全听命于中央。在高度集权的计划经济体制下，地方政府的自治权极小，已经成为中央政府在地方的执行机构和代理人。《地方组织法》第7条第1款规定："省、自治区、直辖市的人民代表大会根据本行政区域的具体情况和实际需要，在不同宪法、法律、行政法规相抵触的前提下，可以制定和颁布地方性法规，报全国人民代表大会常务委员会和国务院备案。"从此，省级人大及其常委会享有了制定地方性法规的权力，这是中国中央与地方关系史上的一个具有里程碑意义的事件。也许它的作用在当时并不突出，而现在和将来就会日益显现出地方拥有一定程度的立法权的重要意义和价值。1982年《宪法》在规定了全国人大及其常委会和国务院的立法权之后，第100条规定："省、直辖市的人民代表大会和它们的常务委员会，在不同宪法、法律、行政法规相抵触的前提下，可以制定地方性法规，报全国人民代表大会常务委员会备案"。从此，地方人大及其常委会的立法权就有了宪法保障。在2000年通过的《立法法》中，地方性法规和法律、行政法规、自治条例和单行条例、规章一起成为法定的立法形式，成为中国当代立法体系中不可或缺的重要一环。

中央对地方的立法控制所包括的主要内容有：

1. 地方立法权的授予

中国六十余年的发展说明，地方享有立法权的决定权在中央而不在地方。中央既可以"授权于地方"，也可以"收权于中央"。不仅如此，地方立法的合法性来源于中央立法。例如，根据1982年《宪法》第67条第8项规定，全国人大常委会有权"撤销省、自治区、直辖市国家权力机关制定的同宪法、法律和行政法规相抵触的地方性法规和决议"。此外，省级人大常委会制定的地方性法规须报全国人大常委会备案；自治区人大制定的自治条例和单行条例须报全国人大常委会批准后方能生效。2000年颁布的《立法法》规定，只有全国人大及其常委会才有权制定法律。第8条规定了"只能制定法律"的事项，再加上第9条的补充,事实上就划定了专属于中央的立法权限。① 第 64 条规定,地方立法首先要"执行法律、行政法规的规定"。《立法法》关于中央与地方立法权限的划分,实际上是中央授予地方一定范围的立法权,也是中央用立法权来控制地方的重要体现。②

2. 对地方政府组织机构的控制

例如,1982 年《宪法》第 62 条规定:"全国人民代表大会行使下列职权:……(十二)批准省、自治区和直辖市的建置;(十三)决定特别行政区的设立及其制度……"在中国,而省级行政区划的建制则完全由中央决定。《宪法》第 89 条还规定,省、自治区、直辖市的区域划分,自治州、县、自治县、市的建置和区域划分都由国务院批准。地方政府的设立、合并和撤销,由中央立法规定,地方政府和地方立法均无权规定。设多少个省,特别是省级以下的自治州、县、自治县的建制,虽然事关地方利益,都由中央决定。《宪法》第 107 条第 3 款规定:"省、直辖市的人民政府决定乡、民族乡、镇的建置和区域划分。"可见,省级政府无权决定本省内县级行政建置和行政区划,仅有权决定乡镇一级的建置和行政区划。这些都说明中央对与地方的优势地位是十分牢固的。

3. 通过立法控制地方政府权力

权力来源于法律授权才具有合法性,那么,地方政府权力的合法性是来源于地方法规的授权还是中央法律的授权? 如果来源于地方法规,那么地方政府相对于中央的独立性就大大增强,甚至会出现中央政府难以控制的局面;如果来源于中央政府的法律,那么中央就可以很好地掌握主动,并利用立法的形式来控制地方政府。中国中央政府采取的是后者。通过宪法的规定可以看出,地方政府的法定权力依然由中央政府决定。例如,《宪法》第 110 条第 2 款规定:"地方各级人民政府对上一级国家行政机关负责并报告工作。全国地方各级人民政府都是国务院统一领导下的国家行政机关,都服从国务院。"同时,《宪法》对于县级

---

① 《立法法》第 8 条规定:"下列事项只能制定法律:(一)国家主权的事项;(二)各级人民代表大会、人民政府、人民法院、人民检察院的产生、组织和职权;(三)民族区域自治制度、特别行政区制度、基层群众自治制度;(四)犯罪和刑罚;(五)对公民政治权利的剥夺、限制人身自由的强制措施和处罚;(六)对非国有财产的征收;(七)民事基本制度;(八)基本经济制度以及财政、税收、海关、金融和外贸的基本制度;(九)诉讼和仲裁制度;(十)必须由全国人民代表大会及其常务委员会制定法律的其他事项。"第 9 条又作出了一个补充规定:"本法第 8 条规定的事项尚未制定法律的,全国人民代表大会及其常务委员会有权作出决定,授权国务院可以根据实际需要,对其中的部分事项先制定行政法规……"

② 《立法法》第 64 条第 1 款规定:"地方性法规可以就下列事项作出规定:(一)为执行法律、行政法规的规定,需要根据本行政区域的实际情况作具体规定的事项;(二)属于地方性事务需要制定地方性法规的事项。""除本法第 8 条规定的事项外,其他事项国家尚未制定法律或者行政法规的,省、自治区、直辖市和较大的市根据本地方的具体情况和实际需要,可以先制定地方性法规。在国家制定的法律或者行政法规生效后,地方性法规同法律或者行政法规相抵触的规定无效,制定机关应当及时予以修改或者废止。"从《立法法》第 8、9 条和第 64 条的规定来看,中央立法处于主导地位,地方立法只是对中央立法的执行和补充。

以上人大的权限也有着明确的规定。

自中华人民共和国成立以来，立法途径并不是中央控制地方的最重要手段，起主要作用的是执政党领导人的意志和执政党的方针、政策。尽管在五十余年的风雨中，地方政府的立法权从无到有，但这仍然是中央单方面"放权"的结果。以中央集权为主，地方分权为次，地方立法是对中央立法的补充和具体化。"地方的立法权限远远不如中央，而且地方立法权的行使要较多地受制于中央。"① 在给不给地方立法权、给多大的权力等问题上，地方政府的发言权很小，最终主动权和决定权还是掌握在中央手中。

（二）行政控制

在中央政府对地方政府的控制手段中，行政手段往往是最重要、最常用的措施。中央对地方的行政控制，理论上可以分为两种：一是对地方政府的控制，例如解散地方议会、停止地方议会活动等；二是对地方政府行为的控制，如对地方政府通过的法规、决定、命令甚至行政机关的具体行政行为进行监督。实践中，第二种方式是中央政府最常用的方式。常用的行政控制手段有：

1. 中央行政机关是地方行政机关的上级机关

在中国，国务院是最高国家行政机关。这不仅体现在国务院位于行政层级的最顶端，更重要的是：国务院是全国各级地方政府的共同的上级机关，可以对任何一级地方行政机关直接实施管辖权。这一点在《宪法》中有明确规定，《宪法》第110条第2款规定："……全国地方各级人民政府都是国务院统一领导下的国家行政机关，都服从国务院。"现实中，省级行政机关由省级人大选举产生，对省级人大负责，是省级国家权力机关的执行机关。同时省级行政机关又是国务院的下级行政机关，与国务院是上下级隶属关系。事实上，省级行政机关受同级人大的控制是极其有限的，更多的是受到上级行政机关即中央政府的控制和监督。在行政机关系统，中央行政机关和地方行政机关之间存在着领导或者指导的关系。

2. 中央行政机关的抽象行政行为

抽象行政行为，"是指由行政主体针对不特定的行政相对人单方作出的具有普遍约束力的行政行为。或者说，它是制定行政规则的行为"②。在中国，抽象行政行为包括两类：一是由享有行政立法权的行政机关制定行政法规、行政规章；二是由各级行政机关依职权制定的具有普遍约束力的决定、命令等。国务院制定的行政法规、发布的命令、指示、决定等规范性文件，地方各级行政机关都应

---

① 李林：《中国中央与地方立法权限划分的理论与实践》，载刘海年等主编：《人权与宪政》，中国法制出版社1999年版，第61页。

② 胡建淼：《行政法学》，法律出版社2003年版，第226页。

当遵守。地方行政机关制定的规范性文件应当交全国人大常委会和国务院备案,并不得与国务院的规范性文件相抵触。

3. 各种行政检查、调查和审批

无论在立法中还是在行政权力的行使过程中,中央行政机关都有对地方政府行为进行检查、调查的各种权力,这既是督促地方行政机关依法行政、积极履行职责、提高行政效率的合理措施,又是中央监督地方的有效手段。特别是中央行政机关的审批权,更是如同一把"上方宝剑",中央主管部门在地方建设计划、重大项目等方面具有生杀予夺的权力,使得地方政府围着中央转,不敢稍有懈怠。还有其他措施,例如行政规划、行政制裁、行政裁决等。

（三）财政控制

财政控制是世界各国中央控制中央的一种重要手段。主要有:

1. 控制地方的财政收入

一些西方国家的中央政府运用二次分配的手段,形成地方对中央的财政依赖关系。例如在英国,英格兰、威尔士和苏格兰三地区的地方收入中,中央政府拨款或补助金都占到40%以上。中华人民共和国成立之初,实行统收统支方法,一切财政收入均上缴中央,再由中央向地方拨款;1994年,中国实行分税制,建立中央税收和地方税收体系,将维护国家利益和宏观调控的税种列入中央税,合理划分中央财政收入和地方财政收入的比例,实行中央财政对地方的转移支付制度。[①] 这些措施控制了地方的财政,增强了地方对中央的依赖性。

2. 监督地方的财政活动

例如在中国,全国人大常委会负责监督省级预算的执行,有权撤销省级人大及其常委会制定的与宪法、法律和行政法规相抵触的关于预算、决算的地方性法规。国务院负责监督省级政府预算的执行。

（四）人事控制

中央控制地方的重要途径是任免地方主要官员。通过人事任免权来实现中央对地方的管理是很多国家采取的办法,越是中央集权的国家,人事任免权就越集中于中央。有学者认为:"人事控制方式事实上是当代中国中央控制地方,维系国家统一的最重要、最有效的控制手段。"[②]我们在认识到人事控制手段有效性的同时,更要充分认识到这种制度的不足。地方官员由上级任免,其政治前途很不确定,容易导致地方官员的短期行为。同时,地方官员的权力合法性来源于上级政府的任命而不是当地公民的选举,官员就会尽力示好于上级而不顾地方利益。这种任免未必能够得到地方公民的认可,在地方公民看来,该地方官员的

---

① 任进:《中央与地方监控关系与合作关系比较》,载《广东行政学院学报》1996年第2期。
② 熊文钊:《大国地方——中国中央与地方关系宪政研究》,北京大学出版社2005年版,第31页。

权力未必就具有合法性。因此,尽管中央的人事任免权可以在一个时期内控制地方,但并不意味着中央对地方的统治就是永远有效的。因而我们必须认清人事控制的消极方面,不可过度依赖此种制度。

三、民族区域如何自治?

中国1982年《宪法》第4条第3款规定:"各少数民族聚居的地方实行区域自治,设立自治机关,行使自治权。各民族自治地方都是中华人民共和国不可分离的部分。"这是中国实行民族区域自治的宪法依据。中国《民族区域自治法》序言宣称:"民族区域自治是在国家统一领导下,各少数民族聚居的地方实行区域自治,设立自治机关,行使自治权。实行民族区域自治,体现了国家充分尊重和保障各少数民族管理本民族内部事务权利的精神,体现了国家坚持实行各民族平等、团结和共同繁荣的原则。"这段话揭示了立法者对于民族区域自治制度的理解和要求,也在一定程度上揭示了民族区域自治制度的内涵。中国目前共有155个民族自治地方,其中有5个自治区,30个自治州和120个自治县(旗)。[①] "民族自治地方行使各项自治权利是民族区域自治制度的中心问题。民族自治权利集中体现在自治机关的自治权上。"[②]中国民族区域的自治权主要表现在以下几个方面:

(1) 可以制定自治条例和单行条例。自治条例是民族自治地方的立法机关制定的关于本地方实行区域自治的基本原则、机构设置、自治机关的自治权等事项的综合性的规范性文件。单行条例是调整民族自治地方某一方面的社会关系的规范性文件。自治区制定的自治条例和单行条例,报全国人大常委会批准后生效;自治州、自治县制定的自治条例和单行条例,报所在省级人大常委会批准后生效。

(2) 可以变通执行国家的法律、政策。民族自治地方应当贯彻执行国家的法律、政策;如果国家法律、政策不适合本民族地方的实际情况,自治机关可以报经该上级国家机关批准,予以变通执行或者停止执行。

(3) 在经济建设和管理方面享有自治权。自治机关可以结合本地区的特点和需要,制定经济建设的方针、政策和计划,自主安排和管理地方性的经济建设事业。根据本地方的财力、物力等情况自主安排地方基本建设项目,合理调整经济结构,开发和保护本地区的自然资源。

(4) 享有管理地方财政税收的自治权。自治地方的自治机关可以自主安排使用属于民族自治地方的财政收入。在全国统一的财政体制下,民族自治地方

---

① 文正邦主编:《宪法学教程》,法律出版社2005年版,第371页。
② 肖蔚云、魏定仁、宝音胡日雅克琪:《宪法学概论》,北京大学出版社1985年版,第184页。

享受上级财政的照顾。自治地方财政收入,在某些情况下可以实行减税或者免税。

(5)享有人事管理自治权。《民族区域自治法》第17条第1款规定:"自治区主席、自治州州长、自治县县长由实行区域自治的民族的公民担任。自治区、自治州、自治县的人民政府的其他组成人员,应当合理配备实行区域自治的民族和其他少数民族的人员。"同时,注意培养少数民族干部、各种专门技术人才,在干部选拔、人才培养、工作录用等方面,优先考虑少数民族人员。

(6)享有文化教育等方面的自治权。各民族自治机关自主管理本地方的教育、科学、文化、卫生等事业,保护和整理民族的文化遗产,发展和繁荣民族文化。自主制定本地区的教育发展规划和科学技术发展规划,发展具有民族特色的文化艺术事业。可以使用本民族通用的语言文字从事教育、文化活动、公务活动和法律诉讼等。

(7)在地方治安方面,民族自治机关依照国家的军事制度和当地的实际需要,经国务院批准,可以组织本地方维护治安的公安部队。

四、特别行政区给中国国家结构形式带来的新变化

(一)特别行政区的"特别"

中国1982年《宪法》第31条规定:"国家在必要时得设立特别行政区。在特别行政区内实行的制度按照具体情况由全国人民代表大会以法律规定。"这是中国设立特别行政区(简称"特区")的宪法依据。1990年全国人大通过了《香港特别行政区基本法》和关于设立香港特别行政区的决定。1993年全国人大通过了《澳门特别行政区基本法》和关于设立澳门特别行政区的决定(如无特别说明,本节将这两部基本法简称为"基本法")。中国政府已于1997年7月1日、1999年12月20日分别对香港、澳门恢复行使主权,并设立了香港特别行政区和澳门特别行政区。那么,特别行政区"特别"在什么地方呢?

1. "一国两制"的独特设计

"一国"是指中国,特别行政区是统一主权之下的地方行政机构,应当服从中国中央政府的统一领导。"两制"是指社会主义制度和资本主义制度。邓小平提出的"一国两制"淡化了意识形态的对立,务实而灵活地解决了中国政府对香港和澳门恢复行使主权的问题,解决了港、澳、台在社会主义制度下存在的合法性问题。这在当时的中国,突破了传统的思维模式,的确是一个极具思想解放意义的创新之举。这种制度设计,可以说是特定时代背景下的特定产物,但对于全中国而言,并不具有普遍意义,也不能作为建构新型中央与地方关系的模式。

2. 特别行政区享有高度的自治权

特别行政区的自治权远远超过中国的其他地方行政区域,主要有:(1)独立的法律体系和立法权。特区的原有的法律体系得以保留,特区实施原有法律和特区立法机关制定的法律。特区除极少数有关国防、外交和其他不属于特别行政区自治范围的法律之外,中国中央政府的全国性法律均不适用于特区。(2)独立的行政管理权。特区依照基本法的有关规定自行处理特区的行政事务。中央人民政府所属各部门、各省、自治区、直辖市均不得干预特区根据基本法自行管理的事务。(3)独立的司法权和终审权。特区法院除继续保持特区原有法律制度和原则对法院审判权所作的限制外,对特区所有的案件均有审判权。(4)财政独立,特区的财政收入全部用于自身需要,不上缴中央人民政府;中央人民政府不在特区征税;特别行政区实行独立的税收制度;特区拥有自己的货币,自行制定货币金融政策,不实行外汇管制政策;特区是单独的关税地区等等。(5)一定范围内的独立处理对外事务的权能。特别行政区可在经济、贸易、金融、航运、通讯、旅游、文化、体育等领域以"中国香港"、"中国澳门"的名义,单独同世界各国、各地区及有关国际组织保持和发展关系,签订和履行有关协议。特别行政区可以"中国香港"、"中国澳门"的名义参加不以主权国家为单位参加的国际组织和国际会议。

3. 特区居民基本权利的范围比较广泛

与中国1982年《宪法》相比较,基本法对于特区居民的基本权利的规定是比较广泛的。有一些在《宪法》中没有规定或者体现得并不明确的基本权利在基本法中都有明确的规定。主要有:(1)特区居民既具有中国国籍,也具有特区区籍,有些类似于双重国籍的特点。基本法还详细规定了取得特区永久性居民身份的六种途径。(2)特区依法保护私有财产权。尽管2004年通过的《宪法修正案》也规定了"公民的合法的私有财产不受侵犯","国家依照法律规定保护公民的私有财产权和继承权",但在时间上已经落后基本法十多年,并且限定语多,没有基本法的规定明晰、彻底。(3)规定了一些1982年《宪法》没有涉及的自由。例如新闻自由、罢工自由、迁徙自由、公开传教的自由、选择职业的自由等。还有一些在中国内地受到限制的权利,在特区并不受限制。比如1982年《宪法》规定公民"有实行计划生育的义务"。作为一项"基本国策"的计划生育,要求一对夫妇只生育一个孩子,一般不允许生育二胎,杜绝生育三胎。宪法上也将计划生育规定为义务而非权利。基本法规定特区居民"自愿生育的权利受法律保护"。特区居民并不受计划生育政策的限制。

(二)单一制还是联邦制

长期以来,中国一直采取的是单一制的国家结构形式。自从实行"一国两制",设立香港和澳门特别行政区之后,中国单一制国家结构形式的纯粹性发生了变化。(1)从主权和国家构成来说,"一国两制"是单一制国家,国家主权已经先于特别行政区而存在,并不是特区和其他地方行政区域的让与。特别行政区的设立和权力范围不是固有而是中央政府赋予的。(2)已经具备了联邦制的特征。例如特区的立法权、独立的法律体系、司法管辖权和终审权等,都符合联邦制的特征。(3)特区享有的自治权在某些方面已经超过了联邦制国家。例如财政独立、一定程度的外事权、货币政策、关税政策等方面,特区都享广泛的权力。这些权力,具有"准主权"的性质,联邦制国家的成员单位一般都不可能享有。在这个意义上,特区的自主权已经超过了联邦制的范围。

能不能说中国的国家结构形式已经变成了联邦制呢?答案是否定的。主要原因有:(1)在国际法上代表中国政府的只能是中国中央政府,特区并不是一级主权主体。中央政府负责特区的外交事务和国防事务,特区没有独立的外交权,也无权拥有军队(中国台湾地区暂且不论)。(2)中央享有监督特区立法、解释和修改基本法的权力。全国人大常委会有权监督特区行使立法权,审查特区立法机关制定的法律是否符合基本法。基本法相当于特区的"宪法",而基本法的解释权属于全国人大常委会,修改权属于全国人大。(3)特区归中央直辖,特区行政长官和主要官员由中央任免。尽管特区的自治权很大,但它在法律上只是由中国政府设立的一级地方行政机构。同时,特区行政长官经当地选举或协商产生之后,由中央政府任命;特区各司司长和其他重要官员经特区行政长官提名后,报请中央政府批准。所有这些,都是单一制国家的明显特征,而联邦制国家一般不具有这些特点。

可以说,特别行政区的出现,给中国国家结构形式带来了新的变化。"一国两制"既是单一制,又与单一制有着显著区别;既具有联邦制的许多特点,又不是联邦制——现阶段的中国采取的是一种具有联邦制特点的单一制。

(三) 未来的挑战

中国政府已经对香港和澳门恢复行使主权,但是还有诸多法律问题没有解决。兹举其要。

1. 协调解决区际法律冲突

中国政府将来恢复对台湾地区行使主权后,将会出现"一国两制三法系四法域"的局面。这样就会导致区际法律冲突。区际法律冲突是指在一个主权国家内具有独特法律制度的不同地区的法律之间的冲突,比如在某一个问题上可能会出现这样的情形:内地法律规定是 A,香港法律规定是 B,澳门法律规定是 C,台湾法律规定是 D。"三法系"是指台湾和澳门属于大陆法系,香港属于英美法系,中国内地属于社会主义法系。"四法域"是指同时共存的中国内地、香港、澳门和台湾四个法域。但是，中国1982年《宪法》和两部特区基本法都没有规定如何解决区际法律冲突。不仅如此，"中央不享有制定全国统一的区际冲突法的立法管辖权，这一立法权限属于各特别行政区"。而且，"中国没有一个最高的司法机关在各特别行政区法院之间进行协调以解决区际法律冲突"①。这些问题都会对未来中国的法律、政治、经济产生深刻的影响。

2. 解释基本法

《香港基本法》第158条规定："本法的解释权属于全国人民代表大会常务委员会。全国人民代表大会常务委员会授权香港特别行政区法院在审理案件时对本法关于香港特别行政区自治范围内的条款自行解释。香港特别行政区法院在审理案件时对本法的其他条款也可解释……"《澳门基本法》第143条也有相同的规定。从基本法的规定来看，可以解释基本法的主体有：全国人大常委会和香港特区法院。在著名的"吴嘉玲案"和"陈锦雅案"中，香港高等法院原讼法庭、上诉法庭和香港终审法院都根据自己对基本法的解释作出了相应的判决，而这些判决并不尽一致。② 当然，如果三级法院的解释不一致时，终审法院的解释和判决在香港就具有最高的法律效力。这里又引出两个问题：(1) 特区法院在关于特区自治范围内的解释与全国人大常委会的解释不一致时，应当以谁为准？基本法已经规定，关于中央人民政府管理的事务或中央和香港特别行政区关系的条款进行解释，应由香港特别行政区终审法院请全国人大常委会对有关条款作出解释。这样，对涉及中央管理的事务或中央与特区关系的条款的解释，应当以全国人大常委会的解释为准。那么，对于特区自治范围内的解释应以谁为准？从基本法的立法精神来看，应当是以特区法院的解释为准。(2) 终审法院有无权力认定全国人大及其常委会的行为是否符合基本法？这个问题在1999年"吴嘉玲案"中引发了香港和中央政府的巨大争议。虽然最终通过全国人大常委会释法暂时平息了这场争议，但并没有在法理上彻底解决该问题。

---

① 黄进：《论宪法与区际法律冲突》，载《法学论坛》2003年第3期。
② 1998年，有一千多名港人在内地所生的子女，因没有香港特区政府颁发的居留权证书，特区政府欲将其遣返内地，要求他们在办理申请批准手续后，按照先后顺序合法来港居住。在被遣送的无证儿童中有四名对此不服，以香港特区政府剥夺他们依法应该享有的权利为由，诉诸法院。这就是吴嘉玲、吴丹丹诉入境事务处处长案和陈锦雅案等相关案件。诉讼几经周折后，上诉到特区最高法院（终审法院）。终审法院于1999年1月判决香港政府败诉，同时指出：香港终审法院享有宪法性管辖权。如果全国人大及其常委会的立法与基本法相抵触，香港法院有权审查并宣布全国人大及其常委会的立法行为无效。这一判决引起轩然大波，终审法院最终于1999年2月作出澄清，表明特区法院的司法管辖权来自基本法，基本法的解释权属于全国人大常委会。法院在审理案件时，所行使的基本法解释权来自全国人大常委会的授权。同时指出特区终审法院的判词并没有质疑全国人大常委会根据第158条所具有的解释基本法的权力，且如果全国人大常委会对基本法作出解释，特区法院必须以全国人大常委会的解释为依据。参见陈弘毅：《单一与多元——"一国两制"下的特别行政区基本法》，载张千帆主编：《宪法学》（第二版），法律出版社2008年版，第496—505页。

3. 行政长官的产生

特区行政长官(简称"特首")的产生涉及两个问题:(1)特区行政长官是由选举委员会产生还是由全民普选产生?《香港基本法》第 45 条第 1、2 款规定:"香港特别行政区行政长官在当地通过选举或协商产生,由中央人民政府任命。""行政长官的产生办法根据香港特别行政区的实际情况和循序渐进的原则而规定,最终达至由一个有广泛代表性的提名委员会按民主程序提名后普选产生的目标。"特区行政长官是中国中央政府对香港、澳门恢复行使主权以后设立的特区的首长,代表特区。特区基本法的附件一中专门规定了特首的产生办法。附件一规定"行政长官由一个具有广泛代表性的选举委员会根据本法选出,由中央人民政府任命。"该选举委员会共 800 人,由工商、金融、专业、劳工、宗教等各界人士组成,选举委员会任期 5 年。附件同时规定:"2007 年以后各任行政长官的产生办法如需修改,须经立法会全体议员 2/3 多数通过,行政长官同意,并报全国人民代表大会常务委员会批准。"2007 年以后,是继续维持选举委员会或者类似的机构来产生特首,还是改为由普选产生特首?这不仅仅是一个技术问题,更是一个涉及深层次的政治问题和法律问题,事关特区和中央政府关系走向的大局。(2)如果特首任期未满而缺位,继任者的任期如何计算?关于特首的任期,《香港基本法》第 46 条规定:"香港特别行政区行政长官任期五年,可连任一次。"2005 年 3 月,香港首任特首董建华辞职,曾荫权继任。曾荫权的任期如何起算?是其前任的剩余任期,还是重新开始五年任期?2005 年 4 月,全国人大对此作出解释:如出现行政长官未任满五年任期导致缺位的情况,新的行政长官的任期应为原行政长官的剩余任期;2007 年以后,如对行政长官产生办法作出修改,届时出现行政长官缺位的情况,新的行政长官的任期应根据修改后的行政长官具体产生办法确定。

2007 年 12 月,在香港回归十周年之际,为了回应多数香港市民关于实行"双普选"的愿望,香港特区行政长官曾荫权向全国人大常委会提交了《关于香港特别行政区政制发展咨询情况及 2012 年行政长官和立法会产生办法是否需要修改的报告》。第十届全国人民代表大会常务委员会第三十一次会议通过审议后认为,2012 年香港特别行政区第四任行政长官的选举不实行普选,也不实行全部议员的普选,功能团体和分区直选产生的议员各占半数的比例以及立法会对法案、议案的表决程序均维持不变,但是 2017 年可以实行特首和全部议员的普选。因此,到香港回归二十年之际,有望实现《基本法》设定的"双普选"目标。当然,选举办法的具体修改还需要经过《基本法》规定的五个步骤:行政长官向全国人大常委会提出报告、全国人大常委会对是否需要修改作出决定、特区政府向立法会提出产生办法的修改法案并经立法会全体议员 2/3 多数通过、行政长官同意修改法案并将有关法案报全国人大常委会,由全国人大常委会批准或备案。①

第三节 地方自治

一、地方自治的概念

地方自治是近代宪政的重要内容,已经成为现代宪法的一个基本原则。"无论对任何一种宪法体制来说,都需要把地方自治和地方分权问题作为民主国家不可或缺的内容,予以明确定位"。② 20 世纪 80 年代以后,地方自治受到越来越多的国家和国际组织的重视。1985 年通过的多国条约《欧洲地方自治宪章》和 1985 年、1993 年两次通过的《世界地方自治宣言》更说明地方自治已经成为一个世界范围的话题,也应当引起我们的高度重视。

"地方"是与"中央"相对而言的。在单一制国家,中央政府拥有最高权力,地方政府是中央政府的下属政府,"中央"与"地方"就是一种上下隶属关系。从公民与国家关系来看,"自治"就是自己治理自己,强调公民在与国家的最高政治权力的关系中的政治自由。"自治"是与"统治"相对立的两个概念,"统治"就是一种奴役。

"自治"从地方与中央的关系来看,自治是与官治(中央统治)相对的。所谓官治(中央统治),是指地方上的公共事务,皆由中央委派人员管理,而地方上的居民只是处于被统治的地位,丝毫没有政治参与的权利。所谓自治,则完全相反,地方上的事务完全由地方上的人自己去管理,自己去决定,或选出代表去管理,而不受中央的干预。官治的权力完全操纵在官员的手里,必须以上级政府的意志为意志,也必须对上级政府负责。自治的权力则完全掌握在人民手里,以人民的意志为意志,地方上的人民有权决定并处理地方自己的事务,而不必向上级政府负责。简而言之,地方自治就是以地方上的人、财、物来管理地方事务。

对于"地方自治"的定义,《简明不列颠百科全书》对地方自治(home rule)的定义:"由中央或地方政府授予其下级政府单位的有限自主权或自治权。对地方的活动予以一定的承认,并给予相当的自治权,但要求地方居民在政治上必须效忠于中央政府。"《中国大百科全书·政治卷》对地方自治(local autonomy)的定义:"在一定的领土单位之内,全体居民组成法人团体(地方自治团体),在宪法和法律规定的范围内,并在国家的监督下,按照自己的意志组织地方自治机

---

① 参见全国人大常委会副秘书长乔晓阳关于《全国人民代表大会常务委员会关于香港特别行政区 2012 年行政长官和立法会产生办法及有关普选问题的决定(草案)》的说明,2007 年 12 月 26 日。
② 〔日〕杉原泰雄:《宪法的历史》,吕昶、渠涛译,社会科学文献出版社 2000 年版,第 187 页。

关,利用本地区的财力,处理本区域内的公共事务的一种地方政治制度。"这两种表述略有差异,但都认为地方居民应享有对地方的治理权,不同点在于这种权力是其本身就有的,还是中央政府赋予的。我们认为,《中国大百科全书》的表述更合理一些。其对地方自治概念的界定把握了地方自治的两大关系:即地方自治团体与国家的关系以及地方自治团体与当地居民的关系。这两大关系构成了地方自治的两层意义:居民自治和团体自治。由此我们进一步分析,可以知道地方自治包括以下三种含义:

首先,地方自治权应当服从国家主权。地方自治并不是要地方脱离中央的领导,而是让地方自主管理地方事务。中央政府对于地方自治单位要进行有效的监督与管理。"自治者,必处一国家之下。故国家以内有自治,国家以外无所谓自治也。假使团体不受国家之监督,任自身之意思行动自由,则是离国家监督范围之外,几另成一国家,而国家统一乃于是乎大坏。"①因此,自治是一国主权之下的自治,这是地方自治的大前提。

其次,居民自治是地方自治的基础。居民自治的原则要一定地区公共事务主要根据该地区居民的意思来进行。在制度设计上,居民自治表现为:居民选举代表组成自治机关,自治机关依照居民的意志来管理地方行政事务。居民自治是地方自治的基础,没有居民自治就没有地方自治。

最后,团体自治是地方自治的主要内容。地方自治团体是地方自治的主体,是中央政府认可的公法人组织,对地方事务享有独立于中央的自治权。自治权是地方自治的核心,其中又以行政权和征税权最为重要。地方自治团体由法律规定产生,接受国家监督,同时兼为中央政府的执行机关。中国现阶段并没有地方自治意义上的自治团体,民国时期的一些宪法和其他法律文件中曾规定省、县等自治机关。②

二、地方自治的产生

地方自治为最早起源于西方城市居民或市民的自治团体,古罗马时期意大利的一些地区就组成了一些自治邑,享有地方自治权力。它是地方自治最初萌芽。现代意义的地方自治则始于11世纪欧洲的市民自治运动。中世纪晚期,西欧各国兴起了许多工商业城市,在城市中形成了市民阶级。新兴城市为了采取防御措施,加强防御,就要求市民根据其财产的比例承担防御经费。为了估定与征收税款,为了应付城市新增的各种需要,城市纷纷设立或选举出市参事会。到

---

① 〔日〕吉村源太郎:《地方自治》,朱德权编,中国政法大学出版社2004年版,第10页。
② 例如,1936年《中华民国宪法草案》("五五宪草")第五章为"地方制度",规定了省、县、市三级自治机关。1946年《中华民国宪法》第十一章为"地方制度",规定省、县实行自治。其中省一级包括了省、直辖市的自治和内蒙古各盟旗地方自治制度及西藏自治制度。

12世纪时,各处的市参事会都成为公众权力机关所承认的组织,并且成为一个城市中相沿的制度。于是城市自治得到了较好的发展。后来,在城市与教会权威的斗争中,城市居民运用各种方法(如金钱赎买或武装斗争等)争取城市的自治权。取得城市自治权的市民组成拥有法人地位的自治社团,设立议会、司法机关、选举管理人等自治机关保护市民的权利。后来,英国资产阶级在反对君主专制,限制王权的斗争中提出了地方居民应当选举公职人员管理地方事务的主张,英国法学家史密斯将这一主张概括为地方自治。

英国是最早进行地方自治的单一制国家。在资产阶级革命前,英国地方就存在《市宪章》(Royal Charters of Citifies),开展地方自治。但这一时期的地方自治实际是地方精英或乡绅享有特权自治体的管理,是地方上的绅士以不领薪的荣誉职务参与其事,没有实行地方自治与地方行政的一体化。英国光荣革命以后,特别是自由主义思想的广泛传播,随着民主主义的盛行,产生了1835年的《市自治法》(Municipal Corporation Act),该法规定市作为自治团体应当由公民选举产生市议会和市行政首长。市议会不仅仅是立法机关,也是执行机关。在市议会中设立各种委员会,委员会由议员或者是非议员的专家组成,各种专门委员会具有一定的独立行政管理职权。

英国现代意义上的地方自治制度产生于19世纪末,当时主要分为三个层次:(1)县级市和行政县;(2)自治市、镇、乡;(3)村。20世纪70年代,英国又开始了地方自治制度的改革。根据1972年保守党提请英王批准的地方政府法案,全英格兰分为45个县,其中6个为都会县,39个为非都会县或者是普通县。都会县下设都会区,区下设村,作为最基层的行政单位。"由于国会立法或授权允许地方政府相当大的自由裁量权、中央政府并不对地方政府进行严格的检查和审计,地方在财政征收方面也比较宽松,所以英国的分权程度是相当高的。"[①]目前,英国主要有五种不同类型的地方政权:市议会、区议会、伦敦区、都会区和单一机构。地方政府依照法律规定行使职权。地方财政来源于四个方面:中央政府财政拨款、非居民财产税、地方议会征收的税收、各种收费。

"在美国独立之前,殖民地居民已在地方自治方面积累了一百五十多年的经验。"[②]新英格兰地区的地方自治制度尤其发达,乡镇政权享有充分的自治权,"乡镇公权的源泉是人民……人民是各级政府必须竭力讨好的主人。"[③]乡镇在与其本身有关的一切事务上都是独立的,"每个乡镇最初都是一个独立国"[④]。

---

① 董礼胜:《欧盟成员国中央与地方关系比较研究》,中国政法大学出版社2000年版,第7页。
② 〔美〕纪念美国宪法颁布200周年委员会编:《美国公民与美国宪法》,劳娃、许旭译,清华大学出版社2006年版,第47页。
③ 〔法〕托克维尔:《论美国的民主》,董果良译,商务印书馆1991年版,第68页。
④ 同上书,第72页。

当时,新英格兰地区各个乡镇任命自己的行政官员,规定自己的税则,征收并分配自己的税款。涉及全体居民利益的事务均在公众场所召开的公民大会来讨论决定。美国独立后至南北战争前,并没有形成强有力的联邦政府,各州事务大都是自己做主,联邦政府的影响很有限。南北战争以后,联邦政府权力得到加强,对地方管理的许多细节进行规定,甚至废黜某些地区的自治制度。州政府开始加强对市镇的控制,但遭到各地居民的反对,于是,各地居民为争取自治权力开展了家乡自治运动。该运动限制了州政府的权力同时许多地区获得了制定自治宪章的权力。1875年,在圣路易斯市市民的争取下,密苏里州宪法最先授权人口在10万以上的城市在不违反州宪法与州宪法的前提下制定自治宪章。接着,加利福尼亚州于1879年、华盛顿州于1889年、明尼苏达州于1896年进行了类似的立法。

在德国,地方自治是公民自由的一种表现形式。它具有悠久的传统,可以一直追溯到中世纪自由城邦的特权。当时的市民权将人们从封建的桎梏中解放了出来。"在中世纪晚期乡村的落后状态和束缚中,大多数城市曾获得'自由市'的地位,并保持这种地位几个世纪,然而在此之后,大多数城市便失去了它们的独立性,转而处于绝对主义统治者的权力控制之中。"①1808年,普鲁士的自由派官员弗莱尔·冯·斯坦因颁行了《普鲁士市镇法》,为德国开启了一种新的地方自治模式。德国地方政府由市、乡镇、县三类构成。地方政府的自治权包括地方短途公共交通,水电及煤气供应,地方道路建设,废水处理和城市建设规划以及学校、博物馆、医院、体育场所等公共设施的建设与维持。为保证自治事务,地方政府享有征税权(税收收入占地方政府收入的三分之一左右),主要有工商业税、土地税、增值税等,另外还可以分享一部分联邦所得税(这一部分有时达到地方政府税收的百分之四十左右)。②

日本近代统一的地方制度形成于明治维新时期,根据1878年和1880年制定的《郡区街村编制法》、《府县会规则》和《地方税规则》等法案确立了市制街村制、府县制、郡制。1929年,这三个制度被全面修改。第二次世界大战以后,日本实施了作为民主基础的地方自治制度。1946年日本新宪法第8章设置了"地方自治"条款。由于宪法对地方自治的规定比较原则,1947年又公布《地方自治法》,该法与《日本国宪法》同于5月3日实行。战后初期日本地方制度的改革主要表现在知事公选,强化居民的参政权,建立统一的地方自治体系,扩大地方自主权,建立居民直接请求制度。地方自治法从第一次公布实施后到50年代中期,地方自治制度经历了许多变化、多次修改之后,确立了适合日本实情的

---

① 〔德〕赫尔穆特·沃尔曼:《德国地方政府》,陈伟、段德敏译,北京大学出版社2005年版,第4页。
② 同上书,第135—140页。

地方自治制度。1995年施行的《地方分权推进法》(2000年修改后顺延实施一年)明确了地方分权的基本理念、国家和地方公共团体的责任与事务、国家和地方公共团体的作用分担等。有学者指出,日本地方自治已经形成了自己的新思维。"日本地方自治的新思维主要包括为达到地方自治本意而实现国家与地方的作用分担与充分尊重地方的自主与自立性、为实现真正的地方自治而充实与强化具有保障地方自治作用的地方财源、为实现完整的团体自治而健全与强化基础性地方公共团体——市街村的功能、为实现彻底的居民自治而完善与强化居民诉讼与国家干预诉讼等。"①

从历史发展的角度来看,地方自治经历了从特别法到一般法再到宪法基本原则的演变过程,它不但表明地方自治的法律地位不断提高,而且表明地方自治已经成为宪法的基本问题,地方自治作为一种处理国家权力纵向分配的制度,已经成为处理中央与地方关系的重要制度。无论是联邦制国家还是单一制国家,实施地方自治已经成为宪法发展和地方制度的一个重要趋势。

三、中国的地方自治

中国自晚清以来,曾经有过三次比较有影响的地方自治运动。②第一次在清末民初。最早介绍和鼓吹地方自治的是马建忠、郑观应等人。戊戌变法期间,康有为、梁启超等极力主张地方自治并会同其他维新派人士在湖南筹办保卫局和南学会,开展地方自治实践。到20世纪初,中国出现了宣传地方自治的高潮,一些地方的绅士还设立了"自治研究会"、"自治学社"等,自发试办地方自治。1905年前后,在舆论与地方士绅的推动下,一部分官员也纷纷奏请清廷宣布立宪,实行地方自治,其中袁世凯在天津创办的地方自治,使地方自治由民间试办向官僚体制推进。

1907年9月,清廷令民政部妥拟自治章程。10月,通谕各省督抚在省设咨议局,同时将各府州县议事会一并预为筹划。1908年8月,清廷批准颁布宪政编查馆拟定的预备立宪逐年筹备清单。该清单安排了地方自治实施步骤,并先后颁布《城镇乡地方自治章程》、《京师地方自治章程》、《府厅州县地方自治章程》。清末地方自治基本上仿效的是当时日本的制度,地方自治分为两级:一是以镇乡为下级地方自治体;二是以府厅州县为上级地方自治体。作为上级地方自治体执行机关的首长,则是由朝廷任命。清廷虽在省一级设立了咨议局,但并不以省为地方自治单位。

---

① 曾祥瑞:《新日本地方自治制度研究》,中国法制出版社2005年版,第42页。本节关于日本地方自治的史料除注明者外亦主要来源于本书。
② 参见喻希来:《中国地方自治论》,载《战略与管理》2002年第4期。

辛亥革命期间,起义独立各省的议会纷纷自行转变为省议会。各省颁布的临时约规大多规定,省议会由人民选举,都督由省议会选举产生。作为对既成事实的承认,民国成立后北京政府于1912年8月通令各省组织省议会,9月起陆续颁布有关省议会选举的法规,1913年4月颁布《省议会暂行法》。但是,省的宪法地位并没有因此而最终确定,这一问题成了民国初年的政争焦点。当时,以孙中山为代表的前革命党人和一部分前立宪派主张联邦制,地方分权;以梁启超为代表的前立宪派和以章太炎为代表的一部分前革命党人以及袁世凯等北洋当权派主张单一制,中央集权。前者主张省为地方自治团体,各省对于内政有完全自由,省长民选。后者主张废省存道,以道为上级地方自治团体。国民党二次革命后,袁世凯于1914年下令各地停办自治会,后来又下令解散各省议会。12月,颁行地方自治试行条例,仅限于在县辖区一级实行自治。袁世凯死后,各省议会于1916年8月重新恢复北京政府于1921年先后颁布县自治制和市自治制,将袁世凯时代所定的区一级自治团体改为县与市乡两级自治团体。

第二次是20世纪初期至20年代初的联省自治运动。运动的积极参加者,既有梁启超、章太炎这样的在民国初年极力主张中央集权的老名流,也有胡适、李四光这样的新知识分子,还有赵恒惕、陈炯民之类的地方军阀。他们的基本主张是在省自治的基础上建立联邦制国家,虚置中央政府。而原来主张地方分权的孙中山,这次却反对联省自治。孙中山晚年主张中央与地方均权,这一思想在国民党"一大"宣言中得到了比较明确的体现。该宣言宣称:"关于中央及地方之权限,采均权主义……不偏于中央集权制或地方分权制。""各省人民得自定宪法,自举省长;但省宪不得与国宪相抵触。省长一方面为本省自治之监督,一方面受中央指挥,以处理国家行政事务。""确定县为自治单位。"①

孙中山逝世后,国民党一直坚持贯彻他的地方自治理念。例如1930年的《中华民国约法草案》第17条规定:"中央与省之权限,采均权制度,凡事务有全国之性质者,划归中央,有因地制宜之性质者,划归地方,不偏于中央集权与地方分权。"这就是均权思想的体现。1936年5月5日公布的《中华民国宪法草案》("五五宪草")专设"地方制度"一章,设立了省、县、市三级自治机关。其中规定:"省设省政府,执行中央法令,及监督地方自治。""县为地方自治单位。"对于市的自治,"准用关于县之规定。"1946年《中华民国宪法》第十章"中央与地方之权限"划定了中央与地方事权的范围。第十一章"地方制度"规定:"省得召集省民代表大会,依据省县自治通则,制定自治法,但不得与宪法相抵触。"由于内战,该宪法并没有在全国范围内得到较好的实施,地方自治也未能实现。

第三次是在20世纪40年代中期。这次地方自治的推动者是中国共产党。

---

① 见《中国国民党第一次全国代表大会宣言》中第三部分"国民党之政纲"之"对内政策"。

1945年4月，毛泽东在《论联合政府》中提出："中国境内各民族，应根据自愿与民主的原则，组织中华民主共和国联邦，并在这个联邦的基础上组织联邦的中央政府。"中共七大通过的《中国共产党章程》在总纲中明确提出，在目前阶段的任务是"为建立独立自由民主统一与富强的各革命阶级联盟与各民族自由联合的新民主主义联邦共和国而奋斗"。中国共产党在解决民族问题上的纲领是联邦制，在解决中央与地方关系问题上的纲领是地方自治。1946年1月16日，中共代表团向政治协商会议提出的《和平建国纲领草案》专门列有地方自治一章，主张"积极推行地方自治，废除现行保甲制度，实行由下而上之普选成立自省以下的各级民选政府"，省得各地得采取因地制宜的措施。后来，国共两党内战纷起，和平建国计划破产，地方自治的主张也随之破灭。但是，1947年10月10日发布的《中国人民解放军宣言》提到中国境内各少数民族的"平等自治及自由加入中华联邦"。直到1949年9月制定《中国人民政治协商会议共同纲领》时才最终决定在解决民族问题上用民族区域自治取代联邦制；在解决中央与地方关系问题上以执政党的组织原则民主集中制取代地方自治。

四、地方自治的理论

不同的国家在把地方自治观念引入本国的实践中，都结合本国的具体情况和管理要求，提出适合自身需要的地方自治理论。这些理论主要有保护说、钦定说、传来说、固有权说、制度保障说、人权保障说等。

（一）保护说

该学说流行于英美法系国家，称为人民自治论。该理论认为，自治的权利属于天赋，为人民所固有，先于国家而存在。原始社会由个人结合的自由公社便具有自治权。国家出现后，这种固有的自治权依然存在，国家不但不能干涉，而且应予保护，所以又称为保护主义。该理论在制度上表现出自己的特点，英美国家的地方自治机关行使由法律确认的自治权时，中央政府一般不加过问，地方自治机关形式上独立于中央政府之外，自治机关的成员直接或间接由当地居民选举产生，他们只具有地方官员的身份，中央政府不得撤换他们。中央政府对地方自治机关的监督以立法监督为主，一般避免对其发布强制性指示。如果地方自治机关逾越法定权限，中央政府可诉请司法机关加以制止。

（二）钦定说

该主张为大陆法系国家的地方自治所奉行。它不同于"人民自治"而坚持"团体自治"，认为地方自治的权利不是天赋的，不为地方人民所固有，而由国家主权所赋予，国家可随时撤回这种权利，故称为钦定主义。表现在地方制度上，大陆法系国家的地方自治权具有委托性质，中央政府对于自治事务具有最终的决定权。地方政府首长不论为中央直接任命或为地方居民选出，都同时兼具中央官员和地方自治机关官员的双重身份,中央政府有权随时撤换他们。中央政府对地方自治机关的监督以行政监督为主,中央政府可随时向地方机关发出强制性指示,地方机关必须执行。否则,中央政府可采取强制性措施。可见,钦定说在强调中央集权的国家比较有市场,地方自治则处于软弱无力的境地。从现在地方自治发展的趋势来看,此说已经不再具有说服力。

(三) 传来说

这一观点认为,地方自治来源于国家,国家的承认是地方自治的合法前提。该学说强调国家的存在对地方自治的意义。此说最早产生于19世纪后半叶的德国。该理论认为,自治权不是固有的,而是来自国家的委任乃至恩赐,地方自治的权力是国家给予地方的。直到《魏玛宪法》时期,该学说仍为德国的许多学者所接受。日本在很大程度上接受了这一理论,如日本宪法学家宫泽俊义指出:"地方公共团体离开国家不可能有完善独立的存在,离开了国家权力,不可能具有独立的固有权,其存在的根据全在于国家的权力。"[1]该学说的明显缺陷是强调国家对地方自治的绝对优势,地方自治的命运完全听命于国家。国家既可以发动地方自治,也可以停止地方自治。对于地方来说,这种自治的空间并不大,也缺少稳定性和安全感。即便地方自治得到了宪法和法律的保障,地方自治也会受到很大的限制和削弱。

(四) 固有权说

此说认为,法人与自然人一样,也享有固有的人格和权利。既然自然人享有天赋的、不可侵犯的基本人权,那么,地方自治权相对于地方团体而言,也同样是固有的、先于国家而存在的权利。该学说的缺陷也很明显:自治团体的权利先于国家而存在的观点是先验的假设,虽具有价值上的合理性,但与历史事实不符;公法理论普遍认为,国家主权具有单一性和不可分割性,而强调地方自治权先于国家存在与主权的这一特征不相符。随着时代的发展,固有权说的不足已日益明显,需要用新的理论予以补充。20世纪70年代以来,又出现了"新固有权说",指出地方自治并不是国家承认之后才成立的,而是居民及地方团体本来就有的基本人权乃至固有的团体基本权。也有人指出,地方自治并不是由宪法或者国家所给予的,而应当为民主主义的内在要素所固有。

(五) 制度保障说

此学说一方面基本上维持传来说的立场,另一方面,又重视宪法对地方自治的保障,即国家的法律必须不得侵犯地方自治的权力。该说的倡导者是德国的卡尔·斯密特,后来此说在德国学术界影响深远,一度在第二次世界大战后占统

---

[1] 〔日〕山内敏弘:《分权民主论的50年》,张庆福主编:《宪政论丛》,法律出版社1998年版,第371页。

治地位。制度保障说20世纪50年代被许多日本学者接受,有的日本学者对该说又进行了新的论证,不把公共团体视为国家的对立物,而是在宪法和国家结构之内的共存物,这对于理解现代社会国家和地方的相互依存关系是有益的。但制度保障说也有它的弱点:既然认为国家立法不能破坏地方自治的法律,即国家法律不得随意破坏由历史传统所形成的制度内容及其本质内容的法律,则那些不被立法所限制的本质内容究竟是什么?学者之间就该问题尚未形成一致的意见。

（六）人权保障说

政治制度的目的是为了促进人的权利的实现,人在社会政治结构中始终应是目的,而不是手段。基于这一认识,民主只是促进人权实现的一种手段而已,一切政治制度最初、最终的着眼点都应落在单个的"人",而非集体的、组织的人,这也是国家成立的宗旨和本意。保障人权是国家的政治原则之一,人权保障需要贯穿在国家政治制度的各个层面上,地方自治就是这一观念在地方制度上的体现。中央政府不能在任何事情上都能尽察民意,人权保障在实际制度运行过程中总会有折扣。地方自治能够让民众广泛地参与公共事务,是合理的利益表达机制,因而地方自治在保障人权的实现上比中央政府要彻底得多。这一理论较有说服力,但其衡量标准比较模糊,不易操作。特别是当中央与地方政府发生冲突而双方都以保障人权为名之时,该如何判断,如何解决,此说就难以提供可行的方案。①

有学者认为,尽管这些理论的主要观点不同,但它们具有共同的逻辑起点,即主要包括两个基本理念:第一,中央与地方在利益上的对立,把这种利益对立作为解决中央与地方关系的观念前提,以此出发来实现地方自治权力。第二,坚持国家主权完整统一原则,这是尊重地方利益、实现地方自治的前提。② 因此,上述各种理论"同出而异名",都是地方自治在不同国家实践过程中的反映,它们有利于解决不同国家不同时期所面临的问题。地方自治的理论就是在现实中不断面临新的挑战而得到了充分的发展,没有一种地方自治的理论可以一成不变,放之四海而皆准,现实生活的丰富多彩将会催生出更多的理论,这些理论又将提供更多的解决之策。世界上不存在只有优点而没有缺点的理论,理论要在实践中不断丰富和发展才会具有生命力。

五、外国宪法对地方自治的规定

第二次世界大战后,越来越多的国家将地方自治原则上升为一项宪法性原则,不仅在宪法中规定了地方自治,有的国家还根据本国的情况,制定了专门的

---

① 相关资料可参见郑贤君:《地方自治学说评析》,载《首都师范大学学报（社会科学版）》2001年第2期;〔日〕山内敏弘:《分权民主论的50年》,载张庆福主编:《宪政论丛》,法律出版社1998年版。
② 张志红:《当代中国政府间纵向关系研究》,天津人民出版社2005年版,第65页。

地方自治法。专门的地方自治法受各国法律制度的影响较大,现根据大陆法系与英美法系做一简单介绍。

(一) 英国

英国是不成文宪法国家,关于地方自治的规定主要是议会制定的单行法规。英国授予地方政府权力的形式有法律和行政命令。

英国有关法律包括:(1) 地方组织法,例如 1835 年由国会通过的《市组织法》(Municipal Corporation),统一了市的组织,确立了市的法人地位,设立民选的市议会以处理市政。1933 年的《地方政府组织法》(Local Government Act),对于各级地方政府的组织和职权,作出了统一的规定。(2) 专门法。这类法律也可授予一般地方政府或某类地方政府处理某类特定事务的权力。如地方政府根据公共卫生法、城乡计划法、社会服务法等获取权力。(3) 私法案。私法案是指有关特定的个人、团体、地方法案而言,以别于内阁或议员为制定一般法律所提出的公法案。凡依这种请求而通过的法案称为地方法或私法。郡议会或区议会想在一般公法范围以外取得某种特别权力时,可向国会提出一项私法案,国会通过后就可取得这种权力。

相关行政命令主要有临时命令批准法和特别命令。前者是指当地方政府以私法案向国会要求某种权力,因手续繁多而费时费力,可先请有关部门颁发临时命令,以便施行,然后再由国会批准,确认其效力。后者是指地方政府根据法律授权可以制定命令,呈请有关部长批准,部长批准后提交国会备查,如果国会在 21 天内没有将决议取消,命令开始生效。

(二) 美国

美国的政府体制包括联邦政府、州政府和地方政府三个层次。"据美国的联邦制原则,州不是联邦划分的次级行政单位,而是组成联邦的成员单位或成员政府;只有州政府以下的行政单位才被称为地方或地方政府,它们是州的分治区。"①美国的地方自治不涉及联邦政府和州政府,主要是地方政府的自治。美国联邦宪法没有地方自治的内容,关于地方自治,各州在立法上一般有两种形式。

1. 州宪直接授予自治权

现今美国共有 48 个州将自治权授予市政府,共有 38 个州将自治权授予县政府,也有二者兼授之。自治权依授权方式不同可分为两类:由州宪法直接授予和由州法律授予。前者将对地方事务的完全管理权分配于地方政府,州政府对之只行使监督权,后者则将在法律限制范围以外广泛的权力分配于地方政府。目前在美国共有 37 个州宪法明确制定自治权条款,其中,13 个州的自治权是由州宪法单独授予,而其余 24 个州的自治权则由州宪法及有关法律共同授予之。

---

① 韩大元主编:《比较宪法学》,高等教育出版社 2003 年版,第 370 页。该部分作者为任进。

2. 州法授予自治权

美国有近十个州仅由州法律赋予地方政府自治权，而该州宪法则对之不做规定。这类地方政府的自治地位在概念上似乎较低于经由州宪法直接授予自治权的地方政府，但实际上并非如此。此类法律可以通过司法解释加以强化，并由于其他多方面的原因，而使得某些州的地方政府取得更多的权力。依此种自治权所产生的市政宪章，其制定与修改，均与州宪法直接授予自治权所产生市宪章无异。

3. 市政宪章授予自治权

所谓市政宪章，是指由立法机关制定，交由市政组织选择或由立法机关草拟，依自治权交由公民同意通过的市政令。有时，市政宪章也兼指在本州宪法或有关组织法令中明示，授予某一特定市政组织广泛权力的概括条款。某些州的宪法并未将市政宪章视为授予地方政府自治权的前提条件。在宪法明示授予自治权的情形下，即使欠缺具体的市政宪章，地方政府也可以依据宪法的授权行使权力。但市政宪章在今日仍被视为市政组织取得自主地位的前提，必须作全盘性的规划及草拟，并经由市民投票表决通过，才有拘束地方政府及州政府的效力。

（三）法国

法国是中央集权的单一制国家。法国的地方单位由中央政府即议会的法律规定成立的，依法自主管理，并由中央政府派驻代表在各地区负责维护国家利益，监督法律的实施。法国关于地方自治的法律主要有：

1. 宪法

法国现行宪法实施于1958年，第11章专门规定"地方单位"①，该章仅有5条（第72—76条）。第72条规定："共和国的地方单位是市镇、省和海外领地。其他一切地方单位依法律建立。这些地方单位由选出的议会依照法律规定的条件，自主管理。在各省和领地，由政府的代表负责维护国家利益、监督行政并且使法律获得遵守。"②第73条是关于个人身份的规定。其余三条是关于海外领地的规定。可见法国的地方单位主要是市镇和省。

2. 一般法律

法国宪法对地方自治仅仅是一个原则性的规定，地方自治制度的具体内容则另由专门的法律予以规定。主要有：（1）1977年的市镇法典。该法第121条第26款规定："市议会通过讨论决定市镇事务。根据这条规定，如果法律没有其他规定时，市议会可以讨论和决定一切属于市镇性质的事务。"（2）1982年通

---

① 沈宗灵：《比较宪法》，北京大学出版社2002年版，第153页；有的学者译为"领土单元"，见张千帆：《法国与德国宪政》，法律出版社2011年版，第15页；有的学者将其译为"地方团体"，见王名扬《法国行政法》，中国政法大学出版社1989年版，第77页；也有学者将其译为"地方自治团体"，见田芳：《地方自治若干问题研究》，武汉大学2004级博士学位论文。

② 参见沈宗灵：《比较宪法》，北京大学出版社2002年版，第153页。

过的《市镇、省和大区自由和权利法》。该法第1条规定："法律决定市镇、省、大区和国家的权限之间的职权的分配"。（3）1983年通过的《划分市镇、省、大区和国家权限法》。该法第1条规定："市镇、省和大区决定属于它们权限的事务。地方自治团体协助国家管理领土整治、发展经济、社会、卫生、文教、环境保护和改良生活环境。"对于省的职权，有些事务由法律规定必须创设，如维修省的道路、实施某些救济和公共卫生服务等。大部分公务是任意性的，由省自由决定是否创设。在可以任意设立的公务中，也必须遵守某些法律原则，不能任意侵犯私人的活动范围。

（四）日本

经过明治维新运动，地方自治制度已经在日本得到确立，成为日本现代民主政治不可缺少的一个环节。第二次世界大战以后，日本在新颁布的《日本国宪法》专门设置一章以保障地方自治，后来又颁布了一系列法律来保障地方自治权，地方自治建立在法治的基础之上。

1. 宪法

第二次世界大战后，日本在美国占领之下制定了新宪法。该宪法本着对战前中央集权体制的深刻反省，设置了地方自治条款，即第八章"地方自治"。该章共有4条（第92—95条），分别规定了地方自治的基本原则；地方公共团体设置议会为其议事机关、其官吏由该地方公共团体的居民直接选举；地方公共团体有管理财产、处理事务以及执行行政的权能；制定特别法须经该地区居民过半数投票同意。[①] 于是，地方自治获得了宪法的保障。

2. 地方自治法及地方分权法

1947年5月3日，日本《地方自治法》与宪法同时实施。《地方自治法》的要点是：（1）废止内务省；（2）强化地方自治体、居民自治权；（3）废止任命知事等。由于种种原因，《地方自治法》并没有达到预期的目的。1995年又通过了《地方分权推进法》。该法共4章17条，第1章"总则"规定了目的、推进地方分权之理念、中央与地方公共团体之责任义务。要求"明确划分中央与地方公共团体应分担之任务，并加强地方公共团体的自主性及自立性"（第2条）。第2章规定了中央与地方公共团体之任务分担、中央关于推进地方分权之措施、地方税财源之充实确保、地方公共团体行政体制之整备及确立。值得注意的是，该法要求中央政府"综合且计划地推进有关地方分权之施行政策"，地方分权推进计

[①] 日本《宪法》第8章"地方自治"之条文如下：第92条 关于地方公共团体的组织及运营事项，根据地方自治的宗旨由法律规定之。第93条 地方公共团体根据法律规定设置议会为其议事机关。地方公共团体的长官、议会议员以及法律规定的其他官吏，由该地方公共团体的居民直接选举之。第94条 地方公共团体有管理财产、处理事务以及执行行政的权能，得在法律范围内制定条例。第95条仅适用于某一地方公共团体的特别法，根据法律规定，非经该地方公共团体居民投票半数以上同意，国会不得制定。

划草案由首相制定。并要求总理府设置地方分权推进委员会，专门负责地方分权事务。

3. 特别法

日本《宪法》第 95 条规定，地方自治特别法是指"只适用一个地方公共团体的特别法，根据法律的规定，若在该地方公共团体的居民投票中未得到其过半数的同意，则国会不得制定之。"该规定的宗旨在于尊重地域居民的自主权与保障地方公共团体的平等权。地方自治特别法有：《广岛和平城市建设法》、《长崎国际文化城市建设法》、《首都建设法》等。

六、地方保护：地方自治的盟友还是敌人？

（一）地方分权导致地方保护吗？

有人认为，中国自 1978 年以来的改革具有明显的地方分权的特征。权力下放导致了地区间的市场出现剧烈竞争，而地区间的市场竞争又导致地方保护主义。[①] 从表面看，这种观点似乎是有道理的。如果细加分析，则大可商榷。不能将地方保护归咎于分权。循此逻辑，如果将权力收回中央，再回到高度集权的老路子上，那么就会消灭地方保护主义。这是进步还是倒退？出现地方保护主义的症结不在于地方自治，根源在于中央与地方权限不明或者中央权力明显高于地方。地方政府要通过地方权力市场化、用权力谋取财富的手段来完成上级的各项考核、维持本级政府的运转。很多地方自治权力很大的国家并没有出现明显的地方保护主义，就在于地方政府没有参与市场的经营性活动。只要存在政企不分和政府干预市场，地方政府权力再小也会形成地方保护；如果政府没有控制资源的分配，没有与企业结成利益共同体，地方政府权力再大，地方保护主义也难以生存。因此，地方分权不仅不会导致地方保护主义，而且真正的地方自治是排斥地方保护主义的。

地方自治要求地方政府独立自主地管理地方事务，处理地方公共事务，并对自己行使权力的行为负责。地方自治不容许地方政府从市场中获取利益，要求其不能参与市场经营性活动，不能直接干预市场。而地方自治所禁止的，恰恰是地方保护主义所需要的，地方自治排斥地方保护的存在。地方自治的一个鲜明特征就是要服从国家主权，接受国家的监督和管理。德国的经验充分说明："地方自治并非指地方政府的活动完全脱离上级政府控制。为了保证政府的法治，

---

① 张维迎等认为，地方分权政策导致了地区间的竞争，而地区间的竞争反过来引发了民营化（张维迎、栗树和：《地区间竞争与中国国有企业民营化》，载《经济研究》1998 年第 12 期）。有人循此思路，认为分权引致地区间竞争，而地区间竞争又引致地方保护主义（王敬云：《一个关于中国地方保护主义问题的综述》，载《兰州商学院学报》2005 年第 5 期）。还有人直接指出，过度分权刺激了地方保护主义的产生（陆铭等：《收益递增、发展战略与区域经济的分割》，载《经济研究》2004 年第 1 期）。

各州对地方活动实行不同程度的监督。"① 而地方保护主义恰恰相反,它不愿意接受国家的监督,违背国家宏观调控,甚至还会采取各种措施逃避、阻碍国家监督。此外,地方自治要求居民自治,即地方的居民自主管理自己事务,政府不得干涉。地方保护则在很多方面损害了当地居民(特别是居民作为消费者)的利益,剥夺或者限制了当地居民对外地产品、服务、资金、劳动力的选择权。政府的过度干预是出现地方保护的根源之一,而地方自治的内在要求就是反对政府过多地干预地方事务。由此可以看出,在基本价值的取向上,地方自治与地方保护主义是对立的,地方自治是防止、遏制地方保护主义的有效途径。

(二) 地方自治不足还是地方保护有余?

地方自治是在中央与地方纵向分权的意义上而言的,其核心是中央与地方权限的划分及两者的法律地位。地方保护主义并不涉及中央与地方的纵向分权关系,而是地方政府在自己的管辖地区如何维护地方的一己私利。尽管地方分权和地方保护有时候都会涉及地方利益与中央利益的冲突,但这两种冲突的性质截然不同。地方分权意义上的中央与地方冲突多是两者在法律的框架内,由于授权不明确或者遇到新问题,通过对法律进行新的解释或启动中央与地方争端解决机制等途径就可以解决问题。地方保护主义意义上的中央与地方冲突,大多是由于地方为追求地方利益的最大化而采取的损害国家利益或者违反国家法律、政策等行为。

就中国的现实而言,并不是地方分权过度,而是地方自治不充分。中央与地方分权不合理、不科学,中央给与各地方的"放权"政策尺度不一,缺少完整的理念指导分权。地方自治必然要分权,但是分权却不仅限于地方自治。面对地方保护主义蜂起的现状,全国范围内完整意义上的地方自治制度却没有建立起来。在中国,处理中央与地方关系的关键就在于实行什么样的地方自治制度。如果能够解决好地方自治的问题,地方保护主义的问题就会迎刃而解。地方自治是"本",地方保护是"末",切不可被当前地方保护主义的各种现象迷惑了眼睛,将其归咎于地方自治。

(三) 如何消除地方保护主义?

地方自治是消除地方保护主义的良药。从中央与地方分权的角度,如下措施是十分必要的:

(1) 合理划分中央与地方的权限。地方和中央权限划分不清也在某些情况下刺激了地方保护主义的发展。两者权限不清,有矛盾时互相扯皮推诿,有利益时互相争夺。在一些不明确的地带,地方政府便会极力争取,维护本地利益。于是,当中央宏观调控能力弱化和中央与地方事权关系模糊时,地方政府作为一个

---

① 张千帆:《西方宪政体系(下册·欧洲宪法)》,中国政法大学出版社2001年版,第210页。

利益主体，就会片面追求地方利益而牺牲国家利益。①

（2）从立法上清晰界定中央与地方关系。从立法而言，现行宪法没有维护全国统一市场、制止地方保护的条文，没有中央和地方分权的法律和反垄断法。现有的制止地方保护主义条款，缺乏系统性和可操作性，地方立法权在很多方面受到地方利益的干扰，在某些方面反而为地方保护主义提供便利。从司法而言，有的法律规定弹性太大，使司法者有较大的随意性。司法部门过多受到地方党政领导、地方财政和其他行政部门的制约，使司法部门及其司法活动带有较强的地方色彩。②

（3）建立合理的中央与地方财政体制。经济利益是催生地方保护主义的原始动力，地方保护主义最初发生在经济领域并且至今在经济领域最为突出。地方政府既要满足本地居民利益的需要，比如居民对工资水平、就业机会、福利待遇、公共服务、生活环境等的需求，又要满足地方政府的利益，特别是地方财政收入。这些需求会促使地方政府片面追逐经济利益。1994年实行的分税制在很大程度上理顺了中央与地方的财政关系，中央财力大为增强，中央与地方财政分配透明度得以提高，并且使地方保护主义有所削弱。但分税制后，地方财政不足以支付财政支出，地方财政自给能力减弱。分税制没有给地方提供固定的税基，地方财源基础大为削弱。除乡级财政基本能够自给外，省、市、县三级财政均不能自给，县级财政自给能力最弱。为了应付财政压力，地方财政一方面要扩大财源，培育新的税源，大力发展地方经济；另一方面千方百计保护已有税源，保护本地企业，哪怕这种保护政策与中央相违背。③

七、中国：地方自治，路在何方？

有人认为，中国已经有了比较发达的地方自治制度，比如民族区域自治制度、特别行政区制度和基层自治。其实，民族区域自治制度和特别行政区制度并不是基于中央与地方关系而言的地方自治。民族区域自治主要是用来解决民族问题的一种制度，特别行政区自治是用来解决国家统一问题的制度，虽然也涉及中央与地方关系，但它们一方面不具有普遍性，不能通行全国；另一方面，这两种制度的主体是中央政府与省一级地方政府的关系，而很少涉及省级以下地方政府。而地方自治的主体主要是省级以下的地方政府或者地方自治机构。由此我

---

① 阳国亮、何元庆：《地方保护主义的成因及其博弈分析》，载《经济学动态》2002年第8期。
② 李世源、叶育新：《近年来我国地方保护主义研究综述》，载《湖南文理学院学报（社会科学版）》2006年第1期。
③ 例如，山西省80%的县财政依靠煤炭开采和炼焦。在吕梁、大同等地，煤炭收入占到地方财政收入的70%—75%，关停小煤窑就意味着财政危机，这就是小煤窑屡禁不止的主要原因。参见谢玉华：《转轨时期的地方保护主义研究》，华中师范大学2004年博士学位论文，第46—49页。

们可以看到,中国地方自治的程度不高,并且需要进行深层次的地方自治制度建设,这已是不争的事实。本书无意设计中国未来的地方自治制度,仅仅提出建设中国的地方自治制度必须解决的几个问题:

(1) 地方自治是中国在宪政框架内建构新型中央与地方关系的关键环节。地方自治应当是全面的而非局部的;应当是纵深的而非肤浅的;应当是长期的而非权宜的;应当是具体的而非原则的,应在财权、事权等方面有具体行动;应当是法律的而非政策的,应当制定专门的地方自治法律。

(2) 中央和地方应该相互尊重。中央和地方都要树立规则意识和秩序意识,都要尊重对方的利益诉求,必须尊重地方利益,建立地方的利益表达机制,为地方各主体提供利益表达的渠道,充分了解地方利益与需求。建立新型的中央与地方关系应当遵循法治原则、分权原则、平衡原则、对称原则和自治原则。

(3) 合理界定中央和地方权限。依法明确划分中央与地方的权限,至于如何具体划分,划分的原则是什么,建立怎样的中央和地方分权体制,都是技术问题,并不难解决。有的学者还为此设计了细致的分派原则。[①] 关键在于中央政府要拿出用于解决问题的策略、勇气和魄力。可以在宪法中确立地方自治的地位,如果考虑到不便于频频修改宪法,可以先制定地方自治法,然后进行具体的操作。在中国宪法史上,就曾经有过多部宪法或宪法性文件明确规定了中央与地方的权限。[②] 这些都值得我们借鉴。

(4) 自治地方的自治权应当得到法律保障。自治权是地方自治的核心。没有实际的自治权,即便制定了地方自治法律也是枉然。在西方国家的历史上,也曾经出现过"有法而无权"的地方自治,最终还是让地方享有充分的自治权。在中国当下,中央政府要保证地方政府享有切实的自治权乃是地方自治制度的关键因素。在各项自治权中,立法权、财政权、人事权至关重要。

(5) 在划分了中央与地方的事权之后,由省级政府负责本行政区域内的地方自治事务。地方自治的重点应该放在县、乡镇两级,县、乡镇两级地方政府应当有自己的自治机构。因此应当进行机构改革,建议撤销地市一级行政建制,由省级地方政府直接管理县级地方政府。此外,还可以考虑在中央政府设立专门处理地方事务的部门,这也是一些国家较为成功的做法。

(6) 适当行使中央的监督权。中央政府对于地方自治绝非不闻不问,而是

---

① 参见熊文钊:《大国地方——中国中央与地方关系宪政研究》,北京大学出版社2005年版,第137—138页;喻希来:《中国地方自治论》,载《战略与管理》2002年第4期;田芳:《地方自治若干问题研究》,武汉大学2004年博士学位论文。

② 例如1930年《中华民国约法草案》第五章为"地方制度",设省、县两级自治机关;1931年《中华民国训政时期约法》第六章为"中央与地方之权限";1936年《中华民国宪法草案》第五章为"地方制度",规定了省、县、市三级自治机关;1946年《中华民国宪法》第十章为"中央与地方之权限",明确划定了"中央立法并执行"之事项、中央立法并执行或交由地方执行之事项以及地方立法或执行的事项。

制定法律,把握方向,宏观调控,监督管理。中央对地方监督也要法治化,这与中央与地方权限法治化同样都是中央地方关系法治化的重要内容。要建立独立的监督机关,监督机构要摆脱地方政府的影响或者控制,保持对地方的独立性。监督机构属于中央直管,只需向中央负责,其业务、人事、经费等由中央保障。① 重点是财政监督和司法监督,加强对地方财政预算和预算执行情况的监督,这样既有利于中央调控,也有利于地方自治。此外,用司法的方式解决中央与地方的冲突,是现代法治文明的标志,也是中央监督地方的重要途径。司法监督要保持其公正性和权威性,就必须克服地方保护主义的影响,才能更好地维护中央权威,保障地方自治。

第四节 中央与地方关系法治化

一、为什么要实现中央与地方关系的法治化?

(一)历史经验有何启示?

中国历来是一个地域辽阔的大国,中央和地方关系是事关政局稳定、社会发展和民生幸福的至关重要的政治关系。② 从历史来看,中国处理中央和地方关系的主要制度有二:封建制③和郡县制④。关于这两种制度的争论,历史上有代

---

① 参见唐建强:《法国中央与地方关系中的监督机制及其对中国的启示》,载《上海行政学院学报》2004年第6期。

② 有学者认为,中国"第一大政治关系其实就是中央和地方的关系"。参见樊纲:《稳定的地方财源与有效的中央转移支付》,载《经济观察报》2006年11月27日第42版。

③ 史家通说认为,"封建"本义为"封土建国"、"封爵建藩"。封建制度的基本内涵是世袭、分权的领主经济、贵族政治。瞿同祖认为,封建社会是以土地制度为中心,而确定权利义务关系的阶级社会。封建社会封建时代应当从周代开始,春秋战国时代开始瓦解,"直等到秦统一了天下,推翻了一切旧有的制度,才结束了封建社会"(瞿同祖:《中国封建社会》,上海世纪出版集团2005年版,第10—14页)。钱穆也认为中国的封建社会终于秦朝:"以政制而言,中国自秦以下,即为中央统一之局,其下郡、县相递临,更无世袭之封君,此不足以言'封建'"(钱穆:《国史大纲》,商务印书馆1996年版,第21页)。冯天瑜认为,20世纪20年代,共产国际文件以"半封建"指称现实中国。随后的中国把以专制集权和地主—自耕农经济为特征的秦汉至明清的两千余年纳入"封建时代",与以西欧中世纪对应,"封建"概念泛化,既与本义脱钩,也同对译之英文术语feudal含义相左,且有悖于马克思、恩格斯的封建原论。在特定历史条件下,"五种社会形态"说框架内的泛化封建观被普遍接受(参阅冯天瑜:《"封建"考论》,武汉大学出版社2007年版,第九章以下)。管东贵对"封建社会"的涵义、发展与演变也进行了深入的研究(可参阅管东贵:《从宗法封建制到皇帝郡县制的演变——以血缘解纽为脉络》,中华书局2010年版)。中国"封建社会"的涵义、时期及中西异同等问题,是近年来史学界研究的一个热点,可参阅叶文宪、聂长顺主编:《中国封建社会再认识》,中国社会科学出版社2009年版。

④ 秦灭六国,中国进入中央集权时代,郡县制为中央控制地方发挥了主要作用。郡县制度是春秋战国时期以来逐步形成的地方行政制度,秦统一后,设置三十六郡,郡下设县,"郡县制度为秦王朝继承发展,成为后来历代王朝中央政权控制地方政治的基本形式"(王子今:《秦汉史——帝国的成立》,三民书局2009年版,第42页)。

表性的是唐朝的柳宗元,他拥护唐朝实行郡县制而反对恢复封建制,认为"州县之设,固不可革也","今国家尽制郡邑,连置守宰,其不可变也固矣。"①明朝的顾炎武对封建制和郡县制这两种制度的优劣,进行了深刻的论述。他指出封建制和郡县制各有其优劣:"封建之失,其专在下;郡县之失,其专在上",批评了郡县制过度集权的弊端,提出"寓封建之意于郡县之中"的主张,以解决中央与地方关系。在人治状态下的皇权专制社会,中央与地方关系长期处于不稳定状态,一直是中国无法解决的政制之痛。

1949年之后,经历了几次中央"放权—收权—再放权—再收权"的循环,特别是起自1978年底的改革开放,更是以中央放权作为一条主线展开的。中央和地方关系虽几经调整,但并未从体制上解决中央与地方的分权关系,没有走出"一放就乱、一收就死"的困境。延续了两千多年的以郡县制为基本构建的中央与地方关系,已经到了必须实现制度创新的时候。

(二)现实国情有何诉求?

从现实来看,转型期的中国必须充分重视中央与地方关系法治化的基本命题:(1)从根本上说,人治状况下中央与地方关系具有极大的不确定性,领导人的思想认识、个性、好恶、人情等具体情形都会影响其对中央与地方关系的决策。人治向法治的转型,要求中央与地方关系法治化。(2)中国从计划经济走向市场经济的过程中,中央政府一方面无力管理全部社会事务,另一方面却拥有全部社会事务的管理权。这样既导致体制僵化(没有中央或上级的许可,政府行为则失去合法性,政府不作为大量存在),也带来管理的缺失(中央政府不可能全能全才、亲力亲为),造成大量的制度黑洞和权力寻租。(3)中国地域辽阔,各地政治、经济、社会发展等方面差异极大,中央集权制度很难适应各地的具体情况,制定出的很多统一政令则具有一刀切的性质,许多看似公平的政令和法律反而制造了更大的不公平。②而了解地方情况、反映地方利益的地方政府,却无权制定适应本地的具体措施,这是制度本身导致的不民主和不公平。(4)中国的"梯度分权格局"加大了不同地区之间的政策和经济发展差距,各地纷纷从地区封锁转向"政策大战",③纷纷向中央要优惠政策,加剧了恶性竞争,破坏了国家法制统一、政令统一,扩大了地区差距。此外,中国近些年来的社会实践表明,中央权力过于集中之后,有些以中央名义出台的法令政策,并不代表中央政府和全国民众的利益,而是代表某个部门的利益,甚至出现了部门利益高于国家利益的现象。这已经成为中国社会发展、政治进步和民众福祉的一大障碍。

---

① 柳宗元:《封建论》。
② 例如,近些年来引起社会广泛关注的个人所得税起征点问题,就说明在经济水平差异极大的中国,制定统一的起征点有失公平,也难以落实。
③ 张千帆:《国家主权与地方自治》,中国民主法制出版社2012年版,第118页。

二、中央与地方关系的法治化应遵循哪些原则？

一般而言,处理中央与地方关系——特别是在单一制国家,应当遵循以下原则:

(一)法治原则

从世界各国的经验来看,中央与地方的权限划分问题都是宪法的重要内容。美国宪法作为世界上第一部成文宪法,界定联邦政府与各州之间的权限乃是这部宪法的首要任务。处理中央和地方关系首先要科学地划分事权,即用法律来规定中央和地方各自的事务管理范围和拥有的权力。事权划分法治化是处理中央和地方关系的前提和基础。中国作为一个中央集权的单一制国家,以前在处理中央与地方的事权划分时,主要是依靠中央领导人的超人的权威。这就需要中央领导人必须具备非凡的智慧、魅力、功勋和品质——这已经被历史证明是极不可靠的。此外,执政党的政策、中央与地方领导人的协商也是解决中央与地方事权划分的重要途径。同时,中央和地方事权的划分缺乏相应的法律规定,既没有在宪法和相应的专门法中规定,也没有专门的地方制度立法来界定地方政府的事权。事权的划分没有法律依据,往往取决于中央领导人的意志和时局的变化,具有极大的非规范性和不稳定性,缺乏稳定可靠的立法依据。因此,中央和地方关系法治化就已经势在必行。

(二)分权原则

分权原则要解决的是中央和地方该不该分权的问题。不论联邦制国家还是单一制国家,都存在着中央集权,只是集权程度不同;同时,不论是单一制国家还是联邦制国家,都存在着中央与地方的分权,只是分权的程度有别。分权是联邦制的基础,没有分权的联邦制是不可想象的。单一制国家的分权程度较低,但并非没有分权,也不能说单一制国家没有分权,而且有些传统的单一制国家正在建立新的地方分权制度。法国是典型的单一制国家,"自1981年始,社会党总统密特朗实施了真正的地方分权。一些特定的经济规划权力由巴黎转移给地方。"① 在西方国家,即便是单一制国家,地方分权也占据重要地位。在中国,我们听到最多的是"简政放权"、"权力下放"等说法。应当明确的是:"放权"不同于"分权"。"放权"的前提是权力仍然属于中央,只是暂时交由地方行使,中央可以"放权",也可以"收权"。"放权"在很大程度上是权宜之计,并非长久之策。分权则是建立在法治框架下中央和地方事权的明确划分,中央的权力归中央,地方的权力归地方,两者界限分明,不容侵越。地方的权力是由法律赋予的,而不是中央的临时授权委托,中央不能"收回"地方权力。分权是地方自治的前提,没

---

① [美]迈克尔·罗斯金等:《政治科学》,林震等译,华夏出版社2001年版,第266页。

有分权就没有地方自治。分权的目的在于给中央和地方的权力划出一条界限,两者权属明确,各司其职,互不侵犯,协调发展。至于如何具体划分中央和地方事权的范围,划分事权的标准是什么,都要在解决了该不该"分权"这个原则问题之后才能进行。

(三) 平衡原则

明确了分权原则之后,接着就要解决中央和地方分权应当平衡的问题。平衡原则主要包括以下几方面的内容:

(1) 集权与分权的平衡。集权与分权,是政治体系中的一组矛盾,两者在常态下呈现出此消彼长的状态。主张分权并不是要取消集权,集权和分权应当达到一个动态的平衡。中央集权与地方分权并不是要使两者的权力对等或者平分,而是两者相互协调,分工合作,监督制约,良性运作。

(2) 权威与服从的平衡。中央政府是全国整体利益的体现者和维护者,是国家宏观调控的主体,地方政府应当服从国家利益,维护中央权威。这是两者平衡的大前提。既要加强中央对地方的监督、管理和控制,又要保障地方政府的独立地位。中央不要干涉地方具体事务,地方有权抵制中央违反宪法和法律的命令、指示和规定。

(3) 中央与地方双方利益的平衡。中央与地方实质上是一种利益博弈关系。既要承认中央与地方利益的一致性,也要承认中央利益与地方利益各自的独立性。中央要尊重地方利益,并为地方服务,这是中央的义务。地方在本地区内代表国家局部利益,独立处理地方事务,负有执行中央法律、决策的义务。中国传统上是一个单一制国家,过于强调两者利益的一致性而忽略甚至压制两者利益的独立性。与中央利益相比,地方利益似乎总是有些名不正言不顺,缺乏中央认可,缺乏合法性,其实,地方具有一定的独立性与自主权、成为具有相对独立的利益主体不一定就是对中央的威胁。关键在于设立什么样的制度来处理两者的关系。因而必须尊重地方利益,建立地方的利益表达机制,进一步建立中央与地方冲突解决机制。要有利于维护国家利益与地方利益的平衡,应当有利于调动中央和地方两个积极性,保持地方的生命力和创造力。

(四) 对称原则

对称原则在这里是指中央与地方的权力与责任必须对称统一。"依古来的格言说,权力和责任是相生并存的;天下没有这样的好人,可以委托不负责任的权力。"[①]权力伴随的是责任,有权力必有责任,权力和责任是统一的。中央政府和地方政府是各自独立的公法人,都在各自的权力范围内对自己的行为承担责任,中央与地方权力与责任要对称。对称原则的内容主要有:

---

① 〔英〕詹姆斯·布赖斯:《现代民治政体》,张慰慈等译,吉林人民出版社 2001 年版,第 106 页。

（1）中央与地方都应当对自己的权力负责，分权原则使得两者权力明确，对称原则要求两者责任明确，不得推诿。中央代表全国利益，应当对自己的决策负责。中央的经济权力要与其承担的国家责任相对应，地方的权力也要与它承担的管理责任相对应。"中央与地方责任也要对称，既不能使中央承担无限责任而地方不负担什么责任，也不能使地方承担过多责任而中央不承担应有的责任，或出了问题，只追究地方政府的责任。"①现行体制下，似乎中央永远正确，犯错误的总是地方。这实际上是权力与责任没有对称统一体现。

（2）中央与地方应当成为两个既相互对立又相互联系的独立的政治主体。不宜过度强调中央与地方的隶属关系，不能单纯把地方政府视为中央政府的附属机构。中央和地方都向对方负有相应的义务，两者的权利和义务是双向而非单向的，是一种互动的、动态的对称与平衡。

（3）中央与地方是特殊的权利与义务主体，双方都有自己应享有的权利和应履行的义务。中央利益和地方利益应该有一个界限，双方都有遵守权利界限的义务，任何超越界限或者只享有权利不履行义务的行为都会导致双方关系的失衡和各自功能的紊乱。②中央政府要增加义务规定，地方政府要增强权利意识。

20世纪80年代之前，中国中央政府过度集权，"全国一盘棋"，片面强调局部服从整体、地方服从中央，导致地方无权，整个社会都失去了活力。"改革开放"之后，开始"权力下放"，但是由于没有很好地处理集权与分权的问题，再加上中央对不同的地区采取不同的"权力下放"政策，中央给予各地方"开放搞活"的政策差异颇大，各个地方从中央得到的事权有很大差别，各地政策法令极不统一，出现了地方主义、分散主义的倾向，极大地影响了中央的政令统一，危害了国家整体利益。究其原因，没有处理好中央集权与地方分权的平衡是重要因素。

（五）自治原则

这里的"自治"主要是指地方自治。简单而言，"自治"就是自己管理自己事务而排除他人干涉。地方自治就是地方的事务由地方选举出来的官员来治理，不受中央的干预。自治是民主政治的基本要求。"民主政治新的基本原则是自治：人民共同管理自己，人民又各自管理自己。一般说来，民主政治的孪生根源是沿着上述两个方向分开的。"③自治原则应当包括三层含义：自主管理、自我约束和自己责任。自主管理，就是地方政府在法定的权力范围内自己做主，管理本地方的各种事务并拥有最终的决定权。自主管理的主旨在于防止中央政府的干

---

① 辛向阳：《大国诸侯：中国中央与地方关系之结》，中国社会出版社1995年版，第620－621页。
② 参见金太军、赵晖等：《中央与地方政府关系建构与调谐》，广东人民出版社2005年版，第17页。
③ 〔美〕罗伯特·H.威布：《自治——美国民主的文化史》，李振广译，商务印书馆2006年版，第47页。

涉。自我约束,就是强调地方政府对自治权的自我约束和自我控制,不可滥用权力,不可超越法定权限,不可违背国家整体利益。在这个意义上,"自治"的另一层含义就是"自制"。自己责任,就是地方政府要对自己做出的行为负责,承担法律义务。行为主体同时就是责任主体。承认地方自治的前提就是认为地方政府已经具备了充分的理性,能够认识自己行为的意义和后果,其行为是在具有明确目的的意志支配之下的有意识的活动,对于自己行为的后果有着清楚的预见和认知。一般情况下,行为及后果往往是行为主体(地方政府)意志的产物,因而应当对自己的行为负责。

三、如何划分中央和地方的权力?

在明确了这些原则之后,进一步中央和地方的权力就比较清楚了。科学地划分两者权力就要根据中央政府和地方政府在国家管理中的地位和作用,从法律上划分中央和地方权力的范围。应当在宪法中明确中央与地方权限的划分,在此精神指导下,制定一部《中央与地方关系法》,确立中央和地方关系法治化的基本原则,并对两者的立法分权、财政分权、司法分权做出明确规定,划定中央与地方各自的权力边界;明确划分两者的事权;制定相应的地方制度法律,规范地方事权;设立中央与地方的争端解决机制;在中央设立专门处理中央与地方关系的机构,等等。其中,中央与地方事权的划分至关重要。

中央和地方分权的主要内容可以划分为中央专有权力、地方专有权力和中央地方共享权力三大部分。凡是事关国家整体利益、全局利益的事务,属于中央管辖;对于地方局部利益、地方自主发展建设的事务归地方管辖。而提供公共服务、公共产品和保护人权等方面的事务,应当由中央和地方合理划分,共同管理。原则上中央政府的权力也是有限的,应当"简政放权",不可贪权揽权,不可与地方争利。要立足于全国利益,着眼于宏观调控,不必管理过细、过多的具体事务,地方政府能够承担的就不要由中央管理。需要由国家统一规划管理的事务由中央处理;需要因地制宜的事项由地方处理;由中央决定、交地方执行的事务,由中央和地方共同管理,地方向中央负责。

在事权划分上,世界各国所形成的基本格局是[1]:

(1)国防事务。对国防事项的立法权专属中央,对国防事项的行政权以属于中央直接管辖为原则,以中央间接管辖和地方管辖为例外。

(2)外交事务。绝大多数国家将外交事项划归中央专门管理,只有部分联邦制国家允许成员国保留部分外交权,这类外交权以非政治性的外交活动为主。

(3)公安事务。事关国家主权的公安事务由中央专门管理,维护国家安全

---

[1] 参见寇铁军:《中央与地方财政关系研究》,东北财经大学出版社1996年版,第65-66页。

与秩序的主要工具——警察及其事项由中央与地方共同管辖。

(4)内政事务。国家机构的建制由中央决定,中央与地方分别建立;地方机构的建制由地方决定并建立。公民基本权利和自由的事项由中央立法,中央与地方共同行政。

(5)司法事务。有些国家司法体制高度集权,所有司法制度都由中央立法并实施,所有司法机关都由中央建制并管理;有些国家司法体制以集权为主,所有关于司法方面的立法权均集中于中央,所有司法制度、司法机关的建制等均由中央立法并主要由中央实施,地方只在一定范围内享有司法行政管理权。在分权的司法体制下,一国之内实行二元的司法制度,或者并存两套司法系统,或者并存两套司法法律,或者兼而有之。

(6)经济事务。全国范围的产业事项由中央管理,局部范围的产业事项由地方依法管理。全国范围内的全程全网的基础设施由中央管辖,局部范围的独立基础设施由地方管辖。全国范围内涉及国民经济各领域的技术管理方面的制度由中央专门管辖,全国范围内事关国际关系和国家主权的产业部门、行业制度由中央专门管辖。在财政金融方面,世界各国都实行以中央集中管理为主、地方协助管理为辅的财政金融管理体制,由国家统一管理信用、银行和货币。

(7)文化教育事务。发展文化事业的方针、政策及措施由中央决定;文化遗产的保护以由中央立法并执行或交由地方执行为原则;传播媒介以由中央立法并实施或交由地方执行为原则;文化娱乐设施由中央与地方共同立法并实施。教育立法方面,中央专有立法、地方专有立法和中央与地方共同立法都有。

中国1982年《宪法》的制定者并没有打算让地方拥有一定的自治权限,而只是在论及"民主集中制原则"之时涉及中央与地方国家机构职权的划分。该《宪法》第3条第4款规定:"中央和地方的国家机构职权的划分,遵循在中央的统一领导下,充分发挥地方的主动性、积极性的原则。"这是该宪法唯一提及中央与地方权限划分的条文。但该条文政治意义大于法律意义,并且突出了"独尊中央"的思想,[1]主旨并不是划分中央与地方的权限。建议在以后通过修宪来弥补这个缺憾。

根据中国宪法和现实情况,可以将下列事项规定为中央专有权力:制定和修改宪法;制定基本法律;外交、国防与军事事务;财政与税收政策的制定和解释;国家货币与国家银行;外贸政策;行政区划;国有财产;司法制度;其他依法应专属中央的事项。地方专有权力主要有:制定国家法律、法规在本地区的实施细

---

[1] 参见陈新民:《中央与地方法律关系的重建——检讨中国宪法中央与地方权限划分之制度》,2007年1月北京大学宪法与行政法研究中心、耶鲁大学法学院中国法研究中心举办之"中央与地方关系的法治化"国际学术研讨会论文。

则;制定地方性法规;管理辖区财政、工商、税收和贸易;开展地区间交流以及与外国地方政府间的交流;地方交通;地方教育;地方人事;其他依法应专属地方的事项。中央与地方共享权力主要有:保护人权与公民权;实施社会保障;维护社会治安;保护自然资源和环境;其他依法应由中央与地方共享的权力。①

应当指出的是,这种划分是为了使中央与地方的权力在分权的基础上达到一种动态平衡,中央和地方都不可畸轻畸重。这种划分也不是绝对的,可以根据具体形势而适度调整。

四、如何解决中央和地方的争端?

(一)谁来担当仲裁者?

中央政府代表国家主权,其最高地位不容置疑。在中央与地方关系法治化的框架内,中央和地方都是权力有边界的"有限"政府,如果两者产生争议,由谁来解决呢?

争端解决机构应当满足三个条件:权威性、中立性和强制性。权威性强调该机构具有公信力,应当为争端双方所认可,应当具有解决问题的能力,其裁判能够为双方所承认。中立性强调该机构应当超脱于双方利益之外,任何人都不能做自己的法官,显然任何一方都不能成为争端解决机构。强制性是争端解决机制的约束性的体现。一旦该机构做出决定,双方就应当执行,并且该机构具有强制执行的权力。强制力是解决争端的可靠保障,如果缺乏强制力和制裁力,再好的规则都会变得毫无意义。

解决争端具有极强的司法性,这是一个裁决双方争议事务的过程,与司法机关的职能最为相近。根据司法理论,任何争端的解决都遵循"司法最终解决"的规则。综合各种因素来考虑,要解决中央与地方的冲突,司法是一条可行的途径。②

司法解决的前提是必须有一个独立的中立的权威的具有公信力的裁决机构,这已是各国通例。在美国,以合众国为当事人的案件由联邦最高法院管辖,"国家与其成员或公民间产生的纠纷只能诉诸国家法庭,任何其他方案均既不合理,违反惯例,而亦不得体。"这个经验值得我国借鉴。中国采取何种形式?

---

① 参见汪雷:《转型时期中央与地方关系建构的路径分析》,载《中国行政管理》2003年第8期。
② 在中国,解决中央与地方的冲突主要是依赖中央政府的行政手段。国务院是最高国家行政机关,国务院的地位首先是中央人民政府,代表中央政府,是中央与地方关系中的一方当事人,也是直接的利害关系人。如果国务院成为争端解决机构,则很难置身度外,与该机构地中立性要求背道而驰。可见,由国务院来做这个"中立机构"显然是不合适的。就立法机关而言,全国人民代表大会不具有解决争端的现实可能性。全国人大行使立法权,其职能是立法,从职能划分上而言,如果再兼任立法之外的职能,则不符合权力分立的基本原理。在现实中,由于权威、编制、人员等体制性原因,人大能够很好地行使立法权已属不易,再给它增加新的职能,对于解决中央与地方争端也难以发挥实质性的作用。

学术界对此有不同的认识。① 本书认为,不论采取何种形式,应当有一个解决中央与地方争端的机构,是毋庸置疑的。就现阶段的中国而言,可以充分发挥现有司法机关的职能,将裁决权赋予最高人民法院,由最高人民法院来负责处理中央与地方争端,是一条较为可行的路径。

(二)解决争端应遵循哪些基本程序?

中央和地方的争端解决机制必须遵循一定的程序,设立该机制运作的程序时,应当认真考虑以下一些重要因素。

(1)不得单方面采取行动。不采取单独行动是指当中央与地方发生纠纷时,中央与地方任何一方都不得单独采取争端解决机制之外的行动——例如处罚、制裁等行动。争端双方应将裁判权交给争端机制指定的机构来解决。如果中央(或地方)单独对另一方采取行动,就意味着中央(或地方)在自己案件中,既是当事人又是裁判者,还是执行者,这显然有悖法治的基本原理。

(2)先行协商。协商是要寻求规则所规定或允许的、两者都能够接受的方案。例如,芬兰就已经建立起了中央政府与地方市镇联盟之间的协商体系。从20世纪70年代起,中央和地方同意进行谈判。根据达成的协议框架,双方每年签署规定经济发展的总体框架协定。如果协商不成,就应当在法定的时限内将案件移交专门的争端解决机构。

(3)咨询专家。由于中央与地方关系极为复杂,涉及许多领域,而解决争端本身又会对专业技术、从业经验等方面提出很多要求,这就需要求助于专家。专家组可以保证技术性与中立性的统一:能够解决一系列专门领域的技术问题,完成常人所不能胜任的工作;更重要的是专家往往置身度外,与争议案件没有利害关系,能够站在中立的立场分析问题、提出方案,符合公平原则,可以最大程度地实现正义。

(4)允许上诉。在争端解决机构做出具有法律效力的终局裁判之前,应当在程序上为双方提供上诉的机会,使中央和地方均有进一步表示异议、充分表达意见的渠道。这对双方都是极为重要的。

(5)履行裁判。双方都要认真履行仲裁机构的终局裁决。裁决必须有执行力,还需要有强有力的执行机制。当争端败诉方不履行裁决时,要有法律上的执行保障。在中国,中央政府尤其要带头遵守裁决,这或许是争端解决机制最重要的价值。

推荐阅读

1.〔英〕洛克:《政府论》(上、下),瞿菊农、叶启芳译,商务印书馆2004

---

① 参见张千帆:《国家主权与地方自治》,中国民主法制出版社2012年版,第315页以下之"建立中央与地方的法律审查机制"。

年版。

可以说,近代宪法思想基本问题,几乎都可以在《政府论》中觅得踪迹。在国家起源问题上,洛克主张人民主权论,反对君权神授说;在政体问题上,主张议会至上的君主立宪制;反对君主专制,提出分权理论,主张国家权力应当分为立法权、行政权和对外权(亦称"联盟权")三种;这些都对孟德斯鸠的学说和美国的宪政实践有着直接的指导作用。本书反复强调,人们组成国家的主要目的在于保护财产,政府不得侵犯人们的财产权,否则人民可以更换政府。洛克从自然论和社会契约的角度,认为当君主或立法机关同人民发生严重冲突甚至进入战争状态时,人民"不但享有摆脱暴政的权利,还享有防止暴政的权利"。他还主张法律面前人人平等,反对特权。

洛克对现代宪政中的法治国家、民主政治、权力制衡、依法行政、有限政府等基本理念及其实践的影响,远远超过了其他启蒙思想家。他的分权理论极大地推动了人类社会政治民主化的进程,奠定了现代宪政国家的基石。

2.〔美〕汉密尔顿、杰伊、麦迪逊,《联邦党人文集》,程逢如、在汉、舒逊译,商务印书馆1980年版。

《联邦党人文集》被誉为美国宪法的"圣经",是汉密尔顿、杰伊、麦迪逊共同以"普布利乌斯"为笔名在纽约的报刊上发表的85篇文章的集合。它回答了"人类社会是否真正能够通过深思熟虑和自由选择来建立一个良好的政府"这一命题。为了成立一个宪法框架下的联邦,他们呼吁大众,要统一不要分裂,放弃邦联,建立联邦。联邦制可以抵御外国势力,消弭各州不和,在商业、税收、经济等方面都有利于各州及其人民。是实现统一的最好选择。他们主张成立共和制的全国政府,"在共和政府下,他们通过代表和代理人组织和管理政府。"这个共和政府是一个反对集权、建立在分权基础上的政府,不仅政府各部门之间应当分权,而且联邦和州之间也应当有明确的分权。然后,用将近一半的篇幅来讨论议院、政府和司法机关的设置、权限、分工及人员等,精致地阐述了三权分立与制约平衡思想。美国宪法由此便基本定型。特别是其中关于联邦与各州关系(中央与地方关系)的处理和对分权思想的应用与发展,更具有启发意义。可以说,《联邦党人文集》是为美国人而写,但它具有世界性的意义。

3. 王世杰、钱端升著:《比较宪法》,商务印书馆2004年版。

本书是一部具有系统宪法知识,讲授比较宪法的教科书,在民国时期即享有盛誉。宪法学以保护公民基本权利为己任,保护公权力即需要限制公权力、界定公权力之边界,因而公民的基本权利与国家机关及其职权就成为宪法学研究的基本对象。作者去粗取精,剔除芜杂,用近四编(全书共五编)的篇幅来介绍公民的基本权利与国家机关。对于公民的基本权利,作者专门介绍了一般权利之后,又重点介绍了公民参与公共政治生活的权利:选举权和直接立法权。更让读者清醒地认识到,公民必须积极参与国家管理才能真正实现宪政。对于国家机关,本书介绍了各国权力分立的诸种情形,并告知读者:宪法的基本构架便在于权力分立、反对集权。

客观中立是本书的一大特点。对于列国宪法或法律之不同规定,介绍多而评述少,读者自有公论。作者对于宪法上所规定的基本问题展示了学者间各种不同意见,"大率兼举赞成相反对两方的见解。而且往往仅于陈述两方见解而止;陈述而外,极少附以评断,或已见"。虽偶有评述,亦极有见地。读此书,不仅可以使读者获知宪法学基本要义,于治学方法亦颇有启示。

4. 张千帆:《宪法学导论——原理与应用》,法律出版社2008年版。

本书引人注目的首先是方法的革新。作者抛弃了传统宪法教科书从理论到理论的灰色面孔,剔除了传统教科书中非宪法学的内容,将经验实证研究和规范实证研究结合起来,开创了"实证宪法学"的新路径。作者认为宪法是"法",是"活的法";宪法学是一门"科学"——科学当然是可以用经验实证的。因此,本书在阐述一般原理的时候引证了大量的国外宪法案例,并尽量结合中国现实,发掘和分析生活中的宪法实例。

与一般教科书以中国为中心(主要是为现行制度做合法性解释)不同,作者是以人类普世的宪政价值和原则为中心,全面而细致地阐述了现代宪政的精神蕴涵和基本制度。全书分三大部分:概论、国家权力的结构与组织、公民基本权利。作者认为,"宪法效力及其保障机制是一个重要问题。"司法审查是宪政得以开展的制度前提,因而将之置于篇首。如果政府权力的配置和运行是合理并且合法的,这本身就是对个人自由和权利的有效保护。因此,作者认为宪法的"目的地"是公民基本权利,这是宪法的终极目标。没有前两者,公民权利就无法真正实现。

思考题

1. 有人说:"纵向分权的重要性不亚于横向分权。"这个观点你同意吗?请说说你的理由。
2. 为什么说分权是联邦制的基础?
3. 如何从总体上理解处理中央与地方关系的基本原则及其相互之间的关系?
4. 从历史的经验中,怎样理解中国的地方自治?
5. 是地方自治导致地方保护主义吗?请结合实例进行分析。
6. 请从中央与地方关系的角度分析产生地方保护主义的制度根源。

全国高等学校法学专业核心课程教材

法理学（第三版）	沈宗灵主编
中国法制史（第二版）	曾宪义主编
宪法（第二版）	张千帆主编
行政法与行政诉讼法（第五版）	姜明安主编
民法（第四版）	魏振瀛主编
经济法（第四版）	杨紫烜主编
民事诉讼法学	江　伟主编
刑法学（第五版）	高铭暄、马克昌主编
刑事诉讼法（第四版）	陈光中主编
国际法（第四版）	邵　津主编
国际私法（第三版）	李双元主编
国际经济法（第三版）	余劲松、吴志攀主编
知识产权法（第三版）	吴汉东主编
商法	王保树主编
环境法（第二版）	汪　劲著
税法原理（第六版）	张守文著